【传世经典 文白对照】

通鉴纪事本末

八

〔宋〕袁 枢 撰

杨寄林 主编

中华书局

目录

第八册

通鉴纪事本末

卷第二十九

贞观君臣论治

唐高祖武德九年秋八月甲子,太宗即皇帝位于东宫显德殿。九月己酉,上面定勋臣长孙无忌等爵邑,命陈叔达于殿下唱名示之,且曰:"朕叙卿等勋赏或未当,宜各自言。"于是诸将争功,纷纭不已。淮安王神通曰:"臣举兵关西,首应义旗,今房玄龄、杜如晦等专弄刀笔,功居臣上,臣窃不服。"上曰:"义旗初起,叔父虽首唱举兵,盖亦自营脱祸。及窦建德吞噬山东,叔父全军覆没。刘黑闼再合馀烬,叔父望风奔北。玄龄等运筹帷幄,坐安社稷,论功行赏,固宜居叔父之先。叔父,国之至亲,朕诚无所爱,但不可以私恩滥与勋臣同赏耳。"诸将乃相谓曰:"陛下至公,虽淮安王尚无所私,吾侪何敢不安其分。"遂皆悦服。房玄龄尝言:"秦府旧人未迁官者,皆嗟怨曰:'吾属奉事左右,几何年矣,今除官,返出前宫、齐府人之后。'"上曰:"王者至公无私,故能服天下之心。朕与卿辈日所衣食,皆取诸民者也。故设官分职,以为民也,当择贤才而用之,岂以新旧为先后哉?必也新而贤,旧而不肖,安可舍新而取旧乎?今不论其贤不肖而直言嗟怨,岂为政之体乎?"

贞观君臣论治

　　唐高祖武德九年(626)秋季八月甲子(初九),太宗在东宫显德殿即皇帝位。九月己酉(二十四日)这天,太宗当面议定勋臣长孙无忌等人的爵位封邑,命陈叔达在殿下唱名公布,并且对大家说:"我分级授予你们的勋爵赏赐,或许有不当之处,各自应当申明。"于是众将纷纷争功,议论不休。淮安王李神通说:"我在关西举兵,首应义旗,如今房玄龄、杜如晦等人专门捉刀弄笔,功赏却在我之上,我私下不服。"太宗说:"义旗初举时,叔父虽然首先应和举兵,也是自谋摆脱灾祸。待到窦建德侵吞山东时,叔父全军覆没。刘黑闼纠集馀部再起时,叔父望风而逃。房玄龄等人运筹帷幄之中,坐安社稷,论功行赏,本应在叔父的前面。叔父是皇家至亲,我对你没有什么吝啬,但也不可以徇私情与有功之臣等同封赏。"众将相互议论说:"陛下最公正,虽对淮安王也不徇私情,我们哪敢不安其分呢?"于是大家都心悦诚服。房玄龄曾经说过:"秦王府的旧僚属没有升官的,都怨叹说:'我们侍奉左右有许多年了,现在拜官封爵,反而在前太子东宫、齐王府僚属的后面。'"太宗说:"君主只有大公无私,才能使天下人心归服。我和你们每天的衣食,都取之于民。所以设官吏定职守,是为了老百姓,应当选贤用能,怎么能以新人、旧人为选拔顺序呢?如果新人贤能,旧人不肖,怎么可以舍弃新人而择取旧人呢?现在你们不论其是否贤能,而直言嗟叹,这难道是为政之体吗?"

冬十月甲申，民部尚书裴矩奏："民遭突厥暴践者，请户给绢一匹。"上曰："朕以诚信御下，不欲虚有存恤之名而无其实，户有大小，岂得雷同给赐乎！"于是计口为率。

初，上皇欲强宗室以镇天下，故皇再从、三从弟及兄弟之子，虽童孺皆为王，王者数十人。上从容问群臣："遍封宗子，于天下利乎？"封德彝对曰："前世唯皇子及兄弟乃为王，自馀非有大功，无为王者。上皇敦睦九族，大封宗室，自两汉以来未有如今之多者。爵命既崇，多给力役，恐非示天下以至公也。"上曰："然。朕为天子，所以养百姓也，岂可劳百姓以养己之宗族乎？"十一月庚寅，降宗室郡王皆为县公，惟有功者数人不降。

丙午，上与群臣论止盗。或请重法以禁之，上哂之曰："民之所以为盗者，由赋繁役重，官吏贪求，饥寒切身，故不暇顾廉耻耳。朕当去奢省费，轻徭薄赋，选用廉吏，使民衣食有馀，则自不为盗，安用重法邪？"自是数年之后，海内升平，路不拾遗，外户不闭，商旅野宿焉。上又尝谓侍臣曰："君依于国，国依于民。刻民以奉君，犹割肉以充腹，腹饱而身毙，君富而国亡。故人君之患，不自外来，常由身出。夫欲盛则费广，费广则赋重，赋重则民愁，民愁则国危，国危则君丧矣。朕常以此思之，故不敢纵欲也。"

冬季十月甲申（二十九日），民部尚书裴矩上奏声称："对遭受突厥暴虐践踏的百姓，请求每户给予绢帛一匹。"太宗说："我用诚信统驭天下，不想徒有体恤百姓的名声而无其实，每户人数有多有少，怎么能赏赐都一样呢？"于是按人口多少作为赏赐的标准。

　　当初，高祖想以加强皇室宗族力量来威镇天下，所以皇帝的同曾祖、同高祖的远房堂兄弟以及他们的儿子，即使还是小孩子都封为王，多达数十人。太宗从容地问群臣："遍封宗室子弟为王，对天下有利吗？"封德彝回答道："从前只有皇帝的儿子和兄弟才封王，其馀的没有大功勋，便没有封王的。太上皇亲善皇亲九族，大量分封宗室，自从两汉以来没有如此众多的。既尊崇爵命，又多赐奴仆，恐怕不是示天下以至公的做法。"太宗说："你说得对。我做天子，是为了让百姓生活好，怎么可以加重百姓的负担，来供养自己的宗族呢？"十一月庚寅（初五），诏令将宗室的郡王一律降为县公，只有有功的几个不降。

　　丙午（二十一日），太宗和群臣讨论抑止盗贼的问题。有人请求用严厉的处罚加以禁止，太宗讥笑说："百姓之所以做盗贼，是因为赋役繁重，官吏又贪得无厌，百姓身受饥寒，就无暇顾及廉耻了。我应当要戒除奢侈，节省费用，轻徭薄赋，选用廉洁的官吏，让百姓富裕，衣食有馀，他们就自然不会去做盗贼了，哪里需要严厉的处罚呢？"从此数年以后，国内安定，路不拾遗，大门都不需关闭，商人可以在野外露宿。太宗又曾经对身边的大臣说："君主依附于国家，国家依附于百姓。搜刮百姓的钱财去供奉君主，就好像割自己身上的肉去填饱自己的肚子，肚子虽然填饱了，身体也就倒毙了；君主搜刮民财，虽然富有，而国家却衰亡了。所以，君主的祸害不是来自外面，常常是由自己造成的。大凡君主的欲望多，花费的钱财就越多，花费一多就要加重赋税，赋税一重，百姓就产生愁苦，百姓愁苦，国家就危险，国家危险，君主也就地位不保了。我常常思考这些，所以不敢放纵私欲。"

十二月己巳，益州大都督窦轨奏称獠反，请发兵讨之。上曰："獠依阻山林，时出鼠窃，乃其常俗。牧守苟能抚以恩信，自然帅服，安可轻动干戈。渔猎其民，比之禽兽，岂为民父母之意邪？"竟不许。

上谓裴寂曰："比多上书言事者，朕皆粘之屋壁，得出入省览。每思治道，或深夜方寝。公辈亦当恪勤职业，副朕此意。"

上厉精求治，数引魏徵入卧内，访以得失。徵知无不言，上皆欣然嘉纳。上遣使点兵，封德彝奏："中男虽未十八，其躯干壮大者，亦可并点。"上从之。敕出，魏徵固执以为不可，不肯署敕，至于数四。上怒，召而让之曰："中男壮大者，乃奸民诈妄以避征役，取之何害，而卿固执至此！"对曰："夫兵在御之得其道，不在众多。陛下取其壮健，以道御之，足以无敌于天下，何必多取细弱以增虚数乎？且陛下每云'吾以诚信御天下，欲使臣民皆无欺诈'，今即位未几，失信者数矣！"上愕然曰："朕何为失信？"对曰："陛下初即位，下诏云：'逋负官物，悉令蠲免。'有司以为负秦府国司者，非官物，征督如故。陛下以秦王升为天子，国司之物，非官物而何？又曰：'关中免二年租调，关外给复一年。'既而继有敕云：'已役已输者，以来年为始。'散还之后，方复更征，百姓固已不能无怪。今既征得物，复点为兵，何谓来年为始乎？又陛下所与共治天下者在于守宰，居常简阅，咸以委之。至于点兵，独疑其诈，岂所谓以诚信

十二月己巳（十五日），益州大都督窦轨奏称獠民发生反叛，请求发兵讨伐。太宗说："獠民依靠山林的阻隔，时常出去做些鼠窃之事，那是他们平常的习俗。州牧官吏若能用恩惠和信义安抚他们，他们自然相率归服，怎么可以轻用武力。把百姓当禽兽，作为渔猎的对象，这难道是为民父母的本意吗？"最终没有准许这样做。

　　太宗对裴寂说："近来上书议论国事的很多，我把那些奏章都粘贴在寝宫的墙壁上，以便出入时观看。我常思考治国之道，有时要到深夜才能就寝。你们也应当恪于职守，不辜负我的心意。"

　　太宗励精图治，多次引领魏徵进入他的卧室，向他询问为政得失。魏徵知无不言，太宗都高兴地采纳。太宗派人征发兵员，封德彝上奏说："中男虽然不满十八岁，其身体强壮的也可以一并征发。"太宗同意这样做。可是，敕令传出，魏徵坚定地认为不应该这样，不肯签署，如此往返四次。太宗大怒，把他召进宫来责备道："中男当中身体强壮的，都是奸猾之人谎报年龄，来逃避徭役的，征发他们有什么害处呢，你为什么固执己见到这个地步？"魏徵回答说："统率军队在于道义，不在于人数众多。陛下征召身体壮健的成丁，用道义来统率，便足以无敌于天下，又何必多征年幼的人以充虚数呢？而且陛下总说'我以诚信治理天下，想使百姓都没有欺诈行为'，如今陛下即位没多久，却已经多次失信了！"太宗惊愕地问道："我怎么失信了？"魏徵答道："陛下刚即位时，就下诏说：'百姓拖欠官家的财物，一律免除。'有关部门认为拖欠秦王府库的财物，不属于官家财物，仍旧催征索取。陛下由秦王升为天子，府库的物品不是官家之物又是什么呢？又说：'关中地区免收两年的租调，关外地区免除一年徭役。'不久又有敕令说：'已纳税和已服徭役的，从下一年开始执行。'等到归还已纳税物之后，又重新开始征调，这样百姓不能没有责怪之心。如今是既征收租调，又征发兵员，怎么能说从下一年开始执行呢？况且与陛下一同治理天下的是州县官吏，日常公务都委托他们办理。征发兵员，却又怀疑他们奸诈，这难道是以诚信

为治乎?"上悦曰:"向者朕以卿固执,疑卿不达政事,今卿论国家大体,诚尽其精要。夫号令不信,则民不知所从,天下何由而治乎? 朕过深矣!"乃不点中男,赐徵金瓮一。

上闻景州录事参军张玄素名,召见,问以政道,对曰:"隋主好自专庶务,不任群臣。群臣恐惧,唯知禀受奉行而已,莫之敢违。以一人之智决天下之务,借使得失相半,乖谬已多,下谀上蔽,不亡何待! 陛下诚能谨择群臣而分任以事,高拱穆清而考其成败以施刑赏,何忧不治? 又,臣观隋末乱离,其欲争天下者不过十馀人而已,其馀皆保乡党、全妻子,以待有道而归之耳。乃知百姓好乱者亦鲜,但人主不能安之耳。"上善其言,擢为侍御史。

前幽州记室直中书省张蕴古上《大宝箴》,其略曰:"圣人受命,拯溺亨屯,故以一人治天下,不以天下奉一人。"又曰:"壮九重于内,所居不过容膝;彼昏不知,瑶其台而琼其室。罗八珍于前,所食不过适口;惟狂罔念,丘其糟而池其酒。"又曰:"勿没没而暗,勿察察而明,虽冕旒蔽目而视于未形,虽黈纩塞耳而听于无声。"上嘉之,赐以束帛,除大理丞。

上召傅奕,赐之食,谓曰:"汝前所奏,几为吾祸。然凡有天变,卿宜尽言皆如此,勿以前事为惩也。"上尝谓奕曰:"佛之为教,玄妙可师,卿何独不悟其理?"对曰:"佛乃胡中桀黠,诳耀彼土。中国邪僻之人,取庄、老玄谈,辅以妖幻

为治国之道吗?"太宗高兴地说:"以前我认为你固执,怀疑你不通达政务,现在看你议论国家大政方针,确实都切中要害。朝廷政令不讲信用,则百姓不知所从,国家怎么能治理得好呢?我的过失很深呐!"于是不征发中男,并且赐给魏徵一个金瓮。

太宗听说景州录事参军张玄素的名声很大,便召见他,问以为政之道,他回答说:"隋朝皇帝喜欢自作主张,独自处理日常政务,而不委任给群臣。群臣恐惧,只知道秉承皇帝旨意加以执行罢了,没有人敢违命不遵。凭借一个人的智能决断天下事务,即使得失参半,乖谬失误之处已属不少,而臣下谄媚,皇帝受蒙蔽,国家不灭亡更待何时!陛下如能慎择群臣,而让他们各职其事,自己拱手安坐,清和静穆,据其成败得失而实施刑罚赏赐,国家还怕治理不好吗?而且,我观察隋末动乱时,想要争夺天下的不过十几人而已,其馀的都是只想保全宗族和妻子儿女,等待有道之君来归附他。由此可知百姓很少制造天下大乱的,只是君主没能让他们安定啊。"太宗欣赏他的言论,便提拔他为侍御史。

前幽州记室,而现在入直中书省的张蕴古,向太宗呈献一篇《大宝箴》,其大略意思说:"圣人上承天命,拯溺救难,所以靠一人治理天下,而不能拿天下专奉一人。"又说:"内廷重屋叠室、宽大无比,供帝王居住的不过容膝之地;可是昏庸的君主不明白这一点,还把宫殿修得跟瑶池琼台一样。君主用膳席前列八珍,所吃的不过是合口味的几口;因为纵情任性,便使糟成丘,酒成池。"还说道:"不要无声无息而糊涂,不要斤斤计较而明察,虽然冕旒垂于眼前也要看清事物的未成形状态;黈纩挡耳也要听到尚未发出的声音。"太宗深为嘉许,赏赐束帛,任为大理丞。

太宗召见傅奕,赐给他食物,对他说:"你之前所奏太白出现在秦地分野,秦王当有天下,差一点让我遭殃。不过以后凡有天象变化,你要一如既往尽言不讳,不要以前事为戒。"太宗还曾对傅奕说:"佛作为宗教,其玄妙可以师法,你为什么不明悟其中的道理呢?"傅奕回答道:"佛是胡族中凶悍而狡猾的人欺言诳世于西域。中国的一些邪僻之人,择取老、庄玄谈理论,修饰以妖幻

之语，用欺愚俗，无益于民，有害于国。臣非不悟，鄙不学也。"上颇然之。

上患吏多受赇，密使左右试赂之。有司门令史受绢一匹，上欲杀之，民部尚书裴矩谏曰："为吏受赂，罪诚当死；但陛下使人遗之而受，乃陷人于法也，恐非所谓'道之以德，齐之以礼'。"上悦，召文武五品已上告之曰："裴矩能当官力争，不为面从，傥每事皆然，何忧不治？"

臣光曰：古人有言："君明臣直。"裴矩佞于隋而忠于唐，非其性之有变也。君恶闻其过，则忠化为佞；君乐闻直言，则佞化为忠。是知君者表也，臣者景也，表动则景随矣。

太宗贞观元年春正月丁亥，上宴群臣，奏《秦王破陈乐》，上曰："朕昔受委专征，民间遂有此曲，虽非文德之雍容，然功业由兹而成，不敢忘本。"封德彝曰："陛下以神武平海内，岂文德之足比。"上曰："戡乱以武，守成以文，文武之用，各随其时。卿谓文不及武，斯言过矣！"德彝顿首谢。

上以兵部郎中戴胄忠清公直，擢为大理少卿。上以选人多诈冒资荫，敕令自首，不首者死。未几，有诈冒事觉者，上欲杀之。胄奏："据法应流。"上怒曰："卿欲守法而使朕失信乎？"对曰："敕者出于一时之喜怒，法者国家所以布

之语，用来欺蒙愚昧的民众，这既不利于百姓，更有害于国家。我不是不能明悟，而是鄙视它不愿意学它。"太宗认为他说得很对。

太宗担心官吏中多有接受贿赂的，便秘密安排身边的人去试探他们。有一个司门令史收受了一匹绢，太宗得悉后想要杀掉他，民部尚书裴矩劝谏道："当官的接受贿赂，罪当处死；但是陛下派人把贿赂送去使他接受，这是故意使他触犯法律，恐怕不符合所谓的'用道德加以诱导，用礼教加以整顿吧'。"太宗听了很高兴，便召集五品以上文武官员告诉他们说："裴矩能够胜任其职，当面谏诤，不一味顺从我，假如每件事都能这样，还担心天下治理不好吗？"

北宋史臣司马光评论说：古人说过："君主贤明臣下就正直。"裴矩在隋朝是个佞臣而在唐朝却是忠臣，这不是他的品性有了变化。君主讨厌别人揭他的短处，这样，大臣的忠诚便转化为奸佞了；君主若乐意听到直言劝谏，那么奸佞又转化为忠诚了。由此可知，君主如同测影的表，大臣便像影子，表一动则影子随之而动。

唐太宗贞观元年（627）春季正月丁亥（初三），太宗大宴群臣，席间演奏《秦王破阵乐》，太宗对大家说："我从前曾受命专事征伐隋朝和各方割据势力，民间于是流传这个曲子，虽然不具备文德之乐的温文尔雅，然而建国的功业却是由此而成的，所以不敢忘本。"封德彝说："陛下以神武之力平定天下，岂是文德所能比拟的。"太宗说："平乱建国应用武力，守成就依赖文德，文武的妙用，全在于因时制宜。你说文德不及武功，这话过分了！"封德彝顿首谢罪。

太宗认为兵部郎中戴胄忠诚清正而且耿直，将他提升为大理寺少卿。太宗鉴于许多候选官员都假冒资历和门荫，下令让他们自首，不自首的查出以后要处以死刑。没过多久，有假冒的被发觉了，太宗想要处死他。戴胄上奏道："根据法律应当流放。"太宗大怒道："你想执守法律，而使我失信于天下吗？"戴胄回答说："敕令出于君主一时的喜怒，法令则是国家向天下昭示

大信于天下也。陛下忿选人之多诈,故欲杀之,而既知其不可,复断之以法,此乃忍小忿而存大信也。"上曰:"卿能执法,朕复何忧!"胄前后犯颜执法,言如涌泉,上皆从之,天下无冤狱。

上令封德彝举贤,久无所举。上诘之,对曰:"非不尽心,但于今未有奇才耳!"上曰:"君子用人如器,各取所长,古之致治者,岂借才于异代乎? 正患己不能知,安可诬一世之人?"德彝惭而退。

御史大夫杜淹奏:"诸司文案恐有稽失,请令御史就司检校。"上以问封德彝,对曰:"设官分职,各有所司。果有愆违,御史自应纠举。若遍历诸司,搜摘疵颣,太为烦碎。"淹默然。上问淹:"何故不复论执?"对曰:"天下之务,当尽至公,善则从之。德彝所言,真得大体,臣诚心服,不敢遂非。"上悦曰:"公等各能如是,朕复何忧?"

右骁卫大将军长孙顺德受人馈绢,事觉,上曰:"顺德果能有益国家,朕与之共有府库耳,何至贪冒如是乎!"犹惜其有功,不之罪,但于殿庭赐绢数十匹。大理少卿胡演曰:"顺德枉法受财,罪不可赦,奈何复赐之绢?"上曰:"彼有人性,得绢之辱,甚于受刑。如不知愧,一禽兽耳,杀之何益?"

闰三月壬申,上谓太子少师萧瑀曰:"朕少好弓矢,得良弓十数,自谓无以加。近以示弓工,乃曰'皆非良材'。朕问其故,工曰:'木心不直,则脉理皆邪,弓虽劲而发矢不直。'朕始寤向者辨之未精也。朕以弓矢定四方,识之犹未

威信的。陛下愤恨候选官员的假冒，所以想要杀他们，但是既知其不可行，又以法令为裁断，这是忍小忿而存大信于天下。"太宗说："你能如此执法，我还愁什么呢？"戴胄多次冒犯太宗而执法，奏对时言如涌泉，太宗都能依从他，所以国内没有冤狱。

太宗命封德彝举荐贤才，很长时间没有举荐一人。太宗质问他原因，他回答说："不是我不尽心，而是现在没有奇才罢了！"太宗说："君子用人如用器物，各取其长处，古时候达到大治的时代，难道是从别的时代借来了人才吗？应该怪自己不会识别人才，怎么能诋毁整个一代人呢？"封德彝羞愧地退了下去。

御史大夫杜淹上奏说："各部门的文件卷宗恐有延误遗漏，请求下令让御史们到各部门去检查核对。太宗征求封德彝的意见，他回答说："设官分职，各有分工。如果真有过失，御史自当纠察举报。假如让御史到各部门去挑剔毛病，吹毛求疵，实在太繁琐。"杜淹默不作声。太宗问杜淹："你为什么不再争辩呢？"杜淹说："国家事务，应当做到最公正，从善而行。封德彝的话很是得体，我心悦诚服，不敢有所非议。"太宗高兴地说："你们都能这样，我还有什么可忧虑的？"

右骁卫大将军长孙顺德接受别人送的绢帛，事情暴露后，太宗说："顺德果能有益于国家，我和他可以共享府库资财，何至于如此贪图财利呢？"可是仍念他有功于国家，不予惩罚，反而在殿上赐给他绢帛数十匹。大理寺少卿胡演说："顺德枉法受财，犯下的罪行不可赦免，为什么还要赐他绢帛呢？"太宗说："他如果有人性的话，得到我赐给绢帛的羞辱，远远超过受刑罚。如果不知道羞愧，只不过是个禽兽而已，杀他又有什么益处呢。"

闰三月壬申（二十日），太宗对太子少师萧瑀说："我年轻时喜好弓箭，曾得十几张好弓，自认为没有比这更好的。近来拿给做弓箭的弓匠看，他说'都不是好材料'。我问他什么缘故，他说：'弓箭木料的中心部分不直，所以脉纹都是邪的，弓虽然很硬而射出的箭都不直。'我才开始醒悟到以前对弓箭的性能分辨不清楚。我用弓箭等武力手段平定天下，而对弓箭的性能还没有

能尽,况天下之务,其能遍知乎?"乃命京官五品以上更宿中书内省,数延见,问以民间疾苦及政事得失。

夏五月,有上书请去佞臣者,上问:"佞臣为谁?"对曰:"臣居草泽,不能的知其人,愿陛下与群臣言,或阳怒以试之。彼执理不屈者,直臣也;畏威顺旨者,佞臣也。"上曰:"君,源也;臣,流也。浊其源而求其流之清,不可得矣。君自为诈,何以责臣下之直乎?朕方以至诚治天下,见前世帝王好以权谲小数接其臣下者,常窃耻之。卿策虽善,朕不取也。"

六月戊申,上与侍臣论周、秦修短,萧瑀对曰:"纣为不道,武王征之。周及六国无罪,始皇灭之。得天下虽同,人心则异。"上曰:"公知其一,未知其二。周得天下,增修仁义;秦得天下,益尚诈力:此修短之所以殊也。盖取之或可以逆得,而守之不可以不顺故也。"瑀谢不及。

上问公卿以享国久长之策。萧瑀言:"三代封建而久长,秦孤立而速亡。"上以为然,于是始有封建之议。

秋九月辛酉,中书令宇文士及罢为殿中监,御史大夫杜淹参豫朝政。他官参豫政事自此始。淹荐刑部员外郎邸怀道,上问其行能,对曰:"炀帝将幸江都,召百官问行留之计,怀道为吏部主事,独言不可。臣亲见之。"上曰:"卿称怀道为是,何为自不正谏?"对曰:"臣尔日不居重任,又知谏不从,徒死无益。"上曰:"卿知炀帝不可谏,何为立其朝?既立其朝,何得不谏?卿仕隋,容可云位卑;后仕王世

完全认识清楚,更何况天下的事务,我怎么能全部知道呢?"于是下令让五品以上京官,轮流到中书省衙署值班,多次召见他们,询问民间疾苦和政治得失。

夏季五月,有人上书请求除去佞臣,太宗问:"谁是佞臣?"回答说:"我身居草泽,不能确知谁是佞臣,请陛下向群臣明言,或者假装发怒加以试探。凡是坚持真理、不屈服的,便是直臣;畏惧威势顺从旨意的,便是佞臣。"太宗说:"君主好比水的源头,大臣是水的支流。若让源头的水混浊,而想得到清澈的支流,是不可能的。君主自己做假使诈,又如何能要求臣下耿直呢?我正以至诚之道治理天下,看到前代帝王好用权谋小计去对待臣下,常常感到很可耻。你的建议虽好,但我不能采用。"

六月戊申(二十八日),太宗和侍臣议论周朝、秦朝的政治得失,萧瑀说:"纣王是无道之君,武王征伐他。周朝和六国都无罪,秦始皇分别灭掉他们。周、秦取天下是相同的,人心却有异。"太宗说:"你只知其一,不知其二。周朝取得天下,就更加修行仁义;秦朝取得天下,更加崇尚诈力:这就是它们长短得失的不同。所以说取天下或许可以通过不正当手段,守成就不可以不顺应正道呀。"萧瑀称谢不如皇帝英明。

太宗向大臣们询问享有国运长久之策。萧瑀说:"夏、商、周三代封土建国而统治时间长,秦朝专制孤立所以灭亡得快。"太宗认为他说得有道理,于是开始有分封诸侯的动议。

秋季九月辛酉(十二日),中书令宇文士及降职为殿中监,御史大夫杜淹参与朝廷大政。宰相以外官员参与政事从此开始。杜淹推荐刑部员外郎邸怀道,太宗问他的品行才能,杜淹回答说:"从前隋炀帝打算巡游江都,召问百官行留之计,邸怀道当时是吏部主事,独言不可去。我亲眼得见。"太宗问道:"你称赞邸怀道做得对,你自己为什么不正言谏劝呢?"杜淹回答:"我当时不任要职,又知道劝谏不会听从,徒然死去毫无益处。"太宗又问:"你知道炀帝不可规谏,为什么要在朝为官?既然在朝为官,又为什么不规谏?你供职于隋朝,姑且可以说位卑;后来在王世

充,尊显矣,何得亦不谏?"对曰:"臣于世充非不谏,但不从耳。"上曰:"世充若贤而纳谏,不应亡国;若暴而拒谏,卿何得免祸?"淹不能对。上曰:"今日可谓尊任矣,可以谏未?"对曰:"愿尽死。"上笑。

冬十二月,或告右丞魏徵私其亲戚,上使御史大夫温彦博按之,无状。彦博言于上曰:"徵不存形迹,远避嫌疑,心虽无私,亦有可责。"上令彦博让徵,且曰:"自今宜存形迹。"他日,徵入见,言于上曰:"臣闻君臣同体,宜相与尽诚,若上下但存形迹,则国之兴丧尚未可知。臣不敢奉诏。"上瞿然曰:"吾已悔之。"徵再拜曰:"臣幸得奉事陛下,愿使臣为良臣,勿为忠臣。"上曰:"忠、良有以异乎?"对曰:"稷、契、皋陶,君臣协心,俱享尊荣,所谓良臣;龙逢、比干,面折廷争,身诛国亡,所谓忠臣。"上悦,赐绢五百匹。

上神采英毅,群臣进见者皆失举措。上知之,每见人奏事,必假以辞色,冀闻规谏。尝谓公卿曰:"人欲自见其形,必资明镜;君欲自知其过,必待忠臣。苟其君愎谏自贤,其臣阿谀顺旨,君既失国,臣岂能独全?如虞世基等谄事炀帝以保富贵,炀帝既弑,世基等亦诛。公辈宜用此为戒,事有得失,无惜尽言!"

或上言秦府旧兵,宜尽除武职,追入宿卫。上谓之曰:"朕以天下为家,惟贤是与,岂旧兵之外皆无可信者乎?汝之此意,非所以广朕德于天下也。"上谓公卿曰:"昔禹凿山治水而民无谤讟者,与人同利故也。秦始皇营宫室而民怨

充那里做官，地位尊显了，为什么也不规谏？"杜淹对答说："我对王世充不是不规谏，只是他不肯听从。"太宗说："王世充如果贤能又纳谏，便不应亡国；假若残暴又拒谏，你怎么能够免于灾祸呢？"杜淹回答不上来。太宗说："今天你的地位称得上尊贵了，可以规谏吗？"回答说："甘愿冒死尽言。"太宗高兴得笑了。

冬季十二月，有人告发右丞魏徵偏袒他的亲戚，太宗派遣御史大夫温彦博按察其事，查无实据。彦博对太宗说："魏徵不能留下行为的痕迹，远避嫌疑，虽然没有私心，也有可责备的地方。"太宗要他去数落魏徵，并且说："自今以后应留下行为的痕迹。"有一天，魏徵上朝，对太宗说："我听说君主与臣下应上下一心，以诚相待，若是上下之间仅追求留下行为的痕迹，那么国家的兴衰隆替难以预料。我不敢遵奉这个诏令。"太宗吃惊地说："我已经后悔了。"魏徵再拜并说："我有幸得以奉事陛下，请让我成为一个良臣，而不做忠臣。"太宗问他："忠、良有什么区别？"魏徵回答说："后稷、契、皋陶的时代，君臣齐心合力，共享荣耀，这就是所谓的良臣；龙逢、比干当面与君主争论、谏议，身死国亡，这就是所谓的忠臣。"太宗听了很高兴，赐给他五百匹绢。

太宗神采英俊刚毅，群臣看见他时都手足无措。太宗知道后，每次见人上朝奏事，都有意地做到和颜悦色，希望听到规谏之言。他曾经对公卿说："人想要看见自己的形体，必定要借助于镜子；君主想自己知道过错，必然要善待忠臣。如果君主刚愎自用，自以为是，他的臣子就阿谀逢迎，君主失去了国家，大臣岂能独自保全？像虞世基等人向炀帝进谄言，来保全富贵，炀帝被杀后，虞世基等也难免被杀。你们应以此为戒，朝廷政事有什么得失，希望不惜畅所欲言！"

有人上书主张秦王府的旧兵，应全部授予武职，归入宿卫部队。太宗对他说："我以天下为家，按才德用人，怎么能认为旧属士兵之外都没有可信用的呢？你这个想法，并不能让我的威德广布天下。"太宗对公卿说："从前大禹凿山治水而百姓没有怨谤之言，是因为与民众利益攸关。秦始皇营造宫殿而民众怨恨

叛者,病人以利己故也。夫靡丽珍奇,固人之所欲,若纵之不已,则危亡立至。朕欲营一殿,材用已具,鉴秦而止。王公已下,宜体朕此意。"由是二十年间,风俗素朴,衣无锦绣,公私富给。

上谓黄门侍郎王珪曰:"国家本置中书、门下以相检察,中书诏敕或有差失,则门下当行驳正。人心所见,互有不同,苟论难往来,务求至当,舍己从人,亦复何伤?比来或护己之短,遂成怨隙,或苟避私怨,知非不正,顺一人之颜情,为兆民之深患,此乃亡国之政也。炀帝之世,内外庶官,务相顺从。当是之时,皆自谓有智,祸不及身。及天下大乱,家国两亡,虽其间万一有得免者,亦为时论所贬,终古不磨。卿曹各当徇公忘私,勿雷同也!"

上谓侍臣曰:"吾闻西域贾胡得美珠,剖身以藏之,有诸?"侍臣曰:"有之。"上曰:"人皆知笑彼之爱珠而不爱其身也。吏受赇抵法,与帝王徇奢欲而亡国者,何以异于彼胡之可笑邪?"魏徵曰:"昔鲁哀公谓孔子曰:'人有好忘者,徙宅而忘其妻。'孔子曰:'又有甚者,桀、纣乃忘其身。'亦犹是也。"上曰:"然。朕与公辈宜戮力相辅,庶免为人所笑也!"

郿令裴仁轨私役门夫,上怒,欲斩之。殿中侍御史长安李乾祐谏曰:"法者,陛下所与天下共也,非陛下所独有也。今仁轨坐轻罪而抵极刑,臣恐人无所措手足。"上悦,免仁轨死,以乾祐为侍御史。

反叛，是因为他损人利己。奇珍异宝，固然是每个人想得到的，假若放纵自己挥霍无度，则危亡马上降临。我想营造一座宫殿，材料都已经具备，有鉴于秦朝的灭亡，便停止了这项工程。亲王公卿以下的文武百姓都应该体会到我的这番深意。"从此以后二十年间，风俗变得质朴淳厚，穿着都不用锦绣，官府与百姓都很富足。

太宗对黄门侍郎王珪说："朝廷设置中书省、门下省，本是为了相互监督按察，中书省起草诏书、敕令如有差误，门下省就应当予以驳回纠正。人的见解各有不同，如果往来辩论，务求准确无误，舍己从人，又有什么不好呢？近来有人护己之短，于是出现怨恨隔阂，有的为了避开私人恩怨，明知其错误也不加驳正，顺从顾及某个人的脸面，造成百姓的灾患，这是亡国的政治。隋炀帝在位时，内外官吏一团和气。那时都自认为很聪明，认为祸患殃及不到自身。到天下大乱，家与国俱亡，虽然其中偶尔有人得以幸免，也要为时论所贬斥，永远不灭。你们每个人都应徇公忘私，不要犯同样的错误！"

太宗对侍臣说："我听说西域有个胡族商人得到一颗美珠，用刀把自己身上剖开将美珠藏在里面，有这么回事吗？"侍臣答道："有这么回事。"太宗说："人们都笑这个人爱珍珠而不知道爱惜自己的身体。官吏受贿赂以身抵法和帝王追求奢华而导致国家灭亡，他们和胡族商人的可笑有什么不同呢？"魏徵说："从前鲁哀公对孔子说：'有的人非常健忘，搬家而忘记自己的妻子。'孔子说：'还有比这严重的，夏桀、商纣乃至于忘其身。'也是这样。"太宗说："对。我和你们应该协力相辅，也许可以避免后人的耻笑。"

郿县县令裴仁轨，私下役使看门人，太宗知道后大怒，要将他处斩。殿中侍御史长安人李乾祐进谏说："法令，是陛下与天下百姓所共有的，不是陛下独有的。现在裴仁轨犯罪较轻却处以极刑，我担心人们无所适从。"太宗听了很高兴，就免除了裴仁轨的死罪，又任命李乾祐为侍御史。

上尝语及关中、山东人，意有同异。殿中侍御史义丰张行成跪奏曰："天子以四海为家，不当有东西之异，恐示人以隘。"上善其言，厚赐之。自是每有大政，常使预议。

二年春正月，上问魏徵曰："人主何为而明，何为而暗？"对曰："兼听则明，偏信则暗。昔尧清问下民，故有苗之恶得以上闻；舜明四目，达四聪，故共、鲧、骧兜不能蔽也。秦二世偏信赵高，以成望夷之祸；梁武帝偏信朱异，以取台城之辱；隋炀帝偏信虞世基，以致彭城阁之变。是故人君兼听广纳，则贵臣不得壅蔽，而下情得以上通也。"上曰："善！"上谓黄门侍郎王珪曰："开皇十四年大旱，隋文帝不许赈给，而令百姓就食山东，比至末年，天下储积可供五十年。炀帝恃其富饶，侈心无厌，卒亡天下。但使仓庾之积足以备凶年，其馀何用哉？"

二月，上谓侍臣曰："人言天子至尊，无所畏惮。朕则不然，上畏皇天之监临，下惮群臣之瞻仰，兢兢业业，犹恐不合天意，未副人望。"魏徵曰："此诚致治之要，愿陛下慎终如始，则善矣。"

上谓房玄龄等曰："为政莫若至公。昔诸葛亮窜廖立、李严于南夷，亮卒而立、严皆悲泣，有死者，非至公能如是乎！又高颎为隋相，公平识治体，隋之兴亡，系颎之存没。朕既慕前世之明君，卿等不可不法前世之贤相也。"

夏四月，太常少卿祖孝孙以为梁、陈之音多吴、楚，周、齐之音多胡、夷，于是斟酌南北，考以古声，作《唐雅乐》，

太宗曾经谈到关中、山东人，认为他们有所不同。殿中侍御史义丰人张行成跪奏道："天子以四海为一家，不应当有东西差别，恐怕让人们觉得陛下心胸狭隘。"太宗很欣赏他的话，给他丰厚的赏赐。从此以后，每当朝廷有大事，常让他参预议论。

二年（628）春季正月，太宗问魏徵："君主如何做称为明？如何做称为暗？"魏徵回答说："兼听则明，偏信则暗。从前尧体恤下情，询问民间疾苦，所以能够听到有苗的恶行；舜广视广听于四方，所以共工、鲧、驩兜不能蒙蔽他。但是，秦二世偏信赵高，导致望夷宫自杀的灾祸；梁武帝偏信朱异，自取困死台城的羞辱；隋炀帝偏信虞世基，以致有彭城阁的变故。所以君主善于听取各方面意见，则亲贵大臣不能掩盖蒙蔽，下情得以上通。"太宗说："非常对！"太宗对黄门侍郎王珪说："隋朝开皇十四年时天下大旱，隋文帝不准许动用国家存粮赈济百姓，而是让他们到山东去自己寻找食物，这样到开皇末年，国家储积的粮食可供五十年食用。隋炀帝依仗国家富饶，奢侈无度，最后导致国家灭亡。所以只要使仓库中的粮食足以应付灾年就够了，多馀的又有什么用呢？"

二月，太宗对侍臣说："人们都说天子至为尊贵，行事无所忌惮。我就不是这样，上怕皇天的监督，下惧群臣的注视，兢兢业业，还怕不符合上天的意旨和百姓的期望。"魏徵说："这的确是达到治世的要领了，愿陛下能慎始慎终，那就好了。"

太宗对房玄龄等人说："为政之道最重要的莫如公正无私。以前诸葛亮把廖立、李严放逐到南夷，诸葛亮死后，廖立悲痛万分，李严伤痛而死，如果诸葛亮不是至公无私能这样吗？高颍为隋朝宰相，公正无私，颇识治国之道，隋朝的兴亡，与高颍的生死休戚攸关。我非常钦佩前代的明君，你们也不可不效法前代的贤相啊。"

夏季四月，太常少卿祖孝孙认为南朝梁、陈的音乐杂入很多吴、楚的音调；北朝周、齐的音乐杂入很多北方胡、夷的音调，于是斟酌南北方的音乐，又用古代声韵加以考核订正，创制《唐雅乐》，

凡八十四调、三十一曲、十二和。诏协律郎张文收与孝孙同修定。六月乙酉,孝孙等奏新乐,上曰:"礼乐者,盖圣人缘物以设教耳,治之隆替,岂由于此?"御史大夫杜淹曰:"齐之将亡,作《伴侣曲》,陈之将亡,作《玉树后庭花》,其声哀思,行路闻之皆悲泣,何得言治之隆替不在乐也!"上曰:"不然。夫乐能感人,故乐者闻之则喜,忧者闻之则悲,悲喜在人心,非由乐也。将亡之政,民必愁苦,故闻乐而悲耳。今二曲具存,朕为公奏之,公岂悲乎?"右丞魏徵曰:"古人称:'礼云礼云,玉帛云乎哉? 乐云乐云,钟鼓云乎哉?'乐诚在人和,不在声音也。"

　　臣光曰:臣闻垂能目制方圆,心度曲直,然不能以教人,其所以教人者,必规矩而已矣。圣人不勉而中,不思而得,然不能以授人,其所以授人者,必礼乐而已矣。礼者,圣人之所履也;乐者,圣人之所乐也。圣人履中正而乐和平,又思与四海共之,百世传之,于是乎作礼乐焉。故工人执垂之规矩而施之器,是亦垂之功已;王者执五帝、三王之礼乐而施之世,是亦五帝、三王之治已。五帝、三王,其违世已久,后之人见其礼知其所履,闻其乐知其所乐,炳然若犹存于世焉,此非礼乐之功邪?

　　夫礼乐有本、有末:中和者,本也;容声者,末也。二者不可偏废。先王守礼乐之本,未尝须臾去于心;行礼乐之文,未尝须臾远于身。兴于闺门,著于朝廷,被于乡遂比邻,达于诸侯,流于四海,自祭祀军旅至于

总共有八十四调、三十一曲、十二和。太宗又诏令协律郎张文收与祖孝孙共同修定。六月乙酉（初十），孝孙等人演奏新乐，太宗问道："礼乐是古代圣人根据人的情性而施以教化的产物，国家政治的兴衰隆替，难道也由此而决定？"御史大夫杜淹说："北齐将要灭亡时，产生《伴侣曲》，陈朝将亡时，又出现《玉树后庭花》，其声调哀思绵绵，过路人听了都悲伤落泪，怎么能说政治的兴衰隆替不在于音乐呢？"太宗说："不对。音乐能够感动人的心灵，所以高兴的人听到音乐就喜悦，忧伤的人听到它就悲痛，悲痛与喜悦全在于人的内心，不是由于音乐引起的。将要衰亡的政治，百姓必然感到愁苦，所以听到音乐更加悲切。现在这两个曲子都还存在，我为你弹奏出来，你难道会悲痛吗？"右丞魏徵说："古人云：'礼难道仅指玉圭束帛而言吗？音乐难道仅指鼓乐铿锵而言吗？'音乐的意义在于使人心和睦，而不在于声音本身。"

北宋史臣司马光说：我听说古代巧匠垂能够用眼睛测方圆，用心衡量曲直，但是不能将这种本领传授给别人，他能够传授给别人的，只是规矩。古代圣人不费力而能切中事物的道理，不深思而能得其因果，但这些也不能传授给别人，所能传授的，一定是礼乐罢了。礼，是圣人所躬亲实践的；乐，是圣人喜爱的声音。圣人步入中正的道路而喜爱和悦太平的局面，又想到与天下人共享，传之百世，于是作礼乐。所以工匠按照垂所传授的规矩去制作器物，这也是垂的功劳；君主按照五帝、三王的礼乐来治理国家，这是五帝、三王治国之道的功劳。五帝、三王离今世已很久远，后代人看见他们的礼而知道他们的行止，听他们的音乐知道他们的喜好，昭昭然如同存在于当世，这不是礼乐的功效吗？

礼乐有本质，也有外形：中正平和者为其本质，容仪声音为其外形。这二者不可偏废。先代君王谨守礼乐的本质，一刻也没有离心远去过；笃行礼乐的外形，一刻也没有远离过其形体。礼乐兴起于闺阁家门，显达于朝廷，广布于乡野近邻，通达于诸侯，流播于四海，从祭祀行军旅次一直到

饮食起居,未尝不在礼乐之中。如此数十百年,然后治化周浃,凤凰来仪也。苟无其本而徒有其末,一日行之而百日舍之,求以移风易俗,诚亦难矣。是以汉武帝置协律,歌天瑞,非不美也,不能免哀痛之诏;王莽建羲和,考律吕,非不精也,而不能救渐台之祸;晋武帝制笛尺,调金石,非不详也,不能弭平阳之灾;梁武帝立四器、调八音,非不察也,不能免台城之辱。然则虽《韶》《夏》《濩》《武》之音,具存于世,苟其馀不足以称之,曾不能化一夫,况四海乎!是犹执垂之规矩而无工与材,坐而待器之成,终不可得也。况齐、陈淫昏之主,亡国之音,暂奏于庭,乌能变一世之哀乐乎!而太宗遽云治之隆替不由于乐,何发言之易而果于非圣人也如此?

夫礼非威仪之谓也,然无威仪则礼不可得而行矣;乐非声音之谓也,然无声音则乐不可得而见矣。譬诸山,取其一土一石而谓之山则不可,然土石皆去,山于何在哉?故曰:"无本不立,无文不行。"奈何以齐、陈之音不验于今世而谓乐无益于治乱,何异睹拳石而轻泰山乎?必若所言,则是五帝、三王之作乐皆妄也。"君子于其所不知,盖阙如也",惜哉!

六月戊子,上谓侍臣曰:"朕观《隋炀帝集》,文辞奥博,亦知是尧、舜而非桀、纣,然行事何其反也?"魏徵对曰:"人君虽圣哲,犹当虚己以受人,故智者献其谋,勇者竭其力。炀帝恃其俊才,骄矜自用,故口诵尧、舜之言而身为桀、纣之行,曾不自知以至覆亡也。"上曰:"前事不远,吾属之师也!"

饮食起居，都循规蹈矩于礼乐。如此数十百年，然后天下大治，祥瑞降临。如果没有本质而徒有外形，一日行礼乐而百日后又舍弃，如此来求得移风易俗，实在是难。所以汉武帝设置协律官，歌颂天降祥瑞，不能说不美，仍不能不下伤感的罪己诏；王莽设立执掌天地四时的官吏羲和，考定律吕之音，不能说不精确，仍不能挽救渐台被杀之祸；晋武帝制笛尺，调金石之声，不能说不详尽，仍不能消弭平阳的灾异；梁武帝设立四器，调理八音，不能说不审慎，仍不能免除台城的耻辱。然而舜、禹、汤、周武王时的《韶》《夏》《濩》《武》四乐，均流行于当世，如果他们的德行均不足以称道，并不能感化一人，更何况普天下的民众呢！这如同拿着垂的规矩而没有工匠、材料，徒劳等待器具的制成，最后一无所得。况且齐、陈淫荡昏庸之主，兴行亡国之音，暂奏于朝廷，怎么能改变其为一世哀乐的本质呢！太宗说政治的兴衰隆替不在于乐，为什么他讲话轻率，非难圣人又如此果决呢？

礼并不是指威仪而言，然而没有威仪则礼难以施行；乐并非指声音而言，然而没有声音则乐难以听得到。譬如一座山，拿来它的一土一石就不能称之为山，但是如果去掉土石，山又何在？所以说："无本不立，无文不行。"为什么因为齐、陈之声同当朝不应验，就认为乐无益于治乱兴衰呢？这与看见拳头大的石头便轻视泰山有什么不同！如果像贞观君臣所说的，则五帝、三王所作乐均属诬妄。"君子对于他所不知道的，暂付阙如"。在这点上，太宗很令人可惜呀！

六月戊子(十三日)，太宗对侍臣说："我翻阅《隋炀帝集》，见其文辞深奥博雅，也知道他推崇尧、舜而非难桀、纣，然而他做事为什么又和他的文章相反呢？"魏徵回答说："君主虽然是圣哲之人，也应当虚心去接受别人的劝谏，所以智慧的人奉献他的谋略，勇武之人竭尽其气力。隋炀帝恃才自傲，骄矜自大，所以才口诵尧、舜之言，而身行桀、纣之事，又不自知，导致灭亡。"太宗说："前世不远，这是我们的老师呀！"

畿内有蝗。辛卯,上入苑中,见蝗,掇数枚,祝之曰:
"民以谷为命,而汝食之,宁食吾之肺肠。"举手欲吞之,左
右谏曰:"恶物或成疾。"上曰:"朕为民受灾,何疾之避?"遂
吞之。是岁,蝗不为灾。

上曰:"朕每临朝,欲发一言,未尝不三思,恐为民害,
是以不多言。"给事中、知起居事杜正伦曰:"臣职在记言,
陛下之言失,臣必书之,岂徒有害于今,亦恐贻讥于后。"上
悦,赐绢二百段。

上曰:"梁武帝君臣惟谈苦空,侯景之乱,百官不能乘
马。元帝为周师所围,犹讲《老子》,百官戎服以听。此深
足为戒。朕所好者,唯尧、舜、周、孔之道,以为如鸟有翼,
如鱼有水,失之则死,不可暂无耳。"

秋七月,上谓侍臣曰:"古语有之:'赦者小人之幸,君
子之不幸。''一岁再赦,善人喑哑。'夫养稂莠者害嘉谷,赦
有罪者贼良民,故朕即位以来,不欲数赦,恐小人恃之轻犯
宪章故也!"

九月,上曰:"比见群臣屡上表贺祥瑞,夫家给人足而
无瑞,不害为尧、舜;百姓愁怨而多瑞,不害为桀、纣。后魏
之世,吏焚连理木,煮白雉而食之,岂足为至治乎?"丁未,
诏:"自今大瑞听表闻,自外诸瑞申所司而已。"尝有白鹊构
巢于寝殿槐上,合欢如腰鼓,左右称贺。上曰:"我常笑隋炀
帝好祥瑞。瑞在得贤,此何足贺!"命毁其巢,纵鹊于野外。

上问王珪曰:"近世为国者益不及前古,何也?"对曰:

京畿地区出现了蝗虫。辛卯(十六日),太宗来到禁苑,看见蝗虫,便捡起几只,祷告说:"百姓视谷子如生命,而你们却吃谷子,宁肯让你们吃我的肺肠。"举手要吞下蝗虫,左右劝谏说:"脏东西吃了容易得病。"太宗说:"我替百姓承受灾难,回避什么疾病。"于是吞食了蝗虫。这一年,蝗虫没有成灾。

太宗说:"我每次临朝听政,每说一句话,都要再三思忖,担心给百姓造成伤害,所以不多说话。"给事中、知起居事杜正伦说:"我的职责在于记言,陛下的每一句错话,我一定要记上,这些错话岂止有害于当今,恐怕还会让后人讥笑。"太宗听了很高兴,赐给他绢帛二百段。

太宗说:"梁武帝君臣只会谈论苦行与空寂,侯景之乱时,百官不能骑马。梁元帝被北周的军队所包围,还在讲论《老子》,百官穿着军装听讲。这足以引为深刻鉴戒。我所喜好的,只是尧、舜、周公、孔子之道,认为这如鸟长翅膀、鱼得活水,失去它们就要死去,不可片刻没有它们。"

秋季七月,太宗对侍臣说:"古语说道:'宽赦对小人来说是幸事,对君子来说则是不幸。''一年中两次大赦,使善良的人哑口不言。'养恶草对谷子有害,宽赦罪犯则使善良的百姓遭殃,所以,我自从即位以来,不想过多地宽赦,唯恐小人有恃无恐,轻易触犯法令!"

九月,太宗说:"近来看见大臣们多次上表章恭贺祥瑞之事,百姓家中富足而没有祥瑞,不必担心做不成尧、舜;百姓愁苦怨恨而多有祥瑞,也与桀、纣相差无几。后魏时,官吏焚烧连理树,煮白雉吃,连理树和白雉难道是盛世的表征吗?"丁未(初四),下诏说:"从今以后大的祥瑞听任上表奏闻,其他诸种瑞兆,申报给有关部门即可。"曾有白鹊在寝殿的槐树上构巢建窝,合欢花如腰鼓状,大臣们都称贺。太宗说:"我常常笑话隋炀帝喜欢祥瑞。祥瑞在于得到贤才,这有什么值得庆贺的!"于是命令左右的人毁掉其巢窝,放白鹊到野外去。

太宗问王珪:"近世执政者越发不如古代,为什么?"回答说:

"汉世尚儒术,宰相多用经术士,故风俗淳厚;近世重文轻儒,参以法律,此治化之所以益衰也。"上然之。

冬十二月壬午,以黄门侍郎王珪为守侍中。上尝闲居,与珪语,有美人侍侧,上指示珪曰:"此庐江王瑗之姬也,瑗杀其夫而纳之。"珪避席曰:"陛下以庐江纳之为是邪,非邪?"上曰:"杀人而取其妻,何问是非?"对曰:"昔齐桓公知郭公之所以亡,由善善而不能用,然弃其所言之人,管仲以为无异于郭公。今此美人尚在左右,臣以为圣心是之也。"上悦,即出之,还其亲族。

上使太常少卿祖孝孙教宫人音乐,不称旨,上责之。温彦博、王珪谏曰:"孝孙雅士,今乃使之教宫人,又从而谴之,臣窃以为不可。"上怒曰:"朕置卿等于腹心,当竭忠直以事我,乃附下罔上,为孝孙游说邪!"彦博拜谢。珪不拜,曰:"陛下责臣以忠直,今臣所言岂私曲邪?此乃陛下负臣,非臣负陛下!"上默然而罢。明日,上谓房玄龄曰:"自古帝王纳谏诚难,朕昨责温彦博、王珪,至今悔之。公等勿为此不尽言也。"

上曰:"为朕养民者,唯在都督、刺史,朕常疏其名于屏风,坐卧观之,得其在官善恶之迹,皆注于名下,以备黜陟。县令尤为亲民,不可不择。"乃命内外五品已上,各举堪为县令者,以名闻。

上曰:"比有奴告其主反者,此弊事。夫谋反不能独为,必与人共之,何患不发,何必使奴告邪?自今有奴告主者,

"汉代崇尚儒术，宰相多用经术之士，所以风俗淳厚；近世重文轻儒，又辅以法律，这便是治世化民之道日益衰微的原因。"太宗认为是这样。

冬季十二月壬午（初十），任命黄门侍郎王珪为守侍中。太宗曾闲居无事，与王珪交谈，有一个美人在旁侍候，太宗指给王珪说："这原是庐江王李瑗的姬妾，李瑗杀了她的丈夫而收纳她。"王珪离开座位说道："陛下认为庐江王纳她为妾是对还是不对？"太宗说："杀了人而纳他妻子为妾，你怎么还要问对错？"王珪答道："从前齐桓公知道郭公灭亡的原因，在于喜好良言而不能采用，而桓公本人弃置讲这原因的人，管仲认为这与郭公没有什么两样。现在这位美人还在你身边，我觉得陛下是认为庐江王做得对。"太宗听了感到很高兴，即刻将这个女子放出宫，让她回到自己亲族那里去。

太宗让太常寺少卿祖孝孙向宫人们教授音乐，不称太宗的心意，太宗责怪他。温彦博、王珪劝谏道："孝孙是高雅之士，如今竟让他去教授宫人，而又谴责他，我们觉得不应该这样。"太宗大怒道："我将你们视为心腹，应当竭尽忠直侍奉我，现在却附和下面欺罔君上，为祖孝孙游说！"彦博行礼谢罪。王珪不行礼，说："陛下责令我竭尽忠直，现在我所说的难道有私情吗？这是陛下有负于我，并不是我有负于陛下！"太宗沉默了好久才作罢。次日，太宗对房玄龄说："自古以来帝王纳谏的确很难，我昨天责备温彦博和王珪，到现在还在后悔。你们不要因此事而不尽言。"

太宗说："替我养护百姓的，唯有都督、刺史，我常常将他们的名字写在屏风上，坐卧都留心观看，得知他们的善恶事迹，都注录在他们的名下，以备升迁和降职的参考。县令尤其与百姓接近，不可不慎加选择。"于是下令朝廷内外五品以上官员，各举荐能胜任县令职位的人，呈报他们的姓名。

太宗说："近来有奴婢告其主子谋反的，这是个弊端。谋反不是一个人干得了的事，必然有其同伙，还担心事情没有人告发，而要让其奴婢来告发吗？从今以后有奴婢告其主子谋反的，

皆勿受，仍斩之。”

三年春二月戊寅，以房玄龄为左仆射，杜如晦为右仆射，以尚书右丞魏徵守秘书监，参预朝政。

三月丁巳，上谓房玄龄、杜如晦曰：“公为仆射，当广求贤人，随才授任，此宰相之职也。比闻听受辞讼，日不暇给，安能助朕求贤乎？”因敕“尚书细务属左右丞，唯大事应奏者，乃关仆射”。玄龄明达吏事，辅以文学，夙夜尽心，恐一物失所。用法宽平，闻人有善，若己有之，不以求备取人，不以己长格物。与如晦引拔士类，常如不及。至于台阁规模，皆二人所定。上每与玄龄谋事，必曰：“非如晦不能决。”及如晦至，卒用玄龄之策。盖玄龄善谋，如晦能断故也。二人深相得，同心徇国，故唐世称贤相者，推房、杜焉。玄龄虽蒙宠待，或以事被谴，辄累日诣朝堂，稽颡请罪，恐惧若无所容。

玄龄监修国史，上语之曰：“比见《汉书》载《子虚》《上林赋》，浮华无用。其上书论事，词理切直者，朕从与不从，皆当载之。”

夏四月乙亥，上皇徙居弘义宫，更名大安宫。甲午，上始御太极殿，谓侍臣曰：“中书、门下，机要之司，诏敕有不便者，皆应论执。比来唯睹顺从，不闻违异。若但行文书，则谁不可为，何必择才也？”房玄龄等皆顿首谢。故事，凡军国大事，则中书舍人各执所见，杂署其名，谓之五花判事。中书侍郎、中书令省审之，给事中、黄门侍郎驳正之。上始申明旧制，由是鲜有败事。

均不受理，同时对奴婢处斩。"

三年（629）春季二月戊寅（初六），任命房玄龄为左仆射，任命杜如晦为右仆射，任命尚书右丞魏徵暂时署理秘书监，参预朝政。

三月丁巳（十六日），太宗对房玄龄、杜如晦说："你们身为仆射，应当广求天下贤才，因才授官，这是宰相的职责。近来听说你们受理辞讼案情，日不暇接，怎么能够帮助我求得贤才呢？"因此敕令"尚书省琐细事务归尚书左右丞掌管，只有应当奏明的大事，才禀告左右仆射处理"。房玄龄通晓政务，又要起草文书备顾问，昼夜操劳，唯恐偶有差池。他用法宽和平正，听到别人的长处，就好像在自己身上，不对人求全责备，不以己之所长要求别人。他与杜如晦提拔读书人，不遗余力。太宗朝政的格局，都是二人所定。太宗每次同房玄龄谋划政事，玄龄一定要说："非杜如晦不能决断。"等到杜如晦来，最后还是采用房玄龄的建议。这是因为房玄龄善于谋划，杜如晦长于决断。二人十分融洽，同心为国出力，所以唐朝称为贤相的首推房、杜二人。房玄龄虽多蒙太宗宠爱，有时因某事受谴责，便一连数日到朝堂磕头请罪，恐惧得好像无地自容似的。

房玄龄奉命监修国史，太宗对他说："近来翻看《汉书》载有《子虚赋》《上林赋》，均华而不实。凡有上书议论国事，词理直切的，我从与不从，均应载入国史。"

夏季四月乙亥（初四），太上皇李渊迁居弘义宫，改弘义宫为大安宫。甲午（二十三日），太宗开始亲御太极殿，对侍臣说："中书省、门下省，都是机要部门，诏书、敕令有不当之处，都应当提出并坚持自己的意见。近来唯见顺从旨意，听不到相反意见。如果只是过往文书，那么谁不能干，何必又要慎择人才呢？"房玄龄等人均磕头谢罪。按以前的惯例，凡军国大事，中书舍人都要各执所见，分别署名，称之为五花判事。中书侍郎、中书令加以审核，给事中、黄门侍郎予以驳正。太宗开始申明旧的规则，于是很少有错误。

冬十二月乙酉，上问给事中孔颖达曰："《论语》：'以能问于不能，以多问于寡，有若无，实若虚。'何谓也？"颖达具释其义以对，且曰："非独匹夫如是，帝王亦然。帝王内蕴神明，外当玄默，故《易》称'以蒙养正，以明夷莅众'。若位居尊极，炫耀聪明，以才陵人，饰非拒谏，则下情不通，取亡之道也。"上深善其言。

房玄龄、王珪掌内外官考，治书侍御史万年权万纪奏其不平，上命侯君集推之。魏徵谏曰："玄龄、珪皆朝廷旧臣，素以忠直为陛下所委，所考既多，其间能无一二人不当！察其情，终非阿私。若推得其事，则皆不可信，岂得复当重任？且万纪比来恒在考堂，曾无驳正；及身不得考，乃始陈论。此正欲激陛下之怒，非竭诚徇国也。使推之得实，未足裨益朝廷；若其本虚，徒失陛下委任大臣之意。臣所爱者治体，非敢苟私二臣。"上乃释不问。

四年春二月，以御史大夫温彦博为中书令，守侍中王珪为侍中；守户部尚书戴胄为户部尚书，参预朝政；太常少卿萧瑀为御史大夫，与宰臣参议朝政。

三月甲申，蔡成公杜如晦薨。

夏六月乙卯，发卒修洛阳宫以备巡幸，给事中张玄素上书谏，以为："洛阳未有巡幸之期而预修宫室，非今日之急务。昔汉高祖纳娄敬之说，自洛阳迁长安，岂非洛阳之地不及关中之形胜邪？景帝用晁错之言而七国构祸，陛下今处突厥于中国，突厥之亲，何如七国？岂得不先为忧，

冬季十二月乙酉（十九日），太宗问给事中孔颖达："《论语》说：'有能力的人向无能力的人请教，知识丰富的人向知识匮乏的人请教，有学问像没学问一样，满腹知识像空无所有一样。'如何解释？"孔颖达具体解释其本义，并且说："非独一般人如此，帝王也应当如此。帝王内心要蕴含神识明见，但外表却应当沉默少语，所以《周易》称'以外表蒙昧来修养贞正之德，用韬晦掩盖内心聪明的办法管理民众'。假如身居至高无上的地位，炫耀自己的聪明，依恃才气盛气凌人，掩饰错误，拒绝纳谏，那么就会造成下情无法上达，这是自取灭亡之道。"太宗十分赞许他的话。

房玄龄、王珪两人执掌朝廷内外官吏的考核，治书侍御史万年人权万纪奏称对他有不平之处，太宗命侯君集重加推勘。魏徵劝谏说："玄龄、王珪都是朝廷旧臣，素来以忠直为陛下所信任，所考核的官员很多，中间能无一两人考核失当？体察其实情，绝对不是有偏私。假如重新推勘属实，则均不可信，怎么能再担任这个要职呢？况且权万纪近来一直在考堂任职，并没有任何驳正；等到考核自己没得好结果，才开始陈述意见。这正是想激怒陛下，并非竭诚为国。假如推勘得见实情，推翻前论，于朝廷也没有什么好处；如果本来便虚妄，白白失掉陛下委任大臣的一片心意。我真正关心的是国家政体，不敢袒护房、王二人。"太宗于是放下此事不再过问。

四年（630）春季二月，任命御史大夫温彦博为中书令；守侍中王珪为侍中；守户部尚书戴胄为户部尚书，参预朝政；太常寺少卿萧瑀为御史大夫，与宰相一同参议朝政。

三月甲申（十九日），蔡成公杜如晦去世。

夏季六月乙卯（二十二日），征发士兵修筑洛阳宫以备太宗巡幸之用，给事中张玄素上书劝谏道："皇上巡幸洛阳之期还没有确定，就预先修筑宫殿，这不是现在的急务。从前汉高祖刘邦采纳娄敬的建议，从洛阳迁都到长安，难道不是因为洛阳的地利赶不上关中地区的地利吗？汉景帝采用晁错削藩的建议导致七国之乱，陛下现在将突厥人杂处于中原汉民间，陛下与突厥的亲近程度怎么比得上汉朝与七国？怎能不首先忧虑突厥之事，

而宫室可遽兴,乘舆可轻动哉? 臣见隋氏初营宫室,近山无大木,皆致之远方,二千人曳一柱,以木为轮,则戛摩火出,乃铸铁为毂,行一二里,铁毂辄破,别使数百人赍铁毂随而易之,尽日不过行二三十里,计一柱之费,已用数十万功,则其馀可知矣。陛下初平洛阳,凡隋氏宫室之宏侈者皆令毁之,曾未十年,复加营缮,何前日恶之而今日效之也? 且以今日财力,何如隋世? 陛下役疮痍之人,袭亡隋之弊,恐又甚于炀帝矣!”上谓玄素曰:“卿谓我不如炀帝,何如桀、纣?”对曰:“若此役不息,亦同归于乱耳!”上叹曰:“吾思之不熟,乃至于是!”顾谓房玄龄曰:“朕以洛阳土中,朝贡道均,意欲便民,故使营之。今玄素所言诚有理,宜即为之罢役。后日或以事至洛阳,虽露居亦无伤也。”仍赐玄素彩二百匹。

　　秋七月乙丑,上问房玄龄、萧瑀曰:“隋文帝何如主也?”对曰:“文帝勤于为治,每临朝,或至日昃,五品已上,引坐论事,卫士传飧而食;虽性非仁厚,亦励精之主也。”上曰:“公得其一,未知其二。文帝不明而喜察。不明则照有不通,喜察则多疑于物,事皆自决,不任群臣。天下至广,一日万机,虽复劳神苦形,岂能一一中理? 群臣既知主意,唯取决受成,虽有愆违,莫敢谏争,此所以二世而亡也。朕则不然。择天下贤才,置之百官,使思天下之事,关由宰相,审熟便安,然后奏闻。有功则赏,有罪则刑,谁敢不竭心力以修职业,何忧天下之不治乎?”因敕百司:“自今诏敕行下有未便者,皆应执奏,毋得阿从,不尽己意。”

却突然兴修宫殿，轻易移动御驾呢？据我所知，隋朝当初营造宫殿，因为近处山上没有大木，要从远处运来，两千人拉一根柱子，用横木做轮子，则摩擦起火，于是铸铁做车毂，行走一两里，铁毂便破损，只好另差几百人携带铁毂随时更换，每天不过走出二三十里，计算一根柱子需花费几十万的劳动力，其他的花费就可想而知了。陛下刚平定洛阳时，凡遇隋朝宫殿宏大奢侈的均下令拆毁，还不到十年光景，又重新营造修缮，为什么以前讨厌的东西现在却要加以仿效呢？而且按照现在的财力状况，怎么能与隋朝相比！陛下役使极为疲惫的百姓，承袭隋朝灭亡的弊端，造成的祸乱恐怕又要超过炀帝了！"太宗听了便问张玄素："你说我不如炀帝，那么与桀、纣相比如何？"答道："如果此项劳役不停，恐怕也要一样导致变乱！"太宗感叹道："我考虑的不周到，以至于此！"回头对房玄龄说："我以为洛阳地处大唐中央地段，四方朝贡路途均等，想着便利百姓，所以派人营造。刚才玄素所说的确有道理，应立即停止此项工程。日后如有事去洛阳，即使露宿也不妨事。"于是赐给张玄素彩绸二百匹。

秋季七月乙丑(初二)，太宗问房玄龄、萧瑀："隋文帝是个什么样的君主？"回答说："文帝勤于朝政，临朝时常要到太阳偏西，五品以上官员围坐论事，卫士不能下岗，站着传送食物而吃；虽品性不够仁厚，亦可称得上是励精图治的君主。"太宗说："你们只知其一，不知其二。文帝不明智而喜欢苛察。不明智则察事不能都通达，苛察则对事物多有疑心，万事皆自行裁决，不信任群臣。天下如此之大，日理万机，虽费心劳神，怎能每件事都切中要领？群臣既知主上之意，便只是按决定办事，即使主上出现差错，也没人敢争辩谏议，所以传了两代隋朝便灭亡了。我就不是这样。选拔天下贤才，分别充任文武百官，让他们考虑国家大事，然后汇报给宰相，经深思熟虑，妥帖可行，然后上奏到我这里。有功则赏，有罪则罚，谁还敢不尽心竭力而各司职守，何愁国家治理不好呢？"因而敕令各部门："今后诏令敕文有不当之处，均应执意禀奏，不得阿谀顺从，不充分发表自己的意见。"

冬十二月，诸宰相侍宴，上谓王珪曰："卿识鉴精通，复善谈论，玄龄以下，卿宜悉加品藻，且自谓与数子何如？"对曰："孜孜奉国，知无不为，臣不如玄龄。才兼文武，出将入相，臣不如李靖。敷奏详明，出纳惟允，臣不如温彦博。处繁治剧，众务毕举，臣不如戴胄。耻君不及尧、舜，以谏争为己任，臣不如魏徵。至于激浊扬清，嫉恶好善，臣于数子，亦有微长。"上深以为然，众亦服其确论。

上之初即位也，尝与群臣语及教化，上曰："今承大乱之后，恐斯民未易化也。"魏徵对曰："不然。久安之民骄佚，骄佚则难教；经乱之民愁苦，愁苦则易化。譬犹饥者易为食，渴者易为饮也。"上深然之。封德彝非之曰："三代以还，人渐浇讹，故秦任法律，汉杂霸道，盖欲化而不能，岂能之而不欲邪？魏徵书生，未识时务，若信其虚论，必败国家。"徵曰："五帝、三王不易民而化，昔黄帝征蚩尤，颛顼诛九黎，汤放桀，武王伐纣，皆能身致太平，岂非承大乱之后邪？若谓古人淳朴，渐至浇讹，则至于今日，当悉化为鬼魅矣，人主安得而治之？"上卒从徵言。

元年，关中饥，米斗直绢一匹。二年，天下蝗。三年，大水。上勤而抚之，民虽东西就食，未尝嗟怨。是岁，天下大稔，流散者咸归乡里，米斗不过三四钱，终岁断死刑才二十九人。东至于海，南及五岭，皆外户不闭，行旅不赍粮，取给于道路焉。上谓长孙无忌曰："贞观之初，上书

冬季十二月,众位宰相陪从太宗饮宴,太宗对王珪说:"你见解精通,又很健谈,房玄龄以下,你详细地加以品评,而且衡量下你与他们相比怎么样。"王珪回答说:"勤勤恳恳地事奉国家,尽心竭力无所保留,我不如房玄龄。文武兼备,出将入相,我不如李靖。议事详尽周到,下情上达,上情下达,都很得体,我不如温彦博。处理繁杂事务和突发事件,事无巨细都管理得井井有条,我不如戴胄。唯恐君主不如尧、舜,专以苦口强谏为己任,我不如魏徵。至于说到摒除坏人,表彰好人,嫉恶如仇,喜善向善,我同他们相比,倒是略有长处。"太宗很赞同这种分析,众人也钦佩他的高论。

太宗刚即位时,曾经与群臣谈到教化,太宗说:"如今刚经过大乱,我担心百姓不容易教化。"魏徵回答道:"不是这样的。长久安定的百姓容易骄逸,骄逸就难以教化;经过动乱的百姓生活愁苦,愁苦则容易教化。这如同饥饿的人不苟择食物,口渴的人不苟择饮水一样。"太宗深表赞同。封德彝不同意他的说法,反驳说:"夏、商、周三代以后,人心渐渐浇薄奸诈,所以秦朝专用法律,汉朝杂用霸道,这大概是想对百姓进行教化又做不到,哪里是做得到而不想做呢?魏徵是书生,不识时务,如果相信他的空虚论调,必然败坏国家。"魏徵说:"五帝、三王不是换掉百姓而实现教化,从前黄帝征伐蚩尤,颛顼诛灭九黎,商汤放逐夏桀,武王讨伐商纣,均能达到太平盛世,难道不是承接大乱之后吗?如果说古人淳朴,后代渐渐变得浇薄奸诈,那么到今天,该是全都化为鬼魅了,君主又怎么能治理他们呢?"太宗最后听从了魏徵的意见。

贞观元年(627)时,关中地方闹饥荒,一斗米值一匹绢。二年(628),全国出现蝗灾。三年(629),发大水。太宗勤勉听政,并加以安抚,百姓虽然易地求食,也未曾抱怨。这一年,全国丰收,背井离乡的人都回归故里,一斗米不过三四钱,整年犯死罪的才二十九人。东到大海,南到五岭,均夜不闭户,行旅不带粮,在路途上可以得到食物。太宗对长孙无忌说:"贞观初年,上奏

者皆云:'人主当独运威权,不可委之臣下。'又云:'宜震耀威武,征讨四夷。'唯魏徵劝朕'偃武修文,中国既安,四夷自服'。朕用其言。今颉利成擒,其酋长并带刀宿卫,部落皆袭衣冠,徵之力也,但恨不使封德彝见之耳!"徵再拜谢曰:"突厥破灭,海内康宁,皆陛下威德,臣何力焉?"上曰:"朕能任公,公能称所任,则其功岂独在朕乎?"

房玄龄奏"阅府库甲兵,远胜隋世"。上曰:"甲兵武备,诚不可阙;然炀帝甲兵岂不足邪?卒亡天下。若公等尽力,使百姓乂安,此乃朕之甲兵也。"

五年秋九月,上修仁寿宫,更命曰九成宫,又将修洛阳宫。民部尚书戴胄表谏,以"乱离甫尔,百姓凋弊,帑藏空虚,若营造不已,公私劳费,殆不能堪!"上嘉之曰:"戴胄于我非亲,但以忠直体国,知无不言,故以官爵酬之耳。"久之,竟命将作大匠窦璡修洛阳宫,璡凿池筑山,雕饰华靡。上怒,遽命毁之,免璡官。

初,上令群臣议封建,魏徵议以为:"若封建诸侯,则卿大夫咸资俸禄,必致厚敛。又,京畿赋税不多,所资畿外,若尽以封国邑,经费顿阙。又,燕、秦、赵、代俱带外夷,若有警急,追兵内地,难以奔赴。"礼部侍郎李百药以为:"运祚修短,定命自天。尧、舜大圣,守之而不能固;汉、魏微贱,拒之而不能却。今使勋戚子孙皆有民有社,易世之后,将骄淫自恣,攻战相残,害民尤深,不若守令之迭居也。"中书侍郎颜师古以为:"不若分王宗子,勿令过大,间以州县,

者都说:'君主应当独自运用威权,不能委任给臣下。'又说:'应当耀武扬威,征讨四夷。'只有魏徵劝我'偃武修文,中原安定,四方自然钦服'。我采纳他的意见。如今颉利成了俘虏,其部族首领成为宿卫官,各部落都受到中原礼制的熏染,这都是魏徵的功劳,只是遗憾封德彝见不到了!"魏徵再拜辞谢说:"突厥灭亡,海内承平,都是陛下威德所致,我有什么力量呢?"太宗说:"我能够重用你,你能够称职,那么功劳怎么能是我一个人的呢?"

房玄龄奏称,"我检视朝廷府库的武器,远远超过隋朝"。太宗说:"甲兵武备,诚然不可缺少;然而隋炀帝兵械难道不够吗?最后还是亡国了。如果你们尽心竭力,让老百姓人心安定,这就是我最好的甲兵。"

五年(631)秋季九月,太宗修仁寿宫,更名为九成宫,又打算修洛阳宫。民部尚书戴胄上表规谏,认为"动乱刚结束不久,百姓穷困,国库空虚,如果不停地营造,公私耗费,恐怕难以承受"。太宗称赞说:"戴胄和我并不亲近,他只是以忠诚正直体察国家,知无不言,所以厚加官爵予以酬劳。"过了一些时候,太宗还是命将作大匠窦琎修筑洛阳宫,窦琎凿池筑山,雕饰得华贵奢靡。太宗大怒,即刻下令拆毁,并免除窦琎的官职。

起初,太宗命令大臣们议论分封诸王的事,魏徵认为:"如果分封诸王建立诸侯国,那么卿大夫们都要靠领取俸禄生活,这样,必然导致大量征收赋税。另外,京城一带的赋税历来不多,原来依靠京城以外各州县,如果都分封给诸侯国,那么,国家的经费顿时就会短缺。再加上燕、秦、赵、代诸地,均和夷族邻近,如有紧急情况出现,向内地要求支援,一时也难以奔赴。"礼部侍郎李百药认为:"国家运祚的长短,命在上天。尧、舜是大圣人,守定国祚而不能巩固;汉、魏起于微贱,想拒绝却推却不掉,照样统治多少年。如今让皇亲国戚子子孙孙都有自己封国的百姓和祭庙,几代以后,将会骄奢淫逸,相互攻伐残杀,会对百姓造成极大危害,还不如不断地更换郡守县令呢。"中书侍郎颜师古认为:"不如分封亲王宗子,但不能让他们过于强大,以州县相间隔,

杂错而居,互相维持,使各守其境,协力同心,足扶京室。为置官寮,皆省司选用,法令之外,不得擅作威刑,朝贡礼仪,具为条式。一定此制,万代无虞。"十一月丙辰,诏:"皇家宗室及勋贤之臣,宜令作镇藩部,贻厥子孙,非有大故,无或黜免,所司明为条例,定等级以闻。"

　　冬十二月,上谓侍臣曰:"朕以死刑至重,故令三覆奏,盖欲思之详熟故也。而有司须臾之间,三覆已讫。又,古刑人,君为之彻乐减膳。朕庭无常设之乐,然常为之不啖酒肉,但未有著令。又,百司断狱,唯据律文,虽情在可矜,而不敢违法,其间岂能尽无冤乎?"丁亥,制:"决死囚者,二日中五覆奏,下诸州者三覆奏。行刑之日,尚食勿进酒肉,内教坊及太常不举乐。皆令门下覆视。有据法当死而情可矜者,录状以闻。"由是全活甚众。其五覆奏者,以决前一二日,至决日又三覆奏。惟犯恶逆者一覆奏而已。

　　上谓执政曰:"朕常恐因喜怒妄行赏罚,故欲公等极谏。公等亦宜受人谏,不可以己之所欲,恶人违之。苟自不能受谏,安能谏人。"

　　康国求内附。上曰:"前代帝王,好招来绝域,以求服远之名,无益于用而糜弊百姓。今康国内附,傥有急难,于义不得不救。师行万里,岂不疲劳? 劳百姓以取虚名,朕不为也。"遂不受。谓侍臣曰:"治国如治病,病虽愈,尤宜将护,傥遽自放纵,病复作,则不可救矣。今中国幸安,

交错为界,互相维持牵制,让他们各守其境,同心协力,足以扶持京城皇室。并且为它们设置官吏,均由尚书省选拔录用,依法令行事,不得擅自增加严刑酷法,朝贡礼仪,都订立格式。这种制度一旦确定,千秋万代可保平安。"十一月丙辰(初一),太宗下诏:"皇室宗亲及勋贵大臣,均可成为地方藩镇之主,并传给其子孙,没有大的变故,不得随意黜免,各部门明确制定条例,定下不同等级,上报朝廷。"

冬季十二月,太宗对侍臣说:"我认为死刑至关重大,所以下令三次复议,正是为了深思熟虑,以减少误差。而有的部门却在片刻之间完成三次复议。另外,古代处决犯人,君主常为此停止奏乐减少御膳。我的宫廷里没有常设的音乐,然而常常为此而不用酒肉,只是没有明文规定。再者,各部门断案判刑,只依据法令条文,即使情有可原,也不敢违反法律,这中间怎么能没有冤情?"丁亥(初二),颁布制令:"判死刑的犯人,两天之内要五次复议,下达各州的也要三次复议。行刑之日,尚食局不得进酒肉,内教坊及太常寺不得奏乐。上述规定均由门下省监督。如有依法应当处死而其情形可以怜悯的犯人,抄录文状上报。"由此而免于死罪的很多。凡是五次复议的,在处决前一两天,到处决当天又要三次复议。只有犯恶逆罪的,一次复议即可。

太宗对执政大臣说:"我常常担心由于个人的喜怒而妄加赏罚,所以希望你们极力进谏。而你们也应当接受别人的劝谏,不可按自己的好恶,而讨厌别人违背己意。如果自己不能接受劝谏,怎么能劝谏别人呢?"

康国要求归附唐朝。太宗说:"前代的帝王,喜欢招抚地处遥远的国家,来求得降服远方的盛名,这样做毫无益处反让百姓受罪。如今康国要求归附,如果他们遇到危急情况,按道义不能不去救援。士兵们行军万里,能不疲劳?让百姓劳苦来获取虚名,这样的事我不做。"于是不接受康国归附。太宗还对侍臣说:"治理国家如同治病,病虽然治好了,却更应注意调养,倘若立即放纵自己,病还会复发,那就不可救治了。如今中原幸得安定,

四夷俱服,诚自古所希,然朕日慎一日,唯惧不终,故欲数闻卿辈谏争也。"魏徵曰:"内外治安,臣不以为喜,唯喜陛下居安思危耳。"

上尝与侍臣论狱,魏徵曰:"炀帝时尝有盗发,帝令於士澄捕之,少涉疑似,皆拷讯取服,凡二千馀人,帝悉令斩之。大理丞张元济怪其多,试寻其状,内五人尝为盗,馀皆平民。竟不敢执奏,尽杀之。"上曰:"此岂唯炀帝无道,其臣亦不尽忠。君臣如此,何得不亡?公等宜戒之!"

六年春正月,文武官请封禅,上曰:"卿辈皆以封禅为帝王盛事,朕意不然。若天下乂安,家给人足,虽不封禅,庸何伤乎!昔秦始皇封禅,而汉文帝不封禅,后世岂以文帝之贤不及始皇邪?且事天扫地而祭,何必登泰山之巅,封数尺之土,然后可以展其诚敬乎?"群臣犹请之不已,上亦欲从之,魏徵独以为不可。上曰:"公不欲朕封禅者,以功未高邪?"曰:"高矣!""德未厚邪?"曰:"厚矣!""中国未安邪?"曰:"安矣!""四夷未服邪?"曰:"服矣!""年谷未丰邪?"曰:"丰矣!""符瑞未至邪?"曰:"至矣!""然则何为不可封禅?"对曰:"陛下虽有此六者,然承隋末大乱之后,户口未复,仓廪尚虚,而车驾东巡,千乘万骑,其供顿劳费,未易任也。且陛下封禅,则万国咸集,远夷君长,皆当扈从。今自伊、洛以东至于海、岱,烟火尚希,灌莽极目,此乃引戎狄入腹中,示之以虚弱也。况赏赉不赀,未厌远人

四方夷人顺服，确实是自古以来所少有的，然而我却一天比一天谨慎行事，唯恐不能持久，所以想经常听到你们的谏诤。"魏徵说："国家内外安定，我不把它看成喜事，只是高兴陛下能够居安思危。"

太宗曾经与侍臣讨论刑狱之事，魏徵说："隋炀帝时一次盗劫案发生后，炀帝令於士澄逮捕罪犯，稍有怀疑，便严刑拷打取证服罪，总共达两千多人，炀帝下令全部处斩。在处斩以前，大理寺丞张元济奇怪罪犯竟有这么多，就试着查考其供状，其中只有五人曾有前科，其馀都是普通百姓。张元济最终也不敢持章表上奏讲明真情，所以都给杀掉了。"太宗说："这岂止是炀帝无道，大臣们也没有尽忠。君臣都这样，国家怎能不灭亡？你们应深以为戒！"

六年（632）春季正月，文武官员请行封禅大礼，太宗说："你们都认为封禅是帝王的盛举，我的看法不是这样。如果天下安定，百姓家家富足，即使不去封禅，又有什么妨害呢？从前秦始皇行封禅礼，西汉文帝不封禅，后世难道会认为文帝的贤德不如秦始皇吗？况且侍奉上天扫地而祭祀，何必要去登泰山的顶峰，封筑几尺泥土，然后才算展示了他的诚心敬意吗？"群臣还是不停地请求，太宗也想听从这项意见，唯独魏徵认为不应该去。太宗说："你不想让我去泰山封禅，是认为我的功劳不够高吗？"魏徵答道："够高了！"又问："我的德行不厚吗？"答道："很厚了！""大唐不安定吗？"答道："安定！""四方夷族未归服吗？"答道："归服了！""年成没丰收吗？"答道："丰收了！""符瑞没到吗？"答道："到了！""既然如此，那么为什么不可去行封禅礼呢？"答道："陛下虽有上述六点理由，然而大唐承接隋末大乱之后，户口没有增加，国家府库粮仓还很空虚，而陛下东巡去泰山，大量的车骑，其供应耗费，难以承担。而且陛下封禅泰山，则各国君主都来聚集，远方夷族首领也全要陪从。如今从伊水、洛水以东直到大海、泰山，人烟尚稀少，满目草木丛生，这是引戎狄进入大唐腹地，展示我方的虚弱。况且赏赐供给无数，也不能满足那些远方人

之望;给复连年,不偿百姓之劳。崇虚名而受实害,陛下将焉用之!"会河南、北数州大水,事遂寝。

三月,长乐公主将出降,上以公主,皇后所生,特爱之,敕有司资送倍于永嘉长公主。魏徵谏曰:"昔汉明帝欲封皇子,曰:'我子岂得与先帝子比!'皆令半楚、淮阳。今资送公主,倍于长主,得无异于明帝之意乎!"上然其言,入告皇后。后叹曰:"妾亟闻陛下称重魏徵,不知其故,今观其引礼义以抑人主之情,乃知真社稷之臣也!妾与陛下结发为夫妇,曲承恩礼,每言必先候颜色,不敢轻犯威严。况以人臣之疏远,乃能抗言如是,陛下不可不从也。"因请遣中使赍钱四百缗,绢四百匹以赐徵,且语之曰:"闻公正直,乃今见之,故以相赏。公宜常秉此心,勿转移也。"上尝罢朝,怒曰:"会须杀此田舍翁。"后问为谁,上曰:"魏徵每廷辱我。"后退,具朝服立于庭,上惊问其故。后曰:"妾闻主明臣直。今魏徵直,由陛下之明故也,妾敢不贺?"上乃悦。

秋七月辛未,宴三品已上于丹霄殿。上从容言曰:"中外乂安,皆公卿之力。然隋炀帝威加夷、夏,颉利跨有北荒,统叶护雄据西域,今皆覆亡,此乃朕与公等所亲见,勿矜强盛以自满也!"

闰月乙卯,上宴近臣于丹霄殿,长孙无忌曰:"王珪、魏徵,昔为仇雠,不谓今日得同此宴。"上曰:"徵、珪尽心

的欲望；即使免除几年徭役，也不能补偿百姓的劳苦。像这种崇尚虚名而实际受害的政策，陛下怎么能采纳呢？"当时，正遇上黄河南北地区数州县发大水，于是，封禅这件事也就停止了。

三月，长乐公主将要出嫁长孙冲，太宗因公主是皇后亲生，特别疼爱，敕令有关部门所给陪嫁要比皇姑永嘉长公主多一倍。魏徵劝谏道："从前汉明帝想要分封皇子封邑，说：'我的儿子怎么能和先帝的儿子相比呢？'均令只分给楚王、淮阳王封地的一半。如今长乐公主的陪嫁，比长公主多一倍，岂不是与汉明帝的意思相差太远了吗？"太宗觉得有理，进宫告知长孙皇后。长孙皇后感叹说："我多次听到陛下称赞魏徵，不知道是什么缘故，如今见他引征礼义来抑制君主的私情，这才知道真是辅佐陛下的栋梁之臣呀！我与陛下是结发夫妻，多蒙陛下恩宠礼遇，每次讲话都要察言观色，不敢轻易冒犯你的威严。何况大臣与陛下较为疏远，还能如此直言强谏，陛下不可不听从他的意见。"随后，皇后请求派宦官赏赐魏徵四百缗钱、四百匹绢，并且对他说："听说你十分正直，今日得以亲见，所以赏赐这些钱物。希望你经常秉此忠心，不要改变。"有次，太宗散朝回到后宫，怒气冲冲地说："以后总得找机会杀掉这个乡下佬。"皇后问是谁惹怒陛下，太宗说："魏徵常在朝堂上羞辱我。"皇后退下，穿上朝服站在庭堂之上，太宗惊问何故。皇后说："我听说君主开明则臣下正直。如今魏徵正直敢言，是因为陛下开明，我怎能不祝贺呢？"太宗听了才转怒为喜。

秋季七月辛未（十九日），太宗在丹霄殿宴请三品以上官员。太宗从容地说："现在中外安定，都是你们的功劳。从前隋炀帝威加华夷，而颉利跨有北方广大地区，统叶护踞有西域，如今它们都已灭亡，这是我和大家亲眼得见的，希望你们不要因为一时强盛而自满起来！"

闰月乙卯（初四），太宗在丹霄殿宴请近臣，长孙无忌说："王珪、魏徵二人，以前侍奉太子建成，与陛下是仇敌，难以预料到今天能在这里一同饮宴。"太宗说："魏徵与王珪尽心竭力地

所事,故我用之。然徵每谏,我不从,我与之言辄不应,何也?"魏徵对曰:"臣以事为不可,故谏;若陛下不从而臣应之,则事遂施行,故不敢应。"上曰:"且应而复谏,庸何伤!"对曰:"昔舜戒群臣:'尔无面从,退有后言。'臣心知其非而口应陛下,乃面从也,岂稷、契事舜之意邪?"上大笑曰:"人言魏徵举止疏慢,我视之更觉妩媚,正为此耳!"徵起,拜谢曰:"陛下开臣使言,故臣得尽其愚;若陛下拒而不受,臣何敢数犯颜色乎?"

戊辰,秘书少监虞世南上《圣德论》,上赐手诏,称:"卿论太高。朕何敢拟上古,但比近世差胜耳。然卿适睹其始,未知其终。若朕能慎终如始,则此论可传;如或不然,恐徒使后世笑卿也!"

冬十二月癸丑,帝与侍臣论安危之本。中书令温彦博曰:"伏愿陛下常如贞观初,则善矣。"帝曰:"朕比来怠于为政乎?"魏徵曰:"贞观之初,陛下志在节俭,求谏不倦。比来营缮微多,谏者颇有忤旨,此其所以异耳!"帝抚掌大笑曰:"诚有是事。"

上谓侍臣曰:"朕比来决事或不能皆如律令,公辈以为事小,不复执奏。夫事无不由小而致大,此乃危亡之端也。昔关龙逢忠谏而死,朕每痛之。炀帝骄暴而亡,公辈所亲见也。公辈常宜为朕思炀帝之亡,朕常为公辈念关龙逢之死,何患君臣不相保乎!"

上谓魏徵曰:"为官择人,不可造次。用一君子,则君

侍奉原来的主人，所以我要重用他们。然而魏徵进谏时，每当我不听从的时候，我同他讲话，他便不答应，这是为什么呢？"魏徵回答说："我认为事情不可行，所以出言劝谏；陛下不听从劝谏而我如果附和，那么事情便能得到施行，所以我不敢回答。"太宗说："你可以暂且附和而后再谏阻，又有什么妨害呢？"魏徵回答道："从前舜帝告诫群臣：'你们不要当面顺从，而背后却说另一套。'如果我明知不对的事却附和陛下的意见，这正是面从，难道这是稷和契侍奉舜帝的本意吗？"太宗大笑着说："有人说魏徵行为举止疏懒怠慢，我看他更觉得可亲可近，正是因为如此呀！"魏徵离席起身拜谢道："陛下开启我，让我畅所欲言，所以我才能得以竭尽愚诚；如果陛下拒不接受忠言，我又怎么敢屡次犯颜强谏呢？"

戊辰（十七日），秘书少监虞世南进呈《圣德论》，太宗赐给手书诏令称："你的评价太高了。我怎么敢与上古帝王相提并论，只是比近代君主稍强一点儿罢了。然而你恰巧刚刚看见开头，未知其终结。如果我真能善始善终，那么你的评价可传之久远；如若不然，恐怕你会被后世嘲笑！"

冬季十二月癸丑（初四），太宗与侍臣讨论安危的根本。中书令温彦博说："愿陛下能经常像贞观初年那样，就好了。"太宗说："我近来听政有所懈怠吗？"魏徵说："贞观初年，陛下一心节俭，不倦怠地求谏。近来则营建修缮之类的事情略微多起来了，进谏的人有很多都被视为触犯意旨，这就是与当年的不同之处！"太宗拍手大笑说："确有其事。"

太宗对侍臣说："近来我裁决政事有时不能够尽依法令，你们认为这是小事，不再执章表上奏。凡事无不因小而致大，这是危亡的先兆。从前关龙逄忠诚苦谏而死，我经常觉得痛惜。炀帝因骄奢暴虐而亡，你们都亲眼所见。望你们经常为我考虑到炀帝的灭亡，我也经常为你们念及关龙逄的死，如此还担心君臣不能相互保全吗？"

太宗对魏徵说："替官府择才，不可轻率。用一君子，则君子

子皆至;用一小人,则小人竞进矣。"对曰:"然。天下未定,则专取其才,不考其行;丧乱既平,则非才行兼备不可用也。"

七年冬十二月,上问魏徵曰:"群臣上书可采,及召对多失次,何也?"对曰:"臣观百司奏事,常数日思之,及至上前,三分不能道一。况谏者怫意触忌,非陛下借之辞色,岂敢尽其情哉!"上由是接群臣辞色愈温,尝曰:"炀帝多猜忌,临朝对群臣多不语。朕则不然,与群臣相亲如一体耳。"

八年冬十二月,中牟丞皇甫德参上言:"修洛阳宫,劳人;收地租,厚敛;俗好高髻,盖宫中所化。"上怒,谓房玄龄等曰:"德参欲国家不役一人,不收斗租,宫人皆无发,乃可其意邪?"欲治其谤讪之罪。魏徵谏曰:"贾谊当汉文帝时上书,云'可为痛哭者一,可为流涕者二'。自古上书不激切,不能动人主之心,所谓狂夫之言,圣人择焉,唯陛下裁察!"上曰:"朕罪斯人,则谁复敢言?"乃赐绢二十匹。他日,徵奏言:"陛下近日不好直言,虽勉强含容,非曩时之豁如。"上乃更加优赐,拜监察御史。

九年春三月,上谓魏徵曰:"齐后主、周天元皆重敛百姓,厚自奉养,力竭而亡。譬如馋人自啖其肉,肉尽而毙,何其愚也!然二主孰为优劣?"对曰:"齐后主懦弱,政出多门;周天元骄暴,威福在己。虽同为亡国,齐主尤劣也。"

们都会到来，任用一个小人，则其他小人就会竞相引进。"魏徵答道："是这样。天下未平定时，对于人才是专取他的才能，并不看重和考察他的品行；动乱平定后，则不是德才兼备的人才不能使用。"

七年（633）冬季十二月，太宗问魏徵："众大臣所上奏疏有的意见是可以采纳的，等到当面对答时却大多是语无伦次，这是为什么呢？"魏徵答道："我观察各部门官员上奏言事，常常思考几天，等到了陛下面前，三分不能道出一分。况且进谏会违背圣上的旨意，触犯圣上的忌讳，如果不是陛下和颜悦色，怎么敢尽情陈述呢？"从此以后，太宗接见大臣时脸色更加温和，还说："隋炀帝多猜忌，临朝与大臣相对常不说话。我就不是这样，与众大臣亲近得如同一个人。"

八年（634）冬季十二月，中牟县丞皇甫德参上书言道："修筑洛阳宫殿，是劳顿百姓；收地租，属于厚敛于民；时俗女子好束高髻，是受宫中的影响。"太宗大怒，对房玄龄等人说："德参想要国家不役使一人，不收一斗地租，宫女均不留头发，这样才顺他的心思吗？"想要治他诽谤罪。魏徵劝谏道："汉文帝时，贾谊上书，其中说：'有一类情况可为它痛哭，有二类现象可为它流泪。'自古以来上书言事的，若不激烈，则不能打动君王的心，所说的狂夫之言，圣人应加以选择，希望陛下明察裁断！"太宗说："我怪罪德参这类人，那么谁还敢说话呢？"于是赐给德参二十匹绢。有一天，魏徵上奏说："陛下近来不喜欢直言强谏，虽然勉强包容，也不如过去那么豁达。"太宗于是对皇甫德参另予优厚的赏赐，提拔他为监察御史。

九年（635）春季三月，太宗对魏徵说："齐后主、周天元都重敛百姓，用来厚养自己，直到民力衰竭而亡国。正如同嘴馋的人吃自己身上的肉，肉吃光了而毙命，多么愚蠢呀！然而这两位君主相比优劣如何呢？"魏徵回答说："齐后主性格懦弱，政令不统一；周天元骄横暴虐，集威福于一身。虽同为亡国之君，齐后主更差一些。"

十年秋八月丙子,上谓群臣曰:"朕开直言之路,以利国也,而比来上封事者多讦人细事,自今复有为是者,朕当以谗人罪之。"

冬十二月,魏王泰有宠于上,或言三品以上多轻魏王。上怒,引三品以上,作色让之曰:"隋文帝时,一品以下皆为诸王所颠踬,彼岂非天子儿邪?朕但不听诸子纵横耳,闻三品以上皆轻之,我若纵之,岂不能折辱公辈乎!"房玄龄等皆惶惧流汗拜谢。魏徵独正色曰:"臣窃计当今群臣,必无敢轻魏王者。在礼,臣、子一也。《春秋》,王人虽微,序于诸侯之上。三品以上皆公卿,陛下所尊礼。若纪纲大坏,固所不论;圣明在上,魏王必无顿辱群臣之理。隋文帝骄其诸子,使多行无礼,卒皆夷灭,又足法乎?"上悦曰:"理到之语,不得不服。朕以私爱忘公义,向者之忿,自谓不疑,及闻徵言,方知理屈。人主发言何得容易乎?"

上曰:"法令不可数变,数变则烦,官长不能尽记,又前后差违,吏得以为奸。自今变法,皆宜详慎而行之。"

治书侍御史权万纪上言:"宣、饶二州银大发采之,岁可得数百万缗。"上曰:"朕贵为天子,所乏者非财也,但恨无嘉言可以利民耳。与其多得数百万缗,何如得一贤才!卿未尝进一贤、退一不肖,而专言税银之利。昔尧、舜抵璧于山,投珠于谷,汉之桓、灵乃聚钱为私藏,卿欲以桓、灵俟我邪!"是日,黜万纪,使还家。

十年(636)秋季八月丙子(十九日),太宗对大臣们说:"我开直言忠谏之路,为的是有利于国家,然而近来上书奏事的,大多攻讦别人的琐细之事,今后还有这样做的,我要以进谗言问罪。"

冬季十二月,魏王李泰为太宗所宠爱,有人禀告说三品以上大臣大都轻视他。太宗大怒,召见三品以上大臣,严厉地责备他们说:"隋文帝的时候,一品以下大臣都受诸王折辱操纵,魏王难道不是天子的儿子吗?我不过是不想让皇子们横行霸道,听说三品以上大臣都轻视魏王,我若放纵他们胡来,难道不能羞辱你们吗?"房玄龄等人都惶恐畏惧,汗流满面磕头谢罪。只有魏徵正色说:"我衡量当今的大臣们必不敢轻视魏王。依照礼仪,臣和子是一样的。《春秋》里面,周王的小官即使地位低微,也要位列诸侯之上。三品以上大臣都是公卿,属于陛下尊崇礼遇的人。假如纲纪败坏,固然不必说它;陛下圣明在上,魏王必无羞辱大臣之理。隋文帝骄溺他的儿子们,使他们举止无礼,最后全被杀死,又值得效法吗?"太宗听后,高兴地说:"在理的话,使人不得不服。我因私情溺爱而忘记公义,刚才恼怒时,自己觉得有道理,等听到魏徵的一番话,方知没有道理。君主讲话,哪里能轻率呢?"

太宗说:"国家法令不可多次变更,多变则烦琐,官吏们难以全记,又会出现前后不一致,官吏得以玩弄以为奸。自今以后变更法令,均须谨慎行事。"

治书侍御史权万纪上书言事:"宣州、饶州有大量白银可以开采,每年可得数百万缗。"太宗说:"我贵为天子,所缺乏的不是财利,只是遗憾没有得到有利于百姓的好的建议。与其多得数百万缗,还不如得到一个贤才!你没有推荐一个贤才,斥退一个不肖之徒,而专门上书谈税银之利。从前尧、舜将玉璧丢入深山,珠宝投入深谷;汉代桓、灵二帝聚敛钱财以为己有,你将我比作桓、灵二帝吗?"这一天,便罢免了权万纪的官职,让他回家去赋闲。

十一年春正月，上作飞山宫。庚子，特进魏徵上疏，以为："炀帝恃其富强，不虞后患，穷奢极欲，使百姓困穷，以至身死人手，社稷为墟。陛下拨乱反正，宜思隋之所以失，我之所以得，撤其峻宇，安于卑宫。若因基而增广，袭旧而加饰，此则以乱易乱，殃咎必至，难得易失，可不念哉？"

上尝问大理卿刘德威曰："近日刑网稍密，何也？"对曰："此在主上，不在群臣。人主好宽则宽，好急则急。律文：失入减三等，失出减五等。今失入无辜，失出更获大罪，是以吏各自免，竞就深文，非有教使之然，畏罪故耳。陛下傥一断以律，则此风立变矣。"上悦，从之。由是断狱平允。

二月，上至显仁宫，官吏以阙储偫，有被谴者。魏徵谏曰："陛下以储偫谴官吏，臣恐承风相扇，异日民不聊生，殆非行幸之本意也。昔炀帝讽郡县献食，视其丰俭以为赏罚，故海内叛之。此陛下所亲见，奈何欲效之乎？"上惊曰："非公不闻此言。"因谓长孙无忌等曰："朕昔过此，买饭而食，僦舍而宿；今供顿如此，岂得犹嫌不足乎？"

三月庚子，上宴洛阳宫西苑，泛积翠池，顾谓侍臣曰："炀帝作此宫苑，结怨于民，今悉为我有，正由宇文述、虞世基、裴蕴之徒内为谄谀，外蔽聪明故也，可不戒哉？"

夏四月己卯，魏徵上疏，以为："人主善始者多，克终者寡，岂取之易而守之难乎？盖以殷忧则竭诚以尽下，安逸则骄恣而轻物；尽下则胡、越同心，轻物则六亲离德，

十一年(637)春季正月,太宗命人修筑了洛阳的飞山宫。庚子(十四日),特进魏徵上疏,认为:"隋炀帝仗着国库富足,不考虑后患,穷奢极欲,使百姓穷困,以致被人杀死,社稷成为废墟。陛下拨乱反正,应当深思隋朝之所以灭亡,我大唐之所以得天下的原因,撤去那高蠢的楼宇,安居于低矮的宫殿。若在旧基之上扩建营造,承袭旧殿加以华丽的装饰,这便是以乱易乱,殃祸必然降临,江山难得易失,能不加以考虑吗?"

太宗曾经问大理卿刘德威说:"近来判刑较重,为什么?"刘德威答:"责任在主上,不在臣下。君主喜欢宽大,刑罚就宽,喜好严苛,刑罚就重。法律条文规定:错判一人入狱的减官三等,错放则减官五等。如今错判人入狱无事,错放了却要获大罪,所以吏卒为求自免,竞相苛细周纳,不是别人让他们这么做,而是畏惧犯罪的缘故。陛下倘若一律以法律为依据,那这种风气会立即改变。"太宗高兴地听从了。从此断案大多平允公正。

二月,太宗来到显仁宫,当地官员因器物预备不够被谴责。魏徵劝谏道:"陛下因为器物预备的事谴责官吏,我担心这种风气盛行,日后会造成民不聊生,这并非陛下出巡的本意。从前隋炀帝出巡暗示沿途郡县进献食物,视其进献多少作为赏罚的根据,所以天下百姓叛离。这是陛下亲眼所见,为什么又要效法呢!"太宗惊叹地说:"没有你,我就听不到这类话。"随后对长孙无忌等说:"我从前经过这里,买饭吃,租房子住;如今供奉如此,怎么能嫌做得不够呢?"

三月庚子(十五日),太宗在洛阳宫西苑饮宴,泛舟积翠池,对侍臣说:"隋炀帝修此宫苑,结怨于百姓,如今全归我所有,正因为宇文述、虞世基、裴蕴之流在宫内谄谀,在宫外堵塞君主视听的缘故,能不引以为戒吗?"

夏季四月己卯(二十五日),魏徵上疏,认为:"君主善始者多,善终者少,难道是取天下容易而守成难吗?那是因为身处忧患则竭心尽力对待百姓,一俟安逸则骄横恣肆轻视别人;竭心尽力待人,则胡、越等族与中原汉人同心,轻视别人则六亲离德,

虽震之以威怒,亦皆貌从而心不服故也。人主诚能见可欲则思知足,将兴缮则思知止,处高危则思谦降,临满盈则思挹损,遇逸乐则思撙节,在宴安则思后患,防拥蔽则思延纳,疾谗邪则思正己,行爵赏则思因喜而僭,施刑罚则思因怒而滥,兼是十思,而选贤任能,固可以无为而治,又何必劳神苦体以代百司之任哉?”

五月壬申,魏徵上疏,以为:“陛下欲善之志不及于昔时,闻过必改少亏于曩日,谴罚积多,威怒微厉。乃知贵不期骄,富不期侈,非虚言也。且以隋之府库、仓廪、户口、甲兵之盛,考之今日,安得拟伦?然隋以富强动之而危,我以寡弱静之而安,安危之理,皎然在目。昔隋之未乱也,自谓必无乱;其未亡也,自谓必无亡。故赋役无穷,征伐不息,以至祸将及身而尚未之寤也。夫鉴形莫如止水,鉴败莫如亡国。伏愿取鉴于隋,去奢从约,亲忠远佞,以当今之无事,行畴昔之恭俭,则尽善尽美,固无得而称焉。夫取之实难,守之甚易,陛下能得其所难,岂不能保其所易乎!”

秋七月,魏徵上疏,以为:“《文子》曰:‘同言而信,信在言前;同令而行,诚在令外。’自王道休明,十有馀年,然而德化未洽者,由待下之情未尽诚信故也。今立政致治,必委之君子;事有得失,或访之小人。其待君子也敬而疏,遇小人也轻而狎;狎则言无不尽,疏则情不上通。夫中智

即使用威怒加以震慑，也是貌同而心不服。君主诚能见到称心的东西就想到知足，将要兴工修缮营建时就想到适可而止，身处危峻的高处就想到谦卑，面临满盈就想到抑损，遇见安逸享乐就想到克制，平安的时候就想到后患，为防止闭目塞听就想到延纳谏诤，痛恨谗言邪恶就想到端正自己，行爵赏时就想到因为高兴会乱行封赏，施刑罚时就想到因为恼怒会滥罚，君主常常想到这十个方面，而选贤任能，就一定可以无为而治，又何必劳神费力去代行百官的职责呢？"

五月壬申这天，魏徵上疏，认为："陛下从善之志不如过去，闻过必改之举稍逊于往日，而谴责惩罚渐多，逞威发怒有些严厉了。由此可知富贵时不希望引来骄横奢侈，而骄横奢侈却不期而至，这并非虚妄之言。而且当年隋朝府库、仓廪的充实和户口、甲兵的强盛，和今日相比，今日如何比得上？然而隋朝自恃富强频繁劳民以致国亡，我朝自知寡弱与民清静而使天下安定，安定与危亡的道理，昭然若揭。从前隋朝未发生变乱时，自认为变乱必不会发生；未灭亡时，自认为必没有灭亡的危险。故而不停地收赋税派劳役，不停地东征西讨，以致祸乱将及自身时尚未醒悟。所以说了解自己的身形莫如使水静止如镜面，了解失败莫如看国家灭亡。深望陛下能够借鉴隋朝的覆亡，除掉奢侈立意俭约，亲近忠良远离邪佞，以现在的平静无事，继续施行过去的恭俭，才能达到尽善尽美，无以复加的地步。取得天下诚属艰难，而守成则甚为容易，陛下能够取得艰难的一步，难道还不能保全容易的吗？"

秋季七月，魏徵上奏认为："《文子》说：'同样的言论，有人说出来能被信任，可见信任产生于言论之前；同样的命令，有人执行得通，可见真诚在命令之外。'自从大唐统一天下以来，已有十多年了，然而德化的成效不尽人意，是因为君主对待臣下未尽诚信的缘故。如今确立治国方略，以期大治，必委付于君子；事有得失，有时要询访小人。现在待君子是尊敬而疏远，待小人是轻信和亲近；亲近则言无不尽，疏远则下情不能上达。智力中等

之人,岂无小慧? 然才非经国,虑不及远,虽竭力尽诚,犹未免有败,况内怀奸宄,其祸岂不深乎? 夫虽君子不能无小过,苟不害于正道,斯可略矣。既谓之君子而复疑其不信,何异立直木而疑其影之曲乎? 陛下诚能慎选君子,以礼信用之,何忧不治? 不然,危亡之期,未可保也。"上赐手诏褒美曰:"昔晋武帝平吴之后,志意骄怠,何曾位极台司,不能直谏,乃私语子孙,自矜明智,此不忠之大者也。得公之谏,朕知过矣。当置之几案以比弦、韦。"

乙未,车驾还洛阳,诏:"洛阳宫为水所毁者,少加修缮,才令可居。自外众材,给城中坏庐舍者。令百官各上封事,极言朕过。"壬寅,废明德宫及飞山宫之玄圃院,给遭水者。

八月甲子,上谓侍臣曰:"上封事者皆言朕游猎太频。今天下无事,武备不可忘,朕时与左右猎于后苑,无一事烦民,夫亦何伤?"魏徵曰:"先王惟恐不闻其过。陛下既使之上封事,止得恣其陈述。苟其言可取,固有益于国;若其无取,亦无所损。"上曰:"公言是也。"皆劳而遣之。

侍御史马周上疏,以为:"三代及汉,历年多者八百,少者不减四百,良以恩结人心,人不能忘故也。自是以降,多者六十年,少者才二十馀年,皆无恩于人,本根不固故也。陛下当隆禹、汤、文、武之业,为子孙立万代之基,岂得

之人,他们也有小的智慧,但他们没有经国的才略,志虑短浅,即使竭尽全力,尽献忠诚,尚且难免失败,更何况他们中有的人内心怀有奸诈,对国家的祸害能不深吗?而君子虽不能没有小过,若不害于正道,是可以忽略而不计较的。既然称之为君子,而又怀疑他不真诚,这和立一根直木而又怀疑其影子歪斜有什么不同呢?陛下如果真能慎择君子,用礼义诚信重用他们,何愁不能达到天下大治呢?否则的话,很难保证危亡不会降临呀。"太宗赐给魏徵手书诏令,夸赞他道:"以前晋武帝平定孙吴之后,意志骄傲懈怠,何曾身处台司高位,不能犯颜直谏,竟在私下里说与子孙们听,自诩为明智,此乃最大的不忠。如今得到你的谏言,我已知错了。我要把你的箴言放在几案上,把它比作西门豹、董安于佩带韦弦以自警。"

乙未(十三日),太宗回到洛阳宫,下诏说:"洛阳宫被水毁坏的部分,稍加修缮,可以居住就行。从外地运来的修缮材料,都供给城中房舍塌坏的人家用。命文武百官各上密封奏章,极力指出我的过失。"壬寅(二十日),废除明德宫以及飞山宫的玄圃院,将其赐给遭水灾的百姓。

八月甲子(十二日),太宗对侍臣说:"上密封奏章的人都说我游猎太频繁。如今天下无事,武备不可忘,我有时与身边的人到后苑射猎,没有一件事烦扰百姓,这有什么害处呢?"魏徵说:"先王唯恐听不到有人谈论其过错。陛下既然让百官各上密封奏章,就只能听任他们不拘束地陈述意见。如果他们的话可取,固然会对国家有利;假若不可取,也不会造成什么损害。"太宗说:"你说得很对。"于是对上书者都予以赏赐,然后打发他们回去。

侍御史马周上奏疏,认为:"夏、商、周及汉朝,历经年代多者八百年,少者不少于四百年,实在是因为能以恩惠凝聚人心,人们不能忘怀的缘故。汉朝以后的王朝,多者六十年,少者才二十多年,均因对百姓不施恩惠,根基不牢的缘故。陛下正应当发扬禹、汤、文、武的帝业,为子孙确立千秋万代的基业,哪能

但持当年而已？今之户口不及隋之什一，而给役者兄去弟还，道路相继。陛下虽加恩诏，使之裁损，然营缮不休，民安得息！故有司徒行文书，曾无事实。昔汉之文、景，恭俭养民，武帝承其丰富之资，故能穷奢极欲而不至于乱。向使高祖之后即传武帝，汉室安得久存乎？又，京师及四方所造乘舆器用及诸王、妃、主服饰，议者皆不以为俭。夫昧旦丕显，后世犹怠，陛下少居民间，知民疾苦，尚复如此，况皇太子生长深宫，不更外事，万岁之后，固圣虑所当忧也。臣观自古以来，百姓愁怨，聚为盗贼，其国未有不亡者，人主虽欲追改，不能复全。故当修于可修之时，不可悔之于既失之后也。盖幽、厉尝笑桀、纣矣，炀帝亦笑周、齐矣，不可使后之笑今如今之笑炀帝也！

"贞观之初，天下饥歉，斗米直匹绢，而百姓不怨者，知陛下忧念不忘故也。今比年丰穰，匹绢得粟十馀斛，而百姓怨咨者，知陛下不复念之，多营不急之务故也。自古以来，国之兴亡，不以畜积多少，在于百姓苦乐。且以近事验之，隋贮洛口仓而李密因之，东都积布帛而世充资之，西京府库亦为国家之用，至今未尽。夫畜积固不可无，要当人有馀力，然后收之，不可强敛以资寇敌也。夫俭以息人，陛下已于贞观之初亲所履行，在于今日为之，固不难也。陛下必欲为久长之谋，不必远求上古，但如贞观之初，则天下幸甚。陛下宠遇诸王，颇有过厚者，万代之后，不可不深思也。且魏武帝爱陈思王，及文帝即位，囚禁诸王，但无缧绁

只维持当年的现状！如今全国的户口不及隋朝的十分之一，而服劳役的兄去弟还，在道路上络绎不绝。陛下虽然下了施恩的诏令，减损劳役，然而营缮之事无休无止，百姓怎么能得到休息呢？所以主管部门徒劳地发放文书，与实际毫不相干。从前汉文帝与汉景帝，谦恭节俭以养护百姓，汉武帝继承了丰富的资产，所以能穷奢极欲而不至于天下大乱。假使汉高祖之后即传位给汉武帝，汉朝还能那么长久吗？再者，长安以及各地所制造的乘舆、器物、用具，和众亲王、妃嫔、公主的服饰，议论的人都认为不节俭。前代君王勤于朝政以求声名显赫，后人还是有所倦怠，陛下年轻时居于民间，深知百姓疾苦，尚且如此，何况皇太子生长于深宫之中，不熟悉外部事物，陛下辞世后的景况实在是圣上应当忧虑的。我观察自古以来，百姓愁苦怨恨，便聚合为盗贼，其国家没有不灭亡的，到那时候，君主虽然想追悔改正，也难以恢复保全了。所以修德应当修于可修之时，不可悔之于失去国家之后。当年周幽王、周厉王曾讥笑过桀、纣，隋炀帝也曾讥笑过北周、北齐，不可让后代人讥笑现在如同现在我们讥笑炀帝一样。

"贞观初年，全国歉收闹饥荒，一斗米值一匹绢，而百姓毫无怨言，是因为知道陛下忧国忧民。如今连年丰收，一匹绢可得粟十馀斛，然而百姓怨恨不断，是知道陛下不再顾念百姓，多营缮宫殿，不操持国家急务的缘故。自古以来，国家的兴亡，不在于积蓄的多少，而在于百姓的苦乐。就以近代以来的历史加以考察，隋朝广贮洛口仓而被李密加以利用，东都积存的布帛为王世充所资取，西京府库为我大唐所用，至今仍未用完。积蓄固然不可缺少，总之要在百姓身有馀力之后，再征收，不可强行聚敛反而资助了敌寇。而节俭可以平息人们的怨言，这是陛下在贞观初年亲自实践过了的，今天再这么做，本不是难事。陛下如果要谋求长治久安之策，不必远求上古时代，只像贞观初年那样，就是天下的幸事。陛下宠爱厚待诸王，颇有过分的地方，这关系到陛下身后之事，不可不加以深思。过去魏武帝曹操宠爱陈思王曹植，等到魏文帝曹丕即位，便囚禁诸王，只是没有关进牢狱中

耳。然则武帝爱之，适所以苦之也。又，百姓所以治安，唯在刺史、县令，苟选用得人，则陛下可以端拱无为。今朝廷唯重内官而轻州县之选，刺史多用武人，或京官不称职始补外任，边远之处，用人更轻。所以百姓未安，殆由于此。"疏奏，上称善久之，谓侍臣曰："刺史，朕当自选；县令，宜诏京官五品已上各举一人。"

冬十月，上猎于洛阳苑，有群豕突出林中，上引弓四发，殪四豕。有豕突前，及马镫；民部尚书唐俭投马搏之，上拔剑斩豕，顾笑曰："天策长史不见上将击贼邪，何惧之甚？"对曰："汉祖以马上得之，不以马上治之。陛下以神武定四方，岂复逞雄心于一兽？"上悦，为之罢猎，寻加光禄大夫。

十二年春三月辛亥，著作佐郎邓世隆表请集上文章。上曰："朕之辞令，有益于民者，史皆书之，足为不朽。若其无益，集之何用？梁武帝父子、陈后主、隋炀帝皆有文集行于世，何救于亡？为人主患无德政，文章何为！"遂不许。

丙子，以皇孙生，宴五品以上于东宫。上曰："贞观之前，从朕经营天下，玄龄之功也。贞观以来，绳愆纠缪，魏徵之功也。"皆赐之佩刀。上谓徵曰："朕政事何如往年？"对曰："威德所加，比贞观之初则远矣，人悦服则不逮也。"上曰："远方畏威慕德，故来服。若其不逮，何以致之？"对曰："陛下往以未治为忧，故德义日新；今以既治为安，故不逮。"上曰："今所为，犹往年也，何以异？"对曰："陛下贞观之初，恐人不谏，常导之使言，中间悦而从之。今则不然，

罢了。这样看来，魏武帝的过分宠爱，恰恰是害了他们。另外，百姓要得到安定，重要的在于刺史、县令，若选用得当，陛下可以拱手无为而治。如今朝廷只重视中央的官吏，而轻视州县地方官的选拔，刺史多用武人，或者是朝官不称职时才补选为地方官，边远地方，用人更加轻率。所以说百姓不安定，大略的原因便在于此。"奏疏上奏后，太宗称赞很久，对侍臣说："刺史应当由我亲自选拔，县令应诏令京官五品以上官员每人荐举一人。"

冬季十月，太宗狩猎于洛阳苑，有一群野猪突然奔出林中，太宗引弓连射四箭，射死四头。有一头野猪奔到太宗马前，将要靠近马镫时，民部尚书唐俭下马近前与之搏斗，太宗拔剑砍死野猪，回头笑着对唐俭说："天策长史没见过上将军杀贼吗？为什么怕得这么厉害！"唐俭回答说："汉高祖从马上得天下，却不以马上治理天下。陛下以神明威武平定四方，怎么又向一头野兽去逞威风呢？"太宗高兴，为此停止狩猎，不久又加封唐俭为光禄大夫。

十二年（638）春季三月辛亥（初二），著作佐郎邓世隆上表请求搜集太宗所写文章。太宗说："我的酬应言辞，有益于百姓的，史官已记录下来，可以说已是不朽的了。若是毫无益处，收集它又有什么用呢？梁武帝萧衍父子、陈后主、隋炀帝都有文集传世，哪能挽救他们的灭亡呢？作为君主忧虑的是没有德政，要文章做什么用？"于是没有应允。

丙子（二十七日），因为有皇孙降生，太宗在东宫宴请五品以上官员。太宗说："贞观以前，跟随我筹划营谋天下，是房玄龄的功劳。贞观以来，纠正我的过失，是魏徵的功劳。"都赐给佩刀。太宗对魏徵说："我治国理政与往年相比如何？"魏徵答道："威德加于四方，远超贞观初年，而人心悦服程度却不如从前。"太宗说："远方之民畏惧皇威美慕德义，所以才前来归服。如果说不如以前，怎么能做到这样呢？"魏徵答道："从前陛下以天下未能大治为忧，所以修德行义而德义日新；如今以天下得到治理为满足，不求进取，所以说不如从前。"太宗说："我如今所为与往年相同，有什么区别呢？"魏徵答道："陛下在贞观初年唯恐臣下不进谏，常引导他们讲真话，听到有益之处能乐而听从。如今却不然，

虽勉从之,犹有难色。所以异也。"上曰:"其事可闻欤?"对曰:"陛下昔欲杀元律师,孙伏伽以为法不当死,陛下赐以兰陵公主园,直百万。或云'赏太厚',陛下云:'朕即位以来,未有谏者,故赏之。'此导之使言也。司户柳雄妄诉隋资,陛下欲诛之,纳戴胄之谏而止,是悦而从之也。近皇甫德参上书谏修洛阳宫,陛下恚之,虽以臣言而罢,勉从之也。"上曰:"非公不能及此。人苦不自知耳!"

秋九月甲寅,上问侍臣:"帝王创业与守成孰难?"房玄龄曰:"草昧之初,与群雄并起角力而后臣之,创业难矣!"魏徵曰:"自古帝王,莫不得之于艰难,失之于安逸,守成难矣!"上曰:"玄龄与吾共取天下,出百死,得一生,故知创业之难;徵与吾共安天下,常恐骄奢生于富贵,祸乱生于所忽,故知守成之难。然创业之难,既已往矣;守成之难,方当与诸公慎之。"玄龄等拜曰:"陛下及此言,四海之福也。"

十三年春二月,上既诏宗室群臣袭封刺史,左庶子于志宁以为古今事殊,恐非久安之道,上疏争之。侍御史马周亦上疏,以为:"尧、舜之父,犹有朱、均之子。傥有孩童嗣职,万一骄愚,兆庶被其殃而国家受其败。正欲绝之也,则子文之治犹在;正欲留之也,而栾黡之恶已彰。与其毒害于见存之百姓,则宁使割恩于已亡之一臣,明矣。然则向所谓爱之者,乃适所以伤之也。臣谓宜赋以茅土,畴其户邑,必有材行,随器授官,使其人得奉大恩而子孙终其福禄。"会司空、赵州刺史长孙无忌等皆不愿之国,上表固让,

虽然勉强听从,却面有难色。这便是区别。"太宗说:"能举出事实给我听吗?"答道:"陛下从前想杀元律师,孙伏伽认为依法不当处死,陛下赐给孙伏伽兰陵公主园,价值上百万。有人说'赏赐太厚重了',陛下说:'我即皇位以来,没有进谏的,所以要重赏他。'这是为了引导人们进谏。司户柳雄假冒隋朝所授官资,陛下想要杀掉他,采纳戴胄的谏言而作罢,这是乐于听从劝谏啊。近来皇甫德参上书谏修洛阳宫,陛下内心愤恨,要处罚他,虽然因为我的直言而作罢,但只是勉强听从啊。"太宗说:"不是你不能有这样的见解。人苦于不能自知呀!"

秋季九月甲寅(初九),太宗问侍臣:"帝王创业与守成哪个难?"房玄龄说:"国家草创之初,与各路英雄并起,经过角力争斗而后使他们臣服,可见创业难!"魏徵说:"自古以来的帝王,莫不是从艰难境地取得天下,又于安逸中失掉天下,可见守成难!"太宗说:"玄龄与我共同取得天下,百死一生,所以知道创业的艰难;魏徵与我共同安定天下,常常担心富贵导致骄奢,忘乎所以而产生祸乱,所以懂得守成的艰难。然而创业的艰难,已成往事,守成的艰难正应当与诸公慎重对待。"玄龄等人行礼说:"陛下说出这样的话来,是天下的福气。"

十三年(639)春季二月,太宗下诏令规定宗室贵族大臣的子孙袭封刺史,左庶子于志宁认为古今事理不同,这样做恐怕不是长治久安之策,上疏直言规劝。侍御史马周也上奏,认为:"即使是像尧、舜这样的父亲,也还有丹朱、商均那样的儿子。倘若让未成年的孩子承袭父职,万一骄横愚钝,百姓们会遭受他们的祸害,国家也因此受到败坏。如果将他们的袭爵废除,那他们先人的功劳还在;若将他们的袭爵保留,那他们的罪恶已昭彰于世。与其让他们祸害百姓,毋宁割舍皇恩于已经死去的大臣,这是很明显的道理。这样看来,一向被称之为爱护他们的做法,其实正是在害他们。我认为只应赐给他们食邑封户,如果真有才能,则量才授予官职,使他们得以尊奉皇恩而子子孙孙享受福禄。"适逢司空、赵州刺史长孙无忌等都不愿就外职,上表执意辞让,

称："承恩以来,形影相吊,若履春冰,宗戚忧虞,如置汤火。缅惟三代封建,盖由力不能制,因而利之,礼乐节文,多非己出。两汉罢侯置守,蠲除曩弊,深协事宜。今因臣等,复有变更,恐紊圣朝纲纪;且后世愚幼不肖之嗣,或抵冒邦宪,自取诛夷,更因延世之赏,致成剿绝之祸,良可哀愍。愿停涣汗之旨,赐其性命之恩。"无忌又因子妇长乐公主固请于上,且言"臣披荆棘事陛下,今海内宁一,奈何弃之外州,与迁徙何异?"上曰:"割地以封功臣,古今通义,意欲公之后嗣,辅朕子孙,共传永久。而公等乃复发言怨望,朕岂强公等以茅土邪?"庚子,诏停世封刺史。

夏五月,旱。甲寅,诏五品以上上封事。魏徵上疏,以为:"陛下志业,比贞观之初,渐不克终者凡十条。"其间一条,以为:"顷年以来,轻用民力。乃云:'百姓无事则骄逸,劳役则易使。'自古未有因百姓逸而败、劳而安者也。此恐非兴邦之至言。"上深加奖叹,云:"已列诸屏障,朝夕瞻仰,并录付史官。"仍赐徵黄金十斤,厩马二匹。

冬十一月戊辰,尚书左丞刘洎为黄门侍郎、参知政事。

十四年冬十二月,魏徵上疏,以为:"在朝群臣,当枢机之寄者,任之虽重,信之未笃,是以人或自疑,心怀苟且。陛下宽于大事,急于小罪,临时责怒,未免爱憎。夫委大臣以大体,责小臣以小事,为治之道也。今委之以职,则重大臣而轻小臣;至于有事,则信小臣而疑大臣。信其所轻,疑

声称:"禀受皇恩以来,形影相吊,如履春天的薄冰;宗族的人忧心忡忡,如同置身于汤火之中。追溯夏、商、周封邦建国,是由于力量不足以制衡诸邦,便施利于他们,礼乐作为节制修饰,多非出自王朝。两汉废除侯国设置郡守,免除过去的弊端,深合事理。如今因为我们这些人,又重作变更,恐怕会紊乱朝廷纲纪;而且后代愚幼无知的不肖子孙,有人会冒犯国家法令,自取灭亡,更因袭封的赏赐,而招致剿灭之祸,实在是可怜。请求陛下停止建藩的旨意,赐给他们性命之恩。"无忌又让儿媳长乐公主极力向太宗请求,并且说:"我披荆斩棘事奉陛下,如今海内升平,为何又要将我弃置外州,这与迁徙又有什么不同?"太宗说:"割地以分封功勋大臣,是古今的通义,我的意思是想让你的后代辅佐我的子孙,共同传之久远。然而你们却多次上书充满怨言,难道是我强迫给你们土地吗?"庚子(二十七日),下诏停止世封刺史。

夏季五月,天下大旱。甲寅(十二日),诏令五品以上官员上密奏。魏徵上疏,认为:"陛下的志向功业,与贞观初年相比,渐渐不能善始善终的总共有十条。"对于其中一条,认为:"近年来轻易地动用民力。而且说:'百姓无事则产生骄逸之心,役使他们劳作则容易受驱使。'自古以来没有因为百姓安逸而导致败亡的,因劳苦而达到天下安定的。这恐怕不是振兴国家的至理名言。"太宗大加赞扬嘉叹,说:"我把奏疏已悬列在屏障上,早晚瞻仰,并抄录交付史官。"同时赐予魏徵黄金十斤,御马二四。

冬季十一月戊辰(三十日),任命尚书左丞刘洎为黄门侍郎、参知政事。

十四年(640)冬季十二月,魏徵上奏疏,认为:"如今在朝的众位大臣中,担当掌管枢密机要的,责任虽然重大,但陛下对他们的信任还不够笃诚,所以有的人心存猜疑,抱得过且过的应付态度。陛下对大的事情较为宽容,却对小的过失不肯轻易放过,责怒下来,免不了爱憎过分明。委托大臣主持大事,责成小臣办理小事,这是为政之道。如今委官授职,则重视大臣而轻慢小臣;一事当前,则又信任小臣而怀疑大臣。信任所轻慢的,怀疑

其所重,将求致治,其可得乎?若任以大官,求其细过,刀笔之吏,顺旨承风,舞文弄法,曲成其罪。自陈也,则以为心不伏辜;不言也,则以为所犯皆实。进退惟谷,莫能自明,则苟求免祸,矫伪成俗矣!"上纳之。

上谓侍臣曰:"朕虽平定天下,其守之甚难。"魏徵对曰:"臣闻战胜易,守胜难,陛下之及此言,宗庙社稷之福也!"

右庶子张玄素少为刑部令史,上尝对朝臣问之曰:"卿在隋何官?"对曰:"县尉。"又问:"未为尉时何官?"对曰:"流外。"又问:"何曹?"玄素耻之,出閤殆不能步,色如死灰。谏议大夫褚遂良上疏,以为:"君能礼其臣,乃能尽其力。玄素虽出寒微,陛下重其才,擢至三品,翼赞皇储,岂可复对群臣穷其门户?弃宿昔之恩,成一朝之耻,使之郁结于怀,何以责其伏节死义乎?"上曰:"朕亦悔此问,卿疏深会我心。"遂良,亮之子也。孙伏伽与玄素在隋皆为令史,伏伽或于广坐自陈往事,一无所隐。

言事者多请上亲览表奏,以防壅蔽。上以问魏徵,对曰:"斯人不知大体,必使陛下一一亲之,岂惟朝堂,州县之事亦当亲之矣。"

十五年秋七月丙子,上指殿屋谓侍臣曰:"治天下如建此屋,营构既成,勿数改移。苟易一榱,正一瓦,践履动摇,必有所损。若慕奇功,变法度,不恒其德,劳扰实多。"

所重视的,如此怎么能使国家达到大治呢?假如委以大官,却求其小过失,必然导致那些刀笔吏,顺从旨意诬告成风,舞文弄墨,百般构陷罗织其罪。在那种情况下,如果自己陈述无罪,则被认为是内心不服罪;不加说明吧,就会被认为所犯罪过属实。进退两难,不能明辨,如果只求免于灾祸,必然矫饰虚伪成为风气。"太宗采纳了他的意见。

太宗对侍臣说:"我虽然平定了天下,但守成却很艰难。"魏徵答道:"我听说战胜敌人较为容易,要守住胜利却较难,陛下说这些话,是宗庙社稷的福气!"

右庶子张玄素年轻时为刑部令史,太宗曾经当着朝臣的面问他说:"你在隋朝官居何职?"张玄素回答说:"县尉。"太宗又问:"没有当县尉时任何官?"张玄素回答说:"九品之外未入流。"太宗又问:"是哪一曹的小吏?"张玄素感到羞耻,走出殿门时不能迈步,面如死灰。谏议大夫褚遂良上疏奏道:"君主如果能以礼对待臣下,臣下才能尽其力。张玄素虽然出身寒微,陛下重视他的才能,提升到三品大臣,辅佐皇子,怎么可以当着大臣们追问他的出身!这样做是抛弃过去的恩宠,一下子变成耻辱,使他郁结于心中,又怎么能让他尽忠效节呢?"太宗说:"我也深深地后悔不该问这些话,你的奏疏正与我的心思契合。"褚遂良是褚亮的儿子。孙伏伽与张玄素在隋朝都做过令史,他在大庭广众之下自陈往事,一点也不隐讳。

上书言事的人大多请求太宗亲自阅览表奏,以防止被人蒙蔽。太宗拿此事询问魏徵,魏徵回答说:"这些人不识大体,如果必定要让陛下一一亲自过目,那么岂止朝堂奏章,连各州县的事也应当亲自处理了。"

十五年(641)秋季七月丙子(十七日),太宗指着殿堂对侍臣说:"治理天下,如同建造这座殿堂,建成之后,不要多次改变移动。如果改换一根椽子,变动一块瓦片,根基动摇,必定有所损坏。如果羡慕非凡的功勋,变更法度,不坚持固有的德政,烦劳实在太多。"

冬十二月，上问魏徵："比来朝臣何殊不论事？"对曰："陛下虚心采纳，必有言者。凡臣徇国者寡，爱身者多，彼畏罪，故不言耳。"上曰："然。人臣关说忤旨，动及刑诛，与夫蹈汤火冒白刃者亦何异哉！是以禹拜昌言，良为此也。"

房玄龄、高士廉遇少府少监窦德素于路，问："北门近何营缮？"德素奏之。上怒，让玄龄等曰："君但知南牙政事，北门小营缮，何预君事！"玄龄等拜谢。魏徵进曰："臣不知陛下何以责玄龄等，而玄龄等亦何所谢？玄龄等为陛下股肱耳目，于中外事皆无不应知者。使所营为是，当助陛下成之；为非，当请陛下罢之。问于有司，理则宜然。不知何罪而责，亦何罪而谢也！"上甚愧之。

上尝临朝谓侍臣曰："朕为人主，常兼将相之事。"给事中张行成退而上书，以为："禹不矜伐而天下莫与之争。陛下拨乱反正，群臣诚不足望清光，然不必临朝言之。以万乘之尊，乃与群臣校功争能，臣窃为陛下不取。"上甚善之。

十六年夏四月壬子，上谓谏议大夫褚遂良曰："卿犹知起居注，所书可得观乎？"对曰："史官书人君言动，备记善恶，庶几人君不敢为非，未闻自取而观之也！"上曰："朕有不善，卿亦记之邪？"对曰："臣职当载笔，不敢不记。"黄门侍郎刘洎曰："借使遂良不记，天下亦皆记之。"上曰："诚然。"

冬季十二月，太宗询问魏徵："近来，朝中官员为什么都不议论政事？"魏徵回答说："陛下虚心采纳朝中官员的意见，一定会有谈论政事的。大凡臣属，忠心报国的少，爱惜自身的多，他们害怕获罪，所以不议论政事。"太宗说："是的。臣属进言违背旨意，动不动就用刑诛杀，和赴汤蹈火、面对刀枪有什么区别呢？所以大禹听到善言，就给人下拜，实在是因这个缘故啊。"

房玄龄、高士廉在路上遇见少府少监窦德素，问他说："北门近来有什么营建、修缮工程？"窦德素上奏报告了这件事。太宗发怒，责问房玄龄等人说："你们只需掌管南衙政事，北门小小的营建修缮，哪里关你们的事？"房玄龄等人叩拜道歉。魏徵进言说："臣下不知道陛下凭什么要责备房玄龄等人，也不知道房玄龄等人为什么要道歉。房玄龄等人是陛下的辅佐大臣，对于朝廷内外事务没有不应该知道的。假使营建工程是必要的，应该协助陛下完成；如果不恰当，应该请求陛下撤除。询问有关官员，按理应该如此。臣下不知陛下以什么罪而责备他们，也不知他们因什么罪而道歉！"太宗对这件事十分惭愧。

太宗曾经在临朝时对侍臣说："我作为君主，时常兼办将相的事务。"给事中张行成退朝后上书，认为："大禹不夸耀功劳，而天下没有人和他争功。陛下治理混乱的局面，恢复正常的秩序，文武官员实在不足以同陛下攀比清穆的光采；然而陛下却不必临朝时说这类事。以国君的尊崇地位，却和文武官员比较功劳才能的大小，臣下私下里为陛下感到不可取。"太宗认为他说得非常对。

十六年（642）夏季四月壬子（二十七日），太宗对谏议大夫褚遂良说："你还负责起居注，所记载的能给我看看吗？"褚遂良回答说："史官记载君主的言论行为，善恶全部登录，也许可以使君主不敢做坏事，没有听说君主自己可以取来观看的。"太宗说："我有不好的事，你也记载吗？"褚遂良回答说："臣下的职责是秉笔直书，不敢不记载。"黄门侍郎刘洎说："假使褚遂良不记载，天下人也都要记载。"太宗说："实在应该如此。"

秋七月戊午，以长孙无忌为司徒，房玄龄为司空。

特进魏徵有疾，上手诏问之，且言："不见数日，朕过多矣。今欲自往，恐益为劳。若有闻见，可封状进来。"徵上言："比者弟子陵师，奴婢忽主，下多轻上，皆有为而然，渐不可长。"又言："陛下临朝，尝以至公为言，退而行之，未免私僻。或畏人知，横加威怒，欲盖弥彰，竟有何益？"徵宅无堂，上命辍小殿之材以构之，五日而成，仍赐以素屏风、素褥、几、杖等以遂其所尚。徵上表谢，上手诏称："处卿至此，盖为黎元与国家，岂为一人，何事过谢？"

冬十一月壬申，上曰："朕为兆民之主，皆欲使之富贵。若教以礼义，使之少敬长、妇敬夫，则皆贵矣；轻徭薄敛，使之各治生业，则皆富矣。若家给人足，朕虽不听管弦，乐在其中矣。"

高祖之入关也，隋武勇郎将冯翊党仁弘将兵二千馀人归高祖于蒲坂，从平京城，寻除陕州总管，大军东讨，仁弘转饷不绝，历南宁、戎、广州都督。仁弘有才略，所至著声迹，上甚器之。然性贪，罢广州，为人所讼，赃百馀万，罪当死。上谓侍臣曰："吾昨见大理五奏诛仁弘，哀其白首就戮，方晡食，遂命撤案；然为之求生理，终不可得。今欲曲法就公等乞之。"十二月壬午朔，上复召五品已上就太极殿前，谓曰："法者，人君所受于天，不可以私而失信。今朕私

秋季七月戊午(初五),太宗任命长孙无忌为司徒,房玄龄为司空。

特进魏徵患病,太宗亲笔下诏询问病情,并且说:"几天不见,我的过错多了。现在想亲自探望,恐怕更增加你的烦劳。如果听到或看到了什么,可写好封缄后呈上来。"魏徵上书说:"近来弟子凌辱师长,奴婢轻慢主人,下级大多蔑视上级,都是有原因才如此的,这个风气不可助长。"又说:"陛下临朝,曾经说要有最大的公心,退下来所实行的,却不免自私狭隘。有时害怕别人知道,将威严怒气加在他人身上,想掩盖反而暴露得更加明显,到底有什么益处?"魏徵的房舍没有堂室,太宗命令暂停小殿的修建,以其材料为魏徵修建堂室,五日建成,同时赐给他素色的屏风、素色的坐卧垫具、几、杖等物,以顺应魏徵的好尚。魏徵上奏章致谢,太宗亲笔下诏,说:"如此礼敬你,是为百姓和国家,岂止为我一人,何必过分地表示谢意!"

冬季十一月壬申(二十日),太宗说:"我作为民众的君主,想使他们都富贵。如果以礼义进行教化,使他们年少的尊敬年长的,妻子尊敬丈夫,就都尊贵了;减轻劳役、降低赋税,使他们各自经营家业,就都富足了。如果他们家家衣食充足,人人生活富裕,我即使不听音乐,也乐在其中了。"

高祖入关时,隋朝武勇郎将冯翊人党仁弘率领兵士二千多人,在蒲坂归顺高祖,随高祖平定京城,不久,任命他为陕州总管,大军向东征讨,党仁弘不断地转运粮饷,历任南宁、戎、广州都督。党仁弘有才干谋略,所到之处,都有声威政绩,太宗十分器重他。然而他本性贪婪,免除广州都督时,被人上告,赃物达一百多万,按罪行当处死刑。太宗对侍臣说:"我昨天看到大理寺五份奏疏,请示诛杀党仁弘,我对他年老受死感到悲哀,正要进晚餐,就命撤去了饭桌;然而为他找寻活命的理由,终究找不到。现在想违背法度,对他网开一面,特向你们乞求。"十二月壬午是初一,太宗又召集五品以上官员到太极殿前,对他们说:"法度,是君主受之于上天的,不能够因私意而丧失信用。现在我偏

党仁弘而欲赦之,是乱其法,上负于天。欲席藁于南郊,日一进蔬食,以谢罪于天三日。"房玄龄等皆曰:"生杀之柄,人主所得专也,何至自贬责如此?"上不许,群臣顿首固请于庭,自旦至日昃,上乃降手诏,自称:"朕有三罪:知人不明,一也;以私乱法,二也;善善未赏,恶恶未诛,三也。以公等固谏,且依来请。"于是黜仁弘为庶人,徙钦州。

上问侍臣曰:"自古或君乱而臣治,或君治而臣乱,二者孰愈?"魏徵对曰:"君治则善恶赏罚当,臣安得而乱之?苟为不治,纵暴愎谏,虽有良臣,将安所施!"上曰:"齐文宣得杨遵彦,非君乱而臣治乎?"对曰:"彼才能救亡耳,乌足为治哉!"

十七年春正月戊辰,郑文贞公魏徵薨。上思徵不已,谓侍臣曰:"人以铜为镜,可以正衣冠;以古为镜,可以见兴替;以人为镜,可以知得失。魏徵没,朕亡一镜矣!"

二月壬午,上问谏议大夫褚遂良曰:"舜造漆器,谏者十馀人。此何足谏?"对曰:"奢侈者,危亡之本。漆器不已,将以金玉为之。忠臣爱君,必防其渐,若祸乱已成,无所复谏矣。"上曰:"然。朕有过,卿亦当谏其渐。朕见前世帝王拒谏者,多云'业已为之',或云'业已许之',终不为改。如此,欲无危亡,得乎?"

时皇子为都督、刺史者多幼稚,遂良上疏,以为:"汉宣

袒党仁弘而想要赦免他，这是扰乱法度，辜负了上天。我想到南郊坐在禾秆编织的席子上，一天进一餐粗食，向上天谢罪三天。"房玄龄等人说："生杀大权，是君主专有的，陛下您为什么要这样地贬责自己？"太宗不同意，文武百官在朝廷上叩头，坚决地请求，自早晨直到太阳偏西，太宗这才降下亲笔诏书，自称："我有三件罪过：没有识别人品行才能的眼力，这是第一件；以私心扰乱法度，这是第二件；赞赏好的行为而未赏赐，厌恶坏的行为而未诛杀，这是第三件。因你们大家的坚决劝阻，我只好依从请求，不再到南郊向上天谢罪了。"于是，废黜党仁弘为平民，将他流放到钦州。

太宗询问侍臣说："自古以来，有时是君主昏愦而臣属贤明，有时是君主清明而臣属昏乱，二者哪个更严重？"魏徵回答说："君主清明则赏善罚恶适当，臣属怎么能作乱？如果君主不清明，强横暴虐，刚愎自用，即使有良好的臣属，又怎能施展才能？"太宗说："北齐文宣帝得到杨遵彦，不是君主昏乱而臣属贤明吗？"魏徵回答说："杨遵彦刚刚能挽救灭亡而已，哪能谈得上治理好政事呢？"

十七年（643）春季正月戊辰（十七日），郑文贞公魏徵去世。太宗对魏徵思念不已，对侍从的臣属说："人以铜为镜，可以端正衣冠；以古事为镜，可以窥见兴衰；以人为镜，可以知道得失。魏徵死了，我失去了一面镜子！"

二月壬午（初二），太宗问谏议大夫褚遂良说："舜造漆器，规劝的有十多人。这哪里值得规劝呢？"褚遂良回答说："奢侈，是使国家危亡的根本原因。漆器不能满足了，就要造金玉器物。忠臣爱护君主，必然在他的错误刚有征兆时就预防制止，如果祸乱已经酿成，就没有办法再规劝了。"太宗说："是的。我有过错，你们也应该在刚露出苗头时就规劝。我见到前代拒绝规劝的帝王，大多说'已经这样做了'，或是说'已经答应了'，最终也不改正。如此想不危亡，如何做得到呢？"

当时任都督、刺史的皇子大多年幼，褚遂良上疏，认为："汉宣

帝云：‘与我共治天下者，其惟良二千石乎？’今皇子幼稚，未知从政，不若或留京师，教以经术，俟其长而遣之。”上以为然。

丁未，上曰：“人主惟有一心，而攻之者甚众。或以勇力，或以辩口，或以诡谀，或以奸诈，或以嗜欲，辐凑攻之，各求自售，以取宠禄。人主少懈，而受其一，则危亡随之，此其所以难也。”

初，上谓监修国史房玄龄曰：“前世史官所记，皆不令人主见之，何也？”对曰：“史官不虚美，不隐恶，若人主见之必怒，故不敢献也。”上曰：“朕之为心，异于前世。帝王欲自观国史，知前日之恶，为后来之戒，公可撰次以闻。”谏议大夫朱子奢上言：“陛下圣德在躬，举无过事，史官所述，义归尽善。陛下独览《起居》，于事无失，若以此法传示子孙，窃恐曾、玄之后或非上智，饰非护短，史官必不免刑诛。如此，则莫不希风顺旨，全身远害，悠悠千载，何所信乎？所以前代不观，盖谓此也。”上不从。玄龄乃与给事中许敬宗等删为《高祖》《今上实录》，癸巳，书成，上之。上见书六月四日事，语多微隐，谓玄龄曰：“昔周公诛管、蔡以安周，季友鸩叔牙以存鲁，朕之所为，亦类是耳，史官何讳焉？”即命削去浮辞，直书其事。

十八年夏四月，上谓侍臣曰：“人臣顺旨者多，犯颜则少，今朕欲自闻其失，诸公其直言无隐。”长孙无忌等皆曰：“陛下无失。”刘洎曰：“顷有上书不称旨者，陛下皆面加穷

帝说：'和我共同治理天下的，大概只有良好的二千石官员吧？'现在皇子年幼，不懂治理政事，不如留在京师，教给他们儒家典籍，等他们成人后再派遣出京。"太宗认为他说得对。

丁未（二十七日），太宗说："君主只有一个心，而进攻他的人很多。有的凭勇武有力，有的凭能言善辩，有的凭阿谀奉承，有的凭奸险狡诈，有的凭投其所好，从四面八方进攻，各自寻求推荐自己，邀取恩赐福禄。君主稍微懈怠，接受其中的一种，危亡就随之而来，这是做君主的困难之处。"

当初，太宗对监修国史房玄龄说："前代史官记载的内容，都不让君主观看，这是为什么呢？"房玄龄回答说："史官不编造、夸大好事，不隐瞒坏事，如果君主看到，必定发怒，所以不敢进献。"太宗说："我的心胸和前代帝王不同。想亲自看一看国史记载，知道自己往日的过错，作为今后的鉴戒，你可以在撰好后陆续给我一阅。"谏议大夫朱子奢上奏说："陛下有超凡的德行，举措没有过失，史官记载的，按道理说是十分好的。陛下独自阅览《起居注》，对政事没有什么损失，但如把这种做法传给子孙，我私下担心在陛下的曾孙、玄孙之后，万一有不是上等才智者，掩饰错误，回护短处，史官必定不能免遭刑法诛杀。如果这样，就会没有人不顺从旨意，保全性命，远离祸害，悠悠千载，有什么可取信的呢？前代不让君主观看《起居注》，大概是因为这个缘故。"太宗不听从。房玄龄于是和给事中许敬宗等将《起居注》删定为《高祖实录》《今上实录》，癸巳（七月十六日）日全书撰成，呈给太宗。太宗见书中记载六月四日玄武门事变，语言大多很隐晦，对房玄龄说："从前周公诛杀管叔、蔡叔以安定周王室，季友毒死叔牙以保存鲁国，我的做法也与之相类似，史官为什么要隐讳呢？"立即命令削去虚饰浮夸之辞，直截了当地记载这件事。

十八年（644）夏季四月，太宗对侍臣说："臣子顺从旨意的多，冒犯威严进言的就少了，现在我想亲自听到自己的过失，各位就直话直说，不要隐讳。"长孙无忌等人都说："陛下没有过失。"刘洎说："不久前，有人上书不合旨意，陛下都当面穷加追

诘，无不惭惧而退，恐非所以广言路。"马周曰："陛下比来赏罚，微以喜怒有所高下，此外不见其失。"上皆纳之。

上好文学而辩敏，群臣言事者，上引古今以折之，多不能对。刘洎上书谏曰："帝王之与凡庶，圣哲之与庸愚，上下相悬，拟伦斯绝。是知以至愚而对至圣，以极卑而对至尊，徒思自强，不可得也。陛下降恩旨，假慈颜，凝旒以听其言，虚襟以纳其说，犹恐群下未敢对扬；况动神机，纵天辩，饰辞以折其理，引古以排其议，欲令凡庶何阶应答！且多记则损心，多语则损气，心气内损，形神外劳，初虽不觉，后必为累，须为社稷自爱，岂为性好自伤乎！至如秦政强辩，失人心于自矜；魏文宏才，亏众望于虚说。此才辩之累，较然可知矣。"上飞白答之曰："非虑无以临下，非言无以述虑，比有谈论，遂致烦多，轻物骄人，恐由兹道，形神心气，非此为劳。今闻谠言，虚怀以改。"

秋八月壬子，上谓司徒无忌等曰："人苦不自知其过，卿可为朕明言之。"对曰："陛下武功文德，臣等将顺之不暇，又何过之可言？"上曰："朕问公以己过，公等乃曲相谀悦，朕欲面举公等得失以相戒而改之，何如？"皆拜谢。上曰："长孙无忌善避嫌疑，应物敏速，决断事理，古人不过，而总兵攻战，非其所长。高士廉涉猎古今，心术明达，临难不改节，当官无朋党，所乏者骨鲠规谏耳。唐俭言辞辩捷，善和解人，事朕三十年，遂无言及于献替。杨师道性行纯

问，没有不惭愧、畏惧而退出的，这恐怕不是广开言路的做法。"马周说："陛下近来赏赐、惩罚，稍微有些因喜怒而标准不一，此外不见有其他的过失。"太宗全部采纳了他们的意见。

太宗喜爱文学，敏捷善辩，臣属中议论政事的，太宗引用古今例证来驳斥他们，大多不能对答。刘洎上奏疏规劝说："帝王和平常人，犹如圣人和愚氓，上下悬殊，不可比拟。由此可知，以最愚蠢者而对最圣明者，以最卑贱者而对最尊贵者，徒然想要增强自己，根本不能办到。陛下降下恩惠的意旨，露出和蔼的面容，头不动听取臣属的言论，虚心地采纳臣属的意见，还恐怕臣属不敢对答；何况动起心神，放纵口才，粉饰言辞驳斥他们的道理，引证古事排击他们的议论，这让平常人怎么应答呢？而且多记事会损心，多言谈会损气，内部心气损失，外部形神疲劳，开始虽然不能察觉，日后必然受累，陛下应为国家爱惜自己，哪里能因性格爱好而损坏身体呢？历史上如秦始皇逞强好辩，因自夸而失去人心；魏文帝才学广博，因虚妄的言论而亏负众望。这都是才学善辩的危害，是显而易见的。"太宗以飞白书体作答，说："不思虑不能够驾驭臣属，不说话不能够表达思想，近时谈论，因之烦多，轻视他人，恐怕由此而起，形神与心气，却不是由此而疲劳。现在听到正直的言论，将虚心改正。"

秋季八月壬子（十一日），太宗对司徒长孙无忌等人说："人苦于不能知道自己的过失，你们可以对我明白地指出。"长孙无忌等人回答说："陛下的武功文德，我们顺应它还来不及，又有什么过失可说的。"太宗说："我问你们我有什么过失，你们却曲意奉承以使我高兴，我想当面列举各位的得失，用以互相鉴戒而改正，怎么样？"大臣都叩拜致谢。太宗说："长孙无忌善于避开嫌疑，应对事务敏捷迅速，辨析事物的道理和是非，即使是古人也超不过他，但率军攻战，不是他的长处。高士廉博览古今典籍，心术明白通达，面临危难不改变节操，担任官职不结党营私，所缺乏的是耿直和直谏而已。唐俭言辞敏捷善辩，善于协调他人关系，但侍从我三十年，竟没有诤言进谏。杨师道品行纯正

和,自无愆违,而情实怯懦,缓急不可得力。岑文本性质敦厚,文章华赡,而持论恒据经远,自当不负于物。刘洎性最坚贞,有利益,然其意尚然诺,私于朋友。马周见事敏速,性甚贞正,论量人物,直道而言,朕比任使,多能称意。褚遂良学问稍长,性亦坚正,每写忠诚,亲附于朕,譬如飞鸟依人,人自怜之。"

九月,以谏议大夫褚遂良为黄门侍郎,参预朝政。

二十年秋九月,特进、同中书门下三品宋公萧瑀,性狷介,与同僚多不合,尝言于上曰:"房玄龄与中书门下众臣,朋党不忠,执权胶固,陛下不详知,但未反耳。"上曰:"卿言得无太甚! 人君选贤才以为股肱心膂,当推诚任之。人不可以求备,必舍其所短,取其所长。朕虽不能聪明,何至顿迷臧否,乃至于是!"瑀内不自得,既数忤旨,上亦衔之,但以其忠言居多,未忍废也。

上尝谓张亮曰:"卿既事佛,何不出家?"瑀因自请出家。上曰:"亦知公雅好桑门,今不违公意。"瑀须臾复进曰:"臣适思之,不能出家。"上以瑀对群臣发言反覆,尤不能平,会称足疾不朝,或至朝堂而不入见。上知瑀意终怏怏,冬十月,手诏数其罪曰:"朕于佛教,非意所遵。求其道者未验福于将来,修其教者翻受辜于既往。至若梁武穷心于释氏,简文锐意于法门,倾帑藏以给僧祇,殚人力以供塔庙。及乎三淮沸浪,五岭腾烟,假馀息于熊蹯,引残魂于雀鷇,子孙覆亡而不暇,社稷俄顷而为墟,报施之征,何其谬也! 瑀践覆车之馀轨,袭亡国之遗风。弃公就私,未明隐

谦和,自然没有过失,但性情怯懦,危急时不能出力。岑文本品质诚朴宽厚,文章富丽多采,但持论总依长远规划,自然不违于事理。刘洎性格最坚贞,讲究利人,但看重然诺,爱袒护朋友。马周处事敏捷迅速,性格十分坚贞正直,评论人物依事实直言,我往日交给他的任务,多能称心如意。褚遂良学问更有长处,性格也坚贞正直,每每表达忠诚,亲附于我,譬如飞鸟依附于人,人自然喜爱他。"

九月,太宗任命谏议大夫褚遂良为黄门侍郎,参预朝政。

二十年(646)秋季九月,特进、同中书门下三品宋公萧瑀,性格耿介狷狂,和同僚大多合不来,曾经向太宗进言说:"房玄龄与中书门下各臣属,结成朋党,不忠诚,大权牢牢地掌握在手中,陛下知道得不清楚,他只是没有反叛而已。"太宗说:"你的话难道不太过分吗?君主选拔有才能的人作为辅佐大臣,应该诚心诚意地任用他。人不可以要求完备,一定要舍弃他的短处,发挥他的长处。我虽然不能明察多知,但哪里昏昧迷乱、不识好歹到这个地步呢?"萧瑀心中很不安宁,在多次违背旨意后,太宗也记恨他,但因他的忠言占多数,不忍心废黜他。

太宗曾经对张亮说:"你既尊奉佛教,为什么不出家?"萧瑀因而自己请求出家。太宗说:"我也知道你很爱佛门,现在不违背你的意愿。"萧瑀不久又陈说:"我刚才思量过这件事了,不能出家。"太宗因萧瑀面对文武百官发言反覆无常,心中不满,又赶上萧瑀推说脚有病不上朝,或到了朝堂而不进去面见太宗。太宗知道萧瑀心中不快,冬季十月,亲笔下诏列举他的罪过说:"我对佛教,无意遵从。那些求佛的人,不能验证将来的福祉,反在从前受尽苦难。历史上如梁武帝尽心礼敬佛教,简文帝专心一意于入道门径,倾尽府库财物供给僧寺,耗尽人力修造佛塔庙宇。等到侯景在三淮作乱,萧勃在五岭反叛,只能像楚成王那样讨取难熟的熊掌以求苟延残喘,像赵武灵王那样讨取雏雀延长残馀的生命,子孙灭亡而无暇顾及,江山顷刻间变为废墟,佛教报答施恩的验证,是何等的荒谬!萧瑀重蹈覆车的残馀轨迹,承袭灭亡国度的遗风馀绪。他抛弃公义,曲就私情,不懂出世

显之际；身俗口道，莫辨邪正之心。修累叶之殃源，祈一躬之福本，上以违忤君主，下则扇习浮华。自请出家，寻复违异。一回一惑，在于瞬息之间；自可自否，变于帷扆之所。乖栋梁之体，岂具瞻之量乎？朕隐忍至今，瑀全无悛改。可商州刺史，仍除其封。”

冬十二月，房玄龄尝以微谴归第，褚遂良上疏，以为：“玄龄自义旗之始翼赞圣功，武德之季冒死决策，贞观之初选贤立政，人臣之勤，玄龄为最。自非有罪在不赦，搢绅同尤，不可遽弃。陛下若以其衰老，亦当讽谕使之致仕，退之以礼，不可以浅鲜之过，弃数十年之勋旧。”上遽召出之。顷之，玄龄复避位还家。久之，上幸芙蓉园，玄龄敕子弟汛扫门庭，曰：“乘舆且至！”有顷，上果幸其第，因载玄龄还宫。

二十一年夏五月庚辰，上御翠微殿，问侍臣曰：“自古帝王虽平定中夏，不能服戎、狄。朕才不逮古人而成功过之，自不谕其故，诸公各帅意以实言之。”群臣皆称：“陛下功德如天地，万物不得而名言。”上曰：“不然。朕所以能及此者，止由五事耳。自古帝王各疾胜己者，朕见人之善，若己有之；人之行能，不能兼备，朕常弃其所短，取其所长；人主往往进贤则欲置诸怀，退不肖则欲推诸壑，朕见贤者则敬之，不肖者则怜之，贤不肖各得其所；人主多恶正直，阴诛显戮，无代无之，朕践阼以来，正直之士，比肩于朝，未尝

入世的分界;身在俗世而口诵佛语,不能分辨正邪是非。想修去前世的孽源,祈求一身的福根,对上违背君主旨意,对下煽动起浮华风气。自己请求出家,不久又改口。瞬息之间,反反复复;自己同意又自己否定,在帝座前变来变去。违背栋梁之臣的礼仪,哪里有宰相的度量呢? 我克制忍耐到现在,萧瑀全无悔改之意。可降为商州刺史,保留他的封爵。"

冬季十二月,房玄龄曾因犯了小的过错而被斥归私宅,褚遂良上奏疏,认为:"房玄龄自从高祖举义旗反隋的时候起,就辅佐唐朝创业;武德末年,冒着死罪为陛下策划在玄武门发动政变;贞观初年,选拔贤才治理政事,臣属中以房玄龄最为勤恳。除非他的罪过不可赦免,被士大夫们同声反对,否则不能远远地抛弃他。陛下如果认为他衰老,也该暗示他自辞官职,用礼仪撤下他来,不能因细小、偶尔的过错,抛弃几十年的功臣。"太宗马上征召房玄龄出仕。不久,房玄龄又辞位归家。过了一些时候,太宗前往芙蓉园,房玄龄下令子弟洒扫门庭,说:"皇帝马上就要到了!"不一会儿,太宗果然前往房玄龄的府第,并载上房玄龄回到皇宫。

二十一年(647)夏季五月庚辰,太宗驾临翠微殿,询问侍臣说:"自古以来的帝王,虽然能平定中原,不能制服戎、狄。我的才能赶不上古人,而业绩超过他们,我自己不明说此中原因,各位请随意据实说说。"臣属们都说:"陛下的功德如同天地一般博大,万物想说也都说不出来。"太宗说:"不是这样。我所以能做到这一点,只是由于五件事而已。自古以来的帝王大多忌妒才能胜过自己的人,我见到别人的优点,就如同是自己所有;人的德行才能,不能兼备,我常常舍弃人家的短处,发挥人家的长处;君主往往擢升有才能的人就想把他们抱在怀里,贬斥没有才能的人就想把他们推到沟壑中,我见到有才能的人就敬重他们,见到没有才能的人就同情他们,有才能无才能的人各自能得到合适的安排;君主大多憎恨正直的人,或明或暗地诛杀,没有哪一代没有,我自登位以来,正直的人士,在朝中比肩而立,未曾

黜责一人；自古皆贵中华，贱夷、狄，朕独爱之如一，故其种落皆依朕如父母。此五者，朕所以成今日之功也。"顾谓褚遂良曰："公尝为史官，如朕言，得其实乎？"对曰："陛下盛德不可胜载，独以此五者自与，盖谦谦之志耳。"

秋八月己丑，齐州人段志冲上封事，请上致政于皇太子。太子闻之，忧形于色，发言流涕。长孙无忌等请诛志冲。上手诏曰："五岳陵霄，四海亘地，纳污藏疾，无损高深。志冲欲以匹夫解位天子，朕若有罪，是其直也；若其无罪，是其狂也。譬如尺雾障天，不亏于大；寸云点日，何损于明！"

二十二年春正月己丑，上作《帝范》十二篇以赐太子，曰《君体》《建亲》《求贤》《审官》《纳谏》《去谗》《戒盈》《崇俭》《赏罚》《务农》《阅武》《崇文》；且曰："修身治国，备在其中。一旦不讳，更无所言矣。"又曰："汝当更求古之哲王以为师，如吾，不足法也。夫取法于上，仅得其中；取法于中，不免为下。吾居位已来，不善多矣，锦绣珠玉不绝于前，宫室台榭屡有兴作，犬马鹰隼无远不致，行游四方，供顿烦劳，此皆吾之深过，勿以为是而法之。顾我弘济苍生，其益多；肇造区夏，其功大。益多损少，故人不怨；功大过微，故业不堕。然比之尽美尽善，固多愧矣。汝无我之功勤而承我之富贵，竭力为善，则国家仅安；骄惰奢纵，则一身不保。且成迟败速者，国也；失易得难者，位也。可不惜哉！可不慎哉！"

废黜、斥责一人；自古以来都看重华夏，轻视夷、狄，唯独我对他们同样爱护，所以夷、狄各种落都依附我如同依附父母一样。这五件，是我之所以有今日业绩的原因。"回头对褚遂良说："你曾经做过史官，像我说的这些话，是否说到了点子上？"褚遂良回答说："陛下的盛德不可尽载，仅以这五件来评价自己，恐怕是谦逊自抑而已。"

秋季八月己丑这天，齐州人段志冲呈上密封的奏章，请求太宗让位给皇太子。太子听说后，忧虑的心情在脸上显现出来，说话就流下了眼泪。长孙无忌等人请求诛杀段志冲。太宗亲笔下诏说："五岳冲霄汉，四海环绕大地，容纳、包藏污秽的东西，无损它们的高深。段志冲想以一介平民让天子退位，如果我有罪过，这是他正直；如果我无罪，这是他狂妄。譬如一尺雾霭遮住天空，不亏损天空的广大；一寸云彩挡住太阳，哪里有损于太阳的光辉！"

二十二年（648）春季正月己丑（初八），太宗作《帝范》十二篇赐给太子，各篇题为《君体》《建亲》《求贤》《审官》《纳谏》《去谗》《戒盈》《崇俭》《赏罚》《务农》《阅武》《崇文》；并且说："修身治国之道，都在这里面。一旦我去世，就没有再要说的了。"又说："你应该另外寻求古代贤明的君主为老师，像我这样的君主，不值得效法。采取上等的作为榜样，也仅仅能得到中等效果；采取中等的作为榜样，不免得到下等的效果。我登位以来，不正确的事做了不少，面前的锦绣珠玉从没断绝，宫室楼台时有建造，犬马鹰隼无论多远都要罗致到，行游四方，百姓供养劳苦，这都是我深重的过错，你不要以为这是好的行为而效法。但我普济天下百姓，益处很多；开创中华基业，功劳很大。益处多损害少，所以人民不怨恨；功劳大过失小，所以业绩不会毁掉。然而和尽善尽美相比，就有很多惭愧之处。你没有我这样的功劳和勤奋，却继承了我的富贵，如竭力做善事，则国家可以得安宁；如骄傲懒惰、奢侈放纵，则自身难保。而且成功迟缓而失败迅速的是国家，失去容易而得到艰难的是帝位。能不珍惜吗？能不谨慎吗？"

秋七月，司空、梁文昭公房玄龄留守京师，疾笃，上征赴玉华宫，肩舆入殿，至御座侧乃下，相对流涕，因留宫下，闻其小愈则喜形于色；加剧则忧悴。玄龄谓诸子曰："吾受主上厚恩，今天下无事，唯东征未已，群臣莫敢谏，吾知而不言，死有馀责。"乃上表谏。语见《唐平辽东》。

玄龄子遗爱尚上女高阳公主，上谓公主曰："彼病笃如此，尚能忧我国家。"上自临视，握手与诀，悲不自胜。癸卯，薨。

柳芳曰：玄龄佐太宗定天下，及终相位，凡三十二年，天下号为贤相；然无迹可寻，德亦至矣。故太宗定祸乱而房、杜不言功，王、魏善谏诤而房、杜让其贤，英、卫善将兵而房、杜行其道，理致太平，善归人主。为唐宗臣，宜哉！

秋季七月,司空、梁文昭公房玄龄留守京城,病得很厉害,太宗征召他前往玉华宫,乘轿舆入殿,到了太宗座位旁才下来,君臣相对流泪,太宗于是留房玄龄住在宫中,听说房玄龄的病稍好,太宗就露出喜悦的神色;房玄龄的病加重,太宗就忧愁憔悴。房玄龄对儿子们说:"我蒙受主上厚重的恩惠,现在天下无事,只有东征尚未止息,文武官员没有谁敢规劝,我知而不言,死了也有推卸不掉的责任。"于是上奏章规劝。语见《唐平辽东》。

房玄龄的儿子房遗爱娶太宗的女儿高阳公主,太宗对高阳公主说:"他的病沉重到这种地步,还能忧虑我们的国家。"太宗亲自前去探视,和房玄龄握手诀别,悲痛到自己不能承受的地步。癸卯(二十四日),房玄龄去世。

　　唐朝柳芳评论说:房玄龄辅佐太宗平定天下,到死于相位,总共三十二年,天下称他为贤相;然而没有多少事迹可寻,德行也实在达到至高境界了。所以太宗平定祸乱,而房玄龄、杜如晦不居功;王珪、魏微善于谏诤,而房玄龄、杜如晦把贤明之名让给他俩;英公李勣、卫公李靖擅长统兵作战,而房玄龄、杜如晦辅行二人之道;国家政治达到太平,美名归于君主。他被视为有唐一代人所宗仰的大臣,是适宜的。

唐平辽东

唐高祖武德四年秋七月乙丑,高句丽王建武遣使入贡。建武,元之弟也。

五年,上以隋末战士多没于高丽,是岁,赐高丽王建武书,使悉遣还,亦使州县索高丽人在中土者,遣归其国。建武奉诏,遣还中国民前后以万数。

七年春二月丁未,高丽王建武遣使来请班历。遣使册建武为辽东郡王、高丽王。以百济王夫馀璋为带方郡王,新罗王金真平为乐浪郡王。

九年,新罗、百济、高丽三国有宿仇,迭相攻击。上遣国子助教朱子奢往谕指,三国皆上表谢罪。

太宗贞观五年,新罗王真平卒,无嗣,国人立其女善德为王。

十五年秋七月,上遣职方郎中陈大德使高丽,八月己亥,自高丽还。大德初入其境,欲知山川风俗,所至城邑,以绫绮遗其守者,曰:"吾雅好山水,此有胜处,吾欲观之。"守者喜,导之游历,无所不至,往往见中国人,自云:"家在

唐平辽东

唐高祖武德四年(621)秋季七月乙丑(初十),高句丽国王高建武派遣使节到唐朝进贡。建武是已故国王高元的弟弟。

五年(622),高祖鉴于隋末有许多士卒沦落在高丽,这年,赐给高丽王高建武书信,要求他将沦落在高丽的隋朝士卒全部遣返,同时,下令各州县寻找在中土的高丽人,并将他们遣送回国。高建武接到高祖的诏书后,放回的中原百姓前后数以万计。

七年(624)春季二月丁未(初七),高丽王高建武派遣使节来唐,请求颁赐历法。唐遣使臣册封高建武为辽东郡王、高丽王。封百济王夫馀璋为带方郡王,新罗王金真平为乐浪郡王。

九年(626),新罗、百济、高丽三国世代不和睦,相互攻伐。太宗派遣国子监助教朱子奢前往传达旨意,劝他们和解,三国都上表谢罪服命。

唐太宗贞观五年(631),新罗国王金真平去世,没有子嗣,国人拥立其女金善德为国王。

十五年(641)秋季七月,太宗派遣职方郎中陈大德出使高丽国,八月己亥(初十),从高丽返回长安。陈大德刚进入高丽境内时,很想了解当地的山川名胜和风俗习惯,每经过一个城镇,就将绫绮等丝织品送给当地的官员,说:"我一向喜爱山水,此地如有名胜,我想去看一看。"当地官员很高兴,引导他去游历,无处不去,途中经常遇到一些中原人,他们自我介绍说:"家住在

某郡,隋末从军,没于高丽,高丽妻以游女,与高丽错居,殆将半矣。"因问亲戚存没,大德绐之曰:"皆无恙。"咸涕泣相告。数日后,隋人望之而哭者,遍于郊野。大德言于上曰:"其国闻高昌亡,大惧,馆候之勤,加于常数。"上曰:"高丽本四郡地耳,吾发卒数万攻辽东,彼必倾国救之,别遣舟师出东莱,自海道趋平壤,水陆合势,取之不难。但山东州县凋瘵未复,吾不欲劳之耳!"

十六年冬十一月丁巳,营州都督张俭奏高丽东部大人泉盖苏文弑其王武。盖苏文凶暴多不法,其王及大臣议诛之。盖苏文密知之,悉集部兵若校阅者,并盛陈酒馔于城南,召诸大臣共临视,勒兵尽杀之,死者百馀人。因驰入宫,手弑其王,断为数段,弃沟中,立王弟子藏为王,自为莫离支,其官如中国吏部兼兵部尚书也。于是号令远近,专制国事。盖苏文状貌雄伟,意气豪逸,身佩五刀,左右莫敢仰视。每上下马,常令贵人、武将伏地而履之。出行必整队伍,前导者长呼,则人皆奔迸,不避坑谷,路绝行者,国人甚苦之。

亳州刺史裴思庄奏请伐高丽,上曰:"高丽王武职贡不绝,为贼臣所弑,朕哀之甚深,固不忘也。但因丧乘乱而取之,虽得之不贵。且山东凋弊,吾未忍言用兵也。"

十七年夏六月丁亥,太常丞邓素使高丽还,请于怀远镇增戍兵以逼高丽,上曰:"'远人不服,则修文德以来之',未闻一二百戍兵能威绝域者也!"

某郡，隋末充军东征，流落于此，高丽将妓女配给我们为妻，并让我们同高丽人杂居，几乎占了当地人的一半。"他们乘机向陈大德打听他们中原的亲属生死状况，大德哄骗他们说："都安好无恙。"他们听后挥泪互相转告。几天后，留在高丽的隋时中原人来见大德，都眼含泪水，聚集在城郊野外。陈大德回到朝中对太宗说："高丽人听说高昌已经灭亡，大为惊恐，频频去馆舍中问候的人，超过以往。"太宗说："高丽本是汉武帝所设四郡中的一部分，我大唐如果发兵数万进攻辽东，高丽必然倾国相救，如果另派水师出东莱，从海路直奔平壤，水陆合围，攻取高丽并不难。只是山东地方民生凋敝，还没有恢复，朕不想让那里再受战争之累罢了！"

十六年（642）冬季十一月丁巳（初五），营州都督张俭上奏称高丽东部大人泉盖苏文杀死他的国王高武。盖苏文凶残暴虐，经常不守法度，高丽王和大臣们商议要将他处死。盖苏文暗中得知消息，便召集全部兵马像校阅那样，并且在城南大摆酒宴，召集众大臣前往观看，然后统率军士将他们全部杀掉，共杀死一百多人。接着，他又冲进王宫，亲手杀死高丽王，斩为数段，丢入沟中，立高丽王兄弟之子高藏为王，盖苏文自任莫离支，其官职如同我大唐的吏部兼兵部尚书。于是，他在国内发号施令，专擅国政。盖苏文身材魁梧，气概豪迈，身上佩带五把刀，左右的人都不敢抬头看他。每逢上下马，常让贵族、武将伏在地上供他垫脚。他外出时，定要整备队伍，前导者拉长声呼喊，过路的人急忙奔逃，不避坑谷，路上绝少有行人，高丽国百姓叫苦连天。

亳州刺史裴思庄上奏疏请求讨伐高丽，太宗说："高丽国王高武每年贡赋不断，他被贼臣杀害，朕深为哀痛，一直不能忘怀。只是因其国君新丧，乘乱而攻取，即使得胜也不足为贵。况且，山东地区民生凋敝，我不忍心谈论用兵之事。"

十七年（643）夏季六月丁亥（初九），太常寺丞邓素出使高丽回来，请求朝廷在怀远镇增派戍边兵力来威逼高丽，太宗说："'远方的人不归服，就应该勤修文德来招徕他们'，没听说靠一两百个戍兵就能威震边境的！"

上曰:"盖苏文弑其君而专国政,诚不可忍,以今日兵力,取之不难,但不欲劳百姓,吾欲且使契丹、靺鞨扰之,何如?"长孙无忌曰:"盖苏文自知罪大,畏大国之讨,必严设守备,陛下姑为之隐忍,彼得以自安,必更骄惰,愈肆其恶,然后讨之,未晚也。"上曰:"善。"戊辰,诏以高丽王藏为上柱国、辽东郡王、高丽王,遣使持节册命。

秋九月庚辰,新罗遣使言百济攻取其国四十馀城,复与高丽连兵,谋绝新罗入朝之路,乞兵救援。上命司农丞相里玄奖赍玺书赐高丽曰:"新罗委质国家,朝贡不乏,尔与百济各宜戢兵,若更攻之,明年发兵击尔国矣!"

十八年春正月,相里玄奖至平壤,莫离支已将兵击新罗,破其两城,高丽王使召之,乃还。玄奖谕使勿攻新罗,莫离支曰:"昔隋人入寇,新罗乘衅侵我地五百里,自非归我侵地,恐兵未能已。"玄奖曰:"既往之事,焉可追论?至于辽东诸城,本皆中国郡县,中国尚且不言,高丽岂得必求故地。"莫离支竟不从。

二月乙巳朔,玄奖还,具言其状。上曰:"盖苏文弑其君,贼其大臣,残虐其民,今又违我诏命,侵暴邻国,不可以不讨。"谏议大夫褚遂良曰:"陛下指麾则中原清晏,顾眄则四夷詟服,威望大矣。今乃渡海远征小夷,若指期克捷,犹可也;万一蹉跌,伤威损望,更兴忿兵,则安危难测矣。"李世勣曰:"间者薛延陀入寇,陛下欲发兵穷讨,魏徵谏而止,使至今为患。向用陛下之策,北鄙安矣。"上曰:"然。此诚

太宗说:"盖苏文杀害其君而专擅国政,实在不能容忍,凭借我国现在的兵力,攻取他并不难,只是不想烦劳百姓,我想暂且先让契丹、靺鞨骚扰他们,怎么样?"长孙无忌说:"盖苏文自己也知道罪行严重,害怕大国的讨伐,必然会严加防备,陛下姑且隐忍,他得以保全,必然会更加骄横,更加无恶不作,然后再去讨伐,也不算晚。"太宗说:"这样很好。"戊辰(闰六月二十一日),太宗诏封高丽王高藏为上柱国、辽东郡王、高丽王,派遣使节携带旌节前往册封。

秋季九月庚辰(初四),新罗派使臣来报告说百济国攻取其国四十多座城邑,又与高丽联合,图谋断绝新罗来唐朝的通道,请求唐朝发兵救援。太宗命司农丞相里玄奖携带玺书前往高丽宣布说:"新罗已归顺大唐,朝贡不乏,你们和百济都应停止对它用兵,如果再进攻它,明年我大唐就要发兵讨伐你们国家了!"

十八年(644)春季正月,相里玄奖到达平壤时,莫离支已经率领军队进攻新罗,攻下了两座城,高丽国王召他回去,他才班师。玄奖劝告他不要攻打新罗,莫离支说:"过去隋朝进攻我们时,新罗就曾经乘机侵占了我们五百里地盘,若不归还侵占我们的土地,恐怕难以停战。"玄奖说:"过去了的事情,何必再去追究呢? 至于辽东各城,本来都是中原的郡县,中原朝廷尚且没有过问,高丽怎能一定追回故土?"莫离支最终不肯听从劝告。

二月乙巳是初一,玄奖回到长安,向太宗详细报告了泉盖苏文不肯听从劝告的情况。太宗说:"盖苏文杀死他的国君,迫害高丽大臣,残酷虐待百姓,如今又违抗我的诏令,侵凌邻国,不能不讨伐他。"谏议大夫褚遂良劝告说:"陛下手指一挥中原大地就平定,眼睛一瞥四方部族就归服,威望无与伦比。如今却要跨海去远征一个小小的高丽,若是按计划一战而胜尚且可以;万一出现闪失,您威望受到损害,反过来再因忿恨发兵前去作战,那么,安危就很难预测了。"李世勣说:"当年薛延陀进犯时,陛下想发兵穷追猛打,因魏徵进谏而作罢,让它为害到今天。那时若按陛下的策略,北部边境早就安定了。"太宗说:"是这样。那实在是

徵之失；朕寻悔之而不欲言，恐塞良谋故也。”

上欲自征高丽，褚遂良上疏，以为：“天下譬犹一身：两京，心腹也；州县，四支也；四夷，身外之物也。高丽罪大，诚当致讨，但命二三猛将将四五万众，仗陛下威灵，取之如反掌耳。今太子新立，年尚幼稚，自馀藩屏，陛下所知，一旦弃金汤之全，逾辽海之险，以天下之君，轻行远举，皆愚臣之所甚忧也。”上不听。时群臣多谏征高丽者，上曰：“八尧、九舜，不能冬种；野夫、童子，春种而生，得时故也。夫天有其时，人有其功。盖苏文陵上虐下，民延颈待救，此正高丽可亡之时也。议者纷纭，但不见此耳。”

上将征高丽，秋七月辛卯，敕将作大匠阎立德等诣洪、饶、江三州，造船四百艘以载军粮。甲午，下诏遣营州都督张俭等帅幽、营二都督兵及契丹、奚、靺鞨先击辽东以观其势。以太常卿韦挺为馈运使，以民部侍郎崔仁师副之，自河北诸州皆受挺节度，听以便宜从事。又命太仆少卿萧锐运河南诸州粮入海。锐，瑀之子也。

九月乙未，鸿胪奏“高丽莫离支贡白金”。褚遂良曰：“莫离支弑其君，九夷所不容，今将讨之而纳其金，此郜鼎之类也，臣谓不可受。”上从之。上谓高丽使者曰：“汝曹皆事高武，有官爵。莫离支弑逆，汝曾不能复仇，今更为之游

魏徵的过失；朕不久就后悔而又不想说出来，是怕因此而阻塞了进献良策的缘故。"

太宗打算亲自统兵去征伐高丽，褚遂良上疏劝止，以为："天下如同一个人的身体：长安、洛阳是心脏，各州县是四肢，四方少数民族地区则是身体以外的东西。高丽侵略邻国罪恶很大，确实应当加以讨伐，然而，也只需要派遣两三名猛将率领四五万军队，仰仗陛下的神威，战胜它如同反掌一样容易。如今太子刚册立，年纪还很幼小，其他藩郡诸王的情况，陛下是很清楚的，假若陛下一旦离开固若金汤的安全区域，跨入辽东那危险之地，身为一国之君，轻率地远行作战，这是我深感忧虑的事情。"太宗不听劝告。当时大臣们有很多谏阻征伐高丽的，太宗说："即使八个尧帝、九个舜帝，也不能在冬天种出庄稼来；农夫、孩子，却能够在春天种好庄稼，是因为符合时令。天有它的时令，人有他的功业。盖苏文上欺国君下虐百姓，百姓们翘首盼望我们去解救，这正是高丽该灭亡的时候。你们众说纷纭，却不懂得这个道理。"

太宗准备亲征高丽，秋季七月辛卯（二十日），敕令将作大匠阎立德等到洪、饶、江三州去，监造四百艘船用以运载军粮。甲午（二十三日），太宗下诏派遣营州都督张俭等率领幽州、营州两个都督府的兵马以及契丹、奚、靺鞨族士兵先行进攻辽东，试探高丽的反应。又任命太常寺卿韦挺为馈运使，民部侍郎崔仁师为副使，规定河北各州都要接受韦挺的节制，听从他随时调遣。还命令太仆寺少卿萧锐督运河南各州粮草装船出海。萧锐是萧瑀的儿子。

九月乙未（二十五日），鸿胪寺奏报"高丽国莫离支前来进贡白金"。褚遂良说："莫离支杀害其国王，东方各族不会宽恕他，如今我们将要讨伐他而又收受他的白金，这就如同春秋时鲁桓公向宋国取郜鼎一样，我觉得不应该接受。"太宗听从了他的意见。太宗对高丽国使者说："你们都事奉过国君高武，都拜官封爵。莫离支有谋杀国君的罪行，你们竟不报仇，如今还要替他游

说以欺大国，罪孰大焉！”悉以属大理。

　　冬十月甲寅，车驾行幸洛阳。十一月壬申，至洛阳。前宜州刺史郑元璹，已致仕，上以其常从隋炀帝伐高丽，召诣行在，问之，对曰：“辽东道远，粮运艰阻，东夷善守城，攻之不可猝下。”上曰：“今日非隋之比，公但听之。”张俭等值辽水涨，久不得济，上以为畏懦，召俭诣洛阳。至，具陈山川险易，水草美恶；上悦。上闻洺州刺史程名振善用兵，召问方略，嘉其才敏，即日拜右骁卫将军。

　　甲午，以刑部尚书张亮为平壤道行军大总管，帅江、淮、岭、硖兵四万，长安、洛阳募士三千，战舰五百艘，自莱州泛海趋平壤。又以太子詹事、左卫率李世勣为辽东道行军大总管，帅步骑六万及兰、河二州降胡趣辽东，两军合势并进。庚子，诸军大集于幽州，遣行军总管姜行本、少府少监丘行淹先督众工造梯冲于安萝山。时远近勇士应募及献攻城器械者不可胜数，上皆亲加损益，取其便易。又手诏谕天下，以“高丽盖苏文弑主虐民，情何可忍？今欲巡幸幽、蓟，问罪辽、碣，所过营顿，无为劳费”。且言：“昔隋炀帝残暴其下，高丽王仁爱其民，以思乱之军击安和之众，故不能成功。今略言必胜之道有五：一曰以大击小，二曰以顺讨逆，三曰以治乘乱，四曰以逸敌劳，五曰以悦当怨，何忧不克？布告元元，勿为疑惧！”于是凡顿舍供费之具，减者太半。

说欺骗我大唐,罪恶还有比这更大的吗?"于是将他们全部送交大理寺关押起来。

冬季十月甲寅(十四日),太宗行幸洛阳。十一月壬申(初二),到达洛阳。从前做过宜州刺史的郑元璹现已退休在家,太宗因为他曾经跟随隋炀帝攻打过高丽,便召他到洛阳来,询问高丽的情况,郑元璹回答说:"辽东路途遥远,粮草运输困难,高丽人善于守城,攻城很难一下子攻下来。"太宗说:"如今不比隋朝,你等着听好消息吧。"张俭的部队正赶上辽河发大水,好久没有过去,太宗认为他们害怕敌人,便把张俭叫到洛阳。张俭来到后,详细报告那里山川地势险要与否,水草的好坏情况;太宗听了很满意。太宗听说洺州刺史程名振善于用兵,便召见他询问作战方略,并赞扬他才思敏捷,当天就任命他为右骁卫将军。

甲午(二十四日),任命刑部尚书张亮为平壤道行军大总管,率领江、淮、岭、硖中兵马四万人,从长安、洛阳招募勇士三千人,战舰五百艘,从莱州渡海直逼平壤。又任命太子詹事、左卫率李世勣为辽东道行军大总管,率领步兵、骑兵六万人以及兰、河两州投降的胡族兵马进逼辽东,两支部队合围并进。庚子(三十日),各路兵马在幽州会合,太宗派遣行军总管姜行本、少府少监丘行淹先行监督众工匠在安萝山制造云梯与冲车。当时远近的勇士纷纷应召当兵并献出各种攻城器械的,不计其数,太宗都亲自挑选,取其方便容易掌握的器械。又手书诏令传谕天下,说"高丽盖苏文杀害国君,暴虐百姓,这种情形怎么可以容忍呢?如今我准备巡幸幽、蓟二州,向辽东、碣石一带兴师问罪,凡所经过地方的供应,不要过于劳费百姓"。还说:"从前隋炀帝残害百姓,高丽王却对百姓施仁爱之政,用人心思乱的军队去攻打求安思和的民众,所以没能取得胜利。现在略谈我们必胜的五项条件:一是以强大进攻弱小,二是以正义讨攻叛逆,三是以安定战胜内乱,四是以逸待劳,五是以欢乐面对忧愁,还怕不能取胜?以此布告百姓,不要产生疑惧!"于是,将各种行军作战的物资减少一大半,轻装前进。

十二月辛丑,武阳懿公李大亮卒于长安,遗表请罢高丽之师。甲寅,诏诸军及新罗、百济、奚、契丹分道击高丽。

十九年春二月庚戌,上自将诸军发洛阳,以特进萧瑀为洛阳宫留守。乙卯,诏:"朕发定州后,宜令皇太子监国。"开府仪同三司致仕尉迟敬德上言:"陛下亲征辽东,太子在定州,长安、洛阳心腹空虚,恐有玄感之变。且边隅小夷,不足以勤万乘,愿遣偏师征之,指期可殄。"上不从。以敬德为左一马军总管,使从行。癸亥,上至邺,自为文祭魏太祖,曰:"临危制变,料敌设奇,一将之智有馀,万乘之才不足。"是月,李世勣军至幽州。

三月丁丑,车驾至定州。丁亥,上谓侍臣曰:"辽东本中国之地,隋氏四出师而不能得,朕今东征,欲为中国报子弟之仇,高丽雪君父之耻耳。且方隅大定,惟此未平,故及朕之未老,用士大夫馀力以取之。朕自发洛阳,惟啖肉饭,虽春蔬亦不之进,惧其烦扰故也。"上见病卒,召至御榻前存慰,付州县疗之,士卒莫不感悦。有不预征名,自愿以私装从军,动以千计,皆曰:"不求县官勋赏,惟愿效死辽东。"上不许。

上将发,太子悲泣数日,上曰:"今留汝镇守,辅以俊贤,欲使天下识汝风采。夫为国之要,在于进贤退不肖,赏善罚恶,至公无私,汝当努力行此,悲泣何为?"命开府仪同三司高士廉摄太子太傅,与刘洎、马周、少詹事张行成、右

十二月辛丑(初一),武阳懿公李大亮在长安去世,留下章表请求从高丽撤兵罢战。甲寅(十四日),太宗诏令各军以及新罗、百济、奚、契丹军队分兵几路进攻高丽。

十九年(645)春季二月庚戌(十二日),太宗亲自统率各路大军从洛阳出发东征,任命特进萧瑀为洛阳宫留守。乙卯(十七日),颁发诏令:"朕从定州出发后,便由皇太子监国。"开府仪同三司已退休的尉迟敬德上书说:"陛下亲征辽东,太子在定州,长安、洛阳心腹之地却很空虚,恐怕会发生像杨玄感那样的变乱。而且高丽是个地处边陲的小国,不值得皇上去辛勤操劳,只需要派一支部队去征伐,消灭它指日可待。"太宗不听从劝告。任命尉迟敬德为左一马军总管,让他随从前往。癸亥(二十五日),太宗到达邺县,亲自撰文祭奠魏太祖,说:"临危处理急变,料敌设置奇兵,作为一员将领智慧有馀,作为帝王则才智不足。"本月,李世勣的部队到达了幽州。

三月丁丑(初九),太宗到达定州。丁亥(十九日),太宗对侍臣说:"辽东本来就是中原王朝之地,隋朝四次派兵出征而不能取胜,如今朕亲自东征,是想替中原的子弟报父兄之仇,为高丽百姓雪其国君被杀的耻辱。现在四方都已平定,只有这里还没有平定,所以想趁我还没有衰老,用士大夫们的馀力打败他们。我从洛阳出发以来,只吃肉食,虽有早春蔬菜也不吃,是担心因此烦扰百姓。"太宗看见有病的士兵,便召到御榻前予以慰问,让州县妥加治疗,士兵们深受感动。有人没有被登记上东征部队的名单,自愿用私人装备跟随部队,动辄以千计,都说:"我们不求得到皇上的封爵赏赐,但愿为陛下效忠,战死在辽东。"太宗没有答应他们的请求。

太宗将要出发,太子悲伤地哭泣了好几天,太宗说:"如今留下你镇守,有俊彦贤才辅佐,正想让天下人见识你的风采。治理国家最重要的在于进用贤才摒弃小人,奖赏善举惩罚恶行,大公无私,你应当努力做到这些,有什么好悲泣的?"于是任命开府仪同三司高士廉兼任太子太傅,与刘洎、马周、少詹事张行成、右

庶子高季辅同掌机务,辅太子。长孙无忌、岑文本与吏部尚书杨师道从行。壬辰,车驾发定州,亲佩弓矢,手结雨衣于鞍后。命长孙无忌摄侍中,杨师道摄中书令。

李世勣军发柳城,多张形势,若出怀远镇者,而潜师北趣甬道,出高丽不意。夏四月戊戌朔,世勣自通定济辽水,至玄菟。高丽大骇,城邑皆闭门自守。壬寅,辽东道副大总管、江夏王道宗将兵数千至新城,折冲都尉曹三良引十馀骑直压城门,城中惊扰,无敢出者。营州都督张俭将胡兵为前锋,进渡辽水,趋建安城,破高丽兵,斩首数千级。

丁未,车驾发幽州。上悉以军中资粮、器械、簿书委岑文本,文本夙夜勤力,躬自料配,筹、笔不去手,精神耗竭,言辞举措,颇异平日。上见而忧之,谓左右曰:"文本与我同行,恐不与我同返。"是日,遇暴疾而薨。其夕,上闻严鼓声,曰:"文本殒没,所不忍闻。"命撤之。时右庶子许敬宗在定州,与高士廉等共知机要,文本薨,上召敬宗,以本官检校中书侍郎。

壬子,李世勣、江夏王道宗攻高丽盖牟城。丁巳,车驾至北平。癸亥,李世勣等拔盖牟城,获二万馀口、粮十馀万石。

张亮帅舟师自东莱渡海,袭卑沙城,其城四面悬绝,惟西门可上。程名振引兵夜至,副总管王大度先登,五月己巳,拔之,获男女八千口。分遣总管丘孝忠等曜兵于鸭绿水。

李世勣进至辽东城下。庚午,车驾至辽泽,泥淖二百馀里,人马不可通,将作大匠阎立德布土作桥,军不留行。

庶子高季辅一同执掌机要,辅佐太子。长孙无忌、岑文本与吏部尚书杨师道与太宗同行。壬辰(二十四日),车驾从定州出发,太宗亲自佩带弓箭,在马鞍后面蒙上雨披。任命长孙无忌暂行侍中职务,杨师道暂代中书令。

李世勣部从柳城出发,大张声势,好像要向怀远镇出发,而秘密派部队北上直奔甬道,出乎高丽人意料。夏季四月戊戌是初一,李世勣部从通定渡过辽水,到达玄菟。高丽人大为惊骇,各城都闭门自守。壬寅(初五),辽东道副大总管、江夏王李道宗率几千人到达新城,折冲都尉曹三良带十多名骑兵迫近城门,城中人惊恐不安,无人敢出城应战。营州都督张俭率胡族士兵作为前锋,渡过了辽水,逼近建安城,大败高丽兵,斩首几千人。

丁未(初十),太宗从幽州出发。太宗把军中的粮草物资、器械、文书簿录全部委派给岑文本办理,岑文本夙兴夜寐,勤勉不怠,亲自料理调配,计算用的筹码、书写用的笔从不离手,心力耗竭,言谈举止颇与平日不同。太宗看见他这样,十分担忧,对身边的人说:"文本和我同来,恐怕很难和我一同返回了。"当天,岑文本得暴病而死。那天夜晚,太宗听到有急促的鼓声,说道:"文本死了,我不忍心听到鼓声。"命人撤走了。当时右庶子许敬宗在定州,与高士廉等共同掌管机要,岑文本死后,太宗召来许敬宗,以本官检校中书侍郎。

壬子(十五日),李世勣、江夏王李道宗部攻打高丽盖牟城。丁巳(二十日),太宗到达北平。癸亥(二十六日),李世勣等攻占盖牟城,俘虏二万多人,缴获粮食十多万石。

张亮率领水师从东莱渡海袭击卑沙城,该城四面高悬险峻,只有西门可通。程名振领兵在夜间开到城下,副总管王大度首先登上城楼,五月己巳(初二),攻占了该城,俘获男女八千人。太宗分遣总管丘孝忠等人陈兵于鸭绿江上,炫耀武力。

李世勣率领部队来到了辽东城下。庚午(初三),太宗来到了辽泽,这一带是绵延二百多里的沼泽地,人马根本不能通行,将作大匠阎立德命令士兵垫土作桥,队伍得以昼夜兼程前进。

壬申，渡泽东。乙亥，高丽步骑四万救辽东，江夏王道宗将四千骑逆击之，军中皆以为众寡悬绝，不若深沟高垒以俟车驾之至。道宗曰："贼恃众，有轻我心，远来疲顿，击之必败。且吾属为前军，当清道以待乘舆，乃更以贼遗君父乎！"李世勣以为然。果毅都尉马文举曰："不遇勍敌，何以显壮士！"策马趋敌，所向皆靡，众心稍安。既合战，行军总管张君乂退走，唐兵不利，道宗收散卒，登高而望，见高丽阵乱，与骁骑数十冲之，左右出入，李世勣引兵助之，高丽大败，斩首千馀级。丁丑，车驾渡辽水，撤桥，以坚士卒之心，军于马首山，劳赐江夏王道宗，超拜马文举中郎将，斩张君乂。上自将数百骑至辽东城下，见士卒负土填堑，上分其尤重者，于马上持之，从官争负土致城下。李世勣攻辽东城，昼夜不息，旬有二日，上引精兵会之，围其城数百重，鼓噪声震天地。甲申，南风急，上遣锐卒登冲竿之末，爇其西南楼，火延烧城中，因麾将士登城，高丽力战不能敌，遂克之，所杀万馀人，得胜兵万馀人，男女四万口，以其城为辽州。

乙未，进军白岩城。丙申，右卫大将军李思摩中弩矢，上亲为之吮血，将士闻之，莫不感动。乌骨城遣兵万馀为白岩声援，将军契苾何力以劲骑八百击之，何力挺身陷陈，槊中其腰，尚辇奉御薛万备单骑往救之，拔何力于万众之中而还。何力气益愤，束疮而战，从骑奋击，遂破高丽兵，追奔数十里，斩首千馀级，会暝而罢。万备，万彻之弟也。

壬申（初五），唐军渡过辽泽东进。乙亥（初八），高丽步兵、骑兵四万人救援辽东，江夏王李道宗率领四千骑兵迎击，军中士兵都认为众寡悬殊，不如深沟高垒坚守，等待太宗到来。李道宗说："敌人仗着人马众多，有轻视我们之心，他们远道而来十分疲惫，迎击他们必会取胜。而且我部作为前锋，应当清理好道路以等待皇上到来，怎么能还把敌人留给皇上呢？"李世勣认为有道理。果毅都尉马文举说："不遇上强劲的敌手，如何显示出壮士的威风呢？"于是策马直冲敌阵，所向披靡，士兵们才逐渐安心。同高丽兵展开激战时，行军总管张君乂退走，形势对唐兵不利，李道宗收集散兵，登高观望，看见高丽兵阵形混乱，便率领几十名骁勇骑兵冲击他们，左进右出，右进左出，李世勣也领兵助战，高丽兵被打得大败，一千多人被杀。丁丑（初十），太宗渡过辽水，撤毁桥梁，以此坚定将士们的决心，一行人驻扎在马首山，太宗慰劳赏赐江夏王李道宗，破格提拔马文举为中郎将，处斩临阵退逃的张君乂。太宗亲率数百骑兵到辽东城下，看见士兵们背土填壕沟，就分出最重的在马上拿着，于是随从官员都争先恐后背土到城下。李世勣部队昼夜不停地攻城，到第十二天，太宗又带领精兵与他会合，将城池围上几百层，鼓噪声震天动地。甲申（十七日），南风刮得很大，太宗派精锐士兵登上冲竿的顶端，点燃西南角城楼，火势蔓延直烧到城内，进而指挥将士们登城，高丽兵竭力奋战，抵挡不住，遂被唐军攻克，唐兵杀死一万多人，俘获高丽兵一万多人，百姓男女四万多人，改城名为辽州。

乙未（二十八日），唐军进攻白岩城。丙申（二十九日），右卫大将军李思摩身中弩矢，太宗亲自为他吮血，将士们听说后，没有不受感动的。乌骨城派一万多士兵增援白岩的高丽兵，将军契苾何力派八百名精锐骑兵去阻击，何力挺身冲锋陷阵，腰上被长矛刺中，尚辇奉御薛万备单枪匹马前去救援，在万人丛中救出何力回到唐军阵前。何力情绪更为激愤，包扎好伤口又去拼杀，随从的骑兵奋勇出击，于是大败高丽兵，乘胜追击几十里，斩首一千多级，直到天黑才收兵。薛万备是薛万彻的弟弟。

六月丁酉，李世勣攻白岩城西南，上临其西北。城主孙代音潜遣腹心请降，临城，投刀钺为信，且曰："奴愿降，城中有不从者。"上以唐帜与其使，曰："必降者，宜建之城上。"代音建帜，城中人以为唐兵已登城，皆从之。

上之克辽东也，白岩城请降，既而中悔。上怒其反覆，令军中曰："得城当悉以人物赏战士。"李世勣见上将受其降，帅甲士数十人请曰："士卒所以争冒矢石，不顾其死者，贪虏获耳。今城垂拔，奈何更受其降，孤战士之心！"上下马谢曰："将军言是也。然纵兵杀人而虏其妻孥，朕所不忍。将军麾下有功者，朕以库物赏之，庶因将军赎此一城。"世勣乃退。得城中男女万馀口，上临水设幄受其降，仍赐之食，八十以上赐帛有差。他城之兵在白岩者悉慰谕，给粮仗，任其所之。

先是，辽东城长史为部下所杀，其省事奉其妻子奔白岩。上怜其有义，赐帛五匹，为长史造灵舆，归之平壤。以白岩城为岩州，以孙代音为刺史。

契苾何力疮重，上自为傅药，推求得刺何力者高突勃，付何力使自杀之。何力奏称："彼为其主冒白刃刺臣，乃忠勇之士也，与之初不相识，非有怨仇。"遂舍之。

初，莫离支遣加尸城七百人戍盖牟城，李世勣尽虏之，其人请从军自效，上曰："汝家皆在加尸，汝为我战，莫离支必杀汝妻子，得一人之力而灭一家，吾不忍也。"戊戌，皆廪

六月丁酉（初一），李世勣部攻击白岩城的西南，太宗来到西北面。城主孙代音暗中派遣心腹前来请求投降，约定唐兵临近城池时，投刀斧为信号，又说："我本人愿意投降，只怕城里有人不愿意。"太宗把唐朝的旗帜交给来使说："如决定投降的话，就把这面旗帜竖在城墙上。"孙代音如约竖旗，城中人以为唐军已经登上城楼，于是都跟随孙代音投降了。

唐军攻占辽东城后，白岩城守军请求投降，中途又后悔。太宗恼怒其反复无常，就对唐军将士说："得到这座城后，就将城里男女俘虏和财物赏赐给士兵们。"李世勣见太宗将要接受对方投降，就带领几十名身穿铠甲的士兵请战说："士兵们之所以争着冒飞矢流石的攻击，不顾生死，只是贪图俘获其男女财物。如今城池唾手可得，为什么要接受他们投降，而辜负士兵们的杀敌决心呢？"太宗下马答谢李世勣说："将军所言极是。然而放纵士兵杀人，虏其妻小，朕于心不忍。将军手下有功的将士，朕会用府库里的资财封赏他们，希望通过将军来赎得一座完整的城池。"李世勣于是退下。唐军共得到城中男女一万多人，太宗在水边设帐接受对方投降，同时赐给他们食物，八十岁以上的老人赏赐多少不等的绢帛。其他城堡的士兵驻扎在白岩城的，都予以抚慰，给予粮草器仗，听任他们去留。

先前，辽东城长史被部下所杀，他手下的吏员省事护送长史的妻儿投奔白岩城。太宗怜惜省事有义节，赐给他五匹帛，替长史造灵柩，送还平壤。改白岩城为岩州，任命孙代音为刺史。

契苾何力伤势加重，太宗亲自替他敷药，还查出刺伤何力的人叫高突勃，于是将他交给何力，让何力亲手杀掉他。何力上奏说："他为他的国君冒着生命危险在白刃战中刺伤我，属于忠诚勇猛之士，我和他原不相识，没有怨仇。"于是将他放了。

起初，莫离支征派加尸城的七百人戍守盖牟城，李世勣将他们全都俘获，他们请求从军效力，太宗说："你们的家都在加尸，你们为我征战，莫离支必定会杀你们的妻儿，得到一人的帮助却毁灭他的一家，我不忍心。"戊戌（初二日），对他们给予赏赐

赐遣之。己亥,以盖牟城为盖州。

丁未,车驾发辽东,丙辰,至安市城,进兵攻之。丁巳,高丽北部耨萨延寿、惠真帅高丽、靺鞨兵十五万救安市。上谓侍臣曰:“今为延寿策有三:引兵直前,连安市城为垒,据高山之险,食城中之粟,纵靺鞨掠吾牛马,攻之不可猝下,欲归则泥潦为阻,坐困吾军,上策也;拔城中之众,与之宵遁,中策也;不度智能,来与吾战,下策也。卿曹观之,彼必出下策,成擒在吾目中矣!”

高丽有对卢,年老习事,谓延寿曰:“秦王内芟群雄,外服戎狄,独立为帝,此命世之材,今举海内之众而来,不可敌也。为吾计者,莫若顿兵不战,旷日持久,分遣奇兵断其运道,粮食既尽,求战不得,欲归无路,乃可胜也。”延寿不从,引军直进,去安市城四十里。上犹恐其低徊不至,命左卫大将军阿史那社尔将突厥千骑以诱之,兵始交而伪走。高丽相谓曰:“易与耳!”竞进乘之,至安市城东南八里,依山而陈。

上悉召诸将问计,长孙无忌对曰:“臣闻临敌将战,必先观士卒之情。臣适行经诸营,见士卒闻高丽至,皆拔刀结旆,喜形于色,此必胜之兵也。陛下未冠,身亲行陈,凡出奇制胜,皆上禀圣谋,诸将奉成算而已。今日之事,乞陛下指踪!”上笑曰:“诸公以此见让,朕当为诸公商度。”乃与无忌等从数百骑乘高望之,观山川形势,可以伏兵及出入之所。高丽、靺鞨合兵为陈,长四十里。江夏王道宗曰:“高丽倾国以拒王师,平壤之守必弱,愿假臣精卒五千,覆

后把他们全都遣送回去。己亥（初三），改盖牟城为盖州。

丁未（十一日），太宗从辽东出发，丙辰（二十日），到达安市城下，发兵攻城。丁巳（二十一日），高丽北部褥萨高延寿、惠真率领高丽、靺鞨兵十五万人救援安市。太宗对侍臣说："如今延寿有三种策略：带领兵马直至前沿，与安市城连为堡垒，凭借险要的高山，坐吃城内的粮食，派靺鞨兵抢掠我们的牛马，让我们久攻不下，想要退兵又有泥沼阻隔，以此困住我军，这是上策；带城中军民乘夜逃遁，这是中策；不自量力，来同我方交战，是下策。你们等着瞧，他们必然出此下策，在我们的眼皮底下成为俘虏！"

高丽有位官居对卢的人，年老熟悉世事，对高延寿说："秦王李世民对内铲平各方豪杰，对外使四方臣服，独立称帝，这是首屈一指的人物，如今他倾全国之兵而来，不可与他为敌。我替咱们考虑，不如按兵不动，这样旷日持久，另派奇兵断绝他们的粮道，他们粮食用光，而又求战不得，想回去又无路可走，这样我们才能取胜。"高延寿不听从他的计谋，领兵前进，直至距离安市城四十里的地方。太宗担心他们徘徊不向前进兵，于是派遣左卫大将军阿史那社尔率领突厥骑兵千馀人去引诱他们，刚一交战突厥兵就假装败退。高丽士兵相互说："打唐朝军队这么容易呀！"于是竞相追击，追到安市城东南八里的地方，依山布阵。

太宗召集全体将领问计，长孙无忌答道："我听说临敌将要战斗时，一定要先观察士兵的情绪。我刚才巡视经过各处营房，看见士兵们听说高丽兵到了，都拔刀扎旗，喜形于色，这是必胜的军队。陛下年轻的时候，亲自指挥战争，凡是出奇制胜打败对方，都是秉承陛下的谋划，诸将奉计行事而已。今天这一仗，还望陛下指示！"太宗笑道："诸位这样见让，我应替你们谋划一下。"于是和无忌等带领几百骑兵登高眺望，观察地形，看好可以埋伏兵力以及出入的地点。高丽、靺鞨合兵一起布阵，长四十里。江夏王李道宗说："高丽倾尽全国的兵力来抵抗我大唐的军队，平壤的守军必定虚弱，希望能给我五千精兵，直捣其京城，颠覆

其本根,则数十万之众可不战而降。"上不应。遣使绐延寿曰:"我以尔国强臣弑其主,故来问罪,至于交战,非吾本心。入尔境,刍粟不给,故取尔数城,俟尔国修臣礼,则所失必复矣。"延寿信之,不复设备。

　　上夜召文武计事,命李世勣将步骑万五千陈于西岭,长孙无忌将精兵万一千为奇兵,自山北出于狭谷以冲其后。上自将步骑四千,挟鼓角,偃旗帜,登北山上,敕诸军闻鼓角齐出奋击。因命有司张受降幕于朝堂之侧。戊午,延寿等独见李世勣布陈,勒兵欲战。上望见无忌军尘起,命作鼓角,举旗帜,诸军鼓噪并进,延寿等大惧,欲分兵御之,而其陈已乱。会有雷电,龙门人薛仁贵著奇服,大呼陷陈,所向无敌。高丽兵披靡,大军乘之,高丽兵大溃,斩首二万馀级。上望见仁贵,召见,拜游击将军。仁贵,安都之六世孙,名礼,以字行。

　　延寿等将馀众依山自固,上命诸军围之,长孙无忌悉撤桥梁,断其归路。己未,延寿、惠真帅其众三万六千八百人请降,入军门,膝行而前,拜伏请命。上语之曰:"东夷少年,跳梁海曲,至于摧坚决胜,故当不及老人,自今复敢与天子战乎?"皆伏地不能对。上简耨萨已下酋长三千五百人,授以戎秩,迁之内地,馀皆纵之,使还平壤。皆双举手以额顿地,欢呼闻数十里外。收靺鞨三千三百人,悉坑之,获马五万匹,牛五万头,铁甲万领,他器械称是。高丽举国

它的根本,那么它的几十万军队就可以不战而降服了。"太宗不同意这样做。于是派遣使者欺哄高延寿说:"我们是因为你们国家的强臣杀害国君,所以前来问罪;至于两军交战,并非我们的本意。但是进入你们境内后,粮草供应不上,所以才攻下你们几座城池,等到你们重修臣礼,那么就将那几座城池归还你们。"延寿相信了太宗的话,就不再防备。

当夜太宗召集文武大臣商议战事,命令李世勣率一万五千名步、骑兵到西岭布阵;长孙无忌率一万一千名精锐士兵为奇兵,从山北穿越峡谷冲击高丽军队的后方。太宗亲自率步、骑兵四千人,挟带战鼓和号角,放倒旗帜,登上北山,敕令各路兵马听到战鼓和号角声就奋力出击。又命有关部门在朝堂的旁边张设帷幕准备接受投降。戊午(二十二日),高延寿等只见李世勣在布阵,便想领兵出战。太宗望见长孙无忌的军队尘土扬起,就命令擂鼓、吹号角,举起旗帜,各路兵马鼓噪着一同进攻,高延寿等大为恐惧,想分兵几路抵御唐军,然而阵势已经乱了。正赶上天下大雨,雷电交加,龙门人薛仁贵身穿奇异服装,大声呼喊着冲锋陷阵,所向无敌。高丽士兵纷纷逃窜,唐朝大军乘胜追击,高丽兵大溃败,两万多人被杀。太宗看见薛仁贵,便召见他并任命他为游击将军。仁贵是薛安都的六世孙,名礼,以字行于世。

高延寿等带领残兵依山固守,太宗命令各路人马合围,长孙无忌将所有桥梁撤掉,以断绝高丽兵的归路。己未(二十三日),高延寿、惠真率领高丽士兵三万六千八百人请求投降,来到军门,跪下用膝盖前行,磕头请罪。太宗对他们说:"东夷少年,在僻壤海隅还可以横行,至于摧毁坚固的堡垒决战取胜,肯定赶不上老年人,至今以后还敢跟大唐天子交战吗?"延寿等人都趴在地上不敢答话。太宗挑出耨萨以下酋长三千五百人,授以军职,将他们迁居内地,其馀的都释放了,让他们返回平壤。众人都高举双手以头叩地,欢呼之声传到几十里以外。太宗下令将俘虏的三千三百名靺鞨族士兵全部活埋,总共俘获五万匹马,五万头牛,一万领铁甲,其他器械也同这数目差不多。高丽举国

大骇,后黄城、银城皆自拔遁去,数百里无复人烟。

上驿书报太子,仍与高士廉等书曰:"朕为将如此,何如?"更名所幸山曰驻骅山。秋七月辛未,上徙营安市城东岭。己卯,诏标识战死者尸,俟军还与之俱归。戊子,以高延寿为鸿胪卿,高惠真为司农卿。

张亮军过建安城下,壁垒未固,士卒多出樵牧,高丽兵奄至,军中骇扰。亮素怯,踞胡床,直视不言,将士见之,更以为勇。总管张金树等鸣鼓勒兵击高丽,破之。

八月甲辰,候骑获莫离支谍者高竹离,反接诣军门,上召见,解缚问曰:"何瘦之甚?"对曰:"窃道间行,不食数日矣。"命赐之食,谓曰:"尔为谍,宜速反命。为我寄语莫离支:欲知军中消息,可遣人径诣吾所,何必间行辛苦也!"竹离徒跣,上赐屦而遣之。

丙午,徙营于安市城南。上在辽外,凡置营,但明斥候,不为堑垒,虽逼其城,高丽终不敢出为寇抄,军士单行野宿如中国焉。

上之克白岩也,谓李世勣曰:"吾闻安市城险而兵精,其城主材勇,莫离支之乱,城守不服,莫离支击之不能下,因而与之。建安兵弱而粮少,若出其不意,攻之必克。公可先攻建安,建安下,则安市在吾腹中,此兵法所谓'城有所不攻'者也。"对曰:"建安在南,安市在北。吾军粮皆在

震惊,后黄城、银城的百姓都空城逃走,几百里内不再有人烟。

太宗将战胜的情况传驿书通报给太子,同时寄信给高士廉等人说:"我带兵打仗如此,怎么样?"下令将驻扎的山改名为驻跸山。秋季七月辛未(初五),太宗将营帐迁到安市城东岭。己卯(十三日),太宗诏令将战死的将士尸首标识姓名,等到班师回朝时一同带回。戊子(二十二日),任命高延寿为鸿胪寺卿,高惠真为司农寺卿。

张亮的部队路过建安城下,壁垒还没有修坚固,士兵们就大多外出割柴草打野物,高丽兵突然杀到,军中大乱。张亮平素就胆小,蹲坐在胡床上,眼睛直愣愣地看着前方不讲话,将士们见了,反倒认为他勇敢。总管张金树等人敲鼓聚集兵马反击高丽兵,将其击破。

八月甲辰(初八),巡逻骑兵俘获莫离支派来的间谍高竹离,将他双手反绑押送到军门,太宗亲自召见他,为他松绑还问他:"为什么这样瘦?"他答道:"我偷偷地走小道,已经有几天没吃东西了。"太宗命赐给他食物,对他说:"你身为间谍,应当迅速回去复命。你替我告诉莫离支:想要知道我方军中消息,可派人直接到我这里来,何必偷偷摸摸地这么辛苦呢?"高竹离光着脚,太宗又赐他草鞋打发他回去。

丙午(初十),唐军把营帐迁到安市城南。太宗在辽东一带,凡设置军营,只是在明处设置岗哨,而不设沟堑堡垒,即使逼近高丽的城池,高丽兵也不敢出来骚扰,唐朝士兵单人行走、野外露宿就如同在中原时一样。

太宗攻占了白岩城以后,对李世勣说:"我听说安市城地势险要,而且士兵精悍,他们的城主又智勇双全,当初莫离支叛乱时,这个城主就不服从命令,莫离支没能攻下,因而便仍由他管理此城。建安城兵力微弱,存粮也少,如果出其不意进攻它,必定能够取胜。你可以带兵先去进攻建安,建安城攻下后,那么安市城就好像在我腹中一样了,这正是兵法所谓的'城有所不攻'的道理。"李世勣答道:"建安在南面,安市在北面。我方军粮都在

辽东，今逾安市而攻建安，若贼断吾运道，将若之何？不如先攻安市，安市下，则鼓行而取建安耳。"上曰："以公为将，安得不用公策，勿误吾事！"世勣遂攻安市。

安市人望见上旗盖，辄乘城鼓噪，上怒，世勣请克城之日，男子皆坑之，安市人闻之，益坚守，攻久不下。高延寿、高惠真请于上曰："奴既委身大国，不敢不献其诚，欲天子早成大功，奴得与妻子相见。安市人顾惜其家，人自为战，未易猝拔。今奴以高丽十馀万望旗沮溃，国人胆破，乌骨城耨萨老耄，不能坚守，移兵临之，朝至夕克。其馀当道小城，必望风奔溃。然后收其资粮，鼓行而前，平壤必不守矣。"群臣亦言："张亮兵在沙城，召之信宿可至，乘高丽凶惧，并力拔乌骨城，渡鸭绿水，直取平壤，在此举矣。"上将从之，独长孙无忌以为："天子亲征，异于诸将，不可乘危徼幸。今建安、新城之虏，众犹十万，若向乌骨，皆蹑吾后，不如先破安市，取建安，然后长驱而进，此万全之策也。"上乃止。

诸军急攻安市，上闻城中鸡彘声，谓李世勣曰："围城积久，城中烟火日微，今鸡彘甚喧，此必飨士，欲夜出袭我，宜严兵备之。"是夜，高丽数百人缒城而下。上闻之，自至城下，召兵急击，斩首数十级，高丽退走。

江夏王道宗督众筑土山于城东南隅，浸逼其城，城中

辽东城,如今我们越过安市去进攻建安,假若敌人切断我方运粮的通道,那将怎么办呢?倒不如先去攻打安市,攻下安市后,就可以一鼓作气轻取建安了。"太宗说:"委任你为统兵将领,怎么能不用你的策略呢,只是不要误了我的大事!"李世勣于是领兵进攻安市。

安市人远远望见太宗的旗帜伞盖,就登上城楼一起擂鼓呐喊,太宗非常生气,李世勣请求在攻下城池那天,将城中的男子全都活埋掉,安市人听说以后,更加顽强地守城,唐军久攻不下。高延寿、高惠真向太宗请求说:"我们既然已经委身于大唐,便不敢不献上一份忠诚,希望大唐天子早成大功,我们也能与妻子儿女相见。安市人顾惜自己的家庭,人人各自为战,不容易立即攻克。如今我们统领的十多万高丽兵望旗溃败,高丽人已经丧胆,乌骨城的耨萨年迈无用,很难坚守城池,如果唐军移师临近该城,早晨来到晚上就可攻克。其馀中途挡道的小城,必定望风溃逃。然后收取他们的粮草器械,一鼓作气,平壤必定坚守不住。"大臣们也说:"张亮的部队在沙城,如果征召他们,两天两夜即可到达,趁高丽人惊恐的时候,合力拿下乌骨城,渡过鸭绿江,直取平壤,就在这次行动了。"太宗准备听从这种意见,唯独长孙无忌认为:"天子亲自征讨,与一般将领统兵不同,不可以冒险侥幸取胜。如今建安、新城的敌兵还有十万人,如果我们移师乌骨城,他们就会袭击我们的后路,倒不如先攻取安市,占领建安,然后再长驱直入,这才是万全之策。"太宗于是停止移师乌骨的计划。

各路大军紧急攻打安市城,太宗听到城里有鸡和猪的叫声,于是对李世勣说:"围城的时间很久了,城里煮饭的炊烟都少见,如今鸡和猪的叫声那么大,必定是犒赏士兵,想在夜间偷袭我们,应当严加防范。"当夜,高丽士兵几百人顺着绳子坠下城来。太宗听到禀报,亲自来到城下,召集士兵紧急攻击,杀死几十人,其馀的高丽士兵退了回去。

江夏王李道宗督促士兵筑土山于城东南角,逼近城墙,城里

亦增高其城以拒之。士卒分番交战，日六七合，冲车炮石，坏其楼堞，城中随立木栅以塞其缺。道宗伤足，上亲为之针。筑山昼夜不息，凡六旬，用功五十万，山顶去城数丈，下临城中，道宗使果毅傅伏爱将兵屯山顶以备敌。山颓，压城，城崩。会伏爱私离所部，高丽数百人从城缺出战，遂夺据土山，堑而守之。上怒，斩伏爱以徇，命诸将攻之，三日不能克。道宗徒跣诣旗下请罪，上曰："汝罪当死，但朕以汉武杀王恢，不如秦穆用孟明，且有破盖牟、辽东之功，故特赦汝耳。"

上以辽左早寒，草枯水冻，士马难久留，且粮食将尽，癸未，敕班师。先拔辽、盖二州户口渡辽，乃耀兵于安市城下而旋，城中皆屏迹不出。城主登城拜辞，上嘉其固守，赐缣百匹，以励事君。命李世勣、江夏王道宗将步骑四万为殿。

乙酉，至辽东。丙戌，渡辽水。辽泽泥潦，车马不通，命长孙无忌将万人，剪草填道，水深处以车为梁，上自系薪于马鞯以助役。冬十月丙申朔，上至蒲沟驻马，督填道诸军渡渤错水，暴风雪，士卒沾湿多死者，敕然火于道以待之。

凡征高丽，拔玄菟、横山、盖牟、磨米、辽东、白岩、卑沙、麦谷、银山、后黄十城，徙辽、盖、岩三州户口入中国者七万人。新城、建安、驻跸三大战，斩首四万馀级，战士死者几二千人，战马死者什七八。上以不能成功，深悔之，叹曰："魏徵若在，不使我有是行也！"命驰驿祀徵以少牢，复

也不断增高城墙与城外对抗。士兵们轮番交战,每天打六七个回合,唐军用冲车和发射石块,撞坏城垛,城里随即立木栅栏堵塞缺口。李道宗脚部受伤,太宗亲自替他针灸。唐军昼夜不停地筑土山,花了六十天时间,用了五十万人工,土山顶离城只有几丈了,可以向下俯看城里的情况,李道宗派果毅都尉傅伏爱带兵驻扎在土山顶上来防备敌兵。土山突然坍塌,压向城墙,城墙崩塌。正赶上傅伏爱私自离开阵地,几百名高丽兵从城墙缺口冲出,将土山夺占,并挖沟堑守护。太宗大怒,将傅伏爱斩首示众,命令众将攻城,打了三天也没打下来。李道宗赤着脚来到太宗的旗下请罪,太宗说:"你的罪过该当处死,但是朕觉得像汉武帝杀王恢,倒不如像秦穆公二次重用孟明,况且你还有攻破盖牟、辽东的功劳,所以特赦你不死。"

太宗鉴于辽东一带冷得早,草木干枯水结冰,士兵马匹都难以久留,而且粮食快要吃完了,癸未(九月十八日),便敕令班师。先将俘获的辽东、盖牟两城人口渡过辽水,于是在安市城下显耀兵力后撤还,城里人都紧闭城门不出来交战。城主登城致意,太宗赞赏他能够坚守城池,赐给他一百匹绸缎,以勉励他事奉国君有功。又命李世勣、江夏王李道宗率领步、骑兵四万断后。

乙酉(二十日),唐军到达辽东。丙戌(二十一日),渡过辽水。辽泽道路泥泞,车马难以通行,于是命长孙无忌率一万士兵割草填路,水深的地方用车做桥梁,太宗亲自将烧柴拴在马鞍上帮助铺路。冬季十月丙申是初一,太宗到达蒲沟后停了下来,督促填路的各路人马渡过渤错水,遇上了暴风雪,士兵的衣服浸湿后多被冻死,太宗敕令沿途点燃火堆御寒,等待士兵烤火。

这次征伐高丽,攻占了玄菟、横山、盖牟、磨米、辽东、白岩、卑沙、麦谷、银山、后黄共十座城,迁徙辽、盖、岩三州七万人加入唐朝户籍。在新城、建安、驻跸三次大战中,斩杀敌军四万多人,唐军死亡将近两千人,战马死了十分之七八。太宗因为没有取得胜利,很懊悔地感叹说:"如果魏徵还在,不会让我有这番行动!"于是派人乘驿马快速赶到京城用少牢之礼祭祀魏徵,重新

立所制碑,召其妻子诣行在,劳赐之。

丙午,至营州。诏辽东战亡士卒骸骨并集柳城东南,命有司设太牢,上自作文以祭之,临哭尽哀。其父母闻之,曰:"吾儿死而天子哭之,死何所恨!"上谓薛仁贵曰:"朕诸将皆老,思得新进骁勇者将之,无如卿者,朕不喜得辽东,喜得卿也。"

丙辰,上闻太子奉迎将至,从飞骑三千人驰入临渝关,道逢太子。上之发定州也,指所御褐袍谓太子曰:"俟见汝,乃易此袍耳。"在辽左,虽盛暑流汗,弗之易。及秋,穿败,左右请易之,上曰:"军士衣多弊,吾独御新衣,可乎?"至是,太子进新衣,乃易之。

诸军所虏高丽民万四千口,先集幽州,将以赏军士,上愍其父子夫妇离散,命有司平其直,悉以钱布赎为民,欢呼之声,三日不息。十一月辛未,车驾至幽州,高丽民迎于城东,拜舞号呼,宛转于地,尘埃弥望。丙戌,车驾至定州。壬辰,车驾发定州。戊申,至并州。

二十年春二月乙未,上发并州。三月己巳,车驾还京师。上谓李靖曰:"吾以天下之众困于小夷,何也?"靖曰:"此道宗所解。"上顾问江夏王道宗,具陈在驻跸时乘虚取平壤之言。上怅然曰:"当时匆匆,吾不忆也。"闰月戊戌,

竖立贞观十七年曾毁坏的石碑,征召魏徵的妻儿到太宗的行宫,予以慰劳赏赐。

丙午(十月十一日),太宗到达营州。诏令将在辽东阵亡将士的尸骨汇集到柳城东南,命官府设太牢之礼祭祀,太宗亲自写诔文祭奠亡灵,并到灵堂痛哭致哀。死者的父母听说后都说:"我们的儿子死了皇上亲自为他们哭灵,死了还有什么遗憾!"太宗对薛仁贵说:"朕手下的将领们都老了,想得到骁勇善战的后起之秀为统兵之将,没有人比得上你,朕对于得到辽东并不高兴,高兴的是得到了你。"

丙辰(二十一日),太宗听说皇太子出迎回朝大军即将到来,便率领飞骑三千人奔向临渝关,途中与太子相逢。太宗从定州出发时,曾指着身上穿的褐色战袍对太子说:"等见到你时,我再换此袍。"因此在辽东,即使盛夏酷暑汗流浃背,也不肯换下这套衣服。到了秋天,衣袍破了,身边的人请求太宗换件衣服御寒,太宗说:"士兵们的衣服大多数破了,唯独让我换新衣服,这样行吗?"到这时,太子递上新衣,太宗才肯换下旧袍。

各路人马共俘获高丽百姓一万四千人,先集中到幽州,准备用来赏给将士们,太宗怜悯他们父子夫妇离散,于是命令官署确定不同价格,全都用朝廷府库的钱、布将他们赎为普通百姓,高丽百姓知道后,欢呼之声,三日不绝。十一月辛未(初七),太宗到达幽州时,那些高丽百姓在城东夹道欢迎,拜谢歌舞,欢呼跳跃,辗转于地,灰尘漫天。丙戌(二十二日),太宗到达定州。壬辰(二十八日),太宗从定州出发。戊申(十二月十四日),到达并州。

二十年(646)春季二月乙未(初二),太宗从并州出发。三月己巳(初七),太宗回返京师长安。太宗对李靖说:"我率领全国的军队却受困于小小的高丽,这是什么缘故?"李靖回答说:"这一点李道宗很明白。"太宗于是掉头询问江夏王李道宗,他详细地陈述在驻跸山时曾提出过乘虚攻取平壤的建议。太宗怅然若失,说道:"当时匆匆忙忙,我记不起来了。"闰月戊戌(初六),

罢辽州都督府及岩州。夏五月甲寅,高丽王藏及莫离支盖金遣使谢罪,并献二美女,上还之。金,即苏文也。

上自高丽还,盖苏文益骄恣,虽遣使奉表,其言率皆诡诞,又待唐使者倨慢,常窥伺边隙。屡敕令勿攻新罗,而侵陵不止。壬申,诏勿受其朝贡,更议讨之。冬十月丙戌,车驾至京师。

二十一年,上将复伐高丽,朝议以为:"高丽依山为城,攻之不可猝拔。前大驾亲征,国人不得耕种,所克之城,悉收其谷,继以旱灾,民太半乏食。今若数遣偏师,更迭扰其疆场,使彼疲于奔命,释耒入堡,数年之间,千里萧条,则人心自离,鸭绿之北,可不战而取矣。"上从之。三月,以左武卫大将军牛进达为青丘道行军大总管,右武候将军李海岸副之,发兵万馀人,乘楼船自莱州泛海而入。又以太子詹事李世勣为辽东道行军大总管,右武卫将军孙贰朗等副之,将兵三千人,因营州都督府兵自新城道入。两军皆选习水善战者配之。夏五月,李世勣军既渡辽,历南苏等数城,高丽多背城拒战,世勣击破其兵,焚其罗郭而还。

秋七月,牛进达、李海岸入高丽境,凡百馀战,无不捷,攻石城,拔之。进至积利城下,高丽兵万馀人出战,海岸击破之,斩首二千级。九月戊戌,敕宋州刺史王波利等发江南十二州工人造大船数百艘,欲以征高丽。冬十二月,高丽王使其子莫离支任武入谢罪,上许之。

唐朝撤销辽州都督府和岩州建置。夏季五月甲寅（二十三日），高丽国王高藏和莫离支盖金派遣使者前来谢罪，并献上两名美女，太宗让她们回国去。盖金即盖苏文。

太宗从高丽班师回国后，盖苏文更加骄纵无所顾忌，虽然也派遣使者前来上表，但是言语全都怪诞诡秘，而且对待唐朝使者傲慢，经常窥测骚扰边界的时机。太宗多次敕令他不得进攻新罗，他却侵扰不停。壬申（十二日），太宗诏令不接受高丽的朝贡，再次商议讨伐高丽。冬季十月丙戌（二十八日），太宗回到京师长安。

二十一年（647），太宗打算再次讨伐高丽，朝臣们讨论认为："高丽依山建城，很难在短时间内攻克。上次大驾亲征，使得高丽国百姓不能耕种，我们所攻占的城邑，都将那里的粮食全部没收，又遇上旱灾，它的老百姓大都缺乏粮食。如今我们若派遣几支部队轮番骚扰它的疆土，便得高丽的老百姓疲于奔命，放下农活躲进城堡，几年之内，必定会造成千里萧条，人心自然离异，鸭绿江以北地区，我们可以不战而轻易取得。"太宗同意了他们的意见。三月，太宗任命左武卫大将军牛进达为青丘道行军大总管，右武候将军李海岸为副总管，征发一万多人，乘楼船从莱州渡海进入高丽境内。又任命太子詹事李世勣为辽东道行军大总管，右武卫将军孙贰朗等为副总管，领兵三千人，与营州都督府兵会合从新城道进入高丽。两支部队都选配了懂水性善于作战的士兵。夏季五月，李世勣的军队渡过辽水后，途经南苏等几座城，高丽兵大多背城列阵抵抗，李世勣将他们打败，并焚烧其城郭然后回师。

秋季七月，牛进达、李海岸的部队进入高丽境内后，进行了一百多次战斗，战无不胜，又攻占了石城。进军到积利城下时，高丽兵一万多迎战，李海岸将其击败，斩首二千级。九月戊戌（十五日），太宗敕令宋州刺史王波利等人征调江南十二州的工匠，建造大船几百艘，准备用来征伐高丽。冬季十二月，高丽王派他的儿子莫离支任武入朝谢罪，太宗允许他到来。

二十二年春正月，新罗王金善德卒，以善德妹真德为柱国，封乐浪郡王，遣使册命。丙午，诏以右武卫大将军薛万彻为青丘道行军大总管，右卫将军裴行方副之，将兵三万馀人及楼船战舰自莱州泛海以击高丽。

三月，充容长城徐惠以上东征高丽，西讨龟兹，上疏谏，其略曰："以有尽之农功，填无穷之臣浪；图未获之他众，丧已成之我军。昔秦皇并吞六国，反速危亡之基，晋武奄有三方，翻成覆败之业；岂非矜功恃大，弃德轻邦，图利忘危，肆情纵欲之所致乎？是知地广非常安之术，人劳乃易乱之源也。"上善其言。

夏四月甲子，乌胡镇将古神感将兵浮海击高丽，遇高丽步骑五千，战于易山，破之。其夜，高丽万馀人袭神感船，神感设伏，又破之而还。

六月，上以高丽困弊，议以明年发三十万众，一举灭之。或以为大军东征，须备经岁之粮，非畜乘所能载，宜具舟舰为水运。隋末剑南独无寇盗，属者辽东之役，剑南复不预及，其百姓富庶，宜使之造舟舰。上从之。秋七月，遣右领左右府长史强伟于剑南道伐木造舟舰，大者或长百尺，其广半之。别遣使行水道，自巫峡抵江、扬，趣莱州。

司空梁文昭公房玄龄疾笃，谓诸子曰："吾受主上厚恩，今天下无事，惟东征未已，群臣莫敢谏，吾知而不言，死有馀责。"乃上表谏，以为："《老子》曰：'知足不辱，知止不

二十二年（648）春季正月，新罗国王金善德去世，唐朝任命金善德的妹妹金真德为柱国，封为乐浪郡王，派遣使者前去册封。丙午（二十五日），太宗下诏任命右武卫大将军薛万彻为青丘道行军大总管，右卫将军裴行方为副总管，领兵三万多人以及楼船战舰，从莱州渡海进攻高丽。

　　三月，宫中九嫔之一的充容、长城县人徐惠，因为太宗东征高丽、西讨龟兹，上疏劝谏，大略的意思是说："陛下以有限的农业收成，去填充东海无穷尽的巨浪；图谋获取还未归附的他国民众，却损失了已具规模的大唐军队。从前秦始皇并吞六国，反而加速动摇了它已危亡的根基，晋武帝统一三国，变成了覆败的基业；这些难道不是因为自夸有功自恃强大、放弃德行轻视邻国、贪图小利忘记安危、肆情纵欲所造成的吗？由此可知扩大地盘并不是长久安定的谋略，百姓劳苦才是容易发生动乱的根源。"太宗认为她说的有理。

　　夏季四月甲子（十四日），乌胡镇守将古神感领兵渡海进攻高丽，与高丽五千步、骑兵遭遇，激战于易山，将他们打败。当天夜里一万多高丽士兵袭击古神感的船只，古神感设下埋伏，又将高丽兵打得大败，然后回师。

　　六月，太宗鉴于高丽穷困凋敝，议定明年征发三十万兵马，一举灭掉它。有人认为大军东征，必须储备一年的粮食，这不是车马能运载得了的，应该备齐船舰从水上运输。隋朝末年，剑南地区是惟独没有寇盗与兵乱的地方，近来辽东之战，剑南地区又没有受征发，当地百姓生活富庶，应当让他们修造舟船。太宗依从了这种意见。秋季七月，太宗派遣右领左右府长史强伟到剑南道伐木造船，大的长达百尺，宽五十尺。另遣使者巡视水道，从巫峡直达江州、扬州，归赴莱州。

　　司空、梁文昭公房玄龄病情加重，对儿子们说："我蒙受皇上的厚恩，如今天下无事，只有东征一事没有终止，众大臣不敢谏阻，我明知不对而不说，死了也有罪责。"于是上表劝谏，以为："《老子》说：'知道满足，不会遭到困难和屈辱；知道适可而止，不

殆。'陛下威名功德亦可足矣，拓地开疆亦可止矣，且陛下每决一重囚，必令三覆五奏，进素膳，止音乐者，重人命也。今驱无罪之士卒，委之锋刃之下，使肝脑涂地，独不足愍乎？向使高丽违失臣节，诛之可也；侵扰百姓，灭之可也；他日能为中国患，除之可也。今无此三条而坐烦中国，内为前代雪耻，外为新罗报仇，岂非所存者小，所损者大乎？愿陛下许高丽自新，焚陵波之船，罢应募之众，自然华、夷庆赖，远肃迩安。臣旦夕入地，傥蒙录此哀鸣，死且不朽！"玄龄子遗爱尚上女高阳公主，上谓公主曰："彼病笃如此，尚能忧我国家。"上自临视，握手与诀，悲不自胜。癸卯，薨。

八月丁丑，敕越州都督府及婺、洪等州造海船及双舫千一百艘。九月己丑，新罗奏为百济所攻，破其十三城。冬十二月癸未，新罗相金春秋及其子文王入见。春秋，真德之弟也。上以春秋为特进，文王为左武卫将军。春秋请改章服从中国，内出冬服赐之。

二十三年夏五月己巳，上崩。壬申，遗诏太子即位，罢辽东之役。

高宗永徽二年，百济遣使入贡，上戒之，使"勿与新罗、高丽相攻，不然，吾将发兵讨汝矣"。

三年春正月己未朔，吐谷浑、新罗、高丽、百济并遣使入贡。

会遇到危险。'陛下的威名功德也可以知足了,开拓疆土也应适可而止了,况且陛下每次判决一个死刑犯人,一定要三次复议五次上奏,进素食,停止音乐,这是重视人的性命。如今驱使无罪的士兵,置于刀刃之下,使之肝脑涂地,难道他们偏偏不应该怜悯吗?假使当初高丽违失臣节,诛罚他们是可以的;侵扰百姓,灭掉他们也是可以的;认为他们日后会成为中原的祸害,除掉他们也是可以的。如今不具备这三条理由,而只是使中原白白烦劳,我们兴兵对内称为前代雪耻,对外称替新罗报仇,岂不是所得到的很少,失去的很大吗?希望陛下允许高丽改过自新,烧掉那些准备用兵渡海的船,停止招募兵众,自然华、夷庆幸有赖,远附近安。我很快要死了,倘若承蒙陛下记下将死的人的哀鸣,我死了也就不朽了!"房玄龄的儿子房遗爱娶太宗的女儿高阳公主为妻,太宗对公主说:"他病得这么厉害,还能为国家的事情担忧。"太宗亲自去探视,握着房玄龄的手同他告别,悲痛得不能自禁。癸卯(七月二十四日),房玄龄病死。

八月丁丑(二十九日),太宗敕令越州都督府以及婺、洪等州建造海船和双舫船一千一百艘。九月己丑(十一日),新罗向唐朝奏报百济进攻其国,攻破了十三座城。冬季十二月癸未(初七),新罗国相金春秋和他的儿子金文王来到大唐拜见太宗。金春秋是金真德的弟弟。太宗封春秋为特进,文王为左武卫将军。金春秋请求按照唐朝的制度改变新罗官员的礼服,太宗同意他的请求,拿出冬天的衣服赐给他。

二十三年(649)夏季五月己巳(二十六日),太宗去世。壬申(二十九日),太宗留下遗诏,由太子李治即皇帝位,停止在辽东的战争。

唐高宗永徽二年(651),百济国派使者进献贡品,高宗告诫来使,让百济"不要与新罗、高丽相互攻伐,不然的话,我大唐要发兵讨伐你们"。

三年(652)春季正月己未是初一,吐谷浑、新罗、高丽、百济都派遣使者进献贡品。

五年夏闰五月壬辰，新罗女王金真德卒，诏立其弟春秋为新罗王。

六年，高丽与百济、靺鞨连兵，侵新罗北境，取三十三城，新罗王春秋遣使求援。二月乙丑，遣营州都督程名振、左卫中郎将苏定方发兵击高丽。夏五月壬午，名振等渡辽水，高丽见其兵少，开门渡贵端水逆战，名振等奋击，大破之，杀获千馀人，焚其外郭及村落而还。

显庆三年夏六月，营州都督兼东夷都护程名振、右领军中郎将薛仁贵将兵攻高丽之赤烽镇，拔之，斩首四百馀级，捕虏百馀人。高丽遣其大将豆方娄帅众三万拒之，名振以契丹逆击，大破之，斩首二千五百级。

四年冬十一月，右领军中郎将薛仁贵等与高丽将温沙门战于横山，破之。

五年，百济恃高丽之援，数侵新罗，新罗王春秋上表求救。春三月辛亥，以左武卫大将军苏定方为神丘道行军大总管，帅左骁卫将军刘伯英等水陆十万以伐百济。以春秋为嵎夷道行军总管，将新罗之众，与之合势。

秋八月，苏定方引军自成山济海，百济据熊津江口以拒之。定方进击破之，百济死者数千人，馀皆溃走。定方水陆齐进，直趣其都城。未至二十馀里，百济倾国来战，大破之，杀万馀人，追奔，入其郭。百济王义慈及太子隆逃于北境，定方进围其城。义慈次子泰自立为王，帅众固守。隆子文思曰："王与太子皆在，而叔遽拥兵自王，借使能却唐兵，我父子必不全矣。"遂帅左右逾城来降，百姓皆从之，泰不能止。定方命军士登城立帜，泰窘迫，开门请命。于

五年(654)夏季闰五月壬辰(十八日),新罗国女王金真德去世,高宗下诏立她的弟弟金春秋为新罗国王。

六年(655),高丽与百济、靺鞨合兵侵犯新罗北部边境,攻占三十三座城池,新罗王金春秋派使者前来请求援助。二月乙丑(二十五日),唐朝派遣营州都督程名振、左卫中郎将苏定方发兵进攻高丽。夏季五月壬午(十三日),程名振等渡过辽水,高丽人看见唐军兵少,便打开城门渡过贵端水迎战,程名振等奋勇出击,大败高丽兵,杀死并俘获一千多人,焚烧其外城及村庄而回。

显庆三年(658)夏季六月,营州都督兼东夷都护程名振、右领军中郎将薛仁贵领兵攻打高丽的赤烽镇,拿下了它,斩首四百馀级,俘虏一百多人。高丽派遣大将豆方娄率领三万人抵抗,程名振用契丹兵进攻,把他们打得大败,斩首二千五百级。

四年(659)冬季十一月,右领军中郎将薛仁贵等与高丽将领温沙门交战于横山,将他打败。

五年(660),百济仰仗高丽的支援,数次侵犯新罗,新罗王金春秋向唐朝上表求救。春季三月辛亥(初十),唐朝任命左武卫大将军苏定方为神丘道行军大总管,率领左骁卫将军刘伯英等水陆十万人讨伐百济。任命金春秋为嵎夷道行军总管,率领新罗兵与苏定方配合作战。

秋季八月,苏定方领兵从成山渡海,百济兵占据熊津江口抵抗。苏定方进击打败他们,百济战死的有数千人,其馀都溃逃了。苏定方指挥唐军水陆并进,直扑百济都城。在距离都城二十多里的地方,百济全军出动,都被唐军打败,死了一万多人,唐军追击,进逼都城外围。百济国王扶馀义慈和太子扶馀隆逃向北部边境,苏定方率部进而包围百济都城。扶馀义慈的次子扶馀泰自立为王,率众固守。扶馀隆的儿子扶馀文思说:"国王和太子都还在,而叔父竟拥兵自立为王,假使能打败唐军,我父子的性命也必定不能保全了。"于是率领左右翻越城墙出来投降,百姓都跟随他,扶馀泰制止不住。苏定方命令士兵登上城楼,树立唐军旗帜,扶馀泰处境窘迫,只好打开城门请求唐朝处置。于

是义慈、隆及诸城主皆降。百济故有五部，分统三十七郡、二百城、七十六万户，诏以其地置熊津等五都督府，以其酋长为都督、刺史。冬十一月戊戌朔，上御则天门楼，受百济俘，自其王义慈以下皆释之。

十二月壬午，以左骁卫大将军契苾何力为浿江道行军大总管，左武卫大将军苏定方为辽东道行军大总管，左骁卫将军刘伯英为平壤道行军大总管，蒲州刺史程名振为镂方道总管，将兵分道击高丽。青州刺史刘仁轨坐督海运覆船，以白衣从军自效。

龙朔元年春正月乙卯，募河南北、淮南六十七州兵，得四万四千馀人，诣平壤、镂方行营。戊午，以鸿胪卿萧嗣业为扶馀道行军总管，帅回纥等诸部兵诣平壤。

三月丙申朔，上与群臣及外夷宴于洛城门，观屯营新教之舞，谓之《一戎大定乐》。时上欲亲征高丽，以象用武之势也。

初，苏定方既平百济，留郎将刘仁愿镇守百济府城，又以左卫中郎将王文度为熊津都督，抚其馀众。文度济海而卒，百济僧道琛、故将福信聚众据周留城，迎故王子丰于倭国而立之，引兵围仁愿于府城。诏起刘仁轨检校带方州刺史，将王文度之众，便道发新罗兵以救仁愿。仁轨喜曰：“天将富贵此翁矣！”于州司请《唐历》及庙讳而行，曰：“吾欲扫平东夷，颁大唐正朔于海表！”仁轨御军严整，转斗而前，所向皆下。百济立两栅于熊津江口，仁轨与新罗兵合击，破之，杀、溺死者万馀人。道琛等乃释府城之围，退保任存城。新罗粮尽，引还。道琛自称领军将军，福信自称

是国王扶馀义慈、太子扶馀隆和各城的城主都投降了。百济原有五部，分别统辖三十七郡、二百城、七十六万户，高宗下诏在百济地区设置熊津等五个都督府，任命他们的首长为都督、刺史。冬季十一月戊戌是初一，高宗登上则天门楼，接受进献百济俘虏，命令将百济王扶馀义慈以下的人一律释放。

十二月壬午（十六日），高宗任命左骁卫大将军契苾何力为浿江道行军大总管，左武卫大将军苏定方为辽东道行军大总管，左骁卫将军刘伯英为平壤道行军大总管，蒲州刺史程名振为镂方道总管，领兵分道进击高丽。青州刺史刘仁轨因监督海上运输翻船，以白衣身份从军自效。

龙朔元年（661）春季正月乙卯（十九日），唐朝招募黄河南北、淮河南部六十七州兵，共招得四万四千多人，开赴平壤、镂方行营。戊午（二十二日），唐朝以鸿胪卿萧嗣业为扶馀道行军总管，率领回纥等部兵开赴平壤。

三月丙申是初一，高宗与大臣们以及外夷宴饮于洛城门，观看屯营新教的乐舞，名叫《一戎大定乐》。当时高宗想亲自出征高丽，用这个乐舞是为了象征用兵的情势。

当初，苏定方平定百济以后，留下郎将刘仁愿镇守百济府城，又任命左卫中郎将王文度为熊津都督，安抚百济剩馀的民众。可是王文度渡海时死去，百济僧人道琛和原来的将领福信聚集兵马占据了周留城，从倭国迎回原来的王子扶馀丰并立他为国王，领兵包围刘仁愿于百济府城。高宗诏令起用刘仁轨为检校带方州刺史，率领王文度的部众，从近道征发新罗士兵前去救援刘仁愿。刘仁轨高兴地说："上天要让我这个老头富贵了！"他在州官署中请取《唐历》以及应避讳的已故皇帝的名字出发，说："我要扫平东夷，在海外颁布大唐的历法！"刘仁轨治军严明整肃，边战斗边前进，一路所向无敌。百济人在熊津江口树立两道栅栏，刘仁轨部与新罗兵联合进攻，打败他们，他们被杀死和淹死的共一万多人。僧人道琛等于是解除对府城的包围，退保任存城。新罗军队粮食用尽，只好退兵。道琛自称领军将军，福信自称

霜岑将军,招集徒众,其势益张。仁轨众少,与仁愿合军,休息士卒。上诏新罗出兵,新罗王春秋奉诏,遣其将金钦将兵救仁轨等,至古泗,福信邀击,败之。钦自葛岭道遁还新罗,不敢复出。福信寻杀道琛,专总国兵。

夏四月庚辰,以任雅相为浿江道行军总管,契苾何力为辽东道行军总管,苏定方为平壤道行军总管,与萧嗣业及诸胡兵凡三十五军,水陆分道并进。上欲自将大军继之。癸巳,皇后抗表谏亲征高丽;诏从之。

秋七月甲戌,苏定方破高丽于浿江,屡战皆捷,遂围平壤城。九月癸巳朔,特进、新罗王春秋卒,以其子法敏为乐浪郡王、新罗王。高丽盖苏文遣其子男生以精兵数万守鸭绿水,诸军不得渡。契苾何力至,值冰大合,何力引众乘冰渡水,鼓噪而进,高丽大溃,追奔数十里,斩首三万级,馀众悉降,男生仅以身免。会有诏班师,乃还。

二年春二月甲戌,浿江道大总管任雅相薨于军。戊寅,左骁卫将军、白州刺史、沃沮道总管庞孝泰与高丽战于蛇水之上,军败,与其子十三人皆战死。苏定方围平壤久不下,会大雪,解围而还。

秋七月丁巳,熊津都督刘仁愿、带方州刺史刘仁轨大破百济于熊津之东,拔真岘城。初,仁愿、仁轨等屯熊津城,上与之敕书,以"平壤军回,一城不可独固,宜拔就新罗。若金法敏藉卿留镇,宜且停彼。若其不须,即宜泛海还也"。将士咸欲西归。仁轨曰:"人臣徇公家之利,有死无贰,岂得先念其私?主上欲灭高丽,故先诛百济,留兵守之,制其心腹,虽馀寇充斥而守备甚严,宜砺兵秣马,击其

霜岑将军，招集兵马，声势更加壮大。刘仁轨兵少，便与刘仁愿合兵一处，休整士卒。高宗诏令新罗国出兵，新罗王金春秋奉命后，派遣他的将领金钦率领新罗兵救援刘仁轨等，进军到古泗，被福信的军队截击，打了败仗。金钦从葛岭道逃回新罗，不敢再出兵。不久福信又杀死道琛，掌握了百济的兵权。

夏季四月庚辰（十六日），唐朝任命任雅相为浿江道行军总管，契苾何力为辽东道行军总管，苏定方为平壤道行军总管，同萧嗣业和诸胡兵共三十五军，水陆分道一同前进。高宗想自领大军随后。癸巳（二十九日），皇后上表直言劝止高宗亲征；高宗也下诏听从她的意见。

秋季七月甲戌这天，苏定方在浿江打败高丽兵，屡战皆捷，于是包围平壤城。九月癸巳是初一，特进、新罗王金春秋去世，唐朝封其子金法敏为乐浪郡王、新罗王。高丽盖苏文派他的儿子男生带领几万精兵防守鸭绿江，唐兵不能渡过。契苾何力到达时，正遇江水结冰，契苾何力领兵从冰上越过鸭绿江，擂鼓呐喊前进，高丽兵大败，追了数十里，斩首三万级，其馀的向唐军投降，男生只身逃脱。正好高宗颁诏命撤军，唐军于是班师。

二年（662）春季二月甲戌（十四日），浿江道大总管任雅相在军中去世。戊寅（十八日），左骁卫将军、白州刺史、沃沮道总管庞孝泰与高丽兵交战于蛇水之上，打了败仗，他和十三个儿子全都战死。苏定方部包围平壤久攻不下，遇大雪，便解围返回。

秋季七月丁巳（三十日），熊津都督刘仁愿、带方州刺史刘仁轨在熊津以东打败了百济，攻占真岘城。当初，刘仁愿、刘仁轨等驻军熊津城，高宗颁敕书给他们，指示"包围平壤的部队已撤回，只有一座孤城不能固守，应当撤离熊津城，开赴新罗。如果金法敏需要你们留下镇守，可以暂时停留该处。如果他不需要，即应渡海回来"。将士们也都想回国。刘仁轨说："臣下为了国家利益，只有死节而不应有另外打算，哪能先考虑自己？皇上想灭高丽，所以先征伐百济，留兵驻守，以控制它的心腹，虽然馀下的敌人很多而且守备很严，我们应当磨治武器，饲养好战马，击其

不意,理无不克。既捷之后,士卒心安,然后分兵据险,开张形势,飞表以闻,更求益兵。朝廷知其有成,必命将出师,声援才接,凶丑自歼。非直不弃成功,实亦永清海表。今平壤之军既还,熊津又拔,则百济馀烬,不日更兴,高丽逋寇,何时可灭?且今以一城之地居敌中央,苟或动足,即为擒虏,纵入新罗,亦为羁客,脱不如意,悔不可追。况福信凶悖残虐,君臣猜离,行相屠戮,正宜坚守观变,乘便取之,不可动也。"众从之。时百济王丰与福信等以仁愿等孤城无援,遣使谓之曰:"大使等何时西还,当遣相送。"仁愿、仁轨知其无备,忽出击之,拔其支罗城及尹城、大山、沙井等栅,杀获甚众,分兵守之。福信等以真岘城险要,加兵守之。仁轨伺其稍懈,引新罗兵夜傅城下,攀草而上,比明,入据其城,遂通新罗运粮之路。仁愿乃奏请益兵。诏发淄、青、莱、海之兵七千人以赴熊津。

福信专权,与百济王丰浸相猜忌。福信称疾,卧于窟室,欲俟丰问疾而杀之。丰知之,帅亲信袭杀福信,遣使诣高丽、倭国乞师以拒唐兵。

三年秋八月戊申,上以海东累岁用兵,百姓困于征调,士卒战溺死者甚众,诏罢三十六州所造船,遣司元太常伯窦德玄等分诣十道,问人疾苦,黜陟官吏。德玄,毅之曾孙也。

九月戊午,熊津道行军总管、右威卫将军孙仁师等破百济馀众及倭兵于白江,拔其周留城。初,刘仁愿、刘仁轨

不意,没有攻不克的道理。取得胜利后,士卒的心绪安定下来,然后分兵占据险要之地,扩展兵势,迅速上表请求增兵。朝廷知道我们取得成功,必定命将率军出发,只要声势一相衔接,敌人自然可以歼灭。这样非但不放弃已取得的成功,实际上还可以永远肃清海外的敌人。现在包围平壤的我军已经撤回,熊津又移兵放弃,那么百济的残馀势力,不久又会兴起,高丽这个流寇,什么时候才能消灭?况且现在只有这一座城池处于敌人中间,如果有所挪动,就会成为俘虏,纵然能进入新罗,也是寄居的客军,倘若不如意,后悔也来不及了。何况福信凶恶残暴,君臣之间互相猜疑,将出现残杀,现在正应当坚守城池,观察变化,乘机夺取百济,不可撤离。"大家听从他的意见。当时百济王扶馀丰与福信等因刘仁愿等困守孤城,没有外援,便派使者来说:"大使等人什么时候返回西边,一定派人相送。"刘仁愿、刘仁轨知道他们没有防备,便突然出击,攻下支罗城以及尹城、大山、沙并等栅栏,杀死和俘虏的敌人很多,然后分兵驻守已占领的地方。福信等因真岘城险要,增兵防守。刘仁轨探知他们防守稍有松懈的时候,便率领新罗兵乘夜扑至城下,攀草登城,天亮时已占据真岘城,于是打通从新罗运粮的道路。刘仁愿便上奏朝廷请求增援。高宗便下令征发淄、青、莱、海四州兵七千人开赴熊津。

福信专权,与百济王扶馀丰日益相互猜忌。有一次,福信声称生病,躺于地下室中,想等待百济王扶馀丰前来问候时杀死他。扶馀丰得知这个情况,便率领亲信将福信袭杀,随即派使者去高丽和倭国求援来抵抗唐军。

三年(663)秋季八月戊申(二十七日),高宗鉴于连年用兵辽东,百姓为征调所困扰,士兵战死、溺死的很多,诏令免除三十六州的造船任务,派遣司元太常伯窦德玄等分别前往十道,慰问百姓疾苦,考核地方官政绩,决定他们的进退升降。窦德玄是窦毅的曾孙。

九月戊午(初八),熊津道行军总管、右威卫将军孙仁师等在白江打败百济馀部和倭兵,攻占周留城。当初,刘仁愿、刘仁轨

既克真岘城，诏孙仁师将兵，浮海助之。百济王丰南引倭人以拒唐兵，仁师与仁愿、仁轨合军，势大振。诸将以加林城水陆之冲，欲先攻之，仁轨曰："加林险固，急攻则伤士卒，缓之则旷日持久。周留城，虏之巢穴，群凶所聚，除恶务本，宜先攻之，若克周留，诸城自下。"于是仁师、仁愿与新罗王法敏将陆军以进，仁轨与别将杜爽、扶馀隆将水军及粮船自熊津入白江，以会陆军，同趣周留城。遇倭兵于白江口，四战皆捷，焚其舟四百艘，烟炎灼天，海水皆赤。百济王丰脱身奔高丽，王子忠胜、忠志等帅众降，百济尽平，唯别帅迟受信据任存城，不下。

初，百济西部人黑齿常之，长七尺馀，骁勇有谋略，仕百济为达率兼郡将，犹中国刺史也。苏定方克百济，常之帅所部随众降。定方絷其王及太子，纵兵劫掠，壮者多死。常之惧，与左右十馀人遁归本部，收集亡散，保任存山，结栅以自固，旬日间归附者三万馀人。定方遣兵攻之，常之拒战，唐兵不利。常之复取二百馀城，定方不能克而还。常之与别部将沙吒相如各据险以应福信，百济既败，皆帅其众降。刘仁轨使常之、相如自将其众，取任存城，仍以粮仗助之。孙仁师曰："此属兽心，何可信也！"仁轨曰："吾观二人皆忠勇有谋，敦信重义，但向者所托，未得其人，今正是其感激立效之时，不用疑也。"遂给其粮仗，分兵随之，攻拔任存城，迟受信弃妻子，奔高丽。

诏留刘仁轨将兵镇百济，召孙仁师、刘仁愿还。百济兵火之馀，比屋凋残，僵尸满野，仁轨始命瘗骸骨，籍户口，

攻克真岘城以后，高宗命孙仁师领兵从海上进军援助。百济王扶馀丰也从南面招引倭人以抗击唐军，孙仁师部与刘仁愿、刘仁轨部联合以后，声势大振。将领们认为加林城是水陆交通要冲，想首先攻取，刘仁轨道：“加林城险要坚固，紧急攻打会伤亡士卒，慢攻又攻打不下，将旷日持久。周留城是他们的巢穴，敌人聚集之所，除恶务必铲除其根本，应该首先进攻它，若能攻占周留城，其他各城自然可以攻下。”于是，孙仁师、刘仁愿与新罗王金法敏率领陆军前进，刘仁轨与别将杜爽、扶馀隆率领水军和粮船从熊津入白江和陆军会合后一起向周留城推进。唐军和倭兵遭遇于白江口，刘仁轨等四战皆捷，焚毁敌船四百多艘，烟火冲天，海水都变成了红色。百济王扶馀丰逃脱投奔高丽，王子扶馀忠胜、扶馀忠志等率领部众投降，百济全部平定，只有别帅迟受信踞守任存城，没有被攻下。

起初，百济西部人黑齿常之，身高七尺有馀，骁勇有谋略，在百济任达率兼郡将，相当于唐朝的刺史。苏定方攻克百济后，黑齿常之率领部下随百济人投降。苏定方囚禁百济王和太子，又纵兵劫掠，成年男子多被杀死。黑齿常之害怕，与手下十多人逃归本部，收集被打散的士卒，保守任存山，结起栅栏加强防卫，十多天内归附的有三万多人。苏定方派兵进攻，黑齿常之进行抵抗，结果唐军失利。黑齿常之又攻取两百多座城池，苏定方无法收复，只好撤回。后来黑齿常之与别部将领沙吒相如各踞守险要之地以响应福信，百济失败后，他们率领部众投降刘仁轨。刘仁轨派黑齿常之、沙吒相如率领他们的部众去攻取任存城，同时支援他们粮食和武器。孙仁师说：“这种人野兽心肠，怎么可以相信？”刘仁轨说：“我看这两人都忠勇有谋略，厚道重信义，只是前次投奔找错了人，现在正是他们感激立功的时候，不必怀疑。”于是发给他们粮食和武器，分拨士兵跟随他们攻下了任存城，迟受信抛弃妻子和儿女，投奔到了高丽。

高宗诏令刘仁轨领兵镇守百济，召回孙仁师和刘仁愿。百济经过战争，房屋残破，僵尸遍野，刘仁轨命掩埋骸骨，清查户口，

理村聚,署官长,通道途,立桥梁,补堤堰,复陂塘,课耕桑,赈贫乏,养孤老,立唐社稷,颁正朔及庙讳,百济大悦,阖境各安其业。然后修屯田,储糗粮,训士卒,以图高丽。

刘仁愿至京师,上问之曰:"卿在海东,前后奏事,皆合机宜,复有文理。卿本武人,何能如是?"仁愿曰:"此皆刘仁轨所为,非臣所及也。"上悦,加仁轨六阶,正除带方州刺史,为筑第长安,厚赐其妻子,遣使赍玺书劳勉之。上官仪曰:"仁轨遭黜削而能尽忠,仁愿秉节制而能推贤,皆可谓君子矣!"

麟德元年冬十月庚辰,检校熊津都督刘仁轨上言:"臣伏睹所存戍兵,疲羸者多,勇健者少,衣服贫弊,唯思西归,无心展效。臣问以'往在海西,见百姓人人应募,争欲从军,或请自办衣粮,谓之"义征",何为今日士卒如此?'咸言:'今日官府与曩时不同,人心亦殊。曩时东西征役,身没王事,并蒙敕使吊祭,追赠官爵,或以死者官爵回授子弟,凡渡辽海者,皆赐勋一转。自显庆五年以来,征人屡经渡海,官不记录,其死者亦无人谁何。州县每发百姓为兵,其壮而富者,行钱参逐,皆亡匿得免;贫者身虽老弱,被发即行。顷者破百济及平壤苦战,当是时将帅号令,许以勋赏,无所不至。及达西岸,唯闻枷锁推禁,夺赐破勋,州县追呼,无以自存,公私困弊,不可悉言。以是昨发海西之日已有逃亡自残者,非独至海外而然也。又,本因征役授勋级以为荣宠,而比年出征,皆使勋官挽引,劳苦与白丁无殊,百姓不愿从军,率皆由此。'臣又问:'曩日士卒留镇五年,

整治村落，任命官长，修通道路，架设桥梁，修补堤堰，恢复陂塘，督劝农桑，赈济贫困，赡养孤老，建立唐朝土谷之神，颁布唐朝历法和应避讳的已故皇帝名字，百济老百姓很高兴，全境各安其业。然后修治屯田，储备粮食，训练士卒，准备进取高丽。

刘仁愿回到京师长安，高宗问他："你在海东，前后上奏之事，都合时宜，又有文采条理。你本是武人，为什么能够这样？"刘仁愿回答说："这些都是刘仁轨办理的，不是我能做到的。"高宗很高兴，给刘仁轨加六级官阶，正式任命为带方州刺史，为他在长安修筑府第，给他妻小以优厚的赏赐，派遣使者带着诏书前往慰劳劝勉。上官仪说："刘仁轨在撤职后能为朝廷尽忠，刘仁愿掌握统领权而又能推荐贤能之士，都可以称得上是君子！"

麟德元年（664）冬季十月庚辰（初六），检校熊津都督刘仁轨上奏说："我观察留在这里戍守的士卒，疲弱者多，勇健者少，衣服单薄破旧，只想返回西边的家乡，没有心思在这里效力。我曾问他们'以前在家乡时，看见百姓踊跃应募，争着想从军，有人请求自备衣服口粮，称为"义征"，现在的士卒为什么这样？'他们都说：'现在的官府和以前不一样，人心也不一样。以前在东西征战中，为朝廷牺牲，都承蒙皇帝派使者吊唁祭奠，追封官爵，或者把死者的官爵回授给他的子弟，凡东征渡辽海的，都赐勋一级。自显庆五年以来，东征的人屡次渡海，官府不做记录，人死也无人过问。州县征发百姓当兵，强壮而富有的送钱给负责吏卒，吏卒为他们掩蔽，得以亡匿，逃脱征发；而贫穷的人虽年老体弱，却被征发，即刻上路。不久前攻破百济及平壤的苦战中，当时将帅发出号令，答应立功的受奖赏，无所不至。等到返回西海岸，只听说谁被拘捕，被追究监禁，夺去赏赐，废除功劳，州县官吏上门催追，简直无法生存，公私困乏，一言难尽。因此从海西出发时就有逃亡或自残的，并不是到了海外才这样。还有，本来以在征战中获得功勋等级为荣耀和恩宠，而近年出征中，都让那些有荣誉官号的有功者挽舟拉车，同没有功劳的人一样劳苦。百姓不愿从军，大都由此。'我又问：'以前士兵留在这里镇守五年，

尚得支济,今尔等始经一年,何为如此单露?'咸言:'初发家日,惟令备一年资装,今已二年,未有还期。'臣检校军士所留衣,今冬仅可充事,来秋以往,全无准拟。陛下留兵海外,欲殄灭高丽。百济、高丽,旧相党援,倭人虽远,亦共为影响,若无镇兵,还成一国。今既资戍守,又置屯田,所藉士卒同心同德,而众有此议,何望成功?自非有所更张,厚加慰劳,明赏重罚以起士心,若止如今日以前处置,恐师众疲老,立效无日。逆耳之事,或无人为陛下尽言,故臣披露肝胆,昧死奏陈。"

上深纳其言,遣右威卫将军刘仁愿将兵渡海以代旧镇之兵,仍敕仁轨俱还。仁轨谓仁愿曰:"国家悬军海外,欲以经略高丽,其事非易。今收获未毕,而军吏与士卒一时代去,军将又归。夷人新服,众心未安,必将生变。不如且留旧兵,渐令收获,办具资粮,节级遣还。军将且留镇抚,未可还也。"仁愿曰:"吾前还海西,大遭谗谤,云吾多留兵众,谋据海东,几不免祸。今日惟知准敕,岂敢擅有所为?"仁轨曰:"人臣苟利于国,知无不为,岂恤其私?"乃上表陈便宜,自请留镇海东,上从之。仍以扶馀隆为熊津都尉,使招辑其馀众。

二年,上命熊津都尉扶馀隆与新罗王法敏释去旧怨,秋八月壬子,同盟于熊津城。刘仁轨以新罗、百济、耽罗、倭国使者浮海西还,会祠泰山,高丽亦遣太子福男来侍祠。

尚且能够支持,现在你们才经历一年,为何衣着如此单薄甚至露体?'他们都说:'当初从家乡出发时,只让准备一年用的费用和服装,现在已经两年,还没有回家的日期。'我查核军士所存留的衣服,今冬仅可以应付,明年秋天以后,全无预备。陛下留兵驻在海外,想消灭高丽。百济、高丽从前就相互支援,倭人虽远,也互相呼应,若没有我军镇守于此,他们还会成为一国。现在既由士卒戍守,又设置屯田,所依靠的是士卒同心同德,而他们既然有这些议论,如何能指望获得成功? 若非有所更改给予优厚的慰劳,公开地赏赐有功的人,责罚有过失的人,来鼓起士气,还像以前那样办事,恐怕士兵仍然疲惫,士气低落,成功就不能预期。这些不顺耳的事情,也许没有人向陛下详细说明,所以我无保留地说出肺腑之言,冒死奏陈。"

　　高宗接受了刘仁轨的意见,派遣右威卫将军刘仁愿率领士兵渡海去替换原来留守的士兵,并命令刘仁轨一起返回。刘仁轨对刘仁愿说:"国家派兵远驻海外,是想以此经营治理高丽,但这不是容易的事。现在秋收还没有结束,而将军吏和士卒一下子全部替换掉,将领也返回,夷人不久前才被征服,人心还没有稳定,必将发生变乱。不如暂时将旧兵留下,继续秋收,准备路费和粮食,分批遣返。将领也应该暂时留下安定局面,还不能返回。"刘仁愿说:"我前次回到海西,遭到众多诽谤,说我故意多留士卒图谋割据海东,几乎难免杀身之祸。今日我只知道按皇上的敕命行事,哪里还敢擅自做主?"刘仁轨说:"作为臣子,只要是有利于国家的事,知道了就不能不办,哪里还能顾虑私人!"于是上表陈述怎么办对国家有利,自己请求留下来镇守海东,高宗采纳了刘仁轨的意见。唐朝仍然任命扶馀隆为熊津都尉,让他招集馀众。

　　二年(665),高宗命令熊津都尉扶馀隆与新罗王金法敏解除旧日怨恨,秋季八月壬子(十三日),双方结盟于熊津城。刘仁轨同新罗、百济、耽罗、倭国使者从海路西归,共同随高宗祭祀泰山,高丽也派遣太子福男前来陪祭。

乾封元年夏五月，高丽盖苏文卒，长子男生代为莫离支，初知国政，出巡诸城，使其弟男建、男产留知后事。或谓二弟曰："男生恶二弟之逼，意欲除之，不如先为计。"二弟初未之信。又有告男生者曰："二弟恐兄还夺其权，欲拒兄不纳。"男生潜遣所亲往平壤伺之，二弟收掩，得之，乃以王命召男生。男生惧，不敢归。男建自为莫离支，发兵讨之。男生走保别城，使其子献诚诣阙求救。六月壬寅，以右骁卫大将军契苾何力为辽东道安抚大使，将兵救之。以献诚为右武卫将军，使为乡导。又以左金吾卫将军庞同善、营州都督高侃为行军总管，同讨高丽。秋九月，庞同善大破高丽兵，泉男生帅众与同善合。诏以男生为特进、辽东大都督，兼平壤道安抚大使，封玄菟郡公。

冬十二月己酉，以李勣为辽东道行军大总管兼安抚大使，以司列少常伯安陆郝处俊副之，以击高丽。庞同善、契苾何力并为辽东道行军副大总管兼安抚大使如故。其水陆诸军总管并运粮使窦义积、独孤卿云、郭待封等，并受勣处分。河北诸州租赋悉诣辽东给军用。

二年秋九月辛未，李勣拔高丽之新城，使契苾何力守之。勣初渡辽，谓诸将曰："新城，高丽西边要害，不先得之，馀城未易取也。"遂攻之，城人师夫仇等缚城主开门降。勣引兵进击，一十六城皆下之。

庞同善、高侃尚在新城，泉男建遣兵袭其营，左武卫将军薛仁贵击破之。侃进至金山，与高丽战，不利，高丽乘胜逐北，仁贵引兵横击之，大破高丽，斩首五万馀级，拔南苏、木底、苍岩三城，与泉男生军合。

乾封元年（666）夏季五月，高丽盖苏文去世，长子男生代任莫离支，执政不久，便出巡各城，行前指派其弟泉男建、泉男产留下来处理政事。有人对他的两个弟弟说："泉男生厌恶两个弟弟的逼迫，有意想除掉你们，你们不如先准备好对付泉男生的计策。"两个弟弟开始不相信这些话。又有人告诉泉男生说："你的两个弟弟怕你回去夺他们的权，打算拒绝你这哥哥回去。"泉男生秘密地派遣亲信去平壤侦察，被两个弟弟捕获，于是他们以王命召回泉男生。泉男生害怕不敢回平壤。于是泉男建自任莫离支，发兵讨伐泉男生。泉男生逃到另外的城邑自保，派遣其子泉献诚到唐朝求援。六月壬寅（初七），唐朝任命右骁卫大将军契苾何力为辽东道安抚大使，领兵前往救援。又任命泉献诚为右武卫将军，担任向导。并任命左金吾卫将军庞同善、营州都督高侃为行军总管，共同讨伐高丽。秋季九月，庞同善大破高丽兵，泉男生率领部众与庞同善会合。高宗诏命泉男生为特进、辽东大都督，兼平壤道安抚大使，封玄菟郡公。

冬季十二月己酉（十八日），唐朝任命李勣为辽东道行军大总管兼安抚大使，任命司列少常伯安陆人郝处俊为副大总管，率领唐军进攻高丽。庞同善、契苾何力一并为辽东道行军副大总管，仍兼安抚大使。水陆诸军总管和运粮使窦义积、独孤卿云、郭待封等，都受李勣节制。河北诸州征收的租赋全部调拨给辽东供军用。

二年（667）秋季九月辛未（十四日），李勣攻占高丽的新城，派契苾何力驻守。李勣初渡辽水时，对手下诸将说："新城是高丽西部要害，不先夺取，其馀各城便不容易攻取。"于是进攻新城，城里人师夫仇等捆绑城主开门投降。李勣领兵进而攻击，其馀的十六座城都攻下了。

庞同善和高侃还在新城时，泉男建派兵袭击他们的兵营，左武卫将军薛仁贵将高丽兵打败。高侃进军到金山与高丽兵交战失利，高丽兵乘胜追击，薛仁贵领兵从侧面进攻高丽兵，大败他们，斩首五万馀级，攻下南苏、木底、苍岩三城，与泉男生部会合。

　　郭待封以水军自别道趣平壤，勣遣别将冯师本载粮仗以资之。师本船破，失期，待封军中饥窘，欲作书与勣，恐为虏所得，知其虚实，乃作离合诗以与勣。勣怒曰："军事方急，何以诗为？必斩之！"行军管记、通事舍人、河南元万顷为释其义，勣乃更遣粮仗赴之。万顷作《檄高丽文》曰："不知守鸭绿之险。"泉男建报曰："谨闻命矣！"即移兵据鸭绿津，唐兵不得渡。上闻之，流万顷于岭南。郝处俊在高丽城下，未及成列，高丽奄至，军中大骇，处俊据胡床，方食干糒，潜简精锐，击败之，将士服其胆略。

　　总章元年春二月壬午，李勣等拔高丽扶馀城。薛仁贵既破高丽于金山，乘胜将三千人将攻扶馀城，诸将以其兵少，止之。仁贵曰："兵不必多，顾用之何如耳。"遂为前锋以进，与高丽战，大破之，杀获万馀人，遂拔扶馀城。扶馀川中四十馀城皆望风请服。

　　侍御史洛阳贾言忠奉使自辽东还，上问以军事，言忠对曰："高丽必平。"上曰："卿何以知之？"对曰："隋炀帝东征而不克者，人心离怨故也。先帝东征而不克者，高丽未有衅也。今高藏微弱，权臣擅命，盖苏文死，男建兄弟内相攻夺，男生倾心内附，为我乡导，彼之情伪，靡不知之。以陛下明圣，国家富强，将士尽力，以乘高丽之乱，其势必克，不俟再举矣。且高丽连年饥馑，妖异屡降，人心危骇，其亡可翘足待也。"上又问："辽东诸将孰贤？"对曰："薛仁贵勇冠三军。庞同善虽不善斗，而持军严整。高侃勤俭自处，忠果有谋。契苾何力沉毅能断，虽颇忌刻，而有统御之才。

郭待封率领水军从另外一条路向平壤逼近,李勣派别将冯师本运载粮食武器进行补给。冯师本因船破没有按期到达,郭待封军中缺粮,情况危急,想写信向李勣求援,又怕信被敌人截获,泄露缺粮的机密,便把机密隐藏在离合诗中送给李勣。李勣见诗,大怒说:"军情紧急还写什么诗? 一定要处死他!"行军管记、通事舍人、河南人元万顷解释出离合诗中的实际含意,李勣于是又另外运送粮食武器去援救他。元万顷作《檄高丽文》说:"不知守鸭绿之险。"反而提醒了泉男建,他说:"敬听尊命了!"立即调兵据守鸭绿津,唐军不能通过。高宗得知后,将元万顷流放岭南。郝处俊在高丽城下,还来不及列阵,高丽兵突然到来,军中大惊,郝处俊正坐在椅子上吃干粮,暗中挑选精锐部队,把高丽兵打败,将士们都佩服他的胆略。

　　总章元年(668)春季二月壬午(二十八日),李勣等攻占高丽扶馀城。薛仁贵在金山打败高丽兵后,率三千人准备乘胜攻扶馀城,诸将认为兵少,阻止。薛仁贵说:"兵不在多,就看如何使用。"于是作为前锋前进,与高丽兵交战获得大胜,杀死和俘虏一万多人,因此攻下扶馀城。扶馀川中的四十馀座城都望风请降。

　　侍御史洛阳人贾言忠出使辽东回来,高宗向他询问军事情况,他回答说:"高丽必定能平定。"高宗问他:"你凭什么知道?"他说:"隋炀帝东征而不成功,是因为人心离散怨恨的缘故。先帝东征没有成功,是因为高丽内部没有嫌隙。现在高藏微弱,掌握朝政的大臣专政,泉盖苏文死后,泉男建兄弟在内部互相攻击争夺,泉男生倾向我大唐,充当我军向导,对方的内部虚实,没有不知道的。依赖陛下的明圣,国家的富强,将士尽力,乘高丽内部的动乱,必然一举取得胜利,无需再行征伐之事了。况且高丽连年闹饥荒,妖异之事一再出现,人心危惧,它的灭亡可以翘足而待了。"高宗又问他:"在辽东的几位将领哪一个最贤能?"贾言忠回答说:"薛仁贵勇冠三军。庞同善虽不擅长战斗,但是治军严整。高侃以勤俭要求自己,忠诚果断而有谋略。契苾何力沉着坚毅又能决断,虽很妒忌比自己强的人,但有统率指挥的才能。

然夙夜小心，忘身忧国，皆莫及李勣也。"上深然其言。泉男建复遣兵五万人救扶馀城，与李勣等遇于薛贺水，合战，大破之，斩获三万馀人，进攻大行城，拔之。

秋九月癸巳，李勣拔平壤。勣既克大行城，诸军出他道者皆与勣会，进至鸭绿栅，高丽发兵拒战，勣等奋击，大破之，追奔二百馀里，拔辱夷城，诸城遁逃及降者相继。契苾何力先引兵至平壤城下，勣军继之，围平壤月馀，高丽王藏遣泉男产帅首领九十八人，持白幡诣勣降，勣以礼接之。泉男建犹闭门拒守，频遣兵出战，皆败。男建以军事委僧信诚，信诚密遣人诣勣，请为内应。后五日，信诚开门，勣纵兵登城鼓噪，焚城四角，男建自刺，不死，遂擒之。高丽悉平。

李勣将至，上命先以高藏等献于昭陵，具军容，奏凯歌，入京师，献于太庙。冬十二月丁巳，上受俘于含元殿。以高藏政非己出，赦以为司平太常伯、员外同正。以泉男产为司宰少卿，僧信诚为银青光禄大夫，泉男生为右卫大将军。李勣以下，封赏有差。泉男建流黔州，扶馀丰流岭南。分高丽五部、百七十六城、六十九万馀户，为九都督府、四十二州、百县，置安东都护府于平壤以统之，擢其酋帅有功者为都督、刺史、县令，与华人参理。以右威卫大将军薛仁贵检校安东都护，总兵二万人以镇抚之。

丁卯，上祀南郊，告平高丽，以李勣为亚献。己巳，谒太庙。

二年，高丽之民多离叛者，夏四月，敕徙高丽户三万八千二百于江、淮之南，及山南、京西诸州空旷之地，留其贫弱者，使守安东。

然而日夜小心，忘身忧国，他们就谁也比不上李勣了。"高宗很同意他的看法。泉男建再派遣五万人救援扶馀城，与李勣等遭遇于薛贺水，经过交战，唐军大胜，杀死和俘虏三万多人。又进攻大行城，把它攻下。

秋季九月癸巳（十二日），李勣领兵攻占平壤。李勣攻克大行城以后，从不同路线前进的各路兵马都同他会合，推进到鸭绿栅，高丽发兵抵抗，李勣等奋勇攻击，把他们打得大败，追击两百多里，又攻占辱夷城，其他各城军民弃城而逃和投降的接连不断。契苾何力率部首先来到平壤城下，李勣的部队接着也到达平壤，包围平壤一个多月后，高丽王高藏派遣泉男产率首领九十八人，打着白旗到李勣军前投降，李勣按礼节接待他们。泉男建仍然闭门拒守，不断地派兵出战，都失败了。泉男建把军事委托给僧人信诚，信诚秘密地派人与李勣联络，求做内应。过了五天，信诚打开城门，李勣发兵登城擂鼓呐喊，烧毁城的四角，泉男建自杀没有死，被唐军俘虏。高丽全部平定。

李勣将返抵长安，高宗命令先将高藏等献于昭陵，整顿军队阵容，奏着凯歌，进入京师，献于太庙。冬季十二月丁巳（初七），高宗在含元殿接受献俘。因高藏并不掌握实权，高宗赦免了他的罪行，任命为司平太常伯、员外同正。以泉男产为司宰少卿，僧人信诚为银青光禄大夫，泉男生为右卫大将军。李勣以下，都有不同等次的封赏。泉男建流放黔州，扶馀丰流放岭南。将高丽五部、一百七十六座城、六十九万馀户划为九个都督府、四十二州、一百个县，设置安东都护府于平壤辖统全境，选拔有功的部族首领和豪帅任都督、刺史、县令，与汉人共同治理。任命右威卫大将军薛仁贵为检校安东都护，领兵二万以镇守安抚。

丁卯（十七日），高宗在南郊祭祀天地，报告平定了高丽，让李勣充当第二轮的祭献人。己巳（十九日），高宗拜谒太庙。

二年（669），高丽的百姓不少人反叛唐朝，夏季四月，高宗下令迁移三万八千二百户高丽居民到江、淮以南，以及山南、京西等州空旷地方，留下贫弱户让他们守卫安东。

　　咸亨元年夏四月，高丽酋长剑牟岑反，立高藏外孙安舜为主。以左监门大将军高侃为东州道行军总管，发兵讨之。安舜杀剑牟岑，奔新罗。

　　二年秋七月乙未朔，高侃破高丽馀众于安市城。

　　三年冬十二月，高侃与高丽馀众战于白水山，破之。新罗遣兵救高丽，侃击破之。

　　四年夏闰五月，燕山道总管、右领军大将军李谨行大破高丽叛者于瓠芦河之西，俘获数千人，馀众皆奔新罗。时谨行妻刘氏留伐奴城，高丽引靺鞨攻之，刘氏擐甲帅众守城，久之，虏退。上嘉其功，封燕国夫人。谨行，靺鞨人突地稽之子也，武力绝人，为众夷所惮。

　　上元元年春正月壬午，以左庶子、同中书门下三品刘仁轨为鸡林道大总管，卫尉卿李弼、右领军大将军李谨行副之，发兵讨新罗。时新罗王法敏既纳高丽叛众，又据百济故地，使人守之。上大怒，诏削法敏官爵。其弟右骁卫员外大将军、临海郡公仁问在京师，立以为新罗王，使归国。

　　二年春二月，刘仁轨大破新罗之众于七重城。又使靺鞨浮海，略新罗之南境，斩获甚众。仁轨引兵还。诏以李谨行为安东镇抚大使，屯新罗之买肖城以经略之，三战皆捷，新罗乃遣使入贡，且谢罪。上赦之，复新罗王法敏官爵。金仁问中道而还，改封临海郡公。

　　仪凤元年春二月甲戌，徙安东都护府于辽东故城。先有华人任安东官者，悉罢之。徙熊津都督府于建安故城。其百济户口先徙徐、兖等州者，皆置于建安。

咸亨元年(670)夏季四月，高丽酋长剑牟岑反叛，拥立高藏的外孙安舜为国君。高宗任命左监门大将军高侃为东州道行军总管，发兵征讨。安舜杀死剑牟岑，投奔新罗。

二年(671)秋季七月乙未是初一，高侃在安市城打败高丽的残馀部队。

三年(672)冬季十二月，高侃与高丽残馀部队交战于白水山，将他们打得大败。新罗派兵救援高丽，也被高侃打败。

四年(673)夏季闰五月，燕山道总管、右领军大将军李谨行在瓠芦河以西大败高丽反叛者，俘虏了数千人，其馀的都投奔新罗去了。当时李谨行的妻子刘氏居留伐奴城，高丽招引靺鞨人来攻城，刘氏披甲率众把守城池，相持一段时间后，敌人终于撤退。高宗嘉奖她的功劳，封她为燕国夫人。李谨行是靺鞨人突地稽的儿子，勇猛过人，使许多夷人畏惧。

上元元年(674)春季正月壬午这天，高宗任命左庶子、同中书门下三品刘仁轨为鸡林道大总管，卫尉卿李弼、右领军大将军李谨行为刘仁轨的副手，率领军队讨伐新罗。当时新罗国王金法敏既接纳高丽叛军，又占据了百济原有的土地，派人镇守。高宗对此十分恼怒，下令削除金法敏的官爵。金法敏的弟弟右骁卫员外大将军、临海郡公金仁问留居在长安，朝廷立他为新罗王，派遣他回国。

二年(675)春季二月，刘仁轨在七重城大败新罗兵。又派靺鞨兵从海路进军夺取新罗南部地区，杀死和俘虏了很多新罗士卒。刘仁轨率兵回国。高宗又任命李谨行为安东镇抚大使，屯驻在新罗的买肖城来控制新罗，唐军三战三捷，新罗于是派遣使者入贡，并且谢罪。高宗赦免了新罗国王的罪行，并恢复金法敏原来的官爵。金仁问中途返回长安，改封他为临海郡公。

仪凤元年(676)春季二月甲戌(初六)，唐朝将安东都护府迁到辽东故城。在这以前有汉人在安东担任官职的，一律免职。又将熊津都督府迁至建安故城。原先已迁至徐州和兖州的百济户口，都安置在建安。

　　二年。初，刘仁轨引兵自熊津还，扶馀隆畏新罗之逼，不敢留，寻亦还朝。二月丁巳，以工部尚书高藏为辽东州都督，封朝鲜王，遣归辽东，安辑高丽馀众。高丽先在诸州者，皆遣与藏俱归。又以司农卿扶馀隆为熊津都督，封带方王，亦遣归安辑百济馀众，仍移安东都护府于新城以统之。时百济荒残，命隆寓居高丽之境。藏至辽东，谋叛，潜与靺鞨通。召还，徙邛州而死，散徙其人于河南、陇右诸州，贫者留安东城傍。高丽旧城没于新罗，馀众散入靺鞨及突厥，隆亦竟不敢还故地，高氏、扶馀氏遂亡。

　　开耀元年冬十月丁亥，新罗王法敏卒，遣使立其子政明。

二年(677)。当初,刘仁轨领兵从熊津返回时,扶馀隆畏惧新罗逼迫,不敢逗留,不久也返回唐朝。二月丁巳(二十五日),高宗任命工部尚书高藏为辽东州都督,封朝鲜王,派遣他回到辽东去安抚高丽馀众。高丽人先已安置在各州的,都让他们和高藏一起回去。又任命司农卿扶馀隆为熊津都督,封带方王,也送回去安抚百济馀众,同时迁移安东都护府于新城,以统辖辽东州和熊津。当时百济荒芜残破,于是命令扶馀隆寓居高丽境内。高藏来到辽东后,就阴谋反叛,暗通靺鞨。他被唐朝召回,迁徙到邛州后死去,他的部下被分散迁徙到河南、陇右各州,贫困的留在安东城附近。高丽旧城被新罗吞没,馀众分散投奔到靺鞨和突厥,扶馀隆也终于不敢返回故地,高氏、扶馀氏于是灭亡了。

开耀元年(681)冬季十月丁亥(二十二日),新罗王金法敏去世,唐朝派遣使者立他的儿子金政明为新罗王。

吐蕃请和

唐太宗贞观八年冬十一月甲申,吐蕃赞普弃宗弄赞遣使入贡,仍请婚。吐蕃在吐谷浑西南,近世浸强,蚕食他国,土宇广大,胜兵数十万,然未尝通中国。其王称赞普,俗不言姓,王族皆曰论,宦族皆曰尚。弃宗弄赞有勇略,四邻畏之。上遣使者冯德遐往慰抚之。

十二年。初,上遣使者冯德遐抚慰吐蕃,吐蕃闻突厥、吐谷浑皆尚公主,遣使随德遐入朝,多赍金宝,奉表求婚,上未之许。使者还,言于赞普弃宗弄赞曰:“臣初至唐,唐待我甚厚,许尚公主。会吐谷浑王入朝,相离间,唐礼遂衰,亦不许婚。”弄赞遂发兵击吐谷浑。吐谷浑不能支,遁于青海之北,民畜多为吐蕃所掠。

吐蕃进破党项、白兰诸羌,帅众二十馀万屯松州西境,遣使贡金帛,云来迎公主。寻进攻松州,败都督韩威,羌酋阎州刺史别丛卧施、诺州刺史把利步利并以州叛归之。连兵不息,其大臣谏不听而自缢者凡八辈。秋八月壬寅,

吐蕃请和

唐太宗贞观八年(634)冬季十一月甲申(十六日),吐蕃赞普弄宗弄赞派遣使者入京朝贡,同时请求与唐室联姻。吐蕃位于吐谷浑西南,近世逐渐强盛,蚕食他国,疆土广大,拥有强盛之兵数十万,然而未曾与中原通使交往。吐蕃王称赞普,当地的风俗不言姓氏,王族人都称为论,官宦家族都称为尚。弄宗弄赞勇猛有谋略,周边邻族都畏惧他。唐太宗派遣使者冯德遐前往安抚慰问吐蕃。

十二年(638)。在此之前,唐太宗派使者冯德遐抚慰吐蕃,吐蕃听说突厥、吐谷浑都娶唐朝公主,就派使者随同冯德遐一起入朝,携带许多金银宝物,奉表求婚,唐太宗没有应允。使者回到吐蕃后,对赞普弄宗弄赞说:"臣下我初到唐廷时,唐廷待我很厚重,答应许配公主。恰恰遇上吐谷浑王入朝,从中挑拨离间,唐廷对我的礼遇逐渐衰减,也不许婚了。"弄宗弄赞于是发兵攻击吐谷浑。吐谷浑不能抵抗,逃到青海湖以北,其民众、牲畜大多被吐蕃所掠得。

吐蕃进而攻破党项、白兰诸羌,率众二十馀万驻扎在松州西境,遣使贡献金帛,说是来迎娶公主。不久又进攻松州,打败松州都督韩威,羌人酋长阔州刺史别丛卧施、诺州刺史把利步利都举州叛唐归顺吐蕃。吐蕃连年征战不止,其大臣因劝谏酋长而不被接受、先后自缢而死的有八批。秋季八月壬寅(二十七日),

以吏部尚书侯君集为当弥道行军大总管，甲辰，以右领军大将军执失思力为白兰道、左武卫将军牛进达为阔水道、左领军将军刘简为洮河道行军总管，督步骑五万击之。吐蕃攻城十馀日，进达为先锋，九月辛亥，掩其不备，败吐蕃于松州城下，斩首千馀级。弄赞惧，引兵退，遣使谢罪，因复请婚。上许之。

十四年冬闰十月丙辰，吐蕃赞普遣其相禄东赞献金五千两及珍玩数百，以请婚。上许以文成公主妻之。

十五年春正月甲戌，以吐蕃禄东赞为右卫大将军。上嘉禄东赞善应对，以琅邪公主外孙段氏妻之。辞曰："臣国中自有妇，父母所聘，不可弃也。且赞普未得谒公主，陪臣何敢先娶！"上益贤之，然欲抚以厚恩，竟不从其志。

丁丑，命礼部尚书、江夏王道宗持节送文成公主于吐蕃。赞普大喜，见道宗，尽子婿礼，慕中国衣服、仪卫之美，为公主别筑城郭宫室而处之，自服纨绮以见公主。其国人皆以赭涂面，公主恶之，赞普下令禁之，亦渐革其猜暴之性，遣子弟入国学，受《诗》《书》。

二十三年，上以吐蕃赞普弄赞为驸马都尉，封西海郡王。赞普致书于长孙无忌等云："天子初即位，臣下有不忠者，当勒兵赴国讨除之。"

高宗永徽元年夏五月壬戌，吐蕃赞普弄赞卒，其嫡子早死，立其孙为赞普。赞普幼弱，政事皆决于国相禄东赞。禄东赞性明达严重，行兵有法，吐蕃所以强大，威服氐、羌，皆其谋也。

太宗任命吏部尚书侯君集为当弥道行军大总管，甲辰（二十九日），任命右领军大将军执失思力为白兰道、左武卫将军牛进达为阔水道、左领军将军刘简为洮河道行军总管，督率步兵、骑兵五万反击吐蕃。吐蕃攻打松州城十馀天，牛进达为先锋，于九月辛亥（初六）这一天，乘吐蕃官兵不备，在松州城下击败吐蕃军队，斩首一千馀级。弃宗弄赞惧怕，引兵撤退，派遣使者向唐请罪，随后又请求联姻。唐太宗答应了他们的请求。

十四年（640）冬季闰十月丙辰（二十三日），吐蕃赞普派遣国相禄东赞献纳黄金五千两以及数百种珍玩器物，正式向唐请婚。唐太宗答应将文成公主许配给吐蕃赞普。

十五年（641）春季正月甲戌（十二日），唐廷任命吐蕃禄东赞为右卫大将军。太宗欣赏禄东赞善于应对，将琅邪公主的外孙女段氏嫁给他。禄东赞辞谢道："臣下我在吐蕃已经有妇，是父母为我聘娶的，不能抛弃。况且赞普还没有得见公主，陪臣怎么敢先娶呢？"太宗更认为禄东赞贤能，但为了用厚恩安抚他，竟不接受他的推辞，仍将段氏嫁给他为妻。

丁丑（十五日），太宗命令礼部尚书、江夏王李道宗持执旌节护送文成公主到吐蕃。赞普非常高兴，竭尽子婿之礼谒见道宗，美慕唐朝的衣服、仪仗、卫队的华美，特地另为公主修筑城郭宫室，让公主居住，自己穿着中原的丝绸纨绮会见文成公主。吐蕃人喜欢用土红色涂面，公主厌恶这种习俗，赞普就下令禁止，赞普自己也逐渐改掉了他的猜疑、狂暴的性情，派遣子弟到唐朝国立学校，诵习《诗经》《尚书》。

二十三年（649），高宗任命吐蕃赞普弃宗弄赞为驸马都尉，封为西海郡王。赞普写信给长孙无忌等人，说："新天子刚即位，臣僚中如有不忠的人，我定当指挥部队赴国讨伐消灭他。"

唐高宗永徽元年（650）夏季五月壬戌（二十四日），吐蕃赞普弃宗弄赞去世，他的嫡子早年亡故，立其孙继位为赞普。赞普年幼弱小，政事都由国相禄东赞决断。禄东赞品性明达，严肃稳重，行兵有法，吐蕃能够强大，威服氐、羌，都是禄东赞的谋划。

显庆三年冬十月庚申,吐蕃赞普来请婚。

五年八月,吐蕃禄东赞遣其子起政将兵击吐谷浑,以吐谷浑内附故也。

龙朔三年夏五月,吐蕃与吐谷浑互相攻,各遣使上表论曲直,更来求援。上皆不许。

吐谷浑之臣素和贵有罪,逃奔吐蕃,具言吐谷浑虚实。吐蕃发兵击吐谷浑,大破之,吐谷浑可汗曷钵与弘化公主帅数千帐弃国走依凉州,请徙居内地。上以凉州都督郑仁泰为青海道行军大总管,帅右武卫将军独孤卿云、辛文陵等分屯凉、鄯二州,以备吐蕃。六月戊申,又以左武卫大将军苏定方为安集大使,节度诸军,为吐谷浑之援。吐蕃禄东赞屯青海,遣使者论仲琮入见,表陈吐谷浑之罪,且请和亲。上不许。遣左卫郎将刘文祥使于吐蕃,降玺书责让之。

麟德二年春正月丁卯,吐蕃遣使入见,请复与吐谷浑和亲,仍求赤水地畜牧,上不许。

咸亨元年夏四月,吐蕃陷西域十八州,又与于阗袭龟兹拨换城,陷之。罢龟兹、于阗、焉耆、疏勒四镇。辛亥,以右卫大将军薛仁贵为逻娑道行军大总管,左卫员外大将军阿史那道真、左卫将军郭待封副之,以讨吐蕃,且援送吐谷浑还故地。

秋八月,郭待封先与薛仁贵并列,及征吐蕃,耻居其下,仁贵所言,待封多违之。军至大非川,将趣乌海,仁贵曰:"乌海险远,军行甚难,辎重自随,难以趋利,宜留二万

显庆三年(658)冬季十月庚申(十一日),吐蕃赞普前来唐朝请婚。

五年(660)八月,吐蕃禄东赞派遣他的儿子起政率兵攻击吐谷浑,这是因为吐谷浑依附唐朝的缘故。

龙朔三年(663)夏季五月,吐蕃与吐谷浑相互攻击,各遣使者向唐廷呈递表章,辩论是非曲直,并且要求援助。唐高宗都不应允。

吐谷浑的臣子素和贵犯罪,出逃到吐蕃,将吐谷浑的虚实情况都详尽告诉吐蕃。吐蕃发兵进击吐谷浑,大败对方,吐谷浑可汗曷钵和弘化公主率数千帐人马弃国逃奔,归依唐朝凉州,请求迁徙到内地居住。唐高宗任命凉州都督郑仁泰为青海道行军大总管,统领右武卫将军独孤卿云、辛文陵等分别屯守凉州、鄯州,来防备吐蕃。六月戊申(二十六日),又任命左武卫大将军苏定方为安集大使,指挥调遣各路人马,作为吐谷浑的后援。吐蕃禄东赞屯驻青海,派遣使者论仲琮入见唐高宗,上表陈述吐谷浑的罪行,并且请求和亲。高宗不准许。唐朝派左卫郎将刘文祥出使吐蕃,颁降诏书责备吐蕃。

麟德二年(665)春季正月丁卯(二十四日),吐蕃派遣使者入京朝见,请求重新与吐谷浑和亲,同时要求占有赤水一带的土地来放牧,唐高宗没有答应。

咸亨元年(670)夏季四月,吐蕃攻陷了西域十八州,又和于阗联兵袭击龟兹拨换城,也攻下了它。唐朝罢除了龟兹、于阗、焉耆、疏勒四镇。辛亥(初九),唐朝任命右卫大将军薛仁贵为逻娑道行军大总管,左卫员外大将军阿史那道真、左卫将军郭待封做他的副手,一起率军去征讨吐蕃,并且援助护送吐谷浑归还故地。

秋季八月,郭待封原先与薛仁贵官位并列,到这时征讨吐蕃,认为位居薛仁贵之下是耻辱,薛仁贵的话,郭待封大多违背不听。军队开到大非川,准备直扑乌海,薛仁贵说:"乌海地险路远,行军非常困难,辎重随军携带,难以取得胜利,应该留下二万

人,为两栅于大非岭上,辎重悉置栅内,吾属帅轻锐,倍道兼行,掩其未备,破之必矣。"仁贵帅所部前行,击吐蕃于河口,大破之,斩获其众,进屯乌海以俟待封。待封不用仁贵策,将辎重徐进。未至乌海,遇吐蕃二十馀万,待封军大败,还走,悉弃辎重。仁贵退屯大非川,吐蕃相论钦陵将兵四十馀万就击之,唐兵大败,死伤略尽。仁贵、待封与阿史那道真并脱身免,与钦陵约和而还。敕大司宪乐彦玮即军中按其败状,械送京师,三人皆免死除名。钦陵,禄东赞之子也,与弟赞婆、悉多、于勃论皆有才略。禄东赞卒,钦陵代之秉政,三弟将兵居外,邻国畏之。闰九月甲寅,以左相姜恪为凉州道行军大总管,以御吐蕃。

三年夏四月,吐蕃遣其大臣仲琮入贡,上问以吐蕃风俗,对曰:"吐蕃地薄气寒,风俗朴鲁,然法令严整,上下一心,议事常自下而起,因人所利而行之,斯所以能持久也。"上诘以吞灭吐谷浑、败薛仁贵、寇逼凉州事,对曰:"臣受命贡献而已,军旅之事,非所闻也。"上厚赐而遣之。癸未,遣都水使者黄仁素使于吐蕃。

上元二年春正月辛未,吐蕃遣其大臣论吐浑弥来请和,且请与吐谷浑复修邻好。上不许。

仪凤元年春闰三月,吐蕃寇鄯、廓、河、芳等州,敕左监门卫中郎将令狐智通发兴、凤等州兵以御之。己卯,诏以吐蕃犯塞,停封中岳。乙酉,以洛州牧、周王显为洮州道行军元帅,将工部尚书刘审礼等十二总管,并州大都督、相王

人,在大非岭上架设两道栅栏,把辎重全都置放栅内,我等率领轻锐部队,快速行军,乘其不备,必定会攻破它。"薛仁贵率所部向前挺进,在河口攻击吐蕃,把对方打得大败,斩首和俘虏的特别多,进军屯守乌海,以等待郭待封到来。郭待封不采用薛仁贵的计策,携带辎重缓慢行军。还没到达乌海,遇到吐蕃军二十馀万,郭待封军大败回逃,辎重全部丢弃。薛仁贵退军屯守大非川,吐蕃国相论钦陵率兵四十馀万前往攻击,唐兵大败,死伤殆尽。薛仁贵、郭待封和阿史那道真都脱身逃得一命,与论钦陵订立和约返回。高宗命令大司宪乐彦玮到军中调查审核他们失败的情状,将他们披枷戴锁押送京城,三人都免除死罪,除名为民。论钦陵是禄东赞的儿子,与弟弟赞婆、悉多、于勃论都有才略。禄东赞死后,论钦陵代替他执掌国政,三位弟弟率兵驻守在外,邻国都畏惧他们。闰九月甲寅(十四日),唐朝派左相姜恪为凉州道行军大总管,来防御吐蕃。

三年(672)夏季四月,吐蕃派遣大臣仲琮入京朝贡,高宗向他询问吐蕃的风俗,仲琮回答说:"吐蕃土地瘠薄,气候寒冷,风俗质朴钝拙,然而法令严整,上下一心,讨论事情常常自下而上,根据人们所想得到的利益来施行,这是我们能持久存在的原因。"高宗质问吐蕃吞灭吐谷浑、打败薛仁贵、侵犯威逼凉州等事,仲琮回答说:"臣受命前来贡献礼品而已,至于军旅之事不是我所应闻知的。"高宗厚赐仲琮,送他回国。癸未(二十二日),派都水使者黄仁素出使吐蕃。

上元二年(675)春季正月辛未(二十六日),吐蕃派遣大臣论吐浑弥前来请和,并且要求与吐谷浑重修睦邻友好关系。高宗没有应许。

仪凤元年(676)春季闰三月,吐蕃进犯鄯州、廓州、河州、芳州等州,高宗命令左监门卫中郎将令狐智通征发兴州、凤州等州兵马去抵抗。己卯(十一日),高宗下诏,因为吐蕃侵扰边塞,停止祭祀中岳嵩山。乙酉(十七日),任命洛州牧、周王李显为洮州道行军元帅,率领工部尚书刘审礼等十二总管,并州大都督、相王

轮为凉州道行军元帅,将左卫大将军契苾何力等,以讨吐蕃。二王皆不行。秋八月乙未,吐蕃寇叠州。

二年夏五月,吐蕃寇扶州之临河镇,擒镇将杜孝昇,令赍书说松州都督武居寂使降,孝昇固执不从。吐蕃军还,舍孝昇而去,孝昇复帅馀众拒守。诏以孝昇为游击将军。冬十二月乙卯,诏大发兵讨吐蕃。

三年秋七月,李敬玄奏破吐蕃于龙支。九月丙寅,李敬玄将兵十八万与吐蕃将论钦陵战于青海之上,兵败,工部尚书、左卫大将军、彭城僖公刘审礼为吐蕃所虏。时审礼将前军深入,顿于濠所,为虏所攻,敬玄懦怯,按兵不救。闻审礼战没,狼狈还走,顿于承风岭,阻泥沟以自固,虏屯兵高岗以压之。左领军员外将军黑齿常之,夜帅敢死之士五百人袭击虏营,虏众溃乱,其将跋地设引兵遁去,敬玄乃收馀众还鄯州。审礼诸子自缚诣阙,请入吐蕃赎其父,敕听次子易从诣吐蕃省之。比至,审礼已病卒,易从昼夜号哭不绝声。吐蕃哀之,还其尸,易从徒跣负之以归。上嘉黑齿常之之功,擢拜左武卫将军,充河源军副使。

李敬玄之西征也,监察御史原武娄师德应猛士诏从军,及败,敕师德收集散亡,军乃复振。因命使于吐蕃,吐蕃将论赞婆迎之赤岭。师德宣导上意,谕以祸福,赞婆甚悦,为之数年不犯边。师德迁殿中侍御史,充河源军司马,兼知营田事。

上以吐蕃为忧,悉召侍臣谋之,或欲和亲以息民;或欲严设守备,俟公私富实而讨之;或欲亟发兵击之。议竟不决,赐食而遣之。太学生宋城魏元忠上封事,言御吐蕃之

李轮为凉州道行军元帅,率左卫大将军契苾何力等讨伐吐蕃。二王均未上路。秋季八月乙未这天,吐蕃进犯叠州。

二年(677)夏季五月,吐蕃进犯扶州的临河镇,生擒镇将杜孝昇,让他携带书信劝说松州都督武居寂投降,杜孝昇坚决不肯这样做。吐蕃军撤退,释放了杜孝昇离去了,杜孝昇又率馀众拒守。高宗下诏任命孝昇为游击将军。冬季十二月乙卯(二十七日),高宗下诏调发大量兵力讨伐吐蕃。

三年(678)秋季七月,李敬玄奏报在龙支击破了吐蕃军。九月丙寅(十二日),李敬玄率兵十八万与吐蕃将领论钦陵战于青海之上,唐兵失败,工部尚书、左卫大将军、彭城僖公刘审礼被吐蕃俘虏。当时刘审礼率前锋部队深入,停驻濠所,被吐蕃攻击,李敬玄懦怯胆小,按兵不动,不予救援。听说刘审礼部战败覆没,李敬玄狼狈撤军,停驻在承风岭,用泥沟作屏障固守,敌军则屯兵在高岗上来压迫镇服唐军。左领军员外将军黑齿常之,乘黑夜率敢死之士五百人袭击敌营,敌众溃乱,其将领跋地设引兵逃走,李敬玄这才收集馀众回到鄯州。刘审礼的儿子们自己把自己绑缚起来,到皇宫门外,请求身入吐蕃赎回他们的父亲,高宗下令,让刘审礼的次子刘易从到吐蕃看望父亲。等刘易从抵达吐蕃,刘审礼已经病死,刘易从昼夜号哭不停声。吐蕃哀怜他,就把刘审礼的尸体交还,刘易从赤脚将父亲的尸体背回。高宗嘉奖黑齿常之的功劳,提升他为左武卫将军,充当河源军副使。

李敬玄西征时,监察御史原武人娄师德响应猛士诏令从军,兵败以后,高宗命娄师德收集散亡兵士,部队重新振作。随后高宗又派他出使吐蕃,吐蕃将领论赞婆到赤岭迎接。娄师德宣讲皇上的意旨,指出祸福所在,赞婆十分欣悦,为此数年不犯边。娄师德被提升为殿中侍御史,充任河源军司马,兼管营田事务。

高宗忧虑吐蕃事务,召集全体侍臣谋划,有的人想通过和亲来与民休息;有的想严设守备,等国富民实后再讨伐;有的则想立即发兵攻击。议论纷纷,最终也没定下来,高宗赐食后让他们走了。太学生宋城人魏元忠呈递密封奏章,陈述抗御吐蕃的

策,以为:"理国之要,在文与武。今言文者则以辞华为首而不及经纶,言武者则以骑射为先而不知方略,是皆何益于理乱哉!故陆机著《辨亡》之论,无救河桥之败,养由基射穿七札,不济鄢陵之师,此已然之明效也。古语有之:'人无常俗,政有理乱;兵无强弱,将有巧拙。'故选将当以智略为本,勇力为末。今朝廷用人,类取将门子弟及死事之家,彼皆庸人,岂足当阃外之任?李左车、陈汤、吕蒙、孟观,皆出贫贱而立殊功,未闻其家代为将也。

"夫赏罚者,军国之切务,苟有功不赏,有罪不诛,虽尧、舜不能以致理。议者皆云:'近日征伐,虚有赏格而无事实。'盖由小才之吏,不知大体,徒惜勋庸,恐虚仓库,不知士不用命,所损几何,黔首虽微,不可欺罔。岂得悬不信之令,设虚赏之科,而望其立功乎?自苏定方征辽东,李勣破平壤,赏绝不行,勋仍淹滞,不闻斩一台郎,戮一令史,以谢勋人。大非川之败,薛仁贵、郭待封等不即重诛,向使早诛仁贵等,则自馀诸将岂敢失利于后哉?臣恐吐蕃之平,非旦夕可冀也。

"又,出师之要,全资马力。臣请开畜马之禁,使百姓皆得畜马。若官军大举,委州县长吏以官钱增价市之,则皆为官有。彼胡虏恃马力以为强,若听人间市而畜之,乃是损彼之强为中国之利也。"先是禁百姓畜马,故元忠言之。上善其言,召见,令直中书省,仗内供奉。

对策,认为:"治国的关键,在于一文一武。现在谈论文事的人,则以辞藻华丽为首要而不涉及治国大计,谈论武事的人则以骑射技艺为先务而不通晓计谋策略,这对国家治乱有什么补益呢?所以西晋陆机撰写《辨亡》高论,也不能补救河桥的败亡,春秋养由基能射穿七层铠甲,也不能避免楚军在鄢陵之战中失败,这是已经发生过的事情的明证。古语有这样的话:'人无常俗,政有治乱;兵无强弱,将有巧拙。'所以选将应当把智谋方略作为根本,勇气力量作为末端。现在朝廷用人,大都择取将门子弟以及为国牺牲者的家属,他们都是平庸的人,哪里足以担当守边重任?李左车、陈汤、吕蒙、孟观都出身贫贱而建立殊功,没听说过他们的家门世代为将。

"赏与罚,是军国的要务,假如有功不赏,有罪不诛,即使是尧、舜也不能达到国家大治。议论者都说:'近日征伐,虚有奖赏规定,并没有实际执行。'这大都由于小有才干的下级官吏,不识大体,只是舍不得奖励有功人员,担心国库空虚,不知道将士不奉行命令,所造成的损失会有多大,百姓虽然微贱,也不可欺诳。怎么可以悬贴不守信用的政令,设置虚赏的科条,而期望他们立功呢?自从苏定方远征辽东,李勣攻破平壤,赏赐断绝不施行,封功拖延不落实,没有听说过斩掉一个台郎,诛杀一位令史,来向有功勋的人道歉的。大非川战役的失败,薛仁贵、郭待封等人没有立即处死,假如及早诛杀薛仁贵等人,那么,其馀的诸位将领此后哪里再敢失利呢?臣下我担心平定吐蕃,不是旦夕就有希望完成的。

"而且,出师的关键,全靠马力。臣下我请求解除养马的禁令,让百姓都可以养马。如果官军有大的行动,委派州县地方官用公费加价购买,那战马就都为官方所有了。吐蕃依恃马力,自认为强大,如果听从民间买马来畜养,这就是损敌之强,成为我们之利了。"在此之前,朝廷禁止百姓养马,所以魏元忠言及此事。高宗认为魏元忠的意见很好,召见了他,让他到中书省值班,朝会得随百官入见。

调露元年春二月壬戌,吐蕃赞普卒,子器弩悉弄立,生八年矣。时器弩悉弄与其舅麴萨若诣羊同发兵,有弟生六年,在论钦陵军中。国人畏钦陵之强,欲立之,钦陵不可,与萨若共立器弩悉弄。上闻赞普卒,嗣主未定,命裴行俭乘间图之,行俭曰:"钦陵为政,大臣辑睦,未可图也。"乃止。

冬十月癸亥,吐蕃文成公主遣其大臣论塞调傍来告丧,并请和亲,上遣郎将宋令文诣吐蕃会赞普之葬。

永隆元年秋七月,吐蕃寇河源,左武卫将军黑齿常之击却之。擢常之为河源军经略大使。常之以河源冲要,欲加兵戍之,而转输险远,乃广置烽戍七十馀所,开屯田五千馀顷,岁收五百馀万石,由是战守有备焉。

先是,剑南募兵于茂州,西南筑安戎城,以断吐蕃通蛮之路。吐蕃以生羌为乡导,攻陷其城,以兵据之,由是西洱诸蛮皆降于吐蕃。吐蕃尽据羊同、党项及诸羌之地,东接凉、松、茂、嶲等州,南邻天竺,西陷龟兹、疏勒等四镇,北抵突厥,地方万馀里,诸胡之盛,莫与为比。冬十月丙午,文成公主薨于吐蕃。

开耀元年夏五月己丑,河源道经略大使黑齿常之将兵击吐蕃论赞婆于良非川,破之,收其粮畜而还。常之在军七年,吐蕃深畏之,不敢犯边。

永淳元年秋七月,吐蕃将论钦陵寇拓、松、翼等州。诏左骁卫郎将李孝逸、右卫郎将卫蒲山发秦、渭等州兵分道御之。是岁,吐蕃入寇河源军,军使娄师德将兵击之于白

调露元年(679)春季二月壬戌(十一日),吐蕃赞普死去,他的儿子器弩悉弄继立,年龄有八岁了。当时器弩悉弄正与他的舅父麹萨若到羊同发兵,他有一个六岁的弟弟,在论钦陵的军中。吐蕃国人畏惧论钦陵的势力强大,想拥立他,论钦陵不同意,与萨若共同拥立器弩悉弄为赞普。高宗听说吐蕃赞普死去,继位的赞普还没有确定,命令裴行俭借此机会谋划进击吐蕃,裴行俭说:"论钦陵执政,大臣齐心协力,不可图谋吐蕃。"于是没有采取行动。

冬季十月癸亥(十六日),吐蕃文成公主派遣大臣论塞调傍来京告丧,并请求和亲,高宗派郎将宋令文到吐蕃参加赞普的葬礼。

永隆元年(680)秋季七月,吐蕃进犯河源,左武卫将军黑齿常之击退吐蕃军。朝廷提拔黑齿常之为河源军经略大使。黑齿常之鉴于河源是战略要冲,打算增加兵力戍守,但转运军需路险道远,于是增建烽火台七十余所,开屯田五千余顷,每年收获粮食五百余万石,由此做好了战守准备。

在此之前,剑南在茂州招募士兵,在西南修筑安戎城,来切断吐蕃沟通南蛮的道路。吐蕃用生羌人做向导,攻陷安戎城,派兵据守,由此西洱诸蛮部族都投降吐蕃。吐蕃完全占据了羊同、党项以及诸羌地区,东接凉、松、茂、巂等州,南与天竺相邻,西部攻陷龟兹、疏勒等四镇,北部抵达突厥,地域方圆一万多里,诸胡之中,没有比吐蕃更强盛的。冬季十月丙午(初五),文成公主在吐蕃逝世。

开耀元年(681)夏季五月己丑(二十一日),河源道经略大使黑齿常之率兵在良非川进击吐蕃论赞婆,打败了他,缴获对方的粮食、牲畜而撤还。黑齿常之统军七年,吐蕃深深畏惧他,不敢侵犯边区。

永淳元年(682)秋季七月,吐蕃将领论钦陵进犯拓、松、翼等州。高宗诏命左骁卫郎将李孝逸、右卫郎将卫蒲山征发秦、渭等州的部队分道抵抗。这一年,吐蕃入犯河源军,军使娄师德率兵在白

水涧,八战八捷。上以师德为比部员外郎、左骁卫郎将、河源军经略副使,曰:"卿有文武材,勿辞也!"

则天皇后垂拱元年冬十一月癸卯,命天官尚书韦待价为燕然道行军大总管以讨吐蕃。

三年冬十一月,太后欲遣韦待价将兵击吐蕃,凤阁侍郎韦方质奏,请如旧制遣御史监军。太后曰:"古者明君遣将,阃外之事悉以委之。比闻御史监军,军中事无大小皆须承禀。以下制上,非令典也,且何以责其有功!"遂罢之。

永昌元年夏五月丙辰,命文昌右相韦待价为安息道行军大总管,击吐蕃。韦待价军至寅识迦河,与吐蕃战,大败。会大雪,粮运不继。待价既无将领之才,狼狈失据,士卒冻馁,死亡甚众,乃引军还。太后大怒,丙子,待价除名,流绣州,斩副大总管、安西大都护阎温古。安西副都护唐休璟收其馀众,抚安西土,太后以休璟为西州都督。

天授二年夏五月,以岑长倩为武威道行军大总管,击吐蕃,中道召还,军竟不出。

长寿元年春二月己亥,吐蕃、党项部落万馀人内附,分置十州。

夏五月,吐蕃酋长曷苏帅部落请内附,以右玉钤卫将军张玄遇为安抚使,将精卒二万迎之。六月,军至大渡水西,曷苏事泄,为国人所擒。别部酋长昝捶帅羌蛮八千馀人内附,玄遇以其部落置莱川州而还。

初,新丰王孝杰从刘审礼击吐蕃为副总管,与审礼皆没于吐蕃。赞普见孝杰泣曰:"貌类吾父。"厚礼之,后竟得归,累迁右鹰扬卫将军。孝杰久在吐蕃,知其虚实。会

水涧迎击,八战八胜。高宗提拔娄师德为比部员外郎、左骁卫郎将、河源军经略副使,说:"爱卿具有文武才干,不要推辞!"

则天皇后垂拱元年(685)冬季十一月癸卯(初一),任命天官尚书韦待价为燕然道行军大总管,去征讨吐蕃。

三年(687)冬季十一月,太后准备派韦待价率兵进击吐蕃,凤阁侍郎韦方质上奏,请按旧制派遣御史监军。太后说:"古时候,英明的君主派遣将帅,朝廷以外的事务都全权交付给他。近来听说御史监军,军中事务无论大小都须向他禀报。以下制上,这不是好典制,这样做如何能要求将领立功呢?"于是废除了这项旧制。

永昌元年(689)夏季五月丙辰(初五),太后命文昌右相韦待价为安息道行军大总管,进攻吐蕃。韦待价军至寅识迦河,与吐蕃军接战,唐军大败。正遇上下大雪,粮食运输跟不上。韦待价既无将领的才能,狼狈失去主心骨,士卒又冻又饿,死亡甚多,于是领兵撤回。太后大怒,丙子(二十五日)这天,将韦待价除名,流放到绣州,同时斩杀副大总管、安西大都护阎温古。安西副都护唐休璟收集他的馀众,安抚西土,太后任命唐休璟为西州都督。

天授二年(691)夏季五月,太后任命岑长倩为武威道行军大总管,进击吐蕃,半路召回岑长倩,部队最终没有出动。

长寿元年(692)春季二月己亥(初三),吐蕃、党项部落一万多人归附唐朝,分别在十州安置。

夏季五月,吐蕃酋长曷苏率领本部落请求归附唐朝,太后任命右玉钤卫将军张玄遇为安抚使,率精兵二万去迎接。六月,部队到大渡河西岸时,曷苏归附的事情泄漏,被吐蕃人抓起来。其他部落的酋长昝捶率羌蛮八千多人归附唐朝,张玄遇把他的部落安置在莱川州,然后回朝。

当初,新丰人王孝杰跟随刘审礼攻击吐蕃,充任副总管,同刘审礼一起被吐蕃俘获。赞普看到王孝杰,流着泪说:"形貌像我父亲。"厚待礼遇王孝杰,后来终于得到机会归来,接连迁升为右鹰扬卫将军。王孝杰长期生活在吐蕃,了解吐蕃虚实。正赶上

西州都督唐休璟请复取龟兹、于阗、疏勒、碎叶四镇,敕以孝杰为武威军总管,与左武卫大将军阿史那忠节将兵击吐蕃。冬十月丙戌,大破吐蕃,复取四镇。置安西都护于龟兹,发兵戍之。

延载元年春二月,武威道总管王孝杰破吐蕃敕论赞与突厥可汗俀子等于冷泉及大岭,各三万馀人。碎叶镇守使韩思忠破泥熟俟斤等万馀人。

天册万岁元年秋七月辛酉,吐蕃寇临洮,以王孝杰为肃边道行军大总管以讨之。

万岁通天元年春一月甲寅,以娄师德为肃边道行军副总管,击吐蕃。三月壬寅,王孝杰、娄师德与吐蕃将论钦陵、赞婆战于素罗汗山,唐兵大败。孝杰坐免为庶人,师德贬原州员外司马。师德因署移牒,惊曰:"官爵尽无邪!"既而曰:"亦善,亦善。"不复介意。

秋九月,吐蕃复遣使请和亲,太后遣右武卫胄曹参军贵乡郭元振往察其宜。吐蕃将论钦陵请罢安西四镇戍兵,并求分十姓突厥之地。元振曰:"四镇、十姓与吐蕃种类本殊,今请罢唐兵,岂非有兼并之志乎?"钦陵曰:"吐蕃苟贪土地,欲为边患,则东侵甘、凉,岂肯规利于万里之外邪?"乃遣使者随元振入请之。

朝廷疑未决,元振上疏,以为:"钦陵求罢兵割地,此乃利害之机,诚不可轻举措也。今若直拒其善意,则为边患必深。四镇之利远,甘、凉之害近,不可不深图也。宜以计缓之,使其和望未绝则善矣。彼四镇、十姓,吐蕃之所甚欲也,而青海、吐谷浑,亦国家之要地也,今报之宜曰:'四

西州都督唐休璟请求收复龟兹、于阗、疏勒、碎叶四镇,于是,太后任命王孝杰为武威军总管,与左武卫大将军阿史那忠节率兵进攻吐蕃。冬季十月丙戌(二十五日),大破吐蕃,又夺回四镇。在龟兹设置安西都护,派兵戍守。

延载元年(694)春季二月,武威道总管王孝杰在冷泉和大岭击破吐蕃敦论赞和突厥可汗侯子等各三万多人。碎叶镇守使韩思忠击破泥熟俟斤等一万多人。

天册万岁元年(695)秋季七月辛酉(十五日),吐蕃进犯临洮,太后任命王孝杰为肃边道行军大总管去讨伐他们。

万岁通天元年(696)春季一月甲寅(十一日),太后任命娄师德为肃边道行军副总管,进击吐蕃。三月壬寅(初一),王孝杰、娄师德与吐蕃将领论钦陵、赞婆在素罗汗山交战,唐兵大败。王孝杰因此获罪被免为庶民,娄师德被贬为原州员外司马。娄师德签署送来的公文时,惊叹道:“我的官爵全都没有了么?”接着又说:“这也好,这也好。”不再介意。

秋季九月,吐蕃再次派使者前来请求和亲,太后派遣右武卫胄曹参军贵乡人郭元振前往察看合适与否。吐蕃将领论钦陵请求撤去安西四镇的守兵,并要求分得突厥十姓的土地。郭元振说:“四镇、十姓,与吐蕃族类本来就不同,现在请求撤去唐兵,难道不是有兼并的野心吗?”论钦陵回答说:“吐蕃如果贪得土地,想在边境为患,那就可以东侵甘州、凉州,怎么肯在万里之外的地方图谋利益呢?”于是派遣使者随同郭元振入朝提出自己的请求。

朝廷对吐蕃的请求怀疑而做不出决定,郭元振上疏,认为:“钦陵请求罢兵割地,这是利益与祸患的关键,的确不可以轻易决策。目前如果直接拒绝他的善意,那么吐蕃在边疆为害必定会加深。四镇的利益遥远,而甘、凉二州的祸患近,不可不仔细考虑筹划。应该用妙计来拖住他,使吐蕃和好的愿望不断绝,那就妥善了。四镇、十姓,是吐蕃特别想得到的地方,而青海、吐谷浑,也是国家的重要辖地,现在对吐蕃做答复应该这样说:‘四

镇、十姓之地,本无用于中国,所以遣兵戍之,欲以镇抚西域,分吐蕃之势,使不得并力东侵也。今若果无东侵之志,当归我吐谷浑诸部及青海故地,则五俟斤部亦当以归吐蕃。'如此则足以塞钦陵之口,而亦未与之绝也。若钦陵小有乖违,则曲在彼矣。且四镇、十姓款附岁久,今未察其情之向背,事之利害,遥割而弃之,恐伤诸国之心,非所以御四夷也。"太后从之。

元振又上言:"吐蕃百姓疲于徭戍,早愿和亲。钦陵利于统兵专制,独不欲归款。若国家岁发和亲使,而钦陵常不从命,则彼国之人怨钦陵日深,望国恩日甚,设欲大举其徒,固亦难矣。斯亦离间之渐,可使其上下猜阻,祸乱内兴矣。"太后深然之。元振名震,以字行。

圣历二年。初,吐蕃赞普器弩悉弄尚幼,论钦陵兄弟用事,皆有勇略,诸胡畏之。钦陵居中秉政,诸弟握兵分据方面,赞婆常居东边,为中国患者三十馀年。器弩悉弄浸长,阴与大臣论岩谋诛之。会钦陵出外,赞普诈云出畋,集兵执钦陵亲党二千馀人,杀之,遣使召钦陵兄弟,钦陵等举兵不受命。赞普将兵讨之,钦陵兵溃,自杀。夏四月,赞婆帅所部千馀人来降,太后命右武卫铠曹参军郭元振与河源军大使夫蒙令卿将骑迎之,以赞婆为特进、归德王。钦陵子弓仁,以所统吐谷浑七千帐来降,拜左玉钤卫将军、酒泉郡公。

镇、十姓之地，本来对我朝没有什么用处，之所以派兵戍守，是想借此震慑安抚西域，分离牵制吐蕃的势力，使你们不能联合起力量东侵。现在你们真的没有东侵的图谋，就应当归还我们吐谷浑诸部以及青海故地，接下来，五俟斤部也应当归还给你们吐蕃。'像这样来回答，便足以堵住钦陵的嘴，同时也没有同他绝交。如果钦陵稍稍有所违反背离，失理就在吐蕃一方。况且四镇、十姓归附大唐已经时间很长了，现在还没发觉他们反叛，也没发现他们做有害我们的事情，就远远割让给吐蕃而抛弃它们，恐怕会伤害各国的感情，这不是驾驭周边部族的良策。"太后听从了郭元振的建议。

郭元振又进言说："吐蕃百姓疲于徭役兵事，早就希望和亲。钦陵把统领军队、独断专行当成私利，只有他不愿意归顺服从。如果国家每年派遣和亲使前去，而钦陵又总不从命，那么，他们国人怨恨钦陵就日深一日，盼望得到唐朝国恩日甚一日，假使钦陵再想大规模驱使他的民众，那就很难办到了。这也属于逐渐离间的方法，可以使吐蕃上下猜疑阻隔，祸乱就从内部兴起了。"太后深感郭元振的建议对。郭元振本名郭震，元振是他的表字，以字行于世。

圣历二年(699)。当初，吐蕃赞普器弩悉弄年纪还小，论钦陵兄弟执掌政权，都有勇有谋，周边各部族都害怕他们。钦陵身居中央把持大权，诸弟握兵分据一方，赞婆长久驻守东部，对唐朝进行扰害三十多年。器弩悉弄渐渐长大，暗地里与大臣论岩图谋诛杀钦陵兄弟。正遇上钦陵外出，赞普假称出猎，召集兵众逮捕钦陵的亲信党羽二千多人，全部杀掉，派使者宣召钦陵兄弟，钦陵等人起兵，不接受赞普的命令。赞普率兵讨伐，钦陵在部队溃乱后自杀。夏季四月，赞婆率他统领的部众一千多人前来投降唐朝，太后命令右武卫铠曹参军郭元振和河源军大使夫蒙令卿率骑兵迎接，任命赞婆为特进、归德王。钦陵的儿子弓仁率他统领的吐谷浑七千帐也来投降，被封授为左玉铃卫将军、酒泉郡公。

冬十月丁亥,论赞婆至都,太后宠待赏赐甚厚,以为右卫大将军,使将其众守洪源谷。

久视元年秋闰七月丁酉,吐蕃将麴莽布支寇凉州,围昌松,陇右诸军大使唐休璟与战于洪源谷。麴莽布支兵甲鲜华,休璟谓诸将曰:"诸论既死,麴莽布支新为将,不习军事,诸贵臣子弟皆从之,望之虽如精锐,实易与耳,请为诸君破之。"乃被甲先陷陈,六战皆捷,吐蕃大奔,斩首二千五百级,获二裨将而还。庚戌,以魏元忠为陇右诸军大使,击吐蕃。

长安二年秋九月己卯,吐蕃遣其臣论弥萨来求和。癸未,宴论弥萨于麟德殿。时凉州都督唐休璟入朝,亦预宴。弥萨屡窥之。太后问其故,对曰:"洪源之战,此将军猛厉无敌,故欲识之。"太后擢休璟为右武威、金吾二卫大将军。休璟练习边事,自碣石以西逾四镇,绵亘万里,山川要害,皆能记之。

冬十月戊申,吐蕃赞普将万馀人寇茂州,都督陈大慈与之四战,皆破之,斩首千馀级。
三年夏四月,吐蕃遣使献马千匹、金二千两以求婚。

吐蕃南境诸部皆叛,赞普器弩悉弄自将击之,卒于军中。诸子争立,久之,国人立其子弃隶蹜赞为赞普,生七年矣。

中宗景龙元年春三月庚子,吐蕃遣其大臣悉薰热入贡。夏四月辛巳,以上所养雍王守礼女金城公主妻吐蕃赞普。

三年冬十一月乙亥,吐蕃赞普遣其大臣尚赞咄等千馀人迎金城公主。

冬季十月丁亥（初六），论赞婆来到唐朝都城，太后宠待赏赐极为隆厚，任命他为右卫大将军，让他率领他的部众守卫洪源谷。

久视元年（700）秋季闰七月丁酉（二十一日），吐蕃将领麴莽布支侵扰凉州，包围昌松，陇右诸军大使唐休璟与麴莽布支在洪源谷交战。麴莽布支的部队兵器铠甲都鲜亮华美，唐休璟对诸位将领说：“吐蕃论钦陵兄弟都已死去，麴莽布支刚被任命为将，不熟悉军事，各个贵臣子弟都随从作战，看上去虽然好像是精锐部队，实际上很容易战胜，我请求为各位将军去击破他们。”于是，唐休璟身披铠甲，领先冲锋陷阵，六战六胜，吐蕃军队全线溃逃，斩首二千五百级，俘获二名裨将，然后回师。庚戌这天，任命魏元忠为陇右诸军大使，出击吐蕃。

长安二年（702）秋季九月己卯（十五日），吐蕃派大臣论弥萨前来求和。癸未（十九日），唐廷在麟德殿宴请论弥萨。当时凉州都督唐休璟入京朝见，也参加了宴会。弥萨多次偷看唐休璟。太后询问他原因，弥萨回答说：“洪源之战，这位将军猛厉无敌，所以我想认识他。”太后提升唐休璟为右武威、金吾二卫大将军。唐休璟精通熟悉边事，从碣石以西，越过西域四镇，连绵万里，山川要害之地，他都能记住。

冬季十月戊申（十四日），吐蕃赞普率领一万多人侵扰茂州，都督陈大慈与他打了四仗，都打败了他，斩首千馀级。

三年（703）夏季四月，吐蕃派遣使者献纳良马千匹、黄金两千两，向唐求婚。

吐蕃南境各个部落都反叛，赞普器弩悉弄亲自领兵去攻打，死在军中。诸子争当赞普，过了很长一段时间，国人拥立器弩悉弄七岁的儿子弃隶蹜赞为赞普。

唐中宗景龙元年（707）春季三月庚子（初二），吐蕃派其大臣悉薰热入京纳贡。夏季四月辛巳（十四日），唐廷把中宗所收养的雍王李守礼的女儿金城公主嫁给吐蕃赞普为妻。

三年（709）冬季十一月乙亥（二十三日），吐蕃赞普派遣大臣尚赞咄等一千馀人前来迎娶金城公主。

睿宗景云元年春正月,上命纪处讷送金城公主适吐蕃,处讷辞。又命赵彦昭,彦昭亦辞。丁丑,命左骁卫大将军杨矩送之。己卯,上自送公主至始平。二月癸未,还宫。公主至吐蕃,赞普为之别筑城以居之。

玄宗开元元年冬十二月甲午,吐蕃遣其大臣来求和。

二年夏五月己酉,吐蕃相坌达延遗宰相书,请先遣解琬至河源正二国封疆,然后结盟。琬尝为朔方大总管,故吐蕃请之。前此琬以金紫光禄大夫致仕,复召拜左散骑常侍而遣之。又命宰相复坌达延书,招怀之。琬上言:"吐蕃必阴怀叛计,请预屯兵十万于秦、渭等州以备之。"六月丙寅,吐蕃使其宰相尚钦藏来献盟书。

秋八月乙亥,吐蕃将坌达延、乞力徐帅众十万寇临洮,军兰州,至于渭源,掠取牧马。命薛讷白衣摄左羽林将军,为陇右防御使,以右骁卫将军常乐郭知运为副使,与太仆少卿王晙帅兵击之。辛巳,大募勇士,诣河、陇就讷教习。初,鄯州都督杨矩以九曲之地与吐蕃,其地肥饶,吐蕃就之畜牧,因以入寇。矩悔惧自杀。

冬十月,吐蕃复寇渭源。丙辰,上下诏欲亲征,发兵十馀万人,马四万匹。甲子,薛讷与吐蕃战于武街,大破之。时太仆少卿、陇右群牧使王晙帅所部二千人与讷会击吐蕃。坌达延将吐蕃十万屯大来谷。晙选勇士七百,衣胡服,夜袭之,多置鼓角于其后五里,前军遇敌大呼,后人鸣鼓角以应之。虏以为大军至,惊惧,自相杀伤,死者万计。讷时在

唐睿宗景云元年(710)春季正月,唐中宗命令纪处讷护送金城公主远嫁吐蕃,纪处讷推辞不去。又命赵彦昭去,赵彦昭也推辞。丁丑(二十五日),命令左骁卫大将军杨矩去护送。己卯(二十七日),中宗亲自送公主到始平。二月癸未(初二)才还宫。金城公主抵达吐蕃后,赞普为她另外筑城居住。

唐玄宗开元元年(713)冬季十二月甲午(初五),吐蕃派大臣来求和。

二年(714)夏季五月己酉(二十三日),吐蕃国相坌达延给唐朝宰相写信,请求先派解琬到河源勘正二国的边境线,然后缔结盟约。解琬曾经担任过朔方大总管,所以吐蕃请他来。在此之前,解琬已经以金紫光禄大夫的身份退休,现在又起用拜授为左散骑常侍,派遣他前往边境。朝廷又命令宰相给坌达延回信,笼络安抚他。解琬进言说:"吐蕃必定暗地心怀背叛的企图,请预先在秦、渭等州屯兵十万,来防备他们。"六月丙寅(十一日),吐蕃派其宰相尚钦藏来献纳盟书。

秋季八月乙亥(二十日),吐蕃将领坌达延、乞力徐率兵众十万进犯临洮,驻扎在兰州,开到渭源,掠取牧马。朝廷任命薛讷以平民身份代理左羽林将军,担当陇右防御使,还任命右骁卫将军常乐人郭知运为副使,与太仆少卿王晙共同率兵抗击入犯的吐蕃部队。辛巳(二十六日),大量招募勇士到河、陇地区接受薛讷的训练。起先,鄯州都督杨矩把九曲之地让给了吐蕃,该地肥沃富饶,吐蕃到那里放牧,乘势入侵。杨矩又悔又怕因而自杀。

冬季十月,吐蕃再次入侵渭源。丙辰(初二),玄宗下诏准备亲征,调发兵力十馀万人,战马四万匹。甲子(初十),薛讷与吐蕃在武街大战,大败吐蕃。当时太仆少卿、陇右群牧使王晙率领所部二千人马与薛讷合击吐蕃。坌达延率领吐蕃十万人马驻扎在大来谷。王晙挑选勇士七百人,身穿吐蕃服装,乘夜偷袭坌达延部,还在勇士后面五里设置很多战鼓号角,向前进击的部队遇到敌人就大声呐喊,后面的人鸣鼓吹号角做呼应。吐蕃军以为大军来到,又惊又惧,自相杀伤,死者以万计。与此同时,薛讷在

武街,去大来谷二十里,虏军塞其中间。晙复夜出兵袭之,虏大溃,始得与讷军合。同追奔至洮水,复战于长城堡,又败之,前后杀获数万人。丰安军使王海宾战死。乙丑,敕罢亲征。

戊辰,姚崇、卢怀慎等奏:"顷者吐蕃以河为境,神龙中尚公主,遂逾河筑城,置独山、九曲两军,去积石三百里,又于河上造桥。今吐蕃既叛,宜毁桥拔城。"从之。以王海宾之子忠嗣为朝散大夫、尚辇奉御,养之宫中。

乙酉,命左骁卫郎将尉迟瓌使于吐蕃,宣慰金城公主。吐蕃遣其大臣宗俄因子至洮水请和,用敌国礼,上不许。自是连岁犯边。

四年春二月,吐蕃围松州。癸酉,松州都督孙仁献袭击吐蕃于城下,大破之。秋八月,吐蕃复请和,上许之。

五年秋七月壬寅,陇右节度使郭知运大破吐蕃于九曲。

六年冬十一月戊辰,吐蕃奉表请和,乞舅甥亲署誓文,及令彼此宰相皆著名于其上。

七年夏六月戊辰,吐蕃复遣使请上亲署誓文。上不许,曰:"昔岁誓约已定,苟信不由衷,亟誓何益?"

十年秋九月癸未,吐蕃围小勃律王没谨忙,谨忙求救于北庭节度使张嵩曰:"勃律,唐之西门,勃律亡则西域皆为吐蕃矣。"嵩乃遣疏勒副使张思礼将蕃、汉步骑四千人救之。昼夜倍道,与谨忙合击吐蕃,大破之,斩获数万。自是累岁,吐蕃不敢犯边。

武街,距离大来谷二十里,吐蕃军被堵在中间。王晙又连夜派兵袭击,吐蕃军全面溃败,王晙才得以与薛讷军会合。他们共同追杀逃军到洮水,再次与吐蕃军在长城堡激战,又击败他们,前后共斩杀、俘获数万人。丰安军军使王海宾战死。乙丑(十一日),玄宗下令停止亲征。

戊辰(十四日),姚崇、卢怀慎等启奏说:"过去吐蕃把黄河作为边界,神龙年间匹配公主,于是越过黄河筑城,设置独山、九曲两军,距离积石三百里,又在黄河上造桥。现在吐蕃已经叛乱,应当毁桥拔城。"玄宗听从了他们的意见。玄宗还封王海宾的儿子王忠嗣为朝散大夫、尚辇奉御,养在宫中。

乙酉这天,玄宗命左骁卫郎将尉迟瓌出使吐蕃,慰问金城公主。吐蕃派遣大臣宗俄因子到洮水请和,用对等国家的礼节,玄宗不应允。自此以后,吐蕃连年进犯边区。

四年(716)春季二月,吐蕃军围攻松州。癸酉(二十六日),松州都督孙仁献在城下袭击吐蕃军,把他们打得大败。秋季八月,吐蕃再次请和,玄宗答应了这一请求。

五年(717)秋季七月壬寅(初五),陇右节度使郭知运在九曲大破吐蕃军。

六年(718)冬季十一月戊辰这天,吐蕃上表请和,请求作为舅甥关系的两国君主亲自签署誓文,并让双方宰相都在誓文上署名。

七年(719)夏季六月戊辰(十一日),吐蕃又派使者前来,请求皇帝亲自签署誓文。玄宗不同意,说:"去年已签订誓约,假如信义不发自内心,屡次起誓又有什么用呢?"

十年(722)秋季九月癸未(十五日),吐蕃围攻小勃律王没谨忙,谨忙向北庭节度使张嵩求救说:"勃律是大唐的西部门户,勃律灭亡,那西域就全为吐蕃所有了。"张嵩于是派疏勒副使张思礼率蕃、汉步兵、骑兵四千人去援救勃律。他们昼夜兼程,与谨忙合击吐蕃,把他们打得大败,斩首、俘获数万人。自此以后,吐蕃连年不敢入侵边区。

十五年春正月辛丑,凉州都督王君㚟破吐蕃于青海之西。初,吐蕃自恃其强,致书用敌国礼,辞指悖慢,上意常怒之。张说言于上曰:"吐蕃无礼,诚宜诛夷,但连兵十馀年,甘、凉、河、鄯,不胜其弊,虽师屡捷,所得不偿所亡。闻其悔过求和,愿听其款服,以纾边人。"上曰:"俟吾与王君㚟议之。"说退,谓源乾曜曰:"君㚟勇而无谋,常思侥幸,若二国和亲,何以为功?吾言必不用矣。"及君㚟入朝,果请深入讨之。

去冬,吐蕃大将悉诺逻寇大斗谷,进攻甘州,焚掠而去。君㚟度其兵疲,勒兵蹑其后。会大雪,虏冻死者甚众,自积石军西归。君㚟先遣人间道入虏境,烧道旁草。悉诺逻至大非川,欲休士马,而野草皆尽,马死过半。君㚟与秦州都督张景顺追之,及于青海之西,乘冰而渡。悉诺逻已去,破其后军,获其辎重羊马万计而还。君㚟以功迁左羽林大将军,拜其父寿为少府监致仕。上由是益事边功。

秋九月丙子,吐蕃大将悉诺逻恭禄及烛龙莽布支攻陷瓜州,执刺史田元献及河西节度使王君㚟之父,进攻玉门军,纵所虏俘使归凉州,谓君㚟曰:"将军常以忠勇许国,何不一战?"君㚟登城西望而泣,竟不敢出兵。莽布支别攻常乐县,县令贾师顺帅众拒守。及瓜州陷,悉诺逻悉兵会攻之。旬馀日,吐蕃力尽,不能克,使人说降之;不从。吐蕃曰:"明府既不降,宜敛城中财相赠,吾当退。"师顺请脱士

十五年(727)春季正月辛丑(二十八日),凉州都督王君奠在青海湖西击败吐蕃军。在此之前,吐蕃自恃强大,向唐朝写信用对等国家的礼节,言词意旨乖悖傲慢,玄宗对此常感愤怒。张说向玄宗进言说:"吐蕃无礼,的确应当予以诛灭平定,但连续用兵十多年,甘、凉、河、鄯等地再也承受不了战争带来的破坏了,尽管部队多次取得胜利,但所得不能补偿所失。听说吐蕃悔过求和,希望皇上能接受他们的归顺服从,来使边民宽舒。"玄宗说:"等我与王君奠商量一下这件事。"张说退朝,对源乾曜说:"王君奠勇而无谋,常常想侥幸取胜,如果两国和亲,他靠什么去立功?我的话一定不会被采用。"等到王君奠入朝,果然请求深入吐蕃腹地讨伐他们。

前一年冬季,吐蕃大将悉诺逻进犯大斗谷,进攻甘州,焚烧抢掠以后离去。王君奠估计敌兵疲惫,指挥部队悄悄跟在敌军后面。正遇上大雪,吐蕃冻死很多人,从积石军西归本国。王君奠先派人从小道进入吐蕃境内,烧掉道旁的野草。悉诺逻到达大非川时,想让士兵战马休整一下,然而野草被烧尽,战马死掉一大半。王君奠和秦州都督张景顺追击吐蕃军,到青海湖西追上了,从冰上渡湖。这时悉诺逻已经离开,他们击破了悉诺逻的后部军队,缴获辎重羊马以万计,班师而回。王君奠以功升迁为左羽林大将军,授予他的父亲王寿以少府监退休。玄宗由此更加经营边功。

秋季九月丙子(初七),吐蕃大将悉诺逻恭禄和烛龙莽布支攻克了瓜州,捉住了瓜州刺史田元献和河西节度使王君奠的父亲,进而攻击玉门军,释放停虏让他们回到凉州,对王君奠说:"将军常说要忠勇报国,为什么不决一死战?"王君奠登城西望而哭泣,最终也不敢出兵。莽布支率军另外去进攻常乐县,县令贾师顺率众拒守。等到瓜州陷落,悉诺逻又率全部兵力与莽布支合力攻打常乐县。一连十多天,吐蕃力气用尽,也未能攻克,于是派人去劝降;贾师顺拒不听从。吐蕃军说:"明府您既不投降,应收集城中的财物相赠送,我们就退兵。"贾师顺请脱下士

卒衣。悉诺逻知无财,乃引去,毁瓜州城。师顺遽开门,收器械,修守备。虏果复遣精骑还,视城中,知有备,乃去。师顺,岐州人也。

闰月庚子,吐蕃赞普与突骑施苏禄围安西城,安西副大都护赵颐贞击破之。

王君㚟帅精骑邀吐蕃使者于肃州。还至甘州南巩笔驿,回纥司马护输伏兵突起,杀君㚟。辛巳,以左金吾卫大将军、信安王祎为朔方节度等副大使。祎,恪之孙也。以朔方节度使萧嵩为河西节度等副大使。时王君㚟新败,河、陇震骇。嵩引刑部员外郎裴宽为判官,与君㚟判官牛仙客俱掌军政,人心浸安。宽,漼之从弟也。仙客本鹑觚小吏,以才干军功累迁至河西节度判官,为君㚟腹心。

嵩又奏以建康军使河北张守珪为瓜州刺史,帅馀众筑故城。板干裁立,吐蕃猝至,城中相顾失色,莫有斗志。守珪曰:“彼众我寡,又疮痍之馀,不可以矢刃相持,当以奇计取胜。”乃于城上置酒作乐。虏疑其有备,不敢攻而退。守珪纵兵击之,虏败走。守珪乃修复城市,收合流散,皆复旧业。朝廷嘉其功,以瓜州为都督府,以守珪为都督。

悉诺逻威名甚盛,萧嵩纵反间于吐蕃,云与中国通谋,赞普召而诛之。吐蕃由是少衰。

冬十二月戊寅,制以吐蕃为边患,令陇右道及诸军团兵五万六千人,河西道及诸军团兵四万人,又征关中兵万人集临洮,朔方兵二万人集会州防秋。至冬初,无寇而罢。伺虏入寇,互出兵腹背击之。

卒身上的衣服赠送。悉诺逻知道城中没有财物，于是领兵离去，毁坏了瓜州城。贾师顺急忙打开城门，收集器械，加强守备。吐蕃果然又派精锐骑兵杀回来，察视城中，知道有防备，于是离去。贾师顺是岐州人。

闰九月庚子（初二），吐蕃赞普和突骑施苏禄围攻安西城，安西副大都护赵颐贞击破吐蕃军。

王君㚟率领精壮骑兵在肃州拦截吐蕃使者。回来走到甘州南面的巩笔驿，回纥司马护输埋伏的兵马突然攻击，杀死了王君㚟。辛巳（十月十三日），朝廷任命左金吾卫大将军、信安王李祎为朔方节度等副大使。李祎是李恪的孙子。任命朔方节度使萧嵩为河西节度等副大使。当时王君㚟刚刚失败，河、陇地区震动惊骇。萧嵩引荐刑部员外郎裴宽为判官，和王君㚟的判官牛仙客一起执掌军政，人心渐渐安定。裴宽是裴漼的堂弟。牛仙客本是鹑觚地方小吏，凭借才干和军功接连升到河西节度判官，是王君㚟的心腹。

萧嵩又奏请委任建康军使河北人张守珪为瓜州刺史，率领馀众修筑旧城。筑城的木板刚刚架起来，吐蕃军队突然来到，城中人相顾失色，没有谁具有斗志。张守珪说："敌众我寡，又正值战后创伤之际，不可用刀箭相对抗，应当用奇计取胜。"于是在城上设酒宴作乐。吐蕃怀疑唐守军做好了准备，不敢进攻就撤退了。张守珪发兵追击，吐蕃军败走。张守珪于是修复城墙市面，收拢聚合流散人员，都恢复旧业。朝廷嘉奖他的功劳，把瓜州定为都督府，任命张守珪为都督。

悉诺逻威名十分盛大，萧嵩对吐蕃实施反间计，说悉诺逻与唐通谋，吐蕃赞普把他召回杀掉。吐蕃由此渐渐衰弱。

冬季十二月戊寅（十一日），玄宗下诏，鉴于吐蕃是边境的祸患，命陇右道和各军团组建的团兵五万六千人，河西道及各军团组建的团兵四万人，又征发关中兵一万人会集在临洮，朔方兵二万人会集在会州保护秋收。到冬初，无敌进犯才罢兵。并规定侦察到敌人入侵，就相互出兵，从腹背夹击敌人。

十六年秋七月，吐蕃大将悉末朗寇瓜州，都督张守珪击走之。乙巳，河西节度使萧嵩、陇右节度使张忠亮大破吐蕃于渴波谷。忠亮追之，拔其大莫门城，擒获甚众，焚其骆驼桥而还。

八月辛卯，右金吾将军杜宾客破吐蕃于祁连城下。时吐蕃复入寇，萧嵩遣宾客将强弩四千击之。战自辰至暮，吐蕃大溃，获其大将一人，虏散走投山，哭声四合。

十七年春三月，瓜州都督张守珪、沙州刺史贾师顺击吐蕃大同军，大破之。甲寅，朔方节度使、信安王祎攻吐蕃石堡城，拔之。初，吐蕃陷石堡城，留兵据之，侵扰河右，上命祎与河西、陇右同议攻取。诸将咸以为石堡据险而道远，攻之不克，将无以自还，且宜按兵观衅。祎不听，引兵深入，急攻拔之，乃分兵据守要害，令虏不得前。自是河、陇诸军游弈，拓境千馀里。上闻，大悦，更命石堡城曰振武军。

十八年夏五月，吐蕃遣使致书于境上求和。秋九月，吐蕃兵数败而惧，乃求和亲。忠王友皇甫惟明因奏事从容言和亲之利。上曰："赞普尝遗吾书悖慢，此何可舍？"对曰："赞普当开元之初，年尚幼稚，安能为此书？殆边将诈为之，欲以激怒陛下耳。夫边境有事，则将吏得以因缘盗匿官物，妄述功状以取勋爵，此皆奸臣之利，非国家之福也。兵连不解，日费千金，河西、陇右由兹困敝。陛下诚命一使往视公主，因与赞普面相约结，使之稽颡称臣，永息边患，岂非御夷狄之长策乎？"上悦，命惟明与内侍张元方

十六年（728）秋季七月，吐蕃大将悉末朗入侵瓜州，都督张守珪将敌军击败赶走。乙巳（十一日），河西节度使萧嵩、陇右节度使张忠亮在渴波谷大败吐蕃军。张忠亮一直追击，拿下了大莫门城，擒获的人数特别多，焚烧掉那里的骆驼桥而返回。

八月辛卯（二十八日），右金吾将军杜宾客在祁连城下击破吐蕃军。当时吐蕃再次入犯，萧嵩派杜宾客率领强弩军四千人迎击。战斗从早晨持续到傍晚，吐蕃军全面溃败，被俘虏大将一人，奔走到山中，哭声四起。

十七年（729）春季三月，瓜州都督张守珪、沙州刺史贾师顺出击吐蕃大同军，大破对方。甲寅（二十四日），朔方节度使、信安王李祎进攻吐蕃石堡城，拿下了它。当初，吐蕃攻陷石堡城，留兵据守，侵扰河西，玄宗命令李祎与河西、陇右两道共同商议攻取的办法。众将都认为石堡城依据险要地势，而且道路遥远，攻不下来它，将会无法回师，暂且应当按兵不动，静待可乘之机。李祎不听，领兵深入，快速攻取石堡城，接着分兵据守要害地段，使敌人不能前进。从这以后，河、陇各路军队巡逻布局，开拓边境一千多里。玄宗听说后非常高兴，将石堡城改名为振武军。

十八年（730）夏季五月，吐蕃派遣使者到边界上送书信求和。秋季九月，吐蕃因多次兵败而畏惧，于是请求和亲。忠王的朋友皇甫惟明借奏事的机会，不慌不忙地向玄宗陈说和亲的益处。玄宗说："赞普曾给我写信，乖悖傲慢，这怎么可以放过他？"皇甫惟明回答说："开元初年时，赞普年龄还很幼小，怎么能写这封信呢？大概是边将假造出来的，想借此激怒陛下。大抵边境有战事，将吏就得以借机盗窃藏匿官方物资，妄自夸述立功情况来获取勋爵，这都是奸臣的私利所在，不是国家的福气。兵争连年不解，每日耗费千金，河西、陇右由此困顿疲敝。陛下随后果真派一位使节前往吐蕃看望金城公主，借此机会与赞普当面结约，使他额头叩地称臣，永远平息边患，难道不是驾驭夷狄的长远之策吗？"玄宗听后很高兴，命令皇甫惟明和内侍张元方

使于吐蕃。赞普大喜，悉出贞观以来所得敕书以示惟明。冬十月，遣其大臣论名悉猎随惟明入贡，表称："甥世尚公主，义同一家。中间张玄表等先兴兵寇钞，遂使二境交恶。甥深识尊卑，安敢失礼？正为边将交构，致获罪于舅。屡遣使者入朝，皆为边将所遏。今蒙远降使臣，来视公主，甥不胜喜荷。傥使复修旧好，死无所恨！"自是吐蕃复款附。

十九年春正月辛未，遣鸿胪卿崔琳使于吐蕃。琳，神庆之子也。吐蕃使者称公主求《毛诗》《春秋》《礼记》。正字于休烈上疏，以为："东平王汉之懿亲，求《史记》、"诸子"，汉犹不与。况吐蕃，国之寇仇，今资之以书，使知用兵权略，愈生变诈，非中国之利也。"事下中书门下议之。裴光庭等奏："吐蕃聋昧顽嚚，久叛新服，因其有请，赐以《诗》《书》，庶使之渐陶声教，化流无外。休烈徒知书有权略变诈之语，不知忠、信、礼、义皆从书出也。"上曰："善。"遂与之。休烈，志宁之玄孙也。秋九月辛未，吐蕃遣其相论尚它硉入见。

二十一年春二月丁酉，金城公主请立碑于赤岭以分唐与吐蕃之境，许之。

出使吐蕃。赞普大喜，拿出贞观以来所得到的皇帝的全部敕书，展示给皇甫惟明看。冬季十月，吐蕃派遣大臣论名悉猎，随皇甫惟明入京进贡，上表章说："外甥世代都娶大唐公主，情义如同一家。中间张玄表等人先起兵侵犯掠夺，致使两国结下仇怨。外甥深知尊卑秩序，怎么敢丧失礼仪？只是因为边将交争互斗，致使得罪于舅父。我多次派使者入朝，都被边将所阻遏。现在承蒙朝廷远派使臣降临，来看望公主，外甥不胜欣喜。假若能重修旧好，死无所恨！"从此吐蕃重新归附顺从。

十九年（731）春季正月辛未（二十二日），朝廷派鸿胪卿崔琳出使吐蕃。崔琳是崔神庆的儿子。吐蕃使者声称金城公主求索《毛诗》《春秋》《礼记》。正字于休烈上疏，认为："东平王刘宇是汉成帝的至亲，求取《史记》、诸子百家书，汉室都不给。何况吐蕃是我们的仇敌，如今送书给他们，使他们知道用兵的权谋策略，会越来越生出变诈，这不是对我们有利的事情。"玄宗把此事交付中书门下讨论。裴光庭等人启奏说："吐蕃愚昧顽劣奸诈，长期背叛刚刚顺服，依据他们的请求，赐给《诗经》《尚书》，希望使他们逐渐受到熏陶教化，教化流播没有内外之分。于休烈仅知书中有权谋策略变诈这类话，不知道忠、信、礼、义也都出自书中。"玄宗说："好。"于是赐给吐蕃《诗经》《尚书》。于休烈是于志宁的玄孙。秋季九月辛未（二十五日），吐蕃派遣国相论尚它碑入京朝见。

二十一年（733）春季二月丁酉（二十九日），金城公主请求在赤岭上立碑，来区分唐与吐蕃的边界，玄宗答应了。

突厥叛唐

　　唐高宗麟德元年春正月甲子,改云中都护府为单于大都护府,以殷王旭轮为单于大都护。初,李靖破突厥,迁三百帐于云中城,阿史德氏为其长。至是,部落渐众,阿史德氏诣阙,请如胡法立亲王为可汗以统之。上召见,谓曰:"今之可汗,古之单于也。"故更为单于都护府,而使殷王遥领之。

　　调露元年冬十月,单于大都护府突厥阿史德温傅、奉职二部俱反,立阿史那泥熟匐为可汗,二十四州酋长皆叛应之,众数十万,遣鸿胪卿单于大都护府长史萧嗣业、左领军卫将军花大智、右千牛卫将军李景嘉等将兵讨之。嗣业等先战屡捷,因不设备,会大雪,突厥夜袭其营,嗣业狼狈拔营走,众遂大乱,为虏所败,死者不可胜数。大智、景嘉引步兵且行且战,得入单于都护府。嗣业减死,流桂州,大智、景嘉并免官。

　　突厥寇定州,刺史、霍王元轨命开门偃旗,虏疑有伏,惧而宵遁。州人李嘉运与虏通谋,事泄,上令元轨穷其党与,

突厥叛唐

唐高宗麟德元年(664)春季正月甲子(十六日),朝廷把云中都护府改名为单于大都护府,任命殷王李旭轮为单于大都护。当初,李靖攻破突厥,将其三百帐迁到云中城,任用阿史德氏做他们的首领。到这时,部落渐渐增多,阿史德氏前往朝廷,请求依照胡人法度立亲王为可汗来统领部落。高宗召见他,对他说:"今日的可汗,就如同古代的单于。"所以更名为单于都护府,而指派殷王李旭轮遥领单于大都护。

调露元年(679)冬季十月,单于大都护府突厥阿史德温傅、奉职二部全部反叛,拥立阿史那泥熟匐为可汗,二十四州的酋长也都反叛,响应他们,部众有几十万,朝廷派遣鸿胪卿单于大都护府长史萧嗣业、左领军卫将军花大智、右千牛卫将军李景嘉等人率领军队讨伐他们。萧嗣业等人起初交战,屡次取胜,因而不加以戒备,遇上大雪天,突厥在夜晚前来偷袭营垒,萧嗣业狼狈不堪,率部逃走,部众于是大乱,被敌寇打败,死亡的人不计其数。花大智、李景嘉率领步兵一边撤退,一边交战,得以进入单于都护府。萧嗣业免除死罪,流放到桂州,花大智、李景嘉都免除官职。

突厥进犯定州,刺史、霍王李元轨命令打开城门,收起军旗,敌寇怀疑有埋伏,心中畏惧而乘夜逃亡。州中人士李嘉运和敌寇暗中联络,事情泄露后,高宗命令李元轨彻底处治他的党羽,

元轨曰："强寇在境，人心不安，若多所逮系，是驱之使叛也。"乃独杀嘉运，馀无所问，因自劾违制。上览表大喜，谓使者曰："朕亦悔之，向无王，失定州矣。"自是朝廷有大事，上多密敕问之。

壬子，遣左金吾卫将军曹怀舜屯井陉，右武卫将军崔献屯龙门，以备突厥。突厥扇诱奚、契丹侵掠营州，都督周道务遣户曹始平唐休璟将兵击破之。

十一月癸未，上宴裴行俭，谓之曰："卿有文武兼资，今授卿二职。"乃除礼部尚书兼检校右卫大将军。甲辰，以行俭为定襄道行军大总管，将兵十八万，并西军检校丰州都督程务挺、东军幽州都督李文暕总三十馀万以讨突厥，并受行俭节度。务挺，名振之子也。

永隆元年春三月，裴行俭大破突厥于黑山，擒其酋长奉职。可汗泥熟匐为其下所杀，以其首来降。初，行俭行至朔川，谓其下曰："用兵之道，抚士贵诚，制敌尚诈。前日萧嗣业粮运为突厥所掠，士卒冻馁，故败。今突厥必复为此谋，宜有以诈之。"乃诈为粮车三百乘，每车伏壮士五人，各持陌刀、劲弩，以羸兵数百为之援，且伏精兵于险要以待之。虏果至，羸兵弃车散走。虏驱车就水草，解鞍牧马，欲取粮，壮士自车中跃出，击之，虏惊走，复为伏兵所邀，杀获殆尽，自是粮运行者，虏莫敢近。军至单于府北，抵暮，下营，掘堑已周，行俭遽命移就高冈。诸将皆言士卒已安堵，不可复动。行俭不从，趣使移。是夜，风雨暴至，前所营地，

李元轨说："强大的敌寇在境内，人心不安定，如果逮捕入狱的人太多，这是驱使他们反叛。"于是仅仅杀死李嘉运，其他的都不追究，随后主动举劾自己违背制命。高宗看过奏表非常高兴，对使者说："我也后悔下了那道诏令，假使不是霍王，就失去定州了。"从此朝廷中有大事，高宗大多秘密下敕询问李元轨。

壬子(初五)，朝廷派左金吾卫将军曹怀舜屯守井陉，右武卫将军崔献屯守龙门，来防备突厥。突厥煽动、引诱奚、契丹侵犯、掳掠营州，都督周道务派户曹始平人唐休璟率军打败了他们。

十一月癸未(初六)，高宗宴请裴行俭，对他说："你有文武两方面的才能，现授予你两项职务。"于是任命他为礼部尚书兼检校右卫大将军。甲辰(二十七日)，任命裴行俭为定襄道行军大总管，率领军队十八万，加上西军检校丰州都督程务挺、东军幽州都督李文暕部，总共三十多万人，去讨伐突厥，都接受裴行俭的调度。程务挺是程名振的儿子。

永隆元年(680)春季三月，裴行俭在黑山把突厥打得大败，擒获了突厥酋长奉职。阿史那泥熟匐可汗被他的手下人杀死，献上他的首级前来投降。当初，裴行俭行军到朔川，对他的部下说："用兵的办法，安抚士众贵在真诚，制服敌人则要崇尚诈术。往日萧嗣业运输粮食，被突厥掠夺，士兵受冻挨饿，所以失败。现在突厥必定会再用这个计谋，应该想法骗一骗他们。"于是假装派出三百辆粮车，每辆车中埋伏强壮的兵士五人，各自手持长刀劲弩，用几百瘦弱的兵士做他们的援军，并且在险要地段埋伏下精锐的兵士，来等待突厥军队。敌寇果然赶到，瘦弱的兵士丢弃车辆四散逃跑。敌寇驱动车辆到有水草的地方，解下马鞍，放牧马匹，打算取出粮食，强壮的兵士从车中跳出来，攻打敌寇，敌寇大惊逃跑，又被埋伏的兵士截击，差不多全被杀死俘获，从此运输粮食，敌寇不敢接近。行军到单于府北面，临近黄昏，扎下营盘，四周沟堑挖掘已毕，裴行俭紧急下令移营到高冈上。各位将领都说士兵已经安顿下来，不能再移动。裴行俭不听，让他们赶快移营。这天夜晚，风雨猛烈降临，先前营寨所在的地方，

水深丈馀,诸将惊服,问其故,行俭笑曰:"自今但从我命,不必问其所由知也。"

奉职既就擒,馀党走保狼山。诏户部尚书崔知悌驰传诣定襄宣慰将士,且区处馀寇。行俭引军还。

秋七月,突厥馀众围云州,代州都督窦怀悊、右领军中郎将程务挺将兵击破之。

开耀元年春正月,突厥寇原、庆等州。乙亥,遣右卫将军李知十等将兵屯泾、庆二州以备突厥。

裴行俭军既还,突厥阿史那伏念复自立为可汗,与阿史德温傅连兵为寇。癸巳,以行俭为定襄道大总管,以右武卫将军曹怀舜、幽州都督李文暕为副,将兵讨之。

三月,曹怀舜与裨将窦义昭将前军击突厥。或告:"阿史那伏念与阿史德温傅在黑沙北,左右才二十骑以下,可径往取也。"怀舜等信之,留老弱于瓠卢泊,帅轻锐倍道进,至黑沙,无所见,人马疲顿,乃引兵还。会薛延陀部落欲西诣伏念,遇怀舜军,因请降。怀舜等引兵徐还,至长城北,遇温傅,小战,各引去。至横水,遇伏念,怀舜、义昭与李文暕及裨将刘敬同四军合为方陈,且战且行。经一日,伏念乘便风击之,军中扰乱,怀舜等弃军走,军遂大败,死者不可胜数。怀舜等收散卒,敛金帛以赂伏念,与之约和,杀牛为盟。伏念北去,怀舜等乃得还。夏五月丙戌,怀舜免死,流岭南。

秋闰七月,裴行俭军于代州之陉口,多纵反间,由是阿

水深一丈多，各将领惊讶叹服，询问其中的缘故，裴行俭笑着说："从今日起，只管听从我的命令，不必问其所以然。"

奉职被擒后，馀党逃走，据守狼山。高宗诏令户部尚书崔知悌驾驿站车马急行，到定襄慰问将领士兵，并处置残馀的敌寇。裴行俭率军返回。

秋季七月，突厥残馀的部众围攻云州，代州都督窦怀悊、右领军中郎将程务挺率领军队打败了他们。

开耀元年（681）春季正月，突厥进犯原、庆等州。乙亥（初五），朝廷派遣右卫将军李知十等人率领军队驻守泾、庆二州，来防备突厥。

裴行俭的军队返回后，突厥阿史那伏念又自立为可汗，和阿史德温傅合兵进犯。癸巳（二十三日），高宗任命裴行俭为定襄道大总管，任命右武卫将军曹怀舜、幽州都督李文暕为副手，率领军队讨伐他们。

三月，曹怀舜和禆将窦义昭率领先头部队攻打突厥。有人报告："阿史那伏念和阿史德温傅在黑沙城北面，身边只有二十个以下的骑兵，可径自前往捉取。"曹怀舜等人相信这个报告，把老弱兵士留在瓠卢泊，率领轻装精锐的兵士日夜兼行，进军到黑沙城，什么也没看见，人马疲劳困顿，只得率军返回。正巧薛延陀部落想向西到阿史那伏念那里去，遇上了曹怀舜的军队，便请求投降。曹怀舜等人率军慢慢返回，到了长城北面，遇上阿史德温傅，打了一小仗，各自率军离去。到达横水，遇上阿史那伏念，曹怀舜、窦义昭和李文暕以及禆将刘敬同四军合成方阵，一边交战一边行进。过了一天，阿史那伏念趁便利的风势发起攻击，军中骚动混乱，曹怀舜等人抛下军队逃跑，军队因之大败，死亡的人不计其数。曹怀舜等人收集逃散的兵士，聚敛金银布帛来贿赂阿史那伏念，与他约定和解，杀牛举行盟会。阿史那伏念向北而去，曹怀舜等人才得以返回。夏季五月丙戌（十八日），曹怀舜免除死罪，流放到岭南。

秋季闰七月，裴行俭驻扎在代州的陉口，多用离间计，因此阿

史那伏念与阿史德温傅浸相猜贰。伏念留妻子辎重于金牙山，以轻骑袭曹怀舜。行俭遣裨将何迦密自通漠道，程务挺自石地道掩取之。伏念与曹怀舜等约和而还，比至金牙山，失其妻子辎重，士卒多疾疫，乃引兵北走保细沙，行俭又使副总管刘敬同、程务挺等将单于府兵追蹑之。伏念请执温傅以自效，然尚犹豫，又自恃道远，唐兵必不能至，不复设备。敬同等军到，伏念狼狈，不能整其众，遂执温傅，从间道诣行俭降。候骑告以烟尘涨天而至，将士皆震恐，行俭曰："此乃伏念执温傅来降，非他盗也。然受降如受敌，不可无备。"乃命严备，遣单使迎前劳之。少选，伏念果帅酋长缚温傅诣军门请罪。行俭尽平突厥馀党，以伏念、温傅归京师。

冬十月壬戌，裴行俭等献定襄之俘。乙丑，改元。丙寅，斩阿史那伏念、阿史德温傅等五十四人于都市。初，行俭许伏念以不死，故降。裴炎疾行俭之功，奏言："伏念为副将张虔勖、程务挺所逼，又回纥等自碛北南向逼之，穷窘而降耳。"遂诛之。行俭叹曰："浑、濬争功，古今所耻。但恐杀降，无复来者。"因称疾不出。

永淳元年，突厥馀党阿史那骨笃禄、阿史德元珍等招集亡散，据黑沙城反，入寇并州及单于府之北境，杀岚州刺史王德茂。右领军卫将军、检校代州都督薛仁贵将兵击元珍于云州，虏问唐大将为谁，应之曰："薛仁贵。"虏曰："吾闻仁贵流象州，死久矣，何以绐我？"仁贵免胄示之面，虏相

史那伏念和阿史德温傅逐渐互相猜疑。阿史那伏念把妻儿、辎重留在金牙山，带领轻装骑兵袭击曹怀舜。裴行俭派遣裨将何迦密从通漠道、程务挺从石地道突袭打败阿史那伏念。阿史那伏念和曹怀舜等人约定和解而返回，等到了金牙山，失去了妻儿、辎重，士兵大多染上疫病，于是率军向北逃跑，据守细沙，裴行俭又指派副总管刘敬同、程务挺等人率单于府的军队跟踪追击。阿史那伏念请求捉住阿史德温傅来报效赎罪，然而还是有些犹豫，又自恃道路遥远，唐军必定不能赶到，不再加以戒备。刘敬同等军赶到，阿史那伏念狼狈不堪，不能调动他的部队，于是捉住阿史德温傅，从小路前往裴行俭那里投降。巡逻侦察的骑兵报告说烟尘漫天而来，将领士兵都震惊恐惧，裴行俭说："这是阿史那伏念捉住阿史德温傅前来投降，不是其他的盗贼。然而接受投降如同遭到攻打，不可没有戒备。"于是命令严密戒备，派遣使者独自迎上前去慰劳他们。过了一会儿，阿史那伏念果然率领酋长，捆绑着阿史德温傅到军营前请罪。裴行俭全部平定了突厥残馀的党羽，带着阿史那伏念、阿史德温傅回到京城。

冬季十月壬戌这天，裴行俭等人献纳定襄的俘虏。乙丑这天，改年号为开耀。丙寅（初一），在都市斩杀阿史那伏念、阿史德温傅等五十四人。当初，裴行俭答应阿史那伏念不杀他，阿史那伏念因而投降。裴炎忌妒裴行俭的功劳，上奏说："阿史那伏念被副将张虔勖、程务挺逼迫，又有回纥等军队从沙漠北部向南逼进，走投无路才投降罢了。"于是诛杀阿史那伏念。裴行俭叹息说："王浑、王濬争夺功劳，古今人士都觉得羞耻。只是恐怕杀死投降者，不再有人来归附了。"随后推称有病，不出府第。

永淳元年（682），突厥馀党阿史那骨笃禄、阿史德元珍等人招集逃亡的部众，占据黑沙城反叛，进犯并州和单于府的北部疆域，杀死岚州刺史王德茂。右领军卫将军、检校代州都督薛仁贵率军在云州攻打阿史德元珍，敌寇问唐朝大将是谁，回答说："薛仁贵。"敌寇说："我们听说薛仁贵流放到象州，死了很久了，为什么哄骗我们？"薛仁贵摘下头盔把自己的脸亮给他们看，敌寇相

顾失色,下马列拜,稍稍引去。仁贵因奋击,大破之,斩首万馀级,捕虏二万馀人。

弘道元年春二月庚午,突厥寇定州,刺史、霍王元轨击却之。乙亥,复寇妫州。三月庚寅,阿史那骨笃禄、阿史德元珍围单于都护府,执司马张行师,杀之。遣胜州都督王本立、夏州都督李崇义将兵分道救之。

夏五月乙巳,突厥阿史那骨笃禄等寇蔚州,杀刺史李思俭,丰州都督崔智辩将兵邀之于朝那山北,兵败,为虏所擒。朝议欲废丰州,迁其百姓于灵、夏。丰州司马唐休璟上言,以为:"丰州阻河为固,居贼冲要,自秦、汉已来,列为郡县,土宜耕牧。隋季丧乱,迁百姓于宁、庆二州,致胡虏深侵,以灵、夏为边境。贞观之末,募人实之,西北始安。今废之则河滨之地复为贼有,灵、夏等州人不安业,非国家之利也!"乃止。

六月,突厥别部寇掠岚州,偏将杨玄基击走之。冬十一月戊戌,以右武卫将军程务挺为单于道安抚大使,招讨阿史那骨笃禄等。

则天皇后光宅元年秋七月,突厥阿史那骨笃禄等寇朔州。九月,以左武卫大将军程务挺为单于道安抚大使,以备突厥。

垂拱元年春二月,突厥阿史那骨笃禄等数寇边,以左玉钤卫中郎将淳于处平为阳曲道行军总管,击之。夏四月癸未,突厥寇代州。淳于处平引兵救之,至忻州,为突厥所败,死者五千馀人。

二年秋九月,突厥入寇,左鹰扬卫大将军黑齿常之拒

互瞅望，大惊失色，纷纷下马列队叩拜，并慢慢退去。薛仁贵乘机奋勇进击，把他们打得大败，斩下首级一万多颗，捕获了二万多人。

弘道元年（683）春季二月庚午（十二日），突厥进犯定州，刺史、霍王李元轨打退了他们。乙亥（十七日），突厥又进犯妫州。三月庚寅（初二），阿史那骨笃禄、阿史德元珍包围单于都护府，捉住司马张行师，杀了他。朝廷派遣胜州都督王本立、夏州都督李崇义率领军队，分路救援单于都护府。

夏季五月乙巳（十八日），突厥阿史那骨笃禄等人进犯蔚州，杀死刺史李思俭，丰州都督崔智辩率领军队在朝那山北面拦击，交战失败，被敌寇擒获。朝中议论想要废除丰州，把丰州的百姓迁移到灵州、夏州。丰州司马唐休璟上书，他认为："丰州凭借黄河为屏障，处在贼寇进兵的要道上，自秦、汉以来列为郡县，土地适宜于耕作放牧。隋末丧败动乱，把百姓迁移到宁、庆二州，致使胡寇深入进犯，把灵州、夏州作为边境。贞观末年，招募民众充实丰州，西北才得以安宁。现在要废除丰州，黄河之滨的土地就会又为贼寇所有，灵、夏等州的民众不能安居乐业，这有损国家的利益！"朝中议论于是停止。

六月，突厥别部进犯掳掠岚州，偏将扬玄基打退了他们。冬季十一月戊戌（十五日），任命右武卫将军程务挺为单于道安抚大使，招降、讨伐阿史那骨笃禄等人。

则天皇后光宅元年（684）秋季七月，突厥阿史那骨笃禄等人进犯朔州。九月，任命左武卫大将军程务挺为单于道安抚大使，来防备突厥。

垂拱元年（685）春季二月，突厥阿史那骨笃禄等人多次进犯边境，朝廷便任命左玉钤卫中郎将淳于处平为阳曲道行军总管，率军攻打他们。夏季四月癸未（初八），突厥进犯代州。淳于处平率领军队前往救援，到达忻州时，被突厥军打败，死亡的有五千多人。

二年（686）秋九月，突厥进犯，左鹰扬卫大将军黑齿常之抵

之。至两井，遇突厥三千馀人，见唐兵，皆下马擐甲，常之以二百馀骑冲之，皆弃甲走。日暮，突厥大至，常之令营中然火，东南又有火起，虏疑有兵相应，遂夜遁。

三年春二月丙辰，突厥骨笃禄等寇昌平，命左鹰扬大将军黑齿常之帅诸军讨之。秋七月，突厥骨笃禄、元珍寇朔州，遣燕然道大总管黑齿常之击之，以右鹰扬大将军李多祚为之副，大破突厥于黄花堆，追奔四十馀里，突厥皆散走碛北。多祚世为靺鞨酋长，以军功得入宿卫。黑齿常之每得赏赐，皆分将士。有善马为军士所损，官属请笞之，常之曰："奈何以私马笞官兵乎！"卒不问。

冬十月庚子，右监门卫中郎将爨宝璧与突厥骨笃禄、元珍战，全军皆没，宝璧轻骑遁归。宝璧见黑齿常之有功，表请穷追馀寇。诏与常之计议，遥为声援。宝璧欲专其功，不待常之，引精兵万三千人先行，出塞二千馀里，掩击其部落。既至，又先遣人告之，使得严备，与战，遂败。太后诛宝璧。改骨笃禄曰不卒禄。

永昌元年夏五月己巳，以僧怀义为新平军大总管，北讨突厥。行至紫河，不见虏，于单于台刻石纪功而还。秋九月壬子，以僧怀义为新平道行军大总管，将兵二十万以讨突厥骨笃禄。

延载元年正月，突厥可汗骨笃禄卒，其子幼，弟默啜自立为可汗。腊月甲戌，默啜寇灵州。春二月庚午，以僧怀义

御他们。到达两井，遇上突厥三千多人，突厥兵士见到唐朝军队，都下马穿上铠甲，黑齿常之率领二百多骑兵冲击他们，突厥兵都抛下铠甲逃跑。黄昏时，突厥军队大批赶到，黑齿常之命令营中燃起火堆，东南又有火光升起，敌寇怀疑有军队互相呼应，于是乘夜逃走。

三年（687）春季二月丙辰（二十二日），突厥阿史那骨笃禄等人进犯昌平，朝廷命令左鹰扬大将军黑齿常之率领各军讨伐他们。秋季七月，突厥阿史那骨笃禄、阿史德元珍进犯朔州，朝廷派遣燕然道大总管黑齿常之攻打他们，任命右鹰扬大将军李多祚做他的副将，在黄花堆把突厥打得大败，追杀四十多里，突厥都逃散到沙漠北面。李多祚世代担任靺鞨酋长，因军功得以入卫皇宫。黑齿常之每次得到赏赐，都分给将领士兵。自己有匹好马被士兵损伤，官属请求鞭打那个士兵，黑齿常之说："为什么要因私人的马匹鞭打官府士兵呢？"最终没有追究。

冬季十月庚子（初九），右监门卫中郎将爨宝璧和突厥阿史那骨笃禄、阿史德元珍交战，全军覆没，爨宝璧轻骑逃回。爨宝璧见到黑齿常之立功，上章表请求彻底追击残馀的敌寇。太后下诏让他和黑齿常之商议，两军远距离互为声援。爨宝璧想独占功劳，不等待黑齿常之，率领精锐的兵士一万三千人先行进发，出塞外二千多里，袭击突厥部落。到达后，又先派人告知，使突厥得以严密戒备，和他们交战，结果战败。太后诛杀爨宝璧。把阿史那骨笃禄改名为阿史那不卒禄。

永昌元年（689）夏季五月己巳（十八日），任命僧人怀义为新平军大总管，往北讨伐突厥。行军到紫河，不见敌寇，在单于台刻石碑记载功绩而后返回。秋季九月壬子（初三），任命僧人怀义为新平道行军大总管，率领军队二十万人去讨伐突厥阿史那骨笃禄。

延载元年（694）正月（十一月），突厥可汗骨笃禄去世，其子年幼，其弟默啜自立为可汗。腊月（十二月）甲戌（十九日），阿史那默啜进犯灵州。春季二月庚午（十六日），任命僧人怀义

为代北道行军大总管，以讨默啜。

三月甲申，以凤阁舍人苏味道为凤阁侍郎、同平章事，李昭德检校内史。更以僧怀义为朔方道行军大总管，以李昭德为长史，苏味道为司马，帅契苾明、曹仁师、沙吒忠义等十八将军以讨默啜，未行，虏退而止。昭德尝与怀义议事，失其旨，怀义挞之，昭德惶惧请罪。

天册万岁元年正月丙午，以王孝杰为朔方道行军总管，击突厥。冬十月，突厥默啜遣使请降，太后喜，册授左卫大将军、归国公。

万岁通天元年秋九月丁巳，突厥寇凉州，执都督许钦明。钦明，绍之曾孙也。时出按部，突厥数万奄至城下，钦明拒战，为所虏。

突厥默啜请为太后子，并为其女求婚，悉归河西降户，帅其部众为国讨契丹。太后遣豹韬卫大将军阎知微、左卫郎将摄司宾卿田归道册授默啜左卫大将军、迁善可汗。知微，立德之孙；归道，仁会之子也。

冬十月辛卯，契丹李尽忠卒，孙万荣代领其众。突厥默啜乘间袭松漠，虏尽忠、万荣妻子而去。太后进拜默啜为颉跌利施大单于、立功报国可汗。

神功元年正月，突厥默啜寇灵州，以许钦明自随。钦明至城下大呼，求美酱、粱米及墨，意欲城中选良将、引精兵、夜袭虏营，而城中无谕其意者。

癸亥，突厥默啜寇胜州，平狄军副使安道买击破之。春三月，阎知微、田归道同使突厥，册默啜为可汗。知微中道遇默啜使者，辄与之绯袍、银带，且上言：“虏使至都，宜

为代北道行军大总管，去讨伐阿史那默啜。

三月甲申（初一），任命凤阁舍人苏味道为凤阁侍郎、同平章事，李昭德为检校内史。另外任命僧怀义为朔方道行军大总管，任命李昭德为长史，苏味道为司马，率领契苾明、曹仁师、沙吒忠义等十八位将军去讨伐阿史那默啜，还没有出发，因敌寇撤退而作罢。李昭德曾经和怀义商议事情，违背了怀义的意旨，怀义鞭打李昭德，李昭德恐惧请罪。

天册万岁元年（695）正月丙午（二十六日），任命王孝杰为朔方道行军总管，出击突厥。冬季十月，突厥阿史那默啜派遣使者请求投降，太后很高兴，册命他为左卫大将军、归国公。

万岁通天元年（696）秋季九月丁巳（十八日），突厥进犯凉州，捉住都督许钦明。许钦明是许绍的曾孙。当时他正出城巡视辖区，突厥几万人乘其不备攻到城下，许钦明抵御，被敌寇俘获。

突厥阿史那默啜请求做太后的儿子，并且为他的女儿求婚，要求归还河西投降的全部民户，率领自己的部众为国家讨伐契丹。太后派遣豹韬卫大将军阎知微、左卫郎将摄司宾卿田归道，册命阿史那默啜为左卫大将军、迁善可汗。阎知微是阎立德的孙子，田归道是田仁会的儿子。

冬季十月辛卯（二十二日），契丹李尽忠去世，孙万荣接替他统领部众。突厥阿史那默啜抓住机会袭击松漠，俘获李尽忠、孙万荣的妻子儿女后离去。太后加封阿史那默啜为颉跌利施大单于、立功报国可汗。

神功元年（697）正月，突厥阿史那默啜进犯灵州，把许钦明带上跟着自己。许钦明到了城下，大声呼喊求取美酱、梁米和墨，意思是想要城中挑选良将，率领精锐兵士，在夜晚袭击敌寇营垒，然而城中没有人明白他的意思。

癸亥（二十五日），突厥阿史那默啜进犯胜州，平狄军副使安道买打败了他。春季三月，阎知微、田归道一同出使突厥，册封阿史那默啜为可汗。阎知微在途中遇上了阿史那默啜的使者，就给予他红袍、银带，并且上奏说："敌寇的使者到了京城，应该

大为供张。"归道上言:"突厥背诞积年,今方悔过,宜待圣恩宽宥。今知微擅与之袍带,使朝廷无以复加,宜令反初服以俟朝恩。又,小虏使臣,不足大为供张。"太后然之。知微见默啜,舞蹈,吮其靴鼻。归道长揖不拜。默啜囚归道,将杀之,归道辞色不挠,责其无厌,为陈祸福。阿波达干元珍曰:"大国使者,不可杀也。"默啜怒稍解,但拘留不遣。

初,咸亨中,突厥有降者,皆处之丰、胜、灵、夏、朔、代六州,至是,默啜求六州降户及单于都护府之地,并谷种、缯帛、农器、铁,太后不许。默啜怒,言辞悖慢。姚璹、杨再思以契丹未平,请依默啜所求给之。麟台少监、知凤阁侍郎赞皇李峤曰:"戎狄贪而无信,此所谓'借寇兵资盗粮'也,不如治兵以备之。"璹、再思固请与之,乃悉驱六州降户数千帐以与默啜,并给谷种四万斛,杂彩五万段,农器三千事,铁数万斤,并许其婚。默啜由是益强。田归道始得还,与阎知微争论于太后前。归道以为默啜必负约,不可恃和亲,宜为之备。知微以为和亲必可保。

冬闰十月甲寅,以幽州都督狄仁杰为鸾台侍郎同平章事。仁杰上疏以为:"天生四夷,皆在先王封略之外,故东拒沧海,西阻流沙,北横大漠,南阻五岭,此天所以限夷狄而隔中外也。自典籍所纪,声教所及,三代不能至者,国家尽兼之矣。诗人矜薄伐于太原,美化行于江、汉,则三代之远裔,皆国家之域中也。若乃用武荒外,邀功绝域,竭府

尽力隆重接待。"田归道上奏说："突厥违命放诞多年,现在刚刚悔过,应该以恩德接待,宽宥他们。现在阎知微擅自给予使者红袍、银带,使朝廷无法再增加礼遇,应该命他穿当初的服装来等待朝廷的恩赐。另外,小小敌寇的使者,不值得隆重接待。"太后同意他的看法。阎知微见到阿史那默啜,行舞蹈之礼,吻他的靴尖。田归道拱手为礼,不叩拜。阿史那默啜囚禁田归道,打算杀死他,田归道的言语神态毫不屈服,责备阿史那默啜贪得无厌,为他分析祸福得失。阿波达干元珍说:"大国使者,是不能杀的。"阿史那默啜的怒气渐渐消去,但仍扣下田归道,不放他回去。

当初,咸亨年间,突厥有投降的,都把他们安置在丰、胜、灵、夏、朔、代六州,到这时,阿史那默啜求取六州的降户和单于都护府的土地,以及谷种、缯帛、农器、铁,太后不准许。阿史那默啜发怒,言辞狂悖傲慢。姚璹、杨再思因契丹还没平定,请求依照阿史那默啜的要求给予他。麟台少监、知凤阁侍郎赞皇人李峤说:"戎狄贪婪而无信义,这就是所谓'借给敌寇武器、资助强盗粮食',不如训练军队来戒备他们。"姚璹、杨再思坚决地请求给予阿史那默啜民户土地,于是把六州全部降户几千帐落给了阿史那默啜,并赐给谷种四万斛,各种丝绸五万段,农器三千套,铁几万斤,并答应阿史那默啜的求婚。阿史那默啜由此更加强盛。田归道这时才得以返回,和阎知微在太后面前争辩。田归道认为阿史那默啜必定违背盟约,不可依仗和亲,应该对他加以戒备。阎知微认为和亲一定可保相安无事。

冬季闰十月甲寅(二十一日),任命幽州都督狄仁杰为鸾台侍郎、同平章事。狄仁杰上奏疏,认为:"天生四夷,都在先王疆土之外,所以东面靠着沧海,西方隔着流沙,北面横亘着大漠,南面堵塞着五岭,这是上天用来限定夷狄而隔开中外的。自从有典籍记载以来,声威和教化所达,三代所不能到的地方,国家全都兼而有之了。诗人称颂周宣王讨伐猃狁深入到太原,赞美文王之道行于江、汉地带,如此,三代的远方边界,都在国家的现今疆域之中了。至于在边境外用兵,在极远之地寻求立功,耗尽府

库之实以争不毛之地，得其人不足增赋，获其土不可耕织，苟求冠带远夷之称，不务固本安人之术，此秦皇、汉武之所行，非五帝、三王之事业也。始皇穷兵极武，务求广地，死者如麻，致天下溃叛。汉武征伐四夷，百姓困穷，盗贼蜂起；末年悔悟，息兵罢役，故能为天所祐。近者国家频岁出师，所费滋广，西戍四镇，东戍安东，调发日加，百姓虚弊。今关东饥馑，蜀、汉逃亡，江、淮已南，征求不息，人不复业，相率为盗，本根一摇，忧患不浅。其所以然者，皆以争蛮貊不毛之地，乖子养苍生之道也。昔汉元纳贾捐之之谋而罢朱崖郡，宣帝用魏相之策而弃车师之田，岂不欲慕尚虚名，盖惮劳人力也。近贞观年中克平九姓，立李思摩为可汗，使统诸部者，盖以夷狄叛则伐之，降则抚之，得推亡固存之义，无远戍劳人之役，此近日之令典，经边之故事也。窃谓宜立阿史那斛瑟罗为可汗，委之四镇，继高氏绝国，使守安东。省军费于远方，并甲兵于塞上，使夷狄无侵侮之患则可矣，何必穷其窟穴，与蝼蚁校长短哉？但当敕边兵，谨守备，远斥候，聚资粮，待其自致，然后击之。以逸待劳则战士力倍，以主御客则我得其便，坚壁清野则寇无所得，自然贼深入则有颠踬之虑，浅入必无虏获之益。如此数年，可使二虏不击而服矣。"事虽不行，识者是之。

圣历元年夏六月甲午，命淮阳王武延秀入突厥，纳默啜女为妃；豹韬卫大将军阎知微摄春官尚书，右武卫郎将杨齐庄摄司宾卿，赍金帛巨亿以送之。延秀，承嗣之子也。

库的物资,去争夺不毛之地,得到那里的民众不足以增加税收,获取那里的土地不可以耕作纺织,如果只寻求教化远方夷狄的声誉,不致力于巩固根本、安定民众的治术,这是秦始皇、汉武帝实行的一套,不是五帝、三王的事业。秦始皇穷兵黩武,一心谋求增广土地,死的人像乱麻一样,致使天下溃散叛离。汉武帝征伐四夷,百姓贫困穷苦,盗贼蜂拥而起;晚年悔悟,停止用兵,罢除劳役,所以能为上天所保佑。近来,国家连年出兵,费用越来越多,西面戍守四镇,东面戍守安东,调发逐日增加,百姓虚耗疲敝。现在关东饥馑,蜀、汉逃亡,江、淮以南,征敛不停息,民众不恢复本业,相继为盗,根基一动摇,忧患是不浅的。其所以如此,都是因为争夺蛮夷不毛之地,违背了养育百姓的道理。从前汉元帝采纳贾捐之之谋而废除朱崖郡,汉宣帝使用魏相之策而放弃车师的田地,哪里是不向往崇尚虚名,大致是害怕损伤人力。近代贞观年间平定九姓,立李思摩为可汗,让他统领各部,大概是由于夷狄反叛就讨伐他们,归降就安抚他们,这合乎推倒该灭亡的、巩固该存立的的道理,没有远方戍守、使民众疲劳的力役,这是近代的良好法典,治理边境的旧例。臣私下以为应立阿史那斛瑟罗为可汗,把四镇托付给他;恢复高氏灭亡的国家,命高氏守卫安东。在远方节省了军费,把兵力集中在边塞,使夷狄没有侵犯、侮辱中原的祸患就可以了,何必彻底捣其巢穴,和蝼蚁较量长短呢?只应向边境军队下令,谨慎地守卫戒备,远远地巡逻侦察,聚集物资粮食,等待他们自己前来,然后攻打他们。以逸待劳则战士力量倍增,以主御客则我方得到便利条件,坚壁清野则敌寇没有任何收获,贼寇深入境内,自然就有覆没的顾虑,浅入边地,必定没有掳掠俘获的益处。如此几年,可使突厥、吐蕃不战而归服。”他的建议虽然没有施行,但有见识的人都赞同。

圣历元年(698)夏季六月甲午(初六),太后命令淮阳王武延秀进入突厥,迎娶阿史那默啜的女儿为妃子;豹韬卫大将军阎知微代理春官尚书,右武卫郎将杨齐庄代理司宾卿,带上以亿计数的金银布帛前去送给阿史那默啜。武延秀是武承嗣的儿子。

凤阁舍人襄阳张柬之谏曰:"自古未有中国亲王娶夷狄女者。"由是忤旨,出为合州刺史。

秋八月戊子,武延秀至黑沙南庭。突厥默啜谓阎知微等曰:"我欲以女嫁李氏,安用武氏儿邪?此岂天子之子乎?我突厥世受李氏恩,闻李氏尽灭,唯两儿在,我今将兵辅立之。"乃拘延秀于别所,以知微为南面可汗,言欲使之主唐民也。遂发兵袭静难、平狄、清夷等军,静难军使慕容玄崿以兵五千降之。虏势大振,进寇妫、檀等州。前从阎知微入突厥者,默啜皆赐之五品、三品之服,太后悉夺之。

默啜移书数朝廷曰:"与我蒸谷种,种之不生,一也。金银器皆行滥,非真物,二也。我与使者绯紫皆夺之,三也。缯帛皆疏恶,四也。我可汗女当嫁天子儿,武氏小姓,门户不敌,罔冒为婚,五也。我为此起兵,欲取河北耳。"

监察御史裴怀古从阎知微入突厥,默啜欲官之,不受。囚,将杀之,逃归,抵晋阳,形容羸瘁。突骑噪聚,以为间谍,欲取其首以求功。有果毅尝为人所枉,怀古按直之,大呼曰:"裴御史也。"救之,得全。至都,引见,迁祠部员外郎。

时诸州闻突厥入寇,方秋,争发民修城。卫州刺史太平敬晖谓僚属曰:"吾闻金汤非粟不守,奈何舍收获而事城郭乎?"悉罢之,使归田,百姓大悦。

凤阁舍人襄阳人张柬之规劝说:"自古以来,没有中国亲王娶夷狄女子的。"因此而违反旨意,被调出京担任合州刺史。

秋季八月戊子(初一),武延秀到达突厥黑沙南庭。突厥阿史那默啜对阎知微等人说:"我想把女儿嫁给李氏,哪里是嫁给武氏孩儿呢?他难道是天子的儿子吗?我们突厥世代蒙受李氏的恩惠,听说李氏都被灭掉,只有两个儿子在世,我现在将要率领军队辅助拥立李氏。"于是把武延秀拘留在另外的处所,委任阎知微为南面可汗,意思是让他统领唐朝百姓。随后发兵袭击静难、平狄、清夷等军,静难军使慕容玄崿带领五千兵士投降阿史那默啜。敌寇声势大振,进犯妫、檀等州。从前跟随阎知微进入突厥的,阿史那默啜都赐予五品官员、三品官员的服饰,太后都没收了。

阿史那默啜写信指责朝廷说:"给我们蒸过的谷种,播种后不生长,这是第一件事。送来的金银器物都质量低劣,不是真物品,这是第二件事。我赐给使者的红色、紫色朝服,都被没收了,这是第三件事。给我们的丝织品都粗疏破烂,这是第四件事。我可汗的女儿应当嫁给天子的儿子,武氏是个小姓,门户不相当,你们却假冒骗婚,这是第五件事。我为此而起兵,打算取得河北才罢休。"

监察御史裴怀古跟随阎知微进入突厥,阿史那默啜想授予他官职,裴怀古不接受。阿史那默啜囚禁他,打算把他杀死,裴怀古逃脱,抵达晋阳,容貌瘦弱憔悴。属于突骑的守军鼓噪聚集,以为是间谍,想割取他的首级来邀功。这时有位果毅都尉,曾被人冤枉,裴怀古审查后为他辩明了是非,他就大声呼叫说:"这是裴御史。"救了他,裴怀古得以保全性命。到达京师,太后接见他,任命他为祠部员外郎。

这时,各州听说突厥进犯,正值秋收时节,争相调发民众修建城池。卫州刺史太平人敬晖对部属说:"我听说极坚固的城池没有粮食也守不住,为什么要舍弃收割,修筑城郭呢?"于是罢除所有劳役,让他们回到田间,百姓大为欢悦。

以司属卿武重规为天兵中道大总管,右武卫将军沙吒忠义为天兵西道总管,幽州都督下邽张仁愿为天兵东道总管,将兵三十万以讨突厥默啜。又以左羽林卫大将军阎敬容为天兵西道后军总管,将兵十五万为后援。癸丑,默啜寇飞狐,乙卯,陷定州,杀刺史孙彦高及吏民数千人。

九月,改突厥默啜为斩啜。默啜使阎知微招谕赵州,知微与虏连手蹋《万岁乐》于城下。将军陈令英在城上谓曰:"尚书位任非轻,乃为虏蹋歌,独无惭乎!"知微微吟曰:"不得已,《万岁乐》。"戊辰,默啜围赵州,长史唐般若翻城应之。刺史高叡与妻秦氏仰药诈死,虏舆之诣默啜,默啜以金狮子带、紫袍示之曰:"降则拜官,不降则死!"叡顾其妻,妻曰:"酬报国恩,正在今日!"遂俱闭目不言。经再宿,虏知不可屈,乃杀之。虏退,唐般若族诛,赠叡冬官尚书,谥曰节。叡,颍之孙也。

甲戌,命太子为河北道元帅以讨突厥。先是,募人月馀不满千人,及闻太子为帅,应募者云集,未几,数盈五万。戊寅,以狄仁杰为河北道行军副元帅,右丞宋元爽为长史,右台中丞崔献为司马,左台中丞吉顼为监军使。时太子不行,命仁杰知元帅事,太后亲送之。

癸未,突厥默啜尽杀所掠赵、定等州男女万馀人,自五回道去,所过,杀掠不可胜纪。沙吒忠义等但引兵蹑之,不敢逼。狄仁杰将兵一万追之,无所及。默啜还漠北,拥兵

朝廷任命司属卿武重规为天兵中道大总管,右武卫将军沙吒忠义为天兵西道总管,幽州都督下邽人张仁愿为天兵东道总管,率领三十万军队去讨伐突厥阿史那默啜。又任命左羽林卫大将军阎敬容为天兵西道后军总管,率领十五万军队担当后援。癸丑(二十六日),阿史那默啜进犯飞狐,乙卯(二十八日),攻陷定州,杀死刺史孙彦高以及官吏民众几千人。

九月,朝廷改突厥阿史那默啜的名字为阿史那斩啜。阿史那默啜指派阎知微招诱、晓谕赵州,阎知微和敌寇手拉着手,在城下合着《万岁乐》唱歌跳舞。将军陈令英在城上对他说:"尚书的职位不低了,竟然和敌寇拉手唱歌跳舞,不惭愧吗?"阎知微低声叹息说:"不得已,《万岁乐》。"戊辰(十一日),阿史那默啜包围了赵州,赵州长史唐般若翻出城池接应他。刺史高叡和妻子秦氏服药,假装已死,敌寇用车载上他俩前往阿史那默啜那里,阿史那默啜拿出金狮子带、紫袍给他们看,说:"投降就授予官职,不投降就处死!"高叡回头看他的妻子,妻子说:"报答国家的恩德,就在今天!"于是就都闭上眼睛,不再说话。过了两个晚上,敌寇知道不能使他们屈服,就杀了他们。敌寇撤走后,唐般若被诛灭全族,朝廷追赠高叡为冬官尚书,谥号为节。高叡是高颎的孙子。

甲戌(十七日),太后任命太子李显为河北道元帅,去讨伐突厥。在这以前,招募民众,一个多月不满一千人,等到听说太子为元帅,应募的人从各处像云一样前来聚集,没有多久,数额满了五万。戊寅(二十一日),任命狄仁杰为河北道行军副元帅,右丞宋玄爽为长史,右台中丞崔献为司马,左台中丞吉顼为监军使。这时太子没上路,命令狄仁杰代行元帅事务,太后亲自为他送行。

癸未(二十六日),突厥阿史那默啜杀尽掳掠的赵、定等州男女,共一万多人,从五回道离去,所经过的地方,烧杀掳掠,记不过来。沙吒忠义等人只是率领军队跟踪他,不敢逼近。狄仁杰率领一万兵士追击,没有赶上。阿史那默啜回到沙漠北面,拥兵

四十万,据地万里,西北诸夷皆附之,其有轻中国之心。

冬十月癸卯,以狄仁杰为河北道安抚大使。时河北人为突厥所驱逼者,虏退,惧诛,往往亡匿。仁杰上疏,以为:"朝廷议者皆罪契丹、突厥所胁从之人,言其迹虽不同,心则无别。诚以山东近缘军机调发伤重,家道悉破,或至逃亡。重以官典侵渔,因事而起,枷杖之下,痛切肌肤,事迫情危,不循礼义。愁苦之地,不乐其生,有利则归,且图赊死,此乃君子之愧辱,小人之常行也。又,诸城入伪,或待天兵,将士求功,皆云攻得,臣忧滥赏,亦恐非辜。以经与贼同,是为恶地,至于污辱妻子,劫掠货财,兵士信知不仁,簪笏未能以免,乃是贼平之后,为恶更深。且贼务招携,秋毫不犯,今之归正,即是平人,翻被破伤,岂不悲痛?夫人犹水也,壅之则为泉,疏之则为川,通塞随流,岂有常性?今负罪之伍,必不在家,露宿草行,潜窜山泽,赦之则出,不赦则狂,山东群盗,缘兹聚结。臣以边尘暂起,不足为忧,中土不安,此为大事。罪之则众情恐惧,恕之则反侧自安,伏愿曲赦河北诸州,一无所问。"制从之。仁杰于是抚慰百姓,得突厥所驱掠者,悉递还本贯。散粮运以赈贫乏,修邮驿以济旋师。恐诸将及使者妄求供顿,乃自食疏粝,禁其下无得侵扰百姓,犯者必斩。河北遂安。

四十万，占据土地一万里，西北各夷族都归附他，很有轻视中原之心。

冬季十月癸卯（十七日），任命狄仁杰为河北道安抚大使。这时，河北被突厥驱使逼迫的民众，在敌寇退走后，害怕遭诛杀，往往逃亡藏匿。狄仁杰上奏疏，认为："朝廷议事的人都主张惩罚受契丹、突厥胁迫而服从的人，说他们的表面行为虽然不同，但投敌之心没有差别。这实在是由于山东近来因军事行动而调发过于严重，百姓家业破败，以致有人逃亡。加上官府侵吞百姓财产，借事端而加剧，百姓在枷锁棍棒之下，痛切肌肤，事情紧迫危急，不遵循礼义。处于愁苦的境地，不以生存为乐事，有利益就归附，并且贪图活命，这是君子以为可耻的事，却是小人正常的行为。再者，各城池依附敌寇，有的是等待政府军队，政府军队的将领士兵为求取功劳，都说是攻打下来的，臣下忧虑滥赏将领士兵，也担心民众无辜受罚。因各城曾与贼寇呼应，便认为是坏地方，以致污辱他们的妻子儿女，掳掠货物财宝，兵士事实上知道这是不仁道的做法，当官的也不能制止，这是在平定贼寇之后，做了更大的坏事。况且对贼寇专意招抚，丝毫不侵犯，现在百姓改邪归正，即是平民，反被残破损害，岂不让人悲伤？民众如同水一样，堵塞就成为泉，疏导就成为河流，疏通堵塞以及顺流而下，哪里有固定的形态？现在犯罪的人，一定不在家中，露宿野外，行走在草丛中，暗中藏匿在山泽间，赦免他们就出来，不赦免他们就行事猖狂，山东强盗，便因此而聚结。臣下以为边境战事暂时发生，不值得担忧，中原不安宁，这才是大事。惩罚他们，众人的情绪便恐惧，宽恕他们，心有疑惑的人便安下心来，诚恳地希望特地赦免河北各州百姓，一概不予以追究。"太后下诏听从他的建议。狄仁杰于是安抚、慰问百姓，找到被突厥驱赶掠夺的人，发送回原籍。散发粮食来赈济贫困的人，修建驿站来接济撤还的军队。担心各将领和使者随意要求供给，便亲自吃粗糙的饭食，命令他的部下不能侵扰百姓，违犯者一律斩首。河北于是安定下来。

　　突厥默啜离赵州,乃纵阎知微使还。太后命磔于天津桥南,使百官共射之,既乃凸其肉,锉其骨,夷其三族,疏亲有先未相识而同死者。褒公段瓒,志玄之子也,先没于突厥。突厥在赵州,瓒邀杨齐庄与之俱逃,齐庄畏怯,不敢发。瓒先归,太后赏之。齐庄寻至,敕河内王武懿宗鞫之。懿宗以为齐庄意怀犹豫,遂与阎知微同诛。既射之如猬,气殜殜未死,乃决其腹,割心,投于地,犹趑趄然跃不止。擢田归道为夏官侍郎,甚见亲委。

　　二年腊月,河南、北置武骑团以备突厥。春二月壬辰,以魏元忠检校并州长史,充天兵军大总管,以备突厥。是岁,突厥默啜立其弟咄悉匐为左厢察,骨笃禄子默矩为右厢察,各主兵二万馀人;其子匐俱为小可汗,位在两察上,主处木昆等十姓,兵四万馀人,又号为拓西可汗。

　　久视元年冬十月辛亥,以魏元忠为萧关道大总管,以备突厥。十二月甲寅,突厥掠陇右诸监马万馀匹而去。

　　长安元年夏五月,以魏元忠为灵武道行军大总管,以备突厥。秋八月,突厥默啜寇边,命安北大都护、相王为天兵道元帅,统诸军击之,未行而虏退。

　　二年春正月,突厥寇盐、夏二州。三月庚寅,突厥破石岭,寇并州。以雍州长史薛季昶摄右台大夫,充山东防御军大使,沧、瀛、幽、易、恒、定等州诸军皆受季昶节度。夏四月,以幽州刺史张仁愿专知幽、平、妫、檀防御,仍与季昶相知,以拒突厥。秋七月甲午,突厥寇代州。九月壬申,突厥寇忻州。

突厥阿史那默啜离开赵州，便放阎知微回洛阳。太后命令在天津桥南肢解阎知微，让文武官员一起射他，随后剐光他的肉，折损他的骨头，夷灭他的三族，疏远的亲戚中有先前不相识而被一同处死的。褒公段瓒是段志玄的儿子，早先被突厥俘获。突厥占领赵州时，段瓒邀约杨齐庄和他一起逃跑，杨齐庄胆怯畏惧，不敢上路。段瓒先归来，太后赏识他。杨齐庄在不久后到来，太后下令河内王武懿宗审讯他。武懿宗认为杨齐庄心怀犹豫，于是把他和阎知微一同诛杀。杨齐庄被射得身如刺猬，气息奄奄，没有死，行刑者便剖开他的腹部，割下他的心脏扔到地上，还在不停地跳动。攉升田归道为夏官侍郎，很得宠爱信任。

二年（699）腊月，在黄河南、北设置武骑团，来防备突厥。春季二月壬辰（初八），任命魏元忠检校并州长史，充任天兵军大总管，来防备突厥。这一年，突厥阿史那默啜立他的弟弟阿史那咄悉匐为左厢察，阿史那骨笃禄的儿子阿史那默矩为右厢察，二人各统领兵士二万多人；他的儿子阿史那匐俱为小可汗，地位在两察之上，统领处木昆等十姓兵士四万多人，又号称为拓西可汗。

久视元年（700）冬季十月辛亥（初七），任命魏元忠为萧关道大总管，来防备突厥。十二月甲寅（初十），突厥掳掠陇右各牧监畜养的军马一万多匹后离去。

长安元年（701）夏季五月，任命魏元忠为灵武道行军大总管，来防备突厥。秋季八月，突厥阿史那默啜进犯边境，太后命令安北大都护、相王李旦担任天兵道元帅，统领各军攻打他，还未出发而敌寇撤离。

二年（702）春季正月，突厥进犯盐、夏二州。三月庚寅（二十三日），突厥攻下石岭，进犯并州。朝廷任命雍州长史薛季昶兼理右台大夫，充任山东防御军大使，沧、瀛、幽、易、恒、定等州各军都接受薛季昶的调度。夏季四月，朝廷委任幽州刺史张仁愿专门主持幽州、平州、妫州、檀州防御事务，仍旧和薛季昶相配合，以便抵御突厥。秋季七月甲午（二十九日），突厥进犯代州。九月壬申（初八），突厥进犯忻州。

三年夏六月辛酉，突厥默啜遣其臣莫贺干来，请以女妻皇太子之子。冬十一月己丑，突厥遣使谢许婚。丙寅，宴于宿羽台，太子预焉。

四年，突厥默啜既和亲，秋八月戊寅，始遣淮阳王武延秀还。

中宗神龙元年夏六月壬子，以左骁卫大将军裴思说充灵武军大总管，以备突厥。

二年冬十二月己卯，突厥默啜寇鸣沙，灵武军大总管沙吒忠义与战，军败，死者六千馀人。丁巳，突厥进寇原、会等州，掠陇右牧马万馀匹而去。免忠义官。

景龙元年春正月庚戌，制以突厥默啜寇边，命内外官各进平突厥之策。右补阙卢俌上疏，以为："郤縠悦礼乐，敦《诗》《书》，为晋元帅；杜预射不穿札，建平吴之勋。是知中权制谋，不取一夫之勇。如沙吒忠义，骁将之材，本不足以当大任。又，鸣沙之役，主将先逃，宜正邦宪。赏罚既明，敌无不服。又，边州刺史，宜精择其人，使之蒐卒乘，积资粮，来则御之，去则备之。去岁四方旱灾，未易兴师。当理内以及外，绥近以来远，俟仓廪实，士卒练，然后大举以讨之。"上善之。夏五月戊戌，以右屯卫大将军张仁愿为朔方道大总管，以备突厥。冬十月丁丑，命左屯卫将军张仁愿充朔方道大总管，以击突厥。比至，虏已退，追击，大破之。

三年(703)夏季六月辛酉(初一),突厥阿史那默啜派遣他的臣属莫贺干前来唐廷,请求把他的女儿嫁给皇太子的儿子为妻。冬季十一月己丑(初二),突厥派遣使者前来感谢朝廷答应婚事。丙寅(初九),太后在宿羽台宴请突厥使者,太子李显参加了宴会。

四年(704),突厥阿史那默啜在和唐皇室结亲后,就在秋季八月戊寅(二十五日),遣送淮阳王武延秀返回。

唐中宗神龙元年(705)夏季六月壬子(初四),任命左骁卫大将军裴思说为灵武军大总管,来防备突厥。

二年(706)冬季十二月己卯(初八),突厥阿史那默啜率军进犯鸣沙,灵武军大总管沙吒忠义和他交战,沙吒忠义的军队战败,战死了六千多人。丁巳日,突厥进军攻打原州、会州等州,掳掠陇西畜养的军马一万多匹后离去。朝廷免去了沙吒忠义的官职。

景龙元年(707)春季正月庚戌(十一日),中宗颁布诏书,因突厥阿史那默啜进犯边境,命令内外官员各自进献平定突厥的策略。右补阙卢俌上奏疏,认为:"晋大夫郤縠喜爱礼乐,博通《诗经》《尚书》,担任晋国的元帅;杜预射箭穿不透薄木片,建立平定吴国的功勋。由此可知朝廷中制定策略,不看重匹夫之勇。像沙吒忠义,是个勇敢的将才,本来不足以担负大任。再者,鸣沙之战中,主将率先逃跑,应该以国法惩处。赏罚分明之后,就没有征服不了的敌人。另外,边州刺史应该精心挑选合适的人选,让他们整治军队,聚集物资粮草,敌寇来则抵御,去则戒备。去年四方发生大旱灾,不适宜出兵。应该整饬内部,渐及于外地,安抚周围地区,以招徕远方夷人,等到仓廪充实,兵强马壮,然后大举发兵去讨伐突厥。"中宗认为他说得很对。夏季五月戊戌(初一),任命右屯卫大将军张仁愿为朔方道大总管,来防备突厥。冬季十月丁丑(十三日),命令左屯卫将军张仁愿充任朔方道大总管,去出击突厥。等张仁愿赶到时,敌寇已经撤退,张仁愿追击,把他们打得大败。

二年春三月丙辰,朔方道大总管张仁愿筑三受降城于河上。初,朔方军与突厥以河为境,河北有拂云祠,突厥将入寇,必先诣祠祈祷,牧马料兵而后渡河。时默啜悉众西击突骑施,仁愿请乘虚夺取漠南地,于河北筑三受降城,首尾相应,以绝其南寇之路。太子少师唐休璟以为:"两汉以来皆北阻大河,今筑城寇境,恐劳人费功,终为虏有。"仁愿固请不已,上竟从之。仁愿表留岁满镇兵以助其功,咸阳兵二百馀人逃归,仁愿悉擒之,斩于城下,军中股栗,六旬而成。以拂云祠为中城,距东西两城各四百馀里,皆据津要,拓地三百馀里。于牛头朝那山北,置烽候千八百所,以左玉钤卫将军论弓仁为朔方军前锋游弈使,戍诺真水为逻卫。自是突厥不敢度山畋牧,朔方无复寇掠,减镇兵数万人。

仁愿建三城,不置瓮门及备守之具。或问之,仁愿曰:"兵贵进取,不利退守。寇至此,当并力出战,回首望城者,犹应斩之,安用守备,生其退恶之心也?"其后常元楷为朔方军总管,始筑瓮门。人以是重仁愿而轻元楷。

睿宗景云二年春正月癸丑,突厥可汗默啜遣使请和,许之。三月,以宋王成器女为金山公主,许嫁突厥默啜。御史中丞和逢尧摄鸿胪卿使于突厥,说默啜曰:"处密、坚昆闻可汗结婚于唐,皆当归附。可汗何不袭唐冠带,使诸胡知之,岂不美哉?"默啜许诺,明日,襆头、衣紫衫,南面再拜,

二年（708）春季三月丙辰（二十三日），朔方道大总管张仁愿在黄河边修筑三座受降城。当初，朔方军和突厥以黄河为界，黄河北面有拂云祠，突厥将要进犯时，必定先到拂云祠中祈祷，放牧马匹、点计人数，然后渡河。这时，阿史那默啜率领所有部众，向西攻打突骑施，张仁愿请求乘阿史那默啜部后方空虚夺取漠南地区，在黄河以北修筑三座受降城，首尾相呼应，来断绝突厥南侵的道路。太子少师唐休璟以为："两汉以来都是以黄河作为北方的边界，现在在敌寇境内筑城，恐怕只会损耗人力浪费工夫，终究为敌寇占有。"张仁愿不停地坚决请求，中宗最后听从了他的建议。张仁愿上奏表留下戍守期满的镇兵，来协助完成这一工程，咸阳兵士二百多人逃回，张仁愿全部擒获了他们，杀死在城下，军中心惊胆战，六十天修起了三座城。以拂云祠为中城，距离东西两城各有四百多里，都占据着要道，开拓疆土三百多里。在牛头朝那山北面设置一千八百个烽火台，委派左玉钤卫将军论弓仁担任朔方军前锋游弈使，戍守诺真水，负责巡逻警卫。从此，突厥不敢越过牛头朝那山打猎放牧，朔方不再遭到侵犯劫掠，减少镇兵几万人。

张仁愿建造三座城池，不设瓮城以及守备的器具。有人问他这么做的理由，张仁愿说："用兵贵在奋勇进取，撤退和防守是被动的。敌寇到了这里，应该合力出城交战，回头张望城池的还应斩杀他，哪里用得着防守器具？那些只会滋生退却畏惧之心。"其后常元楷担任朔方军总管，开始修筑瓮城。人们因此推重张仁愿而轻视常元楷。

唐睿宗景云二年（711）春季正月癸丑（初七），突厥可汗阿史那默啜派使者请求和解，睿宗答应了他的请求。三月，封宋王李成器的女儿为金山公主，答应把金山公主嫁给突厥阿史那默啜。御史中丞和逢尧代理鸿胪卿，出使到突厥，劝告阿史那默啜说："处密、坚昆部落听说可汗和唐皇室联姻，都将归附。可汗你为什么不仿用大唐的服饰，让各胡族知道，不也是很好吗？"阿史那默啜答应下来。次日，他头戴幞头，穿上紫色朝服，面向南方拜了又拜，

称臣,遣其子杨我支及国相随逢尧入朝,十一月戊寅,至京师。逢尧以奉使功,迁水部侍郎。

玄宗先天元年春正月乙未,上御安福门,宴突厥杨我支,以金山公主示之,既而会上传位,婚竟不成。

开元元年秋八月丙辰,突厥可汗默啜遣其子杨我支来求婚,丁巳,许以蜀王女南和县主妻之。

二年春二月乙未,突厥可汗默啜遣其子同俄特勒及妹夫火拔颉利发、石阿失毕将兵围北庭都护府,都护郭虔瓘击破之。同俄单骑逼城下,虔瓘伏壮士于道侧,突起斩之。突厥请悉军中资粮以赎同俄,闻其已死,恸哭而去。闰月,突厥石阿失毕既失同俄,不敢归。癸未,与其妻来奔,以为右卫大将军,封燕北郡王,命其妻曰金山公主。

夏四月辛巳,突厥可汗默啜复遣使求婚,自称“乾和永清太驸马、天上得果报天男、突厥圣天骨咄禄可汗”。突厥可汗默啜衰老,昏虐愈甚。秋九月壬子,葛逻禄等部落诣凉州降。冬十月己巳,突厥可汗默啜又遣使求婚,上许以来岁迎公主。

突厥十姓胡禄屋等诸部诣北庭请降,命都护郭虔瓘抚存之。十一月丙申,遣左散骑常侍解琬诣北庭宣慰突厥降者,随便宜区处。

三年,突厥十姓降者前后万馀帐。高丽莫离支文简,十姓之婿也,二月,与跌跌都督思泰等亦自突厥帅众来降。制皆以河南地处之。三月,胡禄屋酋长支匐忌等入朝。上

自称臣属,派遣他的儿子阿史那杨我支以及国相,跟随和逢尧入朝,十一月戊寅(初八),到达京城。和逢尧因奉命出使有功,被迁升为水部侍郎。

唐玄宗先天元年(712)春季正月乙未(二十五日),睿宗前往安福门,宴请突厥阿史那杨我支,把金山公主指给他看,不久,因睿宗传位给玄宗,这桩婚事没有成功。

开元元年(713)秋季八月丙辰(二十五日),突厥可汗阿史那默啜派遣他的儿子阿史那杨我支前来求婚,丁巳(二十六日),玄宗答应将蜀王的女儿南和县主嫁给他。

二年(714)春季二月乙未(初七),突厥可汗阿史那默啜派他的儿子阿史那同俄特勒和妹夫火拔颉利发、石阿失毕,率军队包围北庭都护府,都护郭虔瓘打败了他们。同俄特勒单人匹马逼近城下,郭虔瓘在道路旁埋伏下强壮的兵士,突然冲出杀了他。突厥请求用军中所有物资粮食来赎回同俄特勒,听说他已经死了,痛哭之后撤退。闰月,突厥石阿失毕在损折同俄特勒后,不敢返回。癸未(二十五日),带着他的妻子前来投奔,玄宗任命他为右卫大将军,封燕北郡王,册封他的妻子为金山公主。

夏季四月辛巳(二十五日),突厥可汗阿史那默啜又派遣使者请求通婚,自称"乾和永清太驸马、天上得果报天男、突厥圣天骨咄禄可汗"。突厥可汗阿史那默啜年老体衰,更加昏庸暴虐。秋季九月壬子(二十八日),葛逻禄等部落来到凉州投降。冬季十月己巳(十五日),突厥可汗阿史那默啜又派遣使者请求通婚,玄宗答应让他次年来迎娶公主。

突厥十姓胡禄屋等各部落前往北庭都护府请求投降,玄宗命都护郭虔瓘抚恤慰问他们。十一月丙申(十二日),派左散骑常侍解琬前往北庭,安抚突厥归降者,根据具体情况适当处置。

三年(715),突厥十姓前来归降唐朝的,前前后后有一万多帐落。高丽国的莫离支文简,是十姓的女婿,二月,和跌跌都督思泰等人也从突厥率领部众来投降。玄宗下诏把他们都安置在黄河以南地区。三月,胡禄屋酋长支匐忌等人入京朝贡。玄宗

以十姓降者浸多，夏四月庚申，以右羽林大将军薛讷为凉州镇大总管，赤水等军并受节度，居凉州；左卫大将军郭虔瓘为朔川镇大总管，和戎等军并受节度，居并州，勒兵以备默啜。默啜发兵击葛逻禄、胡禄屋、鼠尼施等，屡破之。敕北庭都护汤嘉惠、左散骑常侍解琬等发兵救之。五月壬辰，敕嘉惠等与葛逻禄、胡禄屋、鼠尼施及定边道大总管阿史那献互相应援。秋七月壬戌，以凉州大总管薛讷为朔方道行军大总管，太仆卿吕延祚、灵州刺史杜宾客副之，以讨突厥。

四年夏六月癸酉，拔曳固斩突厥可汗默啜首来献。时默啜北击拔曳固，大破之于独乐水，恃胜轻归，不复设备，遇拔曳固迸卒颉质略，自柳林突出，斩之。时大武军子将郝灵荃奉使在突厥，颉质略以其首归之，与偕诣阙，悬其首于广街。拔曳固、回纥、同罗、霫、仆固五部皆来降，置于大武军北。

默啜之子小可汗立，骨咄禄之子阙特勒击杀之，及默啜诸子、亲信略尽。立其兄左贤王默棘连，是为毗伽可汗，国人谓之"小杀"。毗伽以国固让阙特勒，阙特勒不受，乃以为左贤王，专典兵马。

秋八月，突厥默啜既死，奚、契丹、拔曳固等诸部皆内附，突骑施苏禄复自立为可汗。突厥部落多离散，毗伽可汗患之，乃召默啜时牙官暾欲谷，以为谋主。暾欲谷年七十馀，多智略，国人信服之。突厥降户处河曲者，闻毗伽立，多复叛归之。并州长史王晙上言："此属徒以其国丧

因十姓投降者逐渐增多，夏季四月庚申（初九），任命右羽林大将军薛讷为凉州镇大总管，赤水等军都接受他的调度，驻扎在凉州；左卫大将军郭虔瓘担任朔川镇大总管，和戎等军都接受他的调度，驻扎在并州，统领兵马，戒备阿史那默啜。阿史那默啜发兵攻打葛逻禄、胡禄屋、鼠尼施等部落，多次打败他们。玄宗命令北庭都护汤嘉惠、左散骑常侍解琬等人出兵，救援这些部落。五月壬辰（十二日），玄宗命令汤嘉惠等人和葛逻禄、胡禄屋、鼠尼施以及定边道大总管阿史那献互相接应、支援。秋季七月壬戌这天，玄宗任命凉州大总管薛讷为朔方道行军大总管，太仆卿吕延祚、灵州刺史杜宾客为副总管，去讨伐突厥。

四年（716）夏季六月癸酉（二十九日），拔曳固部落斩下突厥可汗阿史那默啜的首级，前来呈献。当时，阿史那默啜向北攻打拔曳固，在独乐水把拔曳固打得大败，仗恃胜利，轻率撤军，不再加以戒备，遇到拔曳固溃散的兵士颉质略从柳树林中突然冲出，杀了他。这时，大武军子将郝灵荃奉命出使，正在突厥，颉质略带上阿史那默啜的首级归附他，和他一同入朝，朝廷把阿史那默啜的首级悬挂在广街。拔曳固、回纥、同罗、霫、仆固五个部落都前来归降，朝廷把他们安置在大武军以北地区。

阿史那默啜的儿子小可汗即位，阿史那骨咄禄的儿子阿史那阙特勒发起攻击，杀死了他，并把阿史那默啜的其他儿子和亲信全部杀死。阿史那阙特勒拥立他的哥哥左贤王阿史那默棘连，这就是毗伽可汗，国人称他为"小杀"。毗伽可汗执意把国位让给阿史那阙特勒，阿史那阙特勒不接受，毗伽可汗于是任命他为左贤王，专门统领军队。

秋季八月，突厥阿史那默啜死后，奚、契丹、拔曳固等各部落都归附唐朝，突骑施苏禄又自立为可汗。突厥部落大多离散，毗伽可汗忧虑，于是征召阿史那默啜在位时的牙官暾欲谷做主要谋士。暾欲谷已七十多岁了，足智多谋，国人信任、佩服他。被安置在河曲一带的突厥降户，听说毗伽可汗即位，大多又叛唐去归附他。并州长史王晙上奏疏说："这些胡人只是因他们国内丧

乱，故相帅来降，若彼安宁，必复叛去。今置之河曲，此属桀黠，实难制御，往往不受军州约束，兴兵剽掠。闻其逃者已多与虏声问往来，通传委曲。乃是畜养此属使为间谍，日月滋久，奸诈逾深，窥伺边隙，将成大患。虏骑南牧，必为内应，来逼军州，表里受敌，虽有韩、彭，不能取胜矣。愿以秋、冬之交，大集兵众，谕以利害，给其资粮，徙之内地。二十年外，渐变旧俗，皆成劲兵，虽一时暂劳，然永久安靖。比者守边将吏及出境使人，多为谀辞，皆非事实，或云北虏破灭，或云降户妥帖，皆欲自衒其功，非能尽忠徇国。

"愿察斯利口，勿忘远虑。议者必曰：‘国家向时已尝置降户于河曲，皆获安宁，今何所疑！’此则事同时异，不可不察。向者，颉利既亡，降者无复异心，故得久安无变。今北虏尚存，此属或畏其威，或怀其惠，或其亲属，岂乐南来？校之彼时，固不侔矣。以臣愚虑，徙之内地，上也；多屯士马，大为之备，华、夷相参，人劳费广，次也；正如今日，下也。愿审兹三策，择利而行，纵使因徙逃亡，得者皆为唐有。若留至河冰，恐必有变。"疏奏，未报。降户跌跌思泰、阿悉烂等果叛。冬十月甲辰，命朔方大总管薛讷发兵追讨之。王晙引并州兵西济河，昼夜兼行，追击叛者，破之，

败,才相继前来投降的,如果他们国内安宁,必定又会背叛逃离。现在把他们安置在河曲一带,这些人凶暴狡诈,实在难以控制,往往不接受军州的约束,起兵劫掠。听说逃亡的人已有很多和敌寇频繁来往,通风报信。这是畜养这些人,让他们做间谍,时间一长,奸邪的行为越发严重,万一他们窥见边境上的疏漏,将会酿成大祸患。敌寇的骑兵南侵,他们必定充当内应,来逼迫军州,军州内外受敌,即使有韩信、彭越那样的将领,也不能取胜。希望在秋、冬之交,集结大规模的军队,向这些人晓谕祸福得失,供给他们物资粮食,把他们迁到内地。二十年之后,就会逐渐改变旧的习俗,全都成为强劲的兵士了,这虽然有一时的辛劳,却可以换取长期的安宁。近来一些守卫边境的将领官吏和出境的使者,大多讲些阿谀奉承的话,都不是事实,有人说北方的敌寇残破衰绝,有人说降户服服帖帖,都是想夸耀自己的功劳,不是尽忠为国的。

"希望陛下考察动听言辞背后的实况,不要忘记了长远的考虑。议事的人一定会说:'国家往日已经把降户安置到了河曲一带,都相安无事,现在为什么又要怀疑呢?'这实在是事情相同,而形势不一样,不能不推究。往日颉利可汗死后,投降的人不再有二心,所以能长久安定,没有变故。现在北方的敌寇还存在,这些投降的人,有的畏惧他的声威,有的感念他的恩惠,有的是他的亲属,哪里乐意南来归附朝廷?和往日相比较,形势本不相同。依臣下的愚见,把这些投降的人迁移到内地,这是上策;大量屯驻兵马,严密提防他们,使汉人和夷人彼此杂居,百姓疲困、费用巨大,这是中策;而像现在这样的做法,则是下策。希望陛下考虑这三种做法,选择有利的去实行,纵使这些人中有的因迁移而逃亡,但服从命令而迁移的却都可成为唐朝的百姓。如果拖延到黄河结冰之时,恐怕定有变故。"奏疏呈递上去,没有得到答复。降户跌跌思泰、阿悉烂等人果然反叛。冬季十月甲辰(初二),玄宗命令朔方大总管薛讷发兵追击、讨伐他们。王晙率领并州军队向西渡过黄河,日夜赶路,追击反叛者,打败了他们,

斩获三千级。

先是，单于副都护张知运悉收降户兵仗，令渡河而南，降户怨怒。御史中丞姜晦为巡边使，降户诉无弓矢，不得射猎，晦悉还之。降户得之，遂叛。张知运不设备，与之战于青刚岭，为虏所擒，欲送突厥。至绥州境，将军郭知运以朔方兵邀击之，大破其众于黑山呼延谷，虏释张知运而去。上以张知运丧师，斩之以徇。

毗伽可汗既得思泰等，欲南入为寇。暾欲谷曰："唐主英武，民和年丰，未有间隙，不可动也。我众新集，力尚疲羸，且当息养数年，始可观变而举。"毗伽又欲筑城，并立寺观，暾欲谷曰："不可。突厥人徒稀少，不及唐家百分之一，所以能与为敌者，正以随逐水草，居处无常，射猎为业，人皆习武，强则进兵抄掠，弱则窜伏山林，唐兵虽多，无所施用。若筑城而居，变更旧俗，一朝失利，必为所灭。释、老之法，教人仁弱，非用武事胜之术，不可崇也。"毗伽乃止。

六年春正月辛丑，突厥毗伽可汗来请和，许之。

八年夏六月，突厥降户仆固都督勺磨及跌跌部落散居受降城侧，朔方大使王晙言其阴引突厥，谋陷军城，密奏请诛之。诱勺磨等宴于受降城，伏兵悉杀之，河曲降户殆尽。拔曳固、同罗诸部在大同、横野军之侧者，闻之皆恟惧。秋，并州长史、天兵节度大使张说引二十骑，持节即其部落慰抚之，因宿其帐下。副使李宪以虏情难信，驰书止之。

杀死三千人。

在这以前，单于副都护张知运收缴了降户的所有兵器，命令他们渡过黄河到南面去，降户怨恨愤怒。御史中丞姜晦担任巡边使，降户诉说没有弓箭，不能射击打猎，姜晦全部发还给他们。降户得到弓箭后，随之反叛。张知运没有加以戒备，在青刚岭和他们交战，就被擒获，叛军想把他送往突厥。到达绥州境内，将军郭知运率领朔方军队截击，在黑山呼延谷把他们打得大败，敌人释放张知运后逃走。玄宗因张知运损折军队，杀死他后传示军中。

毗伽可汗得到跌跌思泰等人后，想向南进犯。暾欲谷说："唐朝皇帝英明神武，民众和睦，年成丰收，没有可乘之机，不可行动。我们的部众刚刚聚集，力量还薄弱，应暂且休养生息几年，才可以观察形势而出兵。"毗伽可汗又想修筑城池，并建立寺庙，暾欲谷说："不可以。突厥民众稀少，不到唐朝的百分之一，之所以能和他们作对，只是因为依逐水草生活，没有固定的住所，以射箭打猎为业，人人都练习武艺，强大时就进军抄掠，弱小时就逃入山林之中，唐朝兵士虽然众多，也没有办法对付。如果筑城定居下来，变更旧的习俗，一旦失利，必定被唐朝所灭。佛教、道教的义理，教人仁义柔弱，不是用兵取胜的法术，不可尊崇。"毗伽可汗于是作罢。

六年(718)春季正月辛丑(初六)，突厥毗伽可汗派遣使者前来请求和解，玄宗答应了他。

八年(720)夏季六月，突厥降户仆固都督勺磨和跌跌部落散居在受降城旁边，朔方大使王晙说他们暗中勾引突厥，阴谋攻陷军城，秘密上奏请求诛杀他们。王晙引诱勺磨等人，在受降城宴请他们，埋伏兵士将他们全部杀死，河曲一带的降户差不多杀光了。住在大同、横野军旁边的拔曳固、同罗各部落，听说后都惊惶恐惧。秋季，并州长史、天兵节度大使张说带领二十个骑兵，秉持符节到这些部落中慰问、安抚，随即住宿在他们的营帐中。副使李宪认为敌寇的性情难以相信，派人快马送信制止他。

说复书曰："吾肉非黄羊,必不畏食;血非野马,必不畏刺。士见危致命,此吾效死之秋也。"拔曳固、同罗由是遂安。

冬十一月辛未,突厥寇甘、凉等州,败河西节度使杨敬述,掠契苾部落而去。先是,朔方大总管王晙奏请西发拔悉密,东发奚、契丹,期以今秋掩毗伽牙帐于稽落水上;毗伽闻之,大惧。暾欲谷曰:"不足畏也。拔悉密在北庭,与奚、契丹相去绝远,势不相及,朔方兵计亦不能来此。必若能来,俟其垂至,徙牙帐北行三日,唐兵食尽自去矣。且拔悉密轻而好利,得王晙之约,必喜而先至。晙与张嘉贞不相悦,奏请多不相应,必不敢出兵。晙兵不出,拔悉密独至,击而取之,势甚易耳。"既而拔悉密果发兵逼突厥牙帐,而朔方及奚、契丹兵不至,拔悉密惧,引退。毗伽欲击之,暾欲谷曰:"此属去家千里,将死战,未可击也。不如以兵蹑之。"去北庭二百里,暾欲谷分兵间道先围北庭,因纵兵击拔悉密,大破之。拔悉密众溃走,趋北庭,不得入,尽为突厥所房。

暾欲谷引兵还,出赤亭,掠凉州羊马,杨敬述遣裨将卢公利、判官元澄将兵邀击之。暾欲谷谓其众曰:"吾乘胜而来,敬述出兵,破之必矣。"公利等至删丹,与暾欲谷遇,唐兵大败,公利、澄脱身走。毗伽由是大振,尽有默啜之众。

九年春二月丙戌,突厥毗伽复使来求和。上赐书,谕以"曩昔国家与突厥和亲,华、夷安逸,甲兵休息。国家买突厥羊马,突厥受国家缯帛,彼此丰给。自数十年来,不复

张说回信说:"我的肉不是黄羊肉,不必担心被吃掉;我的血不是野马血,不必担心被刺杀。士人见国家危难献出生命,这是我以生命报效国家的时刻。"拔曳固、同罗因此而安定下来。

冬季十一月辛未(二十三日),突厥进犯甘、凉等州,打败河西节度使杨敬述,掳掠契苾部落后离开。在这以前,朔方大总管王晙上奏疏,请求西面调发拔悉密,东面调发奚、契丹,约定本年秋季在稽落水边袭击毗伽可汗的营帐;毗伽可汗听说后,非常害怕。暾欲谷说:"不值得畏惧。拔悉密在北庭,和奚、契丹相距遥远,兵势不能相连,估计朔方的军队也不能到这里来。假使他们能来,等待他们将到达时,我们迁移营帐,向北行走三天,唐朝军队粮食吃光就自然撤走了。而且拔悉密轻敌好利,接到王晙的邀约,必定高兴,首先赶到。王晙和张嘉贞不和睦,奏请事务大多不相合拍,一定不敢出兵。王晙的军队不出动,拔悉密独自赶到,攻取他们,是十分容易的。"不久,拔悉密果然发兵,逼近突厥可汗的营帐,而朔方和奚、契丹的军队没有赶到,拔悉密畏惧,全军撤退。毗伽可汗想要攻打他们,暾欲谷说:"这些人离家千里,将拼死作战,不可出击。不如率军跟踪他们。"离北庭二百里时,暾欲谷分出兵士从小路首先包围北庭,然后指挥兵士攻打拔悉密,把他们打得大败。拔悉密的部众溃散,逃往北庭,不能进去,全部被突厥俘获。

暾欲谷率军返回,出经赤亭,掳掠凉州的羊和马,杨敬述派遣神将卢公利、判官元澄率领军队截击他们。暾欲谷对他的部众说:"我们乘胜而来,杨敬述出兵,我们打败他是必然的。"卢公利等人到达删丹,和暾欲谷相遇,唐朝军队被打得大败,卢公利、元澄脱身逃走。毗伽可汗自此声威大振,全部拥有了阿史那默啜的部众。

九年(721)春季二月丙戌(初九),突厥毗伽可汗又派使者来请求和解。玄宗赐予书信,晓谕他说:"从前国家和突厥议和结亲,华人和夷人相安无事,没有战争。国家购买突厥的羊马,突厥接受国家的丝织品,彼此丰衣足食。此后几十年以来,不再

如旧,正由默啜无信,口和心叛,数出盗兵,寇抄边鄙,人怨神怒,陨身丧元。吉凶之验,皆可汗所见。今复蹈前迹,掩袭甘、凉,随遣使人,更来求好。国家如天之覆,如海之容,但取来情,不追往咎。可汗果有诚心,则共保遐福,不然,无烦使者徒尔往来。若其侵边,亦有以待。可汗其审图之"!

十二年秋七月,突厥可汗遣其臣哥解颉利发来求婚。八月丙申,突厥哥解颉利发还其国,以其使者轻,礼数不备,未许婚。

十三年,张说以大驾东巡,恐突厥乘间入寇,议加兵守边。夏四月,召兵部郎中裴光庭谋之。光庭曰:"封禅者,告成功也。今将升中于天,而戎狄是惧,非所以昭盛德也。"说曰:"然则若之何?"光庭曰:"四夷之中,突厥为大,比屡求和亲,而朝廷羁縻,未决许也。今遣一使,征其大臣从封泰山,彼必欣然承命。突厥来,则戎狄君长无不皆来。可以偃旗卧鼓,高枕有馀矣。"说曰:"善,说所不及。"即奏行之。光庭,行俭之子也。

上遣中书直省袁振摄鸿胪卿,谕旨于突厥,小杀与阙特勒、暾欲谷环坐帐中,置酒,谓振曰:"吐蕃,狗种;奚、契丹,本突厥奴也,皆得尚主。突厥前后求婚独不许,何也?且吾亦知入蕃公主皆非天子女,今岂问真伪?但屡请不获,愧见诸蕃耳。"振许为之奏请。小杀乃使其大臣阿史德颉利发入贡,因扈从东巡。冬十二月,突厥颉利发辞归,上厚赐而遣之,竟不许婚。

像往日一样，只是由于阿史那默啜没有信义，口中讲和，内心反叛，多次出动劫掠的军队，进犯边境地区，人民怨恨，神灵愤怒，自己也被人杀死。吉凶的证验，都是可汗亲眼所见。现在又重蹈阿史那默啜的覆辙，偷袭甘州、凉州，随后又派遣使者，再次前来请求和好。国家的气量，如同苍天覆盖大地，海洋包纳百川，只考虑将来情状，不追究往日的过失。可汗若是真有诚意，就共同享有长久的福禄，否则，无需烦劳使者白白来回跑腿。如果要侵犯国家边境，我们也有准备。可汗审慎地考虑吧！"

十二年（724）秋季七月，突厥可汗派遣他的臣属哥解颉利发前来请求联姻。八月丙申（初九），突厥哥解颉利发回国，玄宗因突厥使者不恭敬，礼数不周全，没有答应婚事。

十三年（725），张说因玄宗向东巡视，担心突厥乘机进犯，商议增加兵力守卫边境。夏季四月，召请兵部郎中裴光庭谋划这件事。裴光庭说："封禅，是向上天报告国事成功。现在将祭天上告成功，却畏惧戎狄，不是昭示声威德业的做派。"张说说："既然如此，该怎么办呢？"裴光庭说："四夷之中，突厥最强大，近来多次请求和亲，而朝廷保持若即若离的态度，没有肯定地答复。现在派遣一个使者，征召他的大臣随皇上封泰山，他一定会欣然从命。突厥大臣一来，戎狄酋长就没有不来的了。这样，就可以不打军旗，停敲战鼓，高枕而卧，无忧无虑了。"张说说："好，这是我所想不到的。"立即上奏施行。裴光庭是裴行俭的儿子。

玄宗派遣中书直省袁振兼理鸿胪卿，到突厥去宣旨，小杀和阿史那阙特勒、暾欲谷环坐在营帐中，设置酒席，对袁振说："吐蕃是犬戎的种，奚、契丹本是突厥的奴隶，现都能娶唐朝的公主。唯独突厥前后多次求婚都不准许，这是为什么？而且我也知道进入胡地的公主都不是天子的女儿，现在哪还关心她真假！只是多次请求不能获得同意，见到各部落有愧而已。"袁振许诺为他上奏请求。小杀于是派遣他的大臣阿史德颉利发入京朝贡，随后侍从玄宗向东巡视。冬季十二月，突厥阿史德颉利发告辞归国，玄宗厚重地赏赐后送走他，最后仍没有答应婚事。

十四年夏四月辛丑,于定、恒、莫、易、沧五州置军以备突厥。

十五年秋九月丙戌,突厥毗伽可汗遣其大臣梅录啜入贡。吐蕃之寇瓜州也,遗毗伽书,欲与之俱入寇,毗伽并献其书。上嘉之,听于西受降城为互市,每岁赍缣帛数十万匹就市戎马,以助军旅,且为监牧之种,由是国马益壮焉。

十九年春三月,突厥左贤王阙特勒卒,赐书吊之。

二十二年冬十二月,突厥毗伽可汗为其大臣梅录啜所毒,未死,讨诛梅录啜及其族党。既卒,子伊然可汗立,寻卒,弟登利可汗立,庚戌,来告丧。

二十九年秋七月丙寅,突厥遣使来告登利可汗之丧。初,登利从叔二人,分典兵马,号左、右杀。登利患两杀之专,与其母谋,诱右杀,斩之,自将其众。左杀判阙特勒勒兵攻登利,杀之,立毗伽可汗之子为可汗;俄为骨咄叶护所杀,更立其弟;寻又杀之,骨咄叶护自立为可汗。上以突厥内乱,癸酉,命左羽林将军孙老奴招谕回纥、葛逻禄、拔悉密等部落。

天宝元年秋八月,突厥拔悉密、回纥、葛逻禄三部共攻骨咄叶护,杀之,推拔悉密酋长为颉跌伊施可汗,回纥、葛逻禄自为左、右叶护。突厥馀众共立判阙特勒之子为乌苏米施可汗,以其子葛腊哆为西杀。上遣使谕乌苏令内附,乌苏不从。朔方节度使王忠嗣盛兵碛口以威之,乌苏惧,

十四年(726)夏季四月辛丑,在定、恒、莫、易、沧五州设置军镇,用以防备突厥。

十五年(727)秋季九月丙戌(十七日),突厥毗伽可汗派遣他的大臣梅录啜入京朝贡。吐蕃进犯瓜州时,写信给毗伽可汗,想和他一起入寇,毗伽可汗把这封信一起呈上。玄宗嘉奖毗伽可汗,准许在西受降城互相交易,唐朝每年带布帛几十万匹,到交易市场上换取突厥马匹,用以补充军用,并作为监牧所辖牧马场的种马,通过这一途径,国家的马匹更加强壮了。

十九年(731)春季三月,突厥左贤王阿史那阙特勒去世,玄宗致信吊唁。

二十二年(734)冬季十二月,突厥毗伽可汗被他的大臣梅录啜下了毒,死以前,毗伽可汗讨伐诛杀了梅录啜及其族人同党。毗伽可汗去世,儿子伊然可汗继位,不久,伊然可汗去世,弟弟登利可汗继位,庚戌(二十三日),突厥前来报告丧事。

二十九年(741)秋季七月丙寅(十八日),突厥派遣使者来报告登利可汗的死讯。当初,登利可汗的两个堂叔分别统领兵马,号称为左、右杀。登利可汗对两杀专擅兵权心怀忧虑,和他的母亲商议,引诱右杀,杀了他,亲自统领右杀的部众。左杀阿史那判阙特勒统领兵马攻打登利可汗,杀了他,拥立毗伽可汗的儿子为可汗;不久,新可汗被阿史那骨咄叶护所杀,另立他的弟弟;随后,阿史那骨咄叶护又杀死第二个新可汗,自立为可汗。玄宗因突厥内部动乱,癸酉(二十五日),命令左羽林将军孙老奴招抚、晓谕回纥、葛逻禄、拔悉密等部落。

天宝元年(742)秋季八月,突厥拔悉密、回纥、葛逻禄三个部落共同攻打阿史那骨咄叶护,杀了他,推举拔悉密的酋长为颉跌伊施可汗,回纥、葛逻禄自为左、右叶护。突厥残馀的部众共同拥立阿史那判阙特勒的儿子为乌苏米施可汗,以他的儿子阿史那葛腊哆为西杀。玄宗派遣使者晓谕乌苏米施可汗,命他归附唐朝,乌苏米施可汗不听从。朔方节度使王忠嗣调动大量军队到碛口,向乌苏米施可汗施加压力。乌苏米施可汗心中畏惧,

请降,而迁延不至。忠嗣知其诈,乃遣使说拔悉密、回纥、葛逻禄使攻之,乌苏遁去。忠嗣因出兵击之,取其右厢以归。丁亥,突厥西叶护阿布思及西杀葛腊哆、默啜之孙勃德支、伊然小妻、毗伽登利之女帅部众千馀帐,相次来降,突厥遂微。九月辛亥,上御花萼楼宴突厥降者,赏赐甚厚。

三载秋八月,拔悉密攻斩突厥乌苏可汗,传首京师。国人立其弟鹘陇匐白眉特勒,是为白眉可汗。于是突厥大乱,敕朔方节度使王忠嗣出兵乘之。至萨河内山,破其左厢阿波达干等十一部,右厢未下。会回纥、葛逻禄共攻拔悉密颉跌伊施可汗,杀之。回纥骨力裴罗自立为骨咄禄毗伽阙可汗,遣使言状,上册拜裴罗为怀仁可汗。于是怀仁南据突厥故地,立牙帐于乌德犍山,旧统药逻葛等九姓,其后又并拔悉密、葛逻禄,凡十一部,各置都督,每战则以二客部为先。

四载春正月,回纥怀仁可汗击突厥白眉可汗,杀之,传首京师。突厥毗伽可敦帅众来降。于是北边晏然,烽燧无警矣。

请求投降，却拖延时间，一直不前来。王忠嗣知道他在耍花招，于是派遣使者游说拔悉密、回纥、葛逻禄部落，让他们出兵攻打，乌苏米施可汗逃走。王忠嗣乘机出兵追击，攻取他的右厢部众后返回。丁亥（十五日），突厥西叶护阿布思和西杀葛腊哆、阿史那默啜的孙子阿史那勃德支、伊然可汗的小妻、毗伽登利的女儿率领部众一千多帐落，相继前来投降，突厥于是衰微。九月辛亥（初九），玄宗前往花萼楼，宴请突厥投降者，赏赐十分丰厚。

三载（744）秋季八月，拔悉密攻杀突厥乌苏米施可汗，传送他的首级到京城。国人拥立他的弟弟鹘陇匐白眉特勒，这就是白眉可汗。这时，突厥境内大乱，玄宗命令朔方节度使王忠嗣出兵，乘机攻取。到达萨河内山，打败他的左厢阿波达干等十一部，右厢没有攻下。恰在这时，回纥、葛逻禄共同攻打拔悉密颉跌伊施可汗，杀了他。回纥骨力裴罗自立为骨咄禄毗伽阙可汗，派遣使者报告情状，玄宗册拜骨力裴罗为怀仁可汗。这时，怀仁可汗向南占据突厥故地，在乌德犍山建立牙帐，原先统领药逻葛等九姓，后来又吞并了拔悉密、葛逻禄，共十一个部落，各部落设置都督，每次交战，便以两个客部拔悉密、葛逻禄为前锋。

四载（745）春季正月，回纥怀仁可汗攻打突厥白眉可汗，杀了他，传送他的首级到京城。突厥毗伽可敦率领部众前来投降。至此，北部边境一片安宁，烽火台不再报警了。

唐平奚契丹

唐太宗贞观二年夏四月丙申,契丹酋长帅其部落来降。

四年,突厥既亡,营州都督薛万淑遣契丹酋长贪没折说谕东北诸夷,奚、霫、室韦等十馀部皆内附。万淑,万均之兄也。

二十二年夏四月己未,契丹辱纥主曲据帅众内附,以其地置玄州,以曲据为刺史,隶营州都督府。冬十一月庚子,契丹帅窟哥、奚帅可度者并帅所部内属。以契丹部为松漠府,以窟哥为都督,又以其别帅达稽等部为峭落等九州,各以其辱纥主为刺史;以奚部为饶乐府,以可度者为都督,又以其别帅阿会等部为弱水等五州,亦各以其辱纥主为刺史。辛丑,置东夷校尉官于营州。

高宗显庆五年夏四月戊辰,以定襄都督阿史德枢宾、左武候将军延陀梯真、居延州都督李合珠并为冷岍道行军总管,各将所部兵以讨叛奚,仍命尚书右丞崔馀庆充使总护三部兵,奚寻遣使降。更以枢宾等为沙砖道行军总管,以讨契丹,擒契丹松漠都督阿卜固送东都。

唐平奚契丹

唐太宗贞观二年(628)夏季四月丙申(二十日),契丹酋长率领他的部落前来投降。

四年(630),突厥灭亡后,营州都督薛万淑派遣契丹酋长贪没折劝说、晓谕东北各夷族,奚、霫、室韦等十多个部落都归附唐朝。薛万淑是薛万均的哥哥。

二十二年(648)夏季四月己未(初九),契丹辱纥主曲据率领部众归附唐朝,太宗在契丹所在地区设置玄州,任命曲据为刺史,隶属于营州都督府。冬季十一月庚子(二十三日),契丹首领窟哥、奚部首领可度者都率领所属部众归附唐朝。太宗把契丹部划为松漠府,任命窟哥为都督,又将其别部首领达稽等部落分设为峭落等九个州,各以他们的辱纥主为刺史;以奚部为饶乐府,任命可度者为都督,又将奚别部首领阿会等部落分设为弱水等五个州,也各以他们的辱纥主为刺史。辛丑(二十四日),唐朝在营州设置东夷校尉官。

高宗显庆五年(660)夏季四月戊辰这天,任命定襄都督阿史德枢宾、左武候将军延陀梯真、居延州都督李合珠同为冷岍道行军总管,各自率领所辖军队去讨伐反叛的奚人,同时委派尚书右丞崔馀庆充任使者总领三部兵马,奚人不久派遣使者投降。高宗又任命阿史德枢宾等人为沙砖道行军总管,去讨伐契丹,阿史德枢宾等人擒获契丹松漠都督阿卜固,送到东都洛阳。

则天皇后万岁通天元年夏五月壬子,营州契丹松漠都督李尽忠、归诚州刺史孙万荣举兵反,攻陷营州,杀都督赵文翙。尽忠,万荣之妹夫也,皆居于营州城侧。文翙刚愎,契丹饥不加赈给,视酋长如奴仆,故二人怨而反。乙丑,遣左鹰扬卫将军曹仁师、右金吾卫大将军张玄遇、左威卫大将军李多祚、司农少卿麻仁节等二十八将讨之。秋七月辛亥,以春官尚书、梁王武三思为榆关道安抚大使,姚璹副之,以备契丹。改李尽忠为李尽灭,孙万荣为孙万斩。尽忠寻自称无上可汗,据营州,以万荣为前锋,略地,所向皆下,旬日,兵至数万,进围檀州,清边前军副总管张九节击却之。

八月丁酉,曹仁师、张玄遇、麻仁节与契丹战于硖石谷,唐兵大败。先是,契丹破营州,获唐俘数百,囚之地牢,闻唐兵将至,使守牢者绐之曰:“吾辈家属,饥寒不能自存,唯俟官军至即降耳。”既而契丹引出其俘,饲以糠粥,慰劳之曰:“吾养汝则无食,杀汝又不忍,今纵汝去。”遂释之。俘至幽州,具言其状,诸军闻之,争欲先入。至黄獐谷,虏又遣老弱迎降,故遗老牛瘦马于道侧。仁师等三军弃步卒,将骑兵轻进。契丹设伏横击之,飞索以绁玄遇、仁节,获之,将卒死者填山谷,鲜有脱者。契丹得军印,诈为牒,令玄遇等署之,牒总管燕匪石、宗怀昌等云:“官军已破贼,若至营州,军将皆斩,兵不叙勋。”匪石等得牒,昼夜兼行,不遑寝食以赴之,士马疲弊。契丹伏兵于中道邀之,全军皆没。

则天皇后万岁通天元年(696)夏季五月壬子(十二日)，营州契丹松漠都督李尽忠、归诚州刺史孙万荣起兵反叛，攻下营州，杀死都督赵文翙。李尽忠是孙万荣的妹夫，都住在营州城旁边。赵文翙傲慢而固执，契丹发生饥荒，他不加以赈济，对待酋长如同对待奴仆，所以二人由怨恨而反叛。乙丑(二十五日)，太后派遣左鹰扬卫将军曹仁师、右金吾卫大将军张玄遇、左威卫大将军李多祚、司农少卿麻仁节等二十八名将领，讨伐李尽忠、孙万荣。秋季七月辛亥(十一日)，太后任命春官尚书、梁王武三思为榆关道安抚大使，姚璹为副使，去防备契丹。把李尽忠的名字改为李尽灭，孙万荣改为孙万斩。李尽忠不久自称无上可汗，占据营州，委派孙万荣担任前锋，攻占土地，所到之处都攻了下来，十来天中，兵士达到几万人，进军包围檀州，清边前军副总管张九节打退了他。

　　八月丁酉(二十八日)，曹仁师、张玄遇、麻仁节和契丹在硖石谷交战，唐朝军队大败。在这以前，契丹攻陷营州，抓获了几百名唐朝俘虏，囚禁在地牢中，听说唐朝军队将要赶到，指使一个守牢的奚人欺哄俘虏说："我们的家属饥寒交迫，不能活命，只等官军一到就投降。"不久，契丹从地牢中放出俘虏，熬糠粥给他们吃，慰劳他们说："我们要养活你们却没有粮食，杀掉你们又于心不忍，现在放你们回去。"于是释放了俘虏。俘虏到了幽州，详细报告契丹缺粮的情状，各军听说后，争着要先进入契丹。到达黄獐谷，契丹又派出年老体弱的人迎上前来投降，故意把老牛瘦马遗弃在路旁。曹仁师等三军撇下步兵，率领骑兵轻率冒进。契丹设置埋伏，拦腰攻击，用飞索套住张玄遇、麻仁节，生擒了他们，死亡的将领士兵填满山谷，很少有逃脱的。契丹搜到军中印信，假造文书，命令张玄遇等人署名，给总管燕匪石、宗怀昌等人写信说："官军已经打败贼寇，如果你们不到营州来，将领全部处斩，士兵不记功劳。"燕匪石等人接信后，日夜赶路，顾不上吃饭睡觉，一路往前赶，兵士疲劳，马匹困顿。契丹在半路上埋伏军队截击，燕匪石等人的军队全被消灭。

九月，制："天下系囚及士庶家奴骁勇者，官偿其直，发以击契丹。"初令山东近边诸州置武骑团兵，以同州刺史、建安王武攸宜为右武威卫大将军，充清边道行军大总管，以讨契丹。右拾遗陈子昂为攸宜府参谋，上疏曰："恩制免天下罪人及募诸色奴充兵讨击契丹，此乃捷急之计，非天子之兵。且比来刑狱久清，罪人全少，奴多怯弱，不惯征行，纵其募集，未足可用。况当今天下忠臣勇士，万分未用其一，契丹小孽，假命待诛，何劳免罪贱奴，损国大体！臣恐此策不可威示天下。"

凉州都督许钦明之兄钦寂为龙山军讨击副使，与契丹战于崇州，军败，被擒。虏将围安东，令钦寂说其属城未下者。安东都护裴玄珪在城中，钦寂谓曰："狂贼天殃，灭在朝夕，公但励兵谨守以全忠节。"虏杀之。

突厥默啜请为太后子，为国讨契丹。册授默啜左卫将军。冬十月辛卯，契丹李尽忠卒，孙万荣代领其众。突厥默啜乘间袭松漠，虏尽忠、万荣妻子而去。万荣收合馀众，军势复振，遣别帅骆务整、何阿小为前锋，攻陷冀州，杀刺史陆宝积，屠吏民数千人。又攻瀛州，河北震动。制起彭泽令狄仁杰为魏州刺史。前刺史独孤思庄畏契丹猝至，悉驱百姓入城，缮修守备。仁杰至，悉遣还农，曰："贼犹在远，何烦如是！万一贼来，吾自当之。"百姓大悦。

九月，太后下制称："天下的囚徒以及士庶家庭中骁勇的奴仆，官府出钱为他们赎身，调发这些人去攻打契丹。"开始下令山东靠近边境的各州设置武骑团兵，任命同州刺史、建安王武攸宜为右武威卫大将军，充任清边道行军大总管，去讨伐契丹。右拾遗陈子昂做武攸宜军府的参谋，他上奏疏说："下达恩惠制书赦免天下罪犯，募集各类奴仆充当士兵，让他们去讨伐契丹，这是应急之计，不是天子的军队。而且近来牢狱中因犯法者少，囚犯不多；奴仆大多怯懦，不习惯征战，即使募集，也没有多大用处。何况当今天下的忠臣勇士，还没有用上万分之一，契丹是小小的敌寇，让他们多活几天等待诛杀，何须烦劳赦免罪犯、赎出奴仆，损坏国家的法度！臣下恐怕这个策略不能向天下显示我们的威势。"

凉州都督许钦明的哥哥许钦寂，这时担任龙山军讨击副使，和契丹在崇州交战，军队失败，被擒获。敌寇将要包围安东，命令许钦寂劝说他辖区内没有被攻下来的各城池投降。安东都护裴玄珪在城中，许钦寂对他说："狂妄的贼寇遭到上天的惩罚，灭亡就在眼前，您只管指挥军队严密防守，来保全忠贞的节操。"敌寇杀了许钦寂。

突厥首领阿史那默啜请求做太后的儿子，替国家讨伐契丹。太后任命阿史那默啜为左卫将军。冬季十月辛卯（二十二日），契丹李尽忠去世，孙万荣接替他统领部众。突厥阿史那默啜抓住时机袭击松漠，俘获了李尽忠、孙万荣的妻子儿女后离开。孙万荣收集残馀的部众，军队的声势得以重新振作，他派遣别部将领骆务整、何阿小充当前锋，攻陷了冀州，杀死刺史陆宝积，屠杀官吏民众几千人。又攻打瀛州，黄河以北震惊骚动。太后下令擢升彭泽令狄仁杰为魏州刺史。以前的刺史独孤思庄害怕契丹突然赶来，驱使所有的百姓进入城池，修筑防守工事。狄仁杰到达后，遣送所有百姓回到农田，说："贼寇还在很远的地方，何必采取这种做法？万一贼寇来到，我自有办法抵挡他。"百姓大为欢悦。

时契丹入寇，军书填委，夏官郎中陕石姚元崇剖析如流，皆有条理，太后奇之，擢为夏官侍郎。

神功元年春三月戊申，清边道总管王孝杰、苏宏晖等将兵十七万与孙万荣战于东陕石谷，唐兵大败，孝杰死之。孝杰遇契丹，帅精兵为前锋，力战。契丹引退，孝杰追之，行背悬崖。契丹回兵薄之，宏晖先遁，孝杰坠崖死，将士死亡殆尽。管记洛阳张说驰奏其事。太后赠孝杰官爵，遣使斩宏晖以徇。使者未至，宏晖以立功得免。武攸宜军渔阳，闻孝杰等败没，军中震恐，不敢进。契丹乘胜寇幽州，攻陷城邑，剽掠吏民，攸宜遣将击之，不克。

夏四月癸未，以右金吾卫大将军武懿宗为神兵道行军大总管，与右豹韬卫将军何迦密将兵击契丹。五月癸卯，又以娄师德为清边道副大总管，右武威卫将军沙吒忠义为前军总管，将兵二十万击契丹。

六月，武懿宗军至赵州，闻契丹将骆务整数千骑将至冀州，懿宗惧，欲南遁。或曰："虏无辎重，以抄掠为资，若按兵拒守，势必离散，从而击之，可有大功。"懿宗不从，退据相州，委弃军资器仗甚众。契丹遂屠赵州。

甲午，孙万荣为奴所杀。万荣之破王孝杰也，于柳城西北四百里依险筑城，留其老弱妇女，所获器仗资财，使妹夫乙冤羽守之，引精兵寇幽州。恐突厥默啜袭其后，遣五人至黑沙，语默啜曰："我已破王孝杰百万之众，唐人破胆，请与可汗乘胜共取幽州。"三人先至，默啜喜，赐以绯袍。

当时，契丹进犯，军事文书堆积，夏官郎中硖石人姚元崇剖断分拨，如流水般迅速，都很有条理，太后对他的才能很惊奇，擢升他为夏官侍郎。

神功元年（697）春季三月戊申（十二日），清边道总管王孝杰、苏宏晖等人率领十七万兵士，在东硖石谷和孙万荣交战，唐朝军队大败，王孝杰在战斗中身亡。王孝杰遇到契丹军队时，率领精锐的兵士为前锋，奋力作战。契丹撤退，王孝杰追赶他们，走到背靠悬崖的地方。契丹军队转身逼近，苏宏晖首先逃跑，王孝杰坠落悬崖而死，将领士兵差不多都死光了。管记洛阳人张说飞马上奏这件事情。太后追赠给王孝杰官职爵位，派遣使者处斩苏宏晖示众。使者没有到达时，苏宏晖因立功免除死罪。武攸宜驻扎在渔阳，得知王孝杰等人失败战死，军中震惊恐惧，不敢前进。契丹乘胜进犯幽州，攻陷城池，掳掠官吏民众，武攸宜派遣将领攻打契丹，不能取胜。

夏季四月癸未（十八日），太后任命右金吾卫大将军武懿宗为神兵道行军大总管，和右豹韬卫将军何迦密率领军队攻打契丹。五月癸卯（初八），太后又任命娄师德为清边道副大总管，右武威卫将军沙吒忠义为前军总管，率领二十万军队攻打契丹。

六月，武懿宗的军队到达赵州，听说契丹将领骆务整率领几千骑兵将要到达冀州，武懿宗心中畏惧，打算向南逃跑。有人说："敌寇没有军用物资，靠搜劫财物维持军需，我们如按兵不动，抵御防守，他们势必离散，然后出击，可以立下大功。"武懿宗不听从，退守到相州，丢弃了众多的粮草兵器。契丹于是屠灭赵州。

甲午（三十日），孙万荣被奴仆杀死。孙万荣打败王孝杰后，在柳城西北四百里处，凭借险要地势筑城，留下年老体弱的男人和妇女，以及所缴获的兵器物资，命令他的妹夫乙冤羽在那里守卫，自己率领精锐的兵士进犯幽州。他担心突厥阿史那默啜袭击他的后方，派五人到黑沙城，对阿史那默啜说："我们已经打败王孝杰的百万大军，唐军恐惧到极点，我请求和可汗共同乘胜攻取幽州。"三个人先到，阿史那默啜很高兴，赐给他们红袍。

二人后至，默啜怒其稽缓，将杀之，二人曰："请一言而死。"默啜问其故，二人以契丹之情告。默啜乃杀前三人而赐二人绯，使为乡导，发兵取契丹新城，杀所获凉州都督许钦明以祭天。围新城三日，克之，尽俘以归。使乙冤羽驰报万荣。时万荣方与唐兵相持，军中闻之，恟惧。奚人叛万荣，神兵道总管杨玄基击其前，奚兵击其后，获其将何阿小。万荣军大溃，帅轻骑数千东走。前军总管张九节遣兵邀之于道，万荣穷蹙，与其奴逃至潞水东，息于林下，叹曰："今欲归唐，罪已大。归突厥亦死，归新罗亦死，将安之乎？"奴斩其首以降，枭之四方馆门。其馀众及奚、霫皆降于突厥。

辛卯，制以契丹初平，命河内王武懿宗、娄师德及魏州刺史狄仁杰分道安抚河北。懿宗所至残酷，民有为契丹所协从复来归者，懿宗皆以为反，生刳取其胆。先是，何阿小嗜杀人，河北人为之语曰："唯此两何，杀人最多。"

秋七月庚午，武攸宜自幽州凯旋。武懿宗奏河北百姓从贼者请尽族之，左拾遗王求礼庭折之曰："此属素无武备，力不胜贼，苟从之以求生，岂有叛国之心？懿宗拥强兵数十万，望风退走，贼徒滋蔓，又欲移罪于草野迕误之人，为臣不忠，请先斩懿宗以谢河北！"懿宗不能对。司刑卿杜景俭亦奏："此皆胁从之人，请悉原之。"太后从之。

两个人后到，阿史那默啜气愤他俩行动迟缓，将要杀死他俩，两人说："请求说句话后再受死。"阿史那默啜询问他们理由，两人把契丹后方的情况报告给了他。阿史那默啜于是杀死先到的三个人，而赐红袍给后到的两个人，让两人做向导，发兵攻打契丹新筑的城池，杀死俘获的凉州都督许钦明来祭告上天。包围新城三天，攻下来了，俘获所有人员后返回。让乙冤羽飞马报告孙万荣。这时，孙万荣正和唐朝军队相持不下，在军中得知这一消息，惊惶恐惧。奚人就背叛孙万荣，神兵道总管杨玄基攻打他的前面，奚人攻打他的后面，擒获了他的将领何阿小。孙万荣的军队完全溃散，他率领几千轻装的骑兵向东逃跑。前军总管张九节派遣军队在途中拦击，孙万荣走投无路，和他的奴仆逃到潞水以东，在树林中休息，叹息说："如今想要归附唐朝，罪恶已经很大。归附突厥也是死，归附新罗还是死，该到哪里去呢？"奴仆斩下他的首级投降，朝廷把他的首级悬挂在四方馆门前示众。孙万荣残馀的部众和奚人、霫人都投降了突厥。

辛卯（二十七日），太后下诏，因契丹刚刚平定，命令河内王武懿宗、娄师德和魏州刺史狄仁杰分道安抚黄河以北地区。武懿宗所到之处，残忍刻毒，先前为契丹所胁迫屈从又来归顺的民众，武懿宗都认为是反叛，活活剖开他们的腹部取出胆来。在这以前，何阿小喜爱杀人，黄河以北的人为此编出顺口溜说："唯此两何，杀人最多。"

秋季七月庚午这天，武攸宜从幽州凯旋。武懿宗上奏疏，请求把黄河以北归附过贼寇的百姓全部灭族，左拾遗王求礼在朝廷上当众驳斥他说："这些人一向没有武力戒备，力量胜不过贼寇，苟且顺从他们以求活命，哪里有背叛国家的心意？武懿宗拥有几十万强大的军队，望风而退，使贼寇势力越发强大，又想把罪过移加到草野中被连累的人身上，做臣子不忠实，请先斩杀武懿宗，向黄河以北民众谢罪！"武懿宗无言对答。司刑卿杜景俭也上奏："这些都是受威胁而屈从的人，请求全部宽恕他们。"太后听从了杜景俭的意见。

　　久视元年。初,契丹将李楷固,善用绠索及骑射、舞槊,每陷陈,如鹘入乌群,所向披靡。黄獐之战,张玄遇、麻仁节皆为所绠。又有骆务整者,亦为契丹将,屡败唐兵。及孙万荣死,二人来降。有司责其后至,奏请族之。狄仁杰曰:"楷固等并骁勇绝伦,能尽力于所事,必能尽力于我,若抚之以德,皆为我用矣。"奏请赦之。所亲皆止之,仁杰曰:"苟利于国,岂为身谋?"太后用其言,赦之。又请与之官,太后以楷固为左玉钤卫将军,务整为右武威卫将军,使将兵击契丹馀党,悉平之。秋七月,献俘于含枢殿。太后以楷固为左玉钤卫大将军、燕国公,赐姓武氏。召公卿合宴,举觞属仁杰曰:"公之功也。"将赏之,对曰:"此乃陛下威灵,将帅尽力,臣何功之有!"固辞不受。

　　睿宗景云元年冬十月丁酉,以幽州镇守经略节度大使薛讷为左武卫大将军兼幽州都督。节度使之名自讷始。十二月壬辰,奚、霫犯塞,掠渔阳、雍奴,出卢龙塞而去。幽州都督薛讷追击之,弗克。

　　玄宗先天元年,幽州大都督薛讷镇幽州二十馀年,吏民安之,未尝举兵出塞,房亦不敢犯。与燕州刺史李琎有隙,琎毁之于刘幽求,幽求荐左羽林将军孙佺代之。三月丁丑,以佺为幽州大都督,徙讷为并州长史。夏六月庚申,幽州大都督孙佺与奚酋李大酺战于冷陉,全军覆没。是时,佺帅左骁卫将军李楷洛、左威卫将军周以悌发兵二万、骑八千,分为三军,以袭奚、契丹。将军乌可利谏曰:"道险而天热,悬军远袭,往必败。"佺曰:"薛讷在边积年,竟不能为国家复营州。今乘其无备,往必有功。"使楷洛将骑四千

久视元年（700）。当初，契丹将领李楷固善于使用飞索，擅长骑马射箭、挥舞长矛，每次冲锋陷阵，如同鸷鸟进入乌鸦群，所向无敌。黄獐之战中，张玄遇、麻仁节都是被他套住的。又有个骆务整，也是契丹将领，多次打败唐军。等到孙万荣死后，二人前来投降。有关部门责备他们到得太晚，上奏请求诛灭二人的全族。狄仁杰说：“李楷固等人都骁勇无比，能为主子尽力，也必能为我们尽力，如果用恩德安抚，都会为我们所使用。”奏请赦免他们。他的亲友都制止他，狄仁杰说：“如果有利于国家，哪能为自身考虑？”太后听取他的意见，赦免了二人。狄仁杰又请求授予二人官职，太后任命李楷固为左玉钤卫将军，骆务整为右武威卫将军，派他俩率兵去进击契丹的残存徒众，全部平定了。秋季七月，在含枢殿献纳俘虏。太后任李楷固为左玉钤卫大将军，封燕国公，赐姓武氏。太后召集公卿会宴，举杯对狄仁杰说：“这都是你的功劳。”准备赏赐他，狄仁杰回答说：“这是陛下声威远播，将帅竭尽全力，臣下没有什么功劳！”坚决推辞，不接受赏赐。

唐睿宗景云元年（710）冬季十月丁酉（二十日），任命幽州镇守经略节度大使薛讷为左武卫大将军兼任幽州都督。节度使的名称，从薛讷开始。十二月壬辰（十六日），奚、霫侵犯边塞，劫掠渔阳、雍奴，经由卢龙塞离去。幽州都督薛讷追击他们，没有取胜。

唐玄宗先天元年（712），幽州大都督薛讷镇守幽州二十多年，官吏民众安居乐业，从来没有发兵到塞外，敌寇也不敢进犯。薛讷和幽州刺史李琎有矛盾，李琎向刘幽求诋毁薛讷，刘幽求举荐左羽林将军孙佺接替薛讷。三月丁丑（初八），玄宗任命孙佺为幽州大都督，调薛讷去担任并州长史。夏季六月庚申（二十二日），幽州大都督孙佺和奚族酋长李大酺在冷陉交战，全军覆没。当时，孙佺率领左骁卫将军李楷洛、左威卫将军周以悌，调集二万步兵八千骑兵，分为三路袭击奚、契丹。将军乌可利规劝说：“道路艰险，天气炎热，孤军深入袭击远方，前去必然失败。”孙佺说：“薛讷在边塞多年，竟然不能为国家收复营州。现在乘敌寇没有戒备，前去攻打必然会成功。”命令李楷洛率领四千骑兵

前驱,遇奚骑八千,楷洛战不利。佺怯懦,不敢救,引军欲还,虏乘之,唐兵大败。佺阻山为方陈以自固,大酺使谓佺曰:"朝廷既与我和亲,今大军何为而来?"佺曰:"吾奉敕来招慰耳。楷洛不禀节度,辄与汝战,请斩以谢。"大酺曰:"若然,国信安在?"佺悉敛军中帛,得万馀段,并紫袍、金带、鱼袋以赠之。大酺曰:"请将军南还,勿相惊扰。"将士惧,无复部伍,虏追击之,士卒皆溃。佺、悌为虏所擒,献于突厥,默啜皆杀之。楷洛、可利脱归。

冬十一月乙酉,奚、契丹二万骑寇渔阳,幽州都督宋璟闭城不出,虏大掠而去。

开元二年。初,营州都督治柳城以镇抚奚、契丹,则天之世,都督赵文翙失政,奚、契丹攻陷之,是后寄治于幽州东渔阳城。或言:"靺鞨、奚、霫大欲降唐,正以唐不建营州,无所依投,为默啜所侵扰,故且附之。若唐复建营州,则相帅归化矣。"并州长史、和戎大武等军州节度大使薛讷信之,奏请击契丹,复置营州。上亦以冷陉之役,欲讨契丹。群臣姚崇等多谏。甲申,以讷同紫微黄门三品,将兵击契丹,群臣乃不敢言。

秋七月,薛讷与左监门卫将军杜宾客、定州刺史崔宣道等将兵六万出檀州击契丹。宾客以为:"士卒盛夏负戈甲,赍资粮,深入寇境,难以成功。"讷曰:"盛夏草肥,羔犊孳息,因粮于敌,正得天时,一举灭虏,不可失也。"行至滦水山峡中,契丹伏兵遮其前后,从山上击之,唐兵大败,

充当前锋,遇上奚族八千骑兵,李楷洛和他们交战失利。孙佺胆怯,不敢救援,率领军队准备返回,敌寇乘机进攻,唐朝军队大败。孙佺凭借山势,结成方阵固守,李大酺派遣使者对孙佺说:"朝廷既然已经和我们议和结亲,现在大军为什么前来?"孙佺说:"我奉诏命来招抚、慰问而已。李楷洛不听从指挥,擅自和你们交战,请求杀掉他以表示歉意。"李大酺说:"如果真是这样,国家的恩信在哪里?"孙佺于是收取军中所有的布帛,得到了一万多段,连同紫袍、金带、鱼袋,赠送给了李大酺。李大酺说:"请将军向南回去吧,不要互相惊动骚扰。"孙佺的将领士兵心中恐惧,秩序混乱,敌寇追击,兵士全部溃散。孙佺、周以悌被敌寇擒获,献给了突厥,阿史那默啜把他们全部杀了。李楷洛、乌可利逃脱返回。

冬季十一月乙酉(二十日),奚、契丹二万骑兵进犯渔阳,幽州都督宋璟关闭城门,不出战,敌寇大肆掳掠后离开。

开元二年(714)。当初,营州都督治所在柳城,以便镇抚奚、契丹,武则天时期,都督赵文翙政事失策,奚、契丹攻陷柳城,此后治所寄居在幽州东面的渔阳城。有人说:"靺鞨、奚、霫非常想归降唐朝,只是因为唐朝不设置营州,没有地方投奔,被阿史那默啜侵犯骚扰,所以暂且依附突厥。如果唐朝重新设置营州,就会相继归顺了。"并州长史、和戎大武等军州节度大使薛讷相信这个说法,上奏疏请求攻打契丹,重新设置营州。玄宗也因为冷陉之战,想讨伐契丹。臣属姚崇等人大多劝阻。甲申(正月二十五日),玄宗任命薛讷为同紫微黄门三品,率领军队攻打契丹,文武官员就不敢再说什么了。

秋季七月,薛讷和左监门卫将军杜宾客、定州刺史崔宣道等率六万军队,从檀州出兵,攻打契丹。杜宾客认为:"兵士在盛夏身负兵器,携带粮食,深入敌境,是难以取胜的。"薛讷说:"盛夏野草肥美,羊羔牛犊滋生繁息,利用敌人的粮食,正好得到天时,一举消灭敌寇,时机不可失去。"行进到滦水山峡中,契丹在前后埋伏下兵士,堵住进路和退路,从山上攻打他们,唐军大败,

死者什八九。讷与数十骑突围,得免,虏中嗤之,谓之"薛婆"。崔宣道将后军,闻讷败,亦走。讷归罪于宣道及胡将李思敬等八人,制悉斩之于幽州。庚子,赦免讷死,削除其官爵,独赦杜宾客之罪。

四年秋八月辛未,契丹李失活、奚李大酺帅所部来降。制以失活为松漠郡王、行左金吾大将军兼松漠都督,因其八部落酋长,拜为刺史,又以将军薛泰督军镇抚之。大酺为饶乐郡王、行右金吾大将军兼饶乐都督。失活,尽忠之从父弟也。突厥默啜既死,奚、契丹、拔曳固等诸部皆内附。

五年,奚、契丹既内附,贝州刺史宋庆礼建议,请复营州。三月庚戌,制复置营州都督于柳城,兼平卢军使,管内州、县、镇、戍皆如其旧。以太子詹事姜师度为营田、支度使,与庆礼等筑之,三旬而毕。庆礼清勤严肃,开屯田八十馀所,招安流散,数年之间,仓廪充实,市里浸繁。冬十一月丙申,契丹王李失活入朝。十二月壬午,以东平王外孙杨氏为永乐公主,妻之。

六年夏五月,契丹王李失活卒,癸巳,以其弟娑固代之。

七年冬十一月壬申,契丹王李娑固与公主入朝。

八年,契丹牙官可突干骁勇得众心,李娑固猜畏,欲去之。是岁,可突干举兵击娑固,娑固败奔营州。营州都督许钦澹遣安东都护薛泰帅骁勇五百与奚王李大酺奉娑固以讨之,战败,娑固、李大酺皆为可突干所杀,生擒薛泰,

死亡的人有十分之八九。薛讷和几十个骑兵突破重围,得以免死,敌寇讥笑他,称他为"薛婆"。崔宣道率领后续军队,得知薛讷失败,也掉头逃跑。薛讷把罪过推到崔宣道和胡人将领李思敬等八人身上,玄宗下令把他们全部杀死在幽州。庚子(十五日),玄宗下令免除薛讷的死罪,撤销他的官职爵位,唯独赦免杜宾客的罪过。

四年(716)秋季八月辛未(二十八日),契丹李失活、奚部李大酺率领部众前来投降。玄宗下诏,封李失活为松漠郡王,兼摄左金吾大将军,兼松漠都督,并将他所属八个部落的酋长任命为刺史,又责成将军薛泰督军镇抚契丹所在地区。封李大酺为饶乐郡王,兼摄右金吾大将军,兼饶乐都督。李失活是李尽忠的堂弟。突厥阿史那默啜死后,奚、契丹、拔曳固等各部落都归附了唐朝。

五年(717),奚、契丹归附唐朝后,贝州刺史宋庆礼建议再设置营州。三月庚戌(初十)这天,玄宗下诏在柳城重新设置营州都督府,都督兼任平卢军使,辖区内州、县、镇、戍,都跟旧制一样。任命太子詹事姜师度为营田、支度使,和宋庆礼等人修筑城池,三十天修成。宋庆礼清廉勤奋,威严庄重,开垦屯田八十多处,招募、安抚流散民户,几年之间,府库充实,市镇邑落逐渐繁盛。冬季十一月丙申这天,契丹王李失活入京朝贡。十二月壬午(十七日),封东平王李续的外孙女杨氏为永乐公主,嫁给李失活。

六年(718)夏季五月,契丹王李失活去世,癸巳这天,任命他的弟弟李娑固接替他。

七年(719)冬季十一月壬申(十八日),契丹王李娑固与永乐公主入京朝贡。

八年(720),契丹牙官可突干勇猛果敢,很得人心,李娑固对他猜疑、畏惧,想要除掉他。这一年,可突干起兵攻打李娑固,李娑固战败,投奔到了营州。营州都督许钦澹,派遣安东都护薛泰率领五百勇猛的兵士,和奚王李大酺奉持李娑固前去讨伐可突干。交战失败,李娑固、李大酺都被可突干杀死,薛泰被生擒,

营州震恐。许钦澹移军入渝关,可突干立娑固从父弟郁干为主,遣使请罪。上赦可突干之罪,以郁干为松漠都督,以李大酺之弟鲁苏为饶乐都督。

十年夏闰五月壬申,张说如朔方巡边。己丑,以馀姚县主女慕容氏为燕郡公主,妻契丹王郁干。

十二年,契丹王李郁干卒,弟吐干袭位。

十三年。先是,契丹王李吐干与可突干复相猜忌,携公主来奔,不敢复还,更封辽阳王,留宿卫。可突干立李尽忠之弟邵固为主。车驾东巡,邵固诣行在,因从至泰山,拜左羽林大将军、静折军经略大使。

十四年春正月癸未,更立契丹松漠王李邵固为广化王,奚饶乐王李鲁苏为奉诚王。以上从甥陈氏为东华公主,妻邵固;以成安公主之女韦氏为东光公主,妻鲁苏。

十八年。初,契丹王李邵固遣可突干入贡,同平章事李元纮不礼焉。左丞相张说谓人曰:"奚、契丹必叛。可突干狡而很,专其国政久矣,人心附之。今失其心,必不来矣。"己酉,可突干弑邵固,帅其国人并胁奚众叛降突厥。奚王李鲁苏及其妻韦氏、邵固妻陈氏皆来奔。制幽州长史赵含章讨之,又命中书舍人裴宽、给事中薛侃等于关内、河东、河南、北分道募勇士。六月丙子,以单于大都护、忠王浚领河北道行军元帅,以御史大夫李朝隐、京兆尹裴伷先副之,帅十八总管以讨奚、契丹。命浚与百官相见于光顺门。张说退,谓学士孙逖、韦述曰:"吾尝观太宗画像,雅类忠王,此社稷之福也。"可突干寇平卢,先锋使张掖乌承玼破之于捺禄山。

营州震惊恐惧。许钦澹转移军队，进入渝关，可突干拥立李娑固的堂弟李郁干为首领，派遣使者请罪。玄宗赦免可突干的罪过，任命李郁干为松漠都督，任命李大酺的弟弟李鲁苏为饶乐都督。

十年(722)夏季闰五月壬申(初二)，张说前往朔方巡视边境防务。己丑(十九日)，玄宗封馀姚县主的女儿慕容氏为燕郡公主，嫁给契丹王李郁干。

十二年(724)，契丹王李郁干去世，弟弟李吐干继位。

十三年(725)。在这以前，契丹王李吐干又和可突干互相猜忌，携带燕郡公主前来投奔，不敢再回去，改封为辽阳王，留下来警卫宫廷。可突干拥立李尽忠的弟弟李邵固为首领。玄宗向东巡视，李邵固前往玄宗所在的地方，随后陪从到泰山封禅，任命他为左羽林大将军、静折军经略大使。

十四年(726)春季正月癸未(初四)，改立契丹松漠王李邵固为广化王，奚饶乐王李鲁苏为奉诚王。玄宗封自己的堂甥女陈氏为东华公主，嫁给李邵固；封成安公主的女儿韦氏为东光公主，嫁给李鲁苏。

十八年(730)。当初，契丹王李邵固派遣可突干入京朝贡，同平章事李元纮对他不客气。左丞相张说对人说："奚、契丹必然叛乱。可突干狡诈而凶狠，独掌国家大权很久了，人心归向他。如今失去了他的欢心，必定不来了。"己酉(五月二十六日)，可突干杀死李邵固，率领族人并胁迫奚族部众反叛，投降突厥。奚王李鲁苏和他的妻子韦氏、李邵固的妻子陈氏都前来投奔唐朝。玄宗下令幽州长史赵含章讨伐可突干，又命令中书舍人裴宽、给事中薛侃等人在关内、河东、河南、河北分道招募勇士。六月丙子(二十三日)，玄宗任命单于大都护、忠王李浚兼任河北道行军元帅，任命御史大夫李朝隐、京兆尹裴伷先为副元帅，率领十八个总管去讨伐奚、契丹。命令李浚和文武官员在光顺门相见。张说退朝后对学士孙逖、韦述说："我曾经观看过太宗的画像，极像忠王，这是国家的福气。"可突干进犯平卢，先锋使张掖人乌承玼在捺禄山打败了他。

二十年春正月乙卯，以朔方节度副大使、信安王祎为河东、河北行军副大总管，将兵击奚、契丹。壬申，以户部侍郎裴耀卿为副总管。

三月，信安王祎帅裴耀卿及幽州节度使赵含章分道击奚、契丹，含章与虏遇，虏望风遁去。平卢先锋将乌承玼言于含章曰："二虏，剧贼也。前日遁去，非畏我，乃诱我也，宜按兵以观其变。"含章不从，与虏战于白山，果大败。承玼别引兵出其右，击虏，破之。己巳，祎等大破奚、契丹，俘斩甚众，可突干帅麾下远遁，馀党潜窜山谷。奚酋李诗琐高帅五千馀帐来降。祎引兵还。赐李诗爵归义王，充归义州都督，徙其部落置幽州境内。

二十一年春闰三月癸酉，幽州道副总管郭英杰与契丹战于都山，败死。时节度使薛楚玉遣英杰将精骑一万及降奚击契丹，屯于渝关之外。可突干引突厥之众来合战，奚持两端，散走保险，唐兵不利，英杰战死。馀众六千馀人犹力战不已。虏以英杰首示之，竟不降，尽为虏所杀。楚玉，讷之弟也。

二十二年夏六月壬辰，幽州节度使张守珪大破契丹，遣使献捷。冬十二月乙巳，幽州节度使张守珪斩契丹王屈烈及可突干，传首。时可突干连年为边患，赵含章、薛楚玉皆不能讨，守珪到官，屡击破之。可突干困迫，遣使诈降，守珪使管记王悔就抚之。悔至其牙帐，察契丹上下殊无降意，但稍徙营帐近西北，密遣人引突厥，谋杀悔以叛。悔知之。牙官李过折与可突干分典兵马，争权不叶，悔说过折

二十年（732）春季正月乙卯（十一日），玄宗任命朔方节度副大使、信安王李祎为河东、河北行军副大总管，率领军队攻打奚、契丹。壬申（二十八日），任命户部侍郎裴耀卿为副总管。

三月，信安王李祎率领裴耀卿和幽州节度使赵含章分道攻打奚、契丹，赵含章和敌寇相遇，敌寇望风而逃。平卢先锋将乌承玼向赵含章进言："奚和契丹是很厉害的对手。前日逃走，不是畏惧我们，而是引诱我们，应该按兵不动，观察他们下一步的行动。"赵含章不听，和敌寇在白山交战，果然大败。乌承玼另外率军出击敌寇的右边，打败了他们。己巳（二十六日），李祎等把奚、契丹打得大败，俘获、杀死了很多，可突干率领部下远远逃走，残馀的党羽逃窜到山谷之中。奚族首长李诗琐高率领五千多帐落前来投降。李祎率领军队返回。玄宗赐给李诗琐高归义王的爵位，任命他为归义州都督，迁徙他的部落到幽州境内安置。

二十一年（733）春季闰三月癸酉（初六），幽州道副总管郭英杰和契丹在都山交战，战败身死。当时，节度使薛楚玉派遣郭英杰率领一万精锐的骑兵，和投降的奚人一起攻打契丹，驻扎在渝关以外。可突干勾引来突厥的军队，和郭英杰会战，奚人首鼠两端，逃散后据守险阻，唐朝军队失利，郭英杰战死。剩馀的部众六千多人，仍然拼命作战。敌寇把郭英杰的首级拿给他们看，还是不投降，全被敌寇杀死。薛楚玉是薛讷的弟弟。

二十二年（734）夏季六月壬辰（初三），幽州节度使张守珪把契丹打得大败，派遣使者向朝廷告捷献俘。冬季十二月乙巳（十八日），幽州节度使张守珪杀死契丹王屈烈和可突干，将他们的首级传送到京城。当时，可突干连年在边境制造祸患，赵含章、薛楚玉都不能讨伐，张守珪到任后，多次打败可突干。可突干在情势窘迫时，派遣使者假装投降，张守珪派管记王悔前去安抚他们。王悔到达可突干的营帐后，察觉到契丹上下原无投降的意思，只是把营帐稍稍往西北移了一些，可突干秘密派人勾引突厥，策划杀死王悔后反叛。王悔探知到这一阴谋。牙官李过折和可突干分别统领兵马，争夺权力，不和睦，王悔游说李过折，

使图之。过折夜勒兵斩屈烈及可突干，尽诛其党，帅馀众来降。守珪出师紫蒙川，大阅以镇抚之。枭屈烈、可突干首于天津之南。

二十三年春正月，契丹知兵马中郎李过折来献捷，制以过折为北平王、检校松漠州都督。是岁，契丹王过折为其臣涅礼所杀，并其诸子，一子剌乾奔安东得免。涅礼上言："过折用刑残虐，众情不安，故杀之。"上赦其罪，因以涅礼为松漠都督，且赐书责之曰："卿之蕃法多无义于君长，自昔如此，朕亦知之。然过折是卿之王，有恶辄杀之，为此王者，不亦难乎？但恐卿今为王，后人亦尔。常不自保，谁愿作王？亦应防虑后事，岂得取快目前？"突厥寻引兵东侵奚、契丹，涅礼与奚王李归国共击破之。

二十四年，张守珪使平卢讨击使、左骁卫将军安禄山讨奚、契丹叛者，禄山恃勇轻进，为虏所败。

二十五年春二月乙酉，幽州节度使张守珪破契丹于捺禄山。

二十八年秋八月甲戌，幽州奏破奚、契丹。

天宝四载，安禄山欲以边功市宠，数侵掠奚、契丹；奚、契丹各杀公主以叛，禄山讨破之。

五载夏四月癸未，立奚酋娑固为昭信王，契丹酋楷洛为恭仁王。

九载冬十月，安禄山屡诱奚、契丹，为设会，饮以莨菪酒，醉而坑之，动数千人，函其酋长之首以献，前后数四。

让他对付可突干。李过折在夜晚统领部属,杀死屈烈和可突干,诛杀了他们所有的党羽,率领其馀的人马前来投降。张守珪出兵到紫蒙川,举行大规模的阅兵仪式,来镇抚契丹。朝廷把屈烈、可突干的首级悬挂在天津的南面示众。

二十三年(735)春季正月,契丹知兵马中郎李过折前来告捷献俘,玄宗封李过折为北平王,授予检校松漠州都督的职位。这一年,契丹王李过折被他的臣属涅礼杀死,涅礼还杀死了他的几个儿子,有个儿子李剌乾逃到安东,得以免死。涅礼上奏章说:"李过折用刑残酷暴虐,人心不安,所以杀了他。"玄宗赦免他的罪过,随后任命涅礼为松漠都督,并且赐信责备他说:"你们夷人的法度,对君长多无道义,自古就是如此,我也知道。然而李过折是你的国王,有罪恶就杀死他,做这样的国王,不也是很难的吗?只恐怕你现在为王,后人也会把你杀掉。常常不能保全生命,谁愿意做王!你也应该预防、考虑以后的事,哪能只贪眼前的痛快。"不久,突厥出兵向东侵犯奚、契丹,涅礼和奚王李归国共同打败了突厥。

二十四年(736),张守珪命令平卢讨击使、左骁卫将军安禄山讨伐奚、契丹反叛者,安禄山自恃勇猛,轻率进兵,被敌寇打败。

二十五年(737)春季二月乙酉这天,幽州节度使张守珪在捺禄山打败契丹。

二十八年(740)秋季八月甲戌(二十日),幽州上奏打败奚、契丹。

天宝四载(745),安禄山想通过边境上的功绩邀取宠信,多次侵犯劫掠奚、契丹;奚、契丹各自杀死唐朝公主后反叛,安禄山前往讨伐,打败了他们。

五载(746)夏季四月癸未(初一),玄宗册立奚族首领李娑固为昭信王,契丹首领李楷洛为恭仁王。

九载(750)冬季十月,安禄山多次引诱奚、契丹,为他们设宴,让他们饮莨菪酒,喝醉后活埋他们,动辄残害几千人,用木盒装上他们酋长的首级,献给朝廷,前后有好几次。

　　十载，安禄山将三道兵六万以讨契丹，以奚骑二千为乡导。过平卢千馀里，至土护真水，遇雨。禄山引兵昼夜兼行三百馀里，至契丹牙帐，契丹大骇。时久雨，弓弩筋胶皆弛，大将何思德言于禄山曰："吾兵虽多，远来疲弊，实不可用，不如按甲息兵以临之，不过三日，虏必降。"禄山怒，欲斩之，思德请前驱效死。思德貌类禄山，虏争击杀之，以为已得禄山，勇气增倍。奚复叛，与契丹合，夹击唐兵，杀伤殆尽，射禄山，中鞍，折冠簪，失屦，独与麾下二千骑走。会夜，追骑解，得入师州。归罪于左贤王哥解、河东兵马使鱼承仙而斩之。平卢兵马使史思明惧，逃入山谷近二旬，收散卒，得七百人。平卢守将史定方将精兵二千救禄山，契丹引去，禄山乃得免。至平卢，麾下皆亡，不知所出。史思明出见禄山，禄山喜，起，执其手曰："吾得汝，复何忧？"思明退，谓人曰："向使早出，已与哥解并斩矣。"契丹围师州，禄山使思明击却之。

　　十一载春三月，安禄山发蕃、汉步骑二十万击契丹，欲以雪去秋之耻。初，突厥阿布思来降，上厚礼之，赐姓名李献忠，累迁朔方节度副使，赐爵奉信王。献忠有才略，不为安禄山下，禄山恨之。至是，奏请献忠帅同罗数万骑，与俱击契丹。献忠恐为禄山所害，白留后张暐，请奏留不行，暐不许。献忠乃帅所部大掠仓库，叛归漠北，禄山遂顿兵不进。

十载（751），安禄山率领三道共六万军队前去讨伐契丹，以奚族二千骑兵为向导。他们过平卢一千多里后，到达土护真水，遇到雨天。安禄山率领军队日夜赶路，走了三百多里，到达契丹牙帐，契丹大惊失色。当时长时间下雨，弓弩上的弦都松弛了，胶都裂了，大将何思德向安禄山进言说："我们的兵士虽然众多，但是远道而来，疲惫不堪，实在不能作战，不如按兵不动，逼近敌寇，不出三天，敌寇必定投降。"安禄山发怒，想杀掉他，何思德请求充当前锋，拼死报效。何思德的相貌像安禄山，敌寇争相攻杀他，以为已得到安禄山，勇气倍增。奚人再度反叛，和契丹兵联合，夹击唐朝军队，唐朝兵士差不多死伤光了。对方射击安禄山，射中了他的马鞍，射断了他的冠簪。安禄山丢掉了鞋子，独自和部下二千骑兵逃跑。遇上夜晚，追赶的骑兵松懈下来，安禄山才得以进入师州。安禄山把罪过推到左贤王哥解、河东兵马使鱼承仙身上，杀了他们。平卢兵马使史思明心中害怕，逃入山谷近二十天，收集逃散的兵士，得到七百人。平卢守将史定方率领二千精锐的兵士救援安禄山，契丹撤走，安禄山才得免一死。到达平卢，部下全都逃散了，不知该怎么办。史思明出山去见安禄山，安禄山很高兴，起身握住他的手说："我得到你，还有什么忧虑呢？"史思明退出后，对他人说："前些时候假使早点出来，已经和哥解一起被杀了。"契丹包围师州，安禄山派史思明打退了他们。

十一载（752）春季三月，安禄山调发蕃、汉步兵骑兵二十万攻打契丹，想以此洗刷去年秋天的耻辱。当初，突厥阿布思前来投降，玄宗隆重地接待他，赐他姓名为李献忠，逐渐升迁到朔方节度副使，赐爵位为奉信王。李献忠有才干谋略，不甘居安禄山之下，安禄山憎恨他。到这时，安禄山奏请李献忠率领同罗的几万骑兵，和他一道攻打契丹。李献忠担心被安禄山谋害，禀告留后张暐，请张暐上奏让他留下来，不随安禄山出征，张暐不答应。李献忠于是率领部众大肆劫掠仓库，反叛朝廷，逃回沙漠北部，安禄山就驻扎下来，不进军了。

十三载夏四月癸巳,安禄山奏击奚破之,虏其王李日越。

十四载夏四月,安禄山奏破奚、契丹。

十三载(754)夏季四月癸巳(二十八日),安禄山上奏打败了
奚人,俘虏了奚王李日越。

十四载(755)夏季四月,安禄山上奏打败了奚、契丹。

卷第三十

武韦之祸

唐太宗贞观二十二年。初,左武卫将军、武连县公武安李君羡直玄武门,时太白屡昼见,太史占云:"女主昌。"民间又传《秘记》云:"唐三世之后,女主武王代有天下。"上恶之。会与诸武臣宴宫中,行酒令,使各言小名。君羡自言名五娘,上愕然,因笑曰:"何物女子,乃尔勇健!"又以君羡官称封邑皆有"武"字,深恶之,后出为华州刺史。有布衣员道信,自言能绝粒,晓佛法,君羡深敬信之,数相从,屏人语。御史奏君羡与妖人交通,谋不轨。秋七月壬辰,君羡坐诛,籍没其家。上密问太史令李淳风:"《秘记》所云,信有之乎?"对曰:"臣仰稽天象,俯察历数,其人已在陛下宫中,为亲属,自今不过三十年,当王天下,杀唐子孙殆尽,其兆既成矣。"上曰:"疑似者尽杀之,何如?"对曰:"天之所命,人不能违也。王者不死,徒多杀无辜。且自今以往三十年,其人

武韦之祸

　　唐太宗贞观二十二年（648）。当初，左武卫将军、武连县公武安人李君羡在玄武门值勤，那时，太白星多次在白天出现，太史占卜后说："预示女君主昌盛。"民间又流传着《秘记》上的话说："唐朝传国三代以后，会有女君主武王取代李氏拥有天下。"唐太宗很讨厌这些说法。时逢唐太宗与各位武臣在皇宫中宴饮，行令饮酒，令官让各人说自己的小名。李君羡说出自己的小名叫五娘，太宗非常吃惊，于是笑着说："这是什么样的女子，竟然如此的勇猛强健！"又因为李君羡的官职、封地名中都有"武"字，太宗便十分厌恶他，后来就把他调离朝廷去出任华州刺史。有个叫员道信的普通百姓，自称能不吃五谷而长生不老，通晓佛教教义，李君羡非常尊敬和信任他，经常和他在一起，避开其他人谈话。御史上奏李君羡与妖邪之人交往勾结，图谋不轨。秋季七月壬辰（十三日），李君羡被定罪杀死，家中的财物被没收。太宗悄悄地询问太史令李淳风道："《秘记》所说的事，确实有吗？"李淳风回答说："我抬头观察天象，俯身考察帝王继承的秩序，这个人已经在陛下的皇宫里，是陛下的亲属，从现在起不超过三十年，她将统治天下，并几乎杀尽唐王室的子孙，这种征兆已经形成了。"太宗说："把怀疑像她的人全部杀掉，怎么样？"李淳风回答说："这是天命，人是无法违抗的。未来篡夺天下的人死不了，反而只是白白杀掉许多无辜的人。而且从现在起往后三十年，这个人

已老，庶几颇有慈心，为祸或浅。今借使得而杀之，天或生壮者肆其怨毒，恐陛下子孙，无遗类矣！"上乃止。

高宗永徽三年秋七月丁巳，立陈王忠为皇太子。

五年。初，王皇后无子，萧淑妃有宠，王后疾之。上之为太子也，入侍太宗，见才人武氏而悦之。太宗崩，武氏随众感业寺为尼。忌日，上诣寺行香，见之，武氏泣，上亦泣。王后闻之，阴令武氏长发，劝上内之后宫，欲以间淑妃之宠。武氏巧慧，多权数，初入宫，卑辞屈体以事后。后爱之，数称其美于上。未几大幸，拜为昭仪，后及淑妃宠皆衰，更相与共谮之，上皆不纳。昭仪欲追赠其父而无名，故托以褒赏功臣，遍赠屈突通等，而武士彠预焉。

王皇后、萧淑妃与武昭仪更相谮诉，上不信后、淑妃之语，独信昭仪。后不能曲事上左右，母魏国夫人柳氏及舅中书令柳奭入见六宫，又不为礼。武昭仪伺后所不敬者，必倾心与相结，所得赏赐分与之。由是后及淑妃动静，昭仪必知之，皆以闻于上。后宠虽衰，然上未有意废也。会昭仪生女，后怜而弄之，后出，昭仪潜扼杀之，覆之以被。上至，昭仪阳欢笑，发被观之，女已死矣，即惊啼。问左右，

已经年老,也许稍微会有些慈悲之心,造成的灾祸或许不大。如今即使能认出并杀掉这个人,上天说不定会降生一个强壮的人放肆地逞其怨恨狠毒,恐怕陛下的子孙,没有一个能活下去了!"太宗于是停止追究此事。

高宗永徽三年(652)秋季七月丁巳(初二)这天,朝廷立陈王李忠为皇太子。

五年(654)。当初,王皇后没有子女,萧淑妃得到皇帝的宠爱,王皇后妒忌她。高宗做太子时,进皇宫陪太宗,看见才人武氏,很喜欢她。太宗驾崩,武氏和众妃嫔一道去感业寺当了尼姑。到太宗的忌日,高宗到感业寺去敬香礼佛,见到武氏,武氏流泪,高宗也流泪。王皇后知道这件事后,暗中命令武氏蓄养头发,劝说高宗接纳武氏到后宫中,想用武氏来离间高宗对萧淑妃的宠爱。武氏乖巧聪明,善于谋略,刚进皇宫时,说话十分有礼貌,恭敬谦虚地事奉王皇后。王皇后喜欢武氏,多次在高宗面前称赞她的美德。没多久,高宗便非常宠幸武氏,拜她为昭仪,因而对王皇后和萧淑妃的宠爱都衰减了。王皇后和萧淑妃不断地说武昭仪的坏话,高宗一点都听不进去。武昭仪想追赠自己的父亲,但没有名义,所以借口奖励赏赐功臣,普遍追赠屈突通等人,然后武士彟也得到追赠。

王皇后、萧淑妃与武昭仪之间互相诬陷告状,高宗不相信王皇后、萧淑妃的话,只相信武昭仪。王皇后不能委屈自己应付高宗周围的人,她的母亲、魏国夫人柳氏和她的舅舅、中书令柳奭到皇宫中进见妃嫔,又不讲究礼仪。武昭仪探察到王皇后不尊重什么人,就一定倾心去和那些人结交,把自己得到的赏赐分给他们。因此,王皇后和萧淑妃的动静武昭仪肯定能够知道,她又将事情全部让高宗闻知。王皇后得到的宠爱虽然衰减,但高宗并没有废黜她的想法。时逢武昭仪生下女儿,王皇后怜爱女孩并逗她玩耍,王皇后出去后,武昭仪悄悄进去掐死女儿,然后又用被子盖上。高宗前来,武昭仪假装欢笑,揭开被子让高宗看女儿,女儿已经死了,武昭仪顿时惊慌啼哭。高宗询问周围的人,

左右皆曰："皇后适来此。"上大怒曰："后杀吾女！"昭仪因泣数其罪。后无以自明，上由是有废立之志。又畏大臣不从，乃与昭仪幸太尉长孙无忌第，酣饮极欢，席上拜无忌宠姬子三人皆为朝散大夫，仍载金宝缯锦十车以赐无忌。上因从容言皇后无子以讽无忌，无忌对以他语，竟不顺旨，上及昭仪皆不悦而罢。昭仪又令母杨氏诣无忌第，屡有祈请，无忌终不许。礼部尚书许敬宗亦数劝无忌，无忌厉色折之。

六年夏六月，武昭仪诬王后与其母魏国夫人柳氏为厌胜，敕禁后母柳氏不得入宫。秋七月戊寅，贬吏部尚书柳奭为遂州刺史。奭行至扶风，岐州长史于承素希旨，奏奭漏泄禁中语，复贬荣州刺史。

唐因隋制，后宫有贵妃、淑妃、德妃、贤妃，皆视一品。上欲特置宸妃，以武昭仪为之，韩瑗、来济谏，以为故事无之，乃止。

中书舍人饶阳李义府为长孙无忌所恶，左迁壁州司马。敕未至门下，义府密知之，问计于中书舍人幽州王德俭，德俭曰："上欲立武昭仪为后，犹豫未决者，直恐宰臣异议耳。君能建策立之，则转祸为福矣。"义府然之。是日，代德俭直宿，叩阁上表，请废皇后王氏，立武昭仪，以厌兆庶之心。上悦，召见，与语，赐珠一斗，留居旧职。昭仪又密遣使劳勉之，寻超拜中书侍郎。于是卫尉卿许敬宗、御史大夫崔义玄、中丞袁公瑜皆潜布腹心于武昭仪矣。

这些人都说："皇后刚才来过这里。"高宗十分生气地说："皇后杀了我的女儿!"武昭仪乘势哭泣着数落王皇后的罪过。王皇后无法为自己证明,高宗从此有了废黜王皇后、重新立皇后的想法。高宗又怕大臣们不同意,就和武昭仪一同去太尉长孙无忌府上,尽情饮酒、极尽欢乐,宴席上便授命,让长孙无忌爱姬所生的三个儿子都为朝散大夫,还运去十车金银珠宝和绸缎赏赐给长孙无忌。高宗于是从容不迫地说起王皇后没有生子,以此暗示长孙无忌,长孙无忌用其他话来回答,最终没有顺从高宗的心意,高宗和武昭仪都不高兴地暂且罢休。武昭仪又让母亲杨氏到长孙无忌家,多次请求废立皇后,长孙无忌始终没有同意。礼部尚书许敬宗也数次劝说长孙无忌,长孙无忌严厉地驳斥他。

六年(655)夏季六月,武昭仪诬告王皇后和她的母亲、魏国夫人柳氏施行厌胜之术诅咒她,朝廷下令不准王皇后的母亲柳氏入宫。秋季七月戊寅(初十),吏部尚书柳奭被贬为遂州刺史。柳奭抵达扶风,岐州长史于承素揣摩朝廷旨意,上奏章告柳奭泄露皇宫中的情况,朝廷又把柳奭贬为荣州刺史。

唐朝继承隋朝的制度,后宫中设贵妃、淑妃、德妃、贤妃,都是一品。高宗想专门设立宸妃,封给武昭仪,韩瑗、来济直言劝阻,认为旧制没有此例,于是才没有施行。

中书舍人饶阳人李义府被长孙无忌厌恶,降职出任壁州司马。朝廷诏令还没下发到门下省,李义府暗中已经得知,便向中书舍人幽州人王德俭询问计谋,王德俭说:"皇上想立武昭仪为皇后,犹疑不决的原因,只是怕宰相大臣们有异议罢了。你如果能出谋献策,让武昭仪当上皇后,那么就可以转祸为福了。"李义府认为王德俭说得对。这一天,便代替王德俭值宿,叩门上奏,请求废掉皇后王氏,改立武昭仪为皇后,以满足天下万民的心愿。高宗看到奏章很高兴,召见李义府,与他说话,赏赐给他一斗珠宝,留任原职。武昭仪又悄悄地派使者去慰问勉励李义府,不久就越级提拔李义府为中书侍郎。于是卫尉卿许敬宗、御史大夫崔义玄、中丞袁公瑜都暗地里向武昭仪表示愿意效忠。

　　秋八月,长安令裴行俭闻将立武昭仪为后,以国家之祸必由此始,与长孙无忌、褚遂良私议其事。袁公瑜闻之,以告昭仪母杨氏,行俭坐左迁西州都督府长史。行俭,仁基之子也。

　　九月戊辰,以许敬宗为礼部尚书。上一日退朝,召长孙无忌、李勣、于志宁、褚遂良入内殿。遂良曰:"今日之召,多为中宫,上意既决,逆之必死。太尉元舅,司空功臣,不可使上有杀元舅及功臣之名。遂良起于草茅,无汗马之劳,致位至此,且受顾托,不以死争之,何以下见先帝?"勣称疾不入。无忌等至内殿,上顾谓无忌曰:"皇后无子,武昭仪有子,今欲立昭仪为后,何如?"遂良对曰:"皇后名家,先帝为陛下所娶。先帝临崩,执陛下手谓臣曰:'朕佳儿佳妇,今以付卿。'此陛下所闻,言犹在耳。皇后未闻有过,岂可轻废? 臣不敢曲从陛下,上违先帝之命!"上不悦而罢。明日又言之,遂良曰:"陛下必欲易皇后,伏请妙择天下令族,何必武氏。武氏经事先帝,众所共知,天下耳目,安可蔽也。万代之后,谓陛下为如何? 愿留三思! 臣今忤陛下意,罪当死。"因置笏于殿阶,解巾叩头流血曰:"还陛下笏,乞放归田里。"上大怒,命引出。昭仪在帘中大言曰:"何不扑杀此獠!"无忌曰:"遂良受先朝顾命,有罪不可加刑。"于志宁不敢言。

　　韩瑗因间奏事,涕泣极谏,上不纳。明日又谏,悲不自胜,上命引出。瑗又上疏谏曰:"匹夫匹妇,犹相选择,况天

秋季八月，长安令裴行俭听到要立武昭仪为皇后的消息，认为国家的灾难必从这里开始，就与长孙无忌、褚遂良私下议论这件事。袁公瑜听说后，便去报告武昭仪的母亲杨氏，裴行俭因此降职为西州都督府长史。裴行俭是裴仁基的儿子。

九月戊辰（初一），朝廷任命许敬宗为礼部尚书。有一天退朝后，高宗召长孙无忌、李勣、于志宁、褚遂良到内殿去。褚遂良说："今日皇上召见，多半是为立皇后的事，皇上决心已定，不顺从皇上的意志必死无疑。太尉长孙无忌是皇上的长舅，司空李勣是开国功臣，不能让皇上留下杀舅舅和功臣的名声。遂良我出身微贱，没有汗马功劳，却被授予如此高的地位，而且接受太宗临终时的嘱托，如果不能以死抗争此事，我怎么去九泉之下见先帝呢？"李勣称说有病没去。长孙无忌等来到内殿，高宗看着长孙无忌说："王皇后没有儿子，武昭仪生了儿子，现在我准备立武昭仪为皇后，怎么样？"褚遂良回答说："皇后出身名门，是先帝为陛下娶的。先帝驾崩之前，拉着陛下的手对我说：'朕的好儿子好儿媳，现在就托付给你了。'此话陛下亲耳听见，至今犹在耳旁。没听说皇后有过失，怎么能够轻易废掉！我不敢曲意服从陛下，对上违背先帝的遗命！"高宗不高兴地作罢。第二天又说此事，褚遂良说："陛下假如一定想改立皇后，敬请好好地挑选天下的名门望族，何必非立武氏不可呢？武氏曾经事奉先帝太宗，众所周知，天下人的耳目，怎么能够蒙蔽呢？万世之后，会如何评论陛下？希望陛下三思而行！我如今违抗陛下的旨意，罪该万死。"于是把手板放在内殿的台阶上，摘下头巾叩头，叩得头破血流地说："归还陛下的手板，请求解除我的官职让我回故乡。"高宗大怒，命令将他拉下去。武昭仪在门帘内大声说："为什么不打死这个坏蛋！"长孙无忌说："褚遂良是接受前朝皇帝临终顾命的大臣，有罪也不能对他施加刑罚。"于志宁不敢说话。

韩瑗趁奏事之机，哭着尽力规劝，高宗不采纳。第二天韩瑗又进谏，悲伤得不能控制自己，高宗命人将他拉出去。韩瑗又上疏劝阻道："平民百姓男婚女嫁，尚且还要互相选择，何况天

子乎？皇后母仪万国，善恶由之，故嫫母辅佐黄帝，妲己倾覆殷王，《诗》云：‘赫赫宗周，褒姒灭之。’每览前古，常兴叹息，不谓今日尘黩圣代。作而不法，后嗣何观？顾陛下详之，无为后人所笑！使臣有以益国，菹醢之戮，臣之分也！昔吴王不用子胥之言而麋鹿游于姑苏。臣恐海内失望，棘荆生于阙庭，宗庙不血食，期有日矣！”来济上表谏曰："王者立后，上法乾坤，必择礼教名家，幽闲令淑，副四海之望，称神祇之意。是故周文造舟以迎太姒，而兴《关雎》之化，百姓蒙祚；孝成纵欲，以婢为后，使皇统亡绝，社稷倾沦。有周之隆既如彼，大汉之祸又如此，惟陛下详察！"上皆不纳。他日，李勣入见，上问之曰："朕欲立武昭仪为后，遂良固执以为不可。遂良既顾命大臣，事当且已乎？"对曰："此陛下家事，何必更问外人？"上意遂决。许敬宗宣言于朝曰："田舍翁多收十斛麦，尚欲易妇，况天子立一后，何豫诸人事而妄生异议乎？"昭仪令左右以闻。庚午，贬遂良为潭州都督。

　　冬十月己酉，下诏称："王皇后、萧淑妃谋行鸩毒，废为庶人，母及兄弟，并除名，流岭南。"乙卯，百官上表请立中宫，乃下诏曰："武氏门著勋庸，地华缨黻，往以才行选入后庭，誉重椒闱，德光兰掖。朕昔在储贰，特荷先慈，常得侍

子呢？皇后是天下母亲的榜样，善恶都取决于她，所以嫫母辅佐黄帝拥有天下，妲己却使殷王朝倾覆，《诗经》说：'显赫强盛的西周，褒姒使它灭亡。'每当看到前人、古代的教训，常常发出叹息，想不到今日圣明的王朝又蒙受耻辱、玷污。做事而没有章法，后代将会怎么看？希望陛下审慎地考虑此事，不要被后人耻笑！假如我说的能有益于国家，那么剁成肉酱，也是我的本分！古代春秋时，吴王不听伍子胥的劝告，从而导致姑苏城被毁灭，成为麋鹿游荡的场所。我担忧天下人失望，皇宫朝廷长满荆棘、祖宗庙堂断掉祭祀的日子，也为期不远了！"来济上奏章劝说道："帝王立皇后，应该依据天地之理，一定选择礼义教化的名门世家，沉静、文雅、善良、贤惠，符合天下人的愿望，满足神灵的意志。所以西周文王造船去迎娶太姒，从而使天下兴起了《关雎》那样的良好社会风尚，百姓得福；西汉成帝为所欲为，立婢女为皇后，致使皇室血统断绝，国家倾覆沦陷。周朝的兴盛既然是像那样获得的，西汉的灾祸又是像这样导致的，希望陛下仔细地审察！"他们的劝告高宗全都听不进去。有一天，李勣进皇宫拜见皇帝，高宗问他说："朕想立武昭仪为皇后，褚遂良固执地认为不能立。褚遂良既然是接受了先帝临终遗命的大臣，那么他反对，这事就应该暂且停止了吧？"李勣回答说："这是陛下的家事，何必还要去问外人？"高宗于是下了决心。许敬宗在朝廷上宣传说："种田的老汉多收了十斛麦子，还想重新娶个媳妇呢，何况天子重立一个皇后，关众人什么事？为什么凭空生出异议呢？"武昭仪让身边的人将这些话告诉高宗。庚午(初三)，褚遂良被贬职为潭州都督。

　　冬季十月己酉(十三日)那天，朝廷下诏说："王皇后、萧淑妃阴谋投毒，废为平民，她们的母亲和兄弟，都取消原有身份地位，流放岭南。"乙卯(十九日)，百官上奏请求立皇后，高宗于是下发诏令道："武氏门第因功勋而显著，地位名望因职位而光彩，从前凭着才艺德行选入朝廷后宫，名誉在宫中得到敬重，德行被嫔妃传扬。朕从前做太子时，她特别受到先母的慈爱，常得侍

从，弗离朝夕，宫壸之内，恒自饬躬，嫔嫱之间，未尝迕目，圣情鉴悉，每垂赏叹，遂以武氏赐朕，事同政君，可立为皇后。"丁巳，赦天下。是日，皇后上表称："陛下前以妾为宸妃，韩瑗、来济面折庭争，此既事之极难，岂非深情为国，乞加褒赏。"上以表示瑗等，瑗等弥忧惧，屡请去位，上不许。十一月丁卯朔，临轩命司空李勣赍玺绶册皇后武氏。是日，百官朝皇后于肃义门。

故后王氏、淑妃萧氏，并囚于别院，上尝念之，间行至其所，见其室封闭极密，惟窍壁以通食器，恻然伤之，呼曰："皇后、淑妃安在？"王氏泣对曰："妾等得罪为宫婢，何得更有尊称？"又曰："至尊若念畴昔，使妾等再见日月，乞名此院为回心院。"上曰："朕即有处置。"武后闻之，大怒，遣人杖王氏及萧氏各一百，断去手足，捉酒瓮中，曰："令二妪骨醉！"数日而死，又斩之。王氏初闻宣敕，再拜曰："愿大家万岁！昭仪承恩，死自吾分。"淑妃骂曰："阿武妖猾，乃至于此！愿他生我为猫，阿武为鼠，生生扼其喉。"由是宫中不畜猫。寻又改王氏姓为蟒氏，萧氏为枭氏。武后数见王、萧为祟，被发沥血如死时状。后徙居蓬莱宫，复见之，故多在洛阳，终身不归长安。

显庆元年春正月辛未，以皇太子忠为梁王，立皇后子代王弘为皇太子。

从左右，早晚不离。武氏在后宫总是严格要求自己，与其他嫔嫱相处，从来没有闹过不和。圣上了解到这些情况后，每每大加赞赏，于是把武氏赐给了朕，如同西汉宣帝将后宫的王政君赏赐给元帝一样，可以立武氏为皇后。"丁巳（二十一日），朝廷大赦天下罪人。这一天，武皇后上奏章声称："陛下从前要立我为宸妃，韩瑗、来济在朝廷上犯颜直谏，能够这样行事是极为困难的，难道不是一片忠心为国吗，请求给他们表扬奖赏。"高宗将此奏章给韩瑗等人看，韩瑗等人更加担忧恐惧，多次请求免掉职位，高宗不允许。十一月丁卯这一天是初一，高宗来到殿前，命令司空李勣带上印章册封武氏为皇后。这一天，朝中文武百官在肃义门朝见武皇后。

　　原来的皇后王氏、淑妃萧氏，一起被囚禁在另外的庭院。高宗曾经想念起她们，悄悄地来到她们的住所，看见住房封闭得非常严密，只在墙壁上穿个小孔用来传送食物器具，高宗为她们的处境而哀痛，呼叫道："皇后、淑妃在哪里？"王氏哭着回答道："我们已经犯罪成了宫中的奴婢，哪能够再用尊称呢？"又说："皇上如果思念旧日的情分，让我们能再见天日，请求把这座庭院叫作回心院。"高宗说："朕很快就会做出安排的。"武后听到此事后非常生气，派人拷打王氏和萧氏各一百棍，砍断她们的手脚，投进大酒缸中，并说："让这两个老女人的骨头醉透酒。"王氏、萧氏几天后死亡，又被砍头。王氏当初听到宣布旨令，拜了又拜说："祝愿皇上万岁！武昭仪受到恩宠，死亡自然是我的命了。"萧淑妃骂道："武氏妖邪狡猾，竟然到了这种地步！但愿下辈子我生成猫，她生成鼠，我要活生生地掐住她的喉咙。"从此皇宫中不准养猫。不久又把王氏改姓为蟒氏，萧氏改姓枭氏。武后多次看见王氏、萧氏的鬼魂作祟，披头散发，浑身滴血，和死时的形状一样。后来搬到蓬莱宫居住，又看见她们，所以武后大多住在洛阳，到死也不回长安。

　　显庆元年（656）春季正月辛未（初六），朝廷任命皇太子李忠为梁王，立武后的儿子、代王李弘为皇太子。

　　李义府恃宠用事。洛州妇人淳于氏，美色，系大理狱，义府属大理寺丞毕正义枉法出之，将纳为妾，大理卿段宝玄疑而奏之。上命给事中刘仁轨等鞫之，义府恐事泄，逼正义自缢于狱中。上知之，原义府罪不问。侍御史涟水王义方欲奏弹之，先白其母曰：“义方为御史，视奸臣不纠则不忠，纠之则身危而忧及于亲为不孝，二者不能自决，奈何？”母曰：“昔王陵之母，杀身以成子之名。汝能尽忠以事君，吾死不恨！”义方乃奏称：“义府于辇毂之下，擅杀六品寺丞。就云正义自杀，亦由畏义府威，杀身以灭口。如此，则生杀之威，不由上出，渐不可长，请更加勘当！”于是对仗，叱义府令下，义府顾望不退。义方三叱，上既无言，义府始趋出，义方乃读弹文。上释义府不问，而谓义方毁辱大臣，言词不逊，贬莱州司户。

　　韩瑗上疏，为褚遂良讼冤曰：“遂良体国忘家，捐身徇物，风霜其操，铁石其心，社稷之旧臣，陛下之贤佐。无闻罪状，斥去朝廷，内外岷黎，咸嗟举措。臣闻晋武弘裕，不贻刘毅之诛；汉祖深仁，无忌周昌之直。而遂良被迁，已经寒暑，违忤陛下，其罚塞焉。伏愿缅鉴无辜，稍宽非罪，俯矜微款，以顺人情。”上谓瑗曰：“遂良之情，朕亦知之。然其悖戾好犯上，故以此责之，卿何言之深也？”对曰：“遂良社稷忠臣，为谗谀所毁。昔微子去而殷国以亡，张华存而

李义府依仗得到宠爱而把持政权。洛州妇人淳于氏，长得非常漂亮，被囚禁在大理寺的狱中，李义府嘱托大理寺丞毕正义违反法律放出淳于氏，打算娶为小老婆，大理寺卿段宝玄感到可疑，就上奏朝廷。高宗命令给事中刘仁轨等人审讯毕正义，李义府担心事情泄露，威逼毕正义在狱中上吊自杀。高宗知道后，原谅李义府，不予追究。侍御史涟水人王义方准备上奏章弹劾李义府，事先对自己的母亲说："义方我身为御史，看到奸臣不检举则不忠，检举奸臣则危及自身，从而让亲人担忧是不孝。忠孝的选择我不能决定，怎么办呢？"王义方的母亲说："从前王陵的母亲自杀身亡，以便成全儿子有忠于汉王刘邦的名声。你能竭尽忠诚去事奉国君，我死也不后悔！"王义方于是上奏章说："李义府在皇帝的眼前擅自杀害六品官、大理寺丞毕正义。即便说他是自杀，那也是畏惧李义府的威势，以致用自杀身亡来堵住自己的嘴。像这样，则判决生死的权力，不再出自皇上，这种做法一点不能助长，请求重新进行调查！"于是当廷奏事，弹劾李义府。王义方按弹劾规定，喝令作为被弹劾者的李义府退下，李义府却观望而不退。王义方连喝三声，李义府见高宗始终没有说话，才退出朝廷，王义方这才宣读弹劾文书。高宗开脱李义府不追究，反而说王义方诋毁侮辱大臣，言词不逊，贬职为莱州司户。

　　韩瑗上疏为褚遂良诉讼冤屈说："褚遂良体恤国家忘掉自我，舍生取义，节操高洁，忠心坚定不移，是国家的老臣，陛下的贤能辅佐。没有听到他犯有什么罪，竟被赶出朝廷，京城内外的黎民百姓，都为这一举措叹息。我听说晋武帝宽宏大度，不因为刘毅犯颜直言而诛杀他；汉高祖非常仁慈，不怨恨周昌的直言劝阻。而褚遂良被流放，已经长达一年，违背陛下旨意，这样的处罚也足够抵罪了。恭敬地希望陛下远察他的无辜，对横加之罪稍微宽恕，怜悯他的忠诚，以顺应人情。"高宗对韩瑗说："褚遂良的忠心，朕也了解。但是他乖戾喜好犯上，所以才这样责罚他，你为什么说得这么严重？"韩瑗回答道："褚遂良是国家的忠臣，被谗言媚语所诋毁。古代微子离去而殷朝灭亡，张华存在而

纲纪不乱。陛下无故弃逐旧臣，恐非国家之福！"上不纳。瑗以言不用，乞归田里。上不许。

二年春三月甲辰，以潭州都督褚遂良为桂州都督。

癸丑，以李义府兼中书令。

秋七月，许敬宗、李义府希皇后旨，诬奏侍中韩瑗、中书令来济与褚遂良潜谋不轨，以桂州用武之地，授遂良桂州都督，欲以为外援。八月丁卯，瑗坐贬振州刺史，济贬台州刺史，终身不听朝觐。又贬褚遂良为爱州刺史，荣州刺史柳奭为象州刺史。

遂良至爱州，上表自陈："往者濮王、承乾交争之际，臣不顾死亡，归心陛下。时岑文本、刘洎奏称：'承乾恶状已彰，身在别所，其于东宫，不可少时虚旷，请且遣濮王往居东宫。'臣又抗言固争，皆陛下所见。卒与无忌等四人共定大策。及先朝大渐，独臣与无忌同受遗诏。陛下在草土之辰，不胜哀恸，臣以社稷宽譬，陛下手抱臣颈。臣与无忌区处众事，咸无废阙，数日之间，内外宁谧。力小任重，动罹愆过，蝼蚁馀齿，乞陛下哀怜。"表奏，不省。

三年冬十一月戊戌，以许敬宗为中书令。

是岁，爱州刺史褚遂良卒。

四年夏四月，武后以太尉、赵公长孙无忌受重赐而不助己，深怨之。及议废王后，燕公于志宁中立不言，武后亦不

西晋国纲法纪不乱。陛下无缘无故废弃放逐老臣,恐怕不是国家的福分!"高宗不采纳。韩瑗因为自己的提议不被采用,请求辞官回归故乡。高宗不允许。

二年(657)春季三月甲辰(十六日),朝廷任命潭州都督褚遂良为桂州都督。

癸丑(二十五日),朝廷任命李义府兼任中书令。

秋季七月,许敬宗、李义府迎合武后的旨意,上奏章诬陷说侍中韩瑗、中书令来济与褚遂良暗中图谋不轨,认为桂州是用兵之地,所以授任褚遂良为桂州都督,打算以桂州作为谋乱的外援。八月丁卯(十一日),韩瑗因这一罪名被贬职为振州刺史,来济被贬职为台州刺史,终身不允许入朝拜见皇帝。又贬褚遂良为爱州刺史,贬荣州刺史柳奭为象州刺史。

褚遂良到了爱州,上奏章为自己陈情:"过去濮王李泰和太子李承乾互相斗争之际,我不顾死亡的危险,诚心归附陛下。当时岑文本、刘洎上奏章,声称:'李承乾的罪状已经清楚明白,被安置到另外的住所,太子居住的东宫,不能哪怕短时间的空缺主人,请求暂时先让濮王李泰去东宫居住。'我又大声坚持争论,这些都是陛下亲眼所见。最终我和长孙无忌等四人共同定下了立陛下为太子的重大决策。到太宗病危时,只有我和长孙无忌一起接受遗诏。陛下在居丧的日子里,不能克制悲哀痛苦,我以国家为重的理由来宽慰劝解,陛下用手抱着为臣我的脖子。我与长孙无忌分别处置各种事务,毫无失败过错,数日之间,朝廷内外安宁。我能力小而责任重,常常出现错误过失,微贱的生命已近暮年,请求陛下可怜同情。"奏章呈上,高宗没有理会。

三年(658)冬季十一月戊戌(十九日),朝廷任命许敬宗为中书令。

这一年,爱州刺史褚遂良去世。

四年(659)夏季四月,武后因为太尉、赵公长孙无忌接受了自己的贵重赏赐却不帮助自己,深深地怨恨他。到议论要不要废掉王皇后时,燕公于志宁持中立态度,不肯说话,武后对他也不

悦。许敬宗屡以利害说无忌，无忌每面折之，敬宗亦怨。武后既立，无忌内不自安，后令敬宗伺其隙而陷之。

会洛阳人李奉节告太子洗马韦季方、监察御史李巢朋党事，敕敬宗与辛茂将鞫之。敬宗按之急，季方自刺，不死，敬宗因诬奏季方欲与无忌构陷忠臣近戚，使权归无忌，伺隙谋反，今事觉，故自杀。上惊曰："岂有此邪？舅为小人所间，小生疑阻则有之，何至于反？"敬宗曰："臣始末推究，反状已露，陛下犹以为疑，恐非社稷之福。"上泣曰："我家不幸，亲戚间屡有异志，往年高阳公主与房遗爱谋反，今元舅复然，使朕惭见天下之人。兹事若实，如之何？"对曰："遗爱乳臭儿，与一女子谋反，势何所成？无忌与先帝谋取天下，天下服其智，为宰相三十年，天下畏其威，若一旦窃发，陛下遣谁当之？今赖宗庙之灵，皇天疾恶，因按小事，乃得大奸，实天下之庆也。臣窃恐无忌知季方自刺，窘急发谋，攘袂一呼，同恶云集，必为宗庙之忧。臣昔见宇文化及父述为炀帝所亲任，结以昏姻，委以朝政。述卒，化及复典禁兵，一夕于江都作乱，先杀不附己者，臣家亦豫其祸，于是大臣苏威、裴矩之徒，皆舞蹈马首，惟恐不及，黎明遂倾隋室。前事不远，愿陛下速决之！"上命敬宗更加审察。明日，敬宗复奏曰："昨夜季方已承与无忌同反，臣又问季

满意。许敬宗多次用利害关系劝说长孙无忌,长孙无忌常常当面反驳他,许敬宗也怨恨长孙无忌。武则天立为皇后之后,长孙无忌内心不安,武后让许敬宗寻找机会去陷害他。

　　这时正好遇上洛阳人李奉节告发太子洗马韦季方和监察御史李巢结成宗派集团,朝廷命令许敬宗与辛茂将审讯这件事。许敬宗审问得紧急,韦季方自杀,没有死,许敬宗趁机上奏章诬告说韦季方想和长孙无忌勾结起来陷害忠臣、皇亲国戚,使政权归长孙无忌掌握,以便寻找机会谋反,如今事情暴露,所以自杀。高宗吃惊地说:"哪里会有这种事呢?舅舅遭到小人的离间,产生小的猜疑隔阂是有的,怎么会至于谋反!"许敬宗说:"我从头到尾追究这件事,谋反的情状已经很明显了,陛下却仍然认为值得怀疑,这恐怕不是国家的福分。"高宗哭泣着说:"我们李家真是不幸,亲戚之间常常出现心怀异志的人,过去高阳公主和房遗爱阴谋反叛,如今大舅又这样,让朕愧见天下的人。这事如果属实,该怎么办呢?"许敬宗回答说:"房遗爱不过是一个乳臭未干的小子,和一个女人一齐谋反,能成什么气候?长孙无忌和先帝用计谋夺取了天下,天下之人佩服他的智慧;他担任宰相三十年,天下之人畏惧他的权威,假如他一旦发动叛乱,陛下派谁去抵挡他?如今幸亏仰赖祖宗的在天之灵,皇天憎恨邪恶,从审问小事中,查出了大奸臣,这实在是天下之福。我暗自担心长孙无忌知道韦季方自杀,会因处境困迫而急于发动谋反,振臂一呼,谋反的同党聚集,肯定会给国家造成忧患。我过去见到宇文化及的父亲宇文述,得到隋炀帝的亲信重用,和隋炀帝结为姻亲,隋炀帝将朝廷委托给他。宇文述去世后,宇文化及又总领禁军,一夜之间便在江都作乱,先是杀掉那些没有依附他的人,我家也遭受他的祸害,于是大臣苏威、裴矩之流,都兴高采烈地追随宇文化及,唯恐来不及,不等天亮隋朝就被推翻了。这是不久以前发生的事,希望陛下对现在的情况迅速做出裁决!"高宗命令许敬宗重新加以审察。第二天,许敬宗又上奏章说:"昨天晚上韦季方已经承认与长孙无忌共同谋反,我又问韦季

方：'无忌与国至亲，累朝宠任，何恨而反？'季方答云：'韩瑗尝语无忌云："柳奭、褚遂良劝公立梁王为太子，今梁王既废，上亦疑公，故出高履行于外。"自此无忌忧恐，渐为自安之计。后见长孙祥又出，韩瑗得罪，日夜与季方等谋反。'臣参验辞状，咸相符合，请收捕准法。"上又泣曰："舅若果尔，朕决不忍杀之。若杀之，天下将谓朕何，后世将谓朕何？"敬宗对曰："薄昭，汉文帝之舅也，文帝从代来，昭亦有功，所坐止于杀人，文帝遣百官素服哭而杀之，至今天下以文帝为明主。今无忌忘两朝之大恩，谋移社稷，其罪与薄昭不可同年而语也。幸而奸状自发，逆徒引服，陛下何疑，犹不早决！古人有言：'当断不断，反受其乱。'安危之机，间不容发。无忌今之奸雄，王莽、司马懿之流也。陛下少更迁延，臣恐变生肘腋，悔无及矣！"上以为然，竟不引问无忌。夏四月戊辰，下诏削无忌太尉及封邑，以为扬州都督，于黔州安置，准一品供给。祥，无忌之从父兄子也，前此自工部尚书出为荆州长史，故敬宗以此诬之。

敬宗又奏："无忌谋逆，由褚遂良、柳奭、韩瑗构扇而成。奭仍潜通宫掖，谋行鸩毒，于志宁亦党附无忌。"于是诏追削遂良官爵，除奭、瑗名，免志宁官。遣使发道以兵援送无忌诣黔州。无忌子秘书监驸马都尉冲等皆除名，流岭

方说:'长孙无忌是皇上最近的亲戚,历朝受到宠信重用,有什么怨恨而要反叛?'韦季方回答说:'韩瑗曾经告诉长孙无忌,说:"柳奭、褚遂良劝您拥立梁王李忠为太子,现在梁王被废黜,皇上也怀疑您,所以把您的亲戚高履行调出京城。"从此长孙无忌忧虑恐惧,逐渐开始考虑自我保护的办法了。后来看到侄儿长孙祥又调离京城,韩瑗受到惩罚,便日夜与我们谋划反叛。'我考索验证,供词与事实全都互相符合,请求依照法律收捕长孙无忌。"高宗又哭着说:"舅舅的情况如果真是这样,朕也决不忍心杀他。如果杀掉他,天下人会说朕什么,后代又会说朕什么?"许敬宗回答说:"薄昭是西汉文帝的舅舅,文帝从代国到朝廷继承皇位,薄昭也有功劳。薄昭获罪只因为杀人,文帝让文武百官身穿丧服前去哭悼,然后杀掉薄昭,时至今日,天下人仍认为文帝是贤明的君主。如今长孙无忌忘掉两代君主对他的大恩,阴谋推翻朝廷,他的罪行和薄昭相比,是不能同日而语的。幸而邪恶的阴谋自动败露,叛逆之徒服罪,陛下为什么还犹疑而不早做决定! 古人说:'应该决断时而不决断,反而遭受祸乱。'安定和危险之间,容一根头发的间隔都没有。长孙无忌是当世奸雄,和篡汉朝的王莽、篡魏国的司马懿是一丘之貉。陛下稍经拖延,我担心灾变就发生在身边了,后悔也来不及了!"高宗认为许敬宗说得对,竟然没有召见长孙无忌来质问。夏季四月戊辰(二十二日),朝廷下令削除长孙无忌的太尉职位以及封爵采邑,任命他为扬州都督,安置住在黔州,按一品官的标准供给俸禄。长孙祥是长孙无忌堂兄的儿子,在此之前从工部尚书职上调出京城任荆州长史,所以许敬宗利用这件事诬陷长孙无忌。

　　许敬宗又上奏说:"长孙无忌阴谋叛逆,是由褚遂良、柳奭、韩瑗造谣煽动而成的。柳奭多次暗中勾通后宫,阴谋下毒,于志宁也依附长孙无忌,结成同党。"于是朝廷下令追削褚遂良的官称爵位,取消柳奭、韩瑗原有的身份地位,罢免于志宁的官职。派使者征调沿路州县的军队护送长孙无忌到黔州。长孙无忌的儿子、秘书监、驸马都尉长孙冲等人,全部取消身份地位,流放岭

表。遂良子彦甫、彦冲流爱州，于道杀之。益州长史高履行累贬洪州都督。

凉州刺史赵持满，多力善射，喜任侠，其从母为韩瑗妻，其舅驸马都尉长孙铨，无忌之族弟也，铨坐无忌，流巂州。许敬宗恐持满作难，诬云无忌同反，驿召至京师，下狱，讯掠备至，终无异辞，曰："身可杀也，辞不可更！"吏无如之何，乃代为狱辞结奏。夏五月戊戌，诛之，尸于城西，亲戚莫敢视。友人王方翼叹曰："栾布哭彭越，义也；文王葬枯骨，仁也。下不失义，上不失仁，不亦可乎？"乃收而葬之。上闻之，不罪也。方翼，废后之从祖兄也。长孙铨至流所，县令希旨杖杀之。

秋七月，命御史往高州追长孙恩，象州追柳奭，振州追韩瑗，并枷锁诣京师，仍命州、县簿录其家。恩，无忌之族弟也。

壬寅，命李勣、许敬宗、辛茂将与任雅相、卢承庆更共覆按无忌事。许敬宗又遣中书舍人袁公瑜等诣黔州，再鞫无忌反状，至则逼无忌令自缢。诏柳奭、韩瑗所至斩决。使者杀柳奭于象州。韩瑗已死，发验而还。籍没三家，近亲皆流岭南为奴婢。常州刺史长孙祥坐与无忌通书，处绞。长孙恩流檀州。

八月乙卯，长孙氏、柳氏缘无忌、奭贬降者十三人。高履行贬永州刺史。于志宁贬荣州刺史，于氏贬者九人。自是政归中宫矣。

南。褚遂良的儿子褚彦甫、褚彦冲流放爱州,在途中被杀。益州长史高履行被连续降职为洪州都督。

凉州刺史赵持满,力气大,善于射箭,喜爱打抱不平。他的姨母是韩瑗的妻子,他的舅舅、驸马都尉长孙铨是长孙无忌同族的弟弟。长孙铨因为与长孙无忌的关系,被流放巂州。许敬宗害怕赵持满发难,诬陷他与长孙无忌一同谋反,通过驿站传令召他来到京城,投入监狱,各种审讯拷打的手段都用尽了,赵持满始终没说承认谋反的话,说:"人可以被杀掉,但我的供词不能改!"狱吏无可奈何,于是代替他作狱中供词结案上奏。夏季五月戊戌(二十一日),杀死赵持满,陈尸城西,没有一个亲戚敢去探视。他的朋友王方翼叹息说:"西汉栾布哭悼彭越之死,是义;周文王掩埋野地枯骨,是仁。下臣不失义,君上不失仁,不是也可以吗?"于是收拾赵持满的尸体埋葬了。高宗闻知后,没有处罚王方翼。王方翼是被废掉的王皇后同曾祖的堂兄。长孙铨到达流放地,县令揣摩旨意将他用杖刑处死。

秋季七月,朝廷派御史去高州追捕长孙恩,去象州追捕柳奭,去振州追捕韩瑗,把他们全部戴上枷锁押到京城,同时命令州、县登记查抄他们的家产。长孙恩是长孙无忌的同族弟弟。

壬寅(二十七日),朝廷命令李勣、许敬宗、辛茂将与任雅相、卢承庆一起,重新再审查长孙无忌谋反一事。许敬宗又派中书舍人袁公瑜等人到黔州,再次审讯长孙无忌谋反的情况,袁公瑜到达黔州便逼迫长孙无忌,令他自缢而死。朝廷下令将柳奭、韩瑗就地斩首处决。使者在象州杀死柳奭。韩瑗已死,使者开棺验尸后返回朝廷。长孙无忌、柳奭、韩瑗三家的财物没收入官,近亲全部流放到岭南当奴婢。常州刺史长孙祥因为与长孙无忌通信,被处以绞刑。长孙恩流放檀州。

八月乙卯(十一日),唐朝姓长孙的、姓柳的官吏,因为长孙无忌、柳奭的关系而被降职的有十三人。高履行被贬职为永州刺史。于志宁被贬职为荣州刺史,于姓被贬职的有九人。从此,唐朝的大权归武后掌有。

五年秋七月乙巳，废梁王忠为庶人，徙黔州，因于承乾故宅。

冬十月，上初苦风眩，头重，目不能视，百司奏事，上或使皇后决之。后性明敏，涉猎文史，处事皆称旨。由是始委以政事，权与人主侔矣。

麟德元年。初，武后能屈身忍辱，奉顺上意，故上排群议而立之。及得志，专作威福，上欲有所为，动为后所制，上不胜其忿。有道士郭行真，出入禁中，尝为厌胜之术，宦者王伏胜发之。上大怒，密召西台侍郎、同东西台三品上官仪议之。仪因言："皇后专恣，海内所不与，请废之。"上意亦以为然，即命仪草诏。左右奔告于后，后遽诣上自诉。诏草犹在上所，上羞缩不忍，复待之如初，犹恐后怨怒，因绐之曰："我初无此心，皆上官仪教我。"仪先为陈王谘议，与王伏胜俱事故太子忠，后于是使许敬宗诬奏仪、伏胜与忠谋大逆。十二月丙戌，仪下狱，与其子庭芝、王伏胜皆死，籍没其家。戊子，赐忠死于流所。右相刘祥道坐与仪善，罢政事，为司礼太常伯，左肃机郑钦泰等朝士流贬者甚众，皆坐与仪交通故也。

自是，上每视事，则后垂帘于后，政无大小，皆预闻之。天下大权，悉归中宫，黜陟生杀，决于其口，天子垂拱而已，中外谓之"二圣"。

五年（660）秋季七月乙巳（初六），唐朝废黜梁王李忠为平民百姓，迁徙到黔州，囚禁在李承乾原来的宅第中。

冬季十月，高宗开始被风眩病所苦，头痛，两眼不能看物，朝廷百官及各部门上奏章言事，高宗有时让皇后裁决。武后天性聪明机警，广泛阅读文史书籍，处理的政事全都符合高宗的心意。从此高宗就把政事委托给她，她的权势和皇帝相等。

麟德元年（664）。当初，武后能够委屈自己忍受屈辱，恭敬地顺从高宗的意愿，所以高宗排除众人的议论而立她为皇后。等到得志后，武后便专制横行、作威作福，高宗想有所行动，常常被武后牵制，高宗禁不住满腔怒气。有个能在后宫中出入的道士郭行真，曾经施用厌胜之术，宦官王伏胜揭发了他。高宗知道后十分生气，秘密召见西台侍郎、同东西台三品上官仪商议此事。上官仪趁势说道："皇后专断放纵，天下人都不赞同，请求皇上废掉她。"高宗心里也认为这样做对，就命令上官仪起草诏书。高宗周围的人立即跑去报告武后，武后急忙到高宗面前为自己陈述。诏书的草稿还在高宗那里，高宗羞愧畏缩，不忍心废掉武后，又像原来一样对待她，而且还生怕武后怨恨恼怒自己，就哄骗她说："我开始并无废掉你的想法，都是上官仪教我这样做的。"上官仪从前担任陈王李忠的谘议，与王伏胜一起事奉原太子李忠，武后于是让许敬宗上奏章诬陷上官仪、王伏胜与李忠阴谋大逆不道。十二月丙戌（十三日），上官仪被捕入狱，与他的儿子上官庭芝、王伏胜全被处死，家中的财物被没收入官。戊子（十五日），高宗赐李忠在流放地自杀。右相刘祥道因为与上官仪友善，被罢免宰相职务，贬职为司礼太常伯，左肃机郑钦泰等朝廷官员遭到流放、贬职的人很多，都是因为和上官仪有交往的原故。

从此，高宗每逢处理朝政，武后总在后边垂帘听政，政事无论大小，都能干预、闻知。天下的大权，完全归武后控制，官员任免、升降、生杀等大权，全部取决于武后一句话，皇帝只是垂衣拱手，无所事事而已，朝廷内外称高宗、武后为"二圣"。

上元元年秋八月壬辰，皇帝称天皇，皇后称天后，以避先帝、先后之称。改元，赦天下。

二年春三月，上苦风眩甚，议使天后摄知国政。中书侍郎同三品郝处俊曰："天子理外，后理内，天之道也。昔魏文帝著令，虽有幼主，不许皇后临朝，所以杜祸乱之萌也。陛下奈何以高祖、太宗之天下，不传之子孙，而委之天后乎！"中书侍郎昌乐李义琰曰："处俊之言至忠，陛下宜听之。"上乃止。

天后多引文学之士著作郎元万顷、左史刘祎之等，使之撰《列女传》《臣轨》《百僚新戒》《乐书》，凡千馀卷。朝廷奏议及百官表疏，时密令参决，以分宰相之权，时人谓之"北门学士"。祎之，子翼之子也。

初，左千牛将军长安赵瑰尚高祖女常乐公主，生女为周王显妃。公主颇为上所厚，天后恶之。夏四月辛巳，妃坐废，幽闭于内侍省，食料给生者，防人候其突烟，而已数日烟不出，开视，死腐矣。瑰自定州刺史贬括州刺史，令公主随之官，仍绝其朝谒。

太子弘仁孝谦谨，上甚爱之。礼接士大夫，中外属心。天后方逞其志，太子奏请，数迕旨，由是失爱于天后。义阳、宣城二公主，萧淑妃之女也，坐母得罪，幽于掖庭，年逾三十不嫁。太子见之惊恻，遽奏请出降，上许之。天后怒，即日以公主配当上翊卫权毅、王遂古。己亥，太子薨于合璧宫，时人以为天后鸩之也。六月戊寅，立雍王贤为皇太子。

上元元年(674)秋季八月壬辰(十五日)这天，唐朝皇帝高宗称天皇，武皇后称天后，以便避讳前朝皇帝、皇后的称谓。改年号，赦免天下罪人。

二年(675)春季三月，高宗被风眩病折磨得很厉害，命朝廷讨论让天后武则天代他处理国家政事。中书侍郎同三品郝处俊说："天子治理外廷，皇后治理内宫，是天经地义的道理。从前魏文帝曾发布命令，即使主上年幼，也不许皇后到朝上主持国政，目的是杜绝祸乱萌发。陛下为何不把高祖、太宗的天下传给子孙，而要委托给天后呢？"中书侍郎昌乐人李义琰说："郝处俊的话竭尽忠诚，陛下应当听取采纳。"高宗于是放弃原来的打算。

天后大量任用文人学士，如著作郎元万顷、左史刘祎之等，让他们撰写《列女传》《臣轨》《百僚新戒》《乐书》，共一千多卷。朝廷奏议及百官奏疏，天后常密令他们参与决策，以分宰相之权，当时人称他们为"北门学士"。刘祎之是刘子翼的儿子。

当初，左千牛将军长安人赵瓌娶唐高祖的女儿常乐公主为妻，所生的女儿是周王李显的王妃。常乐公主很得高宗的厚待，而天后讨厌她。夏季四月辛巳(初七)，周王妃因犯罪被废黜，被囚禁在内侍省，供给的食物都是生的，防守的人观察王妃的烟囱是否冒烟，已经数天不冒烟了，才打开门看，周王妃已死，尸体都腐烂了。赵瓌从定州刺史贬职为括州刺史，命令常乐公主跟随丈夫前往任所，并且禁止他们回朝廷见高宗。

太子李弘仁爱、孝顺、谦虚、恭谨，高宗很喜欢他。李弘以礼相待士大夫，朝廷内外对他心悦诚服。天后正肆行自己的意志，太子的奏章请求，却常常违背她的心意，因此天后不喜欢太子。义阳公主和宣城公主，是萧淑妃的女儿，因为母亲而被判罪，囚禁在后宫中，年过三十而不准出嫁。太子看到她们后深感吃惊悲痛，急忙上奏章请求出嫁两位公主，高宗同意了。天后发怒，当天就把公主分别许配给正在值宿的翊卫卫士权毅和王遂古。己亥(二十五日)这天，太子死在合璧宫，当时的人认为是天后毒死了他。六月戊寅(初五)，唐朝立雍王李贤为皇太子。

天后恶慈州刺史、杞王上金,有司希旨奏其罪。秋七月,上金坐解官,澧州安置。

仪凤元年,郇王素节,萧淑妃之子也,警敏好学。天后恶之,自岐州刺史左迁申州刺史。乾封初,敕曰:"素节既有旧疾,不须入朝。"而素节实无疾,自以久不得入觐,乃著《忠孝论》。王府仓曹参军张柬之因使潜封其论以进。后见之,诬以赃贿,冬十月丙午,降封鄱阳王,袁州安置。

永隆元年,太子贤闻宫中窃议,以贤为天后姊韩国夫人所生,内自疑惧。明崇俨以厌胜之术为天后所信,常密称"太子不堪承继,英王貌类太宗",又言"相王相最贵"。天后尝命北门学士撰《少阳正范》及《孝子传》以赐太子,又数作书诮让之,太子愈不自安。

及崇俨死,贼不得,天后疑太子所为。太子颇好声色,与户奴赵道生等狎昵,多赐之金帛,司议郎韦承庆上书谏,不听。天后使人告其事。诏薛元超、裴炎与御史大夫高智周等杂鞫之,于东宫马坊搜得皂甲数百领,以为反具。道生又款称太子使道生杀崇俨。上素爱太子,迟回欲宥之,天后曰:"为人子怀逆谋,天地所不容。大义灭亲,何可赦也!"甲子,废太子贤为庶人,遣右监门中郎将令狐智通等送贤诣京师,幽于别所,党与皆伏诛,仍焚其甲于天津桥南以示民。承庆,思谦之子也。

乙丑,立左卫大将军、雍州牧、英王哲为皇太子,改元,赦天下。

天后讨厌慈州刺史、杞王李上金，有关部门迎合她的旨意上奏李上金的罪过。秋季七月，李上金因此被解除官职，流放澧州安置。

仪凤元年（676），郇王李素节是萧淑妃的儿子，机敏好学。天后讨厌李素节，将他从岐州刺史降为申州刺史。乾封初年，高宗诏令说："李素节既然长期生病，不必入宫朝见。"而李素节实际上没有病，他因为长期不能入朝拜见父皇，便写了《忠孝论》。郇王府仓曹参军张柬之于是派人悄悄地将这篇文章密封起来进献高宗。武后看到了，便诬告李素节贪赃受贿。冬季十月丙午（十二日），朝廷降李素节的爵位为鄱阳王，流放袁州安置。

永隆元年（680），太子李贤听到宫中在悄悄议论，说李贤是天后的姐姐、韩国夫人的儿子，内心暗自疑惑恐惧。明崇俨靠会使厌胜之术被天后信任，他曾秘密声称"太子不能继承皇位，英王李哲的相貌像唐太宗"，又说"相王李旦的相貌最尊贵"。天后曾经命令北门学士撰写《少阳正范》和《孝子传》，用来赏赐给太子，又多次写信责备他，太子心里越来越不自安。

到明崇俨被暗杀、凶手抓不到时，天后怀疑是太子刺杀的。太子很喜欢音乐、女色，和家奴赵道生等人亲近，赏赐给他们很多的金银绸缎，司议郎韦承庆上书规劝，李贤不听劝告。天后派人告发这事。高宗命令薛元超、裴炎与御史大夫高智周等人一起审问，在东宫马坊搜到几百件黑色的铠甲，便以此作为谋反的物证。赵道生又服罪供认太子派他杀死明崇俨。高宗素来喜欢李贤，迟疑徘徊，想宽恕太子，天后说："作为皇帝的儿子却心怀叛逆阴谋，天地不能容忍。应该大义灭亲，怎么能够赦免他？"甲子（八月二十二日），废黜太子李贤为平民百姓，派右监门中郎将令狐智通等人押送李贤到京师，囚禁在另外的地方，同党全部处以死刑，于是把那些黑色铠甲在天津桥南公开烧给百姓看。韦承庆是韦思谦的儿子。

乙丑（八月二十三日），唐朝立左卫大将军、雍州牧、英王李哲为皇太子，改年号，赦免天下罪人。

弘道元年冬十一月，上自奉天宫疾甚，宰相皆不得见。丁未，还东都，百官见于天津桥南。

十二月丁巳，改元，赦天下。上欲御则天门楼宣赦，气逆不能乘马，乃召百姓入殿前宣之。是夜，召裴炎入，受遗诏辅政。上崩于贞观殿。遗诏太子柩前即位，军国大事有不决者，兼取天后进止。废万泉、芳桂、奉天等宫。

庚申，裴炎奏太子未即位，未应宣敕，有要速处分，望宣天后令于中书、门下施行。甲子，中宗即位，尊天后为皇太后，政事咸取决焉。太后以泽州刺史、韩王元嘉等地尊望重，恐其为变，并加三公等官以慰其心。

则天皇后光宅元年春正月甲申朔，改元嗣圣，赦天下。立太子妃韦氏为皇后，擢后父玄贞自普州参军为豫州刺史。

中宗欲以韦玄贞为侍中，又欲授乳母之子五品官，裴炎固争，中宗怒曰："我以天下与韦玄贞何不可？而惜侍中邪？"炎惧，白太后，密谋废立。二月戊午，太后集百官于乾元殿，裴炎与中书侍郎刘祎之、羽林将军程务挺、张虔勖勒兵入宫，宣太后令，废中宗为庐陵王，扶下殿。中宗曰："我何罪？"太后曰："汝欲以天下与韦玄贞，何得无罪？"乃幽于别所。

己未，立雍州牧、豫王旦为皇帝。政事决于太后，居睿宗于别殿，不得有所预。立豫王妃刘氏为皇后。后，德威之孙也。

弘道元年(683)冬季十一月,高宗在奉天宫,病得很厉害,宰相都见不到高宗。丁未(二十四日),高宗返回东都洛阳,文武百官在天津桥南朝见皇帝。

十二月丁巳(初四),改年号,赦免天下罪人。高宗想亲自到则天门楼上宣布赦免令,因为呼吸不畅不能乘马,于是召集百姓进入到宫殿前面,向大家宣布。当天夜里,高宗召裴炎进宫,接受遗诏辅佐朝政。高宗在贞观殿驾崩。遗诏命令太子在灵柩前即皇帝位,凡有难以决定的军国大事,同时听取天后的处置。唐朝取消万泉宫、芳桂宫、奉天宫等皇宫。

庚申(初七),裴炎上奏章,认为太子未登皇位,不宜宣布诏令,有重要的事急需处理,希望宣布天后诏令给中书省、门下省施行。甲子(十一日)这天,唐中宗李哲即位,尊奉天后武则天为皇太后,国家政事都取决于她。皇太后认为泽州刺史、韩王李元嘉等人地位尊贵、声望很高,担心他们发动事变,便都给他们加封三公官职,以此抚慰他们的心。

则天皇后光宅元年(684)春季正月甲申这一天是初一,唐朝改年号为嗣圣,赦免天下罪人。立太子妃韦氏为皇后,把皇后的父亲韦玄贞从普州参军提拔为豫州刺史。

中宗想任命韦玄贞为侍中,又想授命自己乳母的儿子任五品官,裴炎不同意,执意劝阻,中宗非常生气,说:"我把天下让给韦玄贞又有什么不可以?难道还吝惜小小侍中?"裴炎恐惧,向太后禀告,与太后秘密谋划废除皇帝。二月戊午(初六),太后召集文武百官来到乾元殿,裴炎与中书侍郎刘祎之、羽林将军程务挺、张虔勖率领军队进入皇宫,宣布太后的命令,废黜中宗为庐陵王,把中宗扶下殿去。中宗说:"我犯了什么罪?"太后说:"你想把天下送给韦玄贞,怎么能说无罪?"于是把中宗囚禁在另外的住所。

己未(初七),唐朝立雍州牧、豫王李旦为皇帝。朝中政事由太后处置,睿宗李旦居住在其他宫殿,不得参与朝政。立豫王妃刘氏为皇后。皇后是刘德威的孙女。

有飞骑十馀人饮于坊曲,一人言:"向知别无勋赏,不若奉庐陵。"一人起,出诣北门告之。座未散,皆捕得,系羽林狱。言者斩,馀以知反不告皆绞,告者除五品官。告密之端自此兴矣。

壬子,以永平郡王成器为皇太子,睿宗之长子也。赦天下,改元文明。

庚申,废皇太孙重照为庶人,命刘仁轨专知西京留守事。流韦玄贞于钦州。

太后与刘仁轨书曰:"昔汉以关中之事委萧何,今托公亦犹是矣。"仁轨上疏,辞以衰老不堪居守,因陈吕后祸败之事以申规戒。太后使秘书监武承嗣赍玺书慰谕之曰:"今以皇帝谅暗不言,眇身且代亲政,远劳劝戒,复辞衰疾。又云'吕氏见嗤于后代,禄、产移祸于汉朝',引喻良深,愧慰交集。公忠贞之操,终始不渝,劲直之风,古今罕比。初闻此语,能不罔然;静而思之,是为龟鉴。况公先朝旧德,遐迩具瞻,愿以匡救为怀,无以暮年致请。"

辛酉,太后命左金吾将军丘神勣诣巴州,检校故太子贤宅以备外虞,其实风使杀之。神勣,行恭之子也。

甲子,太后御武成殿,皇帝帅王公以下上尊号。丁卯,太后临轩,遣礼部尚书武承嗣册嗣皇帝。自是太后常御紫宸殿,施惨紫帐以视朝。

三月,丘神勣至巴州,幽故太子贤于别室,逼令自杀。

有十多名飞骑卫士在小街小巷饮酒，其中有一人说："早知没有其他的功劳奖赏，不如去事奉庐陵王。"一人起身出去，前往北门检举。饮酒还没散，在座的全部被捕，囚禁在羽林军监狱。说话的人被斩首，其余以知道谋反而不告发的罪名全部处以绞刑，检举的人升任五品官。告密的风气从此兴起。

壬子这天，唐朝立永平郡王李成器为皇太子，李成器是睿宗的长子。赦免天下罪人，改年号为文明。

庚申（初八），唐朝废黜皇太孙李重照为平民百姓，命令刘仁轨专门负责西京长安的留守事宜。把韦玄贞流放到钦州。

太后给刘仁轨写信，说："从前汉王刘邦把关中地区的政事托付给萧何，我今天委任您也跟刘邦是一样的用意。"刘仁轨上奏章，以年老体衰、没有能力胜任为理由，推辞负责留守，趁势陈述西汉吕后祸乱失败的事情，进行劝诫。太后派秘书监武承嗣带着诏书前去慰问，告诉刘仁轨说："如今皇帝因为居丧不发表言论，我暂且代皇帝处理政务，烦劳您从远方劝诫我，还以衰老生病推辞任命。又说'吕氏被后代嗤笑，吕禄、吕产给汉朝带来灾祸'，援引例证表明的道理确实深刻，让我惭愧与欣慰交集。您忠诚不贰的节操，始终不变，刚直不屈的作风，古今很少有人能和您相比。起初听到您的话，不能不让我感到迷惑；但静下来再作思考，您所说的都是可供借鉴的。何况您在前朝的仁德，远近都敬仰，希望为匡正补救国事着想，不要因年老请求辞官归家。"

辛酉（初九），太后命令左金吾将军丘神勣到巴州，检查原太子李贤的住宅，以防备外患，其实是暗示他，让他杀掉李贤。丘神勣是丘行恭的儿子。

甲子（十二日），太后到武成殿，皇帝睿宗率领王公以下的文武百官，给太后敬献尊号。丁卯（十五日），太后来到殿前，派礼部尚书武承嗣册封继位的皇帝睿宗。从此，太后经常前往紫宸殿，挂起淡紫色的帷帐临朝听政。

三月，丘神勣到巴州，囚禁原太子李贤于别室，逼他自杀。

太后乃归罪于神勣，戊戌，举哀于显福门，贬神勣为叠州刺史。己亥，追封贤为雍王。神勣寻复入为左金吾将军。

夏闰五月，以礼部尚书武承嗣为太常卿、同中书门下三品。

初，尚书左丞冯元常为高宗所委，高宗晚年多疾，百司奏事，每曰："朕体中不佳，可与元常平章以闻。"元常尝密言"中宫威权太重，宜稍抑损"。高宗虽不能用，深以其言为然。及太后称制，四方争言符瑞。嵩阳令樊文献瑞石，太后命于朝堂示百官，元常奏："状涉谄诈，不可诬罔天下。"太后不悦，出为陇州刺史。元常，子琮之曾孙也。

丙午，太常卿、同中书门下三品武承嗣罢为礼部尚书。

武承嗣请太后追王其祖，立武氏七庙，太后从之。裴炎谏曰："太后母临天下，当示至公，不可私于所亲。独不见吕氏之败乎？"太后曰："吕氏以权委生者，故及于败。今吾追尊亡者，何伤乎？"对曰："事当防微杜渐，不可长耳！"太后不从。己巳，追尊太后五代祖克己为鲁靖公，姚为夫人；高祖居常为太尉、北平恭肃王，曾祖俭为太尉、金城义康王，祖华为太尉、太原安成王，考士彠为太师、魏定王；祖姚皆为妃。裴炎由是得罪。又作五代祠室于文水。

时诸武用事，唐宗室人人自危，众心愤惋。会眉州刺史、英公李敬业及弟盩厔令敬猷、给事中唐之奇、长安主簿骆宾王、詹事司直杜求仁皆坐事，敬业贬柳州司马，敬猷

太后于是把李贤之死归罪于丘神勣,戊戌(十六日),朝廷在显福门为李贤举办丧事,贬丘神勣为叠州刺史。己亥(十七日),追封李贤为雍王。不久,又调丘神勣回朝廷任左金吾将军。

夏季闰五月,以礼部尚书武承嗣为太常卿、同中书门下三品。

当初,尚书左丞冯元常受高宗委托处理政事,高宗晚年多病,文武百官上奏事情,高宗常说:"朕身体不好,可以和冯元常商量处理后再报告我。"冯元常曾经悄悄对高宗说"皇后威势权力太重,应当稍加控制削弱"。高宗虽然不能采纳,却认为冯元常说得非常对。到太后行使皇帝权力时,各地争相报告吉兆。嵩阳县令樊文进献表示吉祥的石头,太后命令把吉石送到朝堂给文武百官看,冯元常进言道:"献石的举动涉嫌谄媚欺诈,不能用不真实的东西欺骗天下。"太后不高兴,把冯元常调出朝廷去任陇州刺史。冯元常是冯子琮的曾孙。

丙午(八月二十七日),太常卿、同中书门下三品武承嗣被罢免原职,担任礼部尚书。

武承嗣请求太后追封祖先为王,立武氏七庙供奉武氏七代祖先,太后同意他的请求。裴炎规劝说:"太后作为皇帝的母亲统治天下,应当表现出最大的公心,不能偏私自己的亲属。难道没看见西汉吕氏的失败吗?"太后说:"吕氏把权力交给活人,所以失败。如今我追尊死者,有什么损害呢?"裴炎回答说:"这类事应当防微杜渐,不能助长啊!"太后不听。己巳(九月二十一日),朝廷追尊太后的五代祖父武克己为鲁靖公,祖母为夫人;高祖武居常为太尉、北平恭肃王,曾祖武俭为太尉、金城义康王,祖父武华为太尉、太原安成王,父亲武士彟为太师、魏定王;高祖母、曾祖母、祖母、母亲都为王妃。裴炎因此得罪了武后。唐朝又在文水兴建武氏五代祖先的祠堂。

当时,武则天的一众亲戚执掌着朝廷政权,唐朝皇族人人自危,大家在心里愤怒怨恨。正好眉州刺史、英公李敬业以及他的弟弟、盩厔县县令李敬猷、给事中唐之奇、长安主簿骆宾王、詹事司直杜求仁都因事获罪,李敬业被贬职为柳州司马,李敬猷

免官,之奇贬括苍令,宾王贬临海丞,求仁贬黟令。求仁,正伦之侄也。鳌厔尉魏思温尝为御史,复被黜。皆会于扬州,各自以失职怨望,乃谋作乱,以匡复庐陵王为辞。

思温为之谋主,使其党监察御史薛仲璋求奉使江都,令雍州人韦超诣仲璋告变,云"扬州长史陈敬之谋反"。仲璋收敬之系狱。居数日,敬业乘传而至,矫称扬州司马来之官,云:"奉密旨,以高州酋长冯子猷谋反,发兵讨之。"于是开府库,令士曹参军李宗臣就钱坊,驱囚徒、工匠数百,授以甲。斩敬之于系所。录事参军孙处行拒之,亦斩以徇,僚吏无敢动者。遂起一州之兵,复称嗣圣元年。开三府:一曰匡复府,二曰英公府,三曰扬州大都督府。敬业自称匡复府上将,领扬州大都督。以之奇、求仁为左、右长史,宗臣、仲璋为左、右司马,思温为军师,宾王为记室,旬日间得胜兵十馀万。

移檄州县,略曰:"伪临朝武氏者,人非温顺,地实寒微。昔充太宗下陈,尝以更衣入侍,洎乎晚节,秽乱春宫。密隐先帝之私,阴图后庭之嬖,践元后于翚翟,陷吾君于聚麀。"又曰:"杀姊屠兄,弑君鸩母,人神之所同嫉,天地之所不容。"又曰:"包藏祸心,窃窥神器。君之爱子,幽之于别宫;贼之宗盟,委之以重任。"又曰:"一抔之土未干,六尺之孤何在?"又曰:"试观今日之域中,竟是谁家之天下!"太后见檄,问曰:"谁所为?"或对曰:"骆宾王。"太后曰:"宰相之过也。人有如此才,而使之流落不偶乎!"

被罢免官职，唐之奇被贬职为括苍县令，骆宾王被贬职为临海县丞，杜求仁贬为黟县县令。杜求仁是杜正伦的侄儿。盩厔县尉魏思温曾经担任御史，此时又被降职。这些人在扬州聚会，各自都因为失去原有的官职而心怀不满，于是策划发动叛乱，以帮助庐陵王恢复皇位为借口。

魏思温是叛乱的谋主，他让同党、监察御史薛仲璋请求奉命出使江都，派雍州人韦超到薛仲璋那里报告事变，说"扬州长史陈敬之谋反"。薛仲璋收捕陈敬之关进监狱。过了几天，李敬业乘官府驿车抵达扬州，伪称自己是扬州司马前来就任，声称："奉朝廷秘密旨令，因高州首长冯子猷阴谋叛乱，所以出兵讨伐。"于是打开官府储存财物兵器的仓库，让士曹参军李宗臣到铸钱作坊驱赶来数百名囚犯、工匠，发给他们铠甲。把陈敬之在狱中斩杀。录事参军孙处行拒绝听命，也被斩杀示众，官吏们不敢再动。于是征调扬州一个州的军队，复称嗣圣元年。设置三个官府，第一个叫匡复府，第二个叫英公府，第三个叫扬州大都督府。李敬业自称匡复府上将，兼任扬州大都督。任命唐之奇、杜求仁为左、右长史，李宗臣、薛仲璋为左、右司马，魏思温为军师，骆宾王为记室，十天之内，得到十馀万士兵。

李敬业传送檄文到各州县，内容大致为："非法临朝听政的武氏其人，并不温和柔顺，出身其实贫寒微贱。最初是太宗的末等姬侍，曾经因为太宗换衣而入寝宫侍候，到了后来，又在太子宫淫乱。她悄悄隐瞒住与先帝的私情，暗中谋求在后宫中得宠，终于穿上皇后衣服登上皇后之位，却使吾帝失足，父子两代乱伦。"又说："武氏杀害姐姐，屠戮兄长，谋杀君王，毒死亲娘，人与神灵同时憎恨，天地无法容忍。"又说："武氏包藏祸心，暗中窥视帝位。把皇上的爱子囚禁在别的宫殿，武贼的宗亲盟友，全部给予重任。"又说："先帝的坟土尚未干，年幼的皇上在哪里？"又说："试看今日国内，究竟是谁家的天下？"太后见到檄文，问道："是谁写的？"有人回答说："骆宾王。"太后说："这是宰相的过失。骆宾王有如此的才华，却让他漂泊失意，得不到相应的待遇！"

敬业求得人貌类故太子贤者,绐众云:"贤不死,亡在此城中,令吾属举兵。"因奉以号令。

楚州司马李崇福,帅所部三县应敬业。盱眙人刘行举独据县不从,敬业遣其将尉迟昭攻盱眙,行举拒却之。诏以行举为游击将军,以其弟行实为楚州刺史。

甲申,以左玉钤卫大将军李孝逸为扬州道大总管,将兵三十万,以将军李知十、马敬臣为之副,以讨李敬业。

武承嗣与从父弟右卫将军三思以韩王元嘉、鲁王灵夔属尊位重,屡劝太后因事诛之。太后谋于执政,刘祎之、韦思谦皆无言。内史裴炎独固争,太后愈不悦。三思,元庆之子也。及李敬业举兵,薛仲璋,炎之甥也,炎欲示闲暇,不汲汲议诛讨。太后问计于炎,对曰:"皇帝年长,不亲政事,故竖子得以为辞。若太后返政,则不讨自平矣。"监察御史蓝田崔詧闻之,上言:"炎受顾托,大权在己,若无异图,何故请太后归政?"太后命左肃政大夫金城骞味道、侍御史栎阳鱼承晔鞫之,收炎下狱。炎被收,辞气不屈。或劝炎逊辞以免,炎曰:"宰相下狱,安有全理?"凤阁舍人李景谌证炎必反。刘景先及凤阁侍郎义阳胡元范皆曰:"炎社稷元臣,有功于国,悉心奉上,天下所知,臣敢明其不反。"太后曰:"炎反有端,顾卿不知耳。"对曰:"若裴炎为反,则臣等亦反也。"太后曰:"朕知裴炎反,知卿等不反。"

李敬业找到一个相貌和原太子李贤相似的人,就欺骗大家说:"李贤没有死,逃亡到本城中,他命令我们发兵。"于是尊奉此人,以便发号施令。

楚州司马李崇福,率领自己统辖的三个县起兵响应李敬业的反叛。盱眙人刘行举独自占据着盱眙县不服从反叛,李敬业派遣手下的将领尉迟昭进攻盱眙,刘行举抵抗,打退了尉迟昭。朝廷诏令任命刘行举为游击将军,任命他的弟弟刘行实为楚州刺史。

甲申(十月初六),唐朝任命左玉钤卫大将军李孝逸为扬州道大总管,率领三十万军队,任命将军李知十、马敬臣作为李孝逸的副手,去讨伐李敬业。

武承嗣和他的堂弟、右卫将军武三思,认为韩王李元嘉、鲁王李灵夔是尊贵的皇室亲属,地位高,多次劝太后借故杀掉他们。太后和宰相们商议谋划,刘祎之、韦思谦都不说话。只有内史裴炎坚持抗争,太后对裴炎更不高兴。武三思是武元庆的儿子。等到李敬业起兵反叛,由于薛仲璋是裴炎的外甥,裴炎想表示自己安然无事,不急于议论讨伐李敬业。太后向裴炎询问对策,裴炎回答说:"皇帝年龄大了,却还不能亲自处理朝政,所以小子们有了借口来反叛。如果太后把政权归还给皇帝,则不必讨伐叛乱就自然平定了。"监察御史蓝田人崔詧听到此话,进言说:"裴炎接受高宗的临终托付,大权在自己手中,如果没有其他阴谋,为什么要请求太后归还政权?"太后命令左肃政大夫金城人骞味道和侍御史栎阳人鱼承晔审讯裴炎,收捕裴炎进狱。裴炎被捕后,言词气概毫不屈服。有人劝说裴炎用恭顺的言语请求免罪,裴炎说:"宰相被捕入狱,哪有保全性命的道理?"凤阁舍人李景谌作证裴炎肯定谋反。刘景先和凤阁侍郎义阳人胡元范都说:"裴炎是国家重臣,为国家立下功勋,全心全意尊奉皇上,天下人都知道,我们敢证明他没有谋反。"太后说:"裴炎谋反有迹象,只是你们不知道罢了。"两人回答说:"如果裴炎是谋反,则我们也是谋反了。"太后说:"朕知道裴炎谋反,也知道你们没有谋反。"

文武间证炎不反者甚众，太后皆不听。俄并景先、元范下狱。丁亥，以骞味道检校内史、同凤阁鸾台三品，李景谌同凤阁鸾台平章事。

魏思温说李敬业曰："明公以匡复为辞，宜帅大众鼓行而进，直指洛阳，则天下知公志在勤王，四面响应矣。"薛仲璋曰："金陵有王气，且大江天险，足以为固，不如先取常、润，为定霸之基，然后北向以图中原，进无不利，退有所归，此良策也！"思温曰："山东豪杰以武氏专制，愤惋不平，闻公举事，皆自蒸麦饭为粮，伸锄为兵，以俟南军之至。不乘此势以立大功，乃更蓄缩欲自谋巢穴，远近闻之，其谁不解体？"敬业不从，使唐之奇守江都，将兵渡江攻润州。思温谓杜求仁曰："兵势合则强，分则弱，敬业不并力渡淮，收山东之众以取洛阳，败在眼中矣！"

壬辰，陷润州，执刺史李思文，以李宗臣代之。思文，敬业之叔父也，知敬业之谋，先遣使间道上变，为敬业所攻，拒守久之，力屈而陷。思温请斩以徇，敬业不许，谓思文曰："叔党于武氏，宜改姓武。"润州司马刘延嗣不降，敬业将斩之，思温救之，得免，与思文皆囚于狱中。延嗣，审礼从父弟也。曲阿令河间尹元贞引兵救润州，战败，为敬业所擒，临以白刃，不屈而死。

丙申，斩裴炎于都亭。炎将死，顾兄弟曰："兄弟官皆自致，炎无分毫之力，今坐炎流窜，不亦悲乎？"籍没其家，

文武百官中证明裴炎没有谋反的人有很多，太后一律不听从。不久，刘景先、胡元范同时被关进了监狱。丁亥（初九），朝廷任命骞味道为检校内史、同凤阁鸾台三品，任命李景谌为同凤阁鸾台平章事。

魏思温劝告李敬业说："您以帮助恢复皇权作为号召，应当率领大军击鼓前进，直接奔赴洛阳，这样，天下人知道您的志向是出兵救援唐王朝，四面八方都会响应。"薛仲璋说："金陵有帝王的气象，而且有长江天险，能够固守，不如先夺取常州、润州，作为奠定霸业的基础，然后往北去图谋中原，前进必定顺利，后退又有归宿，这是最好的策略！"魏思温说："山东的英雄豪杰，因为武氏专制朝廷，愤恨惋惜，心中不平，听到您调兵起事，都自己蒸好麦饭作为食粮，举起锄头作为武器，以便等待南方起义军队的到来。不乘着这种有利的形势去建立大功，反而退缩，想自谋营建巢穴，远近人听到这种情况，谁会不灰心？"李敬业不听魏思温的劝告，派唐之奇守卫江都，自己率领军队渡长江攻打润州。魏思温对杜求仁说："军事力量集中则强，分散则弱，李敬业不合并全部力量渡淮河，收服山东的兵力去攻取洛阳，失败就在眼前了！"

壬辰（十四日），李敬业攻下润州，拘捕刺史李思文，任命李宗臣代替他。李思文是李敬业的叔父，他知道李敬业谋反后，首先派出使者从小路出城去上报事变，遭到李敬业进攻时，拒守了很久，力量耗尽才被攻陷。魏思温请求杀死李思文示众，李敬业不允许，他对李思文说："叔父与武氏结为同党，应当改姓武。"润州司马刘延嗣不投降，李敬业准备杀了他，魏思温救助，得免一死，和李思文一起关进监狱。刘延嗣是刘审礼的堂弟。曲阿县令河间人尹元贞带领军队援救润州，作战失败，被李敬业活捉，面对锋利的刀，他坚贞不屈，被处死。

丙申（十八日），朝廷在都亭斩杀裴炎。裴炎临死前，环视兄弟们说："你们的官职都是靠自己谋来的，我没有出过丝毫之力，如今却因为我而被流放，不是很可悲吗？"官府没收裴炎的家产，

无甔石之储。刘景先贬普州刺史,又贬辰州刺史,胡元范流琼州而死。裴炎弟子太仆寺丞仙先,年十七,上封事请见言事。太后召见,诘之曰:"汝伯父谋反,尚何言?"仙先对曰:"臣为陛下画计耳,安敢诉冤?陛下为李氏妇,先帝弃天下,遽揽朝政,变易嗣子,疏斥李氏,封崇诸武。臣伯父忠于社稷,反诬以罪,戮及子孙。陛下所为如是,臣实惜之!陛下早宜复子明辟,高枕深宫,则宗族可全,不然天下一变,不可复救矣!"太后怒曰:"胡白,小子敢发此言!"命引出,仙先反顾曰:"今用臣言,犹未晚。"如是者三。太后命于朝堂杖之一百,长流瀼州。

炎之下狱也,郎将姜嗣宗使至长安,刘仁轨问以东都事,嗣宗曰:"嗣宗觉裴炎有异于常久矣。"仁轨曰:"使人觉之邪?"嗣宗曰:"然。"仁轨曰:"仁轨有奏事,愿附使者以闻。"嗣宗曰:"诺。"明日,受仁轨表而还,表言"嗣宗知裴炎反不言"。太后览之,命拉嗣宗于殿庭,绞于都亭。

丁酉,追削李敬业祖考官爵,发冢斫棺,复姓徐氏。

徐敬业闻李孝逸将至,自润州回军拒之,屯高邮之下阿溪。使徐敬猷逼淮阴,别将韦超、尉迟昭屯都梁山。李孝逸军至临淮,偏将雷仁智与敬业战不利,孝逸惧,按兵不进。监军、殿中侍御史魏元忠谓孝逸曰:"天下安危,在兹一举。四方承平日久,忽闻狂狡,注心倾耳以俟其诛。今大军久留不进,远近失望,万一朝廷更命他将以代将军,将军

竟没有一石粮食的积蓄。刘景先被贬职为晋州刺史,又贬为辰州刺史,胡元范流放到琼州后死亡。裴炎弟弟的儿子、太仆寺丞裴仙先,年龄十七岁,呈上密封的奏章,请求进见言事。太后召见,责问他说:"你的伯父谋反,你还有什么要说?"裴仙先回答说:"我是为陛下出谋划策,哪里胆敢诉说冤屈?陛下是李家的媳妇,先帝弃天下去世后,你急忙把持朝政,改换皇位继承人,疏远排斥李氏皇族,培植提拔众武氏亲信。我的伯父忠于国家,反而被诬陷为有罪,杀戮牵连他的子孙。陛下如此做法,我实在为你惋惜!陛下应当趁早让儿子复位,安然卧居太后宫,这样可以保全宗族,不然,天下一旦发生事变,不可能再有救了!"太后怒气冲冲地说:"胡说,小子竟敢发表如此言论!"命令把他拉下去,裴仙先转身看着武后说:"如今采用我说的办法,还不晚。"连着说了三次。太后命令在朝堂打他一百棍,永远流放瀼州。

裴炎被关进监狱时,郎将姜嗣宗出使到长安,刘仁轨问起东都洛阳的事情,姜嗣宗说:"我发觉裴炎有异常行为很久了。"刘仁轨说:"你自己发觉的吗?"姜嗣宗说:"是的。"刘仁轨说:"我有事要上奏章,希望交给你带到朝廷。"姜嗣宗说:"好。"第二天,姜嗣宗收下刘仁轨的奏章后返回洛阳,奏章说"姜嗣宗知道裴炎谋反不报告"。太后看了奏章,命令把姜嗣宗拉到宫殿庭院中,在都亭绞死。

丁酉(十九日),唐朝追削李敬业祖父、父亲的官称爵号,掘开坟墓,砍碎棺材,恢复姓徐氏。

徐敬业听到李孝逸即将抵达,从润州撤回军队抵抗李孝逸,驻扎在高邮的下阿溪。他派徐敬猷进逼淮阴,另外派将领韦超、尉迟昭驻扎在都梁山。李孝逸的军队抵达临淮,偏将雷仁智与徐敬业交战,不胜,李孝逸害怕,驻扎下来而不前进。监军、殿中侍御史魏元忠对李孝逸说:"天下的安危,取决于这一行动。四面八方太平的时间已久,突然听到出现狂暴狡诈之徒,都全神贯注地等着听他们被铲除的捷报。现在大军长久停留、不去进攻,远近的人民失望,万一朝廷另外任命其他将领来取代将军,将军

何辞以逃逗挠之罪乎？"孝逸乃引军而前。壬寅，马敬臣击斩尉迟昭于都梁山。

十一月辛亥，以左鹰扬大将军黑齿常之为江南道大总管，讨敬业。

韦超拥众据都梁山，诸将皆曰："超凭险自固，士无所施其勇，骑无所展其足，且穷寇死战，攻之多杀士卒，不如分兵守之，大军直趣江都，覆其巢穴。"支度使薛克构曰："超虽据险，其众非多。今多留兵则前军势分，少留兵则终为后患，不如先击之，其势必举，举都梁，则淮阴、高邮望风瓦解矣！"魏元忠请先击徐敬猷，诸将曰："不如先攻敬业，敬业败，则敬猷不战自擒矣。若击敬猷，则敬业引兵救之，是腹背受敌也。"元忠曰："不然。贼之精兵，尽在下阿，乌合而来，利在一决，万一失计，大事去矣！敬猷出于博徒，不习军事，其众单弱，人情易摇，大军临之，驻马可克。敬业虽欲救之，计程必不能及。我克敬猷，乘胜而进，虽有韩、白不能当其锋矣！今不先取弱者而遽攻其强，非计也。"孝逸从之，引兵击超，超夜遁，进击敬猷，敬猷脱身走。

庚申，敬业勒兵阻溪拒守，后军总管苏孝祥夜将五千人，以小舟渡溪先击之，兵败，孝祥死，士卒赴溪溺死者过半。左豹韬卫果毅渔阳成三朗为敬业所擒，唐之奇绐其众曰："此李孝逸也！"将斩之，三朗大呼曰："我果毅成三朗，非李将军也。官军今大至矣，尔曹破在朝夕。我死，妻子受荣，尔死，妻子籍没，尔终不及我也！"遂斩之。

用什么借口去逃脱徘徊观望的罪名呢？"李孝逸于是又率领军队前进。壬寅（二十四日），马敬臣进攻尉迟昭，在都梁山将他杀死。

十一月辛亥（初四），唐朝任命左鹰扬大将军黑齿常之为江南道大总管，讨伐徐敬业。

韦超拥兵据守都梁山，众将领都说："韦超凭借险阻自守，我军将士无法施展勇力，战马不能驰骋战场，而且敌寇走投无路，必定拼死战斗，进攻他们则士兵伤亡大，不如分兵围困韦超，大军直接奔赴江都，捣毁他们的巢穴。"支度使薛克构说："韦超虽然凭险据守，他的军队并不多。如今多留军队围困他则进军前线的力量分散，少留军队则最终留下后患，不如先攻击韦超，都梁山势必被攻克，占领了都梁山，淮阴、高邮的叛军就会望风瓦解了！"魏元忠请求先攻打徐敬猷，众将领说："不如先进攻徐敬业，徐敬业失败，则徐敬猷不会再战，自然束手就擒。如果进攻徐敬猷，则徐敬业可以率兵援救，这样我军就会腹背受敌。"魏元忠说："不对。敌人的精锐部队全部集中在下阿溪，仓促汇聚而来，利于一战而决，万一战略错误，大势难以挽回！徐敬猷出身赌徒，不熟悉军事，他的军队势单力弱，军心容易动摇，朝廷大军兵临城下，很快就能攻克。徐敬业即使想援救他，计算路程肯定是来不及。我军攻克徐敬猷后，乘胜前进，敌人即使有韩信、白起那样的将领，也不能阻挡我军的兵锋！如今不首先攻取弱者，却急忙去攻强敌，不是上策。"李孝逸采纳魏元忠的战略，率领军队攻打韦超，韦超连夜逃遁，继续进攻徐敬猷，徐敬猷脱身逃走。

庚申（十三日），徐敬业率领军队，以下阿溪为险阻防守抵抗，后军总管苏孝祥趁夜率领五千人乘小船渡溪，首先进攻徐敬业，战败，苏孝祥阵亡，跌落下阿溪中淹死的士兵超过一半。左豹韬卫果毅渔阳人成三朗被徐敬业活捉，唐之奇欺骗他的部众说："这是李孝逸！"将要处斩时，成三朗大叫道："我是果毅成三朗，不是李孝逸将军。官府军队现在已大批抵达了，你们的灭亡就在眼前。我死了，我的妻子儿女享受荣耀；你们死了，你们的妻子儿女就将被籍没为奴仆，你们最终比不上我！"于是被斩杀。

孝逸等诸军继至,战数不利。孝逸惧,欲引退,魏元忠与行军管记刘知柔言于孝逸曰:"风顺荻干,此火攻之利。"固请决战。敬业置陈既久,士卒多疲倦顾望,陈不能整。孝逸进击之,因风纵火,敬业大败,斩首七千级,溺死者不可胜纪。敬业等轻骑走入江都,挈妻子奔润州,将入海奔高丽。孝逸进屯江都,分遣诸将追之。乙丑,敬业至海陵界,阻风,其将王那相斩敬业、敬猷及骆宾王首来降。馀党唐之奇、魏思温等皆捕得,传首神都,扬、润、楚三州平。

　　陈岳论曰:敬业苟能用魏思温之策,直指河、洛,专以匡复为事,纵军败身戮,亦忠义在焉。而妄希金陵王气,是真为叛逆,不败何待?

初,裴炎下狱,单于道安抚大使、左武卫大将军程务挺密表申理,由是忤旨。务挺素与唐之奇、杜求仁善,或谮之曰"务挺与裴炎、徐敬业通谋"。十二月癸卯,遣左鹰扬将军裴绍业即军中斩之,籍没其家。突厥闻务挺死,所在宴饮相庆。又为务挺立祠,每出师,必祷之。太后以夏州都督王方翼与务挺连职,素相亲善,且废后近属,征下狱,流崖州而死。

垂拱元年春正月,太后以徐思文为忠,特免缘坐,拜司仆少卿,谓曰:"敬业改卿姓武,朕今不复夺也。"

李孝逸的各路军队相继抵达，多次交战失利。李孝逸害怕，想率领军队撤退，魏元忠与行军管记刘知柔对李孝逸说："风势顺，芦荻干燥，这是使用火攻的有利时机。"坚决请求决一死战。徐敬业部署好阵营已经很长时间，士兵大多感到疲倦，四面张望，阵容无法整齐。李孝逸进兵攻打徐敬业，顺风势放火，徐敬业大败，士兵被斩首七千级，被淹死的多得数不清。徐敬业等人轻装骑马逃回江都，携带妻子儿女逃奔润州，准备从海上投奔高丽国。李孝逸率军进驻江都，派遣众将领分头追击徐敬业。乙丑（十八日），徐敬业来到海陵境，被大风阻挡，他的部将王那相砍下徐敬业、徐敬猷以及骆宾王的首级前来投降。其馀的同党唐之奇、魏思温等人都已捕获，李孝逸将他们的首级送往洛阳，扬州、润州、楚州平定。

唐朝陈岳评论说：徐敬业如果能够采用魏思温的计谋，直接向黄河、洛水一带地区发动进攻，专一地把帮助皇帝复位作为起事目标，纵使军队失败、身受杀戮，忠义也能永存。而他却胡思乱想，仰慕金陵的帝王气象，这是真正的叛逆，怎么能不失败！

当初，裴炎被关进监狱，单于道安抚大使、左武卫大将军程务挺秘密上奏章，为裴炎受的冤屈辩白，因此违背了武太后的心意。程务挺一向与唐之奇、杜求仁友善，有人趁机诬告他说"程务挺与裴炎、徐敬业串通谋反"。十二月癸卯（二十六日），朝廷派左鹰扬将军裴绍业在军中杀死程务挺，没收他的家产入官府。突厥人听到程务挺已死，处处宴请饮酒、互相庆贺。又为程务挺建立祠堂，每次出征，必定到祠堂祷告。太后因为夏州都督王方翼与程务挺共事，平时与程务挺互相亲近友善，而且是被废黜的王皇后的近亲，便征召王方翼，并把他关进监狱，后来流放崖州，死在那里。

垂拱元年（685）春季正月，太后认为徐思文是忠臣，特别赦免他被牵连治罪，任命他为司仆少卿，对他说道："徐敬业把你改姓武，朕今天不再让你改姓了。"

三月辛酉，武承嗣罢。

冬十一月，太后修故白马寺，以僧怀义为寺主。怀义，鄂人，本姓冯，名小宝，卖药洛阳市，因千金公主以进，得幸于太后。太后欲令出入禁中，乃度为僧，名怀义。又以其家寒微，令与驸马都尉薛绍合族，命绍以季父事之。出入乘御马，宦者十馀人侍从。士民遇之皆奔避，有近之者，辄挝其首流血，委之而去，任其生死。见道士则极意殴之，仍髡其发而去。朝贵皆匍匐礼谒，武承嗣、武三思皆执僮仆之礼以事之，为之执辔，怀义视之若无人。多聚无赖少年，度为僧，纵横犯法，人莫敢言。右台御史冯思勖屡以法绳之，怀义遇思勖于途，令从者殴之，几死。

二年春正月，太后下诏复政于皇帝。睿宗知太后非诚心，奉表固让，太后复临朝称制。辛酉，赦天下。

二月，右卫大将军李孝逸既克徐敬业，声望甚重，武承嗣等恶之，数谮于太后，左迁施州刺史。

三月戊申，太后命铸铜为匦，置之朝堂，以受天下表疏，铭其东曰“延恩”，献赋颂、求仕进者投之；南曰“招谏”，言朝政得失者投之；西曰“伸冤”，有冤抑者投之；北曰“通玄”，言天象灾变及军机秘计者投之。命正谏、补阙、拾遗一人掌之，先责识官，乃听投表疏。徐敬业之反也，侍御史鱼承晔之子保家教敬业作刀车及弩，敬业败，仅得免。太

三月辛酉(十六日),武承嗣被罢免官职。

冬季十一月,太后修建原有的白马寺,让僧人怀义担任寺主。怀义是鄠县人,原本姓冯,名小宝,在洛阳市卖药,通过千金公主得以入宫,得到太后的宠幸。太后想让他在后宫中出入,才剃度为僧人,取名怀义。又因为他家境贫寒微贱,下令与驸马都尉薛绍合为一族,让薛绍把怀义认作叔父事奉。怀义出入宫廷乘坐着皇室的马匹,十多名宦官跟随在左右。士人百姓遇到怀义都要奔跑着避让,如有离得近的人,总是被打得头破血流地抛在路上,怀义则扬长而去,不管被打人的死活。遇见道士则尽情殴打,还要剃掉道士的头发才离去。朝廷亲贵都要伏地行礼拜见,武承嗣、武三思都执奴仆的礼节去事奉怀义,为他牵马缰绳,怀义看到他们则旁若无人。怀义聚集了很多无赖少年,将他们剃度为僧人,肆无忌惮地犯法,没有人敢说什么。右台御史冯思勖多次依照法律处置他们,怀义在路上遇到冯思勖,命令随从殴打他,几乎把他打死。

二年(686)春季正月,太后下诏把政权归还给皇帝。睿宗知道太后不是真心,上表章坚决推让,太后再次在朝廷处理政事、行使皇帝权力。辛酉(二十日),朝廷大赦天下。

二月,右卫大将军李孝逸打败徐敬业之后,名声威望非常高,武承嗣等人讨厌这一情形,多次到太后面前说李孝逸的坏话诬陷他,使他被降职为施州刺史。

三月戊申(初八),太后下令铸造铜匦,放置到朝堂上,用来收受天下人的表章奏疏,铜匦的东面刻着"延恩"二字,进献诗赋颂词以及请求进身为官的奏章投入其中;南面刻着"招谏",议论朝政得失的奏章投入其中;西面刻着"伸冤",诉讼冤屈的奏章投入其中;北面刻着"通玄",陈述天象、灾祸、变故以及军事机密和奇谋秘计的奏章投入其中。命令谏议大夫、补阙、拾遗各一名掌管铜匦,有人投奏章时,必须先由官员署名担保,然后才能任他投入。徐敬业谋反时,侍御史鱼承晔的儿子鱼保家教徐敬业制造刀、战车及弓弩,徐敬业失败后,鱼保家仅仅得免死罪。太

后欲周知人间事,保家上书,请铸铜为匦以受天下密奏。其器共为一室,中有四隔,上各有窍,以受表疏,可入不可出。太后善之。未几,其怨家投匦,告保家为敬业作兵器,杀伤官军甚众,遂伏诛。

太后自徐敬业之反,疑天下人多图己,又自以久专国事,且内行不正,知宗室大臣怨望,心不服,欲大诛杀以威之。乃盛开告密之门,有告密者,臣下不得问,皆给驿马,供五品食,使诣行在。虽农夫樵人,皆得召见,廪于客馆,所言或称旨,则不次除官,无实者不问。于是四方告密者蜂起,人皆重足屏息。

有胡人索元礼,知太后意,因告密召见,擢为游击将军,令案制狱。元礼性残忍,推一人必令引数十百人,太后数召见赏赐以张其权。于是尚书都事长安周兴、万年人来俊臣之徒效之,纷纷继起。兴累迁至秋官侍郎,俊臣累迁至御史中丞,相与私畜无赖数百人,专以告密为事,欲陷一人,辄令数处俱告,事状如一。俊臣与司刑评事洛阳万国俊共撰《罗织经》数千言,教其徒网罗无辜,织成反状,构造布置,皆有支节。太后得告密者,辄令元礼等推之,竞为讯囚酷法,作大枷,有"定百脉""突地吼""死猪愁""求破家""反是实"等名号。或以椽关手足而转之,谓之"凤皇晒翅";或以物绊其腰,引枷向前,谓之"驴驹拔橛";或使跪捧枷,累甓其上,谓之"仙人献果";或使立高木之上,引枷

后想遍知天下事,鱼保家上奏章,请求用铜铸匦,用来收受天下的秘密奏章。这个铜匦总体上是一个箱柜,中间隔为四个小箱,每个箱面上有孔,用来投进表章,只能投入不能取出。太后认为铜匦很好。不久,鱼保家的仇家投奏章入匦,告发鱼保家为徐敬业制造武器,导致杀伤很多官军,鱼保家于是被处以死刑。

太后自从徐敬业谋反后,怀疑天下人大多在图谋自己;又因自己长期专制国政,而且操行不正,知道宗室大臣心怀不满,内心不服,想用大规模的刑杀来威慑他们。于是大开告密之门,有告密的人前来,各级官吏不准盘问,一律提供驿站的马匹,供应五品官的饮食,让告密的人到太后所在地。即使是农民、砍柴人,都能被太后召见,在客馆中食宿,所说的话要是符合太后的心意,就破格授以官职,所说的不真实也不追究。于是四面八方告密的人蜂拥而起,人人都害怕得不敢迈步、不敢出声。

有个胡人叫索元礼,知道太后的心意,便通过告密得到太后召见,太后提拔他为游击将军,让他审理太后制狱里的犯人。索元礼生性残忍,审问一个人一定逼他牵连数十乃至上百人,太后多次召见赏赐索元礼,以张扬他的威权。于是,尚书都事长安人周兴、万年人来俊臣之流纷纷效法索元礼,相继崛起。周兴接连升官到秋官侍郎,来俊臣接连升官到御史中丞,他们都私下蓄养着几百名无赖,专门从事告密活动,想要陷害某个人,就让好几处一齐告发,告发的事情都一样。来俊臣与司刑评事洛阳人万国俊一起撰写了数千字的《罗织经》,教导自己的门徒搜罗无辜者的言行,编造谋反罪状,编造得像真事一样详细。太后得到告密信息,总是让索元礼等追查,他们竟相发明审讯犯人的残酷办法,制作大枷,有"定百脉""突地吼""死猪愁""求破家""反是实"等名称。有时用木棍把犯人的手足连在一起,然后扭转朝后,把这种刑讯法叫作"凤凰晒翅";有时用物品牵扯住犯人的腰,然后拉着脖子上的枷往前拖,把这种刑讯法叫作"驴驹拔橛";有时让犯人跪着捧枷,再往枷上堆砖,把这种刑讯法叫作"仙人献果";有时让犯人站在高木桩上,然后拉着脖子上的枷

尾向后，谓之"玉女登梯"；或倒悬石缒其首；或以醋灌鼻；或以铁圈毂其首而加楔，至有脑裂髓出者。每得囚，辄先陈其械具以示之，皆战栗流汗，望风自诬。每有赦令，俊臣辄令狱卒先杀重囚，然后宣示。太后以为忠，益宠任之。中外畏此数人，甚于虎狼。

麟台正字陈子昂上疏以为："执事者疾徐敬业首乱唱祸，将息奸源，穷其党与，遂使陛下大开诏狱，重设严刑，有迹涉嫌疑，辞相逮引，莫不穷捕考案。至有奸人荧惑，乘险相诬，纠告疑似，冀图爵赏，恐非伐罪吊人之意也。臣窃观当今天下，百姓思安久矣，故扬州构逆，殆有五旬，而海内晏然，纤尘不动。陛下不务玄默以救疲人，而反任威刑以失其望，臣愚暗昧，窃有大惑。伏见诸方告密，囚累百千辈，及其穷竟，百无一实。陛下仁恕，又屈法容之，遂使奸恶之党快意相仇，睚眦之嫌即称有密，一人被讼，百人满狱，使者推捕，冠盖如市。或谓陛下爱一人而害百人，天下喁喁，莫知宁所。臣闻隋之末代，天下犹平，杨玄感作乱，不逾月而败。天下之弊，未至土崩，蒸人之心，犹望乐业。炀帝不悟，遂使兵部尚书樊子盖专行屠戮，大穷党与，海内豪士，无不罹殃，遂至杀人如麻，流血成泽，天下靡然，始思

尾往后拖，把这种刑讯法叫作"玉女登梯"；有时把犯人倒吊起来，再在犯人头部坠上石头；有时将醋灌进犯人的鼻子；有时用铁圈箍住犯人的头，然后在铁圈内加楔子，以至于有人脑袋裂开、脑浆流出。每当得到囚犯审讯，总是先陈列出那些用刑的器械给他们看，囚犯看后都惊慌颤抖，汗流浃背，观察势头自我诬陷。每当朝廷颁布赦免令，来俊臣总是命令狱吏把重要犯人先杀死，然后宣布赦免令。太后认为这几个人忠诚，更加宠爱信任他们。朝廷内外畏惧这几个人胜过畏惧虎狼。

麟台正字陈子昂上奏疏，认为："执掌刑狱的人痛恨徐敬业领头发动叛乱祸难，要堵塞奸邪的源头，穷究徐敬业的党羽，于是让陛下大兴诏狱，从重设置严酷的刑法，一旦有迹象涉及嫌疑，或口供互相牵引，没有一个人不被穷究追捕、拷问审讯的。以至于那些奸邪的人迷惑人心，乘着这种危险的机会互相诬告，检举揭发那些似乎是又似乎不是的人，希望以此谋求官爵赏赐，这恐怕不是讨伐有罪、抚慰人民的本意了。我私下观察当今的天下，百姓思念安定很长久了，所以扬州形成叛乱，前后将近五十天，但国内安然，丝毫没引起震动。陛下不致力于清静无为，去拯救疲惫的百姓，却反而使用令人畏惧的刑法，而让百姓失望；我很愚昧，对此感到非常迷惑。看见各地告密，囚犯积累到成百上千之多，等到追查完毕，一百人中没有一个人真正有罪。陛下仁慈宽恕，却又枉法容忍诬告之人，于是让邪恶的党徒随心所欲地报复他们的仇人，彼此发生一点点小怨恨，立即声称有密要告，一人被诉讼，一百人被塞进监狱，使者四处推问追捕，官吏来来往往如同集市。有人认为陛下喜爱一个人，却伤害了一百人，天下人议论纷纷，没有人知道哪里是安宁之地。我听说隋朝末年，天下还算太平，杨玄感发动叛乱，不到一个月就失败了。天下的弊病，还没有到土崩瓦解的程度；百姓的心中，仍然希望安居乐业。隋炀帝不明白这一点，就派兵部尚书樊子盖专门施行杀戮，大规模地穷究杨玄感的党羽，国内的豪杰志士，没有一个不遭祸殃，最终到了杀人如麻、血流成河的地步。天下败坏，才会想

为乱,于是雄杰并起而隋族亡矣。夫大狱一起,不能无滥,冤人吁嗟,感伤和气,群生疠疫,水旱随之,人既失业,则祸乱之心怵然而生矣。古者明王重慎刑罚,盖惧此也。昔汉武帝时巫蛊狱起,使太子奔走,兵交宫阙,无辜被害者以千万数,宗庙几覆,赖武帝得壶关三老书,廓然感悟,夷江充三族,馀狱不论,天下以安尔。古人云:'前事之不忘,后事之师。'伏愿陛下念之!"太后不听。

夏四月,以岑长倩为内史。六月辛未,以苏良嗣为左相,同凤阁鸾台三品韦待价为右相,己卯,以韦思谦为纳言。

苏良嗣遇僧怀义于朝堂,怀义偃蹇不为礼。良嗣大怒,命左右捽曳,批其颊数十。怀义诉于太后,太后曰:"阿师当于北门出入,南牙宰相所往来,勿犯也。"

太后托言怀义有巧思,故使入禁营造。补阙长社王求礼上表,以为:"太宗时,有罗黑黑善弹琵琶,太宗阉为给使,使教宫人。陛下若以怀义有巧性,欲宫中驱使者,臣请阉之,庶不乱宫闱。"表寝不出。

秋九月己巳,雍州言新丰县东南有山踊出,改新丰为庆山县。四方毕贺。江陵人俞文俊上书:"天气不和而寒暑并,人气不和而疣赘生,地气不和而堆阜出。今陛下以女主处阳位,反易刚柔,故地气塞隔而山变为灾。陛下谓之'庆山',臣以为非庆也。臣愚以为宜侧身修德以答天谴,不然,殃祸至矣!"太后怒,流于岭外,后为六道使所杀。

作乱,于是英雄豪杰同时起事,从而隋王朝便灭亡了。大狱一旦兴起,不能不滥杀无辜,受冤屈的人怨声载道,影响伤害祥和之气,瘟疫流行起来,水旱灾害随之而来,百姓全都失业,这样,祸乱之念头便会让人害怕地产生了。古代圣明的君王慎重地使用刑罚,就是因为害怕这种局面。从前西汉武帝时代,惩治巫师用邪术害人的大狱兴起,致使太子奔逃,军队在皇宫交战,被害的无辜者以千万计算,西汉王朝几乎覆灭,幸亏武帝收到壶关三老的上书,豁然醒悟,屠灭江充父母、兄弟、妻子三族,其馀的人不予论罪,天下因而安定了。古人说:'前事不忘,后事之师。'恭敬地希望陛下考虑!"太后听不进去。

夏季四月,朝廷任命岑长倩为内史。六月辛未(初三),任命苏良嗣为左相,同凤阁鸾台三品韦待价为右相,己卯(十一日),任命韦思谦为纳言。

苏良嗣在朝堂上遇见僧人怀义,怀义傲慢,不讲礼节。苏良嗣十分愤怒,命令身边的侍从揪扯住他,打了他数十个耳光。怀义向太后告状,太后说:"阿师应当从北门出入,南牙是宰相往来的地方,不要去冒犯。"

太后借口怀义有灵巧的构思,所以让他进宫经营建筑。补阙长社人王求礼上表章,认为:"太宗时,有个罗黑黑琵琶弹得好,太宗将他阉割后作为供差遣的人,让他教宫人弹琵琶。陛下如果认为怀义有灵巧的本性,想在宫中役使他,我请求把他阉割了,这样才不会扰乱后宫秩序。"表章被搁置了。

秋季九月己巳这天,雍州报告说新丰县东南踊出一座山,于是改新丰县为庆山县。四面八方都来祝贺。江陵人俞文俊上书说:"天气不和就会寒冷暑热并行,人气不和就会痈疮滋生,地气不和就会土山踊出。如今陛下以女君主处在阳位,颠倒阳刚阴柔的地位,所以地气阻塞不通,从而出现山丘变化的灾异。陛下把这山称为'庆山',我认为不是喜庆。我愚昧地认为,陛下应当诚惶诚恐修养德性,以此来答复上天的谴责,不然,祸殃就会来临!"太后发怒,流放俞文俊到岭南。后来,俞文俊被六道使杀害。

三年夏五月,凤阁侍郎、同凤阁鸾台三品刘祎之窃谓凤阁舍人永年贾大隐曰:"太后既废昏立明,安用临朝称制?不如返政以安天下之心。"大隐密奏之,太后不悦,谓左右曰:"祎之我所引,乃复叛我!"或诬祎之受归州都督孙万荣金,又与许敬宗妾有私,太后命肃州刺史王本立推之。本立宣敕示之,祎之曰:"不经凤阁鸾台,何名为敕?"太后大怒,以为拒捍制使。庚午,赐死于家。祎之初下狱,睿宗为之上疏申理,亲友皆贺之,祎之曰:"此乃所以速吾死也。"临刑,沐浴,神色自若,自草谢表,立成数纸。麟台郎郭翰、太子文学周思钧称叹其文。太后闻之,左迁翰巫州司法,思钧播州司仓。

冬十月,武承嗣又使人诬李孝逸自云"名中有兔,兔,月中物,当有天分"。太后以孝逸有功,十一月戊寅,减死除名,流儋州而卒。

四年春正月甲子,于神都立高祖、太宗、高宗三庙,四时享祀如西庙之仪。又立崇先庙以享武氏祖考。太后命有司议崇先庙室数,司礼博士周悰请为七室,又减唐太庙为五室。春官侍郎贾大隐奏:"礼,天子七庙,诸侯五庙,百王不易之义。今周悰别引浮议,广述异文,直崇临朝权仪,不依国家常度。皇太后亲承顾托,光显大猷,其崇先庙室应如诸侯之数,国家宗庙不应辄有变移。"太后乃止。

三年(687)夏季五月,凤阁侍郎、同凤阁鸾台三品刘祎之私下对凤阁舍人永年人贾大隐说:"太后既已废黜昏君,选立明君,哪里还用得着到朝廷处理政事、行使皇帝权力!不如把政权归还给皇帝,用以安定天下人的心。"贾大隐秘密上奏此事,太后不高兴,对周围的人说:"刘祎之是我一手任用的,竟然又背叛我!"有人诬告刘祎之接受过归州都督孙万荣的黄金,又和许敬宗的妾有私情,太后命令肃州刺史王本立追究这件事。王本立宣布敕令,并出示给刘祎之看,刘祎之说:"不经过凤阁鸾台,怎么能称为敕令?"太后非常生气,认为刘祎之这是在抗拒皇帝的使者。庚午(初七),命令刘祎之在家中自杀。刘祎之刚被关进监狱时,睿宗为他上疏申辩,亲友都向他祝贺,刘祎之说:"这样做是加速我的死期。"他临死前,沐浴,神色自如,自己起草谢死表,很快写好几张纸。麟台郎郭翰、太子文学周思钧赞叹刘祎之的文采。太后听说此事后,降郭翰职为巫州司法,降周思钧为播州司仓。

冬季十月,武承嗣又派人诬告李孝逸自己说过,"我的名字中有兔,兔是月亮上的动物,我会有天命之分"。太后因为李孝逸有功勋,十一月戊寅(十八日),下令减死罪,取消原有的身份地位,流放儋州。后死在儋州。

四年(688)春季正月甲子(初五),朝廷在神都洛阳兴建高祖、太宗、高宗三座庙,春夏秋冬四季祭祀,如同西都长安太庙的规格一样。又兴建了崇先庙,用来祭祀武氏祖先。太后下令让有关部门讨论崇先庙的庙室数,司礼博士周悰请求设立七室,并把唐王室的太庙减为五室。春官侍郎贾大隐上奏说:"礼仪制度规定:天子立七庙,诸侯立五庙,是百代帝王都不曾改变的道理。如今周悰另外发表毫无根据的建议,大讲奇谈怪论,只尊奉当朝君主的权势威仪,不依照国家的正常制度。皇太后亲自接受先帝临终委托,发扬光大宏伟的正道,那崇先庙的祭室数应该和诸侯的祖庙一样,国家的宗庙不应该随意改变。"太后于是停止讨论。

太宗、高宗之世，屡欲立明堂，诸儒议其制度，不决而止。及太后称制，独与北门学士议其制，不问诸儒。诸儒以为明堂当在国阳丙己之地，三里之外，七里之内。太后以为去宫太远。二月庚午，毁乾元殿，于其地作明堂，以僧怀义为之使，凡役数万人。

夏四月戊戌，杀太子通事舍人郝象贤。象贤，处俊之孙也。初，太后有憾于处俊，会奴诬告象贤反，太后命周兴鞫之，致象贤族罪。象贤家人诣朝堂，讼冤于监察御史乐安任玄殖。玄殖奏象贤无反状，玄殖坐免官。象贤临刑，极口骂太后，发扬宫中隐慝，夺市人柴以击刑者。金吾兵共格杀之。太后命支解其尸，发其父祖坟，毁棺焚尸。自是终太后之世，法官每刑人，先以木丸塞其口。

武承嗣使凿白石为文曰："圣母临人，永昌帝业。"末紫石杂药物填之。庚午，使雍州人唐同泰奉表献之，称获之于洛水。太后喜，命其石曰"宝图"。擢同泰为游击将军。五月戊辰，诏当亲拜洛，受宝图。有事南郊，告谢昊天。礼毕，御明堂，朝群臣。命诸州都督、刺史及宗室、外戚以拜洛前十日集神都。乙亥，太后加尊号为圣母神皇。

六月壬寅，作神皇三玺。

东阳大长公主削封邑，并二子徙巫州。公主适高履行，太后以高氏长孙无忌之舅族，故恶之。

秋七月丁巳，赦天下。更命宝图为天授圣图，洛水为永昌洛水，封其神为显圣侯，加特进，禁渔钓，祭祀比四渎。

太宗、高宗在位时，多次想兴建明堂，众儒生讨论明堂建立制度，得不出结论，从而没能兴建明堂。到太后行使皇帝权力时，只和北门学士讨论明堂制度，不询问众儒生。众儒生认为明堂应当位于都城南郊丙己之地，三里之外，七里之内。太后认为距离皇宫太远。二月庚午那天，拆毁乾元殿，在原址上兴建明堂，任命僧人怀义为建明堂的专使，一共动用役工几万人。

夏季四月戊戌（十一日），杀了太子通事舍人郝象贤。郝象贤是郝处俊的孙子。当初，太后对郝处俊不满，正好有奴婢诬告郝象贤谋反，太后命周兴审讯，判处郝象贤灭族之罪。郝象贤的家人前往朝堂，向监察御史乐安人任玄殖申冤。任玄殖上奏郝象贤没有谋反的情况，任玄殖因此被免官。郝象贤临刑前破口大骂太后，揭发宣传皇宫中见不得人的事，夺过街上人的木柴打击行刑的人。金吾士兵一齐把他打死。太后命令肢解郝象贤的尸体，挖掘他父亲、祖父的坟墓，捣毁棺木，焚毁尸体。从此，一直到太后去世，法官每次处决犯人，要先用木球塞住犯人的嘴。

武承嗣让人在一块白石上雕刻文字道："圣母临人，永昌帝业。"再用紫色石头的粉末掺杂药物填平。庚午这天，武承嗣指使雍州人唐同泰上表奉献这块白石，说是从洛水得到的。太后高兴，把这块石头命名为"宝图"。提拔唐同泰任游击将军。五月戊辰（十一日），太后下诏要亲自前往洛水敬拜，接受宝图。到南郊祭祀，祷告、感谢昊天。礼毕，来到明堂，接受众大臣的朝见。朝廷命令各州都督、刺史以及宗室、外戚，在拜祭洛水前十天到神都洛阳会集。乙亥（十八日），太后加尊号为圣母神皇。

六月壬寅（十六日），唐朝制作神皇等三颗印玺。

东阳大长公主被削除封爵采邑，和两个儿子一道迁往巫州。东阳大长公主嫁给高履行，太后因为高履行是长孙无忌的舅舅的儿子，所以讨厌公主。

秋季七月丁巳（初一），朝廷赦免天下罪人。重新命名宝图为天授圣图，把洛水叫作永昌洛水，封洛水神为显圣侯，加授特进，禁止在洛水钓鱼，祭祀的仪式如同长江、淮河、黄河、济水一样。

名图所出曰圣图泉,泉侧置永昌县。又改嵩山为神岳,封其神为天中王,拜太师、使持节、神岳大都督,禁刍牧。又以先于汜水得瑞石,改汜水为广武。

太后潜谋革命,稍除宗室。绛州刺史韩王元嘉、青州刺史霍王元轨、邢州刺史鲁王灵夔、豫州刺史越王贞及元嘉子通州刺史黄公譔、元轨子全州刺史江都王绪、虢王凤子申州刺史东莞公融、灵夔子范阳王蔼、贞子博州刺史琅邪王冲,在宗室中皆以才行有美名,太后尤忌之。元嘉等内不自安,密有匡复之志。

譔谬为书与贞云:“内人病浸重,当速疗之,若至今冬,恐成痼疾。”及太后召宗室朝明堂,诸王因递相惊曰:“神皇欲于大飨之际,使人告密,尽收宗室,诛之无遗类。”譔诈为皇帝玺书与冲云:“朕遭幽絷,诸王宜各发兵救我。”冲又诈为皇帝玺书云:“神皇欲移李氏社稷以授武氏。”八月壬寅,冲召长史萧德琮等令募兵,分告韩、霍、鲁、越及贝州刺史纪王慎,各令起兵共趣神都。太后闻之,以左金吾将军丘神勣为清平道行军大总管以讨之。

冲募兵得五千馀人,欲渡河取济州。先击武水,武水令郭务悌诣魏州求救。莘令马玄素将兵千七百人中道邀冲,恐力不敌,入武水,闭门拒守。冲推草车塞其南门,因风纵火焚之,欲乘火突入。火作而风回,冲军不得进,由是气沮。堂邑董玄寂为冲将兵击武水,谓人曰:“琅邪王与国

把发现天授圣图的地方叫圣图泉,泉边设置永昌县。又把嵩山改名为神岳,封嵩山神为天中王,拜为太师、使持节、神岳大都督,禁止在山上打柴放牧。又因为在此之前在氾水县发现过吉祥的石头,改氾水县为广武。

太后暗中谋划取代唐朝,逐渐清除皇族。绛州刺史、韩王李元嘉,青州刺史、霍王李元轨,邢州刺史、鲁王李灵夔,豫州刺史、越王李贞,以及李元嘉的儿子、通州刺史、黄公李譔,李元轨的儿子、全州刺史、江都王李绪,虢王李凤的儿子、申州刺史、东莞公李融,李灵夔的儿子、范阳王李蔼,李贞的儿子、博州刺史、琅邪王李冲这些人,在唐朝皇族中都以才能与德行享有美名,太后尤其忌恨他们。李元嘉等人内心不安,暗中有了拯救恢复皇室的志向。

李譔写信给李贞,伪称:"我妻子的病逐渐加重,应当抓紧治疗,如果拖到今年冬天,恐怕成为顽症。"等到太后召集所有皇族到明堂朝见,众王吃惊地互相说:"神皇想趁大宴宾客之际,指使人来告密,就收捕全部宗亲皇室杀掉,一个后代都不留。"李譔伪造睿宗的诏书送给李冲,诏书说:"朕被软禁,众王应当调发各自的军队救我。"李冲又伪造睿宗的诏书说:"神皇打算转移李氏的朝廷传授武氏。"八月壬寅(十七日),李冲召见长史萧德琮等人,命令他们招募军队,并分头告诉韩王李元嘉、霍王李元轨、鲁王李灵夔、越王李贞以及贝州刺史、纪王李慎,让他们各自起兵,一同奔赴神都洛阳。太后闻知后,任命左金吾将军丘神勣为清平道行军大总管讨伐他们。

李冲招募到五千多士兵,准备渡黄河攻取济州。先进攻武水,武水令郭务悌到魏州去求救。莘县令马玄素率一千七百名士兵中途阻击李冲,担心自己兵力不能与李冲匹敌,便进入武水城,紧闭城门抵抗防守。李冲推来许多装满干草的车堵住武水县城南门,趁风势放火焚烧干草,想凭借火势冲入城中。但火烧起来后风向逆转,李冲的军队无法前进,因此士气低落。堂邑人董玄寂为李冲率领军队攻打武水,他对别人说:"琅邪王李冲与国

家交战,此乃反也。"冲闻之,斩玄寂以徇,众惧而散入草泽,不可禁止,惟家僮左右数十人在。冲还走博州,戊申,至城门,为守门者所杀,凡起兵七日而败。丘神勣至博州,官吏素服出迎,神勣挥刃尽杀之,凡破千馀家。

越王贞闻冲起,亦举兵于豫州,遣兵陷上蔡。九月丙辰,命左豹韬大将军麴崇裕为中军大总管,岑长倩为后军大总管,将兵十万以讨之,又命张光辅为诸军节度。削贞、冲属籍,更姓虺氏。贞闻冲败,欲自镍诣阙谢罪,会所署新蔡令傅延庆募得勇士二千馀人,贞乃宣言于众曰:"琅邪已破魏、相数州,有兵二十万,朝夕至矣。"发属县兵共得五千,分为五营,使汝阳县丞裴守德等将之,署九品以上官五百馀人。所署官皆受迫协,莫有斗志,惟守德与之同谋,贞以其女妻之,署大将军,委以腹心。贞使道士及僧诵经以求事成,左右及战士皆带辟兵符。麴崇裕等军至豫州城东四十里,贞遣少子规及裴守德拒战,兵溃而归。贞大惧,闭阁自守。崇裕等至城下,左右谓贞曰:"王岂可坐待戮辱?"贞、规、守德及其妻皆自杀。与冲皆枭首东都阙下。

初,范阳王蔼遣使语贞及冲曰:"若四方诸王一时并起,事无不济。"诸王往来相约结,未定而冲先发,惟贞狼狈应之,诸王皆不敢发,故败。

家交战，这是谋反。"李冲听到此话，斩杀董玄寂示众，士兵因恐惧不安而纷纷逃入荒野，无法禁止，只有家中的僮仆和亲信几十个人还在。李冲往回逃奔博州，戊申（二十三日），抵达博州城门，被守门人杀死，起兵总共七日就败亡了。丘神勣到了博州，官吏身穿白色衣服出城迎接，丘神勣挥刀杀死了全部官吏，一共一千多家家破人亡。

越王李贞听说李冲起兵后，也在豫州举兵，派遣军队攻陷了上蔡。九月丙辰（初一），朝廷任命左豹韬大将军麹崇裕为中军大总管，任命岑长倩为后军大总管，率领十万军队前去讨伐李贞，又任命张光辅为诸军节度。削除李贞、李冲在皇族名册中的名字，改姓虺氏。李贞听到李冲败亡的消息后，想自己戴上镣铐到皇宫门前谢罪，正赶上此时李贞任命的新蔡县县令傅延庆招募到二千馀名勇士，李贞于是对部众宣布说："琅邪王李冲已经攻下了魏州、相州等数州，拥有二十万军队，很快就要到了。"李贞又征发豫州所属各县的军队，一共得到五千士兵，李贞把士兵分为五营，让汝阳县县丞裴守德等人去统领，任命了五百馀人为九品以上的官吏。这些被安排任命的官吏都是受威胁逼迫才上任的，没有谁真有斗志，只有裴守德跟李贞同力谋反，李贞将女儿嫁给裴守德，安排他任大将军，作为心腹重用。李贞让道士与僧人诵经，以祈求事情能成功，他的亲信和士兵都带着避免兵器伤害的神符。麹崇裕等人率领官军抵达豫州城东四十里，李贞派小儿子李规和裴守德前去抵挡迎战，他们溃败而回。李贞十分恐惧，闭门自守。麹崇裕等人来到城下，亲信对李贞说："您怎么能坐着等待被杀戮的耻辱？"李贞、李规、裴守德以及他们的妻子都自杀了。他们和李冲都被砍下头颅悬挂在东都洛阳宫门下示众。

当初，范阳王李蔼派使者对李贞和李冲说："如果四方各位王同时一起举兵，事情必定成功。"众王来来往往互相结盟，盟约尚未确定而李冲首先发难，只有李贞狼狈地响应李冲，其他众王都不敢动，所以失败了。

　　贞之将起兵也,遣使告寿州刺史赵瓌,瓌妻常乐长公主谓使者曰:"为我语越王:昔隋杨氏将篡周室,尉迟迥,周之甥也,犹能举兵匡救社稷,功虽不成,威震海内,足为忠烈。况汝诸王,先帝之子,岂得不以社稷为心?今李氏危若朝露,汝诸王不舍生取义,尚犹豫不发,欲何须邪?祸且至矣,大丈夫当为忠义鬼,无为徒死也。"

　　及贞败,太后欲悉诛韩、鲁等诸王,命监察御史蓝田苏珦按其密状。珦讯问,皆无明验,或告珦与韩、鲁通谋,太后召珦诘之,珦抗论不回。太后曰:"卿大雅之士,朕当别有任使,此狱不必卿也。"乃命珦于河西监军,更使周兴等按之,于是收韩王元嘉、鲁王灵夔、黄公譔、常乐公主于东都,迫协皆自杀,更其姓曰虺,亲党皆诛。

　　以文昌左丞狄仁杰为豫州刺史。时治越王贞党与,当坐者六七百家,籍没者五千口,司刑趣使行刑。仁杰密奏:"彼皆诖误,臣欲显奏,似为逆人申理;知而不言,恐乖陛下仁恤之旨。"太后特原之,皆流丰州。道过宁州,宁州父老迎劳之曰:"我狄使君活汝邪?"相携哭于德政碑下,设斋三日而后行。

　　时张光辅尚在豫州,将士恃功,多所求取,仁杰不之从。光辅怒曰:"州将轻元帅邪?"仁杰曰:"乱河南者一越王贞耳,今一贞死,万贞生!"光辅诘其语,仁杰曰:"明公总兵三十万,所诛者止于越王贞。城中闻官军至,逾城出降

李贞准备起兵时，派使者去告诉寿州刺史赵瑰，赵瑰的妻子常乐长公主对使者说："代我告诉越王：从前隋国公杨坚准备篡夺北周王位，尉迟迥是北周皇帝宇文泰的外甥，还能举兵匡救宇文氏的国家，虽然没有成功，但声威震撼天下，完全称得上忠诚壮烈。更何况你们众位王，都是先帝的亲生儿子，难道能够不把国家放在心上？如今李氏王朝危险得如同朝露，你们众位亲王不舍生取义，尚且还犹豫不决地不发兵，想等什么呢？大祸即将来临，大丈夫应当为忠义献身，不能白白地等死。"

到李贞兵败，太后打算诛杀韩王、鲁王等王，命令监察御史蓝田人苏珦审讯他们的密谋情况。苏珦审讯追查，全都没有明确的罪证，有人诬告苏珦与韩王、鲁王勾结谋划，太后召苏珦来责问，苏珦极力争辩、毫不屈服。太后说："你是十分高雅的文人，朕将另有任用，这件案子不必你办了。"于是命令苏珦到河西去监军，另外派周兴等人追查，于是收捕韩王李元嘉、鲁王李灵夔、黄公李譔、常乐公主，押送到东都洛阳，逼迫威胁他们全部自杀，把他们改姓虺，他们的亲属、党羽全被处死。

唐朝任命文昌左丞狄仁杰为豫州刺史。当时正处治越王李贞的党羽，应该定罪的有六七百家，没收到官府为奴仆的有五千人，司刑催促执行刑罚。狄仁杰秘密上奏太后说："他们都是无罪而受连累，我想公开上奏说明，似乎是为叛乱的人申辩；知道真相而不说，恐怕违背陛下仁爱、抚恤的旨意。"太后于是特赦了这些人，把他们全部流放丰州。当他们途经宁州时，宁州的父老迎接、慰劳他们说："是我们狄使君让你们活下来的吧？"他们互相搀扶着来到为狄仁杰立的德政碑下哭泣，摆设了三天斋食后才继续出发。

当时张光辅还在豫州，将士依仗有战功，经常索取财物，狄仁杰不顺从他们。张光辅大怒说："刺史轻视武将吗？"狄仁杰说："扰乱河南的只有一个越王李贞，现在一个李贞死了，一万个李贞又出现了！"张光辅责问这话的意思，狄仁杰说："您统兵三十万，要杀的只有越王李贞。城里听到官军抵达，越城逃出投降

者四面成蹊，明公纵将士暴掠，杀已降以为功，流血丹野，非万贞而何？恨不得尚方斩马剑，加于明公之颈，虽死如归耳！"光辅不能诘，归，奏仁杰不逊，左迁复州刺史。

太后之召宗室朝明堂也，东莞公融密遣使问成均助教高子贡，子贡曰："来必死。"融乃称疾不赴。越王贞起兵，遣使约融，融苍猝不能应，为官属所逼，执使者以闻，擢拜右赞善大夫。未几，为支党所引，冬十月己亥，戮于市，籍没其家。高子贡亦坐诛。

济州刺史薛顗、顗弟绪、绪弟驸马都尉绍，皆与琅邪王冲通谋。顗闻冲起兵，作兵器，募人。冲败，杀录事参军高纂以灭口。冬十一月辛酉，顗、绪伏诛，绍以太平公主故，杖一百，饿死于狱。

十二月乙酉，司徒、青州刺史、霍王元轨坐与越王连谋，废徙黔州，载以槛车，行至陈仓而死。江都王绪、殿中监郧公裴承先皆戮于市。承先，寂之孙也。

己酉，太后拜洛受图，皇帝、皇太子皆从，内外文武百官、蛮夷酋长各依方叙立，珍禽、奇兽、杂宝列于坛前，文物卤簿之盛，唐兴以来未之有也。

辛亥，明堂成，高二百九十四尺，方三百尺。凡三层：下层法四时，各随方色；中层法十二辰，上为圆盖，九龙捧之；上层法二十四气，亦为圆盖，上施铁凤，高一丈，饰以黄金。

官军的人，多得把州城四周踩出路来，您却放纵将士狂暴地抢掠，杀死已经投降的人作为战功，血流染红了田野，不是一万个李贞而是什么？我恨手中没有尚方斩马剑朝您的脖子上砍去，我即使因此而死，视死如归！"张光辅无法再问，回朝廷上奏狄仁杰出言不逊，狄仁杰被降为复州刺史。

太后征召众皇族到明堂朝见时，东莞公李融秘密派使者到洛阳询问成均助教高子贡，高子贡说："来了必死无疑。"李融于是借口有病而没去。越王李贞起兵，派使者约李融一齐起兵，李融仓猝间来不及响应，在下属官员的逼迫下，拘捕了李贞的使者上报，朝廷提拔李融，授命为右赞善大夫。没有多久，被其他党羽牵连，冬季十月己亥（十四日），李融被拉到街市上处死，官府没收了他的家产。高子贡也因此被杀。

济州刺史薛颉、薛颉的弟弟薛绪以及薛绪的弟弟驸马都尉薛绍，都和琅邪王李冲串通谋反。薛颉听到李冲起兵，便制造兵器，招募士兵。李冲败亡后，薛颉杀掉录事参军高纂以灭口。冬季十一月辛酉（初六），薛颉、薛绪被处以死刑，薛绍因为太平公主的原故，打一百棍，在狱中饿死。

十二月乙酉（初一），司徒、青州刺史、霍王李元轨，因为与越王李贞勾结谋反，被废黜官职、爵位，流放黔州，用囚车押解前往，行到陈仓时死去。江都王李绪和殿中监、郇公裴承先都被在街市上公开处死。裴承先是裴寂的孙子。

己酉（二十五日），太后前去祭拜洛水，接受天授圣图，皇帝李旦、太子李成器都跟随她前往，朝廷内外的文武百官、各蛮夷族的首领都各自按照方位序列肃立，珍禽、奇兽、各式各样的宝物陈列在祭坛前，礼乐仪仗之盛大，是唐朝建国以来从未有过的。

辛亥（二十七日），明堂落成，高二百九十四尺，每边长三百尺。共三层：底层按四季划分，每一方为一种颜色；中层按十二时辰划分，上面是圆顶，由九条龙支撑着；上层按二十四节气划分，也是圆顶，顶上安置有铁凤凰，凤凰有一丈高，装饰有黄金。

中有巨木十围,上下通贯,栭栌橕桷藉以为本。下施铁渠,为辟雍之象,号曰万象神宫。宴赐群臣,赦天下,纵民入观。改河南为合宫县。又于明堂北起天堂五级以贮大像,至三级,则俯视明堂矣。僧怀义以功拜左威卫大将军、梁国公。侍御史王求礼上书曰:"古之明堂,茅茨不翦,采椽不斫。今者饰以珠玉,图以丹青,铁鸷入云,金龙隐雾,昔殷辛琼台,夏癸瑶室,无以加也。"太后不报。

永昌元年春正月乙卯朔,大飨万象神宫,太后服衮冕,搢大珪,执镇珪为初献,皇帝为亚献,太子为终献。先诣昊天上帝座,次高祖、太宗、高宗,次魏国先王,次五方帝座。太后御则天门,赦天下,改元。丁巳,太后御明堂,受朝贺。戊午,布政于明堂,颁九条以训百官。己未,御明堂,飨群臣。

三月壬申,太后问正字陈子昂,当今为政之要。子昂退,上疏,以为"宜缓刑崇德,息兵革,省赋役,抚慰宗室,各使自安"。辞婉意切,其论甚美,几三千言。

癸酉,以天官尚书武承嗣为纳言,张光辅守内史。

夏四月甲辰,杀辰州别驾汝南王炜、连州别驾鄱阳公諲等宗室十二人,徙其家于巂州。炜,恽之子;諲,元庆之子也。己酉,杀天官侍郎蓝田邓玄挺。玄挺女为諲妻,又

明堂中央有一根十个人才能围住的巨木,从地下直通顶上,立柱、斗拱、斜柱、屋檐,都以巨木作基础。明堂四周设置铁水渠,取四周有水、形如玉环的辟雍形象,明堂取名为万象神宫。太后宴请、赏赐群臣,赦免天下罪人,允许百姓进去参观。把河南县改名为合宫县。又在明堂北部建起五级天堂台,用来安置巨大的佛像,人上到第三级时,便能俯视明堂了。僧人怀义因建造明堂、天堂有功,被授命为左威卫大将军、梁国公。侍御史王求礼上书说:"古代的明堂,茅草屋顶不加修剪,伐木为椽不加修凿。如今用珠宝金玉装饰,用五颜六色绘图,铁鸷高耸入云,金龙隐约雾中,从前殷纣王的琼台、夏桀的瑶室,也不能超过。"太后不答复。

永昌元年(689)春季正月乙卯这天是初一,朝廷在万象神宫举行大合祭,太后身穿帝王礼服、头戴帝王礼帽,衣带间插着大珪,手捧镇珪进献第一批祭品,皇帝进献第二批祭品,皇太子进献最末一批祭品。先到昊天上帝神位祭拜,其次按顺序祭拜高祖李渊、太宗李世民、高宗李治,再次祭拜魏国先王,最后祭拜五方帝神位。太后亲自到则天门,诏令赦免天下罪人,改年号。丁巳(初三),太后到明堂,接受朝臣贺拜。戊午(初四),太后在明堂施政,颁布教诲百官的九条训词。己未(初五),太后到明堂,宴请群臣。

三月壬申(十九日),太后向正字陈子昂询问当前治国理政的首要任务。陈子昂退朝后呈上奏疏,认为"应当宽缓刑罚,崇尚德政,停止军事征讨,减省赋税徭役,安抚慰问皇族,让他们每个人感到心安"。用词委婉,含意深切,议论精彩,将近三千字。

癸酉(二十日),任命天官尚书武承嗣为纳言,任命张光辅署理内史。

夏季四月甲辰(二十二日),杀掉辰州别驾汝南王李炜、连州别驾鄱阳公李谭等十二名皇族成员,把他们的家属迁徙到巂州。李炜是李恽的儿子,李谭是李元庆的儿子。己酉(二十七日),杀掉天官侍郎蓝田人邓玄挺。邓玄挺的女儿是李谭的妻子,他又

与炜善。谭谋迎中宗于庐陵，以问玄挺。炜又尝谓玄挺曰："欲为急计，何如？"玄挺皆不应。故坐知反不告，同诛。

诸王之起兵也，贝州刺史、纪王慎独不预谋，亦坐系狱。秋七月丁巳，槛车徙巴州，更姓虺氏，行及蒲州而卒。八男徐州刺史东平王续等，相继被诛，家徙岭南。

徐敬业之败也，弟敬真流绣州，逃归，将奔突厥。过洛阳，洛州司马弓嗣业、洛阳令张嗣明资遣之。至定州，为吏所获，嗣业缢死。嗣明、敬真多引海内知识，云有异图，冀以免死。于是朝野之士为所连引坐死者甚众。嗣明诬内史张光辅，云"征豫州日，私论图谶、天文，阴怀两端"。八月甲申，光辅与敬真、嗣明等同诛，籍没其家。

乙未，秋官尚书太原张楚金、陕州刺史郭正一、凤阁侍郎元万顷、洛阳令魏元忠，并免死流岭南。楚金等皆为敬真所引，云与敬业通谋。临刑，太后使凤阁舍人王隐客驰骑传声赦之。声达于市，当刑者皆喜跃欢呼，宛转不已。元忠独安坐自如，或使之起，元忠曰："虚实未知。"隐客至，又使起，元忠曰："俟宣敕已。"既宣敕，乃徐起，舞蹈再拜，竟无忧喜之色。是日，阴云四塞，既释楚金等，天气晴霁。

初，高宗之世，周兴以河阳令召见，上欲加擢用，或奏以非清流，罢之。兴不知，数于明堂俟命。诸相皆无言，地官

和李炜友善。李谭谋划从庐陵接唐中宗回朝复位时,去询问过邓玄挺。李炜又曾经对邓玄挺说:"打算实施紧急计划,怎么样?"邓玄挺都没有回答。所以定邓玄挺知道谋反不报告罪,同样处死。

唐朝众王起兵时,只有贝州刺史、纪王李慎没有参预谋反,但也被定罪关进了监狱。秋季七月丁巳(初七),朝廷下令用囚车押送李慎徙往巴州,改姓虺氏,李慎行到蒲州便死去了。徐州刺史、东平王李续等李慎的八个儿子,相继被诛杀,他们的家属被迁往岭南。

徐敬业败亡后,他的弟弟徐敬真被流放绣州,徐敬真逃出绣州,准备逃奔突厥。经过洛阳时,洛州司马弓嗣业、洛阳令张嗣明资助他,送他离开。徐敬真到定州时被官吏抓获,弓嗣业自缢而死。张嗣明、徐敬真在供词中大量诬告牵连国内所认识的人,说这些人图谋不轨,希望用这样的办法逃脱死罪。于是朝廷、民间因受他们连累供出被处死的士人非常多。张嗣明诬陷内史张光辅,说"征讨豫州时,张光辅私下议论天命占验、天象征兆,暗地里心怀两端"。八月甲申(初四),张光辅和徐敬真、张嗣明等人同时被杀,并被没收家产。

乙未(十五日),秋官尚书太原人张楚金以及陕州刺史郭正一、凤阁侍郎元万顷、洛阳县令魏元忠同时免死,全部流放岭南。张楚金等人都是被徐敬真供出,说与徐敬业串通谋反。临处死时,太后派凤阁舍人王隐客骑马飞奔到刑场,口传诏令赦免死罪。免罪的叫声传到街市,将要受刑的人都高兴得跳跃欢呼,不停地转过来转过去。只有魏元忠镇静自如地坐着,有人叫他起来,魏元忠说:"是真是假还不知道呢。"等王隐客来到,又叫他起来,魏元忠说:"等宣布诏令结束再说。"诏令宣布之后,魏元忠才慢慢起身,行舞蹈之行,拜了又拜,脸上完全没有忧或喜的神色。这一天阴云笼罩,等释放了张楚金等人之后,阴云散开,天气晴朗。

当初,高宗在世时,周兴以河阳县县令的身份被召见,高宗想提拔重用他,有人上奏章,认为周兴不是清流官,高宗于是作罢。周兴不知道,多次到朝堂等候任命。众位宰相都不说什么,地官

尚书、检校纳言魏玄同,时同平章事,谓之曰:"周明府可去矣。"兴以为玄同沮己,衔之。玄同素与裴炎善,时人以其终始不渝,谓之"耐久朋"。周兴奏诬玄同言:"太后老矣,不若奉嗣君为耐久。"太后怒,闰月甲午,赐死于家。监刑御史房济谓玄同曰:"丈人何不告密,冀得召见,可以自直!"玄同叹曰:"人杀鬼杀,亦复何殊,岂能作告密人邪?"乃就死。又杀夏官侍郎崔詧于隐处。自馀内外大臣坐死及流贬甚众。

彭州长史刘易从亦为徐敬真所引,戊申,就州诛之。易从为人,仁孝忠谨,将刑于市,吏民怜其无辜,远近奔赴,竞解衣投地曰:"为长史求冥福。"有司平准,直十馀万。

周兴等诬右武卫大将军、燕公黑齿常之谋反,征下狱。冬十月戊午,常之缢死。

己未,杀宗室、鄂州刺史、嗣郑王璥等六人。庚申,嗣滕王脩琦等六人免死,流岭南。右卫胄曹参军陈子昂上疏,以为:"周颂成、康,汉称文、景,皆以能措刑故也。今陛下之政,虽尽善矣,然太平之朝,上下乐化,不宜有乱臣贼子,日犯天诛。比者大狱增多,逆徒滋广,愚臣顽昧,初谓皆实,乃去月十五日,陛下特察系囚李珍等无罪,百寮庆悦,皆贺圣明,臣乃知亦有无罪之人挂于疏网者。陛下务在宽典,狱官务在急刑,以伤陛下之仁,以诬太平之政,臣窃恨之。又,九月二十一日敕免楚金等死,初有风雨,变为景云。臣闻阴惨者刑也,阳舒者德也,圣人法天,天亦助圣,

尚书、检校纳言魏玄同当时是同平章事,他便对周兴说:"周县令可以回去了。"周兴认为魏玄同坏了自己的提升,将他怀恨在心。魏玄同与裴炎友善,当时的人因为他们的友谊始终不变,称他们为"耐久朋"。周兴上奏章,诬陷魏玄同曾说过:"太后老了,不如尊奉皇帝才能耐久。"太后发怒,闰九月甲午(十五日),赐魏玄同在家中自尽。监刑御史房济对魏玄同说:"您老为何不去告密,以求得到太后召见呢?那就可以为自己申诉了!"魏玄同感叹地说:"被人杀死与被鬼杀死,又有什么不同?怎么能做告密的人呢!"于是从容自尽。夏官侍郎崔詧又被杀死在隐蔽的地方。其馀的朝廷内外大臣被判死罪以及被流放、贬职的很多。

彭州长史刘易从也被徐敬真供出,戊申(二十九日),在彭州被处死。刘易从为人仁爱、孝顺、忠诚、恭谨,临到街市行刑前,官吏、百姓同情他无辜,从远处近处奔赴刑场,争着脱衣扔在地上说:"为长史求冥福。"有关部门估价,这些衣服值十馀万钱。

周兴等人诬告右武卫大将军、燕公黑齿常之谋反,他被征召回朝廷关进监狱。冬季十月戊午(初九),黑齿常之自缢而死。

己未(初十),朝廷杀死皇族、鄂州刺史、嗣郑王李璥等六人。庚申(十一日),嗣滕王李脩琦等六人免除死罪,流放岭南。右卫胄曹参军陈子昂上奏疏,认为:"周朝歌颂成王、康王,汉代赞扬文帝、景帝,都是因为他们废弃酷刑的原故。如今陛下的政策措施,虽然十分完善了,但太平的朝代,上臣下民乐于教化,不应该有乱臣贼子,天天犯罪而被朝廷诛杀。近来大狱增多,叛乱之徒滋生增长,我很愚昧,起初认为都是真的,只是到了上个月十五日那天,陛下特别察明囚犯李珍等无罪,百官欢庆喜悦,都称颂陛下圣明,我才知道,在陛下宽疏的法网上,也有无罪的人被套住了。陛下致力于宽松刑罚,狱官却刻意追求苛刻的刑罚,从而伤害了陛下的仁德,给太平的政局抹黑,我私下痛恨这些人。还有,九月二十一日敕令赦免张楚金等人死罪,起初天有风雨,赦免之后变成祥云满天。我听说天气阴森凄惨表示刑罚过重,阳光明朗舒展表示德政可嘉,圣人效法上天,上天也佑助圣人,

天意如此,陛下岂可不承顺之哉?今又阴雨,臣恐过在狱官。凡系狱之囚,多在极法,道路之议,或是或非,陛下何不悉召见之,自诘其罪?罪有实者显示明刑,滥者严惩狱吏,使天下咸服,人知政刑,岂非至德克明哉?"

天授元年十一月,凤阁侍郎河东宗秦客,改造"天""地"等十二字以献,丁亥,行之。太后自名"曌",改诏曰制。秦客,太后从父姊之子也。乙未,司刑少卿周兴奏除唐亲属籍。腊月辛未,以僧怀义为右卫大将军,赐爵鄂国公。

春一月戊子,武承嗣迁文昌左相,岑长倩迁文昌右相、同凤阁鸾台三品,凤阁侍郎武攸宁为纳言,邢文伟守内史,左肃政大夫、同凤阁鸾台三品王本立罢为地官尚书。攸宁,士获之兄孙也。时武承嗣、三思用事,宰相皆下之。地官尚书、同凤阁鸾台三品韦方质有疾,承嗣、三思往问之,方质据床不为礼。或谏之,方质曰:"死生有命,大丈夫安能曲事近戚以求苟免乎?"寻为周兴等所构,甲午,流儋州,籍没其家。

醴泉人侯思止,始以卖饼为业,后事游击将军高元礼为仆,素诡谲无赖。恒州刺史裴贞杖一判司,判司使思止告贞与舒王元名谋反,秋七月辛巳,元名坐废,徙和州,壬午,杀其子豫章王亶,贞亦族灭。擢思止为游击将军。时,告密者往往得五品,思止求为御史,太后曰:"卿不识字,岂堪御史?"对曰:"獬豸何尝识字,但能触邪耳。"太后悦,即

上天意志既然如此,陛下怎么能不顺从天意呢?现在又是阴雨绵绵,我担心过错出自狱官。凡是被关进狱中的犯人,大多数处以死刑,道途的议论,是对或是错,陛下为什么不召见所有罪犯,亲自审问他们的罪行?确实有罪的,宣布他们的罪状,公开处决示众;滥入狱的,严厉惩处主管刑狱的官吏,让天下人全都心服,人人知道政治教化与刑罚处置,难道不是使最高尚的道德发扬光大吗?"

天授元年(690)十一月,凤阁侍郎河东人宗秦客改造"天""地"等十二个字进献朝廷,丁亥(初八),唐朝颁行使用这十二个字。太后为自己取名"曌",改诏为制。宗秦客是太后堂姐的儿子。乙未(十六日),司刑少卿周兴上奏废除唐朝皇室亲属的名册。腊月辛未(二十三日),任命僧人怀义为右卫大将军,赐封鄂国公爵位。

春季一月戊子(初十),武承嗣升任文昌左相,岑长倩升任文昌右相、同凤阁鸾台三品,凤阁侍郎武攸宁担任纳言,邢文伟守内史,左肃政大夫、同凤阁鸾台三品王本立罢免原官职、降为地官尚书。武攸宁是武士彟哥哥的孙子。当时武承嗣、武三思当权,宰相都位居他们之下。地官尚书、同凤阁鸾台三品韦方质有病,武承嗣、武三思前往问候他,韦方质靠在床上不行礼。有人规劝他,韦方质说:"生死有命,大丈夫怎么能委屈事奉太后的近亲以求得暂时的幸免呢?"不久,韦方质被周兴等人陷害,甲午(十六日),流放儋州,家产被官府没收。

醴泉人侯思止当初以卖饼为业,后来事奉游击将军高元礼,给高元礼当奴仆,一贯诡诈无赖。恒州刺史裴贞杖责过一名判司,判司让侯思止诬告裴贞与舒王李元名谋反,秋季七月辛巳(初七),李元名因此被废黜,迁徙到和州,壬午(初八),李元名的儿子、豫章王李亶被杀,裴贞也被灭了族。朝廷提拔侯思止为游击将军。当时,告密的人常常能得到五品官,侯思止请求担任御史,太后说:"你不识字,怎么能胜任御史?"侯思止回答说:"獬豸哪里识字,但是能用独角顶撞邪恶之人。"太后听了高兴,立即

以为朝散大夫、侍御史。他日，太后以先所籍没宅赐之，思止不受，曰："臣恶反逆之人，不愿居其宅。"太后益赏之。

衡水人王弘义，素无行，尝从邻舍乞瓜，不与，乃告县官，瓜田中有白兔。县官使人搜捕，蹂践瓜田立尽。又游赵、贝，见闾里耆老作邑斋，遂告以谋反，杀二百馀人。擢授游击将军，俄迁殿中侍御史。或告胜州都督王安仁谋反，敕弘义按之。安仁不服，弘义即于枷上刎其首。又捕其子，适至，亦刎其首，函之以归。道过汾州，司马毛公与之对食，须臾，叱毛公下阶，斩之，枪揭其首入洛，见者无不震栗。时置制狱于丽景门内，入是狱者，非死不出，弘义戏呼为"例竟门"。朝士人人自危，相见莫敢交言，道路以目。或因入朝密遭掩捕，每朝，辄与家人诀曰："未知复相见否？"

时法官竞为深酷，唯司刑丞徐有功、杜景俭独存平恕，被告者皆曰："遇来、侯必死，遇徐、杜必生。"有功，文远之孙也，名弘敏，以字行。初为蒲州司法，以宽为治，不施敲扑。吏相约有犯徐司法杖者，众共斥之。迨官满，不杖一人，职事亦修。累迁司刑丞，酷吏所诬构者，有功皆为直之，前后所活数十百家。尝廷争狱事，太后厉色诘之，左右

任命侯思止为朝散大夫、侍御史。有一天,太后把原先官府没收的住宅赏赐给侯思止,侯思止不接受,说:"为臣我厌恶叛逆之人,不愿居住他们的房子。"太后听了更加赏识他。

衡水人王弘义,一贯没有德行,曾经向邻居讨要瓜吃,邻居没给他,王弘义于是就向官府报告,说瓜田中有白兔。官府就派人前去搜捕,搜捕的人践踏瓜田,瓜田立刻全部被毁坏掉了。王弘义又游历赵州、贝州,看见乡里父老聚在一起作佛事,便诬告他们在谋反,使二百多人被杀。王弘义被提拔任命为游击将军,不久又升为殿中侍御史。有人告发胜州都督王安仁谋反,朝廷令王弘义追查此事。王安仁不承认,王弘义立即从王安仁戴着的枷上面割下了王安仁的头。又去逮捕王安仁的儿子,其子刚到,也被割下头颅,王弘义把两颗人头用盒子装起来就返回了。途中经过汾州,司马毛公和王弘义面对面地用餐,过了一会儿,王弘义怒叱,让毛公走下台阶,把毛公斩首,用枪挑着毛公的首级进入洛阳,看见的人无不恐惧得发抖。当时,把制狱设在丽景门内,关进此狱的人,到死才能出狱,王弘义戏称为"例竟门",意思是进入此门照例全死。朝中官员人人自危,互相见面时不敢交谈,在路上相遇也只敢用目光示意。有的因上朝而被秘密逮捕,因此官员每次入朝时,总是与家人诀别说:"不知还能不能再相见?"

当时,执法的官吏争相用严酷手段办案,只有司刑丞徐有功、杜景俭二人在执法时能保持平和宽恕,被诬告的人都说:"遇到来俊臣、侯思止一定死,遇到徐有功、杜景俭一定活。"徐有功是徐文远的孙子,名弘敏,字有功,人们习惯称他的字。徐有功早先担任蒲州司法,把宽大作为治理狱事的原则,对犯人不用刑讯。属吏互相约定,如果有谁因犯罪而受到徐司法杖责,大家一致斥责他。徐有功到任职期满,没有杖打过一个人,任内的事情也处理得好。连续升官为司刑丞,那些被酷吏所诬陷的人,徐有功都为他们平反,前前后后救活几十乃至上百家人。徐有功曾经在朝廷上争论有关刑狱的事,太后声色严厉地责问他,周围

为战栗,有功神色不挠,争之弥切。太后虽好杀,知有功正直,甚敬惮之。景俭,武邑人也。司刑丞荥阳李日知亦尚平恕。少卿胡元礼欲杀一囚,日知以为不可,往复数四,元礼怒曰:"元礼不离刑曹,此囚终无生理!"日知曰:"日知不离刑曹,此囚终无死法!"竟以两状列上,日知果直。

东魏国寺僧法明等撰《大云经》四卷,表上之,言太后乃弥勒佛下生,当代唐为阎浮提主,制颁于天下。

武承嗣使周兴罗告隋州刺史泽王上金、舒州刺史许王素节谋反,征诣行在。素节发舒州,闻遭丧哭者,叹曰:"病死何可得,乃更哭邪?"丁亥,至龙门,缢杀之。上金自杀。悉诛其诸子及支党。

八月甲寅,杀太子少保、纳言裴居道。癸亥,杀尚书左丞张行廉。辛未,杀南安王颖等宗室十二人,又鞭杀故太子贤二子,唐之宗室于是殆尽矣,其幼弱存者亦流岭南,又诛其亲党数百家。惟千金长公主以巧媚得全,自请为太后女,仍改姓武氏。太后爱之,更号延安大长公主。

九月丙子,侍御史汲人傅游艺帅关中百姓九百馀人诣阙上表,请改国号曰周,赐皇帝姓武氏。太后不许,擢游艺为给事中。于是百官及帝室宗戚、远近百姓、四夷酋长、沙门、道士合六万馀人,俱上表如游艺所请,皇帝亦上表自请赐姓武氏。戊寅,群臣上言:有凤皇自明堂飞入上阳宫,还集左台梧桐之上,久之,飞东南去,及赤雀数万集朝堂。

的人为他感到胆战心惊，徐有功神色不屈，争论更加激烈。太后虽然喜好刑杀，但知道徐有功正直，非常敬畏他。杜景俭是武邑人。司刑丞荥阳人李日知也崇尚平和宽恕的做法。少卿胡元礼准备杀一名囚犯，李日知认为不能杀，反复争论了多次，胡元礼愤怒地说："我胡元礼不离开刑部，这个囚犯最终没有生还的道理！"李日知也说："我李日知不离开刑部，这个囚犯最终没有处死的道理！"最后将两个人的判决状陈述上报，李日知的果然正确。

东魏国寺的僧人法明等人撰写了四卷《大云经》，上表呈给朝廷，说太后是弥勒佛降生，应当取代唐室做人间的主宰，太后下令将《大云经》颁行全国。

武承嗣指使周兴编造罪名告发隋州刺史、泽王李上金与舒州刺史、许王李素节阴谋反叛，朝廷征召他们到太后所在地。李素节从舒州出发，听到遭遇丧事的人痛哭，感叹地说："病死哪有那么容易，还痛哭什么呢？"丁亥（十三日），李素节行至龙门，被绞死。李上金自杀。他们的儿子们及亲属党朋全部被杀死。

八月甲寅（十一日），杀死太子少保、纳言裴居道。癸亥（二十日），杀死尚书左丞张行廉。辛未（二十八日），杀死南安王李颖等十二名皇室成员，又用鞭子打死原太子李贤的两个儿子。至此，唐朝皇室成员几乎杀光了，那些活着的幼弱成员，也流放到岭南。又杀了他们的亲戚、朋友几百家。只有千金长公主靠灵巧及谄媚得以保全生命，她主动请求做太后的女儿，并且改姓武氏。太后喜爱她，给她改称号为延安大长公主。

九月丙子（初三），侍御史汲县人傅游艺带领关中地区百姓九百余人，到皇宫门前上表章，请求把国号改作周，赐皇帝姓武氏。太后不允许，但提升傅游艺为给事中。于是文武百官以及皇室宗族、亲戚，远近的百姓，周边各族的首领，僧人道士，合起来有六万多人，都上表章提出和傅游艺一样的请求，皇帝李旦也上表章，请求赐自己姓武氏。戊寅（初五），群臣进言：有凤凰从明堂飞进上阳宫，又飞到左台，停留在梧桐树上，很久后才往东南飞去，以及有数万只赤雀聚集在朝堂。

　　庚辰，太后可皇帝及群臣之请。壬午，御则天楼，赦天下，以唐为周，改元。乙酉，上尊号曰圣神皇帝，以皇帝为皇嗣，赐姓武氏，以皇太子为皇孙。丙戌，立武氏七庙于神都，追尊周文王曰始祖文皇帝，妣姒氏曰文定皇后；平王少子武曰睿祖康皇帝，妣姜氏曰康惠皇后；太原靖王曰严祖成皇帝，妣曰成庄皇后；赵肃恭王曰肃祖章敬皇帝，魏义康王曰烈祖昭安皇帝，周安成王曰显祖文穆皇帝，忠孝太皇曰太祖孝明高皇帝，妣皆如考谥，称皇后。立武承嗣为魏王，三思为梁王，攸宁为建昌王，士蒦兄孙攸归、重规、载德、攸暨、懿宗、嗣宗、攸宜、攸望、攸绪、攸止皆为郡王，诸姑姊皆为长公主。

　　又以司宾卿溧阳史务滋为纳言，凤阁侍郎宗秦客检校内史，给事中傅游艺为鸾台侍郎、平章事。游艺与岑长倩、右玉钤卫大将军张虔勖、左金吾大将军丘神勣、侍御史来子珣等并赐姓武。秦客潜劝太后革命，故首为内史。游艺期年之中历衣青、绿、朱、紫，时人谓之四时仕宦。敕改州为郡。或谓太后曰：“陛下始革命而废州，不祥。”太后遽追止之。命史务滋等十人巡抚诸道。癸卯，太后立兄孙延基等六人为郡王。

　　冬十月甲子，检校内史宗秦客坐赃贬遵化尉，弟楚客、晋卿亦以奸赃流岭外。丁卯，杀流人韦方质。壬申，敕两京诸州各置大云寺一区，藏《大云经》，使僧升高座讲解，其撰疏僧云宣等九人皆赐爵县公，仍赐紫袈裟、银龟袋。制天下武氏咸蠲课役。

庚辰(初七)，太后同意了皇帝以及群臣的请求。壬午(初九)，太后亲自到则天楼，宣布赦免天下罪人，把唐朝改为周朝，更改年号。乙酉(十二日)，向太后呈上圣神皇帝的尊号，以皇帝为圣神皇帝的继承人，赐姓武氏，以皇太子为皇孙。丙戌(十三日)，武周朝在神都洛阳兴建武氏七庙，追尊周文王为始祖文皇帝，周文王的妻子姒氏为文定皇后；周平王的少子姬武为睿祖康皇帝，姬武的妻子姜氏为康惠皇后；追尊太原靖王为严祖成皇帝，他的妻子为成庄皇后；赵肃恭王为肃祖章敬皇帝，魏义康王为烈祖昭安皇帝，周安成王为显祖文穆皇帝，忠孝太皇为太祖孝明高皇帝，他们的妻子谥号都与他们相同，称为皇后。封武承嗣为魏王，武三思为梁王，武攸宁为建昌王，武士彟哥哥的孙子武攸归、武重规、武载德、武攸暨、武懿宗、武嗣宗、武攸宜、武攸望、武攸绪、武攸止等人都被封为郡王，众位姑姐都封为长公主。

又任命司宾卿溧阳人史务滋为纳言，凤阁侍郎宗秦客为检校内史，给事中傅游艺为鸾台侍郎、平章事。傅游艺和岑长倩、右玉钤卫大将军张虔勖、左金吾大将军丘神勣、侍御史来子珣等都同时被赐姓武氏。宗秦客曾私下劝太后改朝换代，所以首先担任了内史。傅游艺一年当中穿遍青、绿、朱、紫四种颜色的官服，即由九品官爬到三品官，当时人称他为四时官宦。下令把州更改为郡。有人对太后说："陛下刚改朝换代就废除州，不吉利。"太后急忙追回制令，停止执行。命令史务滋等十人出巡安抚各道。癸卯(三十日)，太后封她哥哥的孙子武延基等六人为郡王。

冬季十月甲子(二十一日)，检校内史宗秦客因为贪赃罪，贬职为遵化县尉，他的弟弟宗楚客、宗晋卿也因为非法获取财物而被流放岭南。丁卯(二十四日)，朝廷下令杀死流刑犯韦方质。壬申(二十九日)，朝廷敕令长安、洛阳两京以及各州分别修建一座大云寺，收藏《大云经》，让僧人登上高高的座位讲解，那些为《大云经》撰写注释的僧人云宣等九人，都被赐封县公爵位，还赏赐给他们紫袈裟、银龟袋。武皇帝制令：天下姓武的人全都免除徭役赋税。

　　道州刺史李行褒兄弟为酷吏所陷，当族，秋官郎中徐有功固争不能得。秋官侍郎周兴奏有功故出反囚，当斩，太后虽不许，亦免有功官。然太后雅重有功，久之，复起为侍御史。有功伏地流涕固辞曰："臣闻鹿走山林而命悬庖厨，势使之然也。陛下以臣为法官，臣不敢枉陛下法，必死是官矣。"太后固授之，远近闻者相贺。

　　二年正月癸酉朔，太后始受尊号于万象神宫，旗帜尚赤。甲戌，改置社稷于神都。辛巳，纳武氏神主于太庙；唐太庙之在长安者，更命曰享德庙。四时唯享高祖已下三庙，馀四室皆闭不享。又改长安崇先庙为崇尊庙。乙酉，日南至，大享明堂，祀昊天上帝，百神从祀，武氏祖宗配享，唐三帝亦同配。

　　御史中丞知大夫事李嗣真以酷吏纵横，上疏，以为："今告事纷纭，虚多实少，恐有凶慝阴谋离间陛下君臣。古者狱成，公卿参听，王必三宥，然后行刑。比日狱官单车奉使，推鞫既定，法家依断，不令重推，或临时专决，不复闻奏。如此，则权由臣下，非审慎之法，傥有冤滥，何由可知？况以九品之官专命推覆，操生杀之柄，窃人主之威，按覆既不在秋官，省审复不由门下，国之利器，轻以假人，恐为社稷之祸。"太后不听。

道州刺史李行褒兄弟被酷吏所陷害,应该判灭族罪,秋官郎中徐有功坚决争辩也没能改判。秋官侍郎周兴上奏说徐有功故意为谋反的囚犯开脱,应该斩首,太后虽然没有批准执行,也免掉了徐有功的官职。然而太后素来看重徐有功,过了一段时间,又起用他担任侍御史。徐有功跪在地上,流着眼泪坚决推辞说:"为臣我听说鹿在山林中奔跑,但命却吊在厨房里,这是势所必然。陛下委任我担任执掌刑法的官员,我不敢凭私心歪曲陛下的法律,必然会死在这一职任上了。"太后坚持授职给徐有功,远处近处听到这一消息的人都互相庆贺。

二年(691)正月(十一月)癸酉是初一,太后在万象神宫接受了尊号,旗帜崇尚赤色。甲戌(初二),把社神、稷神的祭坛改设在神都洛阳。辛巳(初九),将武氏祖先的牌位送进太庙;唐朝在长安的太庙改名为享德庙。四季祭祀时,只祭祀高祖及以下的太宗、高宗三庙,其馀的宣帝、元帝、光帝、景帝四室都关闭起来,不进行祭祀。又把长安的崇先庙改名为崇尊庙。乙酉(十三日),冬至日,武周朝在明堂隆重摆设供品,祭祀昊天上帝,百神陪祀,武氏的祖宗配祭,唐朝的高祖、太宗、高宗三帝也同时配祭。

御史中丞知大夫事李嗣真因为酷吏肆意横行,无所顾忌,上奏疏,认为:"如今告发的事繁多杂乱,虚假的多,真实的少,恐怕有凶狠邪恶之徒阴谋离间陛下的君臣关系。古代讼案判决确定之后,公卿百官参加听证,帝王必定三次宽恕罪犯,实在不行然后才执行刑罚。近日,管理刑狱的官员单独乘坐驿车奉命出使,审问一经确定,执法的人便依照供词判决,不允许重新审查;有时甚至临时专断地判决,不再上奏使陛下知道。如此,则权力由臣下掌握,这不是周密慎重的办法,倘若发生冤狱和滥施刑法,陛下从哪里能够得知?况且,以一个九品小官的地位,不等请命就可以追问审察,掌握着生杀大权,盗窃君主的权威,案件的审察权既不在刑部,检查审定又不通过门下省,国家的刑赏权力,轻易地就被给予了他人,这恐怕会成为国家的灾祸。"太后听不进去。

侍御史来子珣诬尚衣奉御刘行感兄弟谋反，皆坐诛。

春一月，地官尚书武思文及朝集使两千八百人，表请封中岳。己亥，废唐兴宁、永康、隐陵署官，唯量置守户。左金吾大将军丘神勣以罪诛。纳言史务滋与来俊臣同鞫刘行感狱，俊臣奏务滋与行感亲密，意欲寝其反状。太后命俊臣并推之。庚子，务滋恐惧自杀。

或告文昌右丞周兴与丘神勣通谋，太后命来俊臣鞫之，俊臣与兴方推事对食，谓兴曰："囚多不承，当为何法？"兴曰："此甚易耳！取大瓮，以炭四周炙之，令囚入中，何事不承？"俊臣乃索大瓮，火围如兴法，因起谓兴曰："有内状推兄，请兄入此瓮！"兴惶恐叩头服罪。法当死，太后原之，二月，流兴岭南，在道，为仇家所杀。

兴与索元礼、来俊臣竞为暴刻，兴、元礼所杀各数千人，俊臣所破千馀家。元礼残酷尤甚，太后亦杀之以慰人望。

徙左卫大将军、千乘王武攸暨为定王。立故太子贤之子光顺为义丰王。

甲子，太后命始祖墓曰德陵，睿祖墓曰乔陵，严祖墓曰节陵，肃祖墓曰简陵，烈祖墓曰靖陵，显祖墓曰永陵，改章德陵为昊陵，显义陵为顺陵。

夏四月癸卯，制以释教开革命之阶，升于道教之上。

命建安王攸宜留守长安。

侍御史来子珣诬陷尚衣奉御刘行感兄弟阴谋反叛,兄弟二人都被判处死刑。

春季一月,地官尚书武思文以及各地进京参加朝会大典的朝集使二千八百人,上表请求封禅中岳嵩山。己亥(二十七日),武周朝废除唐王朝兴宁陵、永康陵、隐陵的官署和官员,只是有限地设置守陵户。左金吾大将军丘神勣因犯罪被诛杀。纳言史务滋与来俊臣一同审讯刘行感的案件,来俊臣上奏说史务滋与刘行感关系亲密,一心想掩盖刘行感的谋反情况。太后命令来俊臣同时审查史务滋。庚子(二十八日),史务滋恐惧不安,自杀身亡。

有人告发文昌右丞周兴与丘神勣勾结谋反,太后命令来俊臣审讯周兴,来俊臣与周兴正共同处理事情,一起用餐,来俊臣便对周兴说:"囚犯大多不肯认罪,应当采用什么办法呢?"周兴说:"这很容易!取一个大瓮,用炭火在四周烤它,让囚犯进入瓮中,还有什么事会不承认?"来俊臣便要来大瓮,按照周兴所说的方法在四周围起火,于是站起来对周兴说:"奉内廷文书要审问老兄,请老兄进入这大瓮中!"周兴惊慌恐惧地叩头认罪。按照法律应当判处周兴死罪,太后赦免了他。二月,周兴被流放岭南,途中被他的仇人杀死。

周兴与索元礼、来俊臣互相争比暴虐苛刻,周兴与索元礼各杀数千人,来俊臣害得一千多户人家破人亡。索元礼尤其残酷,太后也杀死了他,以此抚慰人们。

朝廷改封左卫大将军、千乘王武攸暨为定王。封原太子李贤的儿子李光顺为义丰王。

甲子(二十二日),太后命名武氏始祖墓为德陵,睿祖墓为乔陵,严祖墓为节陵,肃祖墓为简陵,烈祖墓为靖陵,显祖墓为永陵,把章德陵改称昊陵,显义陵改称顺陵。

夏季四月癸卯(初二),太后制令因佛教为改朝换代开辟了阶梯,把佛教的地位提到道教之上。

朝廷命令建安王武攸宜留守长安。

秋八月庚申,杀玉钤卫大将军张虔勖。来俊臣鞫虔勖狱,虔勖自讼于徐有功。俊臣怒,命卫士以刀乱斫杀之,枭首于市。

义丰王光顺、嗣雍王守礼、永安王守义、长信县主等皆赐姓武氏,与睿宗诸子皆幽闭宫中,不出门庭者十馀年。守礼、守义,光顺之弟也。

或告地官尚书武思文初与徐敬业通谋。甲子,流思文于岭南,复姓徐氏。

九月乙亥,杀岐州刺史云弘嗣。来俊臣鞫之,不问一款,先断其首,乃伪立文案奏之,其杀张虔勖亦然。敕旨皆依,海内钳口。

鸾台侍郎、同平章事傅游艺梦登湛露殿,以语所亲,所亲告之。壬辰,下狱,自杀。

先是,凤阁舍人脩武张嘉福使洛阳人王庆之等数百人上表,请立武承嗣为皇太子。文昌右相、同凤阁鸾台三品岑长倩以皇嗣在东宫,不宜有此议,奏请切责上书者,告示令散。太后又问地官尚书、同平章事格辅元,辅元固称不可。由是大忤诸武意,故斥长倩令西征吐蕃,未至,征还,下制狱。承嗣又谮辅元。来俊臣又胁长倩子灵原,令引司礼卿兼判纳言事欧阳通等数十人,皆云同反。通为俊臣所讯,五毒备至,终无异词,俊臣乃诈为通款。冬十月己酉,长倩、辅元、通等皆坐诛。

王庆之见太后,太后曰:"皇嗣我子,奈何废之?"对曰:"'神不歆非类,民不祀非族。'今谁有天下,而以李氏为嗣

秋季八月庚申(二十二日),朝廷杀掉玉钤卫大将军张虔勖。来俊臣审讯张虔勖的案子,张虔勖自己向徐有功申诉。来俊臣恼怒,命令卫士乱刀砍死张虔勖,割下他的头颅悬挂在街市示众。

义丰王李光顺、嗣雍王李守礼、永安王李守义、长信县主等皇族都被赐姓武氏,和睿宗的众位儿子一起被禁闭在皇宫中,十馀年没有出过宫门。李守礼、李守义是李光顺的弟弟。

有人告发地官尚书武思文当初与徐敬业串通谋反。甲子(二十六日),流放武思文到岭南,恢复姓徐氏。

九月乙亥(初八),朝廷杀掉岐州刺史云弘嗣。来俊臣负责审讯云弘嗣,不问一句话,先把头砍下,然后才伪造供状上奏朝廷,他杀张虔勖时也是如此办理。太后下令全部批准来俊臣的奏章,天下人都闭口不敢说话。

鸾台侍郎、同平章事傅游艺梦见登上湛露殿,便把梦告诉了亲近的人,亲近的人立即告发了他。壬辰(二十五日),傅游艺被捕入狱,自杀身亡。

在这以前,凤阁舍人脩武人张嘉福派洛阳人王庆之等数百人上表章,请求立武承嗣为皇太子。文昌右相、同凤阁鸾台三品岑长倩认为皇位继承人住在东宫,不应该提出这种建议,上奏章请求严词谴责上书的人,通知王庆之等人,命令他们解散。太后又询问地官尚书、同平章事格辅元,格辅元也坚决地说不能这样做。因此大大触犯了众位武姓当权者的意愿,于是便排斥岑长倩,命令他西征吐蕃,还没到,又征召他返回,关进太后因禁犯人的监狱。武承嗣又说坏话诬陷格辅元。来俊臣又胁迫岑长倩的儿子岑灵原,让他招供牵连司礼卿兼判纳言事欧阳通等数十人,说他们都共同谋反。欧阳通被来俊臣审讯,受尽五种毒刑,始终没说承认谋反的话,来俊臣于是伪造欧阳通的供词。冬季十月己酉(十二日),岑长倩、格辅元、欧阳通等人都被判处死刑。

王庆之被太后召见,太后说:"皇位继承人是我的儿子,为什么废黜他?"王庆之回答说:"'神灵不享受异族的供品,百姓不祭祀外族祖先。'当今谁家拥有天下,能用李氏作为皇位继承人

乎?"太后谕遣之。庆之伏地,以死泣请,不去,太后乃以印纸遗之曰:"欲见我,以此示门者。"自是庆之屡求见,太后颇怒之,命凤阁侍郎李昭德赐庆之杖。昭德引出光政门外,以示朝士曰:"此贼欲废我皇嗣,立武承嗣。"命扑之,耳目皆血出,然后杖杀之,其党乃散。

昭德因言于太后曰:"天皇,陛下之夫;皇嗣,陛下之子。陛下身有天下,当传之子孙为万代业,岂得以侄为嗣乎?自古未闻侄为天子而为姑立庙者也!且陛下受天皇顾托,若以天下与承嗣,则天皇不血食矣。"太后亦以为然。昭德,乾祐之子也。

壬辰,杀鸾台侍郎、同平章事乐思晦、右卫将军李安静。安静,纲之孙也。太后将革命,王公百官皆上表劝进,安静独正色拒之。及下制狱,来俊臣诘其反状,安静曰:"以我唐家老臣,须杀即杀!若问谋反,实无可对。"俊臣竟杀之。

长寿元年春一月丁卯,太后引见存抚使所举人,无问贤愚,悉加擢用,高者试凤阁舍人、给事中,次试员外郎、侍御史、补阙、拾遗、校书郎。试官自此始。时人为之语曰:"补阙连车载,拾遗平斗量;欋推侍御史,碗脱校书郎。"有举人沈全交续之曰:"糊心存抚使,眯目圣神皇。"为御史纪先知所擒,劾其诽谤朝政,请杖之朝堂,然后付法,太后笑曰:"但使卿辈不滥,何恤人言?宜释其罪。"先知大惭。太

吗?"太后晓谕他,让他回去。王庆之跪伏在地上,拼死流泪请求,说不答应就不离去,太后于是把盖有印鉴的纸送给他,说:"你要是想见我,就把这印纸给守门的人看。"从此,王庆之多次求见,太后很不高兴,命令凤阁侍郎李昭德赐给王庆之杖刑。李昭德把王庆之拉到光政门外,把他指给朝中士人们看,并且说:"这个坏蛋想废黜我朝的皇位继承人,改立武承嗣。"命令把他摔倒,摔得耳朵眼睛都流血了,然后处以杖刑杀死,王庆之的同党才散掉。

李昭德趁势对太后说:"天皇是陛下的丈夫,皇位继承人是陛下的儿子。陛下自己拥有天下,应该传给子孙后代,形成千秋万代大业,怎么能够用侄儿来当继承人呢? 自古以来没有听过侄儿当天子,然后来为姑母立祖庙的事。而且陛下接受天皇的临终托付,如果把天下传给武承嗣,则天皇得不到祭祀了。"太后也认为是这样。李昭德是李乾祐的儿子。

壬辰这天,武周朝杀死鸾台侍郎、同平章事乐思晦和右卫将军李安静。李安静是李纲的孙子。太后准备改朝换代,王公贵族、文武百官都上表章劝说太后即皇帝位,只有李安静表情庄重严肃地拒不上表。到被关进太后囚禁犯人的监狱时,来俊臣质问他谋反的情况,李安静说:"凭我是唐王朝老臣的身份,要杀就杀! 如果要问谋反的事,实在是无可奉告。"来俊臣最终杀了李安静。

长寿元年(692)春季一月丁卯(初一),太后召见存抚使举荐的人员,不论有才与否,全部加以提拔任用,才高的试用凤阁舍人、给事中,其次试用员外郎、侍御史、补阙、拾遗、校书郎。试官制从此开始。当时的人为试官编顺口溜说:"补阙多得连车载,拾遗平得用斗量;四齿耙推侍御史,碗模脱出校书郎。"有一个被举荐的人沈全交补充说:"糊里糊涂的存抚使,眯着眼睛的圣神皇。"被御史纪先知逮捕,揭发他诽谤朝政,请求在朝堂上处以杖刑,然后依法判决,太后笑着说:"只要你们不是只做官不办事,何必担心别人说什么! 应当免他的罪。"纪先知非常惭愧。太

后虽滥以禄位收天下人心,然不称职者,寻亦黜之,或加刑诛。挟刑赏之柄以驾御天下,政由己出,明察善断,故当时英贤亦竞为之用。

宁陵丞庐江郭霸以谄谀干太后,拜监察御史。中丞魏元忠病,霸往问之,因尝其粪,喜曰:"大夫粪甘则可忧。今苦,无伤也。"元忠大恶之,遇人辄告之。

戊辰,以夏官尚书杨执柔同平章事。执柔,恭仁弟之孙也,太后以外族用之。

左台中丞来俊臣罗告同平章事任知古、狄仁杰、裴行本、司农卿崔宣礼、前文昌左丞卢献、御史中丞魏元忠、潞州刺史李嗣真谋反。先是,来俊臣奏请降敕,一问即承反者得减死。及知古等下狱,俊臣以此诱之,仁杰对曰:"大周革命,万物惟新,唐室旧臣,甘从诛戮。反是实!"俊臣乃少宽之。判官王德寿谓仁杰曰:"尚书定减死矣。德寿业受驱策,欲求少阶级,烦尚书引杨执柔,可乎?"仁杰曰:"皇天后土遣狄仁杰为如此事!"以头触柱,血流被面。德寿惧而谢之。

侯思止鞫魏元忠,元忠辞气不屈。思止怒,命倒曳之。元忠曰:"我薄命,譬如坠驴,足絓于镫,为所曳耳。"思止愈怒,更曳之,元忠曰:"侯思止,汝若须魏元忠头则截取,何必使承反也?"

狄仁杰既承反,有司待报行刑,不复严备。仁杰裂衾帛书冤状,置绵衣中,谓王德寿曰:"天时方热,请授家人去其绵。"德寿许之。仁杰子光远得书,持之称变,得召见。

后虽然无限制地用俸禄职位收取天下的人心，但不称职的人很快也就被废黜，有时加以判刑或处死。太后手握刑罚和奖赏的权柄去控制天下，政令由己出，明于观察，善于判断，所以当时的精英贤才也争相为太后效力。

宁陵县丞庐江人郭霸用谄媚阿谀取得太后的欢心，被任命为监察御史。中丞魏元忠生病，郭霸前去问候他，用口尝他的粪便，高兴地说："您的粪便如果味甘便值得担忧了。如今是苦的，没有大的妨害。"魏元忠十分厌恶郭霸的行为，逢人就说这件事。

戊辰（初二），朝廷任命夏官尚书杨执柔为同平章事。杨执柔是杨恭仁的弟弟的孙子，太后因他是母家的族人而重用他。

左台中丞来俊臣编造事实告发同平章事任知古、狄仁杰、裴行本、司农卿崔宣礼、前任文昌左丞卢献、御史中丞魏元忠、潞州刺史李嗣真谋反。此前，来俊臣上奏请求太后下命令，一审讯就承认谋反的人可以减免死罪。等到任知古等人被捕入狱时，来俊臣用太后的这一命令引诱他们认罪，狄仁杰回答说："大周改朝换代，万事万物革新，唐室旧臣，甘愿服诛。谋反是事实！"来俊臣于是对他稍加宽大。判官王德寿对狄仁杰说："尚书一定能够减免死罪了。我已受人指使，想求得官阶稍有提升，烦请尚书在供词中牵连杨执柔，行吗？"狄仁杰说："天地能让狄仁杰做出这种事吗？"便以头撞柱，血流满面。王德寿害怕而向他道歉。

侯思止审讯魏元忠，魏元忠义正词严，毫不屈服。侯思止发怒，命令把魏元忠倒拖着走。魏元忠说："我命运不好，就如从驴背上摔下来，脚还绊在足镫上，被驴拖着走。"侯思止更加生气，命令接着倒拖，魏元忠说："侯思止，你如果需要魏元忠的头就砍下来拿去，为什么一定要让我承认谋反呢？"

狄仁杰承认谋反之后，有关部门等着批准执行刑罚，对他不再严加防备。狄仁杰从被子上撕下一块布帛，写下被冤枉的情况，塞在丝绵衣里，然后对王德寿说："天气已经热了，请允许我把衣服交给家人拆去丝绵。"王德寿同意了他的要求。狄仁杰的儿子狄光远得到帛书，拿着去说有事变要告发，得到太后召见。

则天览之，以问俊臣，对曰："仁杰等下狱，臣未尝褫其巾带，寝处甚安，苟无事实，安肯承反？"太后使通事舍人周綝往视之，俊臣暂假仁杰等巾带，罗立于西，使綝视之。綝不敢视，惟东顾唯诺而已。俊臣又诈为仁杰等谢死表，使綝奏之。

乐思晦男未十岁，没入司农，上变，得召见，太后问状，对曰："臣父已死，臣家已破，但惜陛下法为俊臣等所弄，陛下不信臣言，乞择朝臣之忠清、陛下素所信任者，为反状以付俊臣，无不承反矣。"太后意稍寤，召见仁杰等，问曰："卿承反何也？"对曰："不承，则已死于拷掠矣。"太后曰："何为作谢死表？"对曰："无之。"出表示之，乃知其诈，于是出此七族。庚午，贬知古江夏令，仁杰彭泽令，宣礼夷陵令，元忠涪陵令，献西乡令；流行本、嗣真于岭南。俊臣与武承嗣等固请诛之，太后不许。俊臣乃独称行本罪尤重，请诛之。秋官郎中徐有功驳之，以为："明主有更生之恩，俊臣不能将顺，亏损恩信。"

殿中侍御史贵乡霍献可，宣礼之甥也，言于太后曰："陛下不杀崔宣礼，臣请陨命于前。"以头触殿阶，血流沾地，以示为人臣不私其亲。太后皆不听。献可常以绿帛裹其伤，微露之于幞头下，冀太后见之以为忠。

来俊臣求金于左卫大将军泉献诚，不得，诬以谋反，下狱，乙亥，缢杀之。

夏六月辛亥，万年主簿徐坚上疏，以为："书有五听之

武则天看过之后，去问来俊臣，来俊臣回答说："狄仁杰等人入狱，我未曾解掉他们的冠巾与衣带，住处非常安适，如果没有事实，哪里肯承认谋反？"太后派通事舍人周綝前去察看，来俊臣临时发给狄仁杰等人冠巾衣带，命令他们排列着站在西边，让周綝察看。周綝不敢往西看，只是往东回顾，唯唯诺诺而已。来俊臣又伪造狄仁杰等人的谢死表，让周綝带回上奏太后。

乐思晦的儿子未到十岁，被籍没到司农寺，他要求告发谋反叛乱，得到太后召见，太后询问情况，他回答说："我的父亲已死，我的家庭已破，只是可惜陛下的刑法被来俊臣等人玩弄，陛下不相信我说的话，请求挑选忠心耿耿、清正廉洁、陛下向来信任的朝中大臣，伪造谋反的罪状交给来俊臣，这些大臣没有不承认谋反的。"太后听了心中稍有醒悟，召见狄仁杰等人质问说："你为什么承认谋反？"狄仁杰回答说："不承认则已经被严刑拷打死了。"太后说："为什么写谢死表？"回答说："没写过。"太后拿出谢死表给狄仁杰看，才知道是伪造的，于是赦免了狄仁杰等七个家族。庚午（初四），武周朝贬任知古为江夏县令，狄仁杰为彭泽县令，崔宣礼为夷陵县令，魏元忠为涪陵县令，卢献为西乡县令；把裴行本、李嗣真流放到岭南。来俊臣与武承嗣等人坚持请求诛杀这些人，太后不允许。来俊臣于是只说裴行本的罪行特别严重，请求诛杀他。秋官郎中徐有功反驳来俊臣，认为："明主有使人再生的恩德，来俊臣不能将就顺从，亏损明主的恩德信誉。"

殿中侍御史贵乡人霍献可，是崔宣礼的外甥，他对太后说："陛下不杀崔宣礼，我请求死在陛下面前。"于是用头撞宫殿台阶，血流沾地，想用这一行为来表示人臣不对自己的亲属有私情。太后不听从他的请求。霍献可常用绿丝绸包裹头上的伤，在冠帽下稍微露出一点，希望太后看到，认为自己忠诚。

来俊臣向左卫大将军泉献诚索要黄金，没有得到，便诬告泉献诚谋反，收捕入狱，乙亥（初九），绞杀了泉献诚。

夏季六月辛亥这一天，万年县主簿徐坚上奏疏，认为："古书记载审理案件有'词听''色听''气听''耳听''目听'的五听之

道,令著三覆之奏。窃见比有敕推按反者,令使者得实,即行斩决。人命至重,死不再生,万一怀枉,吞声赤族,岂不痛哉? 此不足肃奸逆而明典刑,适所以长威福而生疑惧。臣望绝此处分,依法覆奏。又,法官之任,宜加简择,有用法宽平,为百姓所称者,愿亲而任之;有处事深酷,不允人望者,愿疏而退之。"坚,齐聃之子也。

　　夏官侍郎李昭德密言于太后曰:"魏王承嗣权太重。"太后曰:"吾侄也,故委以腹心。"昭德曰:"侄之于姑,其亲何如子之于父? 子犹有篡弑其父者,况侄乎? 今承嗣既陛下之侄,为亲王,又为宰相,权侔人主,臣恐陛下不得久安天位也!"太后矍然曰:"朕未之思。"秋八月戊寅,以文昌左相、同凤阁鸾台三品武承嗣为特进,纳言武攸宁为冬官尚书,夏官尚书、同平章事杨执柔为地官尚书,并罢政事。承嗣亦毁昭德于太后,太后曰:"吾任昭德,始得安眠,此代吾劳,汝勿言也。"

　　是时,酷吏恣横,百官畏之侧足,昭德独廷奏其奸。太后好祥瑞,有献白石赤文者,执政诘其异,对曰:"以其赤心。"昭德怒曰:"此石赤心,他石尽反邪?"左右皆笑。襄州人胡庆以丹漆书龟腹曰:"天子万万年。"诣阙献之。昭德以刀刮尽,奏请付法。太后曰:"此心亦无恶。"命释之。太后习猫,使与鹦鹉共处。出示百官,传观未遍,猫饥,搏鹦鹉食之,太后甚惭。

原则，贞观年间有过死罪经过三次复奏才执行的命令。我看见近来有令，审讯谋反的人，如果使者得到真实情况，就立即执行判决。人命至关重要，死后不能复生，万一有人含冤，心有怨恨而不敢作声，导致整个家族被杀，岂不令人痛心！这种做法不能肃清奸邪叛逆之徒，从而明示正常的刑罚，恰恰相反是助长了执法人任意作威作福，从而让人们滋生怀疑恐惧。我希望陛下杜绝这种处置办法，依照法令复奏后再行刑。还有，执法官员的任用，应当加以挑拣选择，如有执行法律宽厚公平，受到百姓称颂的人，希望陛下亲近并重用他；有处置案件峻刻严酷、不能使百姓信服的，希望陛下疏远并辞退他。"徐坚是徐齐聃的儿子。

夏官侍郎李昭德秘密地对太后说道："魏王武承嗣的权势太重。"太后说："他是我的侄儿，所以作为心腹重用。"李昭德说："侄儿与姑母，怎么比得上儿子与父亲那样亲近？儿子还有篡位杀父的情况，何况侄儿呢！如今武承嗣既是陛下的侄儿，封为亲王，又担任宰相，权势与君主相等，我担心陛下不能长久地安居天子之位！"太后震惊地说："朕没有考虑到这一点。"秋季八月戊寅（十六日），朝廷任命文昌左相、同凤阁鸾台三品武承嗣为特进，纳言武攸宁为冬官尚书，夏官尚书、同平章事杨执柔为地官尚书，全部罢免宰相职务。武承嗣也向太后诋毁李昭德，太后说："我任用李昭德，才能安心睡觉，他是代我操劳，你不要说了。"

当时，酷吏肆意横行，文武百官因畏惧他们而不敢正面站立，只有李昭德在朝廷上公开奏言他们奸邪。太后爱好吉祥的预兆，有人献上有赤色花纹的白石，主管官员质问他石头有什么异常，这人回答说："因为它有赤诚的心。"李昭德愤怒地说："这块石头的心赤诚，其他的石头全都会造反吗？"周围的人都笑了。襄州人胡庆用红漆在龟的腹部书写："天子万万年。"带到皇宫门前进献。李昭德用刀把字刮完了，上奏章请求依法处置。太后说："他的心也并无恶意。"命令赦免他。太后训练一只猫，让它和鹦鹉同在一个笼子。拿出朝堂给文武百官看，传看还未完毕，猫饿了，捕捉鹦鹉，把它吃掉了，太后十分羞愧。

太后自垂拱以来,任用酷吏,先诛唐宗室贵戚数百人,次及大臣数百家,其刺史、郎将以下,不可胜数。每除一官,户婢窃相谓曰:"鬼朴又来矣。"不旬月,辄遭掩捕、族诛。监察御史朝邑严善思,公直敢言。时告密者不可胜数,太后亦厌其烦,命善思按问,引虚伏罪者八百五十馀人。罗织之党为之不振,乃相与共构陷善思,坐流驩州。太后知其枉,寻复召为浑仪监丞。善思名譔,以字行。

右补阙新郑朱敬则以太后本任威刑以禁异议,今既革命,众心已定,宜省刑尚宽,乃上疏,以为:"李斯相秦,用刻薄变诈以屠诸侯,不知易之以宽和,卒至土崩,此不知变之祸也。汉高祖定天下,陆贾、叔孙通说之以礼义,传世十二,此知变之善也。自文明草昧,天地屯蒙,三叔流言,四凶构难,不设钩距,无以应天顺人,不切刑名,不可摧奸息暴。故置神器,开告端,曲直之影必呈,包藏之心尽露,神道助直,无罪不除,苍生晏然,紫宸易主。然而急趋无善迹,促柱少和声,向时之妙策,乃当今之刍狗也。伏愿览秦、汉之得失,考时事之合宜,审糟粕之可遗,觉蘧庐之须毁,去蘦菲之牙角,顿奸险之锋芒,窒罗织之源,扫朋党之迹,使天下苍生坦然大悦,岂不乐哉?"太后善之,赐帛三百段。

太后自垂拱年间以来，信任重用酷吏，首先杀掉唐朝的皇族、贵戚数百人，其次波及大臣数百家，至于被杀的刺史、郎将以下的官吏，多到无法计数。每任命一名官吏，宫中守门的奴婢便私下互相议论道："做鬼的材料又来了。"不出一个月，总有人被逮捕，举族被杀。监察御史朝邑人严善思公正耿直，敢于发表意见。当时告密的人多得数不清，太后也厌烦他们，于是命令严善思追查审问，因凭空诬告他人而被判罪的有八百五十馀人。捏造罪状陷害他人的那一伙人因此一蹶不振，于是他们一起共同伪造罪名陷害严善思，严善思因此被流放巂州。太后知道他蒙受冤枉，不久又召回朝廷任浑仪监丞。严善思名譔，人们习惯称呼他的字。

右补阙新郑人朱敬则，认为太后原本推行严刑是为了禁止不同意见，如今已经改朝换代，民心已安，应当减省刑罚崇尚宽仁，于是上奏疏，认为："李斯担任秦朝的丞相，用刻薄、权变、欺诈的手段去屠杀诸侯，不知道变易为宽仁、平和，导致秦朝很快土崩瓦解，这是不懂得应变形成的灾祸。西汉高祖平定天下，陆贾、叔孙通用礼义劝说汉高祖，从而传国十二代，这是知道应变产生的福。从陛下改年号为文明而执政创业，天地万物重新开始，韩王李元嘉、霍王李元轨、鲁王李灵夔等三位皇叔散布流言蜚语，徐敬业等四名凶徒举兵发难，不施行甄别调查，不能应合天命、顺从人意；不急用严刑峻法，不能摧毁奸邪、平息暴乱。所以设置神圣的铜匦之器，开启告密之端，邪曲、正直的行迹必然呈现，包裹深藏的祸心全部暴露，神灵天道佑助正直，所有的罪犯全被清除，百姓安定，帝位易主。然而快走不会有完整的足迹，急弦缺少和谐的乐声，过去之良策，却是当今的无用之物。恭敬地希望陛下纵览秦、汉的得失，考核时事的需要，审查可以遗弃的糟粕，发现那些如同草庐一样用于一时、必须拆毁的东西，去掉谗言诋毁之徒的牙角，挫败奸邪险恶之徒的锋芒，堵塞编造罪名、陷害他人的源头，扫除朋党勾结的痕迹，让天下百姓坦然地万分喜悦，岂不快乐吗？"太后认为他说得好，赏赐丝绸三百段。

侍御史周矩上疏曰:"推劾之吏皆相矜以虐,泥耳笼头,枷研楔毂,折胁签爪,悬发薰耳,号曰'狱持'。或累日节食,连宵缓问,昼夜摇撼,使不得眠,号曰'宿囚'。此等既非木石,且救目前,苟求赊死。臣窃听舆议,皆称天下太平,何苦须反?岂被告者尽是英雄,欲求帝王邪?但不胜楚毒自诬耳。愿陛下察之。今满朝侧息不安,皆以为陛下朝与之密,夕与之仇,不可保也。周用仁而昌,秦用刑而亡。愿陛下缓刑用仁,天下幸甚!"太后颇采其言,制狱稍衰。

太后春秋虽高,善自涂泽,虽左右不觉其衰。丙戌,敕以齿落更生,九月庚子,御则天门,赦天下,改元。更以九月为社。

二年正月壬辰朔,太后享万象神宫,以魏王承嗣为亚献,梁王三思为终献。太后自制神宫乐,用舞者九百人。

户婢团儿为太后所宠信,有憾于皇嗣,乃谮皇嗣妃刘氏、德妃窦氏为厌咒。癸巳,妃与德妃朝太后于嘉豫殿,既退,同时杀之,瘗于宫中,莫知所在。德妃,抗之曾孙也。皇嗣畏忤旨,不敢言,居太后前,容止自如。团儿复欲害皇嗣,有言其情于太后者,太后乃杀团儿。

是时,告密者皆诱人奴婢告其主,以求功赏。德妃父孝谌为润州刺史,有奴妄为妖异以恐德妃母庞氏,庞氏惧,

侍御史周矩上奏疏说:"追究犯人罪行的官吏都以暴虐互相夸耀,用泥塞进耳朵,用笼子罩住头部,用大枷磨脖颈,用铁圈箍头加进楔子,折断胸肋骨,竹签刺进十指,悬吊头发,烟熏耳朵,号称'狱持'。或者连日减少饮食供应,通宵审问延长时间,日夜骚扰摇撼,让犯人不能入睡,号称'宿囚'。犯人既然不是木石,而且要解救眼前的灾难,便苟且贪生,以求缓死。我私下听到众人议论,都说天下太平,何苦要谋反?难道被告的人全是英雄,都想谋求称帝称王吗?只是不能忍受痛苦才自我诬陷罢了。希望陛下明察。如今满朝文武坐卧不安,都认为陛下早上与他们亲密,晚上就可能把他们当作仇敌,不能自保安全。周朝凭仁政而昌盛,秦朝用酷刑而灭亡。希望陛下宽缓刑罚,施行仁政,则天下幸运万分!"太后很采纳他的建议,专给太后囚禁罪犯的监狱中犯人渐渐减少。

太后年纪虽大,但善于为自己修饰容貌,即使近在周围的人也不觉得太后衰老。丙戌(二十四日),太后宣布自己牙齿脱落后又长出新牙,九月庚子(初九),太后亲自到则天门,宣告赦免天下罪人,改年号。又改在九月祭祀土地神。

二年(693)正月壬辰这一天是初一,太后在万象神宫供献祭品,让魏王武承嗣进献第二批祭品,梁王武三思进献最后一批祭品。太后自己制作神宫乐,用乐舞人员九百名演奏。

宫中守门的奴婢团儿得到太后的宠爱信任,她对皇嗣不满,便向太后诬告皇嗣妃刘氏、德妃窦氏用巫术诅咒太后。癸巳(初二),皇嗣妃与德妃到嘉豫殿朝见太后,退朝之后,两人同时被杀,埋在皇宫里,没有人知道埋在什么地方。德妃是窦抗的曾孙。皇嗣怕违背太后的心意,不敢说什么,在太后面前,脸色举止和平常一样。团儿又想加害皇嗣,有人把真情告诉太后,太后于是杀掉团儿。

当时,告密的人都是引诱别人家的奴婢去告发他们的主人,以此来谋求立功受赏。德妃的父亲窦孝谌是润州刺史,他家有个奴婢靠装神弄鬼去恐吓德妃的母亲庞氏,庞氏十分害怕,

奴请夜祠祷解，因发其事。下监察御史龙门薛季昶按之，季昶诬奏，以为与德妃同祝诅，先涕泣不自胜，乃言曰："庞氏所为，臣子所不忍道。"太后擢季昶为给事中。庞氏当斩，其子希瑊诣侍御史徐有功讼冤，有功牒所司停刑，上奏论之，以为无罪。季昶奏有功阿党恶逆，请付法，法司处有功罪当绞。令史以白有功，有功叹曰："岂我独死，诸人永不死邪？"既食，掩扇而寝。人以有功苟自强，必内忧惧，密伺之，方熟寝。太后召有功，迎谓曰："卿比按狱，失出何多？"对曰："失出，人臣之小过；好生，圣人之大德。"太后默然。自是庞氏得减死，与其三子皆流岭南，孝谌贬罗州司马，有功亦除名。

腊月丁卯，降皇孙成器为寿春王，恒王成义为衡阳王，楚王隆基为临淄王，卫王隆范为巴陵王，赵王隆业为彭城王，皆睿宗之子也。

春一月甲寅，前尚方监裴匪躬、内常侍范云仙坐私谒皇嗣腰斩于市。自是公卿以下皆不得见。又有告皇嗣潜有异谋者，太后命来俊臣鞫其左右，左右不胜楚毒，皆欲自诬。太常工人京兆安金藏大呼谓俊臣曰："公既不信金藏之言，请剖心以明皇嗣不反。"即引佩刀自剖其胸，五藏皆出，流血被地。太后闻之，令舁入宫中，使医内五藏，以桑皮线缝之，傅以药，经宿始苏。太后亲临视之，叹曰："吾有子不能自明，使汝至此。"即命俊臣停推。睿宗由是得免。

这个奴婢便请庞氏在夜里祭祀祷告以求解脱，然后趁机揭发这件事。庞氏被交给监察御史龙门人薛季昶审问，薛季昶诬奏说庞氏与德妃一起用巫术诅咒太后，薛季昶先痛哭流涕得不能控制自己，然后才说："庞氏所作所为，我不忍说出口。"太后提拔薛季昶为给事中。庞氏应被斩首，她的儿子窦希瑊到侍御史徐有功那里诉讼冤屈，徐有功写文书让有关部门停止行刑，上奏章为庞氏辩论，认为她无罪。薛季昶上奏说徐有功与恶逆罪犯结党，请求依法判决，执法部门判处徐有功有罪，应当绞死。令史把判决告诉徐有功，徐有功叹息道："难道只有我一个人死，众人永远不死吗？"他进餐后，便用扇子掩面而睡。人们认为徐有功暂时自作坚强，内心一定忧虑恐惧，悄悄地窥探他，他睡得很熟。太后召见徐有功，迎面对他说："你近来审理案件，重罪轻罚的错误为何那么多？"徐有功回答说："重罪轻罚，是人臣的小过失；爱惜人命，是圣人的大恩德。"太后听了沉默不语。庞氏因此得以减免死罪，和她的三个儿子一起流放岭南，窦孝谌被贬为罗州司马，徐有功也被削除原来的身份地位。

腊月丁卯（初七），朝廷降皇孙武成器为寿春王，恒王武成义为衡阳王，楚王武隆基为临淄王，卫王武隆范为巴陵王，赵王武隆业为彭城王，他们都是睿宗武旦的儿子。

春季一月甲寅（二十四日），前尚方监裴匪躬、内常侍范云仙因为私见皇嗣，被腰斩于街市。从此，公卿以下都不能进见皇嗣。又有人告发皇嗣暗中图谋不轨，太后命来俊臣审讯皇嗣周围的人，这些人无法忍耐受刑的痛苦，都想自我诬陷。太常工人京兆人安金藏大声呼喊对来俊臣道："你既然不相信我安金藏的话，请让我剖开心来证明皇嗣没有谋反。"当场抽出佩刀自剖胸膛，五脏都露出来，鲜血遍地流淌。太后听到这种情况，命令抬入宫中，让医生把安金藏的五脏塞进体内，用桑皮线缝合伤口，敷上药，过了一夜安金藏才苏醒过来。太后亲自去探视他，感叹地说："我的儿子不能自己来解说，让你到了这种地步。"立即命令来俊臣停止追查。睿宗因此得以免罪。

　　或告岭南流人谋反,太后遣司刑评事万国俊摄监察御史就按之。国俊至广州,悉召流人,矫制赐自尽。流人号呼不服,国俊驱就水曲,尽斩之,一朝杀三百馀人。然后诈为反状,还奏,因言诸道流人,亦必有怨望谋反者,不可不早诛。太后喜,擢国俊为朝散大夫、行侍御史。更遣右翊卫兵曹参军刘光业、司刑评事王德寿、苑南面监丞鲍思恭、尚辇直长王大贞、右武威卫兵曹参军屈贞筠皆摄监察御史,诣诸道按流人。光业等以国俊多杀蒙赏,争效之,光业杀七百人,德寿杀五百人,自馀少者不减百人,其远年杂犯流人亦与之俱毙。太后颇知其滥,制:"六道流人未死者并家属皆听还乡里。"国俊等亦相继死,或得罪流窜。

　　来俊臣诬冬官尚书苏干,云在魏州与琅邪王冲通谋,夏四月乙未,杀之。

　　秋九月,魏王承嗣等五千人表请加尊号曰金轮圣神皇帝。乙未,太后御万象神宫,受尊号,赦天下。作金轮等七宝,每朝会,陈之殿庭。庚子,追尊昭安皇帝曰浑元昭安皇帝,文穆皇帝曰立极文穆皇帝,孝明高皇帝曰无上孝明高皇帝。皇后从帝号。

　　延载元年夏五月,魏王承嗣等二万六千馀人上尊号曰越古金轮圣神皇帝。甲午,御则天门楼受尊号,赦天下,改元。

　　河内有老尼居神都麟趾寺,与嵩山人韦什方等以妖妄惑众。尼自号净光如来,云能知未然;什方自云吴赤乌元

有人告发流放到岭南的犯人阴谋反叛，太后派司刑评事万国俊兼职监察御史，到岭南审理此事。万国俊到达广州，把流刑犯人全部召来，假传太后诏令赐他们自杀。流刑犯人呼叫不服罪，万国俊将他们驱赶到河边，全部杀掉，一上午就杀死三百多人。然后伪造谋反供状，返回洛阳上奏，趁势对太后说，各道也必然有心怀不满而谋反的流刑犯人，不能不趁早诛杀。太后听了很高兴，提拔万国俊担任朝散大夫，兼侍御史。另外派遣右翊卫兵曹参军刘光业、司刑评事王德寿、苑南面监丞鲍思恭、尚辇直长王大贞、右武威卫兵曹参军屈贞筠等人，让他们都兼监察御史，分别到各道审理流刑犯人。刘光业等人因为万国俊滥杀而蒙受奖赏，所以争相效仿，刘光业杀了七百人，王德寿杀了五百人，其馀的使者最少也杀了一百人以上，那些流放年代久远、因其他各种罪名被流放的人也一起与有谋反罪名的流刑犯人同时被杀。太后也颇知使者滥杀流刑犯，下诏："允许没死的六道流刑犯人，和家属一起返回故乡。"万国俊等人也相继死去，有的因犯罪被流放。

来俊臣诬告冬官尚书苏幹，说他在魏州时与琅邪王李冲勾结谋反，夏季四月乙未这天，苏幹被杀。

秋季九月，魏王武承嗣等五千人上奏表，请求太后加尊号为金轮圣神皇帝。乙未（初九），太后到万象神宫，接受尊号，下令赦免天下罪人。朝廷制作金轮等七种宝物，每次文武百官朝见太后，就把它们陈列在殿庭上。庚子（十四日），追尊昭安皇帝为浑元昭安皇帝，文穆皇帝为立极文穆皇帝，孝明高皇帝为无上孝明高皇帝。皇后的尊号与帝号相同。

延载元年（694）夏季五月，魏王武承嗣等二万六千馀人为太后上尊号为越古金轮圣神皇帝。甲午（十一日），太后到则天门楼，接受尊号，下令赦免天下罪人，改年号。

河内县有个老尼姑，住在神都洛阳的麟趾寺，她和嵩山人韦什方等人用邪妄妖异之说迷惑民众。老尼姑自称是净光如来，说自己能知道未来的样子；韦什方自称是三国时代东吴赤乌元

年生。又有老胡亦自言五百岁，云见薛师已二百年矣，容貌愈少。太后甚信重之，赐什方姓武氏。秋七月癸未，以什方为正谏大夫、同平章事，制云："迈轩代之广成，逾汉朝之河上。"八月，什方乞还山，制罢遣之。

武三思帅四夷酋长请铸铜铁为天枢，立于端门之外，铭纪功德，黜唐颂周；以姚璹为督作使。诸胡聚钱百万亿，买铜铁不能足，赋民间农器以足之。

九月，殿中丞来俊臣坐赃贬同州参军。王弘义流琼州，诈称敕追还，至汉北，侍御史胡元礼遇之，按验，得其奸状，杖杀之。

内史李昭德恃太后委遇，颇专权使气，人多疾之，前鲁王府功曹参军丘愔上疏攻之，其略曰："陛下天授以前，万机独断。自长寿以来，委任昭德，参奉机密，献可替否，事有便利，不预咨谋，要待画日将行，方乃别生驳异。扬露专擅，显示于人，归美引愆，义不如此。"又曰："臣观其胆，乃大于身，鼻息所冲，上拂云汉。"又曰："蚁穴坏堤，针芒写气，权重一去，收之极难。"长上果毅邓注，又著《石论》数千言，述昭德专权之状。凤阁舍人逢弘敏取奏之，太后由是恶昭德。壬寅，贬昭德为南宾尉，寻又免死流窜。

天册万岁元年正月辛巳朔，太后加号慈氏越古金轮圣神皇帝，赦天下，改元证圣。

年出生的。还有一个老胡人也自称有五百岁，说在二百年前就见过僧人怀义了，怀义的容貌越活越年轻。太后非常相信、重视他们，赐韦什方姓武氏。秋季七月癸未（初一），朝廷任命韦什方为正谏大夫、同平章事，太后的诏令说他："胜过黄帝时代的广成子，超越汉朝的河上公。"八月，韦什方请求返回嵩山，朝廷下令罢免他的官职，送他回山。

武三思率领周边各族酋长请求用铜铁铸造天枢，树立在洛阳城端门之外，上面铭刻记载功德的文字，贬低唐朝，颂扬武周朝；朝廷任命姚璹为督作使。众胡人捐钱百万亿，买来的铜铁不够，又向民间征收农具来补足。

九月，殿中丞来俊臣因犯了贪赃罪，被贬职为同州参军。王弘义被流放在琼州，谎称有诏令追回，行走到汉水北岸时，被侍御史胡元礼遇见，经审查验证，发现了他的邪恶罪状，用杖刑处死了他。

内史李昭德倚仗太后的信任、赏识，很有些独断专行、盛气凌人，许多人憎恨他，前鲁王府功曹参军丘愔上奏疏攻击他，内容大致为："陛下在天授年间以前，日理万机、自己决断。自从长寿年间以来，委任李昭德，让他参与从事机密，进献可行、除去不可行的政策，有些方便有利的事，他没有参与商议谋划，要等到批示可行、即将执行时，才又反驳提出异议。宣扬、表露自己的专断擅权，显示给其他的人看，美德归功君主、过失引咎自责，李昭德没有遵循此道义。"又说："我观察他的胆子，是比身子还大，鼻孔里喷出的气息，冲上去振动天河。"又说："蚂蚁的洞穴可以毁坏大堤，针尖大的漏孔足以泄光大气。大权一旦失去，收回来极难。"长上果毅邓注又写了数千言的《石论》，叙述李昭德独断专行的情状。凤阁舍人逢弘敏拿来《石论》上奏，太后因此而厌恶李昭德。壬寅（二十一日），朝廷贬李昭德职为南宾县尉，不久减免死罪，流放。

天册万岁元年（695）正月（十一月）辛巳这天是初一，太后加尊号为慈氏越古金轮圣神皇帝，赦免天下罪人，改年号为证圣。

周允元与司刑少卿皇甫文备奏内史豆卢钦望、同平章事韦巨源、杜景俭、苏味道、陆元方附会李昭德，不能匡正。钦望贬赵州，巨源贬麟州，景俭贬溱州，味道贬集州，元方贬绥州刺史。

初，明堂既成，太后命僧怀义作夹纻大像，其小指中犹容数十人，于明堂北构天堂以贮之。堂始构，为风所摧，更构之，日役万人，采木江岭，数年之间，所费以万亿计，府藏为之耗竭。怀义用财如粪土，太后一听之，无所问。每作无遮会，用钱万缗，士女云集，又散钱十车，使之争拾，相蹈践有死者。所在公私田宅，多为僧有。怀义颇厌入宫，多居白马寺，所度力士为僧者满千人。侍御史周矩疑有奸谋，固请按之。太后曰："卿姑退，朕即令往。"矩至台，怀义亦至，乘马就阶而下，坦腹于床。矩召吏将按之，遽跃马而去。矩具奏其状，太后曰："此道人病风，不足诘，所度僧，惟卿所处。"悉流远州。迁矩天官员外郎。

乙未，作无遮会于朝堂，凿地为坑，深五丈，结彩为宫殿，佛像皆于坑中引出之，云自地涌出。又杀牛取血，画大像首，高二百尺，云怀义刺膝血为之。丙申，张像于天津桥南，设斋。时御医沈南璆亦得幸于太后，怀义心愠，是夕，密烧天堂，延及明堂，火照城中如昼，比明皆尽，暴风裂血像为数百段。太后耻而讳之，但云内作工徒误烧麻主，遂

周允元与司刑少卿皇甫文备上奏内史豆卢钦望、同平章事韦巨源、杜景俭、苏味道、陆元方等人附和李昭德,不能帮助、纠正过失。朝廷贬他们的职务为刺史:豆卢钦望贬在赵州,韦巨源贬在麟州,杜景俭贬在溱州,苏味道贬在集州,陆元方贬在绥州。

　　当初,明堂建成之后,太后命令僧人怀义制作伫麻夹层的大佛像,佛像的小拇指上就能容得下几十人,在明堂北面建造天堂来安放大佛像。天堂才开始建造,便被风摧毁,又重新建造,每天要一万人服劳役,从江南、岭南采运木材,数年之间,所耗费的钱财以万亿计算,国库的储备因此耗尽。怀义使用钱财如同粪土,太后一概听之任之,从不过问。每次举行无遮法会,都要花费一万缗钱,四面八方的男女聚集后,又要散发十车钱,让男男女女争相捡钱,捡钱的人互相践踏以致有人被踩死。当地的公私田宅,大多被僧人占有。怀义很厌恶入宫,经常住在白马寺,剃度上千名身强力壮的人为僧。侍御史周矩怀疑他有奸谋,坚持请求审理他。太后说:“你暂且退下,朕马上命令他前往你处。”周矩回到御史台,怀义也到了,骑在马上一直到台阶前才下马,露着腹部坐在椅子上。周矩召集属吏准备审问他,怀义急忙跃上马奔驰而去。周矩把这种情况详细上奏,太后说:“这是出家人的疯病,不值得追问,他所剃度的僧人,由你处置。”周矩把白马寺的僧人全部流放到边远的各州。朝廷升任周矩为天官员外郎。

　　乙未(十五日)这天,武周朝在朝堂做无遮法会,在地上挖了个大坑,坑深五丈,用彩绸装饰成宫殿,佛像都从坑里拉出去,说是从地下涌出来的。又杀牛取牛血,用来涂画大佛像的头,头高二百尺,说是怀义刺膝取血涂画成的。丙申(十六),把大佛像张挂在天津桥南,供奉素食。当时御医沈南璆也得到太后的宠幸,怀义心中对此不快,当天夜晚,怀义悄悄放火焚烧天堂,火势延伸到了明堂,火光把洛阳城照得如同白昼,等到天亮时,天堂、明堂全被烧光,暴风把牛血涂画的佛像撕成几百段。太后羞愧而隐瞒真相,只说是内作工徒失火烧着了伫麻夹层的佛像,于是

涉明堂。时方酺宴,左拾遗刘承庆请辍朝停酺以答天谴,太后将从之。姚璹曰:"昔成周宣榭,卜代愈隆;汉武建章,盛德弥永。今明堂布政之所,非宗庙也,不应自贬损。"太后乃御端门,观酺如平日。命更造明堂、天堂,仍以怀义充使。又铸铜为九州鼎及十二神,皆高一丈,各置其方。

先是,河内老尼昼食一麻一米,夜则烹宰宴乐,畜弟子百馀人,淫秽靡所不为。武什方自言能合长年药,太后遣乘驿于岭南采药。及明堂火,尼入唁太后,太后怒叱之,曰:"汝常言能前知,何以不言明堂火?"因斥还河内,弟子及老胡等皆逃散。又有发其奸者,太后乃复召尼还麟趾寺,弟子毕集,敕给使掩捕,尽获之,皆没为官婢。什方还,至偃师,闻事露,自绞死。

庚子,以明堂火告庙,下制求直言。刘承庆上疏,以为:"火发既从麻主,后及总章,所营佛舍,恐劳无益,请罢之。又,明堂所以统和天人,一旦焚毁,臣下何心犹为酺宴?忧喜相争,伤于情性。又,陛下垂制博访,许陈至理,而左史张鼎以为今既火流王屋,弥显大周之祥,通事舍人逢敏奏称,弥勒成道时有天魔烧宫,七宝台须臾散坏,斯实谄妄之邪言,非君臣之正论。伏愿陛下乾乾翼翼,无戾天人之心而兴不急之役,则兆人蒙赖,福禄无穷。"

延烧了明堂。起火时朝中正在饮宴，左拾遗刘承庆请求中止朝会与宴饮，以应答上天的谴责，太后准备听从他的建议。姚踌说："从前周朝时宣榭殿火灾，占卜结果是后代更加兴隆；汉武帝时柏梁台失火而造建章宫，盛大的恩德更加久远。如今明堂只是宣布政令的地方，不是先人的祖庙，不应当因失火而自我贬低。"太后于是到端门，观看宴饮如同平常一样。命令重新建造明堂、天堂，仍让怀义任主持建造的使者。又用铜为九州各铸一个鼎，以及十二属相神，都高一丈，安置在各自的方位。

在这以前，河内老尼姑白天只吃一点麻籽和一点米饭，夜里则宰杀牲畜、烹调宴饮、寻欢作乐，蓄养着一百多名弟子，淫乱污秽、无所不为。武什方自称能够合制长生不老的药，太后派他乘坐驿车到岭南采药。到明堂发生火灾，老尼姑进宫安慰太后，太后愤怒地呵斥她说："你常自称能预先知道未来，为什么不说明堂要失火？"于是责成她返回河内，她的弟子以及老胡人等全部逃散。又有人揭发老尼姑的邪恶之行，太后于是又征召她返回麟趾寺，她的弟子也全部集中到寺中，太后命令内给使悄悄地前去逮捕，一网打尽，全部没收为官府的奴婢。武什方返回，行至偃师，听到丑行败露，自己上吊而死。

庚子（二十日）这天，太后因为明堂火灾而到祖庙禀告，下制令征求直言。刘承庆上奏疏，认为："火既然从仁麻佛像烧起，最后延及明堂的总章三室，可见所营建的佛舍恐徒劳无益，请求停止再建。还有，明堂是用来统一、调和天人关系的地方，一旦焚毁，臣属为何还有兴致饮酒欢宴？忧愁与喜悦交争，有伤于人的性情。还有，陛下下达制令广泛访求，允许直言陈述最好的道理，但是左史张鼎却认为，如今既然火势选择帝王殿堂，更加显出大周的吉祥。通事舍人逢敏上奏声称，弥勒修炼成佛时有天魔放火烧宫室，七宝台霎时崩散毁坏。这些实在是谄媚狂妄的邪说，不是为君之臣的正论。恭敬地希望陛下自强不息，小心翼翼，不要违背天意人心去兴起并不急需的徭役，这样亿万百姓就会有所依靠，福禄无穷无尽。"

　　获嘉主簿彭城刘知几表陈四事：其一，以为："皇业权舆，天地开辟，嗣君即位，黎元更始，则时藉非常之庆以申再造之恩。今六合清晏而赦令不息，近则一年再降，远则每岁无遗，至于违法悖礼之徒，无赖不仁之辈，编户则寇攘为业，当官则赃贿是求。而元日之朝，指期天泽，重阳之节，伫降皇恩，如其忖度，咸果释免。或有名垂结正，罪将断决，窃行货贿，方便规求，故致稽延，毕沾宽宥。用使俗多顽悖，时罕廉隅，为善者不预恩光，作恶者独承徼幸。古语曰：'小人之幸，君子之不幸。'斯之谓也。望陛下而今而后，颇节于赦，使黎氓知禁，奸宄肃清。"其二，以为："海内具僚九品以上，每岁逢赦，必赐阶勋，至于朝野宴集，公私聚会，绯服众于青衣，象板多于木笏，皆荣非德举，位罕才升，不知何者为妍蚩，何者为美恶。臣望自今以后，稍息私恩，使有善者逾效忠勤，无才者咸知勉励。"其三，以为："陛下临朝践极，取士太广，六品以下职事清官，遂乃方之土芥，比之沙砾，若遂不加沙汰，臣恐有秽皇风。"其四，以为："今之牧伯迁代太速，倏来忽往，蓬转萍流，既怀苟且之谋，何暇循良之政？望自今刺史非三岁以上不可迁官，仍明察功过，尤甄赏罚。"疏奏，太后颇嘉之。是时官爵易得而法网严峻，故人竞为趋进而多陷刑戮，知几乃著《思慎赋》以

获嘉县主簿彭城人刘知几上表陈述四事：第一，认为："大业起始，天地开辟，新君即位，百姓重新开始，这时才凭借不同寻常的庆典，以申明再造之恩。如今天下清静太平但赦免罪人的制令却不停止，近来则一年中两次下令赦免，远点则每年不会少于一次，使得那些违抗法令、悖乱礼仪之徒，无赖不仁之辈，当百姓就以偷盗掠夺为业，做官就只追求贪赃受贿。每逢元旦的朝会，就指望皇帝的恩泽；重阳节来临，就站着等候皇帝降恩，正如他们所揣测的那样，果然全部罪犯都被除罪赦免。有人将要结案判定，处罚就要判决执行了，而私下送礼行贿，官吏贪求财物而给予方便，导致故意拖延，终于赶上大赦获得宽免。从而使得世上多有顽劣悖乱之徒，当代人罕见端正严肃之辈，做好人享受不到皇恩，当坏人却独自侥幸地承蒙恩泽。古话说：'小人的幸运是君子的不幸。'说的就是这种情况。希望陛下从今以后，稍微节制下赦免令，让百姓知道法令，为非作歹的人全被肃清。"第二，认为："全国九品以上的所有官员，每年遇到下赦免令，必定被赏赐官阶勋级，从而使得朝廷民间宴请不断，公家私人聚会成风，穿红色制服的高官比穿青色衣服的小官多，持象牙手板的人超过持木头手板的人，他们的荣誉都不是靠德行高尚而获得，他们的地位很少是凭才能提升，不知道何者是美丑，分不清何者是善恶。我希望从今以后，逐渐停止私下恩赐官阶勋级，让有才德的人更加忠诚勤奋地效力，没有才干的人都知道努力上进。"第三，认为："陛下登上帝位当朝处理国事，取用士人太多，六品以下职事清闲的官员，就和泥土草芥一样微贱，和沙子碎石一样繁多，如果最终不加以淘汰，我担心玷污朝廷的风范。"第四，认为："如今州郡官吏的任用，迁升调动太频繁，忽来忽去如蓬草转动，浮萍漂流。官员既然怀着得过且过的打算，哪会花时间遵循良吏的准则执政！希望从今开始，任刺史不到三年以上不能升官，同时明确考察功过，特别严明奖赏刑罚。"表疏上奏，太后非常赏识。当时官职爵位容易得到而法网严密苛峻，所以人们争相追求快速升官而大多身陷刑戮，刘知几于是撰写《思慎赋》，以

刺时见志焉。

春二月，僧怀义益骄恣，太后恶之。既焚明堂，心不自安，言多不顺。太后密选宫人有力者百馀人以防之。壬子，执之于瑶光殿前树下，使建昌王武攸宁帅壮士殴杀之，送尸白马寺，焚之以造塔。

甲子，太后去“慈氏越古”之号。

夏四月，天枢成，高一百五尺，径十二尺，八面，各径五尺。下为铁山，周百七十尺，以铜为蟠龙、麒麟萦绕之；上为腾云承露盘，径三丈，四龙人立捧火珠，高一丈。工人毛婆罗造模，武三思为文，刻百官及四夷酋长名，太后自书其榜曰“大周万国颂德天枢”。

秋九月甲寅，太后合祭天地于南郊，加号天册金轮大圣皇帝，赦天下，改元。

万岁通天元年春一月，改长安崇尊庙为太庙。三月丁巳，新明堂成，高二百九十四尺，方三百尺，规模率小于旧。上施金涂铁凤，高二丈，后为大风所损；更为铜火珠，群龙捧之。号曰通天宫。赦天下，改元万岁通天。

太后思徐有功用法平，擢拜左台殿中侍御史，远近闻者无不相贺。鹿城主簿宗城潘好礼著论，称有功蹈道依仁，固守诚节，不以贵贱死生易其操履。设客问曰：“徐公于今谁与为比？”主人曰：“四海至广，人物至多，或匿迹韬光，仆不敢诬，若所闻见，则一人而已，当于古人中求之。”客曰：“何如张释之？”主人曰：“释之所行者甚易，徐公所

此讽刺时俗,表明自己的志向。

春季二月,僧人怀义越来越骄傲放纵,太后厌恶他。怀义放火焚烧明堂之后,心里十分不安,出言大多不恭顺。太后秘密挑选一百多名力气大的宫人来防备他。壬子(初四),太后在瑶光殿前的树下捉拿了怀义,派建昌王武攸宁率领壮士将怀义打死,把尸体送到白马寺,焚尸建塔。

甲子(十六日),太后去掉"慈氏越古"的尊号。

夏季四月,天枢建成,高一百零五尺,直径十二尺,分为八个面,每面宽五尺。下面是铁铸的山,周长一百七十尺,用铜制作蟠龙、麒麟环绕铁山;天枢顶上是腾云承露盘,直径三丈,四条龙像人似地立起,捧着火珠,有一丈高。工匠毛婆罗制造模型,武三思书写文字,在天枢上铭刻文武百官以及周边各族酋长的名字,太后亲自书写天枢匾额为"大周万国颂德天枢"。

秋季九月甲寅(初九),太后在南郊合并祭祀天神、地神,加自己尊号为天册金轮大圣皇帝,下令赦免天下罪人,改年号。

万岁通天元年(696)春季一月,武周朝改长安崇尊庙为太庙。三月丁巳(十六日),新建的明堂落成了,高二百九十四尺,每边长三百尺,规模略小于被烧毁的旧明堂。明堂顶部安放涂金铁凤,高二丈,后来铁凤被大风损坏;还有铜火珠,由一群龙簇拥着。取名为通天宫。朝廷下令赦免天下罪人,改年号为万岁通天。

太后想到徐有功执法公平,提拔任命他为左台殿中侍御史,远处近处听到这一消息的人,无不互相祝贺。鹿城主簿宗城人潘好礼写文章,称赞徐有功遵循道义、依照仁德行事,坚守忠诚的节操,不因为贵贱生死而改变自己的节操行为。文章中假设客人提问道:"现今谁能与徐有功相比?"假设主人回答说:"天下极其广大,人物极其众多,或许有人隐藏踪迹、不露光彩,我不敢乱说谁能和徐有功相比,如果就我自己的所闻所见,则只有他自己罢了,应当到古人中去找和他相比的人。"客人说:"和张释之相比如何?"主人说:"张释之所做的事情非常容易,而徐有功所

行者甚难,难易之间,优劣见矣。张公逢汉文之时,天下无事,至如盗高庙玉环及渭桥惊马,守法而已,岂不易哉？徐公逢革命之秋,属惟新之运,唐朝遗老,或包藏祸心,使人主有疑。如周兴、来俊臣,乃尧年之四凶也,崇饰恶言以诬盛德,而徐公守死善道,深相明白,几陷囹圄,数挂网罗,此吾子所闻,岂不难哉？"客曰："使为司刑卿,乃得展其才矣。"主人曰："吾子徒见徐公用法平允,谓可置司刑。仆睹其人,方寸之地,何所不容,若其用之,何事不可,岂直司刑而已哉？"

　　神功元年,箕州刺史刘思礼学相人于术士张憬藏,憬藏谓思礼当历箕州,位至太师。思礼念太师人臣极贵,非佐命无以致之,乃与洛州录事参军綦连耀谋反,阴结朝士,托相术,许人富贵,俟其意悦,因说以"綦连耀有天命,公必因之以得富贵"。凤阁舍人王勮兼天官侍郎事,用思礼为箕州刺史。明堂尉河南吉顼闻其谋,以告合宫尉来俊臣,使上变告之。太后使河内王武懿宗推之。懿宗令思礼广引朝士,许免其死,凡小忤意者皆引之。于是思礼引凤阁侍郎同平章事李元素、夏官侍郎同平章事孙元亨、知天官侍郎事石抱忠、刘奇、给事中周谝及王勮兄泾州刺史勔、弟监察御史助等,凡三十六家,皆海内名士,穷楚毒以成其狱。壬戌,皆族诛之,亲旧连坐流窜者千馀人。初,懿宗

做的事情则非常困难,难易之间,优劣高下就显现出来了。张释之时逢西汉文帝的时代,天下太平无事,至于像盗窃汉高祖庙中的玉环、在渭桥上使汉文帝的马受到惊吓一类的案件,只不过按照法律执行处理罢了,难道不是很容易吗?徐有功时逢改朝换代的岁月,隶属于万事更新的世道,唐朝遗留的旧臣有的包藏祸心,使得君主心怀疑虑。像周兴、来俊臣之流,是尧帝时代四凶一类的坏人,他们修饰伪造邪恶的语言来诬蔑有道德的人,而徐有功死守正道,深入确凿地审讯清楚,并因此使自己几次身陷牢狱,不断触犯法度,这些都是您所听到过的,难道不是很困难吗?"客人说:"如果让徐有功担任司刑卿,就能展示他的才华。"主人说:"您只看见徐有功执行法律平和公允,便认为可以任命他为司刑卿。我观察他这个人,内心深处,没有什么不能包容,如果能够得到重用,什么事情不能胜任,哪里仅只是能担任司刑卿而已呢?"

神功元年(697),箕州刺史刘思礼向方术之士张憬藏学习相面,张憬藏说刘思礼当做箕州刺史,以后官至太师。刘思礼心想太师是臣子中极为尊贵的职位,若不是君主的辅佐之臣是无法担任的,于是和洛州录事参军綦连耀阴谋反叛,暗中和朝廷官员勾结,依靠相面之术预言富贵骗人,等到把人说得心动高兴时,便趁机说"綦连耀有天命,您一定会靠他得到富贵的"。凤阁舍人王勮兼职天官侍郎事,他任用刘思礼为箕州刺史。明堂尉河南人吉顼听到刘思礼的阴谋,把事情告诉合宫尉来俊臣,让他告发刘思礼谋反。太后派河内王武懿宗审问刘思礼。武懿宗让他广泛地牵连朝廷官员,许诺免去他的死罪,凡是平时稍有触犯过武懿宗的人都要牵连。于是刘思礼供出凤阁侍郎同平章事李元素、夏官侍郎同平章事孙元亨、知天官侍郎事石抱忠和刘奇、给事中周谝以及王勮的哥哥泾州刺史王勔和王勮的弟弟监察御史王助等人,一共三十六家,都是国内的知名人士,武懿宗对他们极尽严刑拷打而定案。壬戌(正月二十四日),三十六家全被灭族,他们的亲戚朋友受牵连判处流放的有一千多人。当初,武懿宗

宽思礼于外,使诬引诸人。诸人既诛,然后收思礼,思礼始悔之。懿宗自天授以来,太后数使之鞫狱,喜诬陷人,时人以为周、来之亚。

来俊臣欲擅其功,复罗告吉顼。顼上变,得召见,仅免。俊臣由是复用,而顼亦以此得进。俊臣党人罗告司刑府史樊惎谋反,诛之。惎子讼冤于朝堂,无敢理者,乃援刀自刳其腹。秋官侍郎上邽刘如璿见之,窃叹而泣。俊臣奏如璿党恶逆,下狱,处以绞刑。制流瀼州。

尚乘奉御张易之,行成之族孙也,年少,美姿容,善音律。太平公主荐易之弟昌宗入侍禁中,昌宗复荐易之,兄弟皆得幸于太后,常傅朱粉,衣锦绣。昌宗累迁散骑常侍,易之为司卫少卿。拜其母韦氏、臧氏为太夫人,赏赐不可胜纪,仍敕凤阁侍郎李迥秀为臧氏私夫。迥秀,大亮之族孙也。武承嗣、三思、懿宗、宗楚客、晋卿皆候易之门庭,争执鞭辔,谓易之为五郎,昌宗为六郎。

右司郎中冯翊乔知之有美妾曰碧玉,知之为之不昏。武承嗣借以教诸姬,遂留不还。知之作《绿珠怨》诗以寄之,碧玉赴井死。承嗣得诗于裙带,大怒,讽酷吏罗告,族诛之。

司仆少卿来俊臣倚势贪淫,士民妻妾有美者,百方取之。或使人罗告其罪,矫称敕以取其妻,前后罗织诛人,不可胜计。自宰相以下,籍其姓名而取之。自言才比石勒。

将刘思礼宽大释放,让他诬陷牵连众人。众人已经处死,武懿宗然后收捕刘思礼,刘思礼才后悔了。武懿宗从天授年间以来,太后多次派他审理案件,他爱好诬陷害人,当时的人认为他是周兴、来俊臣第二。

来俊臣想独占刘思礼案的功劳,又编造罪名告发吉顼。吉顼于是上奏有紧急事变,得到太后召见,才免遭陷害。来俊臣因此又得重用,而吉顼也因此得以升官。来俊臣的同党编造罪名诬告司刑府史樊惎谋反,樊惎被处死。樊惎的儿子到朝堂诉讼冤屈,没人敢理他,他便自己用刀剖腹。秋官侍郎上邽人刘如璿见状,暗自叹息流泪。来俊臣上奏刘如璿袒护邪恶叛逆,将他关进监狱,判处绞刑。太后下制改判流放到瀼州。

尚乘奉御张易之,是张行成的族孙,年轻,姿态容貌俊美,精通音律。太平公主推荐张易之的弟弟张昌宗入宫侍候太后,张昌宗又推荐张易之,兄弟两人都得到太后的宠幸,经常涂脂抹粉,穿华丽的衣服。张昌宗连续升官为散骑常侍,张易之为司卫少卿。太后授给他们的母亲韦氏、臧氏太夫人的封号,赏赐多得数不清,并且命令凤阁侍郎李迥秀做臧氏的妴夫。李迥秀是李大亮的族孙。武承嗣、武三思、武懿宗、宗楚客、宗晋卿等人都时常等候在张易之家门口,争着为他执鞭牵马,称张易之为五郎,称张昌宗为六郎。

右司郎中冯翊人乔知之有个叫碧玉的美妾,乔知之因为有了她而不结婚。武承嗣向乔知之借碧玉来教众姬妾,便扣留她而不送还。乔知之写作《绿珠怨》送给碧玉,碧玉投井而死。武承嗣从她的裙带上看到《绿珠怨》,十分恼怒,暗示酷吏编造罪名诬告乔知之,将乔知之灭族。

司仆少卿来俊臣,倚仗权势贪求女色,士人百姓谁一有美丽的妻妾,来俊臣就千方百计要夺取到手。有时指使人编造罪名上告某人有罪,然后伪造朝廷命令去夺取他的妻妾,前前后后虚构罪名、陷害无辜而杀死的人,不可计数。从宰相以下,来俊臣登记他们的姓名夺取他们的妻妾。自称才能比得上石勒。

监察御史李昭德素恶俊臣，又尝庭辱秋官侍郎皇甫文备，二人共诬昭德谋反，下狱。

俊臣欲罗告武氏诸王及太平公主，又欲诬皇嗣及庐陵王与南北牙同反，冀因此盗国权，河东人卫遂忠告之。诸武及太平公主恐惧，共发其罪，系狱，有司处以极刑。太后欲赦之，奏上三日，不出。王及善曰："俊臣凶狡贪暴，国之元恶，不去之，必动摇朝廷。"太后游苑中，吉顼执辔，太后问以外事，对曰："外人唯怪来俊臣奏不下。"太后曰："俊臣有功于国，朕方思之。"顼曰："于安远告虺贞反，既而果反，今止为成州司马。俊臣聚结不逞，诬构良善，赃贿如山，冤魂塞路，国之贼也，何足惜哉！"太后乃下其奏。

丁卯，昭德、俊臣同弃市，时人无不痛昭德而快俊臣。仇家争啖俊臣之肉，斯须而尽，抉眼剥面，披腹出心，腾蹋成泥。太后知天下恶之，乃下制数其罪恶，且曰："宜加赤族之诛，以雪苍生之愤，可准法籍没其家。"士民皆相贺于路曰："自今眠者背始帖席矣。"

俊臣以告綦连耀功，赏奴婢十人。俊臣阅司农婢，无可者，以西突厥可汗斛瑟罗家有细婢，善歌舞，欲得以为赏口，乃使人诬告斛瑟罗反。诸酋长诣阙割耳剺面讼冤者数千人。会俊臣诛，乃得免。

监察御史李昭德向来厌恶来俊臣，又曾经在朝廷上当面羞辱过秋官侍郎皇甫文备，他们二人就一起诬陷李昭德谋反，李昭德被捕入狱。

来俊臣想编造罪名告发武氏众位亲王以及太平公主，又想诬告皇嗣和庐陵王与南北衙的禁军共同谋反，希望通过此举而窃取国家政权，河东人卫遂忠告发来俊臣。众武氏和太平公主恐惧，共同揭发来俊臣的罪行，朝廷收捕来俊臣入狱，有关部门上奏判处他死刑。太后想赦免他，判决的奏章呈上已经三天，还没有批下来。王及善说："来俊臣凶恶、狡诈、贪婪、残暴，是国家的首恶罪犯，不除掉他，必然会使朝廷动摇。"太后在皇家园林中游览，吉顼为太后牵马，太后问他宫外的事情，吉顼回答说："外边的人只奇怪判处来俊臣的奏章批不下去。"太后说："来俊臣对国家有功，朕正在考虑。"吉顼说："于安远告发虺贞谋反，不久谋反果然发生，于安远至今只是成州司马。来俊臣聚集勾结为非作歹之徒，诬告陷害善良的人，贪赃受贿的财物堆积如山，被他冤屈而死的鬼魂塞满道路，他是国贼，有什么值得怜惜的！"太后于是批准处死来俊臣。

丁卯（六月初三），李昭德、来俊臣一同被在街市处死而暴尸，当时人都为李昭德之死痛惜而为来俊臣之死拍手称快。仇家争着抢吃来俊臣的肉，霎时便抢光了，挖眼睛、剥面皮，剖腹取心，践踏成肉泥。太后知道天下人痛恨来俊臣，于是下诏令列举他的罪恶，而且说："应该加判诛灭全族，以便申雪百姓的愤怒，可以按照法律查抄没收他的家产。"官吏百姓在道路上互相祝贺道："从今以后，睡觉时背才能贴着席子，安心地睡了。"

来俊臣因告发綦连耀的功劳，被赏给十名奴婢。来俊臣查阅司农寺管辖的官婢，没有合意的，而西突厥可汗斛瑟罗家有个小奴婢，善于唱歌舞蹈，来俊臣想夺过来作为赏赐自己的奴婢，便指使人诬告斛瑟罗谋反。各族酋长到皇宫门前割耳朵划脸部，为斛瑟罗诉讼冤屈的有几千人。时逢来俊臣被诛杀，斛瑟罗才幸免于难。

　　俊臣方用事,选司受其属请不次除官者,每铨数百人。俊臣败,侍郎皆自首。太后责之,对曰:"臣负陛下,死罪! 臣乱国家法,罪止一身;违俊臣语,立见灭族。"太后乃赦之。

　　上林令侯敏素谄事俊臣,其妻董氏谏之曰:"俊臣国贼,指日将败,君宜远之。"敏从之。俊臣怒,出为武龙令。敏欲不往,妻曰:"速去勿留!"俊臣败,其党皆流岭南,敏独得免。

　　太后征于安远为尚食奉御,擢吉顼为右肃政中丞。

　　夏六月,以检校夏官侍郎宗楚客同平章事。
　　戊子,特进武承嗣、春官尚书武三思并同凤阁鸾台三品。
　　秋七月,武承嗣、武三思并罢政事。
　　九月甲寅,太后谓侍臣曰:"顷者周兴、来俊臣按狱,多连引朝臣,云其谋反。国有常法,朕安敢违? 中间疑其不实,使近臣就狱引问,得其手状,皆自承服,朕不以为疑。自兴、俊臣死,不复闻有反者。然则前死者不有冤邪?"夏官侍郎姚元崇对曰:"自垂拱以来坐谋反死者,率皆兴等罗织,自以为功。陛下使近臣问之,近臣亦不自保,何敢动摇! 所问若有翻覆,惧遭惨毒,不若速死。赖天启圣心,兴等伏诛,臣以百口为陛下保,自今内外之臣无复反者。若微有实状,臣请受知而不告之罪。"太后悦曰:"向时宰相皆

来俊臣在掌权时,吏部受他的嘱托请求而出现越级授官的现象,每次选拔时竟达几百人。来俊臣垮台后,侍郎都自首。太后责备他们,他们回答说:"我们辜负了陛下,该当死罪! 我们扰乱国家法令,只加罪于自身;我们如果违抗了来俊臣的话,立即被灭族。"太后于是赦免了他们。

上林令侯敏一贯谄媚事奉来俊臣,他的妻子董氏规劝他说:"来俊臣是国贼,不久就要失败,您应当离他远些。"侯敏听从了妻子的劝告。来俊臣发怒,贬侯敏出任武龙县令。侯敏不想去,他的妻子说:"迅速前往不要停留!"来俊臣垮台后,他的党羽都流放岭南,只有侯敏得以逃脱。

太后征召于安远入朝担任尚食奉御,提拔吉顼担任右肃政中丞。

夏季六月,朝廷任命检校夏官侍郎宗楚客为同平章事。

戊子(二十四日),朝廷任命特进武承嗣、春官尚书武三思同为同凤阁鸾台三品。

秋季七月,武承嗣、武三思同时被罢免宰相职务。

九月甲寅(二十一日),太后对侍臣说:"近年以来,周兴、来俊臣审理案件,牵连了大量的朝廷官员,说他们谋反。国家有固定的法律,朕怎么敢违反? 有时怀疑他们并不真的谋反,派身边的官员到监狱审问,得到犯人亲手写的供状,都自己承认服罪,朕就不再加以怀疑。自从周兴、来俊臣处死,不再听说有谋反的人。这样看来,则从前因谋反而处死的人不是就有被冤枉的吗?"夏官侍郎姚元崇回答说:"自从垂拱年间以来,判谋反罪处死的人,一概都是周兴等人虚构罪名进行陷害的无辜,周兴等人以此求取功劳。陛下派身边的官员去查实,他们连自身也保不住,哪里敢动摇原来的判决! 他们追查的犯人如果翻供,又惧怕惨遭毒刑,不如自诬还死得快点。幸赖上天启开陛下的圣心,让周兴等人受到应有的处决,我用一家百口人的性命向陛下担保,从现在开始,朝廷内外不会再有谋反的臣子。如果稍有真正的反情,我甘愿承受知而不告的罪名。"太后高兴地说:"从前宰相都

顺成其事,陷朕为淫刑之主。闻卿所言,深合朕心。"赐元崇钱千缗。

时人多为魏元忠讼冤者,太后复召为肃政中丞。元忠前后坐弃市流窜者四。尝侍宴,太后问曰:"卿往者数负谤,何也?"对曰:"臣犹鹿耳,罗织之徒欲得臣肉为羹,臣安所避之?"

圣历元年,武承嗣、三思营求为太子,数使人说太后曰:"自古天子未有以异姓为嗣者。"太后意未决。狄仁杰每从容于太后曰:"文皇帝栉风沐雨,亲冒锋镝,以定天下,传之子孙。大帝以二子托陛下。陛下今乃欲移之他族,无乃非天意乎?且姑侄之与母子孰亲?陛下立子,则千秋万岁后,配食太庙,承继无穷。立侄,则未闻侄为天子而祔姑于庙者也。"太后曰:"此朕家事,卿勿预知。"仁杰曰:"王者以四海为家,四海之内,孰非臣妾,何者不为陛下家事?君为元首,臣为股肱,义同一体,况臣备位宰相,岂得不预知乎?"又劝太后召还庐陵王。王方庆、王及善亦劝之。太后意稍寤。他日,又谓仁杰曰:"朕梦大鹦鹉两翼皆折,何也?"对曰:"武者,陛下之姓,两翼,二子也。陛下起二子,则两翼振矣。"太后由是无立承嗣、三思之意。

孙万荣之围幽州也,移檄朝廷曰:"何不归我庐陵王?"孙万荣围幽州事见《唐平契丹》。吉顼与张易之、昌宗皆为控鹤监供奉,易之兄弟亲狎之。顼从容说二人曰:"公兄弟贵宠如此,非以德业取之也,天下侧目切齿多矣。不有大功于

顺从周兴他们，使他们得逞，使朕成了滥施刑罚的君主。听了你说的话，很合朕的心意。"赏赐姚元崇一千缗钱。

当时的人为魏元忠诉讼冤屈的很多，太后又征召他担任肃政中丞。魏元忠前前后后四次被判弃市和流放。曾经陪同太后宴饮，太后问道："你从前多次蒙受诽谤，原因何在？"魏元忠回答说："我好比鹿，虚构罪名、陷害无辜的那些人想用我的肉做羹汤，我如何逃避他们？"

圣历元年（698），武承嗣、武三思谋求当太子，多次指使人向太后游说道："自古以来的天子没有用外姓人作为继承人的。"太后打不定主意。狄仁杰常常从容不迫地对太后说："太宗文皇帝不避风雨，亲自冒着刀枪箭镞的危险，从而平定了天下，传给子孙后代。高宗大帝把两个儿子托付陛下。陛下如今却想把天下移交给其他人，恐怕不是上天的意愿吧！况且姑侄与母子相比哪个更亲？陛下立儿子为继承人，到千秋万岁之后，则牌位放在太庙中配祭，世代相传、永无穷尽。立侄儿为继承人，则没有听过侄儿当天子，而在祖庙中祔祭姑母的事。"太后说："这是朕的家事，你不必干预。"狄仁杰说："君主以天下为家，四海以内，有谁不是陛下的臣妾？有什么事不是陛下的家事？君主是头脑，臣下是手足，从道理说是同一个整体，何况我位居宰相，怎么能不参与呢？"狄仁杰又劝太后召回庐陵王。王方庆、王及善也劝太后。太后心里逐渐醒悟。有一天，太后又对狄仁杰说："朕梦见大鹦鹉的两只翅膀都断了，是什么含义？"狄仁杰回答说："武是陛下的姓，两只翅膀暗示陛下的两个儿子。陛下起用两个儿子，则两只翅膀振作起来了。"太后从此没有立武承嗣、武三思为太子的意愿了。

孙万荣包围幽州时，送檄文给朝廷说："为什么不让我们的庐陵王回来？"孙万荣包围幽州之事见《唐平契丹》。吉顼与张易之、张昌宗都任控鹤监供奉，张易之兄弟和吉顼很亲近。吉顼坦然地劝说二人道："你们兄弟如此的尊贵荣宠，但不是靠德才、功业取得的，天下对你们怒目而视、咬牙切齿的人很多。如果没立大功于

天下，将何以自全？窃为公忧之！"二人惧，涕泣问计。项
曰："天下士庶未忘唐德，咸复思庐陵王。主上春秋高，大
业须有所付；武氏诸王非所属意。公何不从容劝主上立
庐陵王以系苍生之望？如此，岂徒免祸，亦可以长保富贵
矣。"二人以为然，承间屡为太后言之。太后知谋出于项，
乃召问之，项复为太后具陈利害，太后意乃定。三月己巳，
托言庐陵王有疾，遣职方员外郎瑕丘徐彦伯召庐陵王及其
妃、诸子诣行在疗疾。戊子，庐陵王至神都。

秋八月，太子太保、魏宣王武承嗣，恨不得为太子，意
怏怏，戊戌，病薨。九月甲子，以夏官尚书武攸宁同凤阁鸾
台三品。皇嗣固请逊位于庐陵王，太后许之。壬申，立庐
陵王哲为皇太子，复名显。赦天下。甲戌，命太子为河北
道元帅以讨突厥。

蓝田令薛讷言于太后曰："太子虽立，外议犹疑未定；
苟此命不易，丑房不足平也。"太后深然之。王及善请太子
赴外朝以慰人心，从之。

冬十月，制"都下屯兵，命河内王武懿宗、九江王武攸
归领之"。

二年正月壬戌，以皇嗣为相王，领太子右卫率。

甲子，置控鹤监丞、主簿等官，率皆嬖宠之人，颇用才
能文学之士以参之。以司卫卿张易之为控鹤监，银青光禄
大夫张昌宗、左台中丞吉顼、殿中监田归道、夏官侍郎李迥
秀、凤阁舍人薛稷、正谏大夫临汾员半千皆为控鹤监内供
奉。稷，元超之从子也。半千以古无此官，且所聚多轻薄

天下,将来凭什么保全自己?我私下为你们担忧!"二人害怕,流着眼泪询问计策。吉顼说:"天下的士人和庶民没有忘记唐朝的恩德,都还思念庐陵王。太后年纪老了,皇帝的大业必须有所托付;武氏各位亲王太后无意托付。你们为什么不坦然地劝陛下立庐陵王为继承人,以使百姓的希望有所寄托。这样,你们不止是免掉祸难,也能凭借它长保富贵了。"二人认为对,抓住机会多次向太后说这件事。太后知道主意出自吉顼,于是召见他询问,吉顼又向太后详尽地陈述利害,太后于是拿定了主意。三月己巳(初九),朝廷借口庐陵王有病,派职方员外郎瑕丘人徐彦伯征召庐陵王以及他的妃子、众儿子到太后所在地治病。戊子(二十八日),庐陵王回到神都洛阳。

秋季八月,太子太保、魏宣王武承嗣恨自己不能立为太子,心中不满意,戊戌(十一日),武承嗣病死。九月甲子(初七),朝廷任命夏官尚书武攸宁为同凤阁鸾台三品。皇嗣坚决请求让位给庐陵王,太后同意。壬申(十五日),朝廷立庐陵王李哲为皇太子,恢复原来的名字叫显。下令赦免天下罪人。甲戌(十七日),朝廷任命太子为河北道元帅,去讨伐突厥。

蓝田令薛讷对太后说:"太子虽立,外面的议论还犹疑未定;如果立太子的命令不变,突厥不用讨伐就能平定。"太后深以为然。王及善请求让太子到外朝见群臣以抚慰人心,获得同意。

冬季十月,太后制令:"都城的驻军,命令河内王武懿宗、九江王武攸归统领。"

二年(699)正月(十一月)壬戌(初六),朝廷改封皇嗣为相王,兼任太子右卫率。

甲子(初八),朝廷设置控鹤监丞、主簿等官职,一般都是由太后宠幸的人担任,同时也颇让一些有才能的文学之士参与。任命司卫卿张易之为控鹤监,银青光禄大夫张昌宗、左台中丞吉顼、殿中监田归道、夏官侍郎李迥秀、凤阁舍人薛稷、正谏大夫临汾人员半千等人都为控鹤监内供奉。薛稷是薛元超的侄子。员半千认为自古以来就没有这种官职,而且担任的人大多是轻薄

之士,上疏请罢之,由是忤旨,左迁水部郎中。腊月戊子,以左台中丞吉顼为天官侍郎,右台中丞魏元忠为凤阁侍郎,并同平章事。

文昌左丞宗楚客与弟司农卿晋卿,坐赃贿满万馀缗及第舍过度,楚客贬播州司马,晋卿流峰州。太平公主观其第,叹曰:"见其居处,吾辈乃虚生耳。"

辛亥,赐太子姓武氏,赦天下。太后生重眉,成八字,百官皆贺。春一月庚申,夏官尚书、同凤阁鸾台三品武攸宁罢为冬官尚书。太后春秋高,虑身后太子与诸武不相容。夏四月壬寅,命太子、相王、太平公主与武攸暨等为誓文,告天地于明堂,铭之铁券,藏于史馆。秋七月,命建安王武攸宜留守西京,代会稽王武攸望。

内史王及善虽无学术,然清正难夺,有大臣之节。张易之兄弟每侍内宴,无复人臣礼,及善屡奏以为不可。太后不悦,谓及善曰:"卿既高年,不宜更侍游宴,但检校阁中可也。"及善因称病,谒假月馀,太后不问。及善叹曰:"岂有中书令而天子可一日不见乎!事可知矣。"乃上疏乞骸骨,太后不许。八月戊申,以武三思为内史。冬十月,太子、相王诸子复出阁。

太后自称制以来,多以武氏诸王及驸马都尉为成均祭酒,博士、助教亦多非儒士。又因郊丘,明堂,拜洛,封嵩,取弘文国子生为斋郎,因得选补。由是学生不复习业,二十年间,学校殆废。而向时酷吏所诬陷者,其亲友流离,未获原宥。凤阁舍人韦嗣立上疏,以为:"时俗浸轻儒学,先

之人，上奏疏请求罢除，他因此违抗了太后的旨意，降职为水部郎中。腊月戊子（初二），任命左台中丞吉顼为天官侍郎，右台中丞魏元忠为凤阁侍郎，两人都为同平章事。

文昌左丞宗楚客与他的弟弟、司农卿宗晋卿因为贪赃受贿多达一万多缗钱，以及宅第超过标准，宗楚客被贬为播州司马，宗晋卿被流放峰州。太平公主参观他们的宅第，感叹地说：“看了他们的住处，我们是虚度人生了。”

辛亥（二十五日），太后赐太子姓武氏，赦免天下罪人。太后眉毛上又长出眉毛，呈八字形，百官都向太后祝贺。春季一月庚申（初四），夏官尚书、同凤阁鸾台三品武攸宁被罢免原职，担任冬官尚书。太后年纪大了，担忧去世后太子与武氏众王不能互相容忍。夏季四月壬寅（十八日），太后让太子、相王、太平公主与武攸暨等人立下誓词，到明堂禀告天地，然后把誓词刻在铁板上，收藏在史馆中。秋季七月，太后命令建安王武攸宜留守西京长安，接替会稽王武攸望。

内史王及善虽然没有学问，但是清廉、正直、坚定不移，具有大臣的节操。张易之兄弟每次奉陪太后在宫内宴饮，都不再遵守臣子的礼节，王及善多次上奏章认为这样不行。太后不高兴地对王及善说：“你年纪已老了，不宜再奉陪游乐宴饮，只要查核官署就行了。”王及善于是说自己有病，请假一个多月，太后也不过问。王及善感叹地说：“哪里会有天子能一天不见中书令呢！事情的发展可想而知了。”于是上奏疏请求退休，太后不允许。八月戊申（二十七日），朝廷任命武三思为内史。冬季十月，太子、相王的儿子们重新被释放出宫。

太后自称帝以来，多任命武氏众王和驸马都尉任成均祭酒，博士、助教也大多不是儒士。又因为到南郊祭天、在明堂祭神、拜洛水以及封禅嵩山都用弘文馆国子生为斋郎，他们于是得以候选候补官员。因此学生不再讲习学业，二十年间，学校几乎荒废。而从前那些被酷吏诬陷的人，其亲友被流放离散，未获宽赦。凤阁舍人韦嗣立上奏疏，认为：“现在的风气日益轻视儒学，先

王之道,弛废不讲。宜令王公以下子弟,皆入国学,不听以他岐仕进。又,自扬、豫以来,制狱渐繁,酷吏乘间,专欲杀人以求进。赖陛下圣明,周、丘、王、来相继诛殛,朝野庆泰,若再睹阳和。至如仁杰、元忠,往遭按鞫,亦皆自诬,非陛下明察,则以为滷醢矣。今陛下升而用之,皆为良辅。何乃前非而后是哉?诚由枉陷与甄明耳。臣恐向之负冤得罪者甚众,亦皆如是。伏望陛下弘天地之仁,广雷雨之施,自垂拱以来,罪无轻重,一皆昭洗,死者追复官爵,生者听还乡里。如此,则天下皆知昔之枉滥,非陛下之意,皆狱吏之辜,幽明欢欣,感通和气。"太后不能从。

久视元年正月戊寅,内史武三思罢为特进、太子少保。天官侍郎、同平章事吉顼贬安固尉。太后以顼有干略,故委以腹心。顼与武懿宗争赵州之功于太后前。顼魁岸辩口,懿宗短小伛偻,顼视懿宗,声气凌厉。太后由是不悦,曰:"顼在朕前,犹卑我诸武,况异时讵可倚邪!"他日,顼奏事,方援古引今,太后怒曰:"卿所言,朕饫闻之,无多言!太宗有马名师子骢,肥逸无能调驭者。朕为宫女侍侧,言于太宗曰:'妾能制之,然须三物,一铁鞭,二铁檛,三匕首。铁鞭击之不服,则以檛檛其首,又不服,则以匕首断其喉。'太宗壮朕之志。今日卿岂足污朕匕首邪?"顼惶惧流汗,拜

王的道理,松懈败坏,没人提起。应当命令王公以下的子弟都进国家学校,不允许他们从其他途径获得官职。还有,自从徐敬业在扬州、李贞在豫州起兵作乱以来,陛下囚禁犯人的监狱中犯人日益增多,酷吏乘此机会,专门想靠杀人来求得提升。幸亏陛下圣明,周兴、丘神勋、王弘义、来俊臣先后被处死,朝廷民间都庆贺平安,好像重见春天的阳光。至于像狄仁杰、魏元忠,过去遭到审讯,也都自我诬陷,如果不是陛下明察真伪,则早已成肉酱了。如今陛下提升重用他们,都是很好的辅佐大臣。为什么从前不好而现在好呢?确实是因为从前被冤枉诬陷、现在已甄别明察了。我恐怕从前含冤获罪的很多人,也都像他们二人一样。恭敬地希望陛下弘扬天地那样的仁爱,广施雷雨般的恩泽,把从垂拱年间以来误判的罪人,不论罪行轻重,一律昭雪洗冤,死去的追认、恢复官爵,活着的允许返回故乡。如果这样,那么天下人都知道从前的冤枉滥杀,不是陛下的本意,都是管理监狱的官吏的罪过,死者生者欢快欣慰,互相感应勾通而气氛协和。"太后没有接受他的建议。

久视元年(700)正月(十一月)戊寅(二十八日),罢免内史武三思原职,担任特进、太子少保。贬天官侍郎、平章事吉顼为安固县尉。太后认为吉顼有才干谋略,所以把他当作心腹重用。吉顼与武懿宗在太后面前争赵州战役的功劳。吉顼体格魁伟、能言善辩,武懿宗身材矮小而且驼背,吉顼直视武懿宗,声色俱厉、盛气凌人。太后因此不高兴,说:"吉顼在朕的面前还敢如此轻视我们姓武的人,更何况以后呢,难道能靠得住吗?"有一天,吉顼面奏事情,正从古到今地旁征博引,太后生气地说:"你所说的,朕听够了,不必多说!从前太宗有匹叫狮子骢的马,肥壮跑得快,没有人能够驯服驾驭它。朕当时作为宫女在太宗身边侍奉,就对太宗说:'我能制服它,但必须要三件东西,一是铁鞭,二是铁锤,三是匕首。用铁鞭抽打它,不服;则用铁锤敲击它的头部,还不服;则用匕首割断它的喉管。'太宗称赞我的壮志。如今你难道值得玷污朕的匕首吗?"吉顼惊惶恐惧,大汗淋漓,跪拜

伏求生,乃止。诸武怨其附太子,共发其弟冒官事,由是坐
贬。辞日,得召见,涕泣言曰:"臣今远离阙庭,永无再见
之期,愿陈一言。"太后命之坐,问之,顼曰:"合水土为泥,
有争乎?"太后曰:"无之。"又曰:"分半为佛,半为天尊,有
争乎?"曰:"有争矣。"顼顿首曰:"宗室、外戚各当其分,则
天下安。今太子已立而外戚犹为王,此陛下驱之使他日必
争,两不得安也。"太后曰:"朕亦知之。然业已如是,不可
如何。"

腊月辛巳,立故太孙重润为邵王,其弟重茂为北海王。

夏四月戊申,太后幸三阳宫避暑,有胡僧邀车驾观葬
舍利,太后许之。狄仁杰跪于马前曰:"佛者戎狄之神,不
足以屈天下之主。彼胡僧诡谲,直欲邀致万乘,以惑远近
之人耳。山路险狭,不容侍卫,非万乘所宜临也。"太后中
道而还,曰:"以成吾直臣之气。"

五月,太后使洪州僧胡超合长生药,三年而成,所费巨
万。太后服之,疾小瘳。癸丑,赦天下,改元久视,去"天册
金轮大圣"之号。

六月,改控鹤为奉宸府,以张易之为奉宸令。太后每
内殿曲宴,辄引诸武、易之及弟秘书监昌宗饮博嘲谑。太
后欲掩其迹,乃命易之、昌宗与文学之士李峤等修《三教珠
英》于内殿。武三思奏昌宗乃王子晋后身。太后命昌宗衣
羽衣,吹笙,乘木鹤于庭中,文士皆赋诗以美之。

请求免死，太后才息怒。众武姓的人怨恨吉顼依附太子，一起揭发他的弟弟冒充官吏的事，吉顼因此被判处贬职。辞行那天，吉顼得到太后召见，他流着泪说道："我今天远离京城后，永远没有再见陛下的机会了，请允许我陈述一句话。"太后让他坐下来，问他说什么，吉顼说："把水和土合成泥浆，有冲突吗？"太后说："没有。"吉顼又说："把泥浆分一半塑佛像，一半塑天尊像，有冲突吗？"太后说："有冲突。"吉顼叩头说道："皇族、外戚各处各的位分，则天下平安。如今太子已立但外戚仍然当王，这是陛下驱使他们将来必须争斗，双方都不得安生。"太后说："朕也知道是这样。但事情已经如此，没有办法了。"

腊月辛巳（初一），朝廷立原太孙李重润为邵王，立他的弟弟李重茂为北海王。

夏季四月戊申（二十九日），太后到三阳宫避暑，有个胡人和尚邀请太后去参观埋葬佛舍利，太后答应了他。狄仁杰跪在马前说道："佛是戎狄的神，值不得天下的君主屈尊去参观。那个胡人和尚诡诈，只不过想邀请陛下去，以便迷惑远处近处人们罢了。山路艰险狭窄，容不下侍卫护卫，那不是陛下所应当去的地方。"太后于是中途返回，说："这样做是为了成全我正直大臣的气节。"

五月，太后让洪州僧人胡超配制长生不死的药，三年才配成，耗费了数以万计的资财。太后服药后，病稍有好转。癸丑（初五），太后下令赦免天下罪人，改年号为久视，去掉"天册金轮大圣"的尊号。

六月，朝廷改控鹤为奉宸府，任命张易之为奉宸令。太后每次在内宫中举行私人宴会，总是召众武姓的亲戚、张易之以及他的弟弟、秘书监张昌宗前来饮酒、赌博、嬉笑、戏谑。太后想掩饰这种劣迹，就命令张易之、张昌宗和文学侍从李峤等人在内宫修撰《三教珠英》。武三思上奏说张昌宗是周朝灵王太子姬晋转世。太后于是命令张昌宗穿羽毛衣服，吹着笙，乘坐在木鹤上游于内宫庭院，文学侍从都作诗赋赞美他。

太后又多选美少年为奉宸内供奉,右补阙朱敬则谏曰:"陛下内宠有易之、昌宗,足矣。近闻左监门卫长史侯祥等,明自媒衒,丑慢不耻,求为奉宸内供奉,无礼无仪,溢于朝听。臣职在谏诤,不敢不奏。"太后劳之曰:"非卿直言,朕不知此。"赐彩百段。易之、昌宗竞以豪侈相胜。弟昌仪为洛阳令,请属无不从。尝早朝,有选人姓薛,以金五十两并状邀其马而赂之。昌仪受金,至朝堂,以状授天官侍郎张锡。数日,锡失其状,以问昌仪,昌仪骂曰:"不了事人!我亦不记,但姓薛者即与之。"锡惧,退,索在铨姓薛者六十馀人,悉留注官。锡,文瓘之兄子也。

太后信重内史、梁文惠公狄仁杰,群臣莫及,常谓之国老而不名。秋九月辛丑,仁杰薨,太后泣曰:"朝堂空矣!"自是朝廷有大事,众或不能决,太后辄叹曰:"天夺吾国老何太早邪?"

太后尝问仁杰:"朕欲得一佳士用之,谁可者?"仁杰曰:"未审陛下欲何所用之?"太后曰:"欲用为将相。"仁杰对曰:"文学缊藉,则苏味道、李峤固其选矣。必欲取卓荦奇才,则有荆州长史张柬之,其人虽老,宰相才也。"太后擢柬之为洛州司马。数日,又问仁杰,对曰:"前荐柬之,尚未用也。"太后曰:"已迁矣。"对曰:"臣所荐者可为宰相,非司马也。"乃迁秋官侍郎。久之,卒用为相。仁杰又尝荐夏官侍郎姚元崇、监察御史曲阿桓彦范、泰州刺史敬晖等数

太后又选了很多美少年担任奉宸府内供奉，右补阙朱敬则规劝太后说："陛下内宫中宠爱的人已有张易之、张昌宗，足够了。近来听说左监门卫长史侯祥等人公开自我求取进身，丑陋轻薄，不知羞耻，请求担任奉宸内供奉，没有礼制，没有法度，满朝文武百官都听说了。我的职责是直言规劝，因此不敢不说。"太后慰劳他说："不是你直言，朕不知道这件事。"赏赐他一百段彩绸。张易之、张昌宗争着以豪华奢侈相攀比。他们的弟弟张昌仪担任洛阳县令，他的请求、嘱托没有不被听从的。一次在早上入宫朝见太后时，有一个姓薛的候补官员，拿着五十两金子和申请任职的文书拦住张昌仪的坐骑贿赂他。张昌仪收下金子，来到朝堂，把文书交给天官侍郎张锡。过了几天，张锡把文书遗失了，便去问张昌仪是谁，张昌仪骂道："糊涂人！我也记不得是谁，只要是姓薛的就授官。"张锡害怕，退出，找出姓薛的候补官员六十多人，全部留下授予官职。张锡是张文瓘哥哥的儿子。

太后信任重用内史、梁文惠公狄仁杰，没有哪一个大臣比得上，经常叫他国老而不称呼名字。秋季九月辛丑（二十六日），狄仁杰去世，太后流着眼泪说："朝堂空了！"从此朝廷一有大事，如果群臣不能决断，太后总是感叹地说："老天为什么这么早就夺走我的国老呢？"

太后曾经问狄仁杰："朕想得到一位杰出的人才委以重任，你看谁能称职？"狄仁杰说："不清楚陛下想委以什么重任？"太后说："想委以大将、宰相。"狄仁杰回答说："要论辞章含蓄风雅的人，那么苏味道、李峤是当然的人选。如果非要得到卓杰出众的奇才，那么就只有荆州长史张柬之，张柬之年纪虽然老了，但具有宰相才干。"太后于是提拔张柬之担任洛州司马。过了几天太后又向狄仁杰问起此事，狄仁杰回答说："前几天推荐的张柬之，还没受到任用。"太后说："已经提升了。"狄仁杰回答说："我推荐的能够担任宰相，不是担任司马。"太后于是提升张柬之担任秋官侍郎。过了一段时间，终于任用他为宰相。狄仁杰还曾经推荐过夏官侍郎姚元崇、监察御史曲阿人桓彦范、泰州刺史敬晖等数

十人，率为名臣。或谓仁杰曰："天下桃李，悉在公门矣。"仁杰曰："荐贤为国，非为私也。"

冬十一月丁巳，纳言韦巨源罢，以文昌右丞韦安石为鸾台侍郎、同平章事。安石，津之孙也。时武三思、张易之兄弟用事，安石数面折之。尝侍宴禁中，易之引蜀商宋霸子等数人在座同博。安石跪奏曰："商贾贱类，不应得预此会。"顾左右逐出之，座中皆失色。太后以其言直，劳勉之，同列皆叹服。

长安元年秋八月丙寅，武邑人苏安恒上疏曰："陛下钦先圣之顾托，受嗣子之推让，敬天顺人，二十年矣。岂不闻帝舜褰裳，周公复辟！舜之于禹，事祗族亲；且与成王，不离叔父。族亲何如子之爱，叔父何如母之恩？今太子孝敬是崇，春秋既壮，若使统临宸极，何异陛下之身？陛下年德既尊，宝位将倦，机务繁重，浩荡心神，何不禅位东宫，自怡圣体？自昔理天下者，不见二姓而俱王也。当今梁、定、河内、建昌诸王，承陛下之荫覆，并得封王。臣谓千秋万岁之后，于事非便，臣请黜为公侯，任以闲简。臣又闻陛下有二十馀孙，今无尺寸之封，此非长久之计也。臣请分土而王之，择立师傅，教其孝敬之道，以夹辅周室，屏藩皇家，斯为美矣。"疏奏，太后召见，赐食，慰谕而遣之。

十人,都是名臣。有人对狄仁杰说:"天下的贤能之臣,全部出自您的门下。"狄仁杰说:"举贤是为了国家,不是为我自己。"

冬季十一月丁巳,朝廷罢免纳言韦巨源,任命文昌右丞韦安石为鸾台侍郎、同平章事。韦安石是韦津的孙子。当时,武三思、张易之兄弟当权,韦安石多次当面驳斥他们。有一次韦安石在宫中陪太后宴饮,张易之招来蜀地商人宋霸子等数人入座,一同赌博。韦安石跪着奏言道:"商人地位低、名声贱,不应当允许他们参加宫中宴会。"然后招呼周围的侍从把宋霸子等人赶出去,在座的人都大惊失色。太后认为他敢于直言,慰劳鼓励他,同僚都赞叹佩服他。

长安元年(701)秋季八月丙寅(二十六日),武邑人苏安恒上奏疏说:"陛下恭敬地执行先帝的临终委托,接受太子的推辞,上敬天意,下顺民心,至今有二十年了。一定听说过舜帝撩起衣裳离开帝位,以及周公还政权给成王的故事。舜帝和大禹的关系,只不过是同族亲属;周公旦与成王的关系,也超不出叔侄的范围。同族亲属之间哪里比得上儿子对母亲的敬爱,叔侄之间又如何比得上母亲对儿子的恩情?现在太子崇尚孝敬,又已正当壮年,如果让他登上帝位、统治天下,和陛下亲自统治又有什么区别?陛下的年纪、德望都已经很高了,势必会对皇帝的宝座感到厌倦,军政大事如此繁重,烦劳心神,为什么不把帝位禅让给太子,自己颐养天年?自古以来治理天下的帝王,没有见过两个姓同时封授王爵的。如今梁王武三思、定王武攸暨、河内王武懿宗、建昌王武攸宁等,承蒙陛下的庇护,都被封为亲王。我认为陛下千秋万岁之后,两个姓为王对国事不利,我请求陛下把他们的王爵废黜,封为公侯,授以悠闲轻松的职务。我还听说陛下有二十多个孙子,至今没有得到一尺一寸的采邑、封爵,这不是长远之计。我请求陛下分给他们采邑并封授他们王爵,挑选、确定师傅,教他们孝敬的道理,以便让他们辅佐大周王室,作为国家的屏障,这样就完美无缺了。"奏疏呈上后,太后召见了苏安恒,赏赐他饮食,用好话慰解之后送他出宫。

太后春秋高，政事多委张易之兄弟。邵王重润与其妹永泰郡主、主婿魏王武延基窃议其事。易之诉于太后，九月壬申，太后皆逼令自杀。延基，承嗣之子也。

二年夏五月壬申，苏安恒复上疏曰：“臣闻天下者，神尧、文武之天下也，陛下虽居正统，实因唐氏旧基。当今太子追回，年德俱盛，陛下贪其宝位而忘母子深恩，将何圣颜以见唐家宗庙，将何诰命以谒大帝坟陵？陛下何故日夜积忧，不知钟鸣漏尽？臣愚以为天意人事，还归李家。陛下虽安天位，殊不知物极则反，器满则倾。臣何惜一朝之命而不安万乘之国哉？”太后亦不之罪。

司仆卿张昌宗兄弟贵盛，势倾朝野。八月戊午，太子、相王、太平公主上表请封昌宗为王，制不许。壬戌，又请，乃赐爵邺国公。

九月庚辰，以太子宾客武三思为大谷道大总管，洛川长史敬晖为副。辛巳，又以相王旦为并州道元帅，三思与武攸宜、魏元忠为之副，姚元崇为长史，司礼少卿郑杲为司马。然竟不行。

冬十一月辛未，监察御史魏靖上疏，以为：“陛下既知来俊臣之奸，处以极法，乞详覆俊臣等所推大狱，伸其枉滥。”太后乃命监察御史苏颋按覆俊臣等旧狱，由是雪免者甚众。颋，瓌之曾孙也。

三年。初，左台大夫、同凤阁鸾台三品魏元忠为洛州

太后年纪大了,政事大多委托张易之、张昌宗兄弟处理。邵王武重润和他的妹妹永泰郡主,以及妹夫、魏王武延基私下议论这种情况。张易之向太后报告,九月壬申(初三),太后逼迫、命令他们全都自杀。武延基是武承嗣的儿子。

二年(702)夏季五月壬申(初六),苏安恒又上奏疏说:"我听说天下是高祖神尧皇帝、太宗文武皇帝的天下,陛下虽然身为正统的皇帝,其实是依靠着唐朝旧有的帝基。如今太子重新回到朝廷,年龄已大,德望很高,陛下贪恋皇帝的宝座而忘掉母子深情,将来有什么脸面去进唐家的宗庙,又以什么样的身份去陵墓中见大帝高宗?陛下为什么还要日夜积累烦恼,不知道自己已经是风烛残年了。我愚昧地认为,上天意志与下民人心,都希望陛下把皇位归还给李家。陛下虽然安居帝位,却一点儿不知道物极必反、器满则倾的道理。我怎敢怜惜自己短暂的生命,而不为了国家的长治久安直言呢!"太后阅读过奏疏后也没有加罪苏安恒。

司仆卿张昌宗兄弟尊贵到了极点,权势倾动朝廷民间。八月戊午(二十三日),太子、相王、太平公主上表,请求朝廷封授张昌宗为王,太后下令不同意。壬戌(二十七日),他们又请求,太后于是赐封张昌宗邺国公爵位。

九月庚辰(十六日),朝廷任命太子宾客武三思为大谷道大总管,任命洛川长史敬晖为副总管。辛巳(十七日),又任命相王武旦为并州道元帅,任命武三思和武攸宜、魏元忠为副元帅,任命姚元崇为长史,司礼少卿郑杲为司马。但最后这些任命没有执行。

冬季十一月辛未(初八),监察御史魏靖上奏疏,认为:"陛下知道来俊臣的邪恶之后,将他依法处死,请求详细复核来俊臣等人所审理的重大案件,给那些蒙冤的人昭雪。"太后于是命令监察御史苏颋审理复核来俊臣等人处理的旧案,因此得以昭雪免罪的人很多。苏颋是苏夔的曾孙。

三年(703)。当初,左台大夫、同凤阁鸾台三品魏元忠任洛州

长史，洛阳令张昌仪恃诸兄之势，每牙，直上长史听事。元忠到官，叱下之。张易之奴暴乱都市，元忠杖死之。及为相，太后召易之弟岐州刺史昌期，欲以为雍州长史，对仗，问宰相曰："谁堪雍州者？"元忠对曰："今之朝臣无以易薛季昶。"太后曰："季昶久任京府，朕欲别除一官。昌期何如？"诸相皆曰："陛下得人矣。"元忠独曰："昌期不堪！"太后问其故，元忠曰："昌期少年，不闲吏事，向在岐州，户口逃亡且尽。雍州帝京，事任繁剧，不若季昶强干习事。"太后默然而止。元忠又尝面奏："臣自先帝以来，蒙被恩渥，今承乏宰相，不能尽忠死节，使小人在侧，臣之罪也！"太后不悦。由是诸张深怨之。

司礼丞高戬，太平公主之所爱也。会太后不豫，张昌宗恐太后一日晏驾，为元忠所诛，乃谮元忠与戬私议云："太后老矣，不若挟太子为久长。"太后怒，下元忠、戬狱，将使与昌宗廷辩之。昌宗密引凤阁舍人张说，赂以美官，使证元忠，说许之。明日，太后召太子、相王及诸宰相，使元忠与昌宗参对，往复不决。昌宗曰："张说闻元忠言，请召问之。"太后召说。说将入，凤阁舍人南和宋璟谓说曰："名义至重，鬼神难欺，不可党邪陷正以求苟免！若获罪流窜，其荣多矣。若事有不测，璟当叩阁力争，与子

长史，洛阳县令张昌仪依仗几个兄长的权势，每个牙参者都径直走上长史官厅。魏元忠到任后，叱令他们下去。张易之的家奴在都城的大街上横行不法，魏元忠下令用杖刑将他打死。到魏元忠入朝当宰相以后，太后征召张易之的弟弟、岐州刺史张昌期，准备任命他为雍州长史。在例行的宰相奏事会议中，太后问诸宰相道："谁能胜任雍州长史？"魏元忠回答说："在现有的朝臣中，没有人能替换薛季昶。"太后说："薛季昶长期在京府任职，朕准备另外任命他一个官职。张昌期怎么样？"众位宰相都说："陛下得到了合适的人选。"只有魏元忠说："张昌期不能胜任这一职务！"太后询问他原因，魏元忠说："张昌期年纪太轻，不熟悉长史的职事，从前他在岐州任职时，百姓户口几乎逃光。雍州是帝国京城所在地，事务极其繁重，张昌期比不上薛季昶精明强干，熟习政事。"太后沉默不语，并且不再提起此事。魏元忠还曾经当面向太后奏言道："我从先帝在位时到现在，蒙受皇恩，如今朝廷乏人，让我充任宰相，我没有竭尽忠心、效死为国，让小人在太后身边，这是我的过失！"太后听了很不高兴。从此张易之兄弟非常怨恨魏元忠。

司礼丞高戬，是太平公主宠爱的人。时逢太后不舒服，张昌宗担心太后哪一天驾崩后，自己会被魏元忠杀掉，于是就诬陷魏元忠与高戬私下议论，说："太后老了，不如扶助太子，这才是长久之计。"太后发怒，把魏元忠、高戬关进监狱，准备让他们与张昌宗在朝堂上当面辩论。张昌宗秘密联络凤阁舍人张说，用高官美位贿赂他，让他证明魏元忠说过那样的话，张说答应了。第二天，太后召来太子、相王以及众位宰相，让魏元忠与张昌宗当面对质，双方来回诉说理由，无法判决。张昌宗说："张说听过魏元忠说这话，请太后召他来询问。"太后于是召张说前来。张说即将入内时，凤阁舍人南和人宋璟对张说说："名声和道义是最重要的，鬼神难以欺骗，你不能偏袒邪恶，陷害正直，从而求得苟且偷生！如果你因为直言而获罪流放，要比苟且偷生荣耀得多。如果你因为直言而遭不测，我宋璟将敲开宫门，据理力争，与你

同死。努力为之，万代瞻仰，在此举也！"殿中侍御史济源张廷珪曰："朝闻道，夕死可矣！"左史刘知几曰："无污青史，为子孙累！"及入，太后问之，说未对。元忠惧，谓说曰："张说欲与昌宗共罗织魏元忠邪？"说叱之曰："元忠为宰相，何乃效委巷小人之言？"昌宗从旁迫趣说，使速言。说曰："陛下视之，在陛下前，犹逼臣如是，况在外乎？臣今对广朝，不敢不以实对。臣实不闻元忠有是言，但昌宗逼臣使诬证之耳！"易之，昌宗遽呼曰："张说与魏元忠同反！"太后问其状。对曰："说尝谓元忠为伊、周。伊尹放太甲，周公摄王位，非欲反而何？"说曰："易之兄弟小人，徒闻伊、周之语，安知伊、周之道？日者元忠初衣紫，臣以郎官往贺，元忠语客曰：'无功受宠，不胜惭惧。'臣实言曰：'明公居伊、周之任，何愧三品？'彼伊尹、周公皆为臣至忠，古今慕仰。陛下用宰相，不使学伊、周，当使学谁邪？且臣岂不知今日附昌宗立取台衡，附元忠立致族灭？但臣畏元忠冤魂，不敢诬之耳。"太后曰："张说反覆小人，宜并系治之。"他日，更引问，说对如前。太后怒，命宰相与河内王武懿宗共鞫之，说所执如初。

朱敬则抗疏理之曰："元忠素称忠正，张说所坐无名，若令抵罪，失天下望。"苏安恒亦上疏，以为："陛下革命之初，人以为纳谏之主；暮年以来，人以为受佞之主。自元忠

同死。你要努力去做，能否万古流芳，就在此举了！"殿中侍御史济源人张廷珪说："早上得知真理，晚上死去都行！"左史刘知几说："不要玷污历史，连累子孙！"等到张说入内，太后询问他，张说没有回答。魏元忠恐惧了，他对张说说："你张说想和张昌宗一齐编造事实陷害我魏元忠吗？"张说叱责魏元忠道："你魏元忠身为宰相，为什么却仿效陋巷小人说话？"张昌宗在旁边催促张说，让他快点作证。张说说："陛下亲眼看到了，在陛下面前，他还这样逼迫我，更何况在朝堂外呢！我今天面对众位朝臣，不敢不以实回答。我确实没有听过魏元忠说这样的话，只是张昌宗威逼我，让我为诬陷魏元忠做证罢了！"张易之、张昌宗急忙大叫道："张说与魏元忠一同谋反！"太后询问他们详情。他们回答说："张说曾经说魏元忠是今天的伊尹、周公。伊尹放逐了商王太甲，周公做了周朝的摄政王，说这话不是要谋反又是什么？"张说说："张易之兄弟真是小人，只听说过伊尹、周公的只言片语，哪里知道伊尹、周公的精髓。前些时候，魏元忠刚刚穿上三品官的紫色朝服，我以郎官的身份前去祝贺，魏元忠对客人说：'无功受宠，不胜惭愧惶恐。'我确实这样说：'您身负伊尹、周公那样的重任，为何对三品俸禄要惭愧呢？'何况那伊尹、周公都是至忠之臣，从古至今受到仰慕。陛下任用宰相，不让他学习伊尹、周公，那让他学习谁呢？况且我怎能不知道，今天依附张昌宗，立即就能升为宰辅大臣，附和魏元忠，立即招来灭族之祸。只是我害怕魏元忠的冤魂，不敢诬陷他罢了。"太后说："张说是反复无常的小人，应当与魏元忠一同送进狱中惩治。"过了几天，太后重新召张说来审问，张说的回答和从前一样。太后发怒，命宰相与河内王武懿宗共同审讯张说，张说所持的说法和最初的一致。

朱敬则上奏疏直言为他们评理，说："魏元忠素来以忠诚正直著称，给张说定罪也没有依据，如果非要把他们治罪，就会失掉天下民心。"苏安恒也上奏疏，认为："陛下改朝换代之初，人们都认为陛下是一位能接受规劝的明主；陛下到了晚年以来，人们却认为陛下是一位只能听进去巧言谄媚的君主。自从魏元忠

下狱，里巷恟恟，皆以为陛下委信奸凶，斥逐贤良，忠臣烈士，皆抚髀于私室而钳口于公朝，畏连易之等意，徒取死而无益。方今赋役烦重，百姓凋弊，重以谗慝专恣，刑赏失中，窃恐人心不安，别生他变，争锋于朱雀门内，问鼎于大明殿前，陛下将何以谢之，何以御之？"易之等见其疏，大怒，欲杀之，赖朱敬则及凤阁舍人桓彦范、著作郎陆泽魏知古保救得免。

九月丁酉，贬元忠为高要尉，戬、说皆流岭表。元忠辞日，言于太后曰："臣老矣，今向岭南，十死一生。陛下他日必有思臣之时。"太后问其故，时易之、昌宗皆侍侧，元忠指之曰："此二小儿，终为乱阶。"易之等下殿，叩膺自掷称冤。太后曰："元忠去矣！"

殿中侍御史景城王晙复奏申理元忠，宋璟谓之曰："魏公幸已得全，今子复冒威怒，得无狼狈乎？"晙曰："魏公以忠获罪，晙为义所激，颠沛无恨。"璟叹曰："璟不能申魏公之枉，深负朝廷矣。"

太子仆崔贞慎等八人饯元忠于郊外，易之诈为告密人柴明状，称贞慎等与元忠谋反。太后使监察御史丹徒马怀素鞫之，谓怀素曰："兹事皆实，略问，速以闻。"顷之，中使督趣者数四，曰："反状皎然，何稽留如此？"怀素请柴明对质，太后曰："我自不知柴明处，但据状鞫之，安用告者？"怀素据实以闻，太后怒曰："卿欲纵反者邪？"对曰："臣不

被关进监狱以来，大街小巷人心不安，都认为陛下委任和信用奸邪作乱的小人，排斥和放逐贤能忠良，忠臣烈士都在家中抚着大腿叹息，在朝廷上却缄口不言，害怕违背了张易之之流的心意，白白送死而毫无益处。当今赋税徭役繁重，百姓疲惫不堪；再加上邪恶之徒专擅放纵，刑罚奖赏失去标准，我恐怕人心不安定，另外生出其他变故，一旦在朱雀门内发生厮杀争夺，在大明殿前图谋帝位，陛下将凭什么来平息，又凭什么来防御？"张易之等人看见这份奏疏，非常生气，想把苏安恒杀掉，幸亏朱敬则和凤阁舍人桓彦范以及著作郎陆泽人魏知古保救，才得以免死。

　　九月丁酉（初九），朝廷将魏元忠贬职为高要县尉，高戬、张说都被判处流放岭南。魏元忠辞行那天，对太后说道："我老了，如今前往岭南，十死一生。陛下往后一定会有想念我的时候。"太后询问他原因，当时张易之、张昌宗都在太后旁边侍陪着，魏元忠指着他们说："这两个小人，最终是祸根。"张易之等人急忙走下殿堂，叩头、捶胸地说自己冤枉。太后说："魏元忠已经离去了！"

　　殿中侍御史景城人王晙又上奏章为魏元忠申诉辩护，宋璟对王晙说："魏公侥幸地得以保全生命，如今您又去冒犯天子发怒，会不会狼狈不堪呢？"王晙说："魏公因为忠诚而获罪，我王晙被正义所激愤，即使因此奏章而颠沛流离，我也毫不后悔。"宋璟感叹地说："我宋璟不能为魏公申冤，太辜负朝廷了。"

　　太子仆崔贞慎等八人在郊外为魏元忠饯行，张易之假冒告密人柴明奏上告密状，说崔贞慎等人与魏元忠谋反。太后派监察御史丹徒人马怀素审讯此案，并对马怀素说："此事完全真实，大致审问一下，迅速将判决上报。"时隔不久，宫中前来督促决案的使者就来了四次，他们都说："谋反的情况很清楚，为什么如此拖延着不决案？"马怀素请求允许让柴明前来对质，太后说："我自己也不知道柴明在哪里，你只要根据告密状审讯他们，为什么还用得着告密的人？"马怀素根据实情向太后禀报，太后怒气冲冲地说："你想纵容谋反的人吗？"马怀素回答说："为臣我不

敢纵反者！元忠以宰相谪官，贞慎等以亲故追送，若诬以为反，臣实不敢。昔栾布奏事彭越头下，汉祖不以为罪，况元忠之刑未如彭越，而陛下欲诛其送者乎？且陛下操生杀之柄，欲加之罪，取决圣衷可矣。若命臣推鞫，臣敢不以实闻。"太后曰："汝欲全不罪邪？"对曰："臣智识愚浅，实不见其罪。"太后意解。贞慎等由是获免。

太后尝命朝贵宴集，易之兄弟皆位在宋璟上。易之素惮璟，欲悦其意，虚位揖之曰："公方今第一人，何乃下坐？"璟曰："才劣位卑，张卿以为第一，何也？"天官侍郎郑杲谓璟曰："中丞奈何卿五郎？"璟曰："以官言之，正当为卿。足下非张卿家奴，何郎之有？"举坐悚惕。时自武三思以下，皆谨事易之兄弟，璟独不为之礼。诸张积怒，常欲中伤之。太后知之，故得免。

丁未，以左武卫大将军武攸宜充西京留守。

四年春正月丁未，毁三阳宫，以其材作兴泰宫于万安山。二宫皆武三思建议为之，请太后每岁临幸，功费甚广，百姓苦之。左拾遗卢藏用上疏，以为："左右近臣多以顺意为忠，朝廷具僚皆以犯忤为戒，致陛下不知百姓失业，伤陛下之仁。陛下诚能以劳人为辞，发制罢之，则天下皆知陛下苦己而爱人也。"不从。藏用，承庆之弟孙也。

敢纵容谋反的人！魏元忠以宰相的身份遭到贬职流放，崔贞慎等人以亲友故旧的身份为他饯行送别，如果诬陷他们，认为这就是谋反，我实在不敢这样做。从前栾布哭祭彭越，汉高祖刘邦没有认为栾布有罪，何况魏元忠受到的处罚并不像彭越那样严重，而陛下却要杀掉那些为他送行的人吗？而且，陛下手中握有生杀的权柄，想加给他们罪名，圣上心中自己判决、确定就行了。如果命令我追查审讯，我不敢不将实情禀报。"太后说："你要一点儿也不定他们的罪吗？"马怀素回答说："我才智愚笨，见识寡浅，确实看不见他们有罪。"太后的怒意消解。崔贞慎等人因此得以免罪。

太后曾经命令朝中尊贵的大臣在一起宴饮，张易之兄弟的座次都在宋璟之上。张易之向来畏惧宋璟，想讨宋璟的欢心，便让出自己的座位对宋璟拱手说道："您是当今第一人，为什么却位居下座？"宋璟说："我才能低劣，地位卑下，张卿却认为是第一，这是什么原因？"天官侍郎郑果对宋璟说："中丞怎么把五郎称为卿？"宋璟说："根据官位称呼他，正该是卿。你不是张卿的家奴，为什么称他为郎呢？"满座的人都恐惧吃惊。当时，从武三思以下的人都谨慎地奉承张易之兄弟，唯独宋璟不对他们施加礼遇。众张氏心中十分恼怒，经常想中伤宋璟。太后了解宋璟，所以得以免祸。

丁未(十九日)，朝廷任命左武卫大将军武攸宜充任西京留守。

四年(704)春季正月丁未(二十一日)，朝廷拆毁三阳宫，用拆下来的材料在万安山上建造兴泰宫。这两座宫殿都是武三思建议兴建的，他请求太后每年到宫中居住。修建宫殿花费的事功、钱财非常多，百姓深感困苦。左拾遗卢藏用上奏疏，认为："陛下周围亲近的大臣大多把顺从陛下的心意当作忠诚，朝廷所有的官员都把触犯、违背陛下的心意当作戒条，致使陛下不知道百姓无法从事生产，有伤陛下的仁政。陛下果真能以劳累百姓为理由，发布制令停止修建宫殿，则天下万民都知道陛下苦自己而爱百姓。"太后不听。卢藏用是卢承庆弟弟的孙子。

　　夏四月,太后复税天下僧尼,作大像于白司马阪,令春官尚书武攸宁检校,糜费巨亿。李峤上疏,以为:"天下编户,贫弱者众。造像钱见有一十七万馀缗,若将散施,人与一千,济得一十七万馀户。拯饥寒之弊,省劳役之勤,顺诸佛慈悲之心,沾圣君亭育之意,人神胥悦,功德无穷。方作过后因缘,岂如见在果报!"监察御史张廷珪上疏谏曰:"臣以时政论之,则宜先边境,蓄府库,养人力。以释教论之,则宜救苦厄,灭诸相,崇无为。伏愿陛下察臣之愚,行佛之意,务以理为上,不以人废言。"太后为之罢役,仍召见廷珪,深赏慰之。

　　秋七月丙戌,以神都副留守杨再思为内史。再思为相,专以谄媚取容。司礼少卿张同休,易之之兄也,尝召公卿宴集,酒酣,戏再思曰:"杨内史面似高丽。"再思欣然,即翦纸帖巾,反披紫袍,为高丽舞,举坐大笑。时人或誉张昌宗之美曰:"六郎面似莲花。"再思独曰:"不然。"昌宗问其故,再思曰:"乃莲花似六郎耳。"

　　乙未,司礼少卿张同休、汴州刺史张昌期、尚方少监张昌仪皆坐赃下狱,命左右台共鞫之。丙申,敕,张易之、昌宗作威作福,亦命同鞫。辛丑,司刑正贾敬言奏:"张昌宗强市人田,应征铜二十斤。"制"可"。乙巳,御史大夫李承嘉、中丞桓彦范奏:"张同休兄弟赃共四千馀缗,张昌宗法应免官。"昌宗奏:"臣有功于国,所犯不至免官。"太后问

夏季四月,太后下令重新向僧人尼姑征收赋税,在白司马阪兴建大佛像,命令春官尚书武攸宁监察负责,耗费的资财十分巨大。李峤上奏疏,认为:"天下编入户籍交纳赋税的百姓,贫穷衰弱的多。造佛像的钱,现在有十七万多缗,如果将这些钱分散施舍,一个人给一千,能够救济十七万多户人家。拯救百姓饥寒之苦,减省劳役之勤,顺应众佛慈悲的心肠,使百姓得到圣明君主抚育之心的泽润,人神共同喜悦,功业德行无穷。现在建佛像为后世结因缘,哪里比得上现在就得到回报呢!"监察御史张廷珪上奏疏规劝道:"为臣我认为根据时政来说,则应当先考虑保卫边境安全,增加国库积累,养育人力资源。根据佛教的教义来说,则应当解救众生苦难,毁弃寺院中各种佛身塑像,崇尚清静无为。恭敬地希望陛下明察我的愚见,施行佛祖的旨意,务必以有道理为上,不要因为某人不好便否定他说的话。"太后因此停止了建佛像的工程,并且召见张廷珪,大大地奖赏和抚慰他。

　　秋季七月丙戌(初三),朝廷任命神都洛阳副留守杨再思为内史。杨再思担任宰相,专门靠谄言献媚来取悦于人。司礼少卿张同休是张易之的哥哥,他曾经召集公卿官员聚会宴饮,喝酒喝到畅快时,他和杨再思开玩笑说:"杨内史的样貌很像高丽人。"杨再思听了很高兴,马上剪纸粘贴了一个帽子,将紫色的朝袍反披着,跳起了高丽舞蹈,举座大笑。还有,当时有人赞誉张昌宗的美貌道:"六郎的面容像莲花一样。"唯独杨再思说:"不对。"张昌宗询问他原因,杨再思说:"是莲花长得像六郎。"

　　乙未(十二日),司礼少卿张同休、汴州刺史张昌期、尚方少监张昌仪都因为贪赃罪被捕入狱,太后命令左右御史台共同审理此案。丙申(十三日),太后有令:张易之、张昌宗作威作福,也让同时审讯。辛丑(十八日),司刑正贾敬言上奏道:"张昌宗强行收买人田,应向他征收二十斤铜。"太后制令"可以"。乙巳(二十二日),御史大夫李承嘉、中丞桓彦范上奏说:"张同休兄弟贪赃一共四千多缗钱,依照法律应罢免张昌宗的官职。"张昌宗上奏说:"我对国家有功,所犯之罪不至于被罢免官职。"太后询

诸宰相:"昌宗有功乎?"杨再思曰:"昌宗合神丹,圣躬服之有验,此莫大之功。"太后悦,赦昌宗罪,复其官。左补阙戴令言作《两足狐赋》以讥再思,再思出令言为长社令。

癸丑,张同休贬岐山丞,张昌仪贬博望丞。鸾台侍郎、知纳言事、同凤阁鸾台三品韦安石举奏张易之等罪,敕付安石及右庶子、同凤阁鸾台三品唐休璟鞫之,未竟而事变。八月甲寅,以安石兼检校扬州刺史,庚申,以休璟兼幽营都督、安东都护。休璟将行,密言于太子曰:"二张恃宠不臣,必将为乱。殿下宜备之。"

相王府长史兼知夏官尚书事、同凤阁鸾台三品姚元崇上言:"臣事相王,不宜典兵马。臣不敢爱死,恐不益于王。"辛酉,改春官尚书,馀如故。元崇字元之,以字行。九月,太后令举外司堪为宰相者,对曰:"张柬之沉厚有谋,能断大事,且其人已老,惟陛下急用之。"冬十月甲戌,以秋官侍郎张柬之同平章事,时年且八十矣。

太后寝疾,居长生院,宰相不得见者累月,惟张易之、昌宗侍侧。疾少间,崔玄暐奏言:"皇太子、相王,仁明孝友,足侍汤药。宫禁事重,伏愿不令异姓出入。"太后曰:"德卿厚意。"易之、昌宗见太后疾笃,恐祸及己,引用党援,阴为之备。屡有人为飞书及榜其事于通衢,云"易之兄弟谋反",太后皆不问。

问众位宰相说："张昌宗是不是有功？"杨再思说："张昌宗配制神丹，陛下服用后确有灵验，没有比这更大的功劳了。"太后听了很高兴，赦免张昌宗所犯之罪，恢复他的官职。左补阙戴令言写了《两足狐赋》来讥讽杨再思，杨再思将戴令言调出朝廷去担任长社县令。

癸丑（三十日），朝廷贬张同休为岐山县丞，贬张昌仪为博望县丞。鸾台侍郎、知纳言事、同凤阁鸾台三品韦安石上奏章检举张易之等人的罪行，太后下令委托韦安石以及右庶子、同凤阁鸾台三品唐休璟审理此案，案子还没结束事情就发生了变化。八月甲寅（初一），朝廷任命韦安石兼任检校扬州刺史，庚申（初七），任命唐休璟兼任幽营都督、安东都护。唐休璟即将出行就任时，秘密地对太子说道："张易之、张昌宗依仗太后宠爱而有不守做臣子本分之心，一定会制造祸乱。殿下应当防备他们。"

相王府长史兼任知夏官尚书事、同凤阁鸾台三品姚元崇进言："我事奉相王，不适宜再掌有兵权。我不敢贪生怕死，是担心对相王不利。"辛酉（初八），朝廷改任姚元崇为春官尚书，其馀职务和原来一样。姚元崇字元之，人们习惯称他的字。九月，太后命令姚元崇推荐外朝各司官中有能力胜任宰相的人，姚元崇回答说："张柬之沉着、厚道、富于谋略，能够决断大事，况且他的年纪已经老了，希望陛下赶快起用他。"冬季十月甲戌（二十二日），朝廷任命秋官侍郎张柬之为同平章事，此时他已经将近八十岁了。

太后因病卧床不起，住长生院，宰相已经连续几个月不能拜见太后，只有张易之、张昌宗在太后身边侍奉。太后病略有好转时，崔玄暐上奏说："皇太子和相王，仁慈聪明，友爱孝顺，完全能为陛下侍奉汤药。皇宫事关重要，恭敬地希望不要让异姓人出入。"太后说："我感谢你的厚意。"张易之、张昌宗看到太后病重，担心太后去世灾祸殃及自己，便勾结党羽作为援助，暗中进行防备。经常有人写匿名奏书，以及在大街闹市张贴揭发张易之兄弟事情的文书，说"张易之兄弟阴谋造反"，太后一概不追问。

　　十二月辛未，许州人杨元嗣，告"昌宗尝召术士李弘泰占相，弘泰言昌宗有天子相，劝于定州造佛寺，则天下归心"。太后命韦承庆及司刑卿崔神庆、御史中丞宋璟鞫之。神庆，神基之弟也。承庆、神庆奏言："昌宗款称'弘泰之语，寻已奏闻'，准法首原。弘泰妖言，请收行法。"璟与大理丞封全祯奏："昌宗宠荣如是，复召术士占相，志欲何求？弘泰称筮得纯《乾》，天子之卦。昌宗傥以弘泰为妖妄，何不即执送有司？虽云奏闻，终是包藏祸心，法当处斩破家。请收付狱，穷理其罪！"太后久之不应，璟又曰："傥不即收系，恐其摇动众心。"太后曰："卿且停推，俟更检详文状。"璟退，左拾遗江都李邕进曰："向观宋璟所奏，志安社稷，非为身谋，愿陛下可其奏！"太后不听。寻敕璟扬州推按，又敕璟按幽州都督屈突仲翔赃污，又敕璟副李峤安抚陇、蜀。璟皆不肯行，奏曰："故事，州县官有罪，品高则侍御史、卑则监察御史按之，中丞非军国大事，不当出使。今陇、蜀无变，不识陛下遣臣出外何也？臣皆不敢奉制。"

　　司刑少卿桓彦范上疏，以为："昌宗无功荷宠，而包藏祸心，自招其咎，此乃皇天降怒。陛下不忍加诛，则违天不祥。且昌宗既云奏讫，则不当更与弘泰往还，使之求福禳灾，是则初无悔心。所以奏者，拟事发则云先已奏陈，不发

十二月辛未（二十日），许州人杨元嗣告发说："张昌宗曾经召方术之士李弘泰为他看相占卜，李弘泰说张昌宗有天子相，劝他在定州建造佛寺，则天下人心归附他。"太后命令韦承庆以及司刑卿崔神庆、御史中丞宋璟一齐审讯张昌宗。崔神庆是崔神基的弟弟。韦承庆、崔神庆上奏说："张昌宗声称'李弘泰所说的话，我很快就向太后禀报了'，依照法律，自首的人赦免其罪。李弘泰用邪说惑众，请依法逮捕。"宋璟与大理丞封全祯上奏说："张昌宗享有如此的宠幸与荣耀，却还召方术之士看相占卜，他究竟想追求什么？李弘泰声称占卜结果得到纯《乾》卦，这是天子的卦相。张昌宗假如认为李弘泰是妖邪胡言，为什么不立即收捕他送交有关部门？虽然说已上奏禀报，终究是包藏祸心，依法应当叛处他斩刑、毁掉他的家。请允许将他收捕入狱，审理他犯下的所有罪行！"太后过了好一会儿都没应声，宋璟又说："假如不立即收捕入狱，恐怕他动摇众心。"太后说："你暂且停止审讯，等进一步详细调查供状。"宋璟退下，左拾遗江都人李邕上前进言道："刚才听了宋璟所说的话，志向在于安定国家，不是为了自己谋利，希望陛下批准他的上奏！"太后不接受他的建议。不久，太后命令宋璟到扬州审理案件，又命令宋璟审理幽州都督屈突仲翔贪污受贿的案件，又命令宋璟作为李峤的副手去陇、蜀安抚。宋璟都不肯出行，他上奏说："依照惯例，州县的官员犯罪，品位高的就由侍御史审理，品位低的就由督察御史审理。如果不是关系到军国大事，中丞不应当出使地方。如今陇、蜀没有发生事变，不知道陛下派我外出的原因是什么？我都不敢遵奉陛下的诏令。"

　　司刑少卿桓彦范上疏，认为："张昌宗无功受宠，并且包藏祸心，自己招来灾祸，这是上天对他降下愤怒。陛下如果不忍心对他施加刑杀，就违背天意，将会招致不祥。而且，张昌宗既说已经奏报，就不应该再和李弘泰往来，让李弘泰祈求福运、消除灾难，这样看来，则是当初就毫无悔过之心。所以将李弘泰说的话上奏，是打算万一事情被揭发时就说已经禀报，不被揭发

则俟时为逆。此乃奸臣诡计,若云可舍,谁为可刑?况事已再发,陛下皆释不问,使昌宗益自负得计,天下亦以为天命不死,此乃陛下养成其乱也。苟逆臣不诛,社稷亡矣。请付鸾台凤阁三司,考竟其罪!"疏奏,不报。

　　崔玄暐亦屡以为言,太后令法司议其罪。玄暐弟司刑少卿昪,处以大辟。宋璟复奏收昌宗下狱。太后曰:"昌宗已自奏闻。"对曰:"昌宗为飞书所逼,穷而自陈,势非得已。且谋反大逆,无容首免。若昌宗不伏大刑,安用国法?"太后温言解之。璟声色逾厉曰:"昌宗分外承恩,臣知言出祸从,然义激于心,虽死不恨!"太后不悦。杨再思恐其忤旨,遽宣敕令出,璟曰:"圣主在此,不烦宰相擅宣敕命!"太后乃可其奏,遣昌宗诣台。璟庭立而按之。事未毕,太后遣中使召昌宗特敕赦之。璟叹曰:"不先击小子脑裂,负此恨矣!"太后乃使昌宗诣璟谢,璟拒不见。

　　左台中丞桓彦范、右台中丞东光袁恕己共荐詹事司直阳峤为御史。杨再思曰:"峤不乐搏击之任如何?"彦范曰:"为官择人,岂必待其所欲?所不欲者,尤须与之,所以长难进之风,抑躁求之路。"乃擢为右台侍御史。峤,休之之玄孙也。

则等待时机进行谋反。这是奸臣的诡计,如果说这样的人都不处以刑罚,那么谁还能够处以刑罚呢?何况这样的事已经发生了两次,陛下都放在一边不加追问,使得昌宗更加自以为得计,天下人也认为他是有天命而不被处死,这是陛下的姑息养奸促成他的阴谋叛乱啊。如果叛逆的臣子不被诛杀,则国家就要灭亡了。请陛下批准将张昌宗交付鸾台凤阁以及刑部、大理寺、御史台三司,彻底追查他的罪行!"奏疏呈上,没有得到批复。

　　崔玄暐多次为此事进言,太后命令掌司法刑狱的官署研究张昌宗的罪行。崔玄暐的弟弟、司刑少卿崔昪认为应判处死刑。宋璟又上奏请求收捕张昌宗入狱。太后说:"张昌宗已经主动上奏禀报了。"宋璟回答说:"张昌宗为匿名信所逼迫,走投无路才自己陈述罪行,这是形势所迫,万不得已。而且谋反是大逆不道,不允许自首免罪。如果不处以张昌宗死刑,还要国家的法律做什么?"太后用温和的语言为张昌宗解脱。宋璟的声调、神色越来越严厉,他说:"张昌宗承蒙不该有的恩宠,我知道此话说出来后灾祸即随之而来,但正义激愤着我的心,即使因此而死也不后悔!"太后不高兴了。杨再思担心宋璟违背太后旨意,急忙宣布命令,让宋璟退出皇宫,宋璟说:"圣明的君主就在这里,不必烦劳宰相擅自宣布命令!"太后于是批准了他的奏言,送张昌宗到御史台。宋璟站在厅堂上就审理起来。还没审理结束,太后派宫中的使臣召张昌宗回宫,专门下命令赦免张昌宗。宋璟叹息道:"没有先把这小子的脑袋打碎,我将终身感到遗憾啊!"太后于是让张昌宗到宋璟那里去谢罪,宋璟拒绝接见。

　　左台中丞桓彦范和右台中丞东光人袁恕己共同推荐詹事司直阳峤,让他担任御史。杨再思说:"阳峤不乐意担任这种监察弹劾的职务怎么办?"桓彦范说:"为国家之事选择人才,哪里一定要等到发现愿意干的人才安置呢?他不愿意担任的官职,尤其需要授予他,这样可以助长认为升官困难的风气,抑制急躁求官的途径。"朝廷于是提拔阳峤担任右台侍御史。阳峤是阳休之的玄孙。

先是李峤、崔玄㬒奏："往属革命之时，人多逆节，遂致刻薄之吏，恣行酷法，其周兴等所劾破家者，并请雪免。"司刑少卿桓彦范又奏陈之，表疏前后十上。太后乃从之。

中宗神龙元年春正月壬午朔，赦天下，改元。自文明以来得罪者，非扬、豫、博三州及诸反逆魁首，咸赦除之。

太后疾甚，麟台监张易之、春官侍郎张昌宗居中用事，张柬之、崔玄㬒与中台右丞敬晖、司刑少卿桓彦范、相王府司马袁恕己谋诛之。柬之谓右羽林卫大将军李多祚曰："将军今日富贵，谁所致也？"多祚泣曰："大帝也。"柬之曰："今大帝之子为二竖所危，将军不思报大帝之德乎？"多祚曰："苟利国家，惟相公处分，不敢顾身及妻子。"因指天地以自誓。遂与定谋。

初，柬之与荆府长史阌乡杨元琰相代，同泛江，至中流，语及太后革命事，元琰慨然有匡复之志。及柬之为相，引元琰为右羽林将军，谓曰："君颇记江中之言乎？今日非轻授也。"柬之又用彦范、晖及右散骑侍郎李湛皆为左、右羽林将军，委以禁兵。易之等疑惧，乃更以其党武攸宜为右羽林大将军，易之等乃安。俄而姚元之自灵武至都，柬之、彦范相谓曰："事济矣！"遂以其谋告之。彦范以事白其母，母曰："忠孝不两全，先国后家可也。"时太子于北门起居，

在这之前，李峤、崔玄暐上奏说："从前改朝换代的时候，人们大多有不顺新朝的节气，于是导致那些刻薄的官吏肆无忌惮地施行残酷的刑法，那些被周兴等人检举罪状、毁灭家庭的人，请求朝廷为他们全部洗刷冤屈、免除罪名。"司刑少卿桓彦范又上奏章陈述请求，前后一共上奏十次表章奏疏。太后于是听取了他们的建议。

中宗神龙元年（705）春季正月壬午这天是初一，赦免天下罪人，改年号。自从文明年间以来，如果不是因为扬州、豫州、博州三州谋反案获罪及其他谋反案的罪魁祸首，都可以赦免他们。

太后病得很厉害，麟台监张易之、春官侍郎张昌宗在宫中把持政权，张柬之、崔玄暐和中台右丞敬晖、司刑少卿桓彦范、相王府司马袁恕己谋划把张易之、张昌宗杀掉。张柬之对右羽林卫大将军李多祚说道："将军今日的富贵荣华，是谁给你的？"李多祚流着泪说："是大帝高宗。"张柬之说："如今大帝高宗的儿子被张易之、张昌宗两个小人危害，将军没有考虑报答高宗的恩德吗？"李多祚说："如果对国家有利，只听您的安排行事，不敢顾及自己和妻儿的安危。"于是指着天地自己发誓。然后参与制定诛杀张易之、张昌宗的谋略。

当初，张柬之和荆州都督府长史阆乡人杨元琰互相对调职务，一同在长江上漂游，船至江心，说到太后改朝换代的事，杨元琰很愤慨，有匡正、恢复唐王朝的志向。等到张柬之担任了宰相，便任用杨元琰担任右羽林将军，他对杨元琰说："你还记得在长江中说过的话吗？今天不是随随便便授予你这个职务。"张柬之又任用桓彦范、敬晖及右散骑侍郎李湛等人都担任左、右羽林将军，把皇宫中的军队交给他们掌管。张易之等人怀疑恐惧，张柬之于是又任命他们的同党武攸宜担任右羽林大将军，张易之等人才安下心来。不久，姚元之从灵武回到东都洛阳，张柬之、桓彦范互相说道："事情成功了！"于是将他们的谋划告诉姚元之。桓彦范把事情向母亲禀报，他的母亲说："忠孝不能两全，先报效国家后考虑家庭才是对的。"这时太子住在洛阳宫殿的北门，

彦范、晖谒见,密陈其策,太子许之。

癸卯,柬之、玄晖、彦范与左威卫将军薛思行等帅左、右羽林兵五百馀人至玄武门,遣多祚、湛及内直郎、驸马都尉安阳王同皎诣东宫迎太子。太子疑,不出,同皎曰:"先帝以神器付殿下,横遭幽废,人神同愤,二十三年矣。今天诱其衷,北门、南牙,同心协力,以今日诛凶竖,复李氏社稷,愿殿下暂至玄武门以副众望。"太子曰:"凶竖诚当夷灭,然上体不安,得无惊怛?诸公更为后图。"李湛曰:"诸将相不顾家族以徇社稷,殿下奈何欲纳之鼎镬乎?请殿下自出止之。"太子乃出。同皎扶抱太子上马,从至玄武门,斩关而入。

太后在迎仙宫,柬之等斩易之、昌宗于庑下,进至太后所寝长生殿,环绕侍卫。太后惊起,问曰:"乱者谁邪?"对曰:"张易之、昌宗谋反,臣等奉太子令诛之,恐有漏泄,故不敢以闻。称兵宫禁,罪当万死!"太后见太子曰:"乃汝邪?小子既诛,可还东宫。"彦范进曰:"太子安得更归!昔天皇以爱子托陛下,今年齿已长,久居东宫,天意人心,久思李氏。群臣不忘太宗、天皇之德,故奉太子诛贼臣。愿陛下传位太子,以顺天人之望!"李湛,义府之子也。太后见之,谓曰:"汝亦为诛易之将军邪?我于汝父子不薄,乃有今日!"湛惭不能对。又谓崔玄晖曰:"他人皆因人以进,

桓彦范、敬晖去拜见太子，秘密地陈述了他们的计策，太子批准了他们的谋划。

癸卯（二十二日），张柬之、崔玄暐、桓彦范与左威卫将军薛思行等人，率领左、右羽林兵五百多人来到玄武门，派李多祚、李湛以及内直郎、驸马都尉安阳人王同皎一起到东宫迎接太子。太子犹疑，没有出来，王同皎说："先帝把皇位托付给殿下，殿下无故遭到幽禁、废黜，人民与神灵共同气愤，已经二十三年了。如今上天诱教天下人向善，北宫的禁军与南宫的宰相同心协力，就在今天诛杀凶恶的小人，恢复唐朝李氏的国家，希望殿下暂时先去玄武门，以满足将士、朝臣的愿望。"太子说："凶恶的小人确实应该消灭，然而皇上的身体欠安，这样做不是会让皇上受到惊吓吗？各位日后重新图谋吧。"李湛说："众位将军、宰相不顾家族的安危，准备以身殉国，殿下为什么要将他们推到被烹杀的境地呢？请殿下自己出面去制止他们。"太子于是从东宫出来。王同皎将太子扶抱上马，跟随太子来到玄武门，杀死守门的军士进入皇宫。

太后住在迎仙宫，张柬之等人在迎仙宫的长廊上杀死了张易之和张昌宗，然后进到太后睡卧的长生殿，围绕着卧床侍立护卫。太后吃惊地坐起来，问道："作乱的人是谁？"张柬之等人回答说："张易之、张昌宗谋反，我们奉太子的命令将他们杀了，因为担心走漏消息，所以不敢禀报陛下。我们在宫禁中举兵杀人，罪该万死！"太后看见太子，说道："是你吗？小人既然杀了，你可以返回东宫了。"桓彦范上前说道："太子怎么能够再回东宫！从前天皇高宗把爱子托付给陛下，如今太子年纪已大，却长久地居住在东宫，上天的意志、万民的人心，一直思念着李氏唐朝。众大臣不能忘掉太宗、高宗的恩德，所以尊奉太子诛杀叛逆之臣。希望陛下将皇位传给太子，以便顺应天意人心！"李湛是李义府的儿子。太后看见他，对他说："你也是诛杀张易之的将军吗？我对你们父子不薄，却会有今日的报应！"李湛惭愧地答不出话来。太后又对崔玄暐说道："其他人都是依靠别人得以升官的，

惟卿朕所自擢,亦在此耶?"对曰:"此乃所以报陛下之大德。"

于是收张昌期、同休、昌仪等,皆斩之,与易之、昌宗枭首天津南。是日,袁恕己从相王统南牙兵以备非常,收韦承庆、房融及司礼卿崔神庆系狱,皆易之之党也。初,昌仪新作第,甚美,逾于王主,或夜书其门曰:"一日丝能作几日络?"灭去,复书之,如是六七,昌仪取笔注其下曰:"一日亦足。"乃止。

甲辰,制太子监国,赦天下。以袁恕己为凤阁侍郎、同平章事,分遣十使赍玺书宣慰诸州。乙巳,太后传位于太子。

丙午,中宗即位。赦天下,惟张易之党不原。其为周兴等所枉者,咸令清雪,子女配没者皆免之。相王加号安国相王,拜太尉、同凤阁鸾台三品;太平公主加号镇国太平公主。皇族先配没者子孙皆复属籍,仍量叙官爵。

丁未,太后徙居上阳宫,李湛留宿卫。戊申,帝帅百官诣上阳宫。上太后尊号则天大圣皇帝。

庚戌,以张柬之为夏官尚书、同凤阁鸾台三品,崔玄暐为内史,袁恕己同凤阁鸾台三品,敬晖、桓彦范皆为纳言,并赐爵郡公。李多祚赐爵辽阳郡王,王同皎为右千牛将军、琅邪郡公,李湛为右羽林大将军、赵国公,自馀官赏有差。

只有你是朕亲自提拔的,你也在这里杀人吗?"崔玄暐回答说:
"这正是为了报答陛下的大恩大德。"

于是又收捕张昌期、张同休、张昌仪等人,全部处以死刑,同
张易之、张昌宗的头一起在天津桥南悬挂示众。这一天,袁恕己
跟随相王统领着南宫的禁军,用来防备意外的情况,他们收捕韦
承庆、房融以及司礼卿崔神庆等人入狱,这些人都是张易之的党
羽。当初,张昌仪新建起宅第,修建得非常漂亮,超过了诸王和
公主的府第,有人夜里在张昌仪的门上写道:"一天丝(死)能作
几天络(乐)?"擦掉,又写出来,这样反复了六七次,张昌仪用笔
在旁边写道:"能乐一天也够了。"写字的人才停止了。

甲辰(二十三日),太后下令由太子监国,赦免天下罪人。朝
廷任命袁恕己为凤阁侍郎、同平章事,又分头派遣十位使者带着
天子的玺书到各州安抚。乙巳(二十四日)这天,太后将皇位传
给太子。

丙午(二十五日),中宗即位。赦免天下罪人,只有张易之
的党羽不在赦免的范围。那些被周兴之徒所冤枉的人,全都给
他们澄清罪名、洗刷冤屈,被发配流放、没入官府为奴的子女全
都放回,或免除继续服刑。相王加尊号为安国相王,授命担任太
尉、同凤阁鸾台三品;太平公主加尊号为镇国太平公主。先前被
发配流放、没入官府为奴的皇族子孙都恢复皇室户籍,并且衡量
能力、按顺序授予官职爵位。

丁未(二十六日),太后搬迁到上阳宫居住,李湛留守护卫。
戊申(二十七日),中宗率领文武百官到上阳宫。为太后上尊号
为则天大圣皇帝。

庚戌(二十九日),中宗任命张柬之为夏官尚书、同凤阁鸾台
三品,任命崔玄暐为内史,袁恕己为同凤阁鸾台三品,任命敬晖、
桓彦范为纳言,全部赐封爵位为郡公。李多祚被赐封爵位为辽阳
郡王,王同皎被任命为右千牛将军、赐爵位为琅邪郡公,李湛为右
羽林大将军、赐爵位为赵国公,其馀的功臣不同程度地得到升官
和赏赐。

张柬之等之讨张易之也，殿中监田归道将千骑宿玄武门，敬晖遣使就索千骑，归道先不预谋，拒而不与。事宁，晖欲诛之，归道以理自陈，乃免归私第。帝嘉其忠壮，召拜太仆少卿。

二月辛亥，帝帅百官诣上阳宫，问太后起居，自是每十日一往。

甲寅，复国号曰唐。郊庙、社稷、陵寝、百官、旗帜、服色、文字皆如永淳以前故事。复以神都为东都，北都为并州，老君为玄元皇帝。

乙卯，凤阁侍郎、同平章事韦承庆贬高要尉，正谏大夫、同平章事房融除名，流高州，司礼卿崔神庆流钦州。杨再思为户部尚书、同中书门下三品、西京留守。

太后之迁上阳宫也，太仆卿、同中书门下三品姚元之独鸣咽流涕。桓彦范、张柬之谓曰："今日岂公涕泣时邪！恐公祸由此始。"元之曰："元之事则天皇帝久，乍此辞违，悲不能忍。且元之前日从公诛奸逆，人臣之义也，今日别旧君，亦人臣之义也，虽获罪，实所甘心。"是日，出为亳州刺史。

甲子，立妃韦氏为皇后，赦天下。追赠后父玄贞为上洛王，母崔氏为妃。左拾遗贾虚己上疏，以为"异姓不王，古今通制。今中兴之始，万姓喁喁以观陛下之政，而先王后族，非所以广德美于天下也。且先朝赠后父太原王，殷鉴不远，须防其渐。若以恩制已行，宜令皇后固让，则益增

张柬之等人前去讨伐张易之的时候,殿中监田归道率领着千骑守卫玄武门,敬晖派使者找他索借千骑,田归道事先没有参加谋划,便拒绝使者、不给骑兵。事情平息后,敬晖想杀他,田归道据理为自己申诉,于是被免掉官职,返回家中。中宗赞赏他的忠诚与胆量,又征召回朝,任命为太仆少卿。

二月辛亥(初一),中宗率领文武百官到上阳宫,问候太后的日常起居情况,从此,中宗每隔十日前去问候太后一次。

甲寅(初四),恢复国号为唐。规定郊庙、社稷、陵寝、百官、旗帜、服色、文字等都按照唐高宗永淳年间以前的旧制度。还把神都恢复为东都,北都恢复为并州,称老君为玄元皇帝。

乙卯(初五),将凤阁侍郎、同平章事韦承庆贬职为高要县尉;削除正谏大夫、同平章事房融的身份地位,流放高州;流放司礼卿崔神庆到钦州。任命杨再思为户部尚书、同中书门下三品、西京留守。

太后搬迁到上阳宫时,太仆卿、同中书门下三品姚元之独自痛哭流涕。桓彦范、张柬之对他说:"今日哪里是您流泪哭泣的时候呢! 恐怕您的灾难从这里引发。"姚元之说:"我姚元之事奉则天皇帝时间长了,突然像这样辞别离开,悲不能忍。况且我姚元之前些日子跟随您讨伐奸逆之徒,是做人臣的道义;今日和原来的君主告别,也是做人臣的道义。即使因此获罪,确实是自己心甘情愿。"这一天,朝廷将姚元之调出去担任亳州刺史。

甲子(十四日),唐中宗立王妃韦氏为皇后,赦免天下罪人。追赠韦皇后的父亲韦玄贞为上洛王,追赠她的母亲崔氏为王妃。左拾遗贾虚己上奏疏,认为:"异姓的人不能分封王爵,这是古今通行的制度。如今唐朝中兴刚刚开始,百姓万民向往敬慕地看着陛下的政治措施,但陛下却首先封皇后的家人当王,这不是用来扩大德政、让天下人赞美的做法。而且高宗朝追赠武后的父亲为太原王、最终导致皇室衰落,这一教训就在眼前,陛下应该从一点一滴做起,防止这样的事情再次发生。如果认为恩封皇后家人的诏令已经下行,应当让皇后坚决辞让,则会更加增添

谦冲之德矣。"不听。

初，韦后生邵王重润，长宁、安乐二公主，上之迁房陵也，安乐公主生于道中，上特爱之。上在房陵与后同幽闭，备尝艰危，情爱甚笃。上每闻敕使至，辄惶恐欲自杀，后止之曰："祸福无常，宁失一死，何遽如是？"上尝与后私誓曰："异时幸复见天日，当惟卿所欲，不相禁制。"及再为皇后，遂干预朝政，如武后在高宗之世。桓彦范上表，以为："《易》称'无攸遂，在中馈，贞吉'，《书》称'牝鸡之晨，惟家之索'。伏见陛下每临朝，皇后必施帷幔坐殿上，预闻政事。臣窃观自古帝王，未有与妇人共政而不破国亡身者也。且以阴乘阳，违天也；以妇陵夫，违人也。伏愿陛下览古今之戒，以社稷苍生为念，令皇后专居中宫，治阴教，勿出外朝干国政。"

先是，胡僧慧范以妖妄游权贵之门，与张易之兄弟善，韦后亦重之。及易之诛，复称慧范预其谋，以功加银青光禄大夫，赐爵上庸县公，出入宫掖，上数微行幸其舍。彦范复表言慧范执左道以乱政，请诛之。上皆不听。

初，武后诛唐宗室，有才德者先死，惟吴王恪之子郁林侯千里，褊躁无才，又数献符瑞，故独得免。上即位，立为成王，拜左金吾大将军。武后所诛唐诸王、妃、主、驸马等皆无人葬埋，子孙或流窜岭表，或拘囚历年，或逃匿民间，

皇后谦虚的美德。"中宗不采纳这一建议。

当初,韦后生育了邵王李重润和长宁公主、安乐公主。中宗被放逐到房陵时安乐公主在途中出生,中宗特别疼爱她。中宗在房陵时和韦后同时被幽禁,经历了各种艰难困苦,十分恩爱。中宗每当听到传达命令的使者到来,总是惶恐不安地准备自杀,韦后用这样的话制止中宗:"祸福不会固定不变,不过一死,何必如此着急呢?"中宗曾经私下和韦后发誓说:"如果日后有幸重见天日,一定要让你随心所欲,不加禁止限制。"等到韦氏重新当了皇后,便干预朝中政事,如同武后在高宗朝一样。桓彦范上奏表章,认为:"《周易》说:'妻子不必有所成就,在家中负责供应食物,占卜的结果是吉利。'《尚书》说:'如果母鸡啼鸣报晓,这个家只有败落。'我恭敬地看见陛下每次到朝廷处理国政,皇后总是挂起帷帐坐在大殿上,参与听闻政事。我私下考察自古以来的帝王,没有哪一个和妻子一起执政而不国破身亡的。而且让阴凌驾于阳之上,违背自然规律;让妻子凌驾于丈夫之上,违反人伦。恭敬地希望陛下观察从古至今的经验教训,时刻想着国家、百姓,让皇后专心地主持后宫,致力于女子的教化,不要外出到朝廷上干预国政。"

在这之前,胡人和尚慧范凭借邪说胡言在高官显宦中间交游,和张易之、张昌宗兄弟友善,韦后也看重他。等到张易之等人被诛杀,韦后又说慧范参加了讨伐张易之的谋划,并根据这一功劳加封慧范为银青光禄大夫,赐封爵位为上庸县公,得以出入皇宫,中宗也多次身着便服到他的家中。桓彦范又上表章说慧范用邪门歪道扰乱朝政,请求将他杀掉。中宗都听不进去。

当初,武后诛杀唐朝宗室,有才德的皇族子孙先被杀死,只有吴王李恪的儿子、郁林侯李千里心胸狭窄、性情急躁、毫无才德,又多次向武后进献祥瑞,所以他独自一人得以免死。中宗即位,立李千里为成王,授命担任左金吾大将军。武后杀掉的唐朝众多的王、王妃、公主、驸马,都没有人去安葬他们,他们的子孙有的流放岭南,有的长年累月囚禁,有的隐姓埋名、逃到民间,

为人佣保。至是，制州县求访其枢，以礼改葬，追复官爵，召其子孙，使之承袭，无子孙者为择后置之。既而宗室子孙相继而至，皆召见，涕泣舞蹈，各以亲疏袭爵拜官有差。

二张之诛也，洛州长史薛季昶谓张柬之、敬晖曰："二凶虽除，产、禄犹在，去草不去根，终当复生。"二人曰："大事已定，彼犹机上肉耳，夫何能为？所诛已多，不可复益也。"季昶叹曰："吾不知死所矣。"朝邑尉武强刘幽求亦谓桓彦范、敬晖曰："武三思尚存，公辈终无葬地；若不早图，噬脐无及。"不从。

上女安乐公主适三思子崇训。上官婉儿者，仪之女孙也，仪死，没入掖庭，辩慧善属文，明习吏事。则天爱之，自圣历以后，百司表奏多令参决。及上即位，又使专掌制命，益委任之，拜为婕妤，用事于中。三思通焉，故党于武氏，又荐三思于韦后，引入禁中，上遂与三思图议政事，张柬之等皆受制于三思矣。上使韦后与三思双陆，而自居旁为之点筹，三思遂与后通，由是武氏之势复振。

张柬之等数劝上诛诸武，上不听。柬之等曰："革命之际，宗室诸李，诛夷略尽。今赖天地之灵，陛下返正，而武

为别人当雇工、奴仆。到了中宗即位后，下令州县寻求查访被杀皇族的灵柩，按照礼仪制度重新埋葬，追封恢复被废黜的官职、爵位，征召他们的子孙，让子孙继承他们的官职、爵位，没有子孙的为他们挑选后代延续香火。不久，唐朝宗室的子孙陆续回到朝廷，中宗全都召见他们，他们一面痛哭流泪，一面行礼叩拜，各人按照亲疏关系继承爵位，按照等级秩序被授以官职。

张易之、张昌宗被诛杀的时候，洛州长史薛季昶对张柬之、敬晖说道："张易之、张昌宗两个元凶虽已铲除，吕禄、吕产一流的人物还存在，斩草不除根，最终又会长出草来。"张柬之、敬晖说："大局已定，你说的那些人犹如案板上的肉罢了，他们还能做什么？被杀的人已经很多，不能再增多了。"薛季昶叹息道："我不知道今后会死在什么地方。"朝邑县尉武强人刘幽求也对桓彦范、敬晖说道："武三思还在，你们最终将死无葬身之地；如果不趁早图谋，以后就像用嘴咬不到自己的肚脐一样，后悔也没有用了。"桓彦范等人不采纳。

中宗的女儿安乐公主嫁给武三思的儿子武崇训。上官婉儿是上官仪的孙女，上官仪被诛杀后，她被没入皇宫当婢女。上官婉儿能言善辩，聪明伶俐，文章诗词写得很好，清楚、熟悉官场事务。武则天很喜爱她，自从圣历年间以后，各官署衙门上表章奏疏，武则天大多让她参与决策。等到中宗即位，中宗又派她专门掌管起草、下发皇帝的命令，更加委以重任，并授命她为婕妤，在宫中执掌大权。武三思和上官婉儿私通，所以上官婉儿是武氏的党羽。上官婉儿又把武三思推荐给韦后，将武三思引入宫中，中宗于是就和武三思谋划、商议政事，张柬之等人都受武三思的制约。中宗让韦后与武三思玩双陆的赌博游戏，而自己在旁边为他们清点筹码，武三思于是又与韦后私通，从此，武氏的势力重新强大起来。

张柬之等人多次劝中宗诛杀众武氏，中宗不听从。张柬之等人说："改朝换代的时候，唐朝宗室众多的李姓子孙，几乎被诛杀尽了。如今幸赖天地神灵的保佑，陛下得以回到帝位，而武

氏滥官僭爵,按堵如故,岂远近所望邪?愿颇抑损其禄位以慰天下。"又不听。柬之等或抚床叹愤,或弹指出血,曰:"主上昔为英王,时称勇烈,吾所以不诛诸武者,欲使上自诛之以张天子之威耳。今反如此,事势已去,知复奈何!"

上数微服幸武三思第,监察御史清河崔皎密疏谏曰:"国命初复,则天皇帝在西宫,人心犹有附会。周之旧臣,列居朝廷,陛下奈何轻有外游,不察豫且之祸!"上泄之,三思之党切齿。丙寅,以太子宾客武三思为司空、同中书门下三品。

左散骑常侍、谯王重福,上之庶子也,其妃,张易之之甥。韦后恶之,谮于上曰:"重润之死,重福之为也。"由是贬濮州员外刺史,又改均州刺史,常令州司防守之。丁卯,以右散骑常侍、安定王武攸暨为司徒、定王。丁丑,武三思、武攸暨固辞新官爵及政事,许之,并加开府仪同三司。

三月甲申,制:"文明已来破家子孙皆复旧资荫,唯徐敬业、裴炎不在免限。"丁亥,制:"酷吏周兴、来俊臣等,已死者追夺官爵,存者皆流岭南恶地。"己丑,以袁恕己为中书令。制:"枭氏、蟒氏皆复旧姓。"

术士郑普思、尚衣奉御叶静能皆以妖妄为上所信重,

氏被滥授的官职，僭越本分得到的爵位，却如同过去一样安稳，哪里像远处近处人心所希望的那样！希望陛下稍微抑制、削除他们的俸禄地位，用以安慰天下人心。"中宗仍然听不进去。张柬之等人有的抚按坐床愤怒叹息，有的用手指弹击几案以致出血，都说："皇上从前当英王时，当时人都称赞他勇敢刚烈，我们不去讨伐众武氏的原因，是想让皇上自己去讨伐，以扩大天子的威望。如今皇上反而如此信任众武氏，朝政的大势已去了，我们知道又有什么办法！"

中宗多次穿上便服临幸武三思家，监察御史清河人崔皎秘密上奏疏规劝说："唐朝的天命刚刚恢复，则天皇帝住在西宫，人心还对她有所依附。武周朝原来的大臣仍然位居朝廷担任职事，陛下怎么能轻易地外出游玩，而不想着神龟外出被渔夫豫且捉住后的灾难！"中宗将秘密奏疏泄露，武三思的党羽恨得咬牙切齿。丙寅（十六日），唐朝任命太子宾客武三思为司空、同中书门下三品。

左散骑常侍、谯王李重福，是中宗的庶子，他的王妃是张易之的外甥女。韦后厌恶李重福，就在中宗面前说他的坏话诬陷他道："李重润被迫自杀，是李重福所导致的。"李重福因此被贬为濮州员外刺史，后又改为均州刺史，朝廷常常命令州官对他严加防守。丁卯（十七日），唐朝任命右散骑常侍、安定王武攸暨为司徒，改封定王。丁丑（二十七日），武三思、武攸暨坚决推辞新授的官职、爵位，中宗答应了他们的要求，同时加封他们为开府仪同三司。

三月甲申（初五），中宗下令："从文明年间以来被毁灭了的家族的子孙，全部恢复原来的地位和庇荫，只有徐敬业、裴炎的案子所涉人员不在赦免的范围。"丁亥（初八），中宗下令："酷吏周兴、来俊臣等人，已死的追夺官职爵位，活着的全部流放到岭南险恶的地方。"己丑（初十），唐朝任命袁恕己为中书令。中宗下令："枭氏、蟒氏都恢复原来的萧姓、王姓。"

术士郑普思、尚衣奉御叶静能都凭妖言胡说而被中宗信重，

夏四月，墨敕以普思为秘书监，静能为国子祭酒。桓彦范、崔玄暐固执不可，上曰："已用之，无容遽改。"彦范曰："陛下初即位，下制云：'政令皆依贞观故事。'贞观中，魏徵、虞世南、颜师古为秘书监，孔颖达为国子祭酒，岂普思、静能之比乎？"庚戌，左拾遗李邕上疏，以为："《诗》三百，一言以蔽之，曰'思无邪'。若有神仙能令人不死，则秦始皇、汉武帝得之矣；佛能为人福利，则梁武帝得之矣。尧、舜所以为帝王首者，亦修人事而已。尊宠此属，何补于国？"上皆不听。

上即位之日，驿召魏元忠于高要。丁卯，至都，拜卫尉卿、同平章事。甲戌，以魏元忠为兵部尚书。乙亥，以张柬之为中书令。戊寅，追赠故邵王重润为懿德太子。

五月壬午，迁周庙七主于西京崇尊庙，制："武氏三代讳，奏事者皆不得犯。"以张柬之等及武攸暨、武三思、郑普思等十六人皆为立功之人，赐以铁券，自非反逆，各恕十死。

癸巳，敬晖等帅百官上表，以为："五运迭兴，事不两大。天授革命之际，宗室诛窜殆尽，岂得与诸武并封？今天命惟新，而诸武封建如旧，并居京师，开辟以来未有斯理。愿陛下为社稷计，顺遏迩心，降其王爵以安内外。"上不许。敬晖等畏武三思之谮，以考功员外郎崔湜为耳目，

夏季四月,中宗亲笔写敕令任命郑普思为秘书监,任命叶静能为国子祭酒。桓彦范、崔玄暐坚持认为不行,中宗说:"朕已经任用了他们,不能这样快就改变任命。"桓彦范说:"陛下刚一即位,就下制令说:'政事法令全部依照贞观年间的旧制。'贞观年间,魏徵、虞世南、颜师古担任秘书监,孔颖达担任国子祭酒,郑普思、叶静能怎么能够和他们相比呢?"庚戌(初一),左拾遗李邕上奏疏,认为:"孔子说过《诗经》有三百篇,用一句话来概括,就是'思想纯正'。如果真有神仙能让人长生不死,那么秦始皇、汉武帝早就找到神仙了;如果佛祖能够为人造福谋利,那么梁武帝早就得到福利了。唐尧、虞舜成为历代帝王之首的原因,也是他们能治理好人事而已。陛下尊敬、宠幸郑普思、叶静能这一类人,对国家有什么补益?"中宗一概听不进去。

中宗即位的时候,派驿车到高要县征召魏元忠。丁卯(十八日),魏元忠回到东都洛阳,中宗任命他为卫尉卿、同平章事。甲戌(二十五日),朝廷任命魏元忠为兵部尚书。乙亥(二十六日),任命张柬之为中书令。戊寅(二十九日),追赠去世的邵王李重润为懿德太子。

五月壬午(初四),唐朝迁武周太庙的七个神主牌位到西京长安的崇尊庙,中宗制令:"避讳武氏三代的名字,上奏章、言事的人都不准触犯。"中宗认为张柬之他们以及武攸暨、武三思、郑普思等十六人都是为唐朝中兴立功的人,就赏赐他们铁券,只要他们不是犯谋反的大逆不道罪,各人都能够被宽恕十次死罪。

癸巳(十五日),敬晖等人率领文武百官上表章,认为:"金、木、水、火、土五德运行、循环兴起,没有两德同时兴盛的情况。天授年间改朝换代的时候,宗室被诛杀、流放殆尽,哪里能够和众武氏同时封王?如今,李唐重新承受天命,但众武氏的封爵、官职和原来一样,同时和李氏住在京师,开天辟地以来,从没有过这样的事理。希望陛下为国家考虑,顺应远处近处的民心,降低众武氏的王爵,以安定朝廷内外。"中宗不听他们的建议。敬晖等人害怕武三思的谗言陷害,让考功员外郎崔湜作为他们的耳目,

伺其动静。湜见上亲三思而忌晖等，乃悉以晖等谋告三思，反为三思用，三思引为中书舍人。湜，仁师之孙也。

先是，殿中侍御史南皮郑愔谄事二张，二张败，贬宣州司士参军，坐赃，亡入东都，私谒武三思。初见三思，哭甚哀，既而大笑。三思素贵重，甚怪之，愔曰："始见大王而哭，哀大王将戮死而灭族也；后乃大笑，喜大王之得愔也。大王虽得天子之意，彼五人皆据将相之权，胆略过人，废太后如反掌。大王自视势位与太后孰重？彼五人日夜切齿欲噬大王之肉，非尽大王之族不足以快其志。大王不去此五人，危如朝露，而晏然尚自以为泰山之安，此愔所以为大王寒心也。"三思大悦，与之登楼，问自安之策，引为中书舍人，与崔湜皆为三思谋主。

三思与韦后日夜谮晖等，云："恃功专权，将不利于社稷。"上信之。三思等因为上画策："不若封晖等为王，罢其政事，外不失尊宠功臣，内实夺之权。"上以为然。甲午，以侍中、齐公敬晖为平阳王，谯公桓彦范为扶阳王，中书令、汉阳公张柬之为汉阳王，南阳公袁恕己为南阳王，特进、同中书门下三品、博陵公崔玄暐为博陵王，罢知政事，赐金帛鞍马，令朝朔望。仍赐彦范姓韦氏，与皇后同籍。寻又以玄暐检校益州长史、知都督事，又改梁州刺史。三思令

刺探武三思的动静。崔湜看到中宗亲近武三思而猜忌敬晖等人,于是把敬晖等人的计谋全部告诉武三思,反过来为武三思效力,武三思任用崔湜为中书舍人。崔湜是崔仁师的孙子。

在这之前,殿中侍御史南皮人郑愔巴结事奉张易之、张昌宗兄弟,二张败亡后,郑愔被贬职为宣州司士参军,因为犯了贪赃罪,逃到了东都洛阳,私下拜见武三思。郑愔一见到武三思,哭得非常哀痛,不久又放声大笑。武三思平素尊敬看重郑愔,对他的举止感到奇怪,郑愔说:"刚一见到大王就哭,是悲痛大王将要遭受杀戮和灭族的灾祸;后来又大笑是庆幸大王能得到我郑愔的帮助了。大王虽然得到天子的欢心,但张柬之、敬晖、桓彦范、崔玄暐、袁恕己五人都执掌着将军、宰相的大权,他们都是胆量谋略过人,废掉太后像反掌一样轻松。大王自己认为您的权势、地位和太后相比,哪一个更重? 他们五人日夜咬牙切齿、恨得想吃大王的肉,不把大王的家族消灭干净不能够满足他们的心愿。大王如果不把这五个人除掉,自己的安危就如同早上的露水,却还安然地自以为像泰山一样稳定,这是我郑愔为大王感到寒心的原因。"武三思听了非常高兴,和他一起上楼,询问使自己安全的谋略,任用他为中书舍人。郑愔和崔湜都是武三思的谋主。

武三思与韦后日夜在中宗面前诋毁敬晖等人,说:"他们依仗有功而专制政权,将要对国家不利。"中宗相信武三思、韦后的话。武三思等人趁机为中宗出谋划策道:"不如封授敬晖等人为王,罢免他们执掌政事,对外不失尊敬、荣宠有功之臣的美名,对内实际上夺掉他们的权力。"中宗认为对。甲午(十六日),授命侍中、齐公敬晖为平阳王,谯公桓彦范为扶阳王,中书令、汉阳公张柬之为汉阳王,南阳公袁恕己为南阳王,特进、同中书门下三品、博陵公崔玄暐为博陵王,罢免他们主持政事,赏赐黄金与绸缎、鞍马,让他们每月初一和十五日进宫朝见中宗。并且赏赐桓彦范姓韦氏,和韦皇后同列一个家谱。不久,朝廷又任命崔玄暐为检校益州长史、知都督事,后又改任为梁州刺史。武三思命令

百官复修则天之政，不附武氏者斥之，为五王所逐者复之，大权尽归三思矣。

五王之请削武氏诸王也，求人为表，众莫肯为。中书舍人岑羲为之，语甚激切；中书舍人偃师毕构次当读表，辞色明厉。三思既得志，羲改秘书少监，出构为润州刺史。

易州刺史赵履温，桓彦范之妻兄也，彦范之诛二张，称履温预其谋，召为司农少卿。履温以二婢遗彦范，及彦范罢政事，履温复夺其婢。

上嘉宋璟忠直，累迁黄门侍郎。武三思尝以事属璟，璟正色拒之曰："今太后既复子明辟，王当以侯就第，何得尚干朝政！独不见产、禄之事乎？"

以韦安石兼检校中书令，魏元忠兼检校侍中，又以李湛为右散骑常侍，赵承恩为光禄卿，杨元琰为卫尉卿。先是，元琰知三思浸用事，请弃官为僧，上不许。敬晖闻之，笑曰："使我早知，劝上许之，髡去胡头，岂不妙哉？"元琰多须类胡，故晖戏之。元琰曰："功成名遂，不退将危。此乃由衷之请，非徒然也。"晖知其意，瞿然不悦。及晖等得罪，元琰独免。

上官婕妤劝韦后袭则天故事，上表请天下士庶为出母服丧三年，又请百姓年二十三为丁，五十九免役，改易制度以收时望。制皆许之。

文武百官恢复执行武则天制定的政策,不依附武氏的人都受到排斥,被敬晖等五王放逐的人又重新得到起用,朝廷的大权完全归武三思拥有了。

敬晖等五王请求中宗削除武氏众王时,找人为他们起草表章,众多的朝臣中没有谁肯做这事。中书舍人岑羲为他们起草,表章的语气非常激烈恳切;依照顺序,应当由中书舍人偃师人毕构宣读此份表章,宣读时他言辞清楚、神色严厉。武三思得志之后,将岑羲调任秘书少监,把毕构调离朝廷,出任润州刺史。

易州刺史赵履温是桓彦范妻子的哥哥,桓彦范诛杀张易之、张昌宗后,说赵履温参与过谋划,朝廷征召赵履温担任司农少卿。赵履温送了两个婢女给桓彦范,到桓彦范被罢免宰相职务时,赵履温又将两个婢女要回。

中宗赞赏宋璟忠诚正直,连续提升他任黄门侍郎。武三思曾经嘱托宋璟办事,宋璟义正词严地拒绝道:"如今太后已经将政事归于明君,你应当以侯王的身份退归府第,为什么还要干预朝政!难道看不见吕禄、吕产的下场吗?"

朝廷任命韦安石兼检校中书令,魏元忠兼任检校侍中,又任命李湛为右散骑常侍,赵承恩为光禄卿,杨元琰为卫尉卿。在这之前,杨元琰看到武三思逐渐执掌朝政,便请求允许自己放弃官职做和尚,中宗不同意。敬晖听到此事,笑着对杨元琰说:"假如我早点知道你的想法,劝皇上同意你的请求,剃光你那胡人一样的头,岂不妙哉?"杨元琰胡子多得像胡人一样,所以敬晖和他开玩笑。杨元琰说:"功成名就,不急流勇退就要危及自身。我这是发自内心的请求,并不是平白无故的举动。"敬晖知道杨元琰的心意后,感到吃惊和不高兴。到敬晖等人被判罪时,杨元琰独自一人得以免罪。

上官婕妤劝韦后效法武则天的旧制,上表章请求下令让天下的士人、百姓为被父亲休掉的母亲服丧三年,又请求下令让百姓二十三岁时才算成年、开始服役,五十九岁时免除赋役,用改变制度的做法来收取民心。中宗下诏令同意韦后的所有请求。

癸卯,制降诸武:梁王三思为德静王,定王攸暨为乐寿王,河内王懿宗等十二人皆降为公,以厌人心。

六月,以韦安石为中书令,魏元忠为侍中,杨再思检校中书令。

特进、汉阳王张柬之表请归襄州养疾;秋七月乙未,以柬之为襄州刺史,不知州事,给全俸。

冬十月辛未,以魏元忠为中书令,杨再思为侍中。

十一月壬寅,则天崩于上阳宫,年八十二。遗制:"去帝号,称则天大圣皇后。王、萧二族及褚遂良、韩瑗、柳奭亲属皆赦之。"上居谅阴,以魏元忠摄冢宰三日。元忠素负忠直之望,中外赖之。武三思惮之,矫太后遗制,慰谕元忠,赐实封百户。元忠捧制,感咽涕泗,见者曰:"事去矣。"十二月丁卯,上始御同明殿见群臣。

二年春闰正月,武三思以敬晖、桓彦范、袁恕己尚在京师,忌之,乙卯,出为滑、洺、豫三州刺史。

三月丙申,僧慧范等九人并加五品阶,赐爵郡、县公。道士史崇恩等三人加五品阶,除国子祭酒,同正。叶静能加金紫光禄大夫。

初,少府监丞弘农宋之问及弟兖州司仓之逊皆坐附会张易之贬岭南。逃归东都,匿于友人光禄卿、驸马都尉王同皎家。同皎疾武三思及韦后所为,每与所亲言之,辄切

癸卯(二十五日),朝廷下令降低众武氏的爵位:梁王武三思降为德静王,定王武攸暨降为乐寿王,河内王武懿宗等十二位王都降为公,用此措施满足天下人的心愿。

六月,朝廷任命韦安石为中书令,魏元忠为侍中,杨再思为检校中书令。

特进、汉阳王张柬之上表章请求回到襄州养病;秋季七月乙未(十八日),朝廷任命张柬之为襄州刺史,不掌管州中政事,供给全额俸禄。

冬季十一月辛未,朝廷任命魏元忠为中书令,任命杨再思为侍中。

十一月壬寅(二十六日)这天,武则天在上阳宫驾崩,时年八十二岁。武则天留下遗诏说:"去掉帝号,称为则天大圣皇后。高宗的后妃王氏和萧氏家族,以及褚遂良、韩瑗、柳奭的亲属全部给予赦免。"中宗在宫中服丧,让魏元忠代掌国政三天。魏元忠向来享有忠诚正直的声望,朝廷内外都信赖他。武三思畏惧魏元忠,便伪造太后的遗诏,用好话劝慰他,赏赐他实封一百户租税。魏元忠手捧遗诏,感动得哭泣流泪,看见此情景的人说:"事势无法挽回了。"十二月丁卯(二十一日),中宗开始到同明殿接见众大臣。

二年(706)春季闰正月,武三思因为敬晖、桓彦范、袁恕己还在京师,忌讳他们,乙卯(初十),便将三人调离京师,分别出任滑州、洺州、豫州刺史。

二月丙申(二十二日),授予僧人慧范等九人五品官阶,赐封他们郡公、县公的爵位。道士史崇恩等三人被授予五品官阶,任命为国子祭酒,编外特置,仍然和正员一样。叶静能被加封为金紫光禄大夫。

当初,少府监丞弘农人宋之问和他的弟弟、兖州司仓宋之逊都因为依附张易之被贬职流放岭南。他们逃回东都洛阳,躲藏在他们的朋友光禄卿、驸马都尉王同皎家。王同皎痛恨武三思和韦后的所作所为,每当和他亲近的人谈论起来,总是恨得咬牙切

齿。之逊于帝下闻之，密遣其子昙及甥校书郎李俊告三思，欲以自赎。三思使昙、俊及抚州司仓冉祖雍上书告同皎与洛阳人张仲之、祖延庆、武当丞寿春周憬等潜结壮士，谋杀三思，因勒兵诣阙，废皇后。上命御史大人李承嘉、监察御史姚绍之按其事，又命杨再思、李峤、韦巨源参验。仲之言三思罪状，事连宫壸。再思、巨源阳寐不听。峤与绍之命反接送狱。仲之还顾，言不已，绍之命枰之，折其臂。仲之大呼曰："吾已负汝，死当讼汝于天！"三月庚戌，同皎等皆坐斩，籍没其家。周憬亡入比干庙中，大言曰："比干古之忠臣，知吾此心。三思与皇后淫乱，倾危国家，行当枭首都市，恨不及见耳！"遂自到。之问、之逊、昙、俊、祖雍并除京官，加朝散大夫。

武三思与韦后日夜谮敬晖等不已，复左迁晖为朗州刺史，崔玄暐为均州刺史，桓彦范为亳州刺史，袁恕己为郢州刺史。与晖等同立功者薛思行等，皆以为党与坐贬。

夏四月，处士京兆韦月将上书告武三思潜通宫掖，必为逆乱。上大怒，命斩之。黄门侍郎宋璟奏请推按，上益怒，不及整巾，屣履出侧门，谓璟曰："朕谓已斩，乃犹未邪？"命趋斩之。璟曰："人言中宫私于三思，陛下不问而诛之，臣恐天下必有窃议。"固请按之，上不许，璟曰："必欲

齿。宋之逊在门帘后面听到王同皎所说的话，悄悄地派他的儿子宋昙和外甥、校书郎李悛去报告武三思，想通过告密来为自己赎罪。武三思让宋昙、李悛以及抚州司仓冉祖雍上奏书，告发王同皎和洛阳人张仲之、祖延庆，以及武当县丞寿春人周憬等人暗中聚集勇士，阴谋杀掉武三思，趁势率兵到宫廷，废黜皇后。中宗命令御史大夫李承嘉、监察御史姚绍之审理此事，又命令杨再思、李峤、韦巨源参与审理。张仲之历数武三思的罪行，所说的事牵连到后宫的韦皇后。杨再思、韦巨源假装睡着了而没听见。李峤与姚绍之命令将张仲之反捆起来送回监狱。张仲之转过头来看着审问的人，不停地诉说武三思的丑闻，姚绍之命狠狠打他，把他的手臂打断了。张仲之大声呼叫道："现在我输给你了，死后一定到上天那里告你！"三月庚戌（初七），王同皎等人全都被判处死刑，并没收他们的家产。周憬逃到比干庙里，大声说："比干是古代的忠臣，一定能知道我对朝廷的忠心。武三思和韦皇后私通淫乱，倾覆危害国家，一定会被在都城街市上砍头示众，只可惜我见不到这一天了！"于是自杀而死。宋之问、宋之逊、宋昙、李悛、冉祖雍同时被授命为京师的官员，加封为朝散大夫。

武三思与韦后日夜不停地说坏话诬陷敬晖等人，中宗又降敬晖职务为朗州刺史，崔玄暐为均州刺史，桓彦范为亳州刺史，袁恕己为郢州刺史。和敬晖他们一道立功的薛思行等人，都被看作敬晖他们的同党，因而和他们一齐被贬职。

夏季四月，处士京兆人韦月将呈上奏书，告发武三思暗地里和后宫的韦皇后私通，必将形成谋反的祸乱。中宗看到奏书后非常生气，命令斩了韦月将。黄门侍郎宋璟上奏请求追查审理，中宗更加生气，来不及整理冠巾，拖着鞋子从侧门出来，对宋璟说："朕以为早已杀了韦月将，竟然还没有执行吗？"下令赶快将韦月将杀掉。宋璟说："这个人说皇后与武三思有私情，陛下不进行审理就把他杀掉，我恐怕天下人必定会私下议论此事。"宋璟坚决请求允许审理此案，中宗不答应，宋璟说："假如一定要

斩月将,请先斩臣!不然,臣终不敢奉诏。"上怒少解。左御史大夫苏珦、给事中徐坚、大理卿长安尹思贞皆以为方夏行戮,有违时令。上乃命与杖,流岭南。过秋分一日,平晓,广州都督周仁轨斩之。

御史大夫李承嘉附武三思,诋尹思贞于朝,思贞曰:"公附会奸臣,将图不轨,先除忠臣邪?"承嘉怒,劾奏思贞,出为青州刺史。或谓思贞曰:"公平日讷于言,及廷折承嘉,何其敏邪?"思贞曰:"物不能鸣者,激之则鸣。承嘉恃威权相陵,仆义不受屈,亦不知言之从何而至也。"武三思恶宋璟,出之检校贝州刺史。

五月,武三思使郑愔告朗州刺史敬晖、亳州刺史韦彦范、襄州刺史张柬之、郢州刺史袁恕己、均州刺史崔玄暐与王同皎通谋。六月戊寅,贬晖崖州司马,彦范泷州司马,柬之新州司马,恕己窦州司马,玄暐白州司马,并员外置,仍长任,削其勋封,复彦范姓桓氏。

秋七月戊申,立卫王重俊为皇太子。

武三思阴令人疏皇后秽行,榜于天津桥,请加废黜。上大怒,命御史大夫李承嘉穷核其事。承嘉奏言:"敬晖、桓彦范、张柬之、袁恕己、崔玄暐使人为之,虽云废后,实谋大逆,请族诛之。"三思又使安乐公主谮之于内,侍御史郑愔言之于外,上命法司结竟。大理丞三原李朝隐奏称:"晖等未经推鞫,不可遽就诛夷。"大理丞裴谈奏称:"晖等宜据制书处斩籍没,不应更加推鞫。"上以晖等尝赐铁券,

杀掉韦月将，请先把我杀了！不然，我始终不敢奉行陛下的诏令。"中宗的怒意稍稍地平息了一点。左御史大夫苏珦、给事中徐坚以及大理卿长安人尹思贞都认为刚入夏季就施行杀戮，有违时令。中宗于是命令处以杖刑，然后流放岭南。到秋分的第二天，天刚破晓，广州都督周仁轨便将韦月将杀了。

御史大夫李承嘉依附武三思，在朝中诋毁尹思贞，尹思贞说："你依附奸臣，准备图谋不轨，是想先把忠臣除掉吗？"李承嘉发怒，上奏章检举尹思贞，朝廷调尹思贞出京城，担任青州刺史。有人对尹思贞说："你平时不善于言辞，到朝廷上当面驳斥李承嘉时，为何如此敏捷？"尹思贞说："不能发声的东西，一激励就叫出声音。李承嘉依仗权势欺压我，我绝不受他的折辱，也不知道那些言辞从什么地方就涌出来了。"武三思痛恨宋璟，就将他调离朝廷、出任检校贝州刺史。

五月，武三思指使郑愔诬告朗州刺史敬晖、亳州刺史韦彦范、襄州刺史张柬之、郢州刺史袁恕己、均州刺史崔玄暐和王同皎勾结谋反。六月戊寅(初六)，朝廷贬敬晖职为崖州司马，韦彦范为泷州司马，张柬之为新州司马，袁恕己为窦州司马，崔玄暐为白州司马，一概为员外设置，并且要长期留在任上，还削除他们的勋级、封爵，又恢复韦彦范姓桓氏。

秋季七月戊申(初七)，唐朝立卫王李重俊为皇太子。

武三思秘密地让人分条陈述韦皇后的淫秽丑行，张贴到天津桥上，请求中宗将韦后废黜。中宗十分愤怒，命令御史大夫李承嘉全力追查此事。李承嘉上奏说："是敬晖、桓彦范、张柬之、袁恕己、崔玄暐指使人书写张贴的，他们虽然说是废黜皇后，实际上是阴谋大逆不道，请将他们灭族。"武三思又唆使安乐公主在宫内诬陷敬晖等五人，让侍御史郑愔在外朝议论，中宗命令执掌刑狱的官署审结此案。大理丞三原人李朝隐上奏说："敬晖等人未经过追查审讯，不能立即处以死刑。"大理丞裴谈上奏说："敬晖等人应当根据陛下的诏令处以斩刑、没收家产，不应当再进行追查审讯。"中宗因为曾经赏赐给敬晖等人免罪的铁券，

许以不死,乃长流晖于琼州,彦范于瀼州,柬之于泷州,恕己于环州,玄晖于古州,子弟年十六以上,皆流岭外。擢承嘉为金紫光禄大夫,进爵襄武郡公,谈为刑部尚书,出李朝隐为闻喜令。

三思又讽太子上表,请夷晖等三族,上不许。中书舍人崔湜说三思曰:"晖等异日北归,终为后患,不如遣使矫制杀之。"三思问谁可使者,湜荐大理正周利用。利用先为五王所恶,贬嘉州司马,乃以利用摄右台侍御史,奉使岭外。比至,柬之、玄晖已死,遇彦范于贵州,令左右缚之,曳于竹槎之上,肉尽至骨,然后杖杀。得晖,凸而杀之。恕己素服黄金,利用逼之使饮野葛汁,尽数升不死,不胜毒愤,掊地,爪甲殆尽,仍捶杀之。利用还,擢拜御史中丞。薛季昶累贬儋州司马,饮药死。

三思既杀五王,权倾人主,常言:"我不知代间何者谓之善人,何者谓之恶人。但于我善者则为善人,于我恶者则为恶人耳。"时兵部尚书宗楚客、将作大匠宗晋卿、太府卿纪处讷、鸿胪卿甘元柬皆为三思羽翼。御史中丞周利用、侍御史冉祖雍、太仆丞李俊、光禄丞宋之逊、监察御史姚绍之皆为三思耳目,时人谓之五狗。

安乐公主恃宠骄恣,卖官鬻狱,势倾朝野。或自为制敕,掩其文,令上署之,上笑而从之,竟不视也。自请为皇太女,上虽不从,亦不谴责。

许诺过不判处他们死刑,于是下令长期流放敬晖到琼州,桓彦范到瀼州,张柬之到泷州,袁恕己到环州,崔玄暐到古州,他们家中年龄在十六岁以上的子侄,都流放到岭南。提拔李承嘉为金紫光禄大夫,将他的爵位提升为襄武郡公,任命裴谈为刑部尚书,把李朝隐调离朝廷,出任闻喜县令。

武三思又暗示太子上表章,请求灭敬晖等人的父母、兄弟、妻子三族,中宗不允许。中书舍人崔湜游说武三思道:"等到有一天敬晖他们北上回朝,终究是后患,不如派遣使臣伪造皇上的诏令将他们杀掉。"武三思问谁能够胜任使臣,崔湜推荐大理正周利用。周利用早先受到敬晖等五王的厌恶,被贬为嘉州司马,武三思于是任命周利用代理右台侍御史,让他奉命出使岭南。等周利用到达岭南时,张柬之、崔玄暐已经去世。周利用在贵州遇到桓彦范,命令身边的侍从将桓彦范捆绑起来,放在竹尖桩上拖着走,直到身上的皮肉被磨完、露出骨头时,然后才用杖打死。周利用抓到敬晖,将他活活地剐死。袁恕己平时服用金丹,周利用逼迫他、让他喝有毒的野葛汁,袁恕己喝下数升后还没被毒死,忍受不住毒性的折磨,用手扒地,指甲几乎磨光,周利用才用棍棒将他打死。周利用返回朝廷,被提升任命为御史中丞。薛季昶被连续贬官为儋州司马,吃毒药自杀身亡。

武三思杀掉敬晖等五王之后,权势压倒天子,他经常说:"我不知道在世间什么人叫作善人,什么人叫作恶人。只知道对我好的就是善人,对我坏的就是恶人罢了。"当时的兵部尚书宗楚客、将作大匠宗晋卿、太府卿纪处讷、鸿胪卿甘元柬都是武三思的党羽。御史中丞周利用、侍御史冉祖雍、太仆丞李俊、光禄丞宋之逊、监察御史姚绍之都是武三思的耳目,当时的人称他们为五狗。

安乐公主依仗父皇对她的宠爱而骄横放纵,卖官鬻爵,贪赃枉法,权倾朝野。有时自己起草制书敕令,然后将内容覆盖起来让中宗签署,中宗笑着顺从她的要求,竟然不去理会起草的是什么。她自己请求立为皇太女,中宗虽然不答应,却也不谴责。

景龙元年，皇后以太子重俊非其所生，恶之。特进、德静王武三思尤忌太子。上官婕妤以三思故，每下制敕，推尊武氏。安乐公主与驸马、左卫将军武崇训常陵侮太子，或呼为奴。崇训又教公主言于上，请废太子，立己为皇太女。太子积不能平。

秋七月辛丑，太子与左羽林大将军李多祚、将军李思冲、李承况、独孤祎之、沙吒忠义等，矫制发羽林千骑兵三百馀人，杀三思、崇训于其第，并亲党十馀人。又使左金吾大将军、成王千里及其子天水王禧分兵守宫城诸门，太子与多祚引兵自肃章门斩关而入，叩阁索上官婕妤。婕妤大言曰：“观其意欲先索婉儿，次索皇后，次及大家。”上乃与韦后、安乐公主、上官婕妤登玄武门楼以避兵锋，使左羽林大将军刘景仁帅飞骑百馀人屯于楼下以自卫。杨再思、苏瓌、李峤与兵部尚书宗楚客、左卫将军纪处讷拥兵二千馀人屯太极殿前，闭门自守。多祚先至玄武楼下，欲升楼，宿卫拒之。多祚与太子狐疑，按兵不战，冀上问之。宫闱令石城杨思勖在上侧，请击之。多祚婿羽林中郎将野呼利为前锋总管，思勖挺刃斩之，多祚军夺气。上据槛俯谓多祚所将千骑曰：“汝辈皆朕宿卫之士，何为从多祚反？苟能斩反者，勿患不富贵。”于是千骑斩多祚、承况、祎之、忠义，馀众皆溃。成王千里、天水王禧攻右延明门，将杀宗楚客、纪处讷，不克而死。

太子以百骑走终南山，至鄠西，能属者才数人，憩于林下，为左右所杀。上以其首献太庙及祭三思、崇训之枢，

中宗景龙元年(707),韦皇后因为太子李重俊不是自己的亲生儿子,所以厌恶他。特进、德静王武三思尤其忌恨太子。上官婕妤因为与武三思私通的缘故,每次撰写诏令,都是推崇武氏。安乐公主和驸马、左卫将军武崇训经常欺凌侮辱太子,有时称呼太子为奴。武崇训还教安乐公主向中宗进言,请求中宗废黜太子,立自己为皇太女。太子积怨已久,难以平息。

秋季七月辛丑(初六),太子与左羽林大将军李多祚、将军李思冲、李承况、独孤祎之、沙吒忠义等,伪造诏令征调三百多名羽林千骑,将武三思、武崇训杀死在他们的家中,同时还杀了他们的亲信、党羽十多人。太子又派左金吾大将军、成王李千里以及他的儿子、天水王李禧分头率领军队把守宫城的各道门,自己和李多祚率军队从肃章门砍开宫门冲进皇宫,四处搜寻上官婕妤。上官婕妤大声说:"看他们的意思是想先捉我婉儿,其次捉皇后,最后是要抓皇上。"中宗于是和韦后、安乐公主、上官婕妤登上玄武门城楼躲避兵锋,派左羽林大将军刘景仁率领一百多名飞骑守在城楼下来自卫。杨再思、苏瓌、李峤与兵部尚书宗楚客、左卫将军纪处讷率领二千多人屯驻在太极殿前,关上殿门自我坚守。李多祚先来到玄武门城楼下,准备上楼,值宿的卫兵拒不让他上去。李多祚与太子犹疑不决,按兵不战,希望皇上询问他们情况。宫闱令石城人杨思勖站在中宗旁边,请求让自己进攻太子的军队。李多祚的女婿、羽林中郎将野呼利是前锋总管,他被杨思勖挥刀斩杀,李多祚的军队士气衰落。中宗靠在城楼栏杆上俯身对李多祚所率领的羽林千骑说:"你们都是朕的宿卫禁军,为什么要跟随李多祚谋反?你们如果能斩杀谋反的人,不必担心得不到富贵。"于是羽林千骑杀死李多祚、李承况、独孤祎之、沙吒忠义,其馀的士兵全部溃散。成王李千里、天水王李禧攻打右延明门,准备杀掉宗楚客、纪处讷,没有攻克而战死。

太子率领一百骑兵逃往终南山,逃到鄠县西部时,能跟得上的才有几个人。太子在树下休息,被身边的人杀死。中宗用太子的头颅献祭太庙祖宗牌位,以及献祭武三思、武崇训的灵柩,

然后枭之朝堂。更成王千里姓曰蝮氏,同党皆伏诛。东宫僚属无敢近太子尸者,唯永和县丞宁嘉勖解衣裹太子首号哭,贬兴平丞。太子兵所经诸门守者皆坐流。韦氏之党奏请悉诛之,上更命法司推断。大理卿宋城郑惟忠曰:"大狱始决,人心未安,若复有改推,则反仄者众矣。"上乃止。

以杨思勖为银青光禄大夫,行内常侍。癸卯,赦天下。赠武三思太尉、梁宣王,武崇训开府仪同三司、鲁忠王。安乐公主请用永泰公主故事,以崇训墓为陵,给事中卢粲驳之,以为:"永泰事出特恩,今鲁王主婿,不可为比。"上手敕曰:"安乐与永泰无异,同穴之义,今古不殊。"粲又奏,以为:"陛下以膝下之爱施及其夫,岂可使上下无辨,君臣一贯哉?"上乃从之。公主怒,出粲为陈州刺史。

襄邑尉襄阳席豫闻安乐公主求为太女,叹曰:"梅福讥切王氏,独何人哉!"乃上书请立太子,言甚深切。太平公主欲表为谏官,豫耻之,逃去。

八月,皇后及王公已下表上尊号曰应天神龙皇帝。改玄武门为神武门,楼为制胜楼。宗楚客又帅百官表请加皇后尊号曰顺天翊圣皇后。上并许之。

初,右台大夫苏珦治太子重俊之党,因有引相王者,珦密为之申理,上乃不问。自是安乐公主及兵部尚书宗楚客日夜谋谮相王,使侍御史冉祖雍诬奏相王及太平公主,云:"与重俊通谋,请收付制狱。"上召吏部侍郎兼御史中丞萧

然后挂在朝堂上示众。更改成王李千里姓蝮氏，太子的同党都被处以死刑。东宫的官僚属吏没有谁敢接近太子的尸体，只有永和县丞宁嘉勖解下衣服包住太子的头，放声痛哭，于是被贬为兴平县丞。太子的军队经过的皇宫各道门的守卫者，都被判处流刑。韦后的党羽上奏请求将这些人全部杀掉，中宗重新下令让执掌刑狱的官署审理判决。大理卿宋城人郑惟忠说："这一重大案件刚刚判决，人心尚未安定，如果又重新进行审理，则辗转不安的人更多了。"中宗于是下令停止审理。

朝廷任命杨思勖为银青光禄大夫，兼摄内常侍。癸卯（初八），赦免天下罪人。追赠武三思为太尉、梁宣王，武崇训为开府仪同三司、鲁忠王。安乐公主请求按永泰公主埋葬时的旧制，将武崇训的坟墓称为陵墓，给事中卢粲反驳她，认为："永泰公主之墓称陵是出自皇上的特殊恩准，如今鲁王武崇训只是公主的夫婿，不能和公主相比。"中宗亲手写敕令说："安乐公主和永泰公主没有不同，夫妻同一个墓穴的道理，从古到今不变。"卢粲又上奏，认为："陛下因为对女儿的慈爱而施恩于她的丈夫，难道能够让上下尊卑不分、君主臣子一样吗？"中宗于是听取他的建议。安乐公主发怒，把卢粲调离朝廷，出任陈州刺史。

襄邑县尉襄阳人席豫听说安乐公主请求立为皇太女，叹息道："梅福指责汉成帝冤杀王章，他是多无畏的人呀！"于是上奏书请求中宗立太子，言语非常深切。太平公主想上表章推荐席豫担任谏官，席豫以此为耻，逃掉了。

八月，韦皇后和王公以下的文武百官，上表敬献尊号为应天神龙皇帝。改玄武门为神武门，楼为制胜楼。宗楚客又率领百官上表章请求为皇后加尊号为顺天翊圣皇后。中宗全同意了。

当初，右台大夫苏珦处治太子李重俊的党羽，囚犯中有人牵涉相王，苏珦秘密为相王申辩，中宗于是不再追查。从此，安乐公主以及兵部尚书宗楚客日夜谋划诬陷相王，让侍御史冉祖雍等诬告相王和太平公主，说："他们与李重俊勾结谋反，请求将他们收捕入皇上囚禁犯人的监狱。"中宗召吏部侍郎兼御史中丞萧

至忠,使鞫之,至忠泣曰:"陛下富有四海,不能容一弟一妹,而使人罗织害之乎?相王昔为皇嗣,固请于则天,以天下让陛下,累日不食,此海内所知。奈何以祖雍一言而疑之?"上素友爱,遂寝其事。

右补阙浚仪吴兢闻祖雍之谋,上疏,以为:"自文明以来,国之祚胤,不绝如线,陛下龙兴,恩及九族,求之瘴海,升之阙庭。况相王同气至亲,六合无贰,而贼臣日夜连谋,乃欲陷之极法,祸乱之根,将由此始。夫任以权则虽疏必重,夺其势则虽亲必轻。自古委信异姓,猜忌骨肉,以覆国亡家者,几何人矣。况国家枝叶无几,陛下登极未久,而一子以弄兵受诛,一子以忤违远窜,惟馀一弟朝夕左右,尺布斗粟之讥,不可不慎,《青蝇》之诗,良可畏也。"相王宽厚恭谨,安恬好让,故经武、韦之世,竟免于难。

初,右仆射、中书令魏元忠以武三思擅权,意常愤郁。及太子重俊起兵,遇元忠子太仆少卿升于永安门,胁以自随,太子死,升为乱兵所杀。元忠扬言曰:"元恶已死,虽鼎镬何伤?但惜太子陨没耳。"上以其有功,且为高宗、武后所重,故释不问。兵部尚书宗楚客、太府卿纪处讷等共证

至忠前来,派他审讯相王与太平公主,萧至忠流着泪说:"陛下拥有天下的所有财富,却容不下一个弟弟、一个妹妹,而要让人编造罪名陷害他们吗? 相王从前当皇嗣时,坚决地向则天提出请求,把天下让给陛下,并为此连日不吃饭,这是海内人人皆知的。陛下怎么能就因为冉祖雍的一句话而怀疑相王呢?"中宗与相王向来友爱,于是就停止追查此事。

右补阙浚仪人吴兢听到冉祖雍的阴谋,上奏疏,认为:"自从文明年间以来,唐王室的福运及于后代子孙,就像被一根线吊着一样,即将断绝,陛下真龙天子中兴,恩泽遍及九族,到瘴气地区、南方海边寻求宗室后代,将他们接到朝廷。更何况相王与陛下是有血缘关系的手足至亲,天地四方之内再没有第二人了,但乱贼臣子日夜串联谋划,竟想诬陷相王于死地,祸乱的根源,必将从这里开始。一般说来,委以大权则虽然关系疏远也必然举足轻重,削夺权势则虽然关系亲近也必然人微言轻。自古以来,委任信用异姓之人,猜忌骨肉同胞,从而导致国破家亡的帝王,有多少人了。况且现在唐王室的同宗亲属所剩无几,陛下登上皇位不久,已经有一个儿子因为武装政变被诛杀,一个儿子因为违忤之过被流放远方,唯一剩下一个弟弟,能够与陛下朝夕相处,汉文帝时'一尺布,尚可缝;一斗粟,尚可春;兄弟二人不相容'的讥刺,不能不慎重对待,《诗经·青蝇》痛斥的谗言之人害人乱国的事,实在是可畏呀。"相王宽厚、谦恭、谨慎,安静恬淡、喜好谦让,所以虽然经历了武后、韦后擅权的时代,竟然能免于祸难。

当初,右仆射、中书令魏元忠因为武三思专擅朝政,心中常常愤懑忧郁。太子李重俊起兵讨伐武三思时,在永安门遇到魏元忠的儿子、太仆少卿魏升,便胁迫他跟随自己入宫,太子死后,魏升被乱兵杀掉。魏元忠扬言道:"首恶武三思已被杀死,即使我被处以烹杀之刑又有什么可伤心的? 只可惜太子也丧命了。"中宗因为魏元忠有功于国,而且受到高宗、武后的重用,所以放过他、不加以追查。兵部尚书宗楚客、太府卿纪处讷等一起作证,

元忠,云:"与太子通谋,请夷其三族。"制不许。元忠惧,表请解官爵,以散秩还第。丙戌,上手敕听解仆射,以特进、齐公致仕,仍朝朔望。

九月丁卯,以吏部侍郎萧至忠为黄门侍郎,兵部尚书宗楚客为左卫将军,兼太府卿纪处讷为太府卿,并同中书门下三品。

宗楚客等引右卫郎将姚廷筠为御史中丞,使劾奏魏元忠,以为:"侯君集社稷元勋,及其谋反,太宗就群臣乞其命而不得,竟流涕斩之。其后房遗爱、薛万彻、齐王祐等为逆,虽复懿亲,皆从国法。元忠功不逮君集,身又非国戚,与李多祚等谋反,男入逆徒,是宜赤族污宫。但有朋党饰辞营救,以惑圣听,陛下仁恩,欲掩其过。臣所以犯龙鳞,忤圣意者,正以事关宗社耳。"上颇然之。元忠坐系大理,贬渠州司马。

宗楚客令给事中冉祖雍奏言:"元忠既犯大逆,不应出佐渠州。"杨再思、李峤亦赞之。上谓再思等曰:"元忠驱使日久,朕特矜容,制命已行,岂宜数改?轻重之权,应自朕出。卿等频奏,殊非朕意!"再思等惶惧拜谢。

监察御史袁守一复表弹元忠曰:"重俊乃陛下之子,犹加昭宪;元忠非勋非戚,焉得独漏严刑?"甲辰,又贬元忠务川尉。

说:"魏元忠和太子勾结谋反,请求将他的父母、兄弟、妻子三族杀光。"中宗下诏令不同意。魏元忠害怕,上表章请求解除自己的官职爵位,以散官的身份返回家。丙戌(二十一日),中宗亲手写诏书允许魏元忠免去仆射职务,以特进、齐公的身份退休,仍然在每月的初一、十五日两天进宫朝见。

九月丁卯这天,唐朝任命吏部侍郎萧至忠为黄门侍郎,兵部尚书宗楚客为左卫将军,兼职太府卿纪处讷为太府卿,三人都同时加封同中书门下三品。

宗楚客等人引用右卫郎将姚廷筠为御史中丞,指使他上奏章弹劾魏元忠,认为:"侯君集是唐朝的开国元勋,到他谋反时,太宗向众大臣请求免他死罪而不能够实现,最终流着泪将他斩杀。后来,房遗爱、薛万彻以及齐王李祐等人谋反,虽然都是皇室宗亲,但也全按国家法律定罪。魏元忠的功劳赶不上侯君集,身份也不是皇亲国戚,参与李多祚等人谋反,儿子加入叛党,这正该灭族抄家。只是魏元忠有朋党为他巧言修饰,多方营救,从而迷惑了圣君的听闻,陛下仁德施恩,打算掩盖他的罪过。我所以冒犯陛下,违忤陛下旨意的原因,是在于此事确实关系到国家的命脉罢了。"中宗认为他说得很对。魏元忠因此被大理寺收捕审讯,贬职为渠州司马。

宗楚客让给事中冉祖雍上奏说:"魏元忠既然犯了大逆不道之罪,不应当出任渠州的辅佐官员。"杨再思、李峤也附和他。中宗对杨再思等人说:"魏元忠为国家效力的时间长久,朕特别怜悯、宽容他,对他处置的诏令已经执行了,怎么可以多次改变?从轻从重判决的权力,应当由朕掌握。你们频繁地上奏要求从重处置魏元忠,完全不符合朕的心意!"杨再思等人诚惶诚恐地叩拜谢罪。

监察御史袁守一又上表章弹劾魏元忠道:"李重俊是陛下的儿子,仍然对他施加刑杀以明国法;魏元忠既不是功臣,又不是皇亲国戚,怎么可以独自逃脱严刑处罚呢?"甲辰(初九),朝廷又贬魏元忠为务川县尉。

顷之,楚客又令袁守一奏言:"则天昔在三阳宫不豫,狄仁杰奏请陛下监国,元忠密奏以为不可。此则元忠怀逆日久,请加严诛!"上谓杨再思等曰:"以朕思之,人臣事主,必在一心;岂有主上小疾,遽请太子知事?此乃仁杰欲树私恩,未见元忠有失。守一欲借前事以陷元忠,其可乎?"楚客乃止。元忠行至涪陵而卒。

银青光禄大夫、上庸公、圣善中天西明三寺主慧范于东都作圣善寺,长乐坡作大像,府库为之虚耗。上及韦后皆重之,势倾内外,无敢指目者。戊申,侍御史魏传弓发其奸赃四十馀万,请置极法。上欲宥之,传弓曰:"刑赏国之大事,陛下赏已妄加,岂宜刑所不及?"上乃削黜慧范,放于家。

宦官、左监门大将军薛思简等有宠于安乐公主,纵暴不法,传弓奏请诛之,御史大夫窦从一惧,固止之。时宦官用事,从一为雍州刺史及御史大夫,误见讼者无须,必曲加承接。

二年春二月庚寅,宫中言皇后衣笥裙上有五色云起,上令图以示百官。韦巨源请布之天下,从之,仍赦天下。

迦叶志忠奏:"昔神尧皇帝未受命,天下歌《桃李子》;文武皇帝未受命,天下歌《秦王破阵乐》;天皇大帝未受命,天下歌《堂堂》;则天皇后未受命,天下歌《娬媚娘》;应天皇帝未受命,天下歌《英王石州》;顺天皇后未受命,天下歌

不久，宗楚客又让袁守一上奏说："从前则天太后在三阳宫身体欠佳时，狄仁杰上奏请求让陛下代理国政，魏元忠秘密上奏认为不行。这是魏元忠心怀谋反天长日久的证据，请求对他处以严刑！"中宗对杨再思等人说："朕觉得，人臣事奉君主，务必要一心一意；哪里能够因为君主有小病，就急忙请太子出面管理国事的？这是狄仁杰想树立自己对太子的恩惠，未见得是魏元忠有过失。袁守一想借往事陷害魏元忠，难道是可行的吗？"楚宗客这才罢休。魏元忠出发上任，走到涪陵就去世了。

银青光禄大夫、上庸公兼圣善寺、中天寺、西明寺三寺寺主慧范，在东都洛阳兴建圣善寺，在长乐坡建造大佛像，国库被他消耗一空。中宗和韦后都看重他，慧范的权势倾倒朝廷内外，没有人敢指责他。戊申（十三日），侍御史魏传弓揭发慧范贪赃四十余万钱，请求用极刑处置他。中宗打算宽恕慧范，魏传弓说："刑罚、赏赐是国家的大事，陛下已经对他妄加赏赐，难道还可以对他的罪行不处以刑罚吗？"中宗于是削除慧范的官职爵位，将他放逐回家。

宦官、左监门大将军薛思简等人有宠于安乐公主，暴虐放纵，不守法度，魏传弓上奏请求将他们诛杀，御史大夫窦从一害怕，坚决制止魏传弓上奏。当时宦官掌有大权，窦从一担任雍州刺史和御史大夫，见诉讼的人没有胡须，便误认为是宦官，一定曲意加以奉承、接待。

二年（708）春季二月庚寅（二十七日），后宫中传说韦皇后衣柜里的裙上有五色彩云飘起，中宗命令画成图画拿给朝中文武百官看。韦巨源请求中宗将图画向天下公布，中宗采纳他的建议，并且赦免天下罪人。

迦叶志忠上奏说："从前高祖神尧皇帝未受天命当皇上时，天下人编唱《桃李子》；太宗文武皇帝未受天命时，天下人编唱《秦王破阵乐》；高宗天皇大帝未受天命时，天下人编唱《堂堂》；则天皇后未受天命时，天下人编唱《娬媚娘》；应天皇帝未受天命时，天下人编唱《英王石州》；顺天皇后未受天命时，天下人编唱

《桑条韦》;盖天意以顺天皇后宜为国母,主蚕桑之事。谨上《桑韦歌》十二篇,请编之乐府,皇后祀先蚕则奏之。"太常卿郑愔又引而申之。上悦,皆受厚赏。

　　右补阙赵延禧上言:"周、唐一统,符命同归,故高宗封陛下为周王。则天时,唐同泰献《洛水图》。孔子曰:'其或继周者,虽百代可知也。'陛下继则天,子孙当百代王天下。"上悦,擢延禧为谏议大夫。

　　秋七月,安乐、长宁公主及皇后妹郕国夫人、上官婕妤、婕妤母沛国夫人郑氏、尚宫柴氏、贺娄氏、女巫第五英儿、陇西夫人赵氏,皆依势用事,请谒受赇。虽屠沽臧获,用钱三十万,则别降墨敕除官,斜封付中书,时人谓之"斜封官"。钱三万则度为僧尼。其员外、同正、试、摄、检校、判、知官凡数千人。西京、东都各置两吏部侍郎,为四铨,选者岁数万人。

　　上官婕妤及后宫多立外第,出入无节,朝士往往从之游处,以求进达。安乐公主尤骄横,宰相以下多出其门。与长宁公主竞起第舍,以侈丽相高,拟于宫掖,而精巧过之。安乐公主请昆明池,上以百姓蒲鱼所资,不许。公主不悦,乃更夺民田作定昆池,延袤数里,累石象华山,引水象天津,欲以胜昆明,故名定昆。安乐有织成裙,直钱一亿,花卉鸟兽,皆如粟粒,正视旁视,日中影中,各为一色。

《桑条韦》；大概天意认为顺天皇后应当做国母，主持养蚕种桑的大事。恭敬地呈上《桑韦歌》十二篇，请求编入乐府诗歌中，在皇后祭礼蚕神时就演奏它。"太常卿郑愔又顺此话题引申。中宗很高兴，迦叶志忠和郑愔都得到厚重的赏赐。

右补阙赵延禧上奏说："武周、唐朝一脉相承，都有祥瑞征兆以示归向，所以高宗封陛下为周王。则天太后执政时，唐同泰献上《洛水图》。孔子说：'将来有人继承周王朝，即使是一百代之后也能知道。'陛下继承则天太后的大周朝，子孙必将千秋万代地统治天下。"中宗很高兴，提升赵延禧为谏议大夫。

秋季七月，安乐公主、长宁公主以及韦皇后的妹妹郕国夫人，上官婕妤和婕妤的母亲沛国夫人郑氏、尚宫柴氏、贺娄氏、女巫第五英儿、陇西夫人赵氏都依仗权势专擅朝政，接受贿赂，为行贿的人提出请求。即使是屠夫、卖酒的、奴婢，只要行贿三十万钱，就特别由皇帝降下亲笔诏令任命为官，诏令斜封起来交付中书省，当时的人把这类官吏称为"斜封官"。行贿三万钱就能得到当僧人、尼姑的度牒。那些员外官、员外同正官、试官、摄官、检校官、判官、知官，多达数千人。西京长安、东都洛阳分别设置两名吏部侍郎，每年四次选授官职，入选的官员达数万人。

上官婕妤以及宫中的嫔妃姬妾们大多在宫外修建私宅，出入宫禁毫无节制，朝中的士人常常跟随她们游玩、与她们相处，以便求得升官发财的机会。安乐公主尤其骄侈蛮横，宰相以下的官吏大多出自她的门下。安乐公主与长宁公主争相修建府第，在奢侈豪华方面互相比高低，她们的府第仿造皇宫修建，而在精致细巧方面还超过皇宫。安乐公主请求皇上赐给自己昆明池，中宗因为昆明池是百姓赖以养殖蒲鱼的场所，没有答应。安乐公主不高兴，于是另外抢夺民田修建定昆池。定昆池绵延数里，仿照华山的样子用石头堆假山，仿照天河的布局规划水流，想兴建得超过昆明池，所以取名定昆池。安乐公主有一条编织的裙子，价值一亿钱，裙子上的花卉鸟兽图案，都和小米粒一样大小，正面看与侧面看，日光中看或阴影中看，分别为不同的颜色。

上好击毬,由是风俗相尚,驸马武崇训、杨慎交洒油以筑毬场。慎交,恭仁曾孙也。

上及皇后、公主多营佛寺。左拾遗京兆辛替否上疏谏,略曰:"臣闻古之建官,员不必备,士有完行,家有廉节,朝廷有馀俸,百姓有馀食。伏惟陛下百倍行赏,十倍增官,金银不供其印,束帛不充于锡,遂使富商豪贾尽居缨冕之流,鬻伎行巫或涉膏腴之地。"

又曰:"公主,陛下之爱女,然而用不合于古义,行不根于人心,将恐变爱成憎,翻福为祸。何者?竭人之力,费人之财,夺人之家,爱数子而取三怨,使边疆之士不尽力,朝廷之士不尽忠,人之散矣,独持所爱,何所恃乎?君以人为本,本固则邦宁,邦宁则陛下之夫妇母子长相保也。"

又曰:"若以造寺必为理体,养人不足经邦,则殷、周已往皆暗乱,汉、魏已降皆圣明;殷、周已往为不长,汉、魏已降为不短矣。陛下缓其所急,急其所缓,亲未来而疏见在,失真实而冀虚无,重俗人之为,轻天子之业,虽以阴阳为炭,万物为铜,役不食之人,使不衣之士,犹尚不给,况资于天生地养,风动雨润,而后得之乎?一旦风尘再扰,霜雹荐臻,沙弥不可操干戈,寺塔不足攘饥馑,臣窃惜之。"疏奏,不省。

中宗喜爱玩儿击球的游戏，因此当时的风俗也崇尚玩儿击球游戏，驸马武崇训、杨慎交洒油修建击球场。杨慎交是杨恭仁的曾孙。

中宗和皇后、公主大量营建佛寺。左拾遗京兆人辛替否上奏疏规劝，奏疏的内容大致为："我听说古代建立官制，员额不必齐备，士人要有完美的品行，家庭要有清廉的节操，朝廷要有充足的俸禄，百姓要有充裕的粮食。可是陛下是百倍地施行赏赐，十倍地增设官员，金银不够供给铸造官印，丝绸不能满足赏赐臣民，最终导致富商大贾可以通过出钱买官而居于高贵的职位，卖艺的、行巫术的有一天会拥有肥沃的良田。"

又说："公主是陛下宠爱的女儿，然而她们的用度不符合古义，行为不注意立足于民心，恐怕将来爱会变成恨，福会转成祸。为什么呢？她们耗尽百姓的人力，浪费百姓的财富，败坏百姓的家庭，陛下为宠爱几个儿女而招致三方面的怨恨，使得边疆的将士不愿为朝廷尽力，朝廷的官员不愿为陛下尽忠，人心涣散了，陛下只剩下宠妻爱女，凭什么治理国家呢？君主以百姓为国家的根基，根基稳固则国家安宁，国家安宁则陛下夫妻母子能长相厮守。"

又说："如果认为建造佛寺是治理国家的根本所在，养育百姓不能治理好国家，那么殷商、周朝以前都是政治黑暗混乱，两汉、魏以后都是朝政太平英明；殷商、周朝以前国运都不算长，两汉、魏以后国运都不算短了。陛下怠慢那些当务之急的国事，着急那些无关紧要的闲事，亲近来世而疏远今世，无视真实而幻想虚无，重视庸俗之人的所作所为，轻视大唐天子的经国大业，陛下即使能把阴阳二气作为炭，世间的万物变为铜，役使不用吃饭的人民，驱使不须穿衣的士卒，人财物尚且还不够供给，更何况人力、财力、物力要靠天地养育，风吹雨打和甘露滋润，然后才能得到啊！一旦又发生战争的骚扰，霜雹灾害接连降临，和尚、尼姑不能拿起武器作战，寺庙、佛塔不能消除饥荒，我私下为陛下感到痛惜。"奏疏呈上，中宗不予理会。

　　时斜封官皆不由两省而授,两省莫敢执奏,即宣示所司。吏部员外郎李朝隐前后执破一千四百馀人,怨谤纷然,朝隐一无所顾。

　　冬十月己酉,修文馆直学士、起居舍人武平一上表请抑损外戚权宠,不敢斥言韦氏,但请抑损己家。上优制不许。

　　上以安乐公主适左卫中郎将武延秀。初,武崇训之尚公主也,延秀数得侍宴。延秀美姿仪,善歌舞,公主悦之。及崇训死,遂以延秀尚焉。己卯,成礼,假皇后仗,分禁兵以盛其仪卫,命安国相王障车。庚辰,赦天下,以延秀为太常卿,兼右卫将军。辛巳,宴群臣于两仪殿,命公主出拜公卿,公卿皆伏地稽首。

　　三年,太平、安乐公主各树朋党,更相谮毁,上患之。冬十一月癸亥,上谓修文馆直学士武平一曰:“比闻内外亲贵多不辑睦,以何法和之?”平一以为:“此由谗谄之人阴为离间,宜深加诲谕,斥逐奸险。若犹未已,伏愿舍近图远,抑慈存严,示以知禁,无令积恶。”上赐平一帛而不能用其言。

　　睿宗景云元年春正月丙寅夜,中宗与韦后微行观灯于市里,又纵宫女数千人出游,多不归者。

那时的斜封官都不经过中书省、门下省就得以授命，中书省、门下省没有谁敢坚持授官要由有关部门上奏后才能任命，一接到授官的诏令就立即向有关部门宣示。吏部员外郎李朝隐前前后后阻止了一千四百多名斜封官的任命，众人怨恨他，纷纷诽谤他，李朝隐却无所顾忌，毫不理睬。

冬季十月己酉（二十一日），修文馆直学士、起居舍人武平一上表章，请求中宗限制、减损外戚的权势与荣宠，他不敢直接指责韦氏，只是请求对自己一家实行限制和减损。中宗宽容地下诏书，不同意限制、减损。

中宗把安乐公主嫁给左卫中郎将武延秀。当初，武崇训娶安乐公主，武延秀多次得以侍陪公主宴饮。武延秀姿态仪表俊美，善于唱歌跳舞，安乐公主很喜欢他。到武崇训被杀死，中宗就让武延秀娶安乐公主。己卯（十一月二十一日），安乐公主与武延秀举行婚礼，借皇后的仪仗，中宗又调一部分禁军来壮大仪仗卫队，命令安国相王李旦迎候安乐公主的车马。庚辰（二十二日），赦免天下罪人，任命武延秀为太常卿，兼任右卫将军。辛巳（二十三日），在两仪殿大宴群臣，中宗命令安乐公主出来拜见公卿大臣，公卿大臣都跪在地上向安乐公主叩拜。

三年（709），太平公主、安乐公主各自树立党羽，互相诬陷、诋毁，中宗感到担忧。冬季十一月癸亥（十一日），中宗对修文馆直学士武平一说："近来朕闻知朝廷内外的皇亲贵戚大多不和睦，用什么办法能让他们和睦？"武平一认为："这是因为进谗言、奉承之徒暗中在挑拨离间她们，陛下应当严厉地加以教导、晓谕，驱逐奸邪险恶之徒。如果还不能够制止，恭敬地希望陛下放弃眼前的恩情而图谋长远的利益，克制慈爱而保持严厉，明确告示要她们知道遵守法令，不要让她们的罪恶越积越多。"中宗赏赐武平一丝绸却没有采纳武平一的建议。

睿宗景云元年（710）春季正月丙寅（十四日）的夜晚，中宗与韦后穿上便服到市区观赏花灯，还放出几千名宫女出宫游玩，很多宫女一去不回。

初，则天之世，长安城东隅民王纯家井溢，浸成大池数十顷，号隆庆池。相王子五王列第于其北。望气者言："常郁郁有帝王气，比日尤盛。"夏四月乙未，上幸隆庆池，结彩为楼，宴侍臣，泛舟戏象以厌之。

定州人郎岌上言："韦后、宗楚客将为逆乱。"韦后白上，杖杀之。

五月丁卯，许州司兵参军偃师燕钦融复上言："皇后淫乱，干预国政，宗族强盛；安乐公主、武延秀、宗楚客图危宗社。"上召钦融面诘之。钦融顿首抗言，神色不挠，上默然。宗楚客矫制令飞骑扑杀之，投于殿庭石上，折颈而死，楚客大呼称快。上虽不穷问，意颇怏怏不悦，由是韦后及其党始忧惧。

散骑常侍马秦客以医术，光禄少卿杨均以善烹调，皆出入宫掖，得幸于韦后，恐事泄被诛。安乐公主欲韦后临朝，自为皇太女，乃相与合谋，于饼馅中进毒。六月壬午，中宗崩于神龙殿。韦后秘不发丧，自总庶政。癸未，召诸宰相入禁中，征诸府兵五万人屯京城，使驸马都尉韦捷、韦灌、卫尉卿韦璿、左千牛中郎韦锜、长安令韦播、郎将高嵩等分领之。璿，温之族弟；播，从子；嵩，其甥也。中书舍人韦元徼巡六街，又命左监门大将军兼内侍薛思简等将兵五百人驰驿戍均州，以备谯王重福。以刑部尚书裴谈、工部尚书张锡并同中书门下三品，仍充东都留守。吏部尚书张

当初，武则天统治的时代，长安城东边的居民王纯家的井往外涌水，溢出来的水渐渐形成一个数十顷大的湖泊，取名为隆庆池。相王李旦的五个被封王爵的儿子，他们的府第排列在隆庆池北面。望气的人说："隆庆池常常出现旺盛的帝王之气，近来尤其盛大。"夏季四月乙未（十四日），中宗到隆庆池，在这里结成彩楼，宴请侍陪的臣子，在池上荡舟，观看大象表演，以便压制这里的帝王之气。

定州人郎岌上书说："韦后、宗楚客将要谋反作乱。"韦后禀报中宗，让人用杖打死郎岌。

五月丁卯（十七日），许州司兵参军偃师人燕钦融又上书说："韦皇后淫乱，干预国政，韦氏宗族强盛；安乐公主、武延秀、宗楚客图谋危害大唐的宗庙社稷。"中宗征召燕钦融前来当面盘问他。燕钦融叩头，高声诉说，神色毫不屈服，中宗沉默不语。宗楚客伪造中宗诏令，让飞骑打杀燕钦融，飞骑将燕钦融摔到宫殿庭院中的石头上，燕钦融脖子折断而死，宗楚客大声呼叫痛快。中宗虽然没有追问此事，但心中很是不高兴，从此韦后以及她的党羽开始忧心忡忡，恐惧不安。

散骑常侍马秦客凭借医术，光禄少卿杨均因为善于烹调，都得以出入后宫，受到韦后的宠幸，他们生怕事情泄露后被诛杀。安乐公主希望韦后到朝廷执掌政权，自己立为皇太女。于是这些人聚在一起共同谋划，把毒药放在饼馅里谋杀中宗。六月壬午（初二），中宗在神龙殿驾崩。韦后保密，不宣布中宗去世的消息，自己总领各种政事。癸未（初三），韦后召集众位宰相前来后宫，征调各府的五万府兵驻守京城，派驸马都尉韦捷、韦灌、卫尉卿韦璿、左千牛中郎韦锜、长安令韦播、郎将高嵩等分头统领这些军队。韦璿是韦温的同族弟弟，韦播是韦温的侄子，高嵩是韦温的外甥。中书舍人韦元负责巡逻长安城中的六街。韦后又命左监门大将军兼内侍薛思简等人率领五百士兵，乘坐驿车迅速进驻均州，以便防备谯王李重福。给刑部尚书裴谈、工部尚书张锡都封同中书门下三品，仍然充任东都洛阳留守。吏部尚书张

嘉福、中书侍郎岑羲、吏部侍郎崔湜并同平章事。羲,长倩之子也。

太平公主与上官昭容谋草遗制,立温王重茂为皇太子,皇后知政事,相王旦参谋政事。宗楚客密谓韦温曰:"相王辅政,于理非宜。且于皇后,嫂叔不通问,听朝之际,何以为礼?"遂帅诸宰相表请皇后临朝,罢相王政事。苏瓌曰:"遗诏岂可改邪?"温、楚客怒,瓌惧而从之,乃以相王为太子太师。

甲申,梓宫迁御太极殿,集百官发丧,皇后临朝摄政,赦天下,改元唐隆。进相王旦为太尉,雍王守礼为豳王,寿春王成器为宋王,以从人望。命韦温总知内外守捉兵马事。

丁亥,殇帝即位,时年十六。尊皇后为皇太后,立妃陆氏为皇后。

壬辰,命纪处讷持节巡抚关内道,岑羲河南道,张嘉福河北道。

宗楚客与太常卿武延秀、司农卿赵履温、国子祭酒叶静能及诸韦共劝韦后遵武后故事,南北卫军、台阁要司皆以韦氏子弟领之,广聚党众,中外连结。楚客又密上书称引图谶,谓韦氏宜革唐命。谋害殇帝,深忌相王及太平公主,密与韦温、安乐公主谋去之。

相王子临淄王隆基,先罢潞州别驾,在京师,阴聚才勇之士,谋匡复社稷。初,太宗选官户及蕃口骁勇者,著虎文衣,跨豹文鞯,从游猎,于马前射禽兽,谓之百骑。则天时

嘉福、中书侍郎岑羲、吏部侍郎崔湜都任命为同平章事。岑羲是岑长倩的儿子。

太平公主和昭容上官婉儿谋划起草中宗遗诏,立温王李重茂为皇太子,皇后执掌朝政,相王李旦参谋政事。宗楚客秘密地对韦温说:"相王辅佐朝政,从道理上说不合适。况且对皇后来说,有嫂嫂与小叔不能问候的礼仪,皇后处理朝政的时候,又如何遵守这一礼仪呢?"韦温于是率领众位宰相上表请求皇后到朝廷主持朝政,罢免相王参与政事。苏瓌说:"遗诏难道能够随便改动吗?"韦温、宗楚客发怒,苏瓌因害怕他们便顺从了,朝廷于是任命相王为太子太师。

甲申(初四),韦后将中宗的棺材迁往太极殿,召集文武百官宣布中宗驾崩,皇后到朝廷代理皇帝处理政事,赦免天下罪人,改年号为唐隆。提升相王李旦为太尉,改封雍王李守礼为豳王,寿春王李成器为宋王,以便顺应民心。命令韦温总知内外守捉兵马事。

丁亥(初七),殇帝李重茂即位,殇帝此时十六岁。殇帝尊奉韦皇后为皇太后,立妃子陆氏为皇后。

壬辰(十二日),朝廷命令纪处讷持节巡查安抚关内道,岑羲巡查安抚河南道,张嘉福巡查安抚河北道。

宗楚客与太常卿武延秀、司农卿赵履温、国子祭酒叶静能,以及众韦氏共同劝韦后遵循武后旧制登基称帝,南北禁卫亲军,台省、内阁以及重要的官署,全部任用韦氏子侄统领,扩大招集党羽、徒众,在朝廷内外串联、勾结。宗楚客又秘密上奏书,引证图谶,说韦氏应当推翻唐朝。宗楚客谋划害死殇帝,但十分畏惧相王和太平公主,便暗中与韦温、安乐公主谋划除掉他们。

相王的儿子、临淄王李隆基,早先被罢免潞州别驾职务后,回到京城,他私下招纳智勇双全的人,谋划匡复唐王朝。当初,唐太宗从犯罪后没入官府服役的人中和蕃人中挑选出骁勇善战的人,让他们穿上绘有虎皮纹的衣服,骑乘配备豹皮纹马鞍的骏马,跟随自己出游打猎,在马前射杀飞禽走兽,称之为百骑。武则天时

稍增为千骑,隶左、右羽林。中宗谓之万骑,置使以领之。隆基皆厚结其豪杰。

兵部侍郎崔日用素附韦、武,与宗楚客善,知楚客谋,恐祸及己,遣宝昌寺僧普润密诣隆基告之,劝其速发。隆基乃与太平公主及公主子卫尉卿薛崇暕,苑总监赣人锺绍京,尚衣奉御王崇晔、前朝邑尉刘幽求、利仁府折冲麻嗣宗谋先事诛之。韦播、高嵩数榜捶万骑,欲以立威,万骑皆怨。果毅葛福顺、陈玄礼见隆基诉之,隆基讽以诛诸韦,皆踊跃请以死自效。万骑果毅李仙凫亦预其谋。或谓隆基当启相王,隆基曰:"我曹为此以徇社稷,事成福归于王,不成以身死之,不以累王也。今启而见从,则王预危事;不从,将败大计。"遂不启。

庚子,晡时,隆基微服与幽求等入苑中,会锺绍京廨舍。绍京悔,欲拒之,其妻许氏曰:"忘身徇国,神必助之。且同谋素定,今虽不行,庸得免乎?"绍京乃趋出拜谒,隆基执其手与坐。时羽林将士皆屯玄武门,逮夜,葛福顺、李仙凫皆至隆基所,请号而行。向二鼓,天星散落如雪,刘幽求曰:"天意如此,时不可失!"福顺拔剑直入羽林营,斩韦璿、韦播、高嵩以徇,曰:"韦后鸩杀先帝,谋危社稷,今夕当共诛诸韦,马鞭以上皆斩之。立相王以安天下。敢有怀两端助逆党者,罪及三族。"羽林之士皆欣然听命。乃送璿等首

代逐渐增加为千骑，隶属于左、右羽林军。中宗时代称为万骑，设置专使统领。李隆基对万骑中的英雄豪杰一概诚心结交。

兵部侍郎崔日用向来依附韦氏、武氏，与宗楚客友善，他知道宗楚客的阴谋，害怕今后祸及自身，便派宝昌寺僧人普润悄悄地到李隆基那里告发宗楚客，劝李隆基迅速发难。李隆基于是和太平公主，以及太平公主的儿子、卫尉卿薛崇暕，苑总监赣县人钟绍京，尚衣奉御王崇晔，前任朝邑县尉刘幽求，利仁府折冲麻嗣宗谋划在楚宗客之前起事，诛杀韦氏集团。韦播、高嵩经常杖打万骑，想以此树立威望，万骑都怨恨他们。果毅葛福顺、陈玄礼去见李隆基，向他诉说这一切，李隆基暗示他们准备讨伐韦氏集团，他们都自告奋勇地请求让他们拼死效力。万骑果毅李仙凫也参与了李隆基的谋划。有人对李隆基说应当将事情启告相王，李隆基说："我们这样起事是为了国家，事情如果成功则福归相王，不成功则只有一死，不用连累相王。如今启告相王并得到相王的同意，则让相王参与了危险的事业；而相王不同意，就会败坏大计。"于是没有启告相王。

庚子（二十日）这天下午，李隆基穿上便服和刘幽求等人进入禁苑，到钟绍京的住处会面。钟绍京后悔参与此事，想拒绝见面，他的妻子许氏说："舍生忘死为国家，神灵一定祐助你们。况且平常你们一起商定谋划，如今你即使不参加行动，难道还能够免除牵连吗？"钟绍京于是急忙出来拜见，李隆基握着他的手，和他坐在一起。这时羽林将士都驻守在玄武门，到了晚上，葛福顺、李仙凫都到李隆基那里，请求他下达命令，开始行动。将近二更时分，天上的流星雪花般地散落，刘幽求说："天意如此，机不可失！"葛福顺拔出剑来就直接去羽林营，将韦璿、韦播、高嵩斩杀示众，葛福顺说："韦后下毒杀害了先帝，阴谋夺取国家政权，今天晚上应当同心协力讨伐韦氏集团，凡是个子高过马鞭以上的人全部斩杀。拥立相王即位以便安定天下。有胆敢三心二意、帮助韦氏叛党的人，处以杀灭父母、兄弟、妻子三族的刑罚。"羽林军的将士都高兴地听从命令。葛福顺于是将韦璿等人的首级

于隆基,隆基取火视之,遂与幽求等出苑南门,绍京帅丁匠二百馀人,执斧锯以从。使福顺将左万骑攻玄德门,仙凫将右万骑攻白兽门,约会于凌烟阁前,即大噪。福顺等杀守门将,斩关而入。隆基勒兵玄武门外,三鼓,闻噪声,帅总监及羽林兵而入,诸卫兵在太极殿宿卫梓宫者,闻噪声,皆被甲应之。韦后惶惑走入飞骑营,有飞骑斩其首献于隆基。安乐公主方照镜画眉,军士斩之。斩武延秀于肃章门外,斩内将军贺娄氏于太极殿西。

初,上官昭容引其从母之子王昱为左拾遗,昱说昭容母郑氏曰:"武氏,天之所废,不可兴也。今婕妤附于三思,此灭族之道也,愿姨思之!"郑氏以戒昭容,昭容弗听。及太子重俊起兵讨三思,索昭容,昭容始惧,思昱言,自是心附帝室,与安乐公主各树朋党。及中宗崩,昭容草遗制立温王,以相王辅政,宗、韦改之。及隆基入宫,昭容执烛帅宫人迎之,以制草示刘幽求。幽求为之言,隆基不许,斩于旗下。

时少帝在太极殿,刘幽求曰:"众约今夕共立相王,何不早定?"隆基遽止之,捕索诸韦在宫中及守诸门,并素为韦后所亲信者皆斩之。比晓,内外皆定。辛巳,隆基出见相王,叩头谢不先启之罪。相王抱之泣曰:"社稷宗庙不坠于地,汝之力也。"遂迎相王入辅少帝。

送到李隆基那里,李隆基取来灯火察看,然后和刘幽求等人从禁苑南门出去,锺绍京率领二百多名手持斧头、锯子的工匠跟随在后面。李隆基派葛福顺率领左万骑进攻玄德门,李仙凫率领右万骑进攻白兽门,约定在凌烟阁前会师后,就大声鼓噪。葛福顺等人杀死守门的将领,砍开城门冲进皇宫。李隆基带兵守在玄武门外,三更时分,听到鼓噪的声音,就率领总监和羽林兵进军皇宫,那些在太极殿值宿守卫中宗灵柩的卫兵,听到鼓噪的声音后,都披上铠甲响应李隆基。韦后惊慌失措,逃到飞骑营,有个飞骑兵将韦后斩首,向李隆基献上首级。安乐公主正在照镜子画眉,被军士杀死。武延秀被杀死在肃章门外,内将军贺娄氏被杀死在太极殿西。

当初,昭容上官婉儿引用她姨母的儿子王昱担任左拾遗,王昱劝说上官婉儿的母亲郑氏说:"武氏是被上天废黜的,不可能再复兴了。如今婕妤上官婉儿依附武三思,这是自取灭族之祸的道路,希望姨母认真考虑!"郑氏用这些话告诫上官婉儿,上官婉儿听不进去。等到太子李重俊起兵讨伐武三思,搜捕上官婉儿,上官婉儿开始恐惧了,才考虑了王昱劝告她的那些话,从此一心一意依附唐王室,与安乐公主各自树立朋党。到中宗去世,上官婉儿起草中宗遗诏立温王李重茂为太子,任命相王李旦辅佐朝政,宗楚客、韦后将遗诏更改。到李隆基进入宫殿,上官婉儿手持灯笼,率领宫人迎接李隆基,将中宗遗诏的草稿拿给刘幽求看。刘幽求于是为上官婉儿求情,李隆基不同意,将她杀死在军旗下。

当时少帝李重茂在太极殿,刘幽求说:"大家约好今天晚上同心协力立相王为帝,为何不趁早定下此事?"李隆基急忙制止他,下令搜捕住在皇宫中以及守门的众韦氏成员,平时韦后所亲近、信任的那些人都同时被杀掉。等到天亮,皇宫内外全部平定。辛巳,李隆基出宫拜见相王,叩头谢罪没有事先启告父亲。相王抱着李隆基,流着泪说:"国家、祖宗的祭庙没有破败,是你的功劳。"李隆基于是迎接相王入朝辅佐少帝。

闭宫门及京城门，分遣万骑收捕诸韦亲党。斩太子少保、同中书门下三品韦温于东市之北。中书令宗楚客衣斩衰、乘青驴逃出，至通化门，门者曰："公，宗尚书也。"去布帽，执而斩之，并斩其弟晋卿。相王奉少帝御安福门，慰谕百姓。初，赵履温倾国资以奉安乐公主，为之起第舍，筑台穿池无休已，捩紫衫，以项挽公主辇车。公主死，履温驰诣安福楼下舞蹈称万岁，声未绝，相王命万骑斩之。百姓怨其劳役，争割其肉立尽。秘书监、汴王邕娶韦后妹崇国夫人，与御史大夫窦从一各手斩其妻首以献。邕，凤之孙也。左仆射、同中书门下三品韦巨源闻乱，家人劝之逃匿，巨源曰："吾位大臣，岂可闻难不赴？"出至都街，为乱兵所杀，时年八十。于是枭马秦客、杨均、叶静能等首，尸韦后于市。崔日用将兵诛诸韦于杜曲，襁褓儿无免者，诸杜滥死非一。

是日，赦天下，云："逆贼魁首已诛，自馀支党一无所问。"以临淄王隆基为平王，兼知内外闲厩，押左右厢万骑。薛崇暕赐爵立节王。以锺绍京守中书侍郎，刘幽求守中书舍人，并参知机务。麻嗣宗行左金吾卫中郎将。武氏宗属，诛死流窜殆尽。侍中纪处讷行至华州，吏部尚书、同平章事张嘉福行至怀州，皆收斩之。

壬寅，刘幽求在太极殿，有宫人与宦官令幽求作制书立太后，幽求曰："国有大难，人情不安，山陵未毕，遽立太后，不可！"平王隆基曰："此勿轻言。"

朝廷关闭宫门以及京城门，派遣万骑分头收捕韦氏的亲戚、党羽。在京城东市北面杀死太子少保、同中书门下三品韦温。中书令宗楚客身穿丧服，乘坐一头青黑色的驴子逃走。逃到通化门，守门的人说："您就是宗尚书。"于是揭掉宗楚客头上的布帽，将他逮捕，然后杀死，同时还杀了他的弟弟宗晋卿。相王奉陪着少帝来到安福门，抚慰告示百姓。当初，赵履温竭尽国家的资财去侍奉安乐公主，为她兴建宅第馆舍，修筑亭台楼阁，穿凿定昆池，无休无止。甚至用手按住紫色的官服，用脖子为公主拉牛车。安乐公主被杀死，赵履温急忙奔到安福门城楼下，行舞蹈之礼高呼万岁，呼声未停，相王命令万骑将他杀死。百姓痛恨赵履温驱使他们服劳役，争着去剐他的肉，立即就剐尽了。秘书监、汴王李邕娶韦后的妹妹崇国夫人，他和御史大夫窦从一各自亲手将自己的妻子斩首，将首级进献朝廷。李邕是李凤的孙子。左仆射、同中书门下三品韦巨源听闻宫中发生动乱，家里的人劝他逃出去躲藏起来，韦巨源说："我位居大臣，怎么能够听到有祸难而不前往？"他从家中出来，走到大街上，被乱兵杀死，死时有八十岁。朝廷于是将马秦客、杨均、叶静能等的头颅砍下来悬挂示众，将韦后暴尸街头。崔日用率领军队到杜曲诛杀众韦姓之人，婴儿也不放过，姓杜的被滥杀的不止一个。

这一天，赦免天下罪人，说："反贼的罪魁祸首已被诛杀，其余剩下的党羽一概不追查。"任命临淄王李隆基为平王，兼任知内外闲厩，掌管左右厢万骑。赐封薛崇暕立节王爵位。任命钟绍京署理中书侍郎，刘幽求署理中书舍人，两人都参知机务。让麻嗣宗兼摄左金吾卫中郎将。武氏的亲属，几乎全部被诛杀、流放。侍中纪处讷走到华州，吏部尚书、同平章事张嘉福走到怀州，都被收捕斩杀。

壬寅（二十二日），刘幽求在太极殿，有些宫女和宦官让他替皇帝写诏书立太后，刘幽求说："国家遭遇大难，人心不安，先帝的灵柩尚未安葬完毕，急急忙忙地立太后，不可以！"平王李隆基说："这一类的话不要轻易说。"

遣十道使赍玺书宣抚，及诣均州宣尉谯王重福。贬窦从一为濠州司马。罢诸公主府官。

癸卯，太平公主传少帝命，请让位于相王，相王固辞。以平王隆基为殿中监、同中书门下三品，以宋王成器为左卫大将军，衡阳王成义为右卫大将军，巴陵王隆范为左羽林大将军，彭城王隆业为右羽林大将军，光禄少卿、嗣道王微检校右金吾卫大将军。微，元庆之孙也。以黄门侍郎李日知、中书侍郎锺绍京并同中书门下三品。太平公主之子薛崇训为右千牛卫将军。隆基有二奴，王毛仲、李守德，皆趫勇善骑射，常侍卫左右。隆基之入苑中也，毛仲避匿不从，事定数日方归，隆基不之责，仍超拜将军。毛仲，本高丽也。汴王邕贬沁州刺史，左散骑常侍、驸马都尉杨慎交贬巴州刺史，中书令萧至忠贬许州刺史，兵部尚书、同中书门下三品韦嗣立贬宋州刺史，中书侍郎、同平章事赵彦昭贬绛州刺史，吏部侍郎、同平章事崔湜贬华州刺史。

刘幽求言于宋王成器、平王隆基曰："相王畴昔已居宸极，群望所属。今人心未安，家国事重，相王岂得尚守小节，不早即位以镇天下乎？"隆基曰："王性恬淡，不以代事婴怀。虽有天下，犹让于人，况亲兄之子，安肯代之乎？"幽求曰："众心不可违，王虽欲高居独善，其如社稷何？"成器、隆基入见相王，极言其事，相王乃许之。甲辰，少帝在太极殿东隅西向，相王立于梓宫旁，太平公主曰："皇帝欲以此位让叔父，可乎？"幽求跪曰："国家多难，皇帝仁孝，追踪尧、舜，诚合至公。相王代之任重，慈爱尤厚矣。"乃以少帝

朝廷派遣十路使者携带皇帝的诏书前去宣谕、安抚百姓，并到均州安抚谯王李重福。贬窦从一的职务为濠州司马。罢除各位公主的府官。

　　癸卯（二十三日），太平公主传达少帝的旨意，要求将皇位让给相王，相王坚决推辞。朝廷任命平王李隆基为殿中监、同中书门下三品，任命宋王李成器为左卫大将军，衡阳王李成义为右卫大将军，巴陵王李隆范为左羽林大将军，彭城王李隆业为右羽林大将军，光禄少卿、嗣道王李微为检校右金吾卫大将军。李微是李元庆的孙子。任命黄门侍郎李日知、中书侍郎锺绍京都为同中书门下三品。太平公主的儿子薛崇训被任命为右千牛卫将军。李隆基有两个奴仆：王毛仲和李守德，都很骁健勇猛，善于骑马射箭，时常侍卫在李隆基身旁。李隆基到禁苑中指挥发难时，王毛仲躲藏起来没有跟随李隆基起事，事态平定了好几天后才回来，李隆基没有责怪他，仍然提拔他为将军。王毛仲原来是高丽人。汴王李邕被贬职为沁州刺史，左散骑常侍、驸马都尉扬慎交贬为巴州刺史，中书令萧至忠贬为许州刺史，兵部尚书、同中书门下三品韦嗣立贬为宋州刺史，中书侍郎、同平章事赵彦昭贬为绛州刺史，吏部侍郎、同平章事崔湜贬为华州刺史。

　　刘幽求对宋王李成器、平王李隆基说道："相王从前已经身处帝位，众望所归。如今人心不安，王室、国家事关重要，相王怎么能够崇尚遵守小节，不趁早即位，以便让天下安定呢？"李隆基说："父王生性恬淡，不把世间小事放在心上。即使得到了天下还要辞让给人，何况对于亲哥哥的儿子，怎么肯去取代他呢？"刘幽求说："民心不能够违背，相王虽然想高居世事之上、独善其身，那国家怎么办？"李成器、李隆基入宫拜见相王，极力陈述请他即位的事，相王于是同意了他们的请求。甲辰（二十四日），少帝在太极殿东边面朝西方，相王站在中宗的灵柩旁边，太平公主说："皇帝想把皇位让给他的叔父，行吗？"刘幽求跪着说："国家多难，皇帝仁爱孝敬，仿效唐尧、虞舜，实在是出于至公之心。相王取代皇帝担当大任，对侄儿的慈爱尤为深厚啊。"于是为少帝

制传位相王。时少帝犹在御座,太平公主进曰:"天下之心已归相王,此非儿座!"遂提下之。睿宗即位,御承天门,赦天下,复以少帝为温王。以锺绍京为中书令。

上将立太子,以宋王成器嫡长,而平王隆基有大功,疑不能决。成器辞曰:"国家安则先嫡长,国家危则先有功,苟违其宜,四海失望。臣死不敢居平王之上。"涕泣固请者累日。大臣亦多言平王功大宜立。刘幽求曰:"臣闻除天下之祸者,当享天下之福。平王拯社稷之危,救君亲之难,论功莫大,语德最贤,无可疑者。"上从之。丁未,立平王隆基为太子。隆基复表让成器,不许。则天大圣皇后复旧号为天后;追谥雍王贤曰章怀太子。戊申,以宋王成器为雍州牧、扬州大都督、太子太师。置温王重茂于内宅。

追削武三思、武崇训爵谥,斫棺暴尸;平其坟墓。越州长史宋之问、饶州刺史冉祖雍,坐谄附韦、武,皆流岭表。赠郎岌、燕钦融谏议大夫。秋七月庚戌朔,赠韦月将宣州刺史。癸丑,以兵部侍郎崔日用为黄门侍郎,参知机务。追复故太子重俊位号,雪敬晖、桓彦范、崔玄暐、张柬之、袁恕己、成王千里、李多祚等罪,复其官爵。

丁巳,以洛州长史宋璟检校吏部尚书、同中书门下三品,岑羲罢为右散骑常侍兼刑部尚书。璟与姚元之协心革中宗弊政,进忠良,退不肖,赏罚尽公,请托不行,纲纪

李重茂写诏书传位给相王李旦。当时少帝还坐在皇帝的宝座上，太平公主向他进言道："天下的人心早已归附相王，这里不是你小儿的宝座了！"于是将他拉下宝座。睿宗李旦即位，到承天门，宣布赦免天下罪人，又重新封少帝为温王。任命锺绍京为中书令。

　　睿宗准备立太子，因为宋王李成器是嫡长子，而平王李隆基立有大功，犹疑不决。李成器辞让道："国家安定则首先立嫡长子为太子，国家危难则首先立有功勋的儿子为太子；如果违背这一因时而宜的原则，天下失望。我宁愿死也不敢位居平王之上。"他流着泪坚决地如此请求，一连数天。很多大臣也说平王功大，应当立他。刘幽求说："我听说，为天下除祸的人，应当享天下之福。平王拯救了国家的危亡，拯救君亲于危难中，论起功劳没有谁比平王大，说起德行平王最贤，没什么可犹疑的。"睿宗听从了他们的建议。丁未（二十七日），立平王李隆基为太子。李隆基又上表章请求让给李成器，睿宗不同意。朝廷将则天大圣皇后的尊号仍旧恢复为天后；追赠雍王李贤章怀太子的谥号。戊申（二十八日），任命宋王李成器为雍州牧、扬州大都督、太子太师。将温王李重茂安置在内宫居住。

　　朝廷追削武三思、武崇训的爵位与谥号，砍毁他们的棺材，将他们暴尸荒野，铲平他们的坟墓。越州长史宋之问、饶州刺史冉祖雍，因为奉承依附韦氏、武氏，都被流放岭南。追赠郎岌、燕钦融为谏议大夫。秋季七月庚戌这一天是初一，唐朝追赠韦月将为宣州刺史。癸丑（初四），任命兵部侍郎崔日用为黄门侍郎，参知机务。恢复已故太子李重俊的地位和称号，洗刷敬晖、桓彦范、崔玄晔、张柬之、袁恕己、成王李千里、李多祚等人的罪名，恢复他们的官职、爵位。

　　丁巳（初八），任命洛州长史宋璟为检校吏部尚书、同中书门下三品，将岑羲罢免原官职，任命为右散骑常侍兼刑部尚书。宋璟与姚元之同心协力革除中宗时代遗留的弊政，进荐忠正贤良之人，黜退不贤之徒，赏罚竭尽公平，请求说情不再流行，纲纪

修举,当时翕然以为复有贞观、永徽之风。壬戌,崔湜罢为尚书左丞。

黄门侍郎、参知机务崔日用与中书侍郎、参知机务薛稷争于上前,稷曰:"日用倾侧,向附三思,非忠臣;卖友邀功,非义士。"日用曰:"臣往虽有过,今立大功。稷外托国姻,内附张易之、宗楚客,非倾侧而何?"上由是两罢之,戊辰,以日用为雍州长史,稷为左散骑常侍。

己巳,赦天下,改元。凡韦氏馀党未施行者,咸赦之。乙亥,废武氏崇恩庙及昊陵、顺陵。追废韦后为庶人,安乐公主为悖逆庶人。

韦后之临朝也,吏部侍郎郑愔贬江州司马。潜过均州,与刺史、谯王重福及洛阳人张灵均谋举兵诛韦氏,未发而韦氏败。重福迁集州刺史,未行,灵均说重福曰:"大王地居嫡长,当为天子。相王虽有功,不当继统。东都士庶,皆愿王来。王若潜入洛阳,发左、右屯营兵,袭杀留守,据东都,如从天而下也。然后西取陕州,东取河南北,天下指麾可定。"重福从之。灵均乃密与愔结谋,聚徒数十人。时愔自秘书少监左迁沅州刺史,迟留洛阳以俟重福,为重福草制,立重福为帝,改元为中元克复。尊上为皇季叔,以温王为皇太弟,愔为左丞相知内外文事,灵均为右丞相、天柱大将军知武事,右散骑常侍严善思为礼部尚书知吏部事。重福与灵均诈乘驿诣东都,愔先供张驸马都尉裴巽第以待重福。

得到整治、振兴，当时朝廷内外一致认为国家重新呈现出贞观、永徽年间的良好风气。壬戌（十三日），崔湜被罢免原职，任命为尚书左丞。

黄门侍郎、参知机务崔日用与中书侍郎、参知机务薛稷在睿宗面前争执，薛稷说："崔日用邪恶不正，从前依附武三思，不是忠臣；这次出卖朋友宗楚客邀功，不是义士。"崔日用说："我过去即使有罪过，如今已立下大功。薛稷外表上托名为皇室姻亲，暗中却依附张易之、宗楚客，这不是邪恶不正又是什么？"睿宗于是将他们两人都罢免掉官职，戊辰（十九日），任命崔日用为雍州长史，薛稷为左散骑常侍。

己巳（二十日），朝廷赦免天下罪人，改年号。凡是尚未施行刑罚的韦氏馀党，全都予以赦免。乙亥（二十六日），朝廷废除武氏的崇恩庙以及昊陵、顺陵。追废韦后为庶人，安乐公主为悖逆庶人。

韦后到朝廷听政时，吏部侍郎郑愔被贬职为江州司马。他秘密来到均州，与均州刺史、谯王李重福和洛阳人张灵均谋划举兵讨伐韦氏，尚未发难韦氏就已败亡。李重福被提升为集州刺史，还没出发就任，张灵均劝说李重福道："大王是嫡长子，应当做天子。相王虽然有功，不该继承皇统。东都洛阳的士民，都希望大王去洛阳。大王如果潜入洛阳城，调集左、右屯营兵，出其不意地杀掉留守，占据东都洛阳，如同神兵从天而降一样。然后往西夺取陕州，往东攻占黄河南北两岸，天下可轻松平定。"李重福听从了他的建议。张灵均于是和郑愔秘密地勾结谋划、聚集了几十名徒众。当时郑愔从秘书少监贬职为沅州刺史，他逗留在洛阳，等待李重福到来，为李重福起草好了诏令：立李重福为帝，改年号为中元克复。尊奉睿宗为皇季叔；任命温王为皇太弟；任命郑愔为左丞相，掌管朝廷内外的文官事务；张灵均为右丞相、天柱大将军，掌管军事；右散骑常侍严善思为礼部尚书，掌管吏部事务。李重福和张灵均伪装乘坐驿车到东都洛阳，郑愔事先在驸马都尉裴巽的府第供设布置，以便接待李重福。

　　洛阳县官微闻其谋。八月庚寅，往巽第按问，重福奄至。县官驰出，白留守。群官皆逃匿，洛州长史崔日知独帅众讨之。留台侍御史李邕遇重福于天津桥，从者已数百人，驰至屯营，告之曰：“谯王得罪先帝，今无故入都，此必为乱，君等宜立功取富贵。”又告皇城使闭诸门。重福先趣左、右屯营，营中射之，矢如雨下。乃还趣左掖门，欲取留守兵，见门闭，大怒，命焚之。火未及然，左屯营兵出逼之，重福窘迫，策马出上东，逃匿山谷。明日，留守大出兵搜捕，重福赴漕渠溺死。日知，日用之从父兄也，以功拜东都留守。

　　郑愔貌丑多须，既败，梳髻，著妇人服，匿车中。擒获，被鞫，股栗不能对。张灵均神气自若，顾愔曰：“吾与此人举事，宜其败也！”与愔皆斩于东都市。初，愔附来俊臣得进；俊臣诛，附张易之；易之诛，附韦氏；韦氏败，又附谯王重福；竟坐族诛。严善思免死，流静州。

　　姚元之、宋璟及御史大夫毕构上言：“先朝斜封官悉宜停废。”上从之。癸巳，罢斜封官凡数千人。赠苏安恒谏议大夫。

　　冬十月，谥故太子重俊曰节愍。太府少卿万年韦凑上书，以为：“赏罚所不加者，则考行立谥以褒贬之。故太子重俊，与李多祚等称兵入宫，中宗登玄武门以避之，太子据

洛阳县官对他们的阴谋略有闻知。八月庚寅(十二日),县官前往裴巽家追查审问,李重福突然来到。县官急忙奔出裴巽家,去向留守禀报。众官员听说后都逃走或躲藏起来,只有洛州长史崔日知率领军队讨伐李重福。留台侍御史李邕在天津桥遇到李重福,跟随李重福的已经有几百人了。他急忙奔到屯营,告诉屯兵说:"谯王李重福在先帝朝获罪,今天无故进入东都洛阳,这一举动必定是谋乱,你们应当趁此机会建立功业获取富贵。"李邕又告诉皇城使将所有的城门关闭。李重福先到左、右屯营,营中向他射箭,箭如雨下。于是便返回前往左掖门,想夺取留守的军队,看见城门紧闭,大怒,命令放火烧门。火还来不及点燃,左屯营的士兵已冲出营地向李重福逼近,重福走投无路,打马从上东门逃出,躲藏在山谷中。第二天,留守出动大批士兵进行搜捕,李重福跳入运粮的河渠淹死。崔日知是崔日用的堂兄,他因为有功被授命为东都留守。

郑愔相貌丑陋、胡须很多,谋反失败之后,他梳起发髻,穿上妇女的服装,躲藏在车中。他被活捉,遭到审讯,恐惧得双腿发抖,不能回答审问。张灵均神色自如,他看着郑愔说:"我和这样的人一起举事,理应遭到败亡!"他和郑愔都被在东都洛阳的街市上斩杀。当初,郑愔依附来俊臣得以升官;来俊臣被诛杀后,他转而依附张易之;张易之被诛杀后,他转而依附韦氏;韦氏败亡后,他又去依附谯王李重福;最终被判处灭族之罪。严善思被判免除死罪,流放静州。

姚元之、宋璟和御史大夫毕构上奏说:"前朝的斜封官应当全部停职、废弃。"睿宗采纳了他们的建议。癸巳(十五日),朝廷下令罢免斜封官,一共罢免掉数千人。追赠苏安恒为谏议大夫。

冬季十月,唐朝为已故太子李重俊确定谥号为节愍。太府少卿万年人韦凑上奏书,认为:"对于那些无法施加奖赏、刑罚的人,就考核他们的德行,然后根据德行确立谥号,以便对他们进行赞扬或者贬斥。已故太子李重俊和李多祚等人率领军队进入皇宫,中宗登上玄武门城楼以躲避他们,太子却神态自如地骑在

鞍督兵自若,及其徒倒戈,多祚等死,太子方逃窜。向使宿卫不守,其为祸也胡可忍言!明日,中宗雨泣,谓供奉官曰:'几不与卿等相见。'其危如此。今圣朝礼葬,谥为节愍,臣窃惑之。夫臣子之礼,过庙必下,过位必趋。汉成帝之为太子,不敢绝驰道,而重俊称兵宫内,跨马御前,无礼甚矣。若以其诛武三思父子而嘉之,则兴兵以诛奸臣而尊君父可也。今欲自取之,是与三思竞为逆也,又足嘉乎?若以其欲废韦氏而嘉之,则韦氏于时逆状未彰,大义未绝,苟无中宗之命而废之,是胁父废母也,庸可乎?汉戾太子困于江充之谗,发愤杀充,虽兴兵交战,非围逼君父也。兵败而死,及其孙为天子,始得改葬,犹谥曰戾。况重俊可谥之曰节愍乎?臣恐后之乱臣贼子,得引以为比,开悖逆之原,非所以彰善瘅恶也,请改其谥。多祚等从重俊兴兵,不为无罪。陛下今宥之可也,名之为雪,亦所未安。"上甚然其言,而执政以为制命已行,不为追改,但停多祚等赠官而已。

十一月己酉,葬孝和皇帝于定陵,庙号中宗。朝议以韦后有罪,不应祔葬。追谥故英王妃赵氏曰和思顺圣皇后,求其瘗,莫有知者,乃以祎衣招魂,覆以夷衾,祔葬定陵。

马上督率士兵,等到太子的部下倒戈,李多祚等人战死,太子才急忙逃窜。假如当时宿卫的士兵守不住城楼,太子兴起的祸难谁能忍心说出口!第二天,中宗泪如雨下,对供奉官说:'几乎不能和你们相见。'中宗竟危险到了如此地步。如今圣明的朝廷要礼葬李重俊,并为他确立节愍的谥号,我私下为此迷惑不解。一般说来,臣子的礼节是经过太庙必须下车马,经过皇帝面前必须恭恭敬敬地小步快走。西汉成帝当太子的时候,不敢横穿皇帝的车道,而李重俊竟然敢在皇宫中举兵,在皇帝面前骑在马上,无礼到了极点。如果因为李重俊诛杀武三思父子而嘉奖他,那他得是兴兵以讨伐奸臣、尊奉君父,才可以。但李重俊当时是想取而代之,这是和武三思争着谋反,又哪里值得嘉奖呢?如果因为李重俊想废黜韦后而嘉奖他,那么当时韦后谋反的情状并不明显,母子之间的大义没有灭绝,如果没有中宗的诏命就擅自废黜韦后,这是胁迫父皇废黜母后,难道是可以的吗?西汉戾太子被江充的谗言逼得走投无路,发愤去杀江充,虽然兴兵与江充交战,却没有包围、逼迫父皇。戾太子兵败自杀身亡,到了他的孙子当了天子,才得以重新安葬,但谥号仍然是戾。李重俊的情况能够定谥号为节愍吗?我恐怕日后犯上作乱的大臣、弒杀君父的儿子,都能够引用李重俊的情况进行类比,开启狂悖忤逆的源头,而不是用来表彰善行、惩治恶行,我请求更改李重俊的谥号。李多祚等人跟随李重俊兴兵造反,不能说没有罪过。陛下如今宽恕他们是可以的,如果说明要为他们洗刷冤屈,也是不太合适。"睿宗认为韦凑说得很正确,但执掌政事的人认为诏令已经下达施行了,不再追回来改变,只是停止对李多祚等人追赠官职罢了。

十一月己酉(初二),埋葬孝和皇帝李显于定陵,确定庙号为中宗。朝中大臣议论,认为韦后有罪,不应当和中宗合葬。于是追谥已故的英王妃赵氏为和思顺圣皇后,寻找她埋葬的地方,没有人知道,于是用祭服为她招魂,然后为祭服盖上盖尸体的衣被,与中宗合葬在定陵。

太平公主谋逆

高宗开耀元年。初，太原王妃之薨也，天后请以太平公主为女官以追福。及吐蕃求和亲，请尚太平公主，上乃为之立太平观，以公主为观主以拒之。至是，始选光禄卿汾阴薛曜之子绍尚焉。绍母，太宗女城阳公主也。秋七月，公主适薛氏，自兴安门南至宣阳坊西，燎炬相属，夹路槐木多死。绍兄顗以公主宠盛，深忧之，以问族祖户部郎中克构，克构曰："帝甥尚主，国家故事，苟以恭慎行之，亦何伤？然谚曰：'娶妇得公主，无事取官府。'不得不为之惧也。"

天后以顗妻萧氏及顗弟绪妻成氏非贵族，欲出之，曰："我女岂可使与田舍女为妯娌邪！"或曰："萧氏，瑀之侄孙，国家旧姻。"乃止。

则天垂拱四年，琅邪王冲之败也，济州刺史薛顗、顗弟绪、绪弟驸马都尉绍，坐与琅邪王冲通谋。顗、绪皆伏

太平公主谋逆

唐高宗开耀元年(681)。当初,太原王武士彟的王妃去世,天后武则天请求让太平公主去做女道士,以便为王妃祈求阴间的福。吐蕃要求与唐朝和亲时,请求娶太平公主,高宗于是为太平公主建立太平观,任命她为观主,以此拒绝吐蕃的请求。到开耀元年时,才挑选光禄卿汾阴人薛曜的儿子薛绍娶太平公主。薛绍的母亲是太宗的女儿城阳公主。秋季七月,太平公主嫁给薛氏,出嫁时,从兴安门南一直到宣阳坊西,沿途火炬接连不断,路两边的槐树大多被烤死。薛绍的哥哥薛顗因为太平公主得到的恩宠太盛,深深地为此感到忧虑,去向族祖、户部郎中薛克构询问该怎么办,薛克构说:"皇帝的外甥娶公主,是国家原有的制度,如果能够恭敬、谨慎地行事,倒也没有什么害处。然而谚语有'娶妻娶到公主,无事也要惊动官府'的说法,不得不因此而感到恐惧。"

天后因为薛顗的妻子萧氏和薛顗的弟弟薛绪的妻子成氏都不是贵族,想把她们逐出薛家,天后说:"怎么能够让我的女儿和农家女做妯娌呢!"有人说:"萧氏是太宗女婿萧瑀的侄孙女,属国家的旧姻亲。"天后才罢休了。

则天皇后垂拱四年(688),琅邪王李冲起兵谋反失败以后,济州刺史薛顗、薛顗的弟弟薛绪以及薛绪的弟弟、驸马都尉薛绍,因为和琅邪王李冲串通谋反被判了罪。薛顗、薛绪都被判处

诛,绍以太平公主故,杖一百,饿死于狱。

天授元年,太后欲以太平公主妻其伯父士让之孙攸暨,攸暨时为右卫中郎将,太后潜使人杀其妻而妻之。公主方额广颐,多权略,太后以为类己,宠爱特厚,常与密议天下事。旧制,食邑,诸王不过千户,公主不过三百五十户。太平食邑独累加至三千户。

睿宗景云元年,太平公主沉敏多权略,武后以为类己,故于诸子中独爱幸,颇得预密谋,然尚畏武后之严,未敢招权势。及诛张易之,公主有力焉。中宗之世,韦后、安乐公主皆畏之。又与太子共诛韦氏。既屡立大功,益尊重,上常与之图议大政,每入奏事,坐语移时,或时不朝谒,则宰相就第咨。每宰相奏事,上辄问:"尝与太平议否?"又问:"与三郎议否?"然后可之。三郎,谓太子也。公主所欲,上无不听,自宰相以下,进退系其一言,其馀荐士,骤历清显者不可胜数,权倾人主,趋附其门者如市。子薛崇行、崇敏、崇简皆封王。田园遍于近甸,收市营造诸器玩,远至岭、蜀,输送者相属于路。居处奉养,拟于宫掖。

太平公主以太子年少,意颇易之。既而惮其英武,欲更择暗弱者立之以久其权,数为流言,云"太子非长,不当

死刑,薛绍因为是太平公主的丈夫的缘故,被打了一百杖,饿死在狱中。

天授元年(690),太后武则天想把太平公主嫁给自己的伯父武士让的孙子武攸暨,武攸暨当时担任右卫中郎将,太后暗地里指使人将武攸暨的妻子杀掉,然后把太平公主嫁给他。太平公主额头方正、两腮宽大,富于权术谋略,太后认为她像自己,特别宠爱她,常常和她密议天下大事。唐朝过去的制度规定:封赐的食采邑,众亲王不能超过一千户,众公主不能超过三百五十户。唯独太平公主的采邑累加到了三千户。

睿宗景云元年(710),太平公主沉着机敏、富于权术谋略,武后认为她像自己,所以在众多的子女中只宠幸太平公主,太平公主经常得以参与密谋,然而她还是畏惧武后的威严,不敢招惹权势。诛杀张易之时,公主出了大力。中宗统治的时代,韦后、安乐公主都畏惧她。太平公主又和太子李隆基一起诛杀韦氏。由于太平公主多次立下大功,地位益加尊贵,睿宗常常和她商量、议论重大的政事,太平公主每次入朝上奏事情,都要坐着谈论很长时间,有时公主没进朝拜见,睿宗就让宰相去她家中咨询。每当宰相上奏事情,睿宗总是问:"和太平公主讨论过没有?"然后又问:"和三郎讨论过没有?"然后才会同意所奏的事情。三郎是对太子的称谓。凡是太平公主想做的事,睿宗没有一件不听从,从宰相以下的文武百官,提升、降职全凭太平公主的一句话,其余那些她所推荐的士人,突然之间成为地位显贵的人多得不能一一数出来。太平公主的权势超过皇帝,那些趋炎附势投奔在她门下的人,挤得公主府第门庭如市。公主的儿子薛崇行、薛崇敏、薛崇简都被授封为王。太平公主的田产、园林遍布长安城郊外,收买、营造各种器具玩物,远到岭南、蜀地,送货的人在路上前后相接。公主的衣食住行,都和后宫一样。

太平公主认为太子年轻,心里很有点轻视他。不久就惧怕太子的英明果敢,想另外选一个愚昧懦弱的皇子立为太子,以便自己长期控制政权,于是多次制造流言,说"太子不是长子,不当

立"。冬十月己亥,制戒谕中外,以息浮议。公主每觇伺太子所为,纤介必闻于上,太子左右,亦往往为公主耳目,太子深不自安。

二年,太平公主与益州长史窦怀贞等结为朋党,欲以危太子,使其婿唐晙邀韦安石至其第,安石固辞不往。上尝密召安石,谓曰:"闻朝廷皆倾心东宫,卿宜察之。"对曰:"陛下安得亡国之言?此必太平之谋耳。太子有功于社稷,仁明孝友,天下所知,愿陛下无惑谗言。"上瞿然曰:"朕知之矣,卿勿言。"时公主在帘下窃听之,以飞语陷安石,欲收按之,赖郭元振救之,得免。

公主又尝乘辇邀宰相于光范门内,讽以易置东宫,众皆失色。宋璟抗言曰:"东宫有大功于天下,真宗庙社稷之主,公主奈何忽有此议?"

璟与姚元之密言于上曰:"宋王陛下之元子,豳王高宗之长孙,太平公主交构其间,将使东宫不安。请出宋王及豳王皆为刺史,罢岐、薛二王左、右羽林,使为左、右率以事太子。太平公主请与武攸暨皆于东都安置。"上曰:"朕更无兄弟,惟太平一妹,岂可远置东都?诸王惟卿所处。"乃先下制云:"诸王、驸马自今毋得典禁兵,见任者皆改他官。"顷之,上谓侍臣曰:"术者言五日中当有急兵入宫,卿等为朕备之。"张说曰:"此必谗人欲离间东宫。愿陛下使

立"。冬季十月己亥(二十二日),睿宗下发诏令告诫、晓谕朝廷内外,以平息流言蜚语。太平公主经常窥探太子的所作所为,任何细小的事情都要告诉给睿宗,太子的周围,也处处都是太平公主的耳目,太子为此深感不安。

二年(711),太平公主和益州长史窦怀贞等人结成朋党,想加害太子。公主派她的女婿唐晙邀请韦安石到自己府上,韦安石坚决辞谢,没有前去。睿宗曾秘密召见韦安石,对他说:"听说朝廷的官员都倾心于太子,你应当考察一下。"韦安石回答道:"陛下是从哪里听到这种会导致国家灭亡的言论的?这一定是太平公主的阴谋。太子为国家立下功勋,仁爱、聪明、孝敬、友善,天下人都知道,希望陛下不要被谗言迷惑。"睿宗听后吃惊地说道:"朕知道了,你勿须多说。"当时太平公主在门帘后面偷听,过后使用流言陷害韦安石,打算收捕他入狱审讯,幸亏郭元振的救助,韦安石得以幸免于难。

太平公主还曾经乘坐辇车邀请宰相们到光范门内聚会,暗示他们要改立太子,宰相们都大惊失色。宋璟高声说:"太子为大唐天下立下大功,确实是王室、国家的主人,公主为什么忽然说出这样的话来!"

宋璟与姚元之秘密向睿宗上奏说:"宋王李成器是陛下的长子,豳王李守礼是高宗的长孙,太平公主在他们中间播弄是非,必将使太子不得安宁。请求将宋王和豳王都调离京城,让他们去出任刺史,罢免岐王李隆范、薛王李隆业的左、右羽林大将军职务,让他们担任左、右卫率来事奉太子。请将太平公主和武攸暨都安置到东都洛阳。"睿宗说:"朕再也没有另外的兄弟了,只剩下太平公主一个妹妹,怎么能够将她远远地安置在东都洛阳呢?其他各位亲王由你安排。"于是朝廷首先下发了一个诏令,说:"众位亲王、驸马从今以后不允许掌管禁军,现在已担任禁军职务的人都改任其他官职。"不久,睿宗对侍臣说:"方术之士说五天以内会有发难的军队闯入宫中,你们要为朕提防这种情况。"张说说:"这肯定是谗言之人想在皇上面前离间太子。希望陛下让

太子监国，则流言自息矣。"姚元之曰："张说所言，社稷之至计也。"上说。

二月丙子朔，以宋王成器为同州刺史，豳王守礼为豳州刺史，左羽林大将军、岐王隆范为左卫率，右羽林大将军、薛王隆业为右卫率，太平公主蒲州安置。丁丑，命太子监国，六品以下除官及徒罪以下，并取太子处分。

太平公主闻姚元之、宋璟之谋，大怒，以让太子。太子惧，奏元之、璟离间姑、兄，请从极法。甲申，贬元之为申州刺史，璟为楚州刺史。丙戌，宋王、豳王亦寝刺史之命。

夏四月，上召群臣三品以上谓曰："朕素怀澹泊，不以万乘为贵，曩为皇嗣，及为太弟，皆辞不处。今欲传位太子，何如？"群臣莫对。太子使右庶子李景伯固辞，不许。殿中侍御史和逢尧附太平公主，言于上曰："陛下春秋未高，方为四海依仰，岂得遽尔。"上乃止。戊子，制："凡政事皆取太子处分，其军旅死刑及五品已上除授，皆先与太子议，然后以闻。"

夏五月，太子请让位于宋王成器，不许。请召太平公主还京师，许之。壬戌，殿中监窦怀贞为御史大夫、同平章事。秋九月庚辰，以窦怀贞为侍中。怀贞每退朝，必诣太平公主第。时修金仙、玉真二观，群臣多谏，怀贞独劝成之，身自督役。

太子监国,代陛下处理国家政务,则这一类的流言自然就会平息了。"姚元之说:"张说所提的建议,是安定国家的上策。"睿宗听了很高兴。

二月丙子是初一,朝廷任命宋王李成器为同州刺史,豳王李守礼为豳州刺史,左羽林大将军、岐王李隆范为左卫率,右羽林大将军、薛王李隆业为右卫率,将太平公主安置到蒲州。丁丑(初二),命太子监国,六品以下官员的任命以及徒罪以下犯人的判决,都听从太子安排处置。

太平公主闻知姚元之、宋璟的谋划,非常愤怒地去责备太子。太子恐惧,上奏姚元之、宋璟离间姑侄、兄弟关系,请求对他们严加惩处。甲申(初九),朝廷贬姚元之的职务为申州刺史,宋璟为楚州刺史。丙戌(十一日),取消了宋王李成器、豳王李守礼出任刺史的诏令。

夏季四月,睿宗召见三品以上的各位大臣,对他们说道:"朕一向心怀淡泊,并不认为皇帝的地位非常尊贵,从前朕为皇嗣及皇太弟,都推辞不当。如今朕想将皇位传给太子,大家认为怎么样?"众大臣没有一个人回答睿宗的问话。太子让右庶子李景伯为自己坚决推辞,睿宗不同意。殿中侍御史和逢尧依附太平公主,他对睿宗说道:"陛下年纪不大,正受到天下人的归依和景仰,怎么能够这样急速地让位。"睿宗于是作罢。戊子(十三日),睿宗下发诏令:"一切政事都由太子处置安排,用兵、判处死刑以及五品以上官员的任命之类的大事,都先和太子讨论处理意见,然后再上奏。"

夏季五月,太子请求将太子之位让给宋王李成器,睿宗不允许。太子请求将太平公主召回京师,睿宗同意了。壬戌(十八日),殿中监窦怀贞被任命为御史大夫、同平章事。秋季九月庚辰(初八),朝廷任命窦怀贞为侍中。窦怀贞每次退朝后,一定要去太平公主的府第。当时唐朝正要兴建金仙观和玉真观,众大臣纷纷劝说睿宗停止修建,只有窦怀贞劝睿宗将观建成,并亲自督促百姓服役。

冬十月甲辰，上御承天门，引韦安石、郭元振、窦怀贞、李日知、张说宣制，责以："政教多阙，水旱为灾，府库益竭，僚吏日滋，虽朕之薄德，亦辅佐非才。安石可左仆射、东都留守，元振可吏部尚书，怀贞可左御史大夫，日知可户部尚书，说可左丞，并罢政事。"以吏部尚书刘幽求为侍中，右散骑常侍魏知古为左散骑常侍，太子詹事崔湜为中书侍郎，并同中书门下三品；中书侍郎陆象先同平章事。皆太平公主之志也。

象先清净寡欲，言论高远，为时人所重。湜私侍太平公主，公主欲引以为相，湜请与象先同升，公主不可，湜曰："然则湜亦不敢当。"公主乃为之并言于上。上不欲用湜，公主涕泣以请，乃从之。

玄宗先天元年，蒲州刺史萧至忠自托于太平公主，公主引为刑部尚书。华州刺史蒋钦绪，其妹夫也，谓之曰："如子之才，何忧不达？勿为非分妄求。"至忠不应。钦绪退，叹曰："九代卿族，一举灭之，可哀也哉！"至忠素有雅望，尝自公主第门出，遇宋璟，璟曰："非所望于萧君也。"至忠笑曰："善乎宋生之言！"遂策马而去。

秋七月，彗星出西方，经轩辕入太微，至于大角。太平公主使术者言于上曰："彗所以除旧布新，又帝座及心前星皆有变，皇太子当为天子。"上曰："传德避灾，吾志决矣。"太平公主及其党皆力谏，以为不可，上曰："中宗之时，群奸

冬季十月甲辰（初三），睿宗到承天门，召韦安石、郭元振、窦怀贞、李日知、张说前来宣布诏令，责备道："政治教化缺失很多，水灾旱灾连续不断，国库越来越空，官吏的数目日益增长，这虽然是朕德行浅薄造成的，但也跟辅佐大臣没有才干有关。韦安石可任左仆射、东都留守，郭元振可任吏部尚书，窦怀贞可任左御史大夫，李日知可任户部尚书，张说可任左丞，全部免掉宰相职务。"睿宗任命吏部尚书刘幽求为侍中，右散骑常侍魏知古为左散骑常侍，太子詹事崔湜为中书侍郎，都是同中书门下三品；任命中书侍郎陆象先为同平章事。这些任免全部都是根据太平公主的意志做出的。

陆象先为人清心寡欲，谈吐高妙深远，被当时的人所敬重。崔湜私底下侍奉太平公主，太平公主打算任用他为宰相，崔湜请求和陆象先一道升任宰相，公主不同意，崔湜说："如果这样，那么我崔湜也不敢当宰相。"公主于是请睿宗将两个人一同任命为宰相。睿宗不想任用崔湜，公主流着眼泪为他请求，睿宗就同意了。

玄宗先天元年（712），蒲州刺史萧至忠主动投靠太平公主，公主引用他为刑部尚书。华州刺史蒋钦绪是萧至忠的妹夫，他对萧至忠说："凭你的才干，何必担忧不能显贵呢？千万不要有非分之求。"萧至忠不作声。蒋钦绪告辞，叹息道："萧家是九代公卿之族，将会一下子遭灭门之祸，真可悲啊！"萧至忠向来享有美好的声望，他曾从太平公主府第走出门，遇到宋璟，宋璟说："这不是我们对萧君的期望。"萧至忠笑着说："宋生的话说得真好啊！"然后急忙上马、加鞭离去。

秋季七月，彗星出现在西方，经过轩辕星座进入太微垣，一直到大角星座。太平公主指使方术之士向睿宗进言，说："彗星出现是上天表示要除旧布新。还有，帝座星座和心宿前星都出现变化，表明皇太子应当为天子。"睿宗说："将皇位传给有道德的人，避免发生灾祸，我下定决心了。"太平公主和她的党羽都极力劝阻，认为这样做不行，睿宗说："中宗皇帝在位时，一群奸臣

用事，天变屡臻。朕时请中宗择贤子立之以应灾异，中宗不悦，朕忧恐数日不食。岂可在彼则能劝之，在己则不能邪？”太子闻之，驰入见，自投于地，叩头请曰：“臣以微功，不次为嗣，惧不克堪，未审陛下遽以大位传之，何也？”上曰：“社稷所以再安，吾之所以得天下，皆汝力也。今帝座有灾，故以授汝，转祸为福，汝何疑邪？”太子固辞。上曰：“汝为孝子，何必待枢前然后即位邪？”太子流涕而出。壬辰，制传位于太子，太子上表固辞。太平公主劝上虽传位，犹宜自总大政。上乃语太子曰：“汝以天下事重，欲朕兼理之邪？昔舜禅禹，犹亲巡狩，朕虽传位，岂忘家国？其军国大事，当兼省之。”

八月庚子，玄宗即位，尊睿宗为太上皇。上皇自称曰朕，命曰诰，五日一受朝于太极殿。皇帝自称曰予，命曰制、敕，日受朝于武德殿。三品以上除授及大刑政决于上皇，馀皆决于皇帝。

初，河内人王琚预于王同皎之谋，亡命，佣书于江都。上之为太子也，琚还长安，选补诸暨主簿，过谢太子。琚至廷中，故徐行高视，宦者曰：“殿下在帘内。”琚曰：“何谓殿下？当今独有太平公主耳！”太子遽召见，与语，琚曰：“韦庶人弑逆，人心不服，诛之易耳。太平公主，武后之子，凶猾无比，大臣多为之用，琚窃忧之。”太子引与同榻坐，泣

执掌政事，天象频繁变异以示警。朕当时请求中宗挑选贤德的儿子立为太子以免灾，中宗不高兴，朕忧虑恐惧，几天没有进食。我怎么可以在中宗时代就能劝说他，而对自己则不能做到呢？"太子闻知此事，急忙奔入皇宫朝见父皇，自己跪在地上，一边叩头一边请求说："我凭着微不足道的功劳，没按长幼顺序做了皇嗣，我恐怕自己无法胜任太子，更不明白陛下急急忙忙地把皇位传给我，是为了什么呢？"睿宗说："国家重新得以安定，我能够得以统治天下，都是由于你出的力。如今帝座星座显示灾异，所以将皇位传授给你，以便转祸为福，你为什么要疑惑呢？"太子坚决推辞不接受。睿宗说："你是孝子，为什么一定要等到在我的灵柩前站着，然后才即位呢？"太子流着泪出了宫。壬辰（二十五日），睿宗下发诏令传位给太子，太子上表章坚决推辞不接受。太平公主劝睿宗，即使将皇位传给太子，还应当自己总揽朝政大事。睿宗于是对太子说道："你认为治理天下事情繁重，想要朕代你治理吗？古代虞舜禅位给大禹之后，还亲自出巡视察各地，朕虽然将皇位传给你，哪里能忘掉王室与国家呢？那些军国大事，朕会参与处理的。"

八月庚子（初三），唐玄宗即位，尊奉睿宗为太上皇。太上皇自称朕，命令称诰，五天一次在太极殿接受朝见。皇帝自称予，命令称制、敕，每天在武德殿接受朝见。三品以上官员的任命，以及重大的刑狱、政事都由太上皇决断，其馀的朝政全部由皇帝决断。

当初，河内人王琚参与了王同皎的谋划，事发后亡命逃到江都，为人抄书谋生。玄宗当太子时，王琚回到长安，被选拔任命为诸暨县主簿，王琚去拜谢太子。来到朝廷上，他故意慢慢地走、往高处看，宦官说："殿下在门帘内。"王琚说："什么叫作殿下？当今只有太平公主罢了！"太子赶忙召见王琚，和他谈论，王琚说："韦庶人弑君谋反，人心不服，诛杀她很容易。太平公主是武后的女儿，凶狠狡猾无与伦比，很多大臣为她效力，我王琚私下为此忧心忡忡。"太子拉王琚过来和自己同坐一个坐榻，流着泪

曰:"主上同气,唯有太平,言之恐伤主上之意,不言为患日深,为之奈何?"琚曰:"天子之孝,异于匹夫,当以安宗庙社稷为事。盖主,汉昭帝之妹,自幼供养,有罪犹诛之。为天下者,岂顾小节?"太子悦曰:"君有何艺,可与寡人游?"琚曰:"能飞炼、诙嘲。"太子乃奏为詹事府司直,日与游处,累迁太子中舍人。及即位,以为中书侍郎。

是时,宰相多太平公主之党,刘幽求与右羽林将军张暐谋以羽林兵诛之,使暐密言于上曰:"窦怀贞、崔湜、岑羲皆因公主得进,日夜为谋不轨,若不早图,一旦事起,太上皇何以得安?请速诛之。臣已与幽求定计,惟俟陛下之命。"上深以为然。暐泄其谋于侍御史邓光宾,上大惧,遽列上其状。丙辰,幽求下狱。有司奏:"幽求等离间骨肉,罪当死。"上为言幽求有大功,不可杀。癸亥,流幽求于封州,张暐于峰州,光宾于绣州。

初,崔湜为襄州刺史,密与谯王重福通书,重福遗之金带。重福败,湜当死,张说、刘幽求营护得免。既而湜附太平公主,与公主谋罢说政事,以左丞分司东都。及幽求流封州,湜讽广州都督周利贞,使杀之。桂州都督景城王晙知其谋,留幽求不遣。利贞屡移牒索之,晙不应,利贞以闻。湜屡逼晙,使遣幽求,幽求谓晙曰:"公拒执政而保流人,势不能全,徒仰累耳。"固请诣广州,晙曰:"公所坐非

说:"父皇的同血统亲属,只剩下太平公主了,上奏此事恐怕伤父皇的心,不上奏又怕形成的祸患日益深重,究竟怎么办才好?"王琚说:"天子的孝道,和普通百姓不同,应当把安定王室、国家当作大事。盖长公主是西汉昭帝的姐姐,从小养育汉昭帝,一旦有罪仍然被杀。治理天下的君主哪里能够顾全小节?"太子听了很高兴,问王琚说:"你有什么本领,可以和我一道相处?"王琚说:"我能炼丹、诙谐调笑。"太子于是上奏任命王琚为詹事府司直,每天和他一道相处,王琚不断地被提升为太子中舍人。到太子即位时,被任命为中书侍郎。

当时,宰相大多是太平公主的党羽,刘幽求和右羽林将军张晔谋划率领羽林军将他们杀掉,刘幽求让张晔向玄宗秘密奏言道:"窦怀贞、崔湜、岑羲都是通过太平公主才得以提拔,他们日夜不停地密谋如何作乱,如果不趁早图谋对付他们,一旦事变发生,太上皇怎么可能安宁?请求迅速诛杀他们。我已经和刘幽求定下计谋,只等陛下的命令。"玄宗认为他说得很对。张晔将这一密谋泄露给侍御史邓光宾,玄宗十分恐惧,立即下令列举他们的罪状上奏。丙辰(十九日),刘幽求被捕入狱。有关部门上奏:"刘幽求等人离间陛下骨肉之情,此罪该判处死刑。"玄宗为刘幽求求情,说他立有大功,不能诛杀。癸亥(二十六日),朝廷流放刘幽求到封州,张晔到峰州,邓光宾到绣州。

当初,崔湜任襄州刺史,他暗中和谯王李重福通信,李重福赠送他金带。李重福败亡,崔湜罪该处死,因为张说、刘幽求的营救保护得以免死。后来,崔湜依附太平公主,和太平公主一起谋划罢免张说的宰相,以左丞分管东都洛阳。刘幽求被流放封州时,崔湜暗示广州都督周利贞,让他杀掉刘幽求。桂州都督景城人王晙得知他们的阴谋,将刘幽求留在桂州而不遣送。周利贞多次发公文索要刘幽求,王晙一概不理,周利贞将情况上报。崔湜多次逼迫王晙,让他遣送刘幽求,刘幽求对王晙说:"您拒绝执行宰相的命令而保护流刑犯,势必不能保全,而白白被我连累罢了。"坚决请求让自己到广州去。王晙说:"您所犯的罪并

可绝于朋友者也。睃因公获罪,无所恨。"竟逗遛不遣。幽求由是得免。

开元元年,太平公主依上皇之势,擅权用事,与上有隙,宰相七人,五出其门,文武之臣,太半附之。与窦怀贞、岑羲、萧至忠、崔湜及太子少保薛稷、雍州长史新兴王晋、左羽林大将军常元楷、知右羽林将军李慈、左金吾将军李钦、中书舍人李猷、右散骑常侍贾膺福、鸿胪卿唐睃及僧慧范等谋废立。又与宫人元氏谋于赤箭粉中置毒进于上。晋,德良之孙也。元楷、慈数往来主第,相与结谋。

王琚言于上曰:"事迫矣,不可不速发。"左丞张说自东都遣人遗上佩刀,意欲上断割。荆州长史崔日用入奏事,言于上曰:"太平谋逆有日。陛下往在东宫,犹为臣子,若欲讨之,须用谋力。今既光临大宝,但下一制书,谁敢不从?万一奸宄得志,悔之何及!"上曰:"诚如卿言,直恐惊动上皇。"日用曰:"天子之孝在于安四海。若奸人得志,则社稷为墟,安在其为孝乎?请先定北军,后收逆党,则不惊动上皇矣。"上以为然。以日用为吏部侍郎。

秋七月,魏知古告公主欲以是月四日作乱,令元楷、慈以羽林兵突入武德殿,怀贞、至忠、羲等于南牙举兵应之。上乃与岐王范、薛王业、郭元振及龙武将军王毛仲、殿中少监姜皎、太仆少卿李令问、尚乘奉御王守一、内给事高力士、果毅李守德等定计诛之。皎,谟之曾孙;令问,靖弟客师之孙;守一,仁皎之子;力士,潘州人也。

不能让朋友和您绝交。我王晙因为您而获罪，也没有什么遗憾。"始终让刘幽求逗留桂州而不遣送。刘幽求因此得以免死。

开元元年（713），太平公主依仗太上皇的权势，专擅政权，干预国事，和玄宗产生裂痕。朝中七位宰相，五人出自太平公主门下，文武大臣，一大半依附太平公主。太平公主与窦怀贞、岑羲、萧至忠、崔湜以及太子少保薛稷、雍州长史、新兴王李晋、左羽林大将军常元楷、知右羽林将军李慈、左金吾将军李钦、中书舍人李猷、右散骑常侍贾膺福、鸿胪卿唐晙以及僧人慧范等人密谋废立皇帝。又和宫人元氏密谋在赤箭粉中下毒进献玄宗。李晋是李德良的孙子。常元楷、李慈经常往来于太平公主府第，与公主勾结谋反。

王琚对玄宗说道："事情紧迫，不能不迅速行动了。"左丞张说从东都洛阳派人前来呈送佩刀，意思要玄宗和太平公主一刀两断。荆州长史崔日用入朝上奏事情，他对玄宗说："太平公主阴谋叛逆有很长时间了。陛下从前当太子时，仍然是臣子，如果要讨伐太平公主，必须使用谋略力争。如今已经登上皇帝的宝座，只要下一道制书，谁敢不服从？万一那些图谋作乱的奸邪之徒得逞，后悔又怎么来得及呢？"玄宗说："确实和你说的一样，只是害怕惊动太上皇。"崔日用说："天子的孝德在于安定国家。如果奸臣得逞，那么唐王朝将成为废墟，陛下又在什么地方施行孝道呢？请陛下先安定北军，然后收捕叛党，则不会惊动太上皇了。"玄宗认为他说得对。任命他为吏部侍郎。

秋季七月，魏知古告发，说太平公主准备在本月四日发动叛乱，她会让常元楷、李慈率领羽林军冲进武德殿，而窦怀贞、萧至忠、岑羲等人会在宰相官署举兵接应他们。玄宗于是和岐王李范、薛王李业、郭元振，以及龙武将军王毛仲、殿中少监姜皎、太仆少卿李令问、尚乘奉御王守一、内给事高力士、果毅李守德等人商定计划诛杀太平公主。姜皎是姜谟的曾孙，李令问是李靖的弟弟李客师的孙子，王守一是王仁皎的儿子，高力士是潘州人。

　　甲子，上因王毛仲取闲厩马及兵三百馀人，与同谋十馀人自武德殿入虔化门，召元楷、慈，先斩之，擒膺福、猷于内客省以出，执至忠、羲于朝堂，皆斩之。怀贞逃入沟中，自缢死，戮其尸，改姓曰毒。上皇闻变，登承天门楼。郭元振奏，皇帝前奉诰诛窦怀贞等，无他也。上寻至楼上，上皇乃下诰罪状怀贞等，因赦天下，惟逆人亲党不赦。薛稷赐死于万年狱。乙丑，上皇诰："自今军国政刑，一皆取皇帝处分。朕方无为养志，以遂素心。"是日，徙居百福殿。

　　太平公主逃入山寺，三日乃出，赐死于家，公主诸子及党与死者数十人。薛崇简以数谏其母被挞，特免死，赐姓李，官爵如故。籍公主家，财货山积，珍物侔于御府，厩牧羊马、田园息钱，收之数年不尽。慧范家亦数十万缗。改新兴王晋之姓曰厉。

　　初，上谋诛窦怀贞等，召崔湜，将托以心腹。湜弟涤谓湜曰："主上有问，勿有所隐。"湜不从。怀贞等既诛，湜与右丞卢藏用俱坐私侍太平公主，湜流窦州，藏用流泷州。新兴王晋临刑叹曰："本为此谋者崔湜，今吾死湜生，不亦冤乎？"会有司鞫宫人元氏，元氏引湜同谋进毒，乃追赐死于荆州。薛稷之子伯阳以尚主免死，流岭南，于道自杀。

　　初，太平公主与其党谋废立，窦怀贞、萧至忠、岑羲、崔湜皆以为然，陆象先独以为不可。公主曰："废长立少，已

甲子(初三)，玄宗通过王毛仲调用闲厩马以及三百多名士兵，和共同谋事的十多人一道，从武德殿进入虔化门，召见常元楷、李慈，先将他们斩了，从内客省把贾膺福、李猷抓出来，在朝堂上捉拿萧至忠、岑羲，将他们都杀死。窦怀贞逃到壕沟中自缢而死，玄宗下令把他暴尸街头示众，改他的姓为毒。太上皇听到事变，登上承天门城楼。郭元振上奏，说是皇帝奉太上皇的诰命讨伐窦怀贞等人，没有其他变故。不久玄宗也来到城楼上，太上皇于是下发诰命公布窦怀贞等人的罪状，于是赦免天下罪人，只有逆臣的亲信、党羽不在赦免之列。薛稷被赐死于万年狱。乙丑(初四)，太上皇下发诰命："从今以后，军国大事、刑狱判决，一概都听从皇帝安排处置。朕正想清静无为，修身养性，以便满足平生的愿望。"这一天，太上皇迁往百福殿居住。

太平公主逃入山寺，三天后才出来，被玄宗赐死在家里，公主的儿子们以及党羽数十人都被处死。薛崇简因为多次劝阻她的母亲而遭到殴打，玄宗特赦他死罪，赐姓李，官职、爵位和原来一样。没收公主的家产，钱财堆积如山，宝物和皇家府库相等，马厩里的马匹、牧场上的羊马、田地园林、放高利贷的钱，几年都没有收点完。慧范的家产也有几十万缗。玄宗改新兴王李晋姓厉。

当初，玄宗谋划讨伐窦怀贞等人时，召见崔湜，准备将他当作心腹。崔湜的弟弟崔涤对崔湜说："皇上问到什么，不要有所隐瞒。"崔湜不听。窦怀贞等人被杀死之后，崔湜与右丞卢藏用都因为私下侍奉太平公主而被判罪，崔湜被流放窦州，卢藏用被流放泷州。新兴王李晋在临刑时叹息道："崔湜是此次谋反的谋主，如今我死而崔湜活，不也太冤枉了吗？"适逢有关部门审讯宫人元氏，元氏招出崔湜参与策划下毒谋害玄宗，玄宗于是派人赶上崔湜，赐崔湜在荆州自杀。薛稷的儿子薛伯阳因为娶公主而得以免死，流放岭南，在途中自杀。

当初，太平公主和她的党羽们密谋废立皇帝，窦怀贞、萧至忠、岑羲、崔湜都认为可行，只有陆象先一个人认为不行。太平公主说："当初太上皇废黜长子而立少子为皇位继承人，已经

为不顺,且又失德,若之何不去?"象先曰:"既以功立,当以罪废。今实无罪,象先终不敢从。"公主怒而去。上既诛怀贞等,召象先谓曰:"岁寒知松柏,信哉!"时穷治公主枝党,当坐者众,象先密为申理,所全甚多,然未尝自言,当时无知者。百官素为公主所善及恶之者,或黜或陟,终岁不尽。丁卯,上御承天门楼,赦天下。己巳,赏功臣郭元振等官爵、第舍、金帛有差。

庚辰,中书侍郎、同平章事陆象先罢为益州长史。

八月癸巳,以封州流人刘幽求为左仆射、平章军国大事。九月庚午,以刘幽求同中书门下三品。冬十一月,刘幽求兼侍中。

是不合理了，况且皇帝又失德，为什么不能将他废黜呢？"陆象先说："皇上既然因为有功得立，应当因为有罪才废黜。如今皇上确实无罪，我陆象先终究不敢从命。"太平公主怒气冲冲地离去。玄宗诛杀了窦怀贞等人之后，召见陆象先，对他说道："气候寒冷，才知道松柏不会凋零，这话确实可信！"当时追查惩治太平公主的其他党羽，应当判处刑罚的人很多，陆象先暗中为他们申诉，很多人因此得以保全，然而陆象先未曾自己说出这件事，当时没有人知道真情。平素被太平公主亲善或厌恶的文武百官，有的贬黜、有的提升，整整一年还未处理完毕。丁卯（初六），玄宗登上承天门城楼，宣布赦免天下罪人。己巳（初八），玄宗按不同等级奖赏有功之臣郭元振等人官职、爵位、房舍、金银、绸缎。

　　庚辰（十九日），中书侍郎、同平章事陆象先被罢免原官职，出任益州长史。

　　八月癸巳（初二），朝廷任命封州流刑犯刘幽求为左仆射、平章军国大事。九月庚午（初十），任命刘幽求为同中书门下三品。冬季十一月，任命刘幽求兼任侍中。

卷第三十一

李林甫专政

唐玄宗开元二十二年，吏部侍郎李林甫，柔佞多狡数，深结宦官及妃嫔家，伺候上动静，无不知之，由是每奏对，常称旨，上悦之。时武惠妃宠幸倾后宫，生寿王瑁，诸子莫得为比，太子浸疏薄。林甫乃因宦官言于惠妃，愿尽力保护寿王。惠妃德之，阴为内助，由是擢黄门侍郎。五月戊子，以裴耀卿为侍中，张九龄为中书令，林甫为礼部尚书、同中书门下三品。

二十四年。初，上欲以李林甫为相，问于中书令张九龄，九龄对曰："宰相系国安危，陛下相林甫，臣恐异日为庙社之忧。"上不从。时九龄方以文学为上所重，林甫虽恨，犹曲意事之。侍中裴耀卿与九龄善，林甫并疾之。是时，上在位岁久，渐肆奢欲，怠于政事。而九龄遇事无细大皆力争；林甫巧伺上意，日思所以中伤之。

上之为临淄王也，赵丽妃、皇甫德仪、刘才人皆有宠，

李林甫专政

　　唐玄宗开元二十二年（734），吏部侍郎李林甫柔媚奸巧、狡诈多心机，密交宦官及妃嫔的娘家，探察皇上举动，对于唐玄宗的所有言行无不了解，因此每次上奏和回答皇上提出的问题时，常能符合皇上的心意，唐玄宗十分喜爱他。当时武惠妃在后宫中最受唐玄宗宠幸，她生有寿王李瑁，唐玄宗的其他儿子都不能与寿王相比，太子也日益为唐玄宗所疏远。李林甫于是通过宦官对武惠妃讲，愿全力保护寿王。武惠妃感激李林甫，便暗中充当李林甫在宫廷内的帮手，李林甫因此被提升为黄门侍郎。五月戊子（二十八日），唐玄宗任命裴耀卿为侍中，张九龄为中书令，李林甫为礼部尚书、同中书门下三品。

　　二十四年（736）。当初，唐玄宗打算任用李林甫为宰相，询问中书令张九龄，张九龄回答说："宰相关系到国家的安危，陛下任用李林甫为宰相，我担心日后会成为国家的忧患。"唐玄宗不以为然。当时张九龄正因文章博学而为唐玄宗所倚重，李林甫虽心怀怨恨，但仍违心地奉事张九龄。侍中裴耀卿与张九龄友善，李林甫也同样痛恨他。此时，唐玄宗在位时间已很久，逐渐恣意奢侈起来，懒于处理政事。而张九龄遇事无论大小都据理力争，李林甫巧妙地伺察皇上的意图，每天都寻思着如何中伤张九龄。

　　当唐玄宗还是临淄王时，赵丽妃、皇甫德仪、刘才人都受宠，

丽妃生太子瑛，德仪生鄂王瑶，才人生光王琚。及即位，幸武惠妃，丽妃等爱皆弛。惠妃生寿王瑁，宠冠诸子。太子与瑶、琚会于内第，各以母失职有怨望语。驸马都尉杨洄尚咸宜公主，常伺三子过失以告惠妃。惠妃泣诉于上曰："太子阴结党与，将害妾母子，亦指斥至尊。"

上大怒，以语宰相，欲皆废之。九龄曰："陛下践阼垂三十年，太子诸王不离深宫，日受圣训，天下之人皆庆陛下享国久长，子孙蕃昌。今三子皆已成人，不闻大过，陛下奈何一旦以无根之语，喜怒之际，尽废之乎？且太子天下本，不可轻摇。昔晋献公听骊姬之谗杀申生，三世大乱。汉武帝信江充之诬罪戾太子，京城流血。晋惠帝用贾后之谮废愍怀太子，中原涂炭。隋文帝纳独孤后之言黜太子勇，立炀帝，遂失天下。由此观之，不可不慎。陛下必欲为此，臣不敢奉诏。"上不悦。林甫初无所言，退而私谓宦官之贵幸者曰："此主上家事，何必问外人？"上犹豫未决。惠妃密使官奴牛贵儿谓九龄曰："有废必有兴，公为之援，宰相可长处。"九龄叱之，以其语白上，上为之动色，故讫九龄罢相，太子得无动。林甫日夜短九龄于上，上浸疏之。

林甫引萧炅为户部侍郎。炅素不学，尝对中书侍郎严挺之读"伏腊"为"伏猎"，挺之言于九龄曰："省中岂容有'伏猎侍郎'？"由是出炅为岐州刺史，故林甫怨挺之。九龄

赵丽妃生太子李瑛，皇甫德仪生鄂王李瑶，刘才人生光王李琚。等到唐玄宗即位后，宠幸武惠妃，赵丽妃等人都失宠。武惠妃生寿王李瑁，李瑁在各子中最受宠爱。太子李瑛同李瑶、李琚聚会于家中，各自因为母亲失宠，都有怨恨的言论。驸马都尉杨洄娶咸宜公主为妻，常常侦探李瑛、李瑶、李琚三人的过失禀告给武惠妃。武惠妃向唐玄宗哭诉说："太子在暗中结交党羽，准备谋害我们母子，也斥责陛下。"

唐玄宗大怒，将此事告诉宰相张九龄，打算将李瑛等人全都废除。张九龄说："陛下登基近三十年，太子诸王从未离开深宫，每日都接受圣上的训示，全国人民都庆幸陛下在位年数长久，子孙兴旺。现在太子李瑛等三个儿子已长大成人，没听说有什么大的过失，陛下为何一下子因为没有根据的言语，凭自己的喜怒，将他们全都废除掉呢？况且太子为天下的根本，不可轻易动摇。从前晋献公听信骊妃的谗言而杀掉申生，结果使三世大乱。汉武帝听信江充的诬陷而致罪于戾太子，最终导致京城流血。晋惠帝任用贾后的谮言而废掉愍怀太子，致使中原遭受祸害。隋文帝采纳独孤后的建议黜除太子杨勇，重立炀帝，于是失去了天下。通过这些事实可以看出，废立太子不能不谨慎。陛下若一定要这样做的话，我不敢奉命。"唐玄宗听后大为不快。李林甫当时并未发表言论，退朝后私下对唐玄宗宠幸的宦官说："这是皇上自家的事，何必要征求外人的意见呢？"唐玄宗犹豫不决。武惠妃暗中派官奴牛贵儿对张九龄说："有废除太子，便定会有重立太子，你若能出力帮助，就可以长久地担任宰相。"张九龄怒声斥责，并将这些话转告给唐玄宗，唐玄宗为此气恼，所以直到张九龄罢免宰相，太子一直没有变动。李林甫不断地在唐玄宗面前诋毁张九龄，唐玄宗逐渐疏远了张九龄。

李林甫荐举萧炅担任户部侍郎。萧炅平常不学无术，有一次曾在中书侍郎严挺之面前将"伏腊"读成了"伏猎"，严挺之对张九龄说道："宫禁之内怎能容许有'伏猎侍郎'？"因此就把萧炅贬为岐州刺史，所以李林甫挺怨恨严挺之的。张九龄

与挺之善,欲引以为相,尝谓之曰:"李尚书方承恩,足下宜一造门,与之款昵。"挺之素负气,薄林甫为人,竟不之诣,林甫恨之益深。挺之先娶妻,出之,更嫁蔚州刺史王元琰,元琰坐赃罪下三司按鞫,挺之为之营解。林甫因左右使于禁中白上。上谓宰相曰:"挺之为罪人请属所由。"九龄曰:"此乃挺之出妻,不宜有情。"上曰:"虽离乃复有私。"于是上积前事,以耀卿、九龄为阿党。十一月壬寅,以耀卿为左丞相,九龄为右丞相,并罢政事。以林甫兼中书令,仙客为工部尚书、同中书门下三品,领朔方节度如故。严挺之贬洺州刺史,王元琰流岭南。九龄既得罪,自是朝廷之士,皆容身保位,无复直言。

李林甫欲蔽塞人主视听,自专大权,明召诸谏官谓曰:"今明主在上,群臣将顺之不暇,乌用多言?诸君不见立仗马乎?食三品料,一鸣辄斥去,悔之何及!"补阙杜琎尝上书言事,明日,黜为下邽令。自是谏争路绝矣。牛仙客既为林甫所引进,专给唯诺而已。然二人皆谨守格式,百官迁除,各有常度,虽奇才异行,不免终老常调。其以巧谄邪险自进者,则超腾不次,自有他蹊矣。

林甫城府深密,人莫窥其际。好以甘言啖人,而阴中伤之,不露辞色。凡为上所厚者,始则亲结之,及位势相逼,辄以计去之,虽老奸巨猾,无能逃其术者。

与严挺之友好，准备推荐他担任宰相，有次曾对他说："李林甫现在正受皇上宠幸，您应当前去登门拜访他，同他亲密交往。"严挺之向来不屈于他人，轻视李林甫的为人，竟不去拜访李林甫，李林甫愈加怨恨他。严挺之先娶有一妻，后来休退了她，严挺之的这个前妻改嫁给蔚州刺史王元琰，王元琰因犯贪污受贿罪被提交三司察审，严挺之解救了他。李林甫通过皇帝身边的官员在宫中禀告唐玄宗，唐玄宗对宰相张九龄说："严挺之替罪犯解脱，所出何因？"张九龄说："这是因为严挺之所休弃了的妻子，并无其他缘由。"唐玄宗说："虽然离异了，但仍有私情。"于是唐玄宗联系以前的一些事情，认定裴耀卿、张九龄为私党。十一月壬寅（二十七日），任裴耀卿为左丞相，张九龄为右丞相，一同免除掌管政事。任命李林甫兼任中书令，牛仙客为工部尚书、同中书门下三品，仍旧兼任朔方节度使。严挺之被贬为洺州刺史，王元琰被流放到岭南。张九龄既已得罪皇上，从此以后朝廷官员都为了明哲保身，再也不敢直言。

李林甫为了堵塞皇上的视听，独自专断大权，公开召集各位谏官，对他们说："现在圣明君主在上，群臣顺从都来不及，何需多言？各位难道没有看见立在宫门外的仪仗马吗？食用三品饲粮，因一声鸣叫而立即被斥退而去，后悔都来不及。"补阙杜琎曾上书言事，第二天便被贬为下邽令。从此之后，上谏直言的道路断绝。牛仙客既是李林甫所荐举的，只是一味地听从李林甫而已。但是他们两人都恪守陈规，各级官吏的升迁和贬除，都有常规，虽有奇异的才能、特别的德行，到老也免不了按固定的格式加以迁升。而那些凭谄媚阿谀、邪恶奸险以求加官上进的人，则不按次第加以擢升，自有其他的途径。

李林甫为人心机深隐，人们不能探测到他的深浅。他喜欢用甜言蜜语诱惑他人，而在暗中却加以陷害，外表不露声色。凡是为皇帝亲幸之人，开始则友善地结交，等到威胁到自己的地位权力时，立即便运用计谋除掉，即使是老谋深算的人，也逃不出他的算计。

二十五年夏四月辛酉,监察御史周子谅弹牛仙客非才,引谶书为证。上怒甚,命左右捽于殿庭,绝而复苏,仍杖之朝堂,流瀼州,至蓝田而死。李林甫言:"子谅,张九龄所荐也。"甲子,贬九龄荆州长史。

杨洄又潜太子瑛、鄂王瑶、光王琚,云与太子妃兄驸马薛锈潜构异谋。上召宰相谋之,李林甫对曰:"此陛下家事,非臣等所宜豫。"上意乃决。乙丑,使宦者宣制于宫中,废瑛、瑶、琚为庶人,流锈于瀼州。瑛、瑶、琚寻赐死城东驿,锈赐死于蓝田。瑶、琚皆好学有才识,死不以罪,人皆惜之。丙寅,瑛舅家赵氏、妃家薛氏、瑶舅家皇甫氏,坐流贬者数十人,惟瑶妃家韦氏以妃贤得免。

二十六年,太子瑛既死,李林甫数劝上立寿王瑁。上以忠王玙年长,且仁孝恭谨,又好学,意欲立之,犹豫岁余不决。自念春秋浸高,三子同日诛死,继嗣未定,常忽忽不乐,寝膳为之减。高力士乘间请其故,上曰:"汝,我家老奴,岂不能揣我意?"力士曰:"得非以郎君未定邪?"上曰:"然。"对曰:"大家何必如此虚劳圣心,但推长而立,谁敢复争?"上曰:"汝言是也!汝言是也!"由是遂定。六月庚子,立玙为太子。

二十七年夏四月己丑,以牛仙客为兵部尚书兼侍中,李林甫为吏部尚书兼中书令,总文武选事。秋九月,太子更名绍。

二十五年(737)夏季四月辛酉(十七日),监察御史周子谅弹劾牛仙客没有才能,并引用谶书作为证据。唐玄宗大怒,命令左右将周子谅在宫殿大庭上掷击,打得死去活来,仍在朝廷上加以杖击,流放到瀼州,行至蓝田时死去。李林甫说:"周子谅是张九龄所推荐的。"甲子(二十日),贬张九龄为荆州长史。

杨洄再次诬陷太子李瑛、鄂王李瑶、光王李琚,说他们同太子妃的兄长驸马薛锈暗中勾结、图谋不轨。唐玄宗召见宰相商议,李林甫回答说:"这是陛下自家的事情,并不是我们所应当参与的。"唐玄宗这才下定决心。乙丑(二十一日),派宦官到宫中宣布诏书,将李瑛、李瑶、李琚贬为庶人,将薛锈流放到瀼州。李瑛、李瑶、李琚不久在城东驿站被赐死,薛锈则在蓝田被赐死。李瑶、李琚都勤奋好学,有较高的才能见识,无罪而死,人们都为之惋惜。丙寅(二十二日),李瑛母舅家赵氏、妃子娘家薛氏、李瑶母舅家皇甫氏犯罪被流放贬斥者数十人,只有李瑶妃子娘家韦氏因为妃子贤淑而幸免。

二十六年(738),太子李瑛死去,李林甫多次劝唐玄宗立寿王李瑁为太子。唐玄宗认为忠王李玙的年岁最长,并且仁孝恭谦,又勤奋好学,于是准备立他为太子,迟疑了一年多还不能做出决定。唐玄宗常常想到自己年岁逐渐增高,三个儿子在同一天被诛杀而死,继承人尚未确定,经常神情恍惚、心中不快,睡眠饮食也为此而减少。高力士有次乘机会询问原因,唐玄宗说:"你是我家的老奴,难道还不能揣摩出我的想法吗?"高力士说:"莫非是因为太子还未确定吗?"唐玄宗说:"对。"高力士说:"陛下何必如此费神劳心呢?只是推选年长的儿子立为太子就是了,谁敢再争夺太子之位?"唐玄宗说:"你讲得对!你讲得对!"因此就定下了太子。六月庚子(初三),立李玙为太子。

二十七年(739)夏季四月己丑(二十八日),任命牛仙客为兵部尚书兼侍中,李林甫为吏部尚书兼中书令,总管文武官员选举之事。秋季九月,太子李玙更名为李绍。

　　天宝元年,李林甫为相,凡才望功业出己右及为上所厚、势位将逼己者,必百计去之。尤忌文学之士,或阳与之善,啖以甘言而阴陷之。世谓李林甫"口有蜜,腹有剑"。上尝陈乐于勤政楼下,垂帘观之。兵部侍郎卢绚谓上已起,垂鞭按辔,横过楼下。绚风标清粹,上目送之,深叹其蕴藉。林甫常厚以金帛赂上左右,上举动必知之,乃召绚子弟谓曰:"尊君素望清崇,今交、广藉才,圣上欲以尊君为之,可乎?若惮远行,则当左迁。不然,以宾、詹分务东洛,亦优贤之命也,何如?"绚惧,以宾、詹为请。林甫恐乖众望,乃除华州刺史。到官未几,诬其有疾,州事不理,除詹事、员外同正。

　　上又尝问林甫以:"严挺之今安在?是人亦可用。"挺之时为绛州刺史。林甫退,召挺之弟损之,谕以:"上待尊兄意甚厚,盍为见上之策,奏称风疾,求还京师就医。"挺之从之。林甫以其奏白上云:"挺之衰老得风疾,宜且授以散秩,使便医药。"上叹吒久之。夏四月壬寅,以为詹事,又以汴州刺史、河南采访使齐澣为少詹事,皆员外同正,于东京养疾。澣亦朝廷宿望,故并忌之。

　　秋七月辛未,左相牛仙客薨。八月丁丑,以刑部尚书李适之为左相。
　　二年,上以右赞善大夫杨慎矜知御史中丞事。时李林甫专权,公卿之进,有不出其门者,必以罪去之。

天宝元年（742），李林甫任宰相，凡是才气名望功劳超过自己，以及被皇上所看重，权力地位威胁到自己的人，必定会千方百计除去。特别忌恨那些善为文章的人士，对有的人在表面上与他友善，用甜言蜜语加以利诱，却在暗中加以陷害。世人称"李林甫口中有蜜，腹中藏剑"。有次唐玄宗曾在勤政楼下陈设歌舞音乐，自己隔着帘子在后面观赏。兵部侍郎卢绚以为皇上已经离去，在马上垂下马鞭，按住辔头，从楼下横穿而过。卢绚风度清雅，唐玄宗目送着他离去，大为叹服他的含蓄温恭。李林甫时常用金银帛绢贿赂皇帝身边的人，皇帝的任何举动定会知道，于是召见卢绚的子弟，对他们说："尊父向来有很高的名望，现在交州、广州需填补郡守空缺，皇上打算命尊父去担任，可以吗？若是害怕到远地，就会贬职。否则的话，就以太子宾客或詹事的身份去东京洛阳处理政务，这也算是特别优待的任命，怎么样？"卢绚恐惧，请求调任太子宾客或詹事。李林甫担心众望不服，于是命他担任华州刺史。卢绚到任不久，李林甫诬陷他身患疾病，不能处理州郡政事，调任他为詹事、员外同正。

唐玄宗曾经问李林甫："严挺之现在在什么地方？这个人也可以任用。"严挺之当时正担任绛州刺史。李林甫退出后，召见严挺之的弟弟严损之，告诉他："皇上很看重尊兄，为什么不想办法让他晋见皇上？不妨上奏称身患风湿，请求返回京师医治。"严挺之采纳了他的建议。李林甫拿着严挺之的奏章报告皇上，说："严挺之年老力衰，又患上风湿，最好暂时授予他一个散官，让他便于医治。"唐玄宗叹息很久。夏季四月壬寅（二十八日），任命严挺之为詹事，又任命汴州刺史、河南采访使齐澣为少詹事，都是员外同正，让他们到东京养病。齐澣也是朝廷的元老，所以李林甫也嫉忌他。

秋季七月辛未（二十九日），左相牛仙客去世。八月丁丑（初五），任命刑部尚书李适之为左相。

二年（743），唐玄宗任右赞善大夫杨慎矜为知御史中丞事。当时李林甫专权，公卿如果不是他推荐的，定会诬陷罪名将其除掉。

慎矜由是固辞，不敢受。五月辛丑，以慎矜为谏议大夫。

三载冬十二月，户部尚书裴宽素为上所重，李林甫恐其入相，忌之。刑部尚书裴敦复击海贼还，受请托，广序军功，宽微奏其事。林甫以告敦复，敦复言："宽亦尝以亲故属敦复。"林甫曰："君速奏之，勿后于人。"敦复乃以五百金赂女官杨太真之姊，使言于上。甲午，宽坐贬睢阳太守。

初，上自东都还，李林甫知上厌巡幸，乃与牛仙客谋，增近道粟赋及和籴以实关中，数年，蓄积稍丰。上从容谓高力士曰："朕不出长安近十年，天下无事，朕欲高居无为，悉以政事委林甫，何如？"对曰："天子巡狩，古之制也。且天下大柄，不可假人，彼威势既成，谁敢复议之者？"上不悦。力士顿首自陈："臣狂疾，发妄言，罪当死。"上乃为力士置酒，左右皆呼万岁。力士自是不敢深言天下事矣。

四载，李适之与李林甫争权有隙。适之领兵部尚书，驸马张垍为侍郎，林甫亦恶之，使人发兵部铨曹奸利事，收吏六十馀人付京兆与御史对鞫之，数日，竟不得其情。京兆尹萧炅使法曹吉温鞫之，温入院，置兵部吏于外，先于后厅取二重囚讯之，或杖或压，号呼之声，所不忍闻。皆曰："苟存馀生，乞纸尽答。"兵部吏素闻温之惨酷，引入，皆自诬服，无敢违温意者。顷刻而狱成，验囚无榜掠之迹。及林甫欲

杨慎矜因此坚决推辞，不敢接受任命。五月辛丑(初三)，任命杨慎矜为谏议大夫。

三载(744)冬季十二月，户部尚书裴宽向来为唐玄宗所器重，李林甫担心他会任宰相，对他十分忌恨。刑部尚书裴敦复击败海盗回来，受他人的请托，将很多无关的人都列入功劳名册，裴宽暗中将此事奏报给唐玄宗。李林甫将此消息告诉裴敦复，裴敦复说："裴宽也曾将他的亲戚朋友嘱托给我。"李林甫说："你尽快将此事奏报，不要落在他人之后。"裴敦复于是用五百两黄金贿赂女道士杨玉环的姐姐，让他告诉唐玄宗。甲午(初五)，裴宽因罪被贬为睢阳太守。

当初，唐玄宗从东京返回，李林甫了解唐玄宗已厌恶到外地巡视，于是同牛仙客商议，增加京师附近各道的田赋捐税，并购买粮食，用以充实关中，实行几年后，粮食储蓄稍稍充足。唐玄宗和颜悦色地对高力士说："我已有近十年没有离开长安，天下太平，我准备高高在上，不理政事，将政事全部委交给李林甫，你认为怎样？"高力士回答说："天子巡察四方，这是自古以来的制度。而且国家的大权，不可以交给他人，如果他的威势养成，有谁再敢议论他？"唐玄宗心中不快。高力士叩头陈述说："我癫狂病发，妄自胡言，罪该万死。"唐玄宗为高力士摆设酒宴安抚，左右侍从都高呼万岁。高力士从此再也不敢深入地评论国家大事了。

四载(745)，李适之同李林甫争夺权力，彼此相互仇怨。李适之兼任兵部尚书，驸马张垍担任侍郎，李林甫也怨恨他，命人检举兵部行政人员营私舞弊的事情，逮捕了有关官吏六十多人，交付给京兆及御史进行审查，一连几天，都没有查出事实。京兆尹萧炅派法曹吉温审讯，吉温进入大院，将兵部官吏放在院外，先从后厅提出两名重犯加以审讯，或杖击，或用石压，囚犯哀号之声，惨不忍听。兵部官吏都说："如果能让我们活命，那就请给我们纸，我们全部招认。"兵部官吏一向听说吉温残酷，被带入大院后，都违心认罪，没有人敢违背吉温的意思。不一会就结案，检验被告身体，都没有用刑的痕迹。后来，等到李林甫打算

除不附己者,求治狱吏,炅荐温于林甫,林甫得之,大喜。温常曰:"若遇知己,南山白额虎不足缚也。"时又有杭州人罗希奭,为吏深刻,林甫引之,自御史台主簿再迁殿中侍御史。二人皆随林甫所欲深浅,锻炼成狱,无能自脱者,时人谓之"罗钳吉网"。

秋九月癸未,以陕郡太守、江淮租庸转运使韦坚为刑部尚书,罢其诸使,以御史中丞杨慎矜代之。坚妻姜氏,皎之女,林甫之舅子也,故林甫昵之。及坚以通漕有宠于上,遂有入相之志,又与李适之善,林甫由是恶之,故迁以美官,实夺之权也。

五载春正月乙丑,以陇右节度使皇甫惟明兼河西节度使。

李适之性疏率,李林甫尝谓适之曰:"华山有金矿,采之可以富国,主上未之知也。"他日,适之因奏事言之。上以问林甫,对曰:"臣久知之,但华山陛下本命,王气所在,凿之非宜,故不敢言。"上以林甫为爱己,薄适之虑事不熟,谓曰:"自今奏事,宜先与林甫议之,无得轻脱。"适之由是束手矣。适之既失恩,韦坚失权,益相亲密,林甫愈恶之。

初,太子之立,非林甫意。林甫恐异日为己祸,常有动摇东宫之志,而坚,又太子之妃兄也。皇甫惟明尝为忠王友,时破吐蕃,入献捷,见林甫专权,意颇不平。时因见上,乘间微劝上去林甫,林甫知之,使杨慎矜密伺

除掉不顺服自己的官吏时，寻求治狱官吏，萧炅将吉温推荐给他，李林甫得到吉温后，十分高兴。吉温常说："只要遇到知己，就是南山的白额老虎，我也可以轻易制服。"当时，另有一个杭州人罗希奭，为官手段残毒，李林甫荐举他，从御史台主簿提升为殿中侍御史。他们两人都随李林甫所希望的轻重罪行，千方百计地给他人定罪，没有一个人能逃脱，当时的人称他们为"罗钳吉网"。

秋季九月癸未（二十九日），唐玄宗任命陕郡太守、江淮租庸转运使韦坚为刑部尚书，免除所有总监职务，任命御史中丞杨慎矜替任。韦坚的妻子姜氏，是姜皎的女儿，也就是李林甫舅父的女儿，所以李林甫与韦坚很亲近。等到韦坚因主持粮食漕运工作而受到唐玄宗宠爱时，于是便产生了担任宰相的野心，又同李适之友好，李林甫因此忌恨他，所以这次名义上是提升韦坚的官职，实际上是夺去他的实权。

五载（746）春季正月乙丑（十三日），唐玄宗任命陇右节度使皇甫惟明兼任河西节度使。

李适之性情疏阔直率，李林甫曾对李适之说："华山上有金矿，如果开采，就可以使国家富裕，皇上还不知道。"过了几天，李适之趁奏报政事时，提起此事。唐玄宗就此事询问李林甫，李林甫回答说："我早就知道，但华山是陛下的根本命脉，王气所在，不应该开凿，所以我一直不敢提出来。"唐玄宗认为李林甫爱护自己，不满意李适之考虑事情不周全，便对李适之说："以后奏报事情，应当先与李林甫商议，不要轻率地发表言论。"李适之从此受到限制。李适之已经失去恩宠，韦坚也失去权力，两人关系更加亲密，李林甫对他们也更加忌恨。

当初，太子的确立并非李林甫本意，李林甫恐怕将来成为自己的大祸，一直有更换太子的意愿，而韦坚又是太子妃的哥哥。皇甫惟明曾是太子李亨当忠王时的好友，这时击破吐蕃，入朝报捷，见李林甫独揽大权，愤愤不平。皇甫惟明趁晋见皇上的机会，婉转地劝唐玄宗除去李林甫，李林甫得知后，派杨慎矜暗中伺察

其所为。会正月望夜，太子出游，与坚相见，坚又与惟明会于景龙观道士之室。慎矜发其事，以为坚戚里，不应与边将狎昵。林甫因谮坚与惟明结谋，欲共立太子。坚、惟明下狱，林甫使慎矜与御史中丞王铁、京兆府法曹吉温共鞫之。上亦疑坚与惟明有谋而不显其罪。癸酉，下制，责坚以干进不已，贬缙云太守，惟明以离间君臣，贬播川太守，仍别下制戒百官。

夏四月，韦坚等既贬，左相李适之惧，自求散地。庚寅，以适之为太子少保，罢政事。其子卫尉少卿霅尝盛馔召客，客畏李林甫，竟日无一人敢往者。

以门下侍郎、崇玄馆大学士陈希烈同平章事。希烈，宋州人，以讲《老》《庄》得进，专用神仙符瑞取媚于上。李林甫以希烈为上所爱，且柔佞易制，故引以为相。凡政事一决于林甫，希烈但给唯诺。故事，宰相午后六刻乃出，林甫奏，今太平无事，巳时即还第，军国机务皆决于私家，主书抱成案诣希烈书名而已。

秋七月，将作少匠韦兰、兵部员外郎韦芝为其兄坚讼冤，且引太子为言，上益怒。太子惧，表请与妃离婚，乞不以亲废法。丙子，再贬坚江夏别驾，兰、芝皆贬岭南。然上素知太子孝谨，故谴怒不及。李林甫因言坚与李适之等为朋党，后数日，坚长流临封，适之贬宜春太守，太常少卿韦斌贬巴陵太守，嗣薛王琄贬夷陵别驾，睢阳太守裴宽贬

皇甫惟明的举动。当时正值正月十五夜晚,太子李亨出游,与韦坚见面,韦坚又同皇甫惟明在景龙观道士住室相会。杨慎矜上疏揭发他们,认为韦坚是皇亲国戚,不应该同边防守将亲密。李林甫乘机诬陷韦坚同皇甫惟明密谋,准备拥立太子登基。韦坚、皇甫惟明被捕入狱,李林甫让杨慎矜同御史中丞王铁、京兆府法曹吉温共同审讯。唐玄宗也怀疑韦坚与皇甫惟明有阴谋,但不愿将他们的罪行张扬出去。癸酉(二十一日),下诏斥责韦坚贪求升官,将他贬为缙云太守,皇甫惟明因离间君臣关系,被贬为播川太守,并另外颁布诏书训诫文武百官。

夏季四月,韦坚等已被贬,左相李适之十分畏惧,请求退居闲散官位。庚寅(二十四日),任命李适之为太子少保,免除宰相职务。李适之的儿子卫尉少卿李霅曾盛宴召请宾客,客人畏惧李林甫,整天没有一人敢前往赴宴。

唐玄宗任命门下侍郎、崇玄馆大学士陈希烈为同平章事。陈希烈是宋州人,因讲解《老子》《庄子》而得以进入仕途,专门用神仙、祥瑞之类的东西谄媚皇上。李林甫因为陈希烈正受唐玄宗宠爱,而且为人柔顺奸佞,容易控制,所以推荐他担任宰相。所有行政事务全由李林甫一人决定,陈希烈只是点头称是。按惯例,宰相要到午后六刻(下午一点半)才能出宫,李林甫上奏说现在太平无事,巳时(上午十点)就回到家中,军国机密大事都在李林甫家中决定,文书官仅是抱着公文,找到陈希烈家中补签个名字而已。

秋季七月,将作少匠韦兰、兵部员外郎韦芝为他们的哥哥韦坚申诉冤情,并且引出太子李亨作理由,唐玄宗更加恼怒。太子恐惧,上奏请求与太子妃离婚,并请求不要因为亲戚的缘故而妨碍法律。丙子(二十六日),再次将韦坚贬为江夏别驾,韦兰、韦芝都贬谪到岭南。但是唐玄宗向来知道太子孝顺恭谨,所以并没有责备他。李林甫乘机指控韦坚与李适之等人为朋党,几天后,韦坚永久流放到临封,李适之被贬为宜春太守,太常少卿韦斌被贬为巴陵太守,嗣薛王李琄被贬为夷陵别驾,睢阳太守裴宽被贬为

安陆别驾,河南尹李齐物贬竟陵太守,凡坚亲党连坐流贬者数十人。斌,安石之子。玼,业之子、坚之甥也。玼母亦令随玼之官。

冬十一月,赞善大夫杜有邻,女为太子良娣,良娣之姊为左骁卫兵曹柳勣妻。勣性狂疏,好功名,喜交结豪俊。淄川太守裴敦复荐于北海太守李邕,邕与之定交。勣至京师,与著作郎王曾等为友,皆当时名士也。勣与妻族不协,欲陷之,为飞语,告有邻妄称图谶,交构东宫,指斥乘舆。林甫令京兆士曹吉温与御史鞫之,乃勣首谋也。温令勣连引曾等入台。十二月甲戌,有邻、勣及曾等皆杖死,积尸大理,妻子流远方,中外震栗。嗣虢王巨贬义阳司马。巨,邕之子也。别遣监察御史罗希奭往按李邕,太子亦出良娣为庶人。

乙亥,邺郡太守王琚坐赃贬江华司马。琚性豪侈,与李邕皆自谓耆旧,久在外,意怏怏。李林甫恶其负材使气,故因事除之。

六载春正月辛巳,李邕、裴敦复皆杖死。邕才艺出众,卢藏用常语之曰:"君如干将、莫邪,难与争锋,然终虞缺折耳。"邕不能用。

林甫又奏分遣御史即贬所,赐皇甫惟明、韦坚兄弟等死。罗希奭自青州如岭南,所过杀迁谪者,郡县惶骇。排马牒至宜春,李适之忧惧,仰药自杀。至江华,王琚仰药不死,闻希奭已至,即自缢。希奭又迁路过安陆,欲

安陆别驾,河南尹李齐物被贬为竟陵太守,因牵连而被流放、贬谪的韦坚的亲戚朋友共有几十人。韦斌,是韦安石的儿子。李珺,是李业的儿子、韦坚的外甥。李珺的母亲也被下令跟随李珺前往贬谪的地方。

冬季十一月,赞善大夫杜有邻的女儿为太子良娣,良娣的姐姐是左骁卫兵曹柳勣的妻子。柳勣性情狂妄疏阔,希望建立功名,喜欢结交英雄豪杰。淄川太守裴敦复将他介绍给北海太守李邕,李邕因此同他结为至交。柳勣抵达京师,同著作郎王曾等成为好友,王曾等人都是当时的知名人士。柳勣与妻子家族的人不和,打算陷害杜家,制造匿名信,检举杜有邻妄自解释图谶,结交太子李亨,指责皇上。李林甫命京兆士曹吉温与御史审讯调查,结果才发现是柳勣的阴谋。吉温命柳勣将王曾等人牵连入狱。十二月甲戌(二十七日),杜有邻、柳勣及王曾等人都被杖击处死,尸体堆积在大理寺,他们的妻子儿女被流放到边远的地方,全国震惊恐惧。嗣虢王李巨被贬为义阳司马。李巨是李邕的儿子。唐玄宗另派监察御史罗希奭前往审问李邕,太子李亨也将良娣逐出宫外,贬为庶人。

乙亥(二十八日),邺郡太守王琚因犯贪赃罪而被贬为江华司马。王琚生性豪华奢侈,与李邕都自认为是唐玄宗的老臣,长期留在外地,心中怨愤不已。李林甫厌恶他们恃才负气,所以借此事将他们排除掉。

六载(747)春季正月辛巳(初五),李邕、裴敦复都被杖击处死。李邕才华出众,卢藏用常对他说:"你就像宝剑干将、莫邪,没有人能与你相比,但恐怕总有一天会缺损折断。"李邕没有听从他的劝告。

李林甫又上奏请求分别派遣御史前往各贬官所在地,将皇甫惟明、韦坚等人处死。罗希奭从青州前往岭南,经过的地方,诛杀掉所有贬官,各郡县官民惶恐惊骇。驿站乘马公文传到宜春,李适之忧愁恐惧,服毒自杀。公文传到江华,王琚服毒自杀未遂,得知罗希奭已经到来,当即上吊自杀。罗希奭又绕道安陆,打算

怖杀裴宽,宽向希奭叩头祈生,希奭不宿而过,乃得免。李适之子霅迎父丧至东京,李林甫令人诬告霅,杖死于河南府。给事中房琯坐与适之善,贬宜春太守。琯,融之子也。

林甫恨韦坚不已,遣使于循河及江、淮州县求坚罪,所在收系纲典船夫,溢于牢狱,征剥逋负,延及邻伍,皆裸露死于公府,至林甫薨乃止。

李林甫以王忠嗣功名日盛,恐其入相,忌之。董延光之攻吐蕃也,过期不克,言王忠嗣沮挠军计,上怒。李林甫因使济阳别驾魏林告忠嗣尝自言“我幼养宫中,与忠王相爱狎”,欲拥兵以尊奉太子。敕征忠嗣入朝,委三司鞫之。

户部侍郎兼御史中丞杨慎矜为上所厚,李林甫浸忌之。慎矜与王鉷父晋,中表兄弟也,少与鉷狎,鉷之入台,颇因慎矜推引。及鉷迁中丞,慎矜与语,犹名之,鉷自恃与林甫善,意稍不平。慎矜夺鉷职田,鉷母本贱,慎矜尝以语人;鉷深衔之。慎矜犹以故意待之,尝与之私语谶书。

慎矜与术士史敬忠善,敬忠言天下将乱,劝慎矜于临汝山中买庄为避乱之所。会慎矜父墓田中草木皆流血,慎矜恶之,以问敬忠。敬忠请禳之,设道场于后园,慎矜退朝,辄裸贯桎梏坐其中。旬日血止,慎矜德之。慎矜有侍婢明珠,色美,敬忠屡目之,慎矜即以遗敬忠。车载过

用恐怖气氛逼死裴宽,裴宽向罗希奭叩头,乞求饶命,罗希奭不住宿就离开安陆,裴宽才得以免死。李适之的儿子李霅将父亲的灵柩迎到洛阳,李林甫命人诬告李霅,将李霅杖击处死在河南。给事中房琯因与李适之友善而犯罪,被贬为宜春太守。房琯,是房融的儿子。

李林甫对韦坚痛恨不止,派人到黄河、长江、淮水两岸的郡县搜集韦坚的罪状,沿途逮捕的船纲主管和船夫,多到连监狱都容纳不下,强迫征收人们欠下的田赋捐税,连邻居都受到牵连,这些囚犯都赤身裸体地死在囚牢,直到李林甫死后才停止。

李林甫因为王忠嗣的功勋和声威日益升高,担心他会担任宰相,对他很忌恨。董延光在进攻吐蕃时,超过了期限而不能攻克,于是指控王忠嗣阻挠军事行动,唐玄宗大怒。李林甫乘机命济阳别驾魏林告发王忠嗣曾自称"我幼时养在皇宫,与忠王李亨很亲密",准备发动兵变拥立太子。唐玄宗下令征召王忠嗣入朝,委任三司审讯他。

户部侍郎兼御史中丞杨慎矜深受唐玄宗的器重,李林甫逐渐忌恨他。杨慎矜与王铁的父亲王晋是姑表兄弟,杨慎矜小时候与王铁亲密,王铁能进入御史台,在很大程度上是通过杨慎矜的荐引。等到王铁提升为御史中丞时,杨慎矜同他交谈,仍叫他的名字,王铁仗恃他与李林甫很亲近,心中稍有不满。杨慎矜又剥夺了王铁的职分田,王铁的母亲出身卑贱,杨慎矜也曾告诉过别人,王铁深深痛恨杨慎矜。杨慎矜仍像从前一样对待王铁,曾同王铁秘密谈论谶书。

杨慎矜与术士史敬忠很友好,史敬忠告诉他天下将要大乱,劝杨慎矜在临汝山中购买庄园作为避难的地方。正巧杨慎矜父亲墓园中的草木都流血,杨慎矜十分恐惧,为此询问史敬忠。史敬忠建议在后园设立道场,祭祀鬼神,杨慎矜退朝后,脱光身子,戴上枷锁坐在道场中。十天后,草木停止流血,杨慎矜对史敬忠十分感激。杨慎矜有个婢女,名叫明珠,十分美丽,史敬忠多次盯住她,杨慎矜于是将她送给史敬忠。史敬忠将她用车子载着经过

贵妃姊柳氏楼下，姊邀敬忠上楼，求车中美人，敬忠不敢拒。明日，姊入宫，以明珠自随。上见而异之，问所从来，明珠具以实对。上以慎矜与术士为妖法，恶之，含怒未发。

杨钊以告铦，铦心喜，因侮慢慎矜，慎矜怒。林甫知铦与慎矜有隙，密诱使图之。铦乃遣人以飞语告："慎矜隋炀帝孙，与凶人往来，家有谶书，谋复祖业。"上大怒，收慎矜系狱，命刑部、大理与侍御史杨钊、殿中侍御史卢铉同鞫之。太府少卿张瑄，慎矜所荐也，卢铉诬瑄尝与慎矜论谶，栲掠百端，瑄不肯答辨。乃以木缀其足，使人引其枷柄，向前挽之，身加长数尺，腰细欲绝，眼鼻出血，瑄竟不答。

又使吉温捕史敬忠于汝州。敬忠与温父素善，温之幼也，敬忠常抱抚之。及捕获，温不与交言，锁其颈，以布蒙首，驱之马前。至戏水，温使吏诱之曰："杨慎矜已款服，惟须子一辨，若解人意则生，不然必死。前至温汤，则求首不获矣。"敬忠顾谓温曰："七郎，求一纸。"温阳不应。去温汤十馀里，敬忠恳请哀切，乃于桑下令答三纸，辨皆如温意。温徐谓曰："丈人且勿怪！"因起拜之。

至会昌，始鞫慎矜，以敬忠为证。慎矜皆引服，惟搜谶书不获。林甫危之，使卢铉入长安搜慎矜家。铉袖谶书入暗中，诟而出曰："逆贼深藏秘记。"至会昌，以示，

杨贵妃姐姐柳氏的楼下,柳氏邀请史敬忠上楼,向他请求把明珠送给她,史敬忠不敢拒绝。第二天,柳氏进宫,将明珠带在身边。唐玄宗见到明珠后很奇怪,问她是从哪里来的,明珠如实回答。唐玄宗认为杨慎矜与术士在一起施妖法,对杨慎矜很恼怒,但只是将怒火放在心上,没有发作。

杨钊将此事告诉王鉷,王鉷心中欢喜,于是污侮怠慢杨慎矜,杨慎矜大怒。李林甫得知王鉷与杨慎矜有怨,暗中诱使王鉷陷害杨慎矜。王鉷于是派人散布谣言告发说:"杨慎矜是隋炀帝的玄孙,与险恶的人交往,家中藏有谶书,阴谋恢复祖先大业。"唐玄宗大怒,将杨慎矜逮捕入狱,命刑部、大理寺同侍御史杨钊、殿中侍御史卢铉共同审讯杨慎矜。太府少卿张瑄,是杨慎矜荐举的,卢铉诬告张瑄曾与杨慎矜谈论谶语,使用各种刑具百般拷打,张瑄不肯招供。卢铉于是用木头绑住他的脚,派人挽住套在他脖子上的枷锁柄向前拉,张瑄的身体被拉长数尺,腰部拉细得就要断开,眼睛鼻孔都流出鲜血,张瑄始终不回答。

唐玄宗又派吉温到汝州逮捕史敬忠。史敬忠与吉温的父亲一向很友好,吉温年幼时,史敬忠经常抱着他玩耍。等到吉温捕获史敬忠后,吉温不同他说话,用铁链锁住他的脖子,用布蒙住他的头,叫他走在自己的马前。到了戏水,吉温派官吏引诱史敬忠说:"杨慎矜已经承认了罪行,只是需要你的证词,如果你能领会意图就可以活命,不然的话就一定会死。前面就要抵达温汤,如果到了那里,再想自首也活不了。"史敬忠回头对吉温说:"七郎,请求你给我一张纸。"吉温故意不回答。离温汤十多里地时,史敬忠哀切地恳求,吉温才在一棵桑树下命史敬忠写了三张纸的口供,供辞都按吉温的意图。吉温慢慢地对史敬忠说:"请丈人不要责怪。"于是站起来向史敬忠行拜礼。

吉温到了会昌,开始审讯杨慎矜,并以史敬忠为证人。杨慎矜全认罪,只是没搜到谶书,李林甫认为事情严重,派卢铉到长安搜查杨慎矜家。卢铉将一本谶书藏在衣袖中走到暗处,大骂着走出来说:"这个逆贼深藏谶书。"卢铉抵达会昌,将书拿给杨慎矜看,

慎矜叹曰："吾不蓄谶书,此何从在吾家哉?吾应死而已。"
十一月丁酉,赐慎矜及兄少府少监慎馀、洛阳令慎名自尽。
敬忠杖一百,妻子皆流岭南。瑄杖六十,流临封,死于会
昌。嗣虢王巨虽不预谋,坐与敬忠相识,解官,南宾安置。
自馀连坐者数十人。慎名闻敕,神色不变,为书别姊。慎
馀合掌指天而缢。

三司按王忠嗣,上曰:"吾儿居深宫,安得与外人通谋?
此必妄也。但劾忠嗣沮挠军功。"哥舒翰之入朝也,或劝多
赍金帛以救忠嗣。翰曰:"若直道尚存,王公必不冤死;如
其将丧,多赂何为?"遂单囊而行。三司奏忠嗣罪当死。翰
始遇知于上,力陈忠嗣之冤,且请以己官爵赎忠嗣罪。上
起,入禁中,翰叩头随之,言与泪俱。上感寤,己亥,贬忠嗣
汉阳太守。

李林甫屡起大狱,别置推事院于长安。以杨钊有掖廷
之亲,出入禁闼,所言多听,乃引以为援,擢为御史。事有
微涉东宫者,皆指擿使之奏劾,付罗希奭、吉温鞫之。钊因
得逞其私志,所挤陷诛夷者数百家,皆钊发之。幸太子仁
孝谨静,张垍、高力士常保护于上前,故林甫终不能间也。

十二月丙寅,命百官阅天下岁贡物于尚书省,既而悉以
车载赐李林甫家。上或时不视朝,百司悉集林甫第门,台省
为空。陈希烈虽坐府,无一人入谒者。林甫子岫为将作监,

杨慎矜叹息说："我并没有收藏谶书，这本书怎么会从我家里搜出来？我只是应该死去而已。"十一月丁酉（二十五日），唐玄宗命杨慎矜及他的哥哥少府少监杨慎馀、洛阳县令杨慎名自尽。史敬忠被杖击一百下，妻子儿女都流放到岭南。张瑄被杖击六十下，流放到临封，死在会昌。嗣虢王李巨虽然没有参与阴谋，但因与史敬忠相互认识而有罪，也被免除官职，流放到南宾。其馀被牵连的有数十人。杨慎名听到诏下，神色不变，写信同姐姐告别。杨慎馀双手合掌，指着苍天，上吊自杀。

三司审问王忠嗣，唐玄宗说："我的儿子李亨住在深宫内，怎么能跟外人串通谋反？这一定是胡说。只是审查王忠嗣阻挠军功一事。"哥舒翰入朝，有人劝他多带些金银绸缎营救王忠嗣。哥舒翰说："如果还存在有公道，王公就一定不会被冤死，如果他注定会丧命，再多贿赂又有什么用处？"于是只带上行李启程。三司上奏王忠嗣罪当该死。哥舒翰刚刚受到唐玄宗的赏识，极力陈述王忠嗣的冤情，并且请求用自己的官职爵位来赎王忠嗣的罪。唐玄宗起身进入后宫，哥舒翰跟着他叩头，边说边流泪。唐玄宗感动醒悟，己亥（二十七日），贬王忠嗣为汉阳郡太守。

李林甫多次制造重大刑案，在长安另外设立推事院。因为杨钊与后宫杨玉环有亲属关系，可以出入内宫，他讲的话大多都为唐玄宗听从，李林甫为了将他作为自己的内援，于是提升他为御史。凡是稍稍同太子有关联的事情，都交给他上奏弹劾，再交给罗希奭、吉温审讯。杨钊因此得以满足他的私欲，被排挤、陷害、诛杀、屠灭的官员，有数百家之多，都是由杨钊告发的。幸亏太子李亨仁慈孝顺、谨慎沉静，再加上张垍、高力士常在唐玄宗面前加以保护，所以李林甫才始终无法离间。

十二月丙寅（二十五日），唐玄宗命令文武百官到尚书省检查天下所有进贡上来的物品，随后全部用车子载运赏送到李林甫家中。唐玄宗有时不来主持早朝，全体官员都集中到李林甫家门，导致台省里空无一人。陈希烈虽然坐在府中，但却没有一个人前去谒见。李林甫的儿子李岫担任将作监一职，

颇以满盈为惧,尝从林甫游后园,指役夫言于林甫曰:"大人久处钧轴,怨仇满天下,一朝祸至,欲为此得乎!"林甫不乐曰:"势已如此,将若之何?"

先是,宰相皆以德度自处,不事威势,驺从不过数人,士民或不之避。林甫自以多结怨,常虞刺客,出则步骑百馀人为左右翼,金吾静街,前驱在数百步外,公卿走避。居则重关复壁,以石甃地,墙中置板,如防大敌,一夕屡徙床,虽家人莫知其处。宰相驺从之盛,自林甫始。

八载夏四月,咸宁太守赵奉璋告李林甫罪二十馀条;状未达,林甫知之,讽御史逮捕,以为妖言,杖杀之。

九载夏四月己巳,御史中丞宋浑坐赃巨万,流潮阳。初,吉温因李林甫得进,及兵部侍郎兼御史中丞杨钊恩遇浸深,温遂去林甫而附之,为钊画代林甫执政之策。萧炅及浑,皆林甫所厚也,求得其罪,使钊奏而逐之,以翦其心腹,林甫不能救也。

十载春正月丁酉,命李林甫遥领朔方节度使。

十一载,户部侍郎兼御使大夫、京兆尹王铁弟户部郎中铧,凶险不法,召术士任海川问:"我有王者之相否?"海川惧,亡匿。铧恐事泄,捕得,托以他事杖杀之。王府司马韦会,定安公主之子、王繇之同产也,话之私庭。铁又使长安尉

对父亲过高的权势十分恐惧,有次他曾跟随李林甫游逛后院花园,指着做工的民伕对李林甫说:"您长期身居高位,怨家仇人布满天下,一旦大祸降临,想像他们那样也不能够啊!"李林甫不愉快,说:"事情已到了这个地步,又有什么办法?"

先前,宰相都是用品德度量来约束自己,不展示威风,随从不过几人,官吏百姓在路上遇到了也不回避。李林甫自己认为结怨太多,经常防备刺客,出门时带上步骑卫士一百多人,在自己左右夹道保护,先由金吾在前面清除街道行人,前导骑兵在数百步以外开路,连公卿也得逃开躲避。住在家里时则关卡重重,用双层墙壁,用石板铺地,夹墙中安置隔板,如同防御大敌,每天晚上都换几个地方睡觉,即使是家中的人,也不知道他睡在什么地方。宰相随从卫队的盛大,是从李林甫开始的。

八载(749)夏季四月,咸宁太守赵奉璋上疏揭发李林甫的罪状二十多条;奏状还没有送到京师,李林甫已经得知,命御史将赵奉璋逮捕,说他妖言惑众,将他杖击而死。

九载(750)夏季四月己巳(十一日),御史中丞宋浑因贪赃一亿钱而犯罪,被流放到潮阳。当初,吉温通过李林甫而得以晋升,等到兵部侍郎兼御史中丞杨钊受皇上宠爱日益加深后,吉温于是背弃李林甫而归附杨钊,替杨钊策划如何取代李林甫执掌政事的计谋。萧炅和宋浑都是李林甫所器重的人,吉温找到他们的罪状,让杨钊上奏贬逐他们出京,借此剪除李林甫的心腹,李林甫无法营救。

十载(751)春季正月丁酉(十三日),唐玄宗命李林甫遥兼朔方节度使。

十一载(752),户部侍郎兼御史大夫、京兆尹王鉷的弟弟户部郎中王銲凶恶阴险,不遵守法律,他召见术士任海川,问道:"我有没有帝王之相?"任海川感到恐惧,逃亡躲避起来。王鉷害怕事情泄露,将任海川捕获,借口其他的事情将他杖击杀死。王府司马韦会是定安公主的儿子、王銲的同母异父兄弟,他在一次与别人私下交谈中讲到这件事情。王鉷又命长安县尉

贾季邻收会系狱，缢杀之。繇不敢言。

鉷所善邢縡，与龙武万骑谋杀龙武将军，以其兵作乱，杀李林甫、陈希烈、杨国忠。前期二日，有告之者。夏四月乙酉，上临朝，以告状面授鉷，使捕之。鉷意銲在縡所，先遣人召之，日晏，乃命贾季邻等捕縡。縡居金城坊，季邻等至门，縡帅其党数十人，持弓刀格斗突出。鉷与杨国忠引兵继至，縡党曰："勿伤大夫人。"国忠之傔密谓国忠曰："贼有号，不可战也。"縡斗且走，至皇城西南隅。会高力士引飞龙禁军四百至，击斩縡，捕其党，皆擒之。

国忠以状白上曰："鉷必预谋。"上以鉷任遇深，不应同逆，李林甫亦为之辩解。上乃命特原銲不问，然意欲鉷表请罪之。使国忠讽之，鉷不忍，上怒。会陈希烈极言鉷大逆当诛，戊子，敕希烈与国忠鞫之，仍以国忠兼京兆尹。于是任海川、韦会等事皆发，狱具，鉷赐自尽，銲杖死于朝堂，鉷子准、偁流岭南，寻杀之。有司籍其第舍，数日不能遍。鉷宾佐莫敢窥其门，独采访判官裴冕收其尸葬之。

初，李林甫以陈希烈易制，引为相，政事常随林甫左右，晚节遂与林甫为敌，林甫惧。会李献忠叛，林甫乃请解朔方节制，且荐河西节度使安思顺自代。庚子，以思顺为朔方节度使。

贾季邻将韦会捕入狱中,将他绞死。王鉷不敢说话。

王銲的好友邢縡与龙武万骑阴谋杀死龙武将军,准备以龙武军发动叛乱,再杀死李林甫、陈希烈、杨国忠。在事发前的第二天,有人告发了他们。夏季四月乙酉(初九),唐玄宗主持早朝,把告发的奏状当面交给王鉷,派他逮捕邢縡等人。王鉷估计王銲在邢縡那里,于是先派人召回王銲,等到黄昏时,才命贾季邻等前去逮捕邢縡。邢縡居住在金城坊,贾季邻等走到邢縡家门口时,邢縡率他的同党数十人,手持弓箭刀枪,格斗着冲出来。王鉷同杨国忠率兵在后面赶来,邢縡的同党说:"不要伤害大夫的人。"杨国忠的随从暗中对杨国忠说:"叛贼外面有呼应,不可同他们交战。"邢縡一面格斗,一面逃走,逃到了皇城西南角。刚好高力士率飞龙禁军四百人赶到,击斩了邢縡,捕获了他的同党,将他们全部活捉。

杨国忠将情形报告给唐玄宗说:"王鉷一定参预了这项阴谋。"唐玄宗认为王鉷深受他的信任和器重,不可能同他们一起叛逆,李林甫也为王鉷辩解。唐玄宗于是特地原谅王銲,不予追究,但希望王鉷能上疏请罪。唐玄宗命杨国忠提醒王鉷,王鉷不忍心这样做,唐玄宗大怒。正巧陈希烈极力陈述王鉷参与叛乱,应当诛杀,戊子(十二日),唐玄宗下令陈希烈与杨国忠共同审讯王鉷,并任命杨国忠兼京兆尹。审讯中,任海川、韦会等被杀之事全都揭发,审讯完后,唐玄宗命王鉷自尽,王銲在朝堂杖击处死,王鉷的儿子王准、王侑流放到岭南,不久也被杀掉。有关部门没收他们的家产,几天都清点不完。王鉷的亲友部属没有一人敢到他家门口看一眼的,只有采访判官裴冕将王家的尸首收拾安葬。

当初,李林甫认为陈希烈容易控制,所以引荐他任宰相,所有政事,陈希烈都遵循李林甫的意见,到了后来才与李林甫对抗,李林甫恐惧。正好李献忠反叛,李林甫于是请求解除朔方节度使的职务,并且荐举河西节度使安思顺接替。庚子(二十四日),唐玄宗任命安思顺为朔方节度使。

　　初，李林甫以国忠为才，且贵妃之族，故善遇之。国忠与王铁俱为中丞，铁用林甫征为大夫，故国忠不悦，遂深探邢缚狱，令引林甫交私铁兄弟及阿布思事状，陈希烈、哥舒翰从而证之，上由是疏林甫。国忠贵震天下，始与林甫为仇敌矣。

　　南诏数寇边，蜀人请杨国忠赴镇，左仆射兼右相李林甫奏遣之。国忠将行，泣辞，上言必为林甫所害，贵妃亦为之请。上谓国忠曰："卿暂到蜀区处军事，朕屈指待卿，还当入相。"林甫时已有疾，忧憇不知所为，巫言一见上可小愈，上欲就视之，左右固谏。上乃命林甫出庭中，上登降圣阁遥望，以红巾招之。林甫不能拜，使人代拜。国忠比至蜀，上遣中使召还，至昭应，谒林甫，拜于床下。林甫流涕谓曰："林甫死矣，公必为相，以后事累公。"国忠谢不敢当，汗流覆面。十一月丁卯，林甫薨。

　　上晚年自恃承平，以为天下无复可忧，遂深居禁中，专以声色自娱，悉委政事于林甫。林甫媚事左右，迎合上意，以固其宠；杜绝言路，掩蔽聪明，以成其奸；妒贤疾能，排抑胜己，以保其位；屡起大狱，诛逐贵臣，以张其势。自皇太子以下，畏之侧足。凡在相位十九年，养成天下之乱，而上不之寤也。

当初,李林甫认为杨国忠有才干,并且是杨贵妃的族人,所以友善地对待他。杨国忠与王𫓧同为中丞,王𫓧通过李林甫提升为大夫,所以杨国忠不高兴,于是深入地追查邢𫄷之案,命邢𫄷的同党供出李林甫暗中同王𫓧兄弟及阿布思暗中来往的事情,陈希烈、哥舒翰也跟着作证,唐玄宗从此疏远李林甫。杨国忠的显贵威震全国后,开始与李林甫成为仇敌。

南诏多次侵犯南方边境,蜀郡人士请求杨国忠亲自坐镇,左仆射兼右相李林甫上疏请求命杨国忠前往。杨国忠临行时,向唐玄宗流泪辞别,对唐玄宗说他定会被李林甫害死,杨贵妃也替他求情。唐玄宗对杨国忠说:"你暂且去蜀郡处理一下军政事务,我数着指头等待你,回来后一定用你当宰相。"李林甫此时已身患疾病,忧愁愤懑而不知如何是好,巫师对他说只要看一眼圣上就可以痊愈,唐玄宗准备亲自到他家去探视,左右侍从极力劝谏。唐玄宗于是命李林甫出到庭院,唐玄宗登上降圣阁遥遥相望,举起红帕挥舞示意。李林甫不能起身叩拜,命他人代为叩拜。杨国忠刚到蜀郡,唐玄宗便派中使将他召回,杨国忠抵达昭应时,前去谒见李林甫,在他的病床旁跪拜。李林甫流着泪对杨国忠说:"我就要死了,你定会担任宰相,身后的事全需麻烦你。"杨国忠推辞说不敢担当大任,汗流满面。十一月丁卯(二十四日),李林甫去世。

唐玄宗晚年仗恃着天下太平,自认为天下再也没有可忧虑的事情,于是深居在后宫,专门追求美色和音乐的享受,将国家大事全都交给李林甫处理。李林甫谄媚奉事皇帝左右侍从,迎合皇上的心意,以此加强皇上对自己的宠信,杜绝他人进言的途径,蒙蔽皇帝,使自己的阴谋得以成功;李林甫嫉妒有品德和有才干的人,排挤压制胜过自己的人,以此保住自己宰相的地位;李林甫多次制造大的冤狱,诛杀贬逐有权势的高官贵爵,用以扩张自己的威势。从皇太子以下的所有官员,在他面前畏怕得不敢挺身站立。李林甫一共担任宰相十九年,终于酝酿成天下大乱的局面,但唐玄宗却不醒悟。

　　十二载,杨国忠使人说安禄山诬李林甫与阿布思谋反。禄山使阿布思部落降者诣阙,诬告林甫与阿布思约为父子。上信之,下吏按问,林甫婿谏议大夫杨齐宣惧为所累,附国忠意证成之。时林甫尚未葬,二月癸未,制削林甫官爵,子孙有官者除名,流岭南及黔中,给随身衣及粮食,自馀赀产并没官。近亲及党与坐贬者五十馀人。剖林甫棺,抉取含珠,褫金紫,更以小棺如庶人礼葬之。己亥,赐陈希烈爵许国公,杨国忠爵魏国公,赏其成林甫之狱也。

十二载（753），杨国忠派人说服安禄山，让他诬陷李林甫与阿布思阴谋反叛。安禄山派阿布思部落里投降过来的人前往长安，诬告李林甫曾与阿布思结为父子。唐玄宗信以为真，交付给有关官吏调查，李林甫的女婿、谏议大夫杨齐宣惧怕受到李林甫的牵连，顺着杨国忠的意思证明确有其事。当时李林甫还没有下葬，二月癸未（十一日），唐玄宗下诏削夺李林甫的官职爵位，子孙中有当官的，一律撤职，流放到岭南及黔中，发给随身衣服粮食，其馀财产全部没收充公。李林甫的近亲家人及党羽，被贬逐的有五十多人。劈开李林甫的棺材，从他口中掏出所含珍珠，剥下佩有金鱼的紫衣，重新更换一个小棺材，依照平民的礼仪埋葬。己亥（二十七日），封陈希烈许国公爵位，杨国忠魏国公爵位，以奖赏他们破获了李林甫之案。

奸臣聚敛　宇文融　杨慎矜　韦坚　王钺　杨钊

唐玄宗开元九年春正月，监察御史宇文融上言，天下户口逃移，巧伪甚众，请加检括。融，弢之玄孙也，源乾曜素爱其才，赞成之。二月乙酉，敕有司议招集流移按诘巧伪之法以闻。

丁亥，制："州县逃亡户口听百日自首，或于所在附籍，或牒归故乡，各从所欲。过期不首，即加检括，谪徙边州。公私敢容庇者抵罪。"以宇文融充使，括逃移户口及籍外田，所获巧伪甚众，迁兵部员外郎兼侍御史。融奏置劝农判官十人，并摄御史，分行天下。其新附客户，免六年赋调。使者竞为刻急，州县承风劳扰，百姓苦之。阳翟尉皇甫憬上疏言其状。上方任融，贬憬盈川尉。州县希旨，务于获多，虚张其数，或以实户为客，凡得户八十馀万，田亦称是。

十一年秋八月，敕："前令检括逃人，虑成烦扰，今所在州县

奸臣聚敛 宇文融 杨慎矜 韦坚 王铁 杨钊

　　唐玄宗开元九年（721）春季正月，监察御史宇文融上疏讲，天下户口逃亡、迁移，虚假不实的很多，请加以清查。宇文融，是宇文敬的玄孙，源乾曜一向喜爱他的才干，赞成了他的建议。二月乙酉（初八），唐玄宗下令有关部门商议如何招集逃亡、迁移的户口、制定虚报户口处罚条例细则，然后向他汇报。

　　丁亥（初十），唐玄宗下令：“各州县逃亡户口，准予在一百天内自首，或在所逃亡的地方进行户籍登记，或由政府用公文遣返回故乡，各自依从当事人的意愿。过期而不自首的，立即搜查逮捕，贬迁到边疆各州。无论政府和私人，胆敢包庇的，依法论罪。”任命宇文融为使，清查逃亡户口以及尚未注册的农田，宇文融查获出的诈骗、虚假事件很多，因此被提升为兵部员外郎兼侍御史。宇文融上奏设置劝农判官十人，兼任御史，分别派往全国各地。凡是新登入户籍的户客，免除六年赋税租调。中央派出的使者竞相刻薄严厉，各州县官吏迎合上司的意图，烦扰百姓，百姓极为痛苦。阳翟县尉皇甫憬上疏陈述实情。唐玄宗正信任宇文融，将皇甫憬贬为盈川县尉。各州县迎合上面的旨意，力求尽量查获，虚报户数，有的将原住户报为客户，共查得无籍户口八十多万户，查出的未注册农田的数量与此相当。

　　十一年（723）秋季八月，唐玄宗下令：“先前曾下令清查逃亡户口，恐怕会对民间造成骚扰，现令逃亡户口所在州县

安集,遂其生业。"

十二年夏六月壬辰,制听逃户自首,辟所在闲田,随宜收税,毋得差科征役,租庸一皆蠲免。仍以兵部员外郎兼侍御史宇文融为劝农使,巡行州县,与吏民议定赋役。

秋八月己亥,以宇文融为御史中丞,乘驿周流天下。事无大小,诸州先牒上劝农使,后申中书。省司亦待融指挥,然后处决。时上将大攘四夷,急于用度,州县畏融,多张虚数,凡得客户八十馀万,田亦称是。岁终,增缗钱数百万,悉进入宫,由是有宠。议者多言烦扰,不利百姓,上令集百寮于尚书省议之。公卿已下畏融恩势,皆不敢立异,惟户部侍郎杨玚独抗议,以为:"括客免税,不利居人。征籍外田税,使百姓困弊,所得不补所失。"未几,玚出为华州刺史。

十三年,以宇文融兼户部侍郎。制以所得客户税钱均充常平仓本钱。

十四年,中书令张说恶御史中丞宇文融之为人,且患其权重,融所建白,多抑之。夏四月壬子,融及御史大夫崔隐甫、御史中丞李林甫共弹说"引术士占星,徇私僭侈,受纳赇赂"。庚申,罢说中书令。

十五年春正月,御史大夫崔隐甫、中丞宇文融恐右丞相张说复用,数奏毁之,各为朋党。上恶之,二月乙巳,制说致仕,隐甫免官侍母,融出为魏州刺史。

安置招集，使他们正常生产。"

十二年（724）夏季六月壬辰（初五），唐玄宗下诏，准许逃亡户口自首，开垦所在地的荒田，按实际情况收税，不得调差他们服兵役，田赋及劳役代金全部免除。仍旧任命兵部员外郎兼侍御史宇文融为劝农使，视察各州县，同当地官吏百姓共同商定赋税劳役。

秋季八月己亥（十二日），任命宇文融为御史中丞，乘坐驿马车遍行全国。事情无论大小，各州都先呈报劝农使，然后再申报中书，省司部门也要等宇文融决定后，再加以裁决。当时，唐玄宗打算开拓疆土，征服四方夷族，急需储备军用物资，各州县畏惧宇文融，大多夸报虚假户数，共查出逃亡户口八十多万户，未注册农田的数目也与此相当。年底，全国岁收增加数百万缗，全部送进皇宫，从此宇文融受到唐玄宗的宠爱。议论国事的人，大多认为这种做法烦扰社会，不利于百姓，唐玄宗下令召集百官到尚书省议论此事。公卿以下的官员畏惧宇文融的威势及皇帝对他的恩宠，都不敢发表不同的意见，只有户部侍郎杨玚独自抗议，认为："清查逃亡户口，免除他们的捐税，对于祖居当地的原有户口不利。征收规定之外的田税，使得百姓穷困，所得到的好处不能弥补所失去的利益。"不久，杨玚被贬出京师，担任华州刺史。

十三年（725），任命宇文融兼任户部侍郎。唐玄宗下诏，将所缴纳的客户税钱全都拨给所在州县，作为常平仓备粮。

十四年（726），中书令张说厌恶御史中丞宇文融的为人，并且担心宇文融权势太重，对于宇文融的建议，大多加以压制。夏季四月壬子（初四），宇文融及御史大夫崔隐甫、御史中丞李林甫共同弹劾张说"结交术士占卜星象，包庇同党、豪华奢侈，接受贿赂"。庚申（十二日），罢免张说中书令的职务。

十五年（727）春季正月，御史大夫崔隐甫、御史中丞宇文融恐怕右丞相张说重新被重用，多次上奏诋毁张说，各自结为朋党。唐玄宗厌恶他们，二月乙巳（初二）下令张说退休，崔隐甫免除官职，回家奉养母亲，宇文融贬任魏州刺史。

　　乙卯,制:"诸州逃户,先经劝农使括定按比后复有逃来者,随到准白丁例输当年租庸,有征役者免差。"

　　十六年春正月甲寅,以魏州刺史宇文融为户部侍郎兼魏州刺史,充河北道宣抚使。丙寅,以魏州刺史宇文融检校汴州刺史,充河南北沟渠堤堰决九河使。融请用《禹贡》九河故道开稻田,并回易陆运钱,官收其利。兴役不息,事多不就。

　　十七年,宇文融性精敏,应对辩给,以治财赋得幸于上,始广置诸使,竞为聚敛,由是百官浸失其职而上心益侈,百姓皆怨苦之。为人疏躁多言,好自矜伐,在相位,谓人曰:"使吾居此数月,则海内无事矣。"信安王祎,以军功有宠于上,融疾之。祎入朝,融使御史李寅弹之,泄于所亲。祎闻之,先以白上。明日,寅奏果入,上怒。九月壬子,融坐贬汝州刺史,凡为相百日而罢。是后言财利以取贵仕者,皆祖于融。

　　冬十月,宇文融既得罪,国用不足,上复思之,谓裴光庭等曰:"卿等皆言融之恶,朕既黜之矣,今国用不足,将若之何? 卿等何以佐朕?"光庭等惧不能对。会有飞状告融赃贿事,又贬平乐尉。至岭外岁馀,司农少卿蒋岑奏融在汴州隐没官钱钜万计,制穷治其事,融坐流岩州,道卒。

　　二十一年,太府卿杨崇礼,政道之子也,在太府二十馀年,前后为太府者莫能及。时承平日久,财货

乙卯(十二日),唐玄宗下诏:"各州逃亡户口,先前经过劝农使清查安置后,又有人逃回乡的,按到来时间照白丁规定,让他们缴纳当年的租庸,遇到征召兵役,应先行入伍。"

十六年(728)春季正月甲寅(十七日),任命魏州刺史宇文融为户部侍郎兼魏州刺史,充任河北道宣抚使。丙寅(二十九日),任命魏州刺史宇文融检校汴州刺史,充任黄河南北沟渠堤堰决九河使。宇文融请求利用《禹贡》中所记的九条河流故道,开辟稻田,并折换陆地运费,由政府收取其中的盈利。工程不停地兴修,但很多没有成果。

十七年(729),宇文融精明灵敏,应对流利迅速,因治理财政赋税而得到唐玄宗的宠爱,首先大量设置各种特使,竞相搜括财物,从此文武百官逐渐丧失职责,而唐玄宗也更加追求奢侈,百姓都为此怨恨悲苦。宇文融为人轻率多话,喜欢夸耀自己,担任宰相后,对别人说:"如果让我担任几个月的宰相,那么全国就会太平无事了。"信安王李祎,因建有战功而深受唐玄宗宠爱,宇文融忌恨他。李祎入朝晋见,宇文融派御史李寅弹劾李祎,但却泄露给了李祎的亲信。李祎得知后,先行报告给唐玄宗。第二天,李寅的奏章果然呈递上来,唐玄宗大怒。九月壬子(二十五日),宇文融致罪被贬为汝州刺史,共担任宰相一百天就被罢免。从此以后,那些提出有关财政赋税建议而取得高官要职的,都是从宇文融开始。

冬季十月,宇文融被处分后,国家财政支出不足,唐玄宗又思念他,对裴光庭等人说:"你们都讲宇文融的坏话,我已经黜免了他,现在国家财政收入不足,将如何是好?你们用什么办法来帮助我?"裴光庭等人恐惧,不能回答。刚好有匿名信告宇文融贪赃受贿之事,宇文融又被贬为平乐县尉。宇文融到岭外一年多,司农少卿蒋岑奏报宇文融在汴州吞没政府钱财达万钱之多,唐玄宗下令彻底调查,宇文融因罪流放到岩州,在途中死去。

二十一年(733),太府卿杨崇礼,是杨政道的儿子,在太府二十多年,前后任太府卿的都赶不上他。当时太平已久,仓库中的财产货物

山积,尝经杨卿者,无不精美。每岁钩驳省便,出钱数百万缗。是岁,以户部尚书致仕,年九十馀矣。上问宰相:"崇礼诸子,谁能继其父者?"对曰:"崇礼三子,慎馀、慎矜、慎名,皆廉勤有才,而慎矜为优。"上乃擢慎矜自汝阳令为监察御史,知太府出纳,慎名摄监察御史,知含嘉仓出给,亦皆称职,上甚悦之。慎矜奏诸州所输布帛有渍污穿破者,皆下本州征折估钱,转市轻货。征调始繁矣。

天宝元年春三月,以长安令韦坚为陕郡太守,领江、淮租庸转运使。初,宇文融既败,言利者稍息。及杨慎矜得幸,于是韦坚、王铁之徒竞以利进,百司有事权者,稍稍别置使以领之,旧官充位而已。坚,太子之妃兄也,为吏以干敏称。上使之督江、淮租运,岁增巨万,上以为能,故擢任之。王铁,方翼之孙也,亦以善治租赋为户部员外郎兼侍御史。

二年春三月,江、淮南租庸等使韦坚引浐水抵苑东望春楼下为潭,以聚江、淮运船,役夫匠通漕渠,发人丘垄,自江、淮至京城,民间萧然愁怨。二年而成。丙寅,上幸望春楼观新潭。坚以新船数百艘,遍榜郡名,各陈郡中珍货于船背。陕尉崔成甫著锦半臂,缺胯绿衫以裼之,红袙首,居前船唱《得宝歌》,使美妇百人盛饰而和之,连樯数里。坚跪进诸郡轻货,仍上百牙盘食。上置宴,竟日而罢,

堆积如山，凡是曾经经过杨崇礼之手的财物，没有一件不是精美的。每年通过清查帐目、节约开支、贸易等手段，他总能弄到数百万缗钱。这一年，杨崇礼以户部尚书的身份退休，年已九十多岁。唐玄宗询问宰相："杨崇礼的几个儿子中，谁能继承他的父亲？"宰相回答说："杨崇礼有三个儿子，杨慎馀、杨慎矜、杨慎名，都廉洁勤俭，很有才干，而杨慎矜更为优秀。"唐玄宗于是将杨慎矜从汝阳县令擢升为监察御史，管理太府的收入和支出，杨慎名摄监察御史，负责东都含嘉仓的收支，两人也都很称职，唐玄宗十分高兴。杨慎矜上奏建议，凡是各州所呈献的布帛，上面有污渍破洞的，都发回该州，折算成现金，另行购买轻便精巧的贵重物品缴纳。征调转运从此开始繁多。

天宝元年（742）春季三月，唐玄宗任命长安县令韦坚为陕郡太守，兼任江、淮租庸、转运使。当初，宇文融被处分后，谈论财利的人稍微有些收敛。等到杨慎矜受到宠幸后，于是韦坚、王铁之辈竞相以搜刮钱财而升官。朝廷各个部门凡有事权的，都逐渐另设官员主持，而原来的主管官员只不过是徒有其位而已。韦坚，是太子妃的哥哥，为官以干练敏捷著称。唐玄宗派他督管江、淮运粮工作，每年增加收入很多万，唐玄宗认为他很能干，所以擢升他。王铁，是王方翼的孙子，也因为善于治理田赋捐税，而被任命为户部员外郎兼侍御史。

二年（743）春季三月，江淮南租庸等使韦坚，引浐水抵至御苑东面望春楼下，修成人工潭，容聚长江、淮河的运粮船只，驱使役夫工匠挖通漕渠，沿途挖掉别人的坟丘田垄，从长江、淮河直至京城长安，民间萧条，都悲愁怨恨。用了两年时间才完工。丙寅（二十六日），唐玄宗登上望春楼视察新挖的人工潭。韦坚在潭中集结新船数百艘，全标上各郡郡名，陈列各郡的珍奇货物。陕县县尉崔成甫穿着锦缎坎肩、开裆套裤及袒开的绿绸短袖上衣，头上缠着红巾，站在第一艘船头唱《得宝歌》，并让一百位盛装美女和唱，船的桅杆互相连接数里长。韦坚跪着进献各郡进贡的绸缎，同时献上百盘水果食物。唐玄宗设宴，整整一天才罢宴，

观者山积。夏四月，加坚左散骑常侍，其僚属吏卒褒赏有差，名其潭曰广运。

四载秋九月癸未，以陕郡太守、江淮租庸转运使韦坚为刑部尚书，罢其诸使，以御史中丞杨慎矜代之。

冬十月，上以户部郎中王鉷为户口色役使，敕赐百姓复除。鉷奏征其辇运之费，广张钱数，又使市本郡轻货，百姓所输乃甚于不复除。旧制，戍边者免其租庸，六岁而更。时边将耻败，士卒死者皆不申牒，贯籍不除。王鉷志在聚敛，以有籍无人者皆为避课，按籍戍边六岁之外，悉征其租庸，有并征三十年者，民无所诉。上在位久，用度日侈，后宫赏赐无节，不欲数于左、右藏取之。鉷探知上指，岁贡额外钱帛百亿万，贮于内库，以供宫中宴赐，曰："此皆不出于租庸调，无预经费。"上以鉷为能富国，益厚遇之。鉷务为割剥以求媚，中外嗟怨。丙子，以鉷为御史中丞、京畿采访使。

杨钊侍宴禁中，专掌樗蒲文簿，钩校精密。上赏其强明，曰："好度支郎。"诸杨数征此言于上，又以属王鉷，鉷因奏充判官。杨钊入禁中事见《杨氏之宠》。

七载，度支郎中兼侍御史杨钊善窥上意所爱恶而迎之，以聚敛骤迁，岁中领十五馀使。夏六月甲辰，迁给事中兼御史中丞，专判度支事，恩幸日隆。

观看的人如山堆积。夏季四月，加授韦坚为左散骑常侍，他的部属官吏士卒，也依等级分别赏赐，将人工潭命名为"广运潭"。

四载(745)秋季九月癸未(二十九日)，任命陕郡太守、江淮租庸转运使韦坚为刑部尚书，免除他其他各使职务，任命御史中丞杨慎矜接替。

冬季十月，唐玄宗任命户部郎中王鉷为户口色役使，下令免除百姓赋税。王鉷上奏建议征收运输税费，以增加财源，又命购买本郡出产的绸缎，百姓所缴纳的赋税，比免除的赋税还要多。按照从前的规定，戍守边疆的人，免除他的田赋和劳役，六年之后加以更替。当时边塞将领耻于失败，士卒虽然战死，也都不申报，所以户籍簿上的士卒姓名未加取消。王鉷的目的在于搜取财物，认为仍有户籍但已经战死的士卒都是逃避课税，按照户籍戍守边疆六年之后，全部征收捐税，有的连续征收了三十年，百姓无法申诉。唐玄宗在位时间很久，花费越来越奢侈，后宫的赏赐没有节度，又不想动用左、右藏的储存财物。王鉷探测到唐玄宗的这一意图，每年进贡超额的钱帛一百亿万，贮存在内宫库府，以供应宫中的宴席和赏赐，说："这些都不是出自田赋捐税，不影响国家的经费开支。"唐玄宗认为王鉷能使国家富足，更加优厚地对待他。王鉷极力搜聚财钱讨好皇帝，朝廷内外怨恨不已。十一月丙子(二十三日)，唐玄宗任命王鉷为御史中丞、京畿采访使。

杨钊在宫中当差，负责主管牌局帐目，帐目清楚精确。唐玄宗赏识他的精明能干，说："好一个度支郎。"杨家的人多次在唐玄宗面前求证此话，又托付王鉷，王鉷于是荐举杨钊为判官。杨钊进入禁中的事见《杨氏之宠》。

七载(748)，度支郎中兼侍御史杨钊善于窥测到唐玄宗的喜好厌恶，并设法迎合，通过搜刮财物得以快速升迁，在这一年，他兼任的使职已超过十五个。夏季六月甲辰(初五)，唐玄宗提升杨钊为给事中兼御史中丞，专判度支事，所受的恩宠一天比一天隆厚。

苏冕论曰：设官分职，各有司存。政有恒而易守，事归本而难失，经远之理，舍此奚据？洎奸臣广言利以邀恩，多立使以示宠。刻下民以厚敛，张虚数以献状。上心荡而益奢，人望怨而成祸。使天子有司守其位而无其事，受厚禄而虚其用。宇文融首唱其端，杨慎矜、王铁继遵其轨，杨国忠终成其乱。仲尼云："宁有盗臣而无聚敛之臣。"诚哉是言！前车既覆，后辙未改，求达化本，不亦难乎？

八载春二月戊申，引百官观左藏，赐帛有差。是时州县殷富，仓库积粟帛，动以万计。杨钊奏请所在粜变为轻货，及征丁租地税皆变布帛输京师。屡奏帑藏充牣，古今罕俦，故上帅群臣观之，赐钊紫衣金鱼以赏之。上以国用丰衍，故视金帛如粪壤，赏赐贵宠之家，无有限极。

唐朝苏冕评论说：设立官位，分别职责，各有专人负责。政治有一定的延续性，人们才容易遵守，事情归交给本职部门处理，就很难出现过失，长治久安的办法，除此途径之外，还能依据什么其他方法呢？一旦奸邪的官员大谈聚敛财物，以此谋取皇帝的宠幸，皇帝也往往多设立使职，用以表示对他们的恩宠。他们压榨百姓、大量搜刮财物，夸大虚假的数字，呈报给皇上。皇上心意浮荡而更加奢侈，人们怨恨而铸成大祸。使职的泛滥，使天子下面的有关官员坐在官位上，但却没有实事可做，领取国家丰厚的俸禄，但却不能起到什么作用。宇文融首先开此先例，杨慎矜、王𫓧继续遵循，到杨国忠时终于酿成了大乱。仲尼（孔子）说："宁可有偷盗财物的人，也不可有搜刮财物的人。"这话说得确实很对。前面的车子已经翻倒，而后面的车子仍不肯改道，在这样的情况下，若想从根本上治理好国家，难道不是太难了吗？

　　八载（749）春季二月戊申（十三日），唐玄宗率文武百官参观左藏，按照不同等级分别赏赐。当时，全国郡县富足，仓中储存的粮食、绸缎常以万为计算单位。杨钊上奏请求，各郡县将收到的粮食变卖后，改购轻便精巧的贵重物品，连同征收的租税，就地购买布帛，运到京师长安。杨钊不断地奏称国库充实，古今罕见，所以唐玄宗率群臣前往观看，赏赐给杨钊紫色官服和金鱼，以示嘉奖。唐玄宗认为国家财用富足，所以将金银布帛看作粪土，大量赏赐给他所宠爱的权贵之家，没有限制。

杨氏之宠

唐玄宗天宝三载。初，武惠妃薨，上悼念不已，后宫数千，无当意者。或言寿王妃杨氏之美，绝世无双。上见而悦之，乃令妃自以其意乞为女官，号太真。更为寿王娶左卫郎将韦昭训女，潜内太真宫中。太真肌态丰艳，晓音律，性警颖，善承迎上意，不期岁，宠遇如惠妃，宫中号曰"娘子"，凡仪体皆如皇后。

四载秋八月壬寅，册杨太真为贵妃，赠其父玄琰兵部尚书，以其叔父玄珪为光禄卿，从兄铦为殿中少监，锜为驸马都尉。癸卯，册武惠妃女为太华公主，命锜尚之。及贵妃三姊，皆赐第京师，宠贵赫然。

杨钊，贵妃之从祖兄也，不学无行，为宗党所鄙。从军于蜀，得新都尉，考满，家贫不能自归，新政富民鲜于仲通常资给之。杨玄琰卒于蜀，钊往来其家，遂与其中女通。

鲜于仲通名向，以字行，颇读书，有材智，剑南节度使章仇兼琼引为采访支使，委以心腹。尝从容谓仲通曰：

杨氏之宠

唐玄宗天宝三载(744)。当初,武惠妃去世后,唐玄宗追悼思念不止,后宫里虽有几千人,但没有一个中意的。有人向唐玄宗讲寿王的妃子杨氏的美丽,举世无双。唐玄宗见后十分喜爱,于是命杨玉环称自愿出家当女道士,法号太真。重新替寿王娶左卫郎将韦昭训的女儿当王妃,暗中将太真纳入宫中。太真体态丰腴,气质华贵,通晓音乐,性情机警聪颖,善于奉承迎合唐玄宗的心意,不到一年,唐玄宗对她的宠爱便犹如武惠妃,宫中的人称她为"娘子",所有礼仪同皇后一样。

四载(745)秋季八月壬寅(十七日),唐玄宗册封杨太真为贵妃,追赠她的父亲杨玄琰为兵部尚书,任命她的叔父杨玄珪为光禄卿,堂兄杨铦为殿中少监,杨锜为驸马都尉。癸卯(十八日),册封武惠妃的女儿为太华公主,命杨锜迎娶。杨玉环的三位姐姐都赏赐京师住宅,宠爱和富贵天下震动。

杨钊,是杨贵妃同曾祖父的堂兄,没有什么学识和品行,为家族和乡里的人所鄙视。杨钊蜀郡从军,升迁到新都县尉,任期满后,家中贫穷,不能回乡,新政县富豪鲜于仲通经常救济他。杨玄琰在蜀郡去世,杨钊来往杨玄琰家中,于是同他的二女儿通奸。

鲜于仲通本名鲜于向,但以别名鲜于仲通行世,读过相当多的书,有才干智谋,剑南节度使章仇兼琼荐举他担任采访支使,将他当作自己的心腹。章仇兼琼曾悠闲地对鲜于仲通说:

"今吾独为上所厚,苟无内援,必为李林甫所危。闻杨妃新得幸,人未敢附之。子能为我至长安与其家相结,吾无患矣。"仲通曰:"仲通蜀人,未尝游上国,恐败公事。今为公更求得一人。"因言钊本末。兼琼引见钊,仪观甚伟,言辞敏给,兼琼大喜,即辟为推官,往来浸亲密,乃使之献春彩于京师,将别,谓曰:"有少物在郫,以具一日之粮,子过,可取之。"钊至郫,兼琼使亲信大赍蜀货精美者遗之,可直万缗。钊大喜过望,昼夜兼行,至长安,历抵诸妹,以蜀货遗之,曰:"此章仇公所赠也。"时中女新寡,钊遂馆于其室,中分蜀货以与之。于是诸杨日夜誉兼琼,且言钊善樗蒲,引之见上,得随供奉官出入禁中,改金吾兵曹参军。

五载夏五月乙亥,以剑南节度使章仇兼琼为户部尚书,诸杨引之也。

杨贵妃方有宠,每乘马则高力士执辔授鞭,织绣之工专供贵妃院者七百人,中外争献器服珍玩。岭南经略使张九章,广陵长史王翼,以所献精美,九章加三品,翼入为户部侍郎,天下从风而靡。民间歌之曰:"生男勿喜,生女勿悲,君今看女作门楣。"妃欲得生荔枝,岁命岭南驰驿致之,比至长安,色味不变。

至是,妃以妒悍不逊,上怒,命送归兄铦之第。是日,上不怿,比日中,犹未食,左右动不称旨,横被捶挞。

"现在我很受皇上的器重,但是如果朝中没有帮手,定会被李林甫所陷害。听说杨贵妃新近受到皇上宠幸,但人们还不敢依附她。你若是能为我去趟长安,同她的家人结交,我就没有什么忧患了。"鲜于仲通说:"我是蜀地人,从未去过京师,恐怕会坏了你的大事。我现在替你另外推荐一个人。"于是向他介绍杨钊的情况。章仇兼琼接见杨钊,杨钊仪表堂堂、言辞流利、反应敏捷,章仇兼琼大喜,当即任命他为推官,相互交往逐渐亲密,于是派杨钊到京师去进贡春季例行进贡的彩绸,临行时,章仇兼琼对杨钊说:"我有一点东西留在郫县,将它作为你一天的旅费,你经过郫县时,可以将它取走。"杨钊抵达郫县,章仇兼琼派亲信将大量蜀地精美特产送给杨钊,价值一万贯钱。杨钊大为欢喜,昼夜兼程,抵达长安,遍访各位堂妹,将蜀地特产送给她们,说:"这是章仇兼琼所赠送的。"当时杨玄琰的二女儿刚刚寡居,杨钊于是住宿在她的家中,将一半蜀地货物分给她。于是杨家的人日夜不停地称赞章仇兼琼,并且讲杨钊精于玩牌,将他推荐给唐玄宗,杨钊于是可以随供奉官出入宫中,改授杨钊为金吾兵曹参军。

五载(746)夏季五月乙亥(二十四日),唐玄宗任命剑南节度使章仇兼琼为户部尚书,这是因为杨家众人推荐他的缘故。

杨贵妃正受皇上宠爱,每次骑马时,高力士就为她牵马缰、拿马鞭,为贵妃院专门织绣的工匠就有七百人,朝廷内外争先恐后地向她呈献珍贵器具、服饰及各种宝物,岭南经略使张九章、广陵郡长史王翼因为所献的物品尤为精美,张九章的官阶加升到三品,王翼被调到朝廷担任户部侍郎,全国的人纷纷效仿。民间为此流传歌谣说:"生了男儿不要喜,生了女儿不必悲,各位今天看清楚,全靠女儿作门面。"杨贵妃想吃到新鲜荔枝,每年都要命岭南用驿马送来进贡,等到达到长安时,荔枝的颜色和味道丝毫没有改变。

在这种情况下,杨贵妃因嫉妒泼辣、出言不逊,唐玄宗大怒,命将她送到她堂兄杨铦家中。当天,唐玄宗心中不乐,到中午还没吃饭,左右侍从无论怎样都不称唐玄宗的心意,横遭捶打。

高力士欲尝上意,请悉载院中储偫送贵妃,凡百馀车,上自分御膳以赐之。及夜,力士伏奏请迎贵妃归院,遂开禁门而入。自是恩遇愈隆,后宫莫得进矣。

七载冬十一月癸未,以杨贵妃姊适崔氏者为韩国夫人,适裴氏者为虢国夫人,适柳氏者为秦国夫人。三人皆有才色,上呼之为姨,出入宫掖,并承恩泽,势倾天下。每命妇入见,玉真公主等皆让不敢就位。三姊与铦、锜五家,凡有请托,府县承迎,峻于制敕。四方赂遗,辐凑其门,惟恐居后,朝夕如市。十宅诸王及百孙院婚嫁,皆先以钱千缗赂韩、虢使请,无不如志。上所赐与及四方献遗,五家如一。竞开第舍,极其壮丽,一堂之费,动逾千万。既成,见他人有胜己者,辄毁而改为。虢国尤为豪荡,一旦,帅工徒突入韦嗣立宅,即撤去旧屋,自为新第,但授韦氏以隙地十亩而已。中堂既成,召工圬墁,约钱二百万,复求赏技,虢国以绛罗五百段赏之,嗤而不顾,曰:"请取蝼蚁、蜥蜴,记其数置堂中,苟失一物,不敢受直。"

九载春二月,杨贵妃复忤旨,送归私第。户部郎中吉温因宦官言于上曰:"妇人识虑不远,违忤圣心,陛下何爱宫中

高力士为了探明唐玄宗的心意,请求将贵妃院中的东西全都送到杨贵妃那里去,共有一百多辆车的东西,唐玄宗又将自己的膳食分赐给杨贵妃。到了晚上,高力士跪奏请求将杨贵妃接回贵妃院,于是打开宫门,迎回杨贵妃。从此以后唐玄宗对杨贵妃的恩宠更加隆厚,后宫其他的人都无法接近唐玄宗。

七载(748)冬季十一月癸未(十七日),唐玄宗封杨贵妃的姐姐,嫁给崔姓的为韩国夫人,嫁给裴姓的为虢国夫人,嫁给柳姓的为秦国夫人。她们三人都有才华、姿色,唐玄宗称她们为姨,她们出入宫中,一同承受唐玄宗的宠爱,权势倾倒天下。每次唐玄宗命她们进宫朝见,玉真公主等谦让不敢先行坐下。杨贵妃的三位姐姐及杨铦、杨锜五家,凡是有什么请托,郡县官吏无不奔走听从,比接到皇帝的诏令还要紧急。全国各地送来的贿赂馈赠,像轮柱集中在车轴上一样,全都向他们的家门涌来,惟恐落到他人的后面,从早到晚,如同集市般热闹非凡。皇家十王宅的各亲王以及百孙院的各皇孙,遇到婚嫁,都先用千贯钱贿赂韩国夫人和虢国夫人,请她们向唐玄宗请求,没有不随自己心愿的。皇上的赏赐及各地贿赂的财物,五家完全一样。五家竞相建造高楼大院,尽量雄伟华丽,一个房间的费用,动不动就超过一千万钱。建成之后,如果发现他人的房屋有胜过自己的,立即毁掉,重新兴建。虢国夫人尤其豪华放荡,一天早上,她率工匠突然闯入宰相韦嗣立的住宅,拆除原来的房屋,重新修建自己的新宅,只是给韦家十亩狭窄的土地而已。正宅大厅落成后,召集工匠装修粉刷,约定用钱两百万,工匠又请求犒赏他们的技巧,要求再给一笔钱,虢国夫人将红色薄纱五百段赏给他们,工匠看都不看,嗤之以鼻说:"请拿蝼蛄、蚂蚁、蜥蜴来,登记好它们的数目,放到大厅中,如果墙上地上有缝,跑掉一只,那我们就不敢领取这笔工钱了。"

九载(750)春季二月,杨贵妃再次触犯了唐玄宗,被送回到杨家。户部郎中吉温通过宦官对唐玄宗说道:"女人的见识和思考不够深远,违背了圣上的心意,陛下为什么要珍惜宫中

一席之地,不使之就死,岂忍辱之于外舍邪?"上亦悔之,遣中使赐以御膳。妃对使者涕泣曰:"妾罪当死,陛下幸不杀而归之。今当永离掖庭,金玉珍玩,皆陛下所赐,不足为献,惟发者父母所与,敢以荐诚。"乃翦发一缭而献之。上遽使高力士召还,宠待益深。

时贵戚竞以进食相尚,上命宦官姚思艺为检校进食使,水陆珍羞数千盘,一盘费中人十家之产。中书舍人窦华尝退朝,值公主进食,列于中衢,传呼按辔出其间宫苑小儿数百奋梃于前,华仅以身免。

杨钊以图谶有"金刀",请更名,上赐名国忠。

十载春正月庚子,杨氏五宅夜游,与广平公主从者争西市门。杨氏奴挥鞭及公主衣,公主坠马,驸马程昌裔下扶之,亦被数鞭。公主泣诉于上,上为之杖杀杨氏奴。明日,免昌裔官,不听朝谒。

十一载,京兆尹王铁权宠日盛,领二十馀使。铁得罪,敕杨国忠鞫之,仍以国忠兼京兆尹。夏五月丙辰,杨国忠加御史大夫、京畿、关内采访使,凡王铁所绾使务,悉归国忠。

十一月庚申,以杨国忠为右相,兼文部尚书,其判使并如故。国忠为人强辩而轻躁,无威仪。既为相,以天下为己任,裁决机务,果敢不疑。居朝廷,攘袂扼腕,公卿以下,颐指气使,莫不震慑。自侍御史至为相,凡领四

放一张床席的地方，不让她死在宫中，难道忍心让她到宫外受辱吗？"唐玄宗也很后悔，派中使给杨贵妃送去御用膳食。杨贵妃对着使者流泪啜泣说："我罪当处死，承蒙陛下恩典，没有杀我，而将我送回家中。从今以后，我将永远离开宫中，金银珍宝都是皇上的赏赐，不能献给皇上，只有头发是父母所给的，胆敢将此献给皇上留作纪念。"于是剪下一缕头发交给使者转献皇上。唐玄宗立即派高力士将杨贵妃召回宫中，对她的宠爱优待更深。

当时皇亲国戚都竞相向皇帝呈献食物，唐玄宗命宦官姚思艺担任检校进食使，每次呈献的食物，水中和陆上的珍贵佳肴有数千盘，一盘要耗费十家中等人家的财产。中书舍人窦华有次退朝时，正好遇上公主向皇帝进献食物，人马排列在大道正中，窦华命卫士传呼，自己按住马缰从行列中通过，御苑中的年轻役夫数百人手持长棍，向前攻击窦华，窦华仅逃出一命。

杨钊因为图谶中有"金刀"二字，请求更改名字，唐玄宗给他赐名为杨国忠。

十载（751）春季正月庚子（十六日），杨氏五家夜晚出游观灯，随从与广平公主的随从在西市门争夺道路。杨家奴仆挥鞭抽到广平公主的衣服，广平公主从马上坠下，驸马程昌裔下马搀扶，也遭打数鞭。广平公主哭着告诉唐玄宗，唐玄宗为她杖击杀死杨家的奴仆。第二天，免除了程昌裔的官职，不准他上朝晋见。

十一载（752），京兆尹王鉷的权势及他所受皇帝的恩宠，日益增加，身兼二十多个朝廷职务。王鉷获罪后，唐玄宗命杨国忠审讯他，并任命杨国忠兼任京兆尹。夏季五月丙辰（十一日），杨国忠加授御史大夫、京畿、关内采访使等职，凡是王鉷所主持的事务，全部交给杨国忠接管。

十一月庚申（十七日），唐玄宗任杨国忠为右相，兼任文部尚书，他原有的职务全部照旧兼任。杨国忠为人强词夺理，且轻狂浮躁，没有威严。任宰相后，将天下事务看成自己的责任，裁决机要大事，果断而不迟疑。身居朝廷，卷袖握腕，对公卿以下的官员，任意指使，没人不震慑屈服。从侍御史到宰相，共兼四

十馀使。台省官有才行时名,不为己用者皆出之。

或劝陕郡进士张彖谒国忠,曰:"见之,富贵立可图。"彖曰:"君辈倚杨右相如泰山,吾以为冰山耳。若皎日既出,君辈得无失所恃乎!"遂隐居嵩山。

十二月,杨国忠欲收人望,建议:"文部选人,无问贤不肖,选深者留之,依资据阙注官。"滞淹者翕然称之。国忠凡所施置,皆曲徇时人所欲,故颇得众誉。

十二载春正月,京兆尹鲜于仲通讽选人请为国忠刻颂,立于省门。制仲通撰其辞,上为改定数字,仲通以金填之。

冬十月,上幸华清宫。
杨国忠与虢国夫人居第相邻,昼夜往来,无复期度,或并辔走马入朝,不施障幕,道路为之掩目。
三夫人将从车驾幸华清宫,会于国忠第。车马仆从,充溢数坊,锦绣珠玉,鲜华夺目。国忠谓客曰:"吾本寒家,一旦缘椒房至此,未知税驾之所,然念终不能致令名,不若且极乐耳。"杨氏五家,队各为一色衣以相别,五家合队,粲若云锦。国忠仍以剑南旌节引于其前。

国忠子暄举明经,学业荒陋,不及格。礼部侍郎达奚珣畏国忠权势,遣其子昭应尉抚先白之。抚伺国忠入朝上马,趋至马下,国忠意其子必中选,有喜色。抚曰:"大人白相公,郎君所试,不中程式,然亦未敢落也。"国忠怒曰:"我子何患

十多个职务。御史台和中书省中有才干品德及有声望的官员，如果不能为自己所使用的，全都贬逐出去。

有人劝陕郡进士张彖去谒见杨国忠，说："只要去拜见他，富贵就可以立即拿到手。"张彖说："你们这些人依靠杨右相，就好像是依靠泰山，我却认为你们依靠的只是一座冰山而已。如果太阳出现，你们这些人不就失去了凭恃吗？"于是隐居在嵩山。

十二月，杨国忠打算收买人心，建议："文部挑选官员，不管他品德是好是坏，挑选资历深的人留任，按照资格和缺额分配官职。"那些长期无法迁升的人都同声称赞。杨国忠所有的措施，都曲意满足当时人们的私欲，所以深受众人的称誉。

十二载（753）春季正月，鲜于仲通发动候补选官请求给杨国忠刻碑颂德，立在中书省门前。唐玄宗下令鲜于仲通撰写碑文，唐玄宗亲自改定几个字，鲜于仲通将这几个字用黄金填起来。

冬季十月，唐玄宗前往华清池。

杨国忠同虢国夫人的住宅相邻，日夜往来，不受任何时间约束，有时并马行走上朝，不用任何遮帐，路上行人都为此掩住眼睛。

三位杨家夫人准备跟随唐玄宗的御驾前往华清池，在杨国忠的宅第会聚，车辆、马匹、奴仆、随从，挤满了几个街坊，锦绣绫罗、金银珠宝，鲜艳夺目。杨国忠对客人说："我本出身贫寒，一旦通过贵妃的关系，晋升到现在的这种地位，不知道将来怎样下台，但是只想到最终也不能得到好的名声，不如暂且极力享乐罢了。"杨氏五家，每队各自穿上不同颜色的衣服相互识别，五家合为一队，就好像锦绣绸缎那样灿烂耀目。杨国忠则用剑南军旗符节在前面作为先导。

杨国忠的儿子杨暄参加明经科考试，因学业荒废，不及格。礼部侍郎达奚珣惧怕杨国忠的权势，派他的儿子昭应县尉达奚抚事先去报告杨国忠。达奚抚等到杨国忠出门前往早朝上马时，急忙跑到马前，杨国忠以为儿子必定考中入选，脸带喜色。达奚抚说："我父亲让我禀告宰相，郎君考试没有达到录取标准，但是也不敢让他落选。"杨国忠大怒说："我的儿子不用担心

不富贵,乃令鼠辈相卖?"策马不顾而去。抚惶遽,书白其父曰:"彼恃挟贵势,令人惨嗟,安可复与论曲直?"遂置暄上第。及暄为户部侍郎,珣始自礼部迁吏部,暄与所亲言,犹叹己之淹回,珣之迅疾。

国忠既居要地,中外饷遗辐凑,积缣至三千万匹。

十三载春二月丁丑,杨国忠进位司空。甲申,临轩册命。

自去岁水旱相继,关中大饥。杨国忠恶京兆尹李岘不附己,以灾沴归咎于岘,九月,贬长沙太守。岘,祎之子也。上忧雨伤稼,国忠取禾之善者献之,曰:"雨虽多,不害稼也。"上以为然。扶风太守房琯言所部水灾,国忠使御史推之。是岁,天下无敢言灾者。高力士侍侧,上曰:"淫雨不已,卿可尽言。"对曰:"自陛下以权假宰相,赏罚无章,阴阳失度,臣何敢言?"上默然。

十四载,安禄山反。冬十二月,上议亲征。辛丑,制太子监国,谓宰相曰:"朕在位垂五十载,倦于忧勤,去秋已欲传位太子;值水旱相仍,不欲以馀灾遗子孙,淹留俟稍丰。不意逆胡横发,朕当亲征,且使之监国。事平之日,朕将高枕无为矣。"杨国忠大惧,退谓韩、虢、秦三夫人曰:"太子素恶吾家专横久矣,若一旦得天下,吾与姊妹并命在旦暮矣!"相与聚哭。使三夫人说贵妃,衔土请命于上,事遂寝。

没有富贵,要你们这些鼠辈来卖人情?"鞭击马匹,头也不回地走掉。达奚抚恐惧不已,写信告诉他的父亲说:"杨国忠仗贵挟势,使人悲叹,怎么能同他讲是非曲直?"达奚珣于是将杨暄录为头等。等到杨暄担任户部侍郎,达奚珣才开始从礼部升迁到吏部,杨暄还对他的亲信发怨言,抱怨自己埋没太久,而达奚珣升迁得太迅速。

杨国忠身居要职后,朝廷内外的馈赠和贿赂,像轮柱集中轮轴一样汇集到他家,仅积存绸缎就有三千万匹。

十三载(754)春季二月丁丑(十一日),杨国忠晋升为司空。甲申(十八日),唐玄宗登上高台,宣布册封杨国忠的命令。

自从去年相继发生了水旱灾,关中大为饥馑。杨国忠忌恨京兆尹李岘不肯归附自己,将天灾归罪于李岘,九月,李岘被贬为长沙太守。李岘,是李祎的儿子。唐玄宗担忧淫雨损伤庄稼,杨国忠派人取来好秧苗献给唐玄宗说:"雨虽下得很多,但没有伤害庄稼。"唐玄宗认为是这样。扶风太守房琯上疏报告本郡的水灾,杨国忠派御史前去审讯他。当年,没有一个人敢提到灾害的。高力士侍候在唐玄宗身边,唐玄宗说:"淫雨不停,你尽管照直说。"高力士回答说:"自从陛下将大权委交给宰相后,奖赏和惩罚没有常规,阴阳失调,我怎敢讲话?"唐玄宗默不作声。

天宝十四载(755),安禄山反叛。冬季十二月,唐玄宗考虑御驾亲征。辛丑(十六日),下诏命太子掌管朝政,对宰相说:"我在位已将近五十年,对国事的忧虑和辛劳感到疲倦,去年秋天就已打算将皇位传给太子,但正值水灾、旱灾不断,不想把剩馀的灾害遗留给子孙,想等到稍稍丰收的时候再传位。想不到逆胡发动叛乱,我应当御驾亲征,且命令太子监督朝政。等到战乱平息之时,我将会高枕而无所作为了。"杨国忠大为恐惧,退朝后,对韩国夫人、虢国夫人、秦国夫人三位夫人说:"太子向来厌恶我们杨家专权太久,一旦让他掌握天下,我同各位姐妹就会死于旦夕之间。"说完相互聚在一起大哭,让三位夫人去劝说杨贵妃,由杨贵妃极力劝阻唐玄宗,御驾亲征之事便被搁置。

　　肃宗至德元载，杨国忠劝上幸蜀。夏六月丙申，上至马嵬驿，将士饥疲，皆愤怒。龙武大将军陈玄礼以祸由杨国忠，欲诛之。会吐蕃使者二十馀人遮国忠马，诉以无食，国忠未及对，军士追杀之，并杀其子暄及韩国、秦国夫人。

　　上命高力士缢贵妃于佛堂。国忠妻裴柔与其幼子晞及虢国夫人、夫人子裴徽走至陈仓，吏士追捕诛之。事见《安史之乱》。

唐肃宗至德元载（756），杨国忠劝唐玄宗前往蜀郡。夏季六月丙申（十四日），唐玄宗抵达马嵬驿，将士们饥饿疲困，全都愤怒。龙武大将军陈玄礼认为祸患是杨国忠导致的，准备杀掉他。刚好吐蕃使者二十多人拦在杨国忠马前，诉说没有食物，杨国忠还没有来得及回答，士卒们追赶上来杀死了杨国忠，同时还杀死了他的儿子杨暄及韩国夫人和秦国夫人。

唐玄宗命高力士在佛堂将杨贵妃缢死。杨国忠的妻子裴柔同他的幼子杨晞，以及虢国夫人、虢国夫人的儿子裴徽逃到陈仓，陈仓的官吏和士卒追捕诛杀了他们。事见《安史之乱》。

安史之乱

唐玄宗开元二十四年春三月,张守珪使平卢讨击使、左骁卫将军安禄山讨奚、契丹叛者,禄山恃勇轻进,为虏所败。夏四月辛亥,守珪奏请斩之。禄山临刑呼曰:"大夫不欲灭奚、契丹邪,奈何杀禄山?"守珪亦惜其骁勇,欲活之,乃更执送京师。张九龄批曰:"昔穰苴诛庄贾,孙武斩宫嫔,守珪军令若行,禄山不宜免死。"上惜其才,敕令免官,以白衣将领。九龄固争曰:"禄山失律丧师,于法不可不诛,且臣观其貌有反相,不杀必为后患。"上曰:"卿勿以王夷甫识石勒,枉害忠良。"竟赦之。

安禄山者,本营州杂胡,初名阿荦山。其母,巫也,父死,母携之再适突厥安延偃。会其部落破散,与延偃兄子思顺俱逃来,故冒姓安氏,名禄山。又有史窣干者,与禄山同里闬,先后一日生。及长,相亲爱,皆为互市牙郎,以骁勇闻。张守珪以禄山为捉生将,禄山每与数骑出,辄

安史之乱

　　唐玄宗开元二十四年(736)春季三月,张守珪派平卢节度讨击使、左骁卫将军安禄山讨击奚族、契丹族的反叛者,安禄山仗恃自己勇猛,轻率进攻,被叛兵击败。夏季四月辛亥(初二),张守珪上奏请求斩杀安禄山。安禄山在临刑前大声呼喊:"大夫您不想诛灭奚族、契丹族吗? 为什么要杀掉我安禄山?"张守珪也怜惜他的勇猛,打算救活他,于是改将他绑送到京师长安。张九龄签署处理意见说:"从前穰苴诛杀庄贾,孙武斩杀宫嫔,张守珪的军令若想执行,安禄山就不应当免除死罪。"唐玄宗爱惜他的才能,下令免除安禄山的官职,以平民的身份带兵。张九龄坚持力争,说:"安禄山违反军令,丧失军队,在法令上不能不诛杀,而且我观察他的相貌,有反叛的迹象,不杀掉他,定为后患。"唐玄宗说:"你不要学王夷甫(王衍)识别石勒,枉自残害忠良。"最终赦免了安禄山。

　　安禄山本是营州的杂胡,最初名叫阿荦山。他母亲是一位巫师,他父亲死后,母亲带着他改嫁给突厥人安延偃。刚好遇上安延偃所在部落被击败溃散,安禄山便同安延偃哥哥的儿子安思顺一同逃奔唐朝,所以冒称姓安氏,名为禄山。又有位名叫史窣干的人,与安禄山同为乡邻,两人先后一天出生。等他们长大后,相互亲爱,同为互市贸易时的经纪人,以骁悍勇猛而闻名。张守珪任安禄山为捉生将,安禄山每次同几位骑兵出巡,都会

擒契丹数十人而返。狡黠，善揣人情，守珪爱之，养以为子。

窣干尝负官债亡入奚中，为奚游弈所得，欲杀之。窣干绐曰："我，唐之和亲使也，汝杀我，祸且及汝国。"游弈信之，送诣牙帐。窣干见奚王，长揖不拜，奚王虽怒，而畏唐，不敢杀，以客礼馆之，使百馀人随窣干入朝。窣干谓奚王曰："王所遣人虽多，观其才皆不足以见天子。闻王有良将琐高者，何不使之入朝？"奚王即命琐高与牙下三百人随窣干入朝。窣干将至平卢，先使人谓军使裴休子曰："奚使琐高与精锐俱来，声云入朝，实欲袭军城，宜谨为之备，先事图之。"休子乃具军容出迎，至馆，悉坑杀其从兵，执琐高送幽州。张守珪以窣干为有功，奏为果毅，累迁将军。后入奏事，上与语，悦之，赐名思明。

二十九年，平卢兵马使安禄山，倾巧，善事人，人多誉之。上左右至平卢，禄山皆厚赂之，由是上益以为贤。御史中丞张利贞为河北采访使，至平卢，禄山曲事利贞，乃至左右皆有赂。利贞入奏，盛称禄山之美。八月乙未，以禄山为营州都督，充平卢军使，两蕃、勃海、黑水四府经略使。

天宝元年，分平卢别为节度，以安禄山为节度使。

二年春正月，安禄山入朝，上宠待甚厚，谒见无时。禄山奏言："去秋营州虫食苗，臣焚香祝天云：'臣若操心不正，

生擒数十名契丹族人返回。安禄山为人狡诈,善于揣测他人的心情,张守珪很喜爱他,将他收为养子。

史窣干曾因欠官债,逃入奚族境内,被奚族人的巡逻骑兵抓住,准备杀死他。史窣干欺骗他们说:"我是唐朝的和亲使者,你们若是杀死我,将会给你们国家带来灾祸。"巡逻兵相信他的话,将他送往将帅营帐中。史窣干见到奚王,只是探身拱手而不下拜,奚王虽然恼怒,但是畏惧唐朝,不敢杀掉他,以宾客之礼将他安排在驿馆中居住,并派一百多人随同史窣干一同前往唐朝朝廷。史窣干对奚王说:"大王派遣的人虽然很多,但观察他们的才能,都不足以去晋见唐朝天子。我听说大王手下有位叫琐高的良将,为什么不派他去唐朝?"奚王当即派琐高同自己帐下三百兵士随同史窣干前去唐朝。史窣干将要行至平卢,先派人对唐朝军使裴休子说:"奚王派琐高同精锐兵士一同前来,名义上称是入朝,实际上是打算偷袭唐军城池,应当小心戒备,事先加以防备。"裴休子于是严整军容出城迎接,等到了驿馆后,便将跟随来的兵士全都坑杀,抓住琐高押送幽州。张守珪认为史窣干有功,上奏称赞他刚果勇毅,提升他为将军。后来史窣干入朝奏禀事情,唐玄宗同他交谈,十分喜爱,赐名为史思明。

二十九年(741),平卢兵马使安禄山竭力施用乖巧迎奉他人,人们大多称誉他。唐玄宗身边的人到平卢,安禄山都重重贿赂,因此唐玄宗更加认为他贤能。御史中丞张利贞任河北采访使,到平卢,安禄山极力迎合张利贞,以至于张利贞的随从都有贿赂。张利贞入朝奏禀,极力称赞安禄山的美德。八月乙未(十七日),任命安禄山为营州都督,充任平卢军使、两蕃勃海黑水四府经略使。

天宝元年(742),将平卢分出另立节度使,任命安禄山为节度使。

二年(743)春季正月,安禄山入朝,唐玄宗对他十分宠幸,厚加对待,允许他随时都可以拜见。安禄山上奏说:"去年秋天,营州蝗虫蚕食麦苗,我焚香祷告上天说:'我若是用心不正,

事君不忠，愿使虫食臣心；若不负神祇，愿使虫散。'即有群乌从北来，食虫立尽。请宣付史官。"从之。

三载春三月己巳，以平卢节度使安禄山兼范阳节度使，以范阳节度使裴宽为户部尚书。礼部尚书席建侯为河北黜陟使，称禄山公直。李林甫、裴宽皆顺旨称其美。三人皆上所信任，由是禄山之宠益固不摇矣。

四载秋九月，安禄山欲以边功市宠，数侵掠奚、契丹。奚、契丹各杀公主以叛，禄山讨破之。冬十月，安禄山奏："臣讨契丹至北平郡，梦先朝名将李靖、李勣从臣求食。"遂命立庙。又奏："荐奠之日，庙梁产芝。"

六载春正月戊寅，以范阳、平卢节度使安禄山兼御史大夫。禄山体充肥，腹垂过膝，尝自称重三百斤。外若痴直，内实狡黠。常令其将刘骆谷留京师伺朝廷指趣，动静皆报之。或应有笺表者，骆谷即为代作通之。岁献俘虏、杂畜、奇禽、异兽、珍玩之物，不绝于路，郡县疲于递运。

禄山在上前，应对敏给，杂以诙谐，上尝戏指其腹曰："此胡腹中何所有，其大乃尔？"对曰："更无馀物，止有赤心耳！"上悦。又尝命见太子，禄山不拜。左右趣之拜，禄山拱立曰："臣胡人，不习朝仪，不知太子者何官？"上曰："此储君也，朕千秋万岁后，代朕君汝者也。"禄山曰："臣愚，向者惟知有陛下一人，不知乃更有储君。"不得已，

奉事君主不忠心,愿让蝗虫吃掉我的心;如是没有辜负神灵,请让蝗虫散离。'立刻便有一大群乌鸦从北面飞来,将蝗虫一下子吞食殆尽。请求将此事交付史官记录。"唐玄宗同意。

三载(744)春季三月己巳(初五),任命平卢节度使安禄山兼任范阳节度使,任命范阳节度使裴宽为户部尚书。任礼部尚书席建侯为河北黜陟使,称赞安禄山公心正直。李林甫、裴宽都顺从旨意称颂安禄山。李林甫、裴宽两人都是唐玄宗所信任的人,从此安禄山受到皇帝的宠幸更加牢固,不可动摇。

天宝四载(745)秋季九月,安禄山打算在边塞建立功勋,博取皇帝的宠信,多次侵犯掳掠奚族、契丹族部落。奚族、契丹族分别诛杀掉唐朝公主反叛,安禄山讨伐并击败他们。冬季十月,安禄山上奏说:"我讨击契丹族,抵至北平郡,梦见建国初期名将李靖、李勣向我乞讨饮食。"唐玄宗于是命令为他们建立庙宇。安禄山又上奏说:"庙宇奠基那天,庙梁上生出了灵芝。"

天宝六载(747)春季正月戊寅那一天,任命范阳、平卢节度使安禄山兼任御史大夫。安禄山身体肥胖,腹部下垂超过膝盖,曾自称体重三百斤。外表看起来憨厚直爽,内心却十分狡诈。常命他的部将刘骆谷留在京师探察朝廷的消息,朝廷的任何举动都报告给他。有时遇到需要奏章信函时,就让刘骆谷代为撰写呈递。安禄山每年都向朝廷进贡擒获的俘虏、各种家畜、珍奇怪兽、珠玉珍宝物品,一批批运送,路上络绎不绝,沿途郡县都疲于运送。

安禄山在唐玄宗面前应对敏捷,并不时添加些风趣言论,唐玄宗曾指着他的大肚子开玩笑说:"你这个胡人的肚中有什么东西,大成如此模样?"安禄山回答说:"并没有其他任何东西,只有一颗赤胆忠心。"唐玄宗大为高兴。唐玄宗又曾命他晋见太子,安禄山却不肯叩拜。左右侍从催他叩拜,安禄山拱手而立说道:"为臣我是一个胡人,不懂朝廷礼仪,不知道太子是什么官?"唐玄宗说:"太子就是储君,我死后,将代我统治你们。"安禄山说:"我很愚昧,从前只知道有陛下一人,不知道还有储君。"假装无可奈何,

然后拜。上以为信然，益爱之。上尝宴勤政楼，百官列坐楼下，独为禄山于御座东间设金鸡障，置榻使坐其前，仍命卷帘以示荣宠。命杨铦、杨锜、贵妃三姊皆与禄山叙兄弟。禄山得出入禁中，因请为贵妃儿。上与贵妃共坐，禄山先拜贵妃。上问何故，对曰："胡人先母而后父。"上悦。

李林甫以王忠嗣功名日盛，恐其入相，忌之。安禄山潜蓄异志，托以御寇，筑雄武城，大贮兵器，请忠嗣助役，因欲留其兵。忠嗣先期而往，不见禄山而还，数上言禄山必反，林甫益恶之。

唐兴以来，边帅皆用忠厚名臣，不久任，不遥领，不兼统，功名著者往往入为宰相。其四夷之将，虽才略如阿史那社尔、契苾何力犹不专大将之任，皆以大臣为使以制之。及开元中，天子有吞四夷之志，为边将者十馀年不易，始久任矣；皇子则庆、忠诸王，宰相则萧嵩、牛仙客，始遥领矣；盖嘉运、王忠嗣专制数道，始兼统矣。李林甫欲杜边帅入相之路，以胡人不知书，乃奏言："文臣为将，怯当矢石，不若用寒族胡人。胡人则勇决习战，寒族则孤立无党，陛下诚以恩洽其心，彼必能为朝廷尽死。"上悦其言，始用安禄山。至是，诸道节度尽用胡人，精兵咸戍北边，天下之势偏重，卒使禄山倾覆天下，皆出于林甫专宠固位之谋也。

只好跪下叩拜。唐玄宗信以为真，更加喜爱他。唐玄宗曾在勤政楼设宴，文武百官都按次序坐在楼下，唯独替安禄山在御座的东侧设置绣着金鸡的幔帐，设置一草榻，命安禄山坐在前面，还命他卷起珠帘，以示荣耀和宠幸。唐玄宗又命令杨铦、杨锜、杨贵妃的三个姐姐与安禄山结拜成异姓兄弟。安禄山为了方便出入皇宫，因此请求当杨贵妃的义子。唐玄宗与杨贵妃坐在一起，安禄山先叩拜贵妃，唐玄宗向他询问原因，安禄山回答说："我们胡人先拜母亲，后拜父亲。"唐玄宗很高兴。

李林甫因为王忠嗣的功勋声威日益升高，担心他会提升为宰相，非常忌惮。安禄山心怀二心，借口抵御敌寇，修筑雄武城，大量储备武器，请求王忠嗣派兵帮助兴建工程，想趁此扣留吞并这些兵士。王忠嗣在预定时间之前提前到达，不与安禄山会面就返回。王忠嗣多次上书讲安禄山定会反叛，李林甫更加痛恨他。

自唐朝建立以来，边塞将领都用忠厚有名望的大臣，不长期在一地任职，不由中央大臣遥控兼领，也不能兼任其他地区官职，功勋威名特别显著的，往往调任宰相。对那些不是汉族的将领，虽然他的才智谋略像阿史那社尔、契苾何力那样，也不让他们单独担任主将，都用汉族大臣担任督使节制他们。等到开元中期，唐玄宗有征服四夷的壮志，边塞将领十多年都不调换，这才开始长期任职；皇子则有庆王、忠王，宰相则有萧嵩、牛仙客，开始由中央官员遥兼边塞军统帅；盖嘉运、王忠嗣兼领几个地区，这又开始由一人兼领边塞几地区的统帅。李林甫为了杜绝边塞将领调到中央任宰相的道路，见胡人不识文字诗书，于是上奏说："以文臣出任将领，害怕面对飞箭走石，不如任用贫寒出身的胡人。蛮族将领勇敢果断，熟悉作战，他们出身寒族，势力孤单，又无党派，陛下只要诚心以恩德笼络住他们的心，他们定会为朝廷誓死效忠。"唐玄宗赏识他的看法，开始重用安禄山。至此时，各道节度使全都任用胡人，全国的精锐部队全都戍守在北部边疆，天下力量的重心偏在北方，最后终于使安禄山几乎倾覆了唐王朝，这都是因李林甫为了专享恩宠，巩固自己的相位而采用的计谋所导致的。

　　七载夏六月庚子,赐安禄山铁券。

　　九载夏五月乙卯,赐安禄山爵东平郡王。唐将帅封王自此始。秋八月丁巳,以安禄山兼河北道采访处置使。

　　安禄山屡诱奚、契丹,为设会,饮以莨菪酒,醉而坑之,动数千人,函其酋长之首以献,前后数四。至是请入朝,上命有司先为起第于昭应。禄山至戏水,杨钊兄弟姊妹皆往迎之,冠盖蔽野,上自幸望春宫以待之。冬十月辛未,禄山献奚俘八千人,上命考课之日书上上考。前此听禄山于上谷铸钱五炉,禄山乃献钱样千缗。

　　十载春正月,上命有司为安禄山起第于亲仁坊,敕令但穷壮丽,不限财力。既成,具幄帟器皿,充牣其中,有帖白檀床二,皆长丈,阔六尺;银平脱屏风,帐一方一丈八尺。于厨厩之物皆饰以金银,金饭罂二,银淘盆二,皆受五斗,织银丝筐及笊篱各一,他物称是。虽禁中服御之物,殆不及也。上每令中使为禄山护役,筑第及造储偫赐物,常戒之曰:“胡眼大,勿令笑我。”

　　禄山入新第,置酒,乞降墨敕请宰相至第。是日,上欲于楼下击毬,遽为罢戏,命宰相赴之。日遣诸杨与之选胜游宴,侑以梨园教坊乐。上每食一物稍美,或后苑校猎获鲜禽,

七载（748）夏季六月庚子（初一），唐玄宗赏赐安禄山铁券。

九载（750）夏季五月乙卯（二十七日），赐封安禄山东平郡王的爵位。唐朝将帅被封王爵，由此开始。秋季八月丁巳（初一），任命安禄山兼任河北采访处置使。

安禄山多次诱骗奚族、契丹族部众，为他们摆设宴席，给他们饮莨菪酒，等他们喝醉后，就将他们坑杀，动辄数千人，把他们酋长的首级砍下装到盒子里呈献给朝廷，先后有四五次。到此时，安禄山请求到京师朝见，唐玄宗命令有关部门事先在昭应为安禄山兴建宅第。安禄山行到戏水，杨钊兄弟姐妹都前去迎接他，豪华的车盖遍布山野，唐玄宗亲自到望春宫去等候。冬季十月辛未（十六日），安禄山呈献奚族俘虏八千人，唐玄宗命令在考核文武官员成绩时，给安禄山记上"上上"等级。唐玄宗先前准许安禄山在上谷铸造五炉钱币，安禄山这时就呈献钱币样品一千缗。

十载（751）春季正月，唐玄宗命令有关部门在京师长安城内的亲仁坊，为安禄山营建住宅，指示只要壮观富丽，不管花费多少钱财。住宅建成后，再将用具、帏帐、器皿全都摆设齐全，其中包括两张白檀木床，每张床都是长一丈、宽六尺；另有嵌有金银图案的漆木屏风，绣帐长宽均为一丈八尺。厨房、马厩中的各种用具物品都用金银装饰，有两个黄金制的饭瓮，两个银制淘盆，均可容纳五斗米；还有用银丝编织成的笊篱、笊篱各一个，其他的物品，也与此相当。即使是皇宫中使用的物品，大概也比不上。唐玄宗每次命令宦官给安禄山做事、兴建住宅以及制造、赏赐珍贵物品时，常会告诫他们说："胡人的眼光很高，不要让他笑话我。"

安禄山搬入兴建的宅第，请求皇帝亲自手令宰相光临。当天，唐玄宗原准备在楼下击毬，为了安禄山的请求，当即取消游戏，命宰相去安禄山家赴宴。每天都派杨家的人陪同安禄山挑选胜景游玩，并派皇家梨园教坊乐队去助兴。唐玄宗每吃到稍为可口一些的食物，或者是在宫后皇家林园中猎到新鲜的飞禽时，

辄遣中使走马赐之，络绎于路。

甲辰，禄山生日，上及贵妃赐衣服、宝器、酒馔甚厚。后三日，召禄山入禁中，贵妃以锦绣为大襁褓，裹禄山，使宫人以彩舆舁之。上闻后宫喧笑，问其故，左右以贵妃三日洗禄儿对。上自往观之，喜，赐贵妃洗儿金银钱，复厚赐禄山，尽欢而罢。自是禄山出入宫掖不禁，或与贵妃对食，或通宵不出，颇有丑声于外，上亦不疑也。

安禄山求兼河东节度。二月丙辰，以河东节度使韩休珉为左羽林将军，以禄山代之。户部郎中吉温见禄山有宠，又附之，约为兄弟。说禄山曰："李右相虽以时事亲三兄，必不肯以兄为相。温虽蒙驱使，终不得超擢。兄若荐温于上，温即奏兄堪大任，共排林甫出之，为相必矣。"禄山悦其言，数称温才于上，上亦忘曩日之言。会禄山领河东，因奏温为节度副使、知留后，以大理司直张通儒为留后判官，河东事悉以委之。

是时，杨国忠为御史中丞，方承恩用事。禄山登降殿阶，国忠常扶掖之。

禄山与王𫟼俱为大夫，𫟼权任亚于李林甫。禄山见林甫，礼貌颇倨。林甫阳以他事召王大夫，𫟼至，趋拜甚谨。禄山不觉自失，容貌益恭。林甫与禄山语，每揣知其情，先言之，禄山惊服。禄山于公卿皆慢侮之，独惮林甫，

便立刻派宦官飞马送给安禄山，送物品的人在路上络绎不绝。

甲辰（二十日）是安禄山的生日，唐玄宗及杨贵妃赏赐给他十分丰厚的衣服、宝器和酒食。三天之后，唐玄宗召安禄山入宫，杨贵妃用锦绣绸缎制成一个特大的婴儿襁褓，把安禄山裹在里面，让宫女、宦官用彩轿把他抬起来。唐玄宗听到后宫喧笑之声，询问原因，左右侍从回答说是杨贵妃为儿子安禄山出生三日洗澡。唐玄宗亲自前往观看，十分高兴，赏赐给杨贵妃为婴儿洗澡的金银钱，再重重地赏赐安禄山，尽情欢乐后才命安禄山出宫。从此以后，安禄山出入禁宫不受限制，有时同杨贵妃面对面一起进餐，有时整夜待在宫中不出来，有许多丑闻传出宫外，唐玄宗也不疑心。

安禄山请求兼任河东节度使。二月丙辰（二日），调任河东节度使韩休珉为左羽林将军，命安禄山接替他。户部郎中吉温见安禄山正受皇上宠爱，又放弃杨国忠，归附安禄山，同他结拜为兄弟。吉温对安禄山说：“李右相虽因当前形势而同三哥你来往密切，但他绝对不肯推荐你担任宰相，我虽然听他驱使，最终也不会提升。三哥你若在皇上面前荐举我，我立即就会上奏推荐你担当大任，共同将李林甫排挤出中央，你必定会担任宰相。”安禄山喜欢他的这番话，多次在唐玄宗面前称赞吉温，唐玄宗也忘记了从前对吉温的评语。刚好安禄山兼任河东节度使，于是他就奏请让吉温担任节度副使、知留后，又任命大理司直张通儒为留后判官，将河东的事务全部委交给他负责。

当时，杨国忠担任御史中丞，正受皇帝宠爱重用。安禄山在上下宫殿台阶时，杨国忠常上去搀扶他。

安禄山与王鉷同为御史大夫，王鉷的权位仅次于李林甫。安禄山每次见到李林甫时，态度傲慢。有次，李林甫当面假装有什么事唤王鉷，王鉷到后，态度甚为恭敬谨慎。安禄山见后，不自觉地改变态度，对李林甫更为恭敬。李林甫同安禄山谈话，每次都能揣度出安禄山的内心想法，先将他的心思讲出来，安禄山大为惊叹佩服。安禄山在文武百官前，都很傲慢无礼，唯独忌惮李林甫，

每见，虽盛冬，常汗沾衣。林甫乃引与坐于中书厅，抚以温言，自解披袍以覆之。禄山忻荷，言无不尽，谓林甫为"十郎"。既归范阳，刘骆谷每自长安来，必问："十郎何言？"得美言则喜；或但云"语安大夫，须好捡校"，辄反手据床曰："噫嘻，我死矣！"

禄山既兼领三镇，赏刑己出，日益骄恣。自以曩时不拜太子，见上春秋高，颇内惧。又见武备堕弛，有轻中国之心。孔目官严庄、掌书记高尚因为之解图谶，劝之作乱。

禄山养同罗、奚、契丹降者八千馀人，谓之"曳落河"。曳落河者，胡言壮士也。及家僮百馀人，皆骁勇善战，一可当百。又畜战马数万匹，多聚兵仗，分遣商胡诣诸道贩鬻，岁输珍货数百万。私作绯紫袍、鱼袋，以百万计。以高尚、严庄、张通儒及将军孙孝哲为腹心，史思明、安守忠、李归仁、蔡希德、牛廷玠、向润容、李庭望、崔乾祐、尹子奇、何千年、武令珣、能元皓、田承嗣、田乾真、阿史那承庆为爪牙。尚，雍奴人，本名不危，颇有辞学，薄游河朔，贫困不得志，常叹曰："高不危当举大事而死，岂能啮草根求活邪？"禄山引置幕府，出入卧内。尚典笺奏，庄治簿书。通儒，万岁之子；孝哲，契丹也。承嗣世为卢龙小校，禄山以为前锋兵马使，治军严整。尝大雪，禄山按行诸营，至承嗣营，寂若无人，

每次见到李林甫，即使是在严冬，也常会汗流浃背，沾湿内衣。李林甫于是请他坐到中书省的厅中，用温和的语言安抚他，并亲自将自己的披袍解下来披在安禄山的身上。安禄山为此十分感动，无所不谈，称李林甫为"十郎"。安禄山回到范阳后，刘骆谷每次从长安回到范阳，安禄山定会问："十郎说些什么？"如果听到李林甫夸他，就十分高兴，但有时若是李林甫仅仅说"请转告安大夫，要特别小心"，安禄山就会反手拍着卧榻说："糟糕，我死定了！"

安禄山担任范阳、平卢、河东三镇节度使后，无论赏罚都由自己做主，于是一天比一天更加骄横放纵。自己寻思当初不肯叩拜太子，又见唐玄宗年岁已老，心中很恐惧。又见到唐朝防务松弛，便有轻视朝廷之心。孔目官严庄、掌书记高尚乘机向他解释图谶，劝他发动叛乱。

安禄山训练有八千多人的同罗族、奚族、契丹族投降过来的部众，称他们为"曳落河"。"曳落河"在北方胡族语言中是壮士的意思。另外还收养有家奴一百多人，都是勇猛善战之人，可以以一当百。安禄山又畜养有数万匹战马，储备有大量的兵器，分别派遣汉胡商人到各地贩卖经营，每年都输入珍奇货物几百万钱。又在私下缝做紫袍、鱼袋，其数量以百万来计算。他以高尚、严庄、张通儒以及将军孙孝哲作为自己的心腹，以史思明、安守忠、李归仁、蔡希德、牛廷玠、向润容、李庭望、崔乾祐、尹子奇、何千年、武令珣、能元皓、田承嗣、田乾真、阿史那承庆等作为战将。高尚是雍奴人，本名高不危，很有文学素养，在河朔一带任一薪俸微薄的小官，贫穷困苦而不得意，时常叹息说："高不危应当干件大事而死，怎能以嚼草根而生存？"安禄山将他收为自己的幕僚，可以自由出入自己的卧室。高尚负责处理安禄山的信函及撰写奏章，严庄掌管文书。张通儒是张万岁的儿子，孙孝哲是契丹族人。田承嗣几代都是卢龙的低级军官，安禄山任命他为前锋兵马使，他治军严格，曾有次下大雪，安禄山巡视各个军营，走到田承嗣的军营中，一片寂静，好像没有一人，

入阅士卒，无一人不在者，禄山以是重之。

十一载冬十二月甲申，以平卢兵马使史思明兼北平太守，充卢龙军使。

哥舒翰素与安禄山、安思顺不协，上常和解之，使为兄弟。是冬，三人俱入朝，上使高力士宴之于城东。禄山谓翰曰："我父胡，母突厥，公父突厥，母胡，族类颇同，何得不相亲？"翰曰："古人云'狐向窟嗥，不祥'，为其忘本故也。兄苟见亲，翰敢不尽心。"禄山以为讥其胡也，大怒，骂翰曰："突厥敢尔！"翰欲应之，力士目翰，翰乃止，阳醉而散。自是为怨愈深。

十二载夏五月，阿布思为回纥所破，安禄山诱其部落而降之，由是禄山精兵，天下莫及。

安禄山以李林甫狡猾逾己，故畏服之。及杨国忠为相，禄山视之蔑如也，由是有隙。国忠屡言禄山有反状，上不听。杨国忠欲厚结翰与共排安禄山，奏以翰兼河西节度使。秋八月戊戌，赐翰爵西平郡王。

十三载春正月己亥，禄山入朝。是时杨国忠言禄山必反，且曰："陛下试召之，必不来。"上使召之，禄山闻命即至。庚子，见上于华清宫，泣曰："臣本胡人，陛下宠擢至此，为国忠所疾，臣死无日矣！"上怜之，赏赐巨万，由是益亲信禄山，国忠之言不能入矣。太子亦知禄山必反，

可是进到营中清点士卒，没有一个人不在营中，安禄山因此对他很器重。

十一载（752）冬季十二月甲申（十二日），唐玄宗任命平卢兵马使史思明兼任北平太守，担任卢龙军使。

哥舒翰向来与安禄山、安思顺不和，唐玄宗常出面为他们调解，让他们结拜为兄弟。这年冬季，他们三人一起都到京师晋见，唐玄宗命高力士在城东给他们设宴。安禄山对哥舒翰说："我的父亲是东胡人，母亲是突厥人，你的父亲是突厥人，母亲是东胡人，都是同一族类，为什么不能互相友善？"哥舒翰说："古人说过'狐狸对着自己的洞穴吼叫，很不吉利'，这是因为它忘本的缘故。老兄如果愿意同我亲善，我岂敢不诚心诚意？"安禄山认为他是以"狐""胡"同音来讥刺自己是胡人，大为恼怒，骂哥舒翰说："突厥杂种，竟敢如此！"哥舒翰正待回骂，高力士用眼示意他，哥舒翰这才停止，假装喝醉酒，不欢而散。从此俩人的仇怨更深。

十二载（753）夏季五月，东突厥亲王阿布思被回纥击败，安禄山引诱他的部众归降自己，从此安禄山部队精锐，在全国无人能比。

安禄山因李林甫比自己更狡诈阴险，所以畏惧顺服他。到杨国忠担任宰相时，安禄山对他十分轻蔑，因此两人产生了仇隙。杨国忠多次讲安禄山有反叛的迹象，唐玄宗不理。杨国忠准备深交哥舒翰，与他共同排挤安禄山，上奏推荐哥舒翰兼任河西节度使。秋季八月戊戌（十三日），唐玄宗赐封哥舒翰西平郡王。

十三载（754）春季正月己亥（初三），安禄山进京朝见。当初杨国忠称安禄山定会反叛，且说："陛下不妨征他进京，他必不来。"唐玄宗派使者去征召，安禄山接到命令，立即前来。庚子（初四），在华清宫拜见唐玄宗，流泪说："为臣我本是胡人，陛下如此宠爱提拔我，却遭到杨国忠的忌恨，我不知哪天就会被他害死。"唐玄宗深为怜惜，赏赐他千万钱。从此唐玄宗对安禄山更信任，杨国忠的话再也听不进去。太子李亨也觉察到安禄山定会反叛，

言于上,上不听。上欲加安禄山同平章事,已令张垍草制,杨国忠谏曰:"禄山虽有军功,目不知书,岂可为宰相?制书若下,恐四夷轻唐。"上乃止。己巳,加禄山左仆射,赐一子三品、一子四品官。

安禄山求兼领闲厩、群牧,庚申,以禄山为闲厩、陇右群牧等使。禄山又求兼总监,壬戌,兼知总监事。禄山奏以御史中丞吉温为武部侍郎,充闲厩副使,杨国忠由是恶温。禄山密遣亲信选健马堪战者数千匹,别饲之。

二月己丑,安禄山奏:"臣所部将士讨奚、契丹、九姓同罗等,勋效甚多,乞不拘常格,超资加赏,仍好写告身付臣军授之。"于是除将军者五百馀人,中郎将者二千馀人。禄山欲反,故先以此收众心也。

三月丁酉朔,禄山辞归范阳,上解御衣以赐之,禄山受之惊喜。恐杨国忠奏留之,疾驱出关。乘船沿河而下,令船夫执绳板立于岸侧,十五里一更,昼夜兼行数百里,过郡县不下船。自是有言禄山反者,上皆缚送之,由是人皆知其将反,无敢言者。

禄山之发长安也,上令高力士饯之长乐坂,及还,上问:"禄山慰意乎?"对曰:"观其意怏怏,必知欲命为相而中止故也。"上以告国忠,曰:"此议他人不知,必张垍兄弟告之也。"上怒,贬张均为建安太守,垍为卢溪司马,弟给事中埱为宜春司马。

报告给唐玄宗，唐玄宗也不理。唐玄宗准备提升安禄山担任同平章事，已经命张垍草拟好诏书，杨国忠劝阻说："安禄山虽说建立有军功，但他目不识丁，怎能担任宰相？诏书如果颁布，恐怕四方夷族都会轻视唐朝。"唐玄宗这才罢休。己巳（初九），加授安禄山左仆射职任，赐给他的一个儿子为三品官，一个儿子为四品官。

安禄山请求兼任闲厩、群牧，庚申（二十四日），任命安禄山为闲厩、陇右群牧等职。安禄山又请求兼任总监，壬戌（二十六日），任命他兼任知总监事。安禄山奏请任命御史中丞吉温担任武部侍郎，兼任闲厩副使，杨国忠因此忌恨吉温。安禄山暗中派出亲信，挑选可以作战的健壮马匹数千，另加饲养。

二月己丑（二十三日），安禄山上奏说："为臣我的部属将士征讨奚族、契丹族、九姓同罗等，建立有很多功劳，请求不拘常规，给予破格奖赏，写好嘉奖的任命状交给我带回军中颁发。"于是安禄山部属中，提升将军的有五百多人，升为中郎将的有两千多人。安禄山准备反叛，所以先用此收买人心。

三月丁酉这一天是初一，安禄山告辞返回范阳，唐玄宗脱下自己的御袍赏赐给他，安禄山十分惊喜地领受。安禄山恐怕杨国忠上奏把他留下来，于是急忙奔出潼关。乘船沿黄河而下，命船夫拉着纤绳站在岸上，十五里更换一次，每日每夜兼程几百里，经过郡县也不下船。从此凡是有人说安禄山谋反的，唐玄宗都将他们捆绑起来送交安禄山，此后，虽人人都知道安禄山会谋反，但无人敢说。

安禄山在从长安出发返回时，唐玄宗命令高力士在长乐坂为他饯行，等到高力士回宫时，唐玄宗问他："安禄山满意吗？"高力士回答说："看他的样子非常失望，肯定是他知道本想任命他当宰相而中途变卦了。"唐玄宗将此事告诉杨国忠，杨国忠说："议论此事时没有其他的人知道，肯定是张垍兄弟告诉他的。"唐玄宗大怒，将张均贬为建安太守，张垍贬为卢溪司马，张垍的弟弟给事中张埱贬为宜春司马。

十四载春二月辛亥，安禄山使副将何千年入奏，请以蕃将三十二人代汉将，上命立进画，给告身。韦见素谓杨国忠曰："禄山久有异志，今又有此请，其反明矣。明日见素当极言，上未允，公其继之。"国忠许诺。壬子，国忠、见素入见，上迎谓曰："卿等有疑禄山之意邪？"见素因极言禄山反已有迹，所请不可许，上不悦。国忠逡巡不敢言，上竟从禄山之请。他日，国忠、见素言于上曰："臣有策可坐消禄山之谋。今若除禄山平章事，召诣阙，以贾循为范阳节度使，吕知诲为平卢节度使，杨光翙为河东节度使，则势自分矣。"上从之。已草制，上留不发，更遣中使辅璆琳以珍果赐禄山，潜察其变。璆琳受禄山厚赂，还，盛言禄山竭忠奉国，无有二心。上谓国忠等曰："禄山，朕推心待之，必无异志。东北二虏，藉其镇遏。朕自保之，卿等勿忧也！"事遂寝。

安禄山归至范阳，朝廷每遣使者至，皆称疾不出迎，盛陈武备，然后见之。裴士淹至范阳，二十馀日乃得见，无复人臣礼。杨国忠日夜求禄山反状，使京兆尹围其第，捕禄山客李超等，送御史台狱，潜杀之。禄山子庆宗尚宗女荣义郡主，供奉在京师，密报禄山，禄山愈惧。六月，上以其子成婚，手诏召禄山观礼，禄山辞疾不至。秋七月，禄山表献马三千匹，每匹执控夫二人，遣蕃将二十二人部送。河南尹

十四载（755）春季二月辛亥（二十二日），安禄山派他的副将何千年上朝奏报，请求用三十二位蕃将取代汉人将领，唐玄宗命令立即呈献名单，颁发委任状。韦见素对杨国忠说："安禄山早就有反叛之心，现在又提出这种要求，他反叛的迹象也已十分明显。到明天我将极力向皇上进言，如果皇上不采纳，请你接着进言。"杨国忠答应。壬子（二十三日），杨国忠、韦见素上朝晋见，唐玄宗迎面就对他们说："你们是不是怀疑安禄山有反叛之意？"韦见素乘机极力陈述安禄山反叛已暴露出迹象，他所提出的请求不能答应，唐玄宗很不高兴。杨国忠吞吞吐吐不敢开口，唐玄宗最终批准了安禄山的请求。另一天，杨国忠、韦见素对唐玄宗说："我们有办法消除安禄山的阴谋。现在如果任命安禄山为平章事，召他入关进京，任命贾循为范阳节度使，吕知诲为平卢节度使，杨光翙为河东节度使，那么安禄山的势力就自然分散了。"唐玄宗采纳。但当诏书草拟好后，唐玄宗却扣住不发，更派中使辅璆琳给安禄山送去珍贵的果品，暗中观察安禄山的动静。辅璆琳接受了安禄山的厚重贿赂，返回京师后，极力称赞安禄山尽忠为国，没有二心。唐玄宗对杨国忠说："安禄山，我推心置腹地对待他，他一定不会有其他的念头。东北部的两个蛮族部落，靠他抵御。我可以亲自为他担保，你们不必忧虑。"事情于是就被搁置下来。

安禄山回到范阳后，朝廷每次派使者到范阳，安禄山都借口有病不出来迎接，一定要严加戒备后，才出来相见。裴士淹到范阳，二十多天才得以同安禄山见面，安禄山也没有臣属的礼节，杨国忠日夜不停地搜寻安禄山谋反的情报，派京兆尹包围他在京师的住宅，逮捕安禄山的僚客李超等人，将他们押送到御史台监狱，秘密处死。安禄山的儿子安庆宗娶皇室女儿荣义郡主，留在京师任职，派人暗中禀报安禄山，安禄山愈加惧怕。六月，唐玄宗因他的儿子成婚，手写诏书召安禄山到京师长安观礼，安禄山借口有病推辞不来。秋季七月，安禄山上书呈献马匹三千，每匹兵侠两人，另派蛮族将领二十二人率部护送。河南尹

达奚珣疑有变,奏请"谕禄山以进车马宜俟至冬,官自给夫,无烦本军。"于是上稍寤,始有疑禄山之意。会辅璆琳受赂事亦泄,上托以他事扑杀之。上遣中使冯神威赍手诏谕禄山,如珣策,且曰:"朕新为卿作一汤,十月于华清宫待卿。"神威至范阳宣旨,禄山踞床微起,亦不拜,曰:"圣人安稳。"又曰:"马不献亦可,十月灼然诣京师。"即令左右引神威置馆舍,不复见。数日,遣还,亦无表。神威还,见上泣曰:"臣几不得见大家!"

安禄山专制三道,阴蓄异志,殆将十年,以上待之厚,欲俟上晏驾然后作乱。会杨国忠与禄山不相悦,屡言禄山且反,上不听。国忠数以事激之,欲其速反以取信于上。禄山由是决意遽反,独与孔目官太仆丞严庄、掌书记、屯田员外郎高尚、将军阿史那承庆密谋,自馀将佐皆莫之知,但怪其自八月以来,屡飨士卒,秣马厉兵而已。会有奏事官自京师还,禄山诈为敕书,悉召诸将示之曰:"有密旨,令禄山将兵入朝讨杨国忠,诸君宜即从军。"众愕然相顾,莫敢异言。十一月甲子,禄山发所部兵及同罗、奚、契丹、室韦凡十五万众,号二十万,反于范阳。命范阳节度副使贾循守范阳,平卢节度副使吕知诲守平卢,别将高秀岩守大同。诸将皆引兵夜发。

诘朝,禄山出蓟城南,大阅誓众,以讨杨国忠为名,榜军中曰:"有异议扇动军人者,斩及三族!"于是引兵而南。禄山

达奚珣怀疑有诈，上奏请求皇上告谕安禄山"进献车马最好等到冬天，沿途由当地官府提供差役，不需烦劳部落军护送"。于此时，唐玄宗才稍有醒悟，开始对安禄山产生怀疑。正好遇上辅璆琳接受安禄山贿赂的事情泄露，唐玄宗找了一个借口将他杀掉了。唐玄宗派中使冯神威带上自己的亲笔诏书去告谕安禄山进京，完全采纳达奚珣的计策，并告诉安禄山说："我最近刚为你兴建了一个温泉汤池，十月间，我在华清池等你来相见。"冯神威到范阳宣读诏书，安禄山坐在床上，只是微微地欠了欠身，也不叩拜，说："圣上平安。"又说："不献马也可以，十月，我会大摇大摆地到长安。"当即令左右侍从把冯神威安置在驿馆，不再接见。过了几天，命他回京，也没有奏章。冯神威回到长安，见到唐玄宗哭着说："我几乎见不到圣上了。"

安禄山直接控制范阳、平卢、河东三道，暗中阴谋发动叛乱将近十年，因为唐玄宗待他太厚，原打算等唐玄宗驾崩后再叛乱。刚好遇上杨国忠与安禄山相互仇视，多次讲安禄山将要反叛，唐玄宗不相信，杨国忠屡屡做出事情来刺激他，希望他加速起兵反叛，以此取得皇帝对自己的信任。安禄山因此决定提前发动兵变，只是与孔目官太仆丞严庄、掌书记屯田员外郎高尚、将军阿史那承庆暗中密谋，其馀的将领文官都不知道，只是奇怪从八月以来多次犒赏士卒，养饱战马、磨利武器而已。正好有奏事官从京师长安回来，安禄山伪造诏书，召集所有将领，将假诏书给他们看，说："接到密旨，命我带兵前往京师讨伐杨国忠，各位应立即随军出发。"众将领惊愕不已，相互对视，没有人敢说一句反对的话。十一月甲子(初九)，安禄山动员所有的直属部队，以及同罗、奚、契丹、室韦等族兵士共十五万人，号称二十万，在范阳起兵。安禄山命范阳节度副使贾循留守范阳，平卢节度副使吕知诲留守平卢，别将高秀岩留守大同。各将领都率军连夜出发。

第二天早上，安禄山到达蓟城城南，大规模地举行阅兵誓师，以讨伐杨国忠为名义，在军中发布文告说："有胆敢发表不同看法，扰乱军心的，诛灭三族！"于是率军南下。安禄山

乘铁舆,步骑精锐,烟尘千里,鼓噪震地。时海内久承平,百姓累世不识兵革,猝闻范阳兵起,远近震骇。河北皆禄山统内,所过州县,望风瓦解,守令或开门出迎,或弃城窜匿,或为所擒戮,无敢拒之者。禄山先遣将军何千年、高邈将奚骑二十,声言献射生手,乘驿诣太原。乙丑,北京副留守杨光翙出迎,因劫之以去。太原具言其状,东受降城亦奏禄山反。上犹以为恶禄山者诈为之,未之信也。

庚午,上闻禄山定反,乃召宰相谋之。杨国忠扬扬有得色,曰:"今反者独禄山耳,将士皆不欲也,不过旬日,必传首诣行在。"上以为然,大臣相顾失色。上遣特进毕思琛诣东京、金吾将军程千里诣河东,各简募数万人,随便团结以拒之。辛未,安西节度使封常清入朝,上问以讨贼方略,常清大言曰:"今太平积久,故人望风惮贼。然事有逆顺,势有奇变,臣请走马诣东京,开府库,募骁勇,挑马箠渡河,计日取逆胡之首献阙下!"上悦。壬申,以常清为范阳、平卢节度使。常清即日乘驿诣东京募兵,旬日,得六万人;乃断河阳桥,为守御之备。

甲戌,禄山至博陵南,何千年等执杨光翙见禄山,责光翙以附杨国忠,斩之以徇。禄山使其将安忠志将精兵军土门。忠志,奚人,禄山养为假子。又以张献诚摄博陵太守,献诚,守珪之子也。

乘坐铁轿车，步兵、骑兵精锐，烟雾尘土飞扬千里，战鼓车马声震天动地。当时，全国经历了长久的太平时期，几代人都没见到战争，猝然听说范阳兵变，无论远近都惊骇不已。河北道都是安禄山的辖区，所经各州县都望风瓦解，郡县的郡守、县令有的打开城门迎接，有的弃城逃亡，有的被擒获处死，没有一个郡县敢于抵抗。安禄山的先遣将军何千年、高邈率领奚族骑兵二十人，声称前往长安进献神箭手，乘驿马车直赴太原。乙丑（十日），北京副留守杨光翙出城迎接，何千年等乘机把他劫持而去。太原府上书将全部情况进行奏报，东受降城也奏报安禄山反叛。唐玄宗此时认为是怨恨安禄山的人造谣，不肯相信。

庚午（十五日），唐玄宗得知安禄山确已反叛，这才召集宰相商议应对措施。杨国忠洋洋得意，说："现在只不过是安禄山一人反叛而已，将士们都不愿意，不出十天，定会把安禄山的首级传送到陛下面前。"唐玄宗认为是这样，大臣们面面相觑，脸无人色。唐玄宗派特进毕思琛前往东京洛阳、金吾将军程千里前往河东，分别招募士卒数万人，就地集结，以抵抗安禄山的军队。辛未（十六日），安西节度使封常清进京朝见，唐玄宗向他征询讨伐叛军的策略，封常清夸口说："现在因为太平的日子太久，所以人们听到叛军的风声就害怕得不行。但是事情有顺有逆，形势也会发生变化，我请求尽快赶到东京洛阳，打开政府的国库，招募勇士，挥动马鞭北渡黄河，用不了几天，就能取下安禄山的人头，呈献到宫门口。"唐玄宗十分高兴。壬申（十七日），唐玄宗任命封常清为范阳、平卢节度使。封常清当天便乘驿马前往洛阳招募兵士，十天时间，招集到六万人，于是拆除黄河上的河阳桥，充实防御设备。

甲戌（十九日），安禄山抵达博陵城南，何千年等押解杨光翙晋见安禄山，安禄山指斥他归附杨国忠，将他斩首示众。安禄山派他的部将安忠志率精兵驻扎土门。安忠志，是奚族人，安禄山收养他为义子。又命张献诚代理博陵太守。张献诚是张守珪的儿子。

禄山至藁城，常山太守颜杲卿力不能拒，与长史袁履谦往迎之。禄山辄赐杲卿金紫，质其子弟，使仍守常山。又使其将李钦凑将兵数千人守井陉口，以备西来诸军。杲卿归，途中指其衣谓履谦曰："何为著此？"履谦悟其意，乃阴与杲卿谋起兵讨禄山。杲卿，思鲁之玄孙也。

丙子，斩太仆卿安庆宗，赐荣义郡主自尽。以朔方节度使安思顺为户部尚书，思顺弟元贞为太仆卿。以朔方右厢兵马使、九原太守郭子仪为朔方节度使，右羽林大将军王承业为太原尹。置河南节度使，领陈留等十三郡，以卫尉卿猗氏张介然为之。以程千里为潞州长史。诸郡当贼冲者，始置防御使。

丁丑，以荣王琬为元帅，右金吾大将军高仙芝副之，统诸军东征。出内府钱帛，于京师募兵十一万，号曰天武军，旬日而集，皆市井子弟也。

十二月丙戌，高仙芝将飞骑、犷骑及新募兵、边兵在京师者合五万人，发长安。上遣宦者监门将军边令诚监其军，屯于陕。

丁亥，安禄山自灵昌渡河，以緪约败船及草木横绝河流，一夕，冰合如浮梁，遂陷灵昌郡。禄山步骑散漫，人莫知其数，所过残灭。张介然至陈留才数日，禄山至，授兵乘城，众恟惧，不能守。庚寅，太守郭纳以城降。禄山入北郭，闻安庆宗死，恸哭曰："我何罪，而杀我子？"时陈留将士降者夹道近万人，禄山皆杀之以快其忿，斩张介然于军门。

安禄山抵达藁城,常山太守颜杲卿的兵力不能抵抗,便与长史袁履谦前往藁城迎接安禄山。安禄山当即赏赐给颜杲卿金紫袍,将他的子弟扣作人质,仍让他驻守常山。又派部将李钦凑率数千人驻守井陉口,以防备从西面来进攻的官军。颜杲卿在返回途中,指着穿在身上的紫袍对袁履谦说:"为什么要穿这件紫袍?"袁履谦领悟了他的意图,于是与颜杲卿密谋起兵讨伐安禄山。颜杲卿,是颜思鲁的玄孙。

丙子(二十一日),唐玄宗下令杀掉安禄山的儿子太仆卿安庆宗,命荣义郡主自杀。任命朔方节度使安思顺为户部尚书,安思顺的弟弟安元贞为太仆卿。任命朔方右厢兵马使、九原太守郭子仪为朔方节度使,右羽林大将军王承业为太原尹。设置河南节度使,管辖陈留等十三个郡,任命卫尉卿犄氏人张介然担任河南节度使。任程千里为潞州长史。在各个叛军必经的郡里,开始设置防御使。

丁丑(二十二日),唐玄宗任命荣王李琬为元帅,右金吾大将军高仙芝为副元帅,统率各路大军东征。捐出皇宫库府中的金钱绢帛,在京师长安招募兵士十一万人,号称"天武军",十天内集结完毕,都是一些游手好闲的无赖。

十二月丙戌(初一),高仙芝率飞骑、旷骑以及新招募的兵士、留在京师的边防军共五万人,从长安出发。唐玄宗派宦官、监门将军边令诚充当监军,屯驻在陕郡。

丁亥(初二),安禄山从灵昌渡过黄河,用粗绳将一些破船草木拴住,横穿黄河,一夜间,河水结冰好像浮桥,于是攻陷了灵昌郡。安禄山的步兵、骑兵漫山遍野,人们不知究竟有多少数目,凡是他们经过的地方,都被摧残毁灭。张介然到达陈留才几天,安禄山的军队就到了,张介然发武器给士卒,让他们登城抵抗,大家恐惧惊慌,无法守城。庚寅(五日),陈留太守郭纳献城投降。安禄山进入北门外城,得知安庆宗已死,痛哭说:"我有何罪?竟杀掉我的儿子!"当时陈留投降将士排列在路旁,有近万人,安禄山将他们全部杀掉,用以发泄心中的仇恨,在军营门前杀掉张介然。

以其将李庭望为节度使,守陈留。

壬辰,上下制欲亲征,其朔方、河西、陇右兵留守城堡之外,皆赴行营,令节度使自将之,期二十日毕集。

初,平原太守颜真卿知禄山且反,因霖雨,完城浚壕,料丁壮,实仓廪。禄山以其书生,易之。及禄山反,牒真卿以平原、博平兵七千人防河津,真卿遣平原司兵李平间道奏之。上始闻禄山反,河北郡县皆风靡,叹曰:“二十四郡,曾无一人义士邪?”及平至,大喜曰:“朕不识颜真卿作何状,乃能如是!”真卿使亲客密怀购贼牒诣诸郡,由是诸郡多应者。真卿,杲卿之从弟也。

安禄山引兵向荥阳,太守崔无诐拒之;士卒乘城者,闻鼓角声,自坠如雨。癸巳,禄山陷荥阳,杀无诐,以其将武令珣守之。

禄山声势益张,以其将田承嗣、安忠志、张孝忠为前锋。封常清所募兵皆白徒,未更训练,屯武牢以拒贼。贼以铁骑蹂之,官军大败。常清收馀众,战于葵园,又败,战上东门内,又败。丁酉,禄山陷东京,贼鼓噪自四门入,纵兵杀掠。常清战于都亭驿,又败,退守宣仁门,又败,乃自苑西坏墙西走。

河南尹达奚珣降于禄山。留守李憕谓御史中丞卢奕曰:“吾曹荷国重任,虽知力不敌,必死之!”奕许诺。憕收残兵数百,欲战,皆弃憕溃去,憕独坐府中。奕先遣妻

任命自己的部将李庭望为河南节度使,留守陈留。

壬辰(初七),唐玄宗下诏亲征叛军,朔方、河西、陇右的所有部队,除留下一些守卫城堡以外,其余的全部调赴行营,命令各节度使亲自率军,限定在二十天内到行营集结。

当初,平原郡太守颜真卿得知安禄山将要反叛,乘阴雨连绵的机会,修整城墙、挖深壕沟,挑选年轻力壮的人充当后备兵员,充实粮仓。安禄山认为他不过是个书生,容易对付。等到安禄山反叛后,安禄山用正式公文通知颜真卿,征调颜真卿下属的平原、博平七千人的军队驻防黄河渡口,颜真卿派平原司兵李平从小道前往长安奏报。唐玄宗刚刚正式得知安禄山反叛,当时河北各郡县都望风投降,唐玄宗叹息说:"河北二十四郡,怎会没有一个忠义之士?"等李平到后,大喜说:"我连颜真卿是什么模样都不知道,他竟能做得如此之好!"颜真卿派亲信暗中携带捉拿叛军的文告,到各郡张贴,因此各郡有很多起来响应。颜真卿,是颜杲卿的堂弟。

安禄山率军向荥阳进攻,荥阳太守崔无诐起来抵抗,守城士卒听到攻城的战鼓号角声后,吓得站立不稳,从城上掉下来,掉下城的人多得就像落雨一样。癸巳(初八),安禄山攻陷荥阳,杀死了崔无诐,命他的部将武令珣驻守荥阳。

安禄山的声势更加强大,命他的部将田承嗣、安忠志、张孝忠担任前锋。封常清所招募的士卒都没有武器,又没有经过重新训练,屯驻在武牢抵抗叛军,叛军用骑兵冲锋践踏,唐军大败。封常清收集残兵在葵园再战,又被击败,在上东门内再战,又大败。丁酉(十二日),安禄山攻陷东京洛阳,叛军呐喊着从四个城门攻入,大肆屠杀抢劫。封常清在都亭驿再战,又失败,退守到宣仁门,又战败,于是只好从皇苑西面挖开一段城墙向西逃走。

河南尹达奚珣投降安禄山。留守李憕对御史中丞卢奕说:"我们身负国家重任,虽明知力量不足抗敌,也一定要誓死尽力。"卢奕答应。李憕收集残兵数百人,准备继续作战,但左右官员都溃散逃走,李憕独自坐在留守府中。卢奕事先命自己的妻子

子怀印间道走长安,朝服坐台中,左右皆散。禄山屯于闲厩,使人执憕、奕及采访判官蒋清,皆杀之。奕骂禄山,数其罪,顾贼党曰:"凡为人当知逆顺。我死不失节,夫复何恨?"憕,文水人;奕,怀慎之子;清,钦绪之子也。禄山以其党张万顷为河南尹。

封常清帅馀众至陕,陕郡太守窦廷芝已奔河东,吏民皆散。常清谓高仙芝曰:"常清连日血战,贼锋不可当。且潼关无兵,若贼豕突入关,则长安危矣。陕不可守,不如引兵先据潼关以拒之。"仙芝乃帅见兵西趣潼关。贼寻至,官军狼狈走,无复部伍,士马相腾践,死者甚众。至潼关,修完守备,贼至,不得入而去。禄山使其将崔乾祐屯陕,临汝、弘农、济阴、濮阳、云中郡皆降于禄山。是时,朝廷征兵诸道,皆未至,关中恟惧。会禄山方谋称帝,留东京不进,故朝廷得为之备,兵亦稍集。

禄山以张通儒之弟通晤为睢阳太守,与陈留长史杨朝宗将胡骑千馀东略地,郡县官多望风降走,惟东平太守嗣吴王祗、济南太守李随起兵拒之。祗,祎之弟也。郡县之不从贼者,皆倚吴王为名。单父尉贾贲帅吏民南击睢阳,斩张通晤。李庭望引兵欲东徇地,闻之,不敢进而还。

上议亲征,太子监国,杨国忠使贵妃请命,事遂寝。事见《杨氏之宠》。

颜真卿召募勇士,旬日至万馀人,谕以举兵讨安禄山,继以涕泣,士皆感愤。禄山使其党段子光赍李憕、

儿女携带官印从小路逃回长安，然后穿上官服坐在御史台署，左右官员也全都逃散。安禄山驻军在御马厩，派人去擒获李憕、卢奕以及采访判官蒋清，将他们都杀掉。卢奕大骂安禄山，数说他的罪行，并回头对叛军将领说："作为一个人，应当知道什么是顺逆。我虽然死去，但却没有丧失节操，还有什么可遗憾的？"李憕，是文水人；卢奕，是卢怀慎的儿子；蒋清，是蒋钦绪的儿子。安禄山任命他的部将张万顷担任河南尹。

封常清率残兵退到陕郡，陕郡太守窦廷芝早已逃奔到河东郡，官吏百姓都已逃散。封常清对高仙芝说："我一连几天浴血奋战，叛贼兵锋锐不可当。而且潼关没有守军，如果贼军突破入关，则长安就十分危险了。陕郡已经不可能守住，不如率军先占据潼关坚守。"高仙芝于是率领现有的兵士向西面的潼关撤退。不久叛军赶到，官军狼狈逃走，不能再维持应有的队列，士卒马匹相互拥挤践踏，死亡惨重。高仙芝到潼关后，刚修好工事，叛军已经赶到，不能攻入潼关，只好撤退离去。安禄山派部将崔乾祐屯驻陕郡，临汝、弘农、济阴、濮阳、云中等郡都投降安禄山。这时，朝廷向各道征召的勤王军队都没有到达，关中人心恐惧。幸好此时安禄山正在策划称帝，滞留在东京洛阳，没有继续前进，所以朝廷才能有时间准备，勤王的军队也逐渐会集。

安禄山任命张通儒的弟弟张通晤为睢阳太守，同陈留长史杨朝宗率胡人骑兵一千多人，向东侵夺土地，各郡县长官大多听到风声就投降或逃走，只有东平太守、嗣吴王李祗、济南太守李随起兵抵抗。李祗，是李祎的弟弟。各个不肯投降叛军的郡县，都借用吴王的名义作为号召。单父县尉贾贲率官民向南进攻睢阳，斩杀了张通晤。李庭望率兵打算向东面侵夺土地，得知此消息后，不敢前进而回师。

唐玄宗考虑亲自征讨叛军，让太子监督朝政，杨国忠让杨贵妃说服唐玄宗，御驾亲征之事于是被搁置。事见《杨氏之宠》。

颜真卿招募勇士，十天内招到一万多人，宣告将兴兵讨伐安禄山，接着悲愤泣泪，士卒都感动义愤。安禄山派部将段子光带李憕、

卢奕、蒋清首徇河北诸郡,至平原。壬寅,真卿执子光,腰斩以徇,取三人首,续以蒲身,棺敛葬之,祭哭受吊。禄山以海运使刘道玄摄景城太守,清池尉贾载、盐山尉河内穆宁共斩道玄,得其甲仗五十馀船;携道玄首谒长史李昕,昕收严庄宗族,悉诛之。是日,送道玄首至平原。真卿召载、宁及清河尉张澹诣平原计事。饶阳太守卢全诚据城不受代;河间司法李奂杀禄山所署长史王怀忠;李随遣游弈将訾嗣贤济河,杀禄山所署博平太守马冀。各有众数千或万人,共推真卿为盟主,军事皆禀焉。禄山使张献诚将上谷、博陵、常山、赵郡、文安五郡团结兵万人围饶阳。

高仙芝之东征也,监军边令诚数以事干之,仙芝多不从。令诚入奏事,具言仙芝、常清挠败之状,且云:"常清以贼摇众,而仙芝弃陕地数百里,又盗减军士粮赐。"上大怒。癸卯,遣令诚赍敕即军中斩仙芝及常清。初,常清既败,三遣使奉表陈贼形势,上皆不之见。常清乃自驰诣阙,至渭南,敕削其官爵,令还仙芝军,白衣自效。常清草遗表曰:"臣死之后,望陛下不轻此贼,无忘臣言。"时朝议皆以为禄山狂悖,不日授首,故常清云然。令诚至潼关,先引常清,宣敕示之,常清以表附令诚上之。常清既死,陈尸蘧除。仙芝还,至听事,令诚索陌刀手百馀人自随,乃谓仙芝曰:"大夫亦有恩命。"仙芝遽下,令诚宣敕。仙芝曰:"我遇敌而退,死则宜矣。今上戴天,下履地,谓我盗减粮赐则诬也。"

卢奕、蒋清的首级，到河北各郡示众，抵至平原。壬寅（十七日），颜真卿擒获段子光，将他腰斩示众。取下李憕等三人首级，用蒲草扎成人身，接上首级，装入棺中安葬，哭泣祭奠，接受吊唁。安禄山任命海运使刘道玄代理景城太守，清池县尉贾载、盐山县尉河内人穆宁联合斩杀了刘道玄，缴获武器五十多船，携带着刘道玄的首级前往拜见长史李暐，李暐收捕了严庄的家族，全部杀掉。当天，将刘道玄的首级送到平原。颜真卿召集贾载、穆宁，以及清河县尉张澹到平原商讨计策。饶阳太守卢全诚固守城池，拒绝接受安禄山派人接收；河间郡司法李奂杀掉了安禄山任命的长史王怀忠；李随派游弈将訾嗣贤渡过黄河，杀掉了安禄山所任命的博平太守马冀。上述各路军队都有几千或一万人，共同推举颜真卿为盟主，军事行动都向他禀告。安禄山派张献诚率上谷、博陵、常山、赵郡、文安五郡联合军队一万人包围饶阳。

在高仙芝东征时，监军边令诚多次干预军事，高仙芝多没有采纳。边令诚入朝奏事，详细叙述了高仙芝、封常清屡屡战败的情况，并说："封常清夸张叛贼力量动摇军心，而高仙芝放弃陕郡数百里的土地，又盗窃克扣士兵口粮和赏赐。"唐玄宗大怒。癸卯（十八日），派边令诚带着诏书到军中斩杀高仙芝和封常清。当初，封常清战败后，曾三次派人呈递奏表，陈述叛贼的形势，唐玄宗都不接见。封常清于是亲自前往京师长安，行到渭南，唐玄宗下令削除他的官爵，命他返回高仙芝军营，以平民的身份戴罪立功。封常清写下遗书表奏说："为臣我死之后，希望陛下不要轻视安禄山，不要忘掉我的话。"当时大臣朝议时都认为安禄山疯狂昏乱，用不了几天就会被砍下头的，所以封常清才这样讲。边令诚到了潼关，先召见封常清，向他宣读诏令，封常清将遗表交给边令诚，请他代为呈递。封常清斩首后，尸体陈放在粗席上。高仙芝回到办事厅，边令诚带着一百多个提刀武士，对高仙芝说："皇上对你也有指示。"高仙芝急忙走下座位，边令诚宣读诏书。高仙芝说："我遇到叛敌而撤退，死是应该的。现在头顶青天，脚踩大地，说我克扣盗窃士兵口粮和赏赐，则是诬陷。"

时士卒在前,皆大呼称枉,其声振地,遂斩之,以将军李承光摄领其众。

河西、陇右节度使哥舒翰病废在家,上藉其威名,且素与禄山不协,召见,拜兵马副元帅,将兵八万以讨禄山。仍敕天下四面进兵,会攻洛阳。翰以疾固辞,上不许,以田良丘为御史中丞、充行军司马,起居郎萧昕为判官,蕃将火拔归仁等各将部落以从,并仙芝旧卒,号二十万,军于潼关。翰病,不能治事,悉以军政委田良丘。良丘复不敢专决,使王思礼主骑,李承光主步,二人争长,无所统壹。翰用法严而不恤,士卒皆解弛,无斗志。

安禄山大同军使高秀岩寇振武军,朔方节度使郭子仪击败之。

颜杲卿将起兵,参军冯虔、前真定令贾深、藁城尉崔安石、郡人翟万德、内丘丞张通幽皆预其谋。又遣人语太原尹王承业,密与相应。会颜真卿自平原遣杲卿甥卢逖潜告杲卿,欲连兵断禄山归路,以缓其西入之谋。时禄山遣其金吾将军高邈诣幽州征兵,未还,杲卿以禄山命召李钦凑,使帅众诣郡受犒赉。丙午,薄暮,钦凑至,杲卿使袁履谦、冯虔等携酒食妓乐往劳之,并其党皆大醉,乃断钦凑首,收其甲兵,尽缚其党,明日,斩之,悉散井陉之众。有顷,高邈自幽州还,且至藁城,杲卿使冯虔往擒之。南境又白何千年自东京来,崔安石与翟万德驰诣醴泉驿迎千年,又擒之,同日致于郡下。千年谓杲卿曰:“今太守欲输力王室,既善其始,当慎其终。此郡应募乌合,难以临敌,宜

当时在厅前的士卒都为高仙芝大呼冤枉,喊声震地,于是斩杀了高仙芝,任命将军李承光代领部众。

河西、陇右节度使哥舒翰因病在家中休养,唐玄宗希望借他的威名,而且他向来与安禄山不和,于是召见了他,任命他为兵马副元帅,率八万兵士讨伐安禄山。同时下令全国的军队从四面八方发兵,围攻洛阳。哥舒翰因病坚决推辞,唐玄宗不答应,任命田良丘为御史中丞、充行军司马;任起居郎萧昕为判官,蕃将火拔归仁等各自率部落兵随从出发,会同高仙芝的旧部,号称二十万,进驻潼关。哥舒翰病重,不能处理事务,将军政之事全都委交给田良丘。田良丘也不敢独自决断,命王思礼统领骑兵,李承光掌管步兵,他们两人互争高低,政令不能统一。哥舒翰用法严厉,而不爱惜士卒,士卒都军心涣散,没有斗志。

安禄山的大同军使高秀岩攻击振武军,朔方节度使郭子仪将其击败。

颜杲卿准备起兵反正,参军冯虔、前真定县令贾深、藁城县尉崔安石、郡人翟万德、内丘县丞张通幽都参与密谋。又派人通知太原尹王承业,暗中相互呼应。正好颜真卿从平原派颜杲卿的外甥卢逖秘密告知颜杲卿,准备联合出兵切断安禄山的退路,以迟滞他西攻长安的行动。这时安禄山派他的金吾将军高邈到幽州征调军队,还未返回,颜杲卿以安禄山的命令为借口,召见叛将李钦凑,让他率部众到郡城领取犒赏。丙午(二十一日)傍晚,李钦凑到达常山,颜杲卿派袁履谦、冯虔等携带酒食和歌妓前去慰劳,等到叛军全部大醉后,砍掉李钦凑首级,没收叛军的武器,将他们全都绑起来,第二天,全部斩首,把驻守在井陉的叛军全部予以遣散。不久,高邈从幽州返回,将要到达藁城,颜杲卿派冯虔前去将他擒获。南部郡境又报告说何千年从东京洛阳前来,崔安石同翟万德快马奔到醴泉迎接何千年,又擒获了他,同一天将高邈和何千年押送到郡城。何千年对颜杲卿说:“现在你打算效力王室,既然有个好的开头,就应该考虑到自己的结局。常山郡招募来的兵士都是乌合之众,难以面对大敌,应当

深沟高垒,勿与争锋。俟朔方军至,并力齐进,传檄赵、魏,断燕、蓟要膂,彼则成擒矣。今且宜声云'李光弼引步骑一万出井陉',因使人说张献诚云:'足下所将多团练之人,无坚甲利兵,难以当山西劲兵。'献诚必解围遁去。此亦一奇也。"杲卿悦,用其策,献诚果遁去,其团练兵皆溃。杲卿乃使人入饶阳城,慰劳将士。命崔安石等徇诸郡云:"大军已下井陉,朝夕当至,先平河北诸郡。先下者赏,后至者诛!"于是河北诸郡响应,凡十七郡皆归朝廷,兵合二十馀万。其附禄山者,唯范阳、卢龙、密云、渔阳、汲、邺六郡而已。

杲卿又密使人入渔阳招贾循,郏城人马燧说循曰:"禄山负恩悖逆,虽得洛阳,终归夷灭。公若诛诸将之不从命者,以范阳归国,倾其根柢,此不世之功也。"循然之,犹豫不时发。别将牛润容知之,以告禄山,禄山使其党韩朝阳召循。朝阳至渔阳,引循屏语,使壮士缢杀之,灭其族,以别将牛廷玠知范阳军事。史思明、李立节将蕃、汉步骑万人击博陵、常山。马燧亡入西山,隐者徐遇匿之,得免。

初,禄山自将欲攻潼关,至新安,闻河北有变而还。蔡希德将兵万人自河内北击常山。

肃宗至德元载春正月乙卯朔,禄山自称大燕皇帝,改元圣武,以达奚珣为侍中,张通儒为中书令,高尚、严庄为中书侍郎。

李随至睢阳,有众数万。丙辰,以随为河南节度使,以前高要尉许远为睢阳太守兼防御使。濮阳客尚衡

挖深壕沟,垒高城墙,不可同敌军交锋。等到朔方的军队抵至后,合力并进,传令赵、魏之地,斩断燕、蓟的脊椎,敌军便会擒俘。现在应该向外宣称'李光弼带领步兵、骑兵一万人已出井陉关',并派人去游说张献诚,说:'你所率的部队,都是地方团练,没有坚厚的铠甲和锐利的武器,难以抵挡山西李光弼的精锐之师。'张献诚必定会解除包围逃走。这也是一个奇计。"颜杲卿大为高兴,采纳了他的计策,张献诚果然逃走,他的地方团练兵也都溃散。颜杲卿于是派人进入饶阳城,慰劳将士。命令崔安石到各郡去试探说:"大军已经攻克了井陉,早晚都会到来,我们应当先平定河北各郡,先反正者有赏,后反正的诛杀。"于是河北各郡纷纷响应,共有十七个郡都重新归附朝廷,兵力共计二十多万。剩下仍然归附安禄山的,只有范阳、卢龙、密云、渔阳、汲、邺六个郡而已。

颜杲卿又暗中派人到渔阳招致贾循,郏城人马燧劝贾循说:"安禄山忘恩负义,悖逆反叛,虽然夺取了洛阳,但终究会灭亡。你如果能诛杀掉那些不肯反正的将领,将范阳归附朝廷,颠覆安禄山的根基,这就是一件罕见的功勋。"贾循同意,但犹豫而没有立即发动。别将牛润容得知此消息,将其报告给安禄山,安禄山派部将韩朝阳征召贾循。韩朝阳到达渔阳,把贾循带到密室交谈,命埋伏的勇士将贾循绞死,诛灭了他的全族,任命别将牛廷玠为知范阳军事。史思明、李立节率一万蛮汉步兵、骑兵进攻博陵、常山。马燧逃入西山,隐士徐遇将他藏起来,这才得以幸免。

当初,安禄山率军准备亲自进攻潼关,到达新安时,得知河北发生变故,于是返回洛阳。蔡希德率一万士卒从河内北攻击常山。

唐肃宗至德元载(756)春季正月乙卯这一天是初一,安禄山自称大燕皇帝,改年号为圣武,任命达奚珣为侍中,张通儒为中书令,高尚、严庄为中书侍郎。

李随抵睢阳,部众数万。丙辰(初二),唐玄宗任李随为河南节度使,任前高要县尉许远为睢阳太守,兼防御使。在濮阳客居的尚衡

起兵讨禄山,以郡人王栖曜为衙前总管,攻拔济阴,杀禄山将邢超然。

颜杲卿使其子泉明、贾深、翟万德献李钦凑首及何千年、高邈于京师。张通幽泣请曰:"通幽兄陷贼,乞与泉明偕行,以救宗族。"杲卿哀而许之。至太原,通幽欲自托于王承业,乃教之留泉明等,更其表,多自为功,毁短杲卿,别遣使献之。杲卿起兵才八日,守备未完,史思明、蔡希德引兵皆至城下。杲卿告急于承业,承业既窃其功,利于城陷,遂拥兵不救。杲卿昼夜拒战,粮尽矢竭,壬戌,城陷。贼纵兵杀万馀人,执杲卿及袁履谦等送洛阳。王承业使者至京师,玄宗大喜,拜承业羽林大将军,麾下受官爵者以百数。征颜杲卿为卫尉卿。朝命未至,常山已陷。

杲卿至洛阳,禄山数之曰:"汝自范阳功曹,我奏汝为判官,不数年超至太守,何负于汝而反邪?"杲卿瞋目骂曰:"汝本营州牧羊羯奴,天子擢汝为三道节度使,恩幸无比,何负于汝而反? 我世为唐臣,禄位皆唐有,虽为汝所奏,岂从汝反邪? 我为国讨贼,恨不斩汝,何谓反也? 臊羯狗,何不速杀我!"禄山大怒,并袁履谦等缚于中桥之柱而剐之。杲卿、履谦比死,骂不虚口。颜氏一门死于刀锯者三十馀人。

史思明、李立节、蔡希德既克常山,引兵击诸郡之不从者,所过残灭,于是邺、广平、钜鹿、赵、上谷、博陵、文安、魏、信都等郡复为贼守。饶阳太守卢全诚独不从,思明等围之。河间司法李奂将七千人、景城长史李昉

起兵讨伐安禄山,任命本郡人王栖曜为衙前总管,攻取济阴,杀掉了安禄山的部将邢超然。

颜杲卿派儿子颜泉明,以及贾深、翟万德到京师长安呈献李钦凑的首级以及俘虏何千年、高邈。张通幽哭着请求说:"我的哥哥张通儒落入贼敌之手,请准许我同颜泉明一同进京,拯救我们张家全族。"颜杲卿怜惜他,并同意他前往。当一行人抵达太原,张通幽准备投靠王承业,于是唆使王承业扣留颜泉明等人,更换奏表,夸大自己的功劳,诋毁颜杲卿,另派使者进京呈献俘虏。颜杲卿起兵才八天,防御工事尚未完备,史思明、蔡希德率军全都抵至城下。颜杲卿向王承业紧急求救,王承业既已窃取了他的功劳,便希望常山城陷落,于是不发兵救援。颜杲卿日夜奋战,粮尽箭绝,壬戌(初八),常山陷落。叛军大肆屠杀一万多人,擒获颜杲卿及袁履谦等人,押送到洛阳。王承业派出的使者抵达京师,唐玄宗大喜,任命王承业为羽林大将军,他的部属升官晋爵的数以百计。朝廷征召颜杲卿担任卫尉卿,朝廷的命令还没送到,常山已经被攻陷。

颜杲卿被押到洛阳,安禄山斥责他说:"你本不过是范阳的一个功曹,我荐举你为判官,不过几年的时间就提升为太守,我有什么对不起你的?你为什么要反叛?"颜杲卿怒目骂道:"你本来是营州一个放羊的羯族奴才,天子提升你为三道节度使,你受的恩宠,无人可比,天子有什么对不起你的?你为什么要反叛?我家几代都为唐朝的臣子,俸禄官爵都是唐朝赐给的,我虽是你所推荐的,但岂能追随你反叛朝廷?我替国家讨伐逆贼,恨不得杀死你,怎么能说是反叛?臭羯狗,为什么不快杀死我?"安禄山大怒,将他同袁履谦等人一同绑在中桥上凌迟剐死,颜杲卿、袁履谦临死时,仍骂不绝口。颜氏一家被酷刑处死的有三十多人。

史思明、李立节、蔡希德攻克常山后,率兵攻击各不屈服的郡,所过无不摧残毁灭,于是邺、广平、钜鹿、赵、上谷、博陵、文安、魏、信都等郡又重为叛贼占有。只有饶阳太守卢全诚不屈从,史思明等人围攻饶阳。河间司法李奂率兵七千人,景城长史李晔

遣其子祀将八千人救之,皆为思明所败。

上命郭子仪罢围云中,还朔方,益发兵进取东京。选良将一人分兵先出井陉,定河北。子仪荐李光弼,癸亥,以光弼为河东节度使,分朔方兵万人与之。甲子,加哥舒翰左仆射、同平章事。

乙丑,安禄山遣其子庆绪寇潼关,哥舒翰击却之。

己巳,加颜真卿户部侍郎兼本郡防御使。真卿以李晖为副。

二月丙戌,加李光弼魏郡太守、河北道采访使。

史思明等围饶阳二十九日,不下,李光弼将蕃、汉步骑万馀人、太原弩手三千人出井陉。己亥,至常山,常山团练兵三千人杀胡兵,执安思义出降。光弼谓思义曰:"汝自知当死否?"思义不应。光弼曰:"汝久更陈行,视吾此众,可敌思明否? 今为我计当如何? 汝策可取,当不杀汝。"思义曰:"大夫士马远来疲弊,猝遇大敌,恐未易当,不如移军入城,早为备御,先料胜负,然后出兵。胡骑虽锐,不能持重,苟不获利,气沮心离,于时乃可图矣。思明今在饶阳,去此不二百里。昨暮羽书已去,计其先锋来晨必至,而大军继之,不可不留意也。"光弼悦,释其缚,即移军入城。史思明闻常山不守,立解饶阳之围。明日未旦,先锋已至,思明等继之,合二万馀骑,直抵城下。光弼遣步卒五千自东门出战,贼守门不退。光弼命五百弩于城上齐发射之,

派儿子李祀率八千兵士前往救援,都被史思明击败。

唐玄宗命令郭子仪解除对云中的包围退回朔方,集结更多的军队进攻夺取洛阳。并要郭子仪挑选一位良将,分兵先从井陉出发,平定河北。郭子仪推荐李光弼,癸亥(初九),唐玄宗任命李光弼为河东节度使,从朔方军中分出一万人交给他。甲子(初十),唐玄宗提升哥舒翰为左仆射、同平章事。

乙丑(十一日),安禄山派他的儿子安庆绪攻击潼关,哥舒翰将他击退。

己巳(十五日),唐玄宗提升颜真卿为户部侍郎,兼任平原郡防御使。颜真卿命李晔担任副官。

二月丙戌(初二),唐玄宗加授李光弼为魏郡太守、河北道采访使。

史思明等人围攻饶阳,二十九天都没攻下,李光弼率蛮、汉步兵、骑兵一万多人、太原弓弩手三千人从井陉出发。己亥(十五日),李光弼到达常山,常山地方团练兵三千人杀掉胡人士卒,捉住安思义出城投降。李光弼对安思义说:"你自己应当知道是不是该死?"安思义不回答。李光弼说:"你在军中很久,经历了许多战事,依你看,我的这支军队,能不能抵挡史思明?现在你如果是我的话,应当怎么办?如果你的计策有可取之处,我就不杀你。"史思义说:"你的士卒战马从远处奔来,疲敝不堪,突然遇上强敌,恐怕不易抵挡,不如将军队移进城中,及早加强防御,首先判断一下胜负,然后再出兵。胡人骑兵虽然精锐,但不能持重,一旦不能取胜,军心就会沮丧,到那时你才可以反击。史思明现在正在饶阳,离此地不到两百里,昨天傍晚,这里的紧急文书已发往他那,估计他的先锋部队明早就可到达,大军也会随后而来,你不可不小心谨慎。"李光弼很高兴,解开他的绑绳,立即将军队移入城中。史思明得知常山失守,立刻解除对饶阳的包围。第二天天未亮,叛军先锋已经到达常山,史思明也随后赶到,共有两万多骑兵,直接开到城下。李光弼派步兵五千人从城东门出战,叛军坚守在城门外不退。李光弼命五百弓弩手在城上一齐向叛军发箭射击,

贼稍却。乃出弩手千人分为四队,使其矢发发相继,贼不能当,敛军道北。光弼出兵五千为枪城于道南,夹滹沱水而陈。贼数以骑兵搏战,光弼之兵射之,人马中矢者太半,乃退,小憩以俟步兵。有村民告贼步兵五千自饶阳来,昼夜行百七十里,至九门南逢壁,度憩息。光弼遣步骑各二千,匿旗鼓,并水潜行,至逢壁,贼方饭,纵兵掩击,杀之无遗。思明闻之,失势,退入九门。时常山九县,七附官军,惟九门、藁城为贼所据。光弼遣裨将张奉璋以兵五百戍石邑,馀皆三百人戍之。

上以吴王祗为灵昌太守、河南都知兵马使。贾贲前至雍丘,有众二千。先是谯郡太守杨万石以郡降安禄山,逼真源令河东张巡使为长史,西迎贼。巡至真源,帅吏民哭于玄元皇帝庙,起兵讨贼,吏民乐从者数千人。巡选精兵千人西至雍丘,与贾贲合。

初,雍丘令令狐潮以县降贼,贼以为将,使东击淮阳救兵于襄邑,破之,俘百馀人,拘于雍丘,将杀之,往见李庭望。淮阳兵遂杀守者,潮弃妻子走,故贾贲得以其间入雍丘。庚子,潮引贼精兵攻雍丘,贲出战,败死。张巡力战却贼,因兼领贲众,自称吴王先锋使。

三月乙卯,潮复与贼将李怀仙、杨朝宗、谢元同等四万馀众奄至城下,众惧,莫有固志。巡曰:"贼兵精锐,有轻我心。今出其不意击之,彼必惊溃。贼势小折,然后城可守也。"

叛军这才稍稍后退。于是李光弼派出一千名弓弩手,分作四队,让他们连续射箭,叛贼不能抵挡,撤到大道以北布阵。李光弼派五千人出城,在大道以南架起枪城,与叛军隔着滹沱水对峙。叛贼多次出动骑兵挑战,李光弼的军队发箭射击,叛军人马被射中的超过大半,只好退后休息,等待步兵。有位村民前来报告李光弼说,叛军步兵五千人从饶阳正向这里赶来,日夜兼程一百七十里,已经抵达九门南面逢壁,估计在那里稍作休息。李光弼派步兵、骑兵各两千人,收藏起军旗战鼓,沿着河水秘密前进,行至逢壁,叛贼正在吃饭,李光弼军发动突袭,将他们全部杀死。史思明得知消息后,失去勇气,退回九门城内。这时,常山郡属的九个县,有七个归附官军,只有九门、藁城仍被叛军占据。李光弼派裨将张奉璋率五百士卒戍守石邑,其他各县都派三百人戍守。

唐玄宗任命吴王李祗为灵昌太守,兼任河南都知兵马使。贾贲前往雍丘,有兵士两千。在此之前,谯郡太守杨万石献出郡城投降安禄山,逼迫真源县令河东人张巡担任长史,西上迎接叛军。张巡抵至真源,率官吏百姓在玄元皇帝(李耳)庙中哭祭,然后奋起讨伐叛贼,官吏百姓自愿跟从的有数千人。张巡挑选精兵一千人,向西前往雍丘,同贾贲会合。

当初,雍丘县令令狐潮献出县城投降叛军,叛军任命他为大将,派他向东攻击淮阳援救襄邑的军队,令狐潮大败淮阳军,俘虏了一百多人,将他们囚禁在雍丘,准备杀掉,自己前往晋见李庭望。淮阳俘军于是杀掉了看守的人,令狐潮抛下妻子儿女逃走,所以贾贲才得以乘机进入雍丘。庚子(十六日),令狐潮率叛军精锐部队进攻雍丘,贾贲出城迎战,战败而死。张巡全力拼战,击退叛军,因而合并了贾贲的部众,自称为吴王的先锋使。

三月乙卯(初二),令狐潮再次会同叛军将领李怀仙、杨朝宗、谢元同等人率领四万人突然来到雍丘城下面,守军都恐惧不已,军心动摇。张巡对他们说:"叛军精锐,有轻视我们之心。现在如果我们出其不意地袭击他们,他们定会惊慌溃散。贼兵的气势遭到小小的挫败后,我们才能守住雍丘城。"

乃使千人乘城，自帅千人，分数队，开门突出。巡身先士卒，直冲贼陈，人马辟易，贼遂退。明日，复进攻城，设百炮环城，楼堞皆尽。巡于城上立木栅以拒之。贼蚁附而登，巡束蒲灌脂，焚而投之，贼不得上。时伺贼隙，出兵击之，或夜缒斫营，积六十馀日，大小三百馀战，带甲而食，裹疮复战，贼遂败走。巡乘胜追之，获胡兵二千人而还，军声大振。

初，户部尚书安思顺知禄山反谋，因入朝奏之。及禄山反，上以思顺先奏，不之罪也。哥舒翰素与之有隙，使人诈为禄山遗思顺书，于关门擒之以献，且数思顺七罪，请诛之。丙辰，思顺及弟太仆卿元贞皆坐死，家属徙岭外。杨国忠不能救，由是始畏翰。

郭子仪至朔方，益选精兵，戊午，进军于代。

戊辰，吴王祗击谢元同，走之，拜陈留太守、河南节度使。

壬午，以河东节度使李光弼为范阳长史、河北节度使。加颜真卿河北采访使。真卿以张澹为支使。先是清河客李萼，年二十馀，为郡人乞师于真卿曰："公首唱大义，河北诸郡恃公以为长城。今清河，公之西邻，国家平日聚江、淮、河南钱帛于彼以赡北军，谓之'天下北库'。今有布三百馀万匹、帛八十馀万匹、钱三十馀万缗、粮三十馀万斛。昔讨默啜，甲兵皆贮清河库，今有五十馀万事。户七万，

于是派一千人登上城墙防守,自己亲率一千人,分成几路,打开城门突然出击。张巡冲在最前面,直扑叛军阵地,所遇人马纷纷躲避,叛军于是向后撤退。第二天,叛军再次攻城,设置一百门攻城石炮包围城池,城墙城楼全被摧毁,张巡在城墙上树立木栅来抵抗飞石。叛军像蚂蚁一样攀登城墙,张巡将蒲草束捆起来,灌上油脂,点燃火后从城上投下,叛军无法登上城墙。张巡还不时抓住叛军的漏洞,出兵偷袭,有时是在夜里从城上缒下来砍斫敌营,双方对峙共六十多天,大小战斗三百多次,士兵们吃饭时都穿着铠甲,裹住伤口再战,叛军最终败走。张巡乘胜追击,擒获胡兵两千人而回,军威大振。

当初,户部尚书安思顺知道安禄山将会反叛,于是上朝奏报。等到安禄山反叛后,唐玄宗因为安思顺事先曾奏报过,没有治罪他。哥舒翰向来同他有仇怨,派人伪造了一封安禄山写给安思顺的书信,再在潼关口外抓住呈献给唐玄宗,并且历数安思顺七条罪状,要求杀掉他。丙辰(初三),安思顺和他的弟弟安元贞都被定罪处死,家属被贬逐到岭外。杨国忠无法援救,因此开始畏惧哥舒翰。

郭子仪到达朔方,挑选勇士,扩充精锐部队,戊午(初五),进驻代县。

戊辰(十五日),吴王李祗攻击谢元同,击退了他的部队,唐玄宗任命李祗为陈留太守,兼任河南节度使。

壬午(二十九日),唐玄宗任命河东节度使李光弼为范阳长史、河北节度使。加授颜真卿为河北采访使。颜真卿任命张澹为支使。先前,在清河客居的李萼,年仅二十多岁,代表清河郡,向颜真卿乞求救兵,说:"你第一个倡举大义,河北各郡将你当做长城来依靠。清河郡是你的西邻,国家平时将长江、淮河、河南的钱帛聚集在那里,以供给北方边防军,因此称清河郡为'天下北库',现在那里仍存放有布三百多万匹、帛八十多万匹、钱三十多万缗、粮食三十多万斛。以前,讨伐阿史那默啜,武器装备都储存在清河郡,现在尚有五十多万件。清河郡户口七万,

口十馀万。窃计财足以三平原之富，兵足以倍平原之强。公诚资以士卒，抚而有之，以二郡为腹心，则馀郡如四支，无不随所使矣。”真卿曰：“平原兵新集，尚未训练，自保恐不足，何暇及邻？虽然，借若诸子之请，则将何为乎？”萼曰：“清河遣仆衔命于公者，非力不足而借公之师以尝寇也，亦欲观大贤之明义耳。今仰瞻高意，未有决辞定色，仆何敢遽言所为哉？”

真卿奇之，欲与之兵。众以为萼年少轻虏，徒分兵力，必无所成，真卿不得已辞之。萼就馆，复为书说真卿，以为：“清河去逆效顺，奉粟帛器械以资军，公乃不纳而疑之。仆回辕之后，清河不能孤立，必有所系托，将为公西面之强敌，公能无悔乎？”真卿大惊，遽诣其馆，以兵六千借之，送至境，执手别。真卿问曰：“兵已行矣，可以言子之所为乎？”萼曰：“闻朝廷遣程千里将精兵十万出崞口讨贼，贼据险拒之，不得前。今当引兵先击魏郡，执禄山所署太守袁知泰，纳旧太守司马垂，使为西南主人。分兵开崞口，出千里之师，因讨汲、邺以北至于幽陵郡县之未下者。平原、清河帅诸同盟，合兵十万，南临孟津，分兵循河，据守要害，制其北走之路。计官军东讨者不下二十万，河南义兵西向者亦不减十万，公但当表朝廷坚壁勿战，不过月馀，贼必有内溃相图之变矣。”真卿曰：“善！”命录事参军李择交及平原令范冬馥将其兵，会清河兵四千及博平兵千人军于堂邑西南。

人口十多万。我认为那里的财产足有三个平原郡富饶，兵力也完全有两个平原郡强大。你真能借给我们士卒，安抚并占有那里，以平原、清河两郡作为心腹，那么其馀各郡就像手足四肢一样，无不听从你的调遣。"颜真卿说："平原郡士卒刚集结，还没来得及训练，恐怕连自己都保不住，怎么顾得上邻郡呢？虽然如此，假使答应你的请求，你又将怎么办呢？"李萼说："清河郡派我领命来见你，并不是本身力量不足而依靠你的军队去抵抗贼寇，主要是想借此观瞻你这个贤人的大义而已。今天观察你的意思，并没有决定的表示，我怎敢贸然讲明我的下一步打算呢？"

颜真卿认为他很奇特，打算借给他军队，但众人认为他年轻而低估了叛军，白白分给他兵力，必定无所作为，颜真卿没有办法，只好拒绝了他的请求。李萼回到驿馆，再次写信给颜真卿，认为："清河郡脱离叛逆而效力政府，献出粮食、布帛、武器提供军需，你却不接受而加以怀疑。我回去以后，清河郡不可能孤立于两派之间，必定会投靠一方，将会成为你面前的劲敌，你能不后悔吗？"颜真卿大惊，急忙亲自到驿馆，借给李萼六千兵士，并送到边境，同李萼握手告别。颜真卿问他："借给你的军队已经出发了，你能不能将你今后的做法告诉我？"李萼说："听说朝廷已派程千里率十万精兵出了崞口，讨伐叛贼，叛贼据险抵抗，程千里的军队无法前进。我现在应当率兵先去进攻魏郡，抓住安禄山所任命的太守袁知泰，迎回原来的太守司马垂，让他成为河北西南部的盟主。然后再分兵打通崞口，迎接程千里的军队，就可以讨伐汲郡、邺郡以北直至幽陵一带还没有攻取的郡县。平原、清河两郡率领各路同盟军，集结十万兵力，南下孟津，分兵渡过黄河，据守要害之地，控制叛军北逃的道路。估计东征的官军不少于二十万人，河南一带西上的义兵也不会少于十万，你只需上奏朝廷固守城池，不要出战，不会超过一个月时间，叛贼内部定会相互残杀崩溃，发生变化。"颜真卿说："很好！"于是命令录事参军李择交和平原县令范冬馥率领他们的军队，会合清河兵四千人，以及博平兵一千人，驻守在堂邑的西南。

袁知泰遣其将白嗣深等将二万馀人来逆战，三郡兵力战尽日，魏兵大败，斩首万馀级，捕虏千馀人，是马千匹，军资甚众。知泰奔汲郡，遂克魏郡，军声大振。

时北海太守贺兰进明亦起兵，真卿以书召之并力。进明将步骑五千渡河，真卿陈兵逆之，相揖，哭于马上，哀动行伍。进明屯平原城南，休养士马，真卿每事咨之，由是军权稍移于进明矣，真卿不以为嫌。真卿以堂邑之功让进明，进明奏其状，取舍任意。敕加进明河北招讨使，择交、冬馥微进资级，清河、博平有功者皆不录。进明攻信都郡，久之，不克，录事参军长安第五琦劝进明厚以金帛募勇士，遂克之。

李光弼与史思明相守四十馀日，思明绝常山粮道。城中乏草，马食荐藉。光弼以车五百乘之石邑取草，将车者皆衣甲，弩手千人卫之，为方陈而行，贼不能夺。蔡希德引兵攻石邑，张奉璋拒却之。光弼遣使告急于郭子仪，子仪引兵自井陉出，夏四月壬辰，至常山，与光弼合，蕃、汉步骑共十馀万。甲午，子仪、光弼与史思明等战于九门城南，思明大败。中郎将浑瑊射李立节，杀之。瑊，释之之子也。思明收馀众奔赵郡，蔡希德奔钜鹿。思明自赵郡如博陵，时博陵已降官军，思明尽杀郡官。河朔之民苦贼残暴，所至屯结，多至二万人，少者万人，各为营以拒贼。及郭、李军至，争出自效。庚子，攻赵郡，一日，城降。士卒多虏掠，

袁知泰派部将白嗣深等率两万多人来迎战,三郡的军队奋战一整天,大败魏郡的军队,斩杀了一万多人,俘虏一千多人,缴获战马一千匹以及大量的军用物资。袁知泰逃奔汲郡,于是克复了魏郡,军威大振。

这时北海太守贺兰进明也聚合起兵,颜真卿写信给他邀请他合力讨贼。贺兰进明率步兵、骑兵五千人渡过黄河,颜真卿列队欢迎,两人相互拱手作揖,在马上痛哭,士卒都哀伤感动。贺兰进明将军队屯扎在平原城南,休养兵马,颜真卿遇事都征求他的建议,因此军权逐渐转移到贺兰进明手中,颜真卿也毫不介意。颜真卿把堂邑之战的功劳让给贺兰进明,贺兰进明上奏叙述堂邑之战的经过,随意更改。唐玄宗下诏加封贺兰进明为河北招讨使,而李择交、范冬馥只是稍有提升,清河、博平两郡有功的官兵一概不予记录。贺兰进明进攻信都郡,长时间不能攻克,录事参军长安人第五琦劝贺兰进明用丰厚的金银绢帛招募勇士,这才攻克了信都郡。

李光弼同史思明对峙四十多天,史思明切断了通过常山的运粮通道。常山城中缺少马草,战马只好吃草席、坐垫。李光弼派出五百辆车子到石邑运取草料,驾车的人都穿上铠甲,另派一千多弓弩手保护,结成方阵前进,叛贼无法夺取。蔡希德率兵攻击石邑,张奉璋将他击退。李光弼派人向郭子仪告急求救,郭子仪率兵从井陉出发,夏季四月壬辰(初九),抵达常山,同李光弼会合,蛮汉步兵、骑兵共计十多万人。甲午(十一日),郭子仪、李光弼同史思明等在九门城南会战,史思明大败。中郎将浑瑊箭射李立节,将他杀死。浑瑊是浑释之的儿子。史思明收集残部逃奔赵郡,蔡希德投奔钜鹿。史思明从赵郡前往博陵,这时博陵已经归降官军,史思明将郡府官员全部杀死。河朔的百姓苦于叛贼的残暴,每个地方都组成了自卫武装,多的至两万人,少的也有一万人,各自兴建营寨抵御叛军。等到郭子仪、李光弼的军队抵达后,都纷纷出来投效。庚子(十七日),郭子仪、李光弼进攻赵郡,仅一天,赵郡投降。入城的士卒很多抢劫掳掠,

光弼坐城门,收所获,悉归之,民大悦。子仪生擒四千人,皆舍之,斩禄山太守郭献璆。光弼进围博陵,十日,不拔,引兵还恒阳就食。

安禄山使平卢节度使吕知诲诱安东副大都护马灵詧,杀之。平卢游弈使武陟刘客奴、先锋使董秦及安东将王玄志同谋讨诛知诲,遣使逾海与颜真卿相闻,请取范阳以自效。真卿遣判官贾载赍粮及战士衣助之。真卿时惟一子颇,才十馀岁,使诣客奴为质。朝廷闻之,以客奴为平卢节度使,赐名正臣;玄志为安东副大都护,董秦为平卢兵马使。

南阳节度使鲁炅立栅于滍水之南,安禄山将武令珣、毕思琛攻之。五月丁巳,炅众溃,走保南阳,贼就围之。太常卿张垍荐夷陵太守虢王巨有勇略,上征吴王祗为太仆卿,以巨为陈留谯郡太守、河南节度使,兼统岭南节度使何履光、黔中节度使赵国珍、南阳节度使鲁炅。国珍,本牂柯夷也。戊辰,巨引兵自蓝田出,趣南阳。贼闻之,解围走。

令狐潮复引兵攻雍丘。潮与张巡有旧,于城下相劳苦如平生,潮因说巡曰:“天下事去矣,足下坚守危城,欲谁为乎?”巡曰:“足下平生以忠义自许,今日之举,忠义何在?”潮惭而退。

郭子仪、李光弼还常山,史思明收散卒数万踵其后。子仪选骁骑更挑战,三日,至行唐,贼疲,乃退。子仪乘之,又败之于沙河。蔡希德至洛阳,安禄山复使将步骑二万人北就思明。又使牛廷玠发范阳等郡兵万馀人助思明,合五万馀人,而同罗、曳落河居五分之一。子仪至恒阳,思明随至,

李光弼坐在城门口，将士卒抢劫的东西没收，全部归还，百姓大为高兴。郭子仪生擒俘虏四千人，全都释放，杀死了安禄山的太守郭献琢。李光弼进兵围攻博陵，十天都没攻下，于是率军退到恒阳就地取食。

安禄山派平卢节度使吕知诲诱骗东安副大都护马灵詧，杀死了他。平卢游弈使武陟人刘客奴、先锋使董秦，以及安东将领王玄志，共同密谋讨杀吕知诲，派使者逾海同颜真卿相联络，愿攻取范阳来投效。颜真卿派判官贾载带着粮草和军服支援他们。颜真卿只有一个儿子颜颇，年仅十几岁，派他到刘客奴那里作为人质。朝廷得知这个消息后，任命刘客奴为平卢节度使，赐名为正臣；任命王玄志为安东副大都护、董秦为平卢兵马使。

南阳节度使鲁炅在滍水以南设立木栅，安禄山的部将武令珣、毕思琛向他进攻。五月丁巳（初四），鲁炅的部众被击溃，鲁炅退守南阳，叛军就地包围了他。太常卿张垍推荐夷陵太守虢王李巨有勇有谋，唐玄宗征召吴王李祗为太仆射，任命虢王李巨为陈留、谯郡太守，兼任河南节度使，并让他统御岭南节度使何履光、黔中节度使赵国珍、南阳节度使鲁炅。赵国珍，本是牂柯郡的夷人。戊辰（十五日），李巨率军从蓝田出发，直奔南阳，叛军得知消息后，解除包围撤走。

令狐潮再度率军进攻雍丘。令狐潮同张巡有老交情，在城下同张巡像过去一样相互慰问辛劳。令狐潮借此劝张巡说："唐朝大势已去，阁下坚守一座危城，打算为的是谁？"张巡说："阁下平生以忠义自居，现在的做法，忠义在哪里？"令狐潮羞愧而退。

郭子仪、李光弼返回到常山，史思明收集数万散兵游勇尾随其后。郭子仪挑选精锐骑兵，轮番进行挑战，三天就走到行唐，史思明的叛军疲惫不堪，于是后退。郭子仪乘胜追击，又在沙河再度击败史思明。蔡希德到达洛阳，安禄山再让他率两万步兵、骑兵北上会合史思明。又派牛廷玠征发范阳等郡的士卒一万多人前去援助史思明，共达五万多人，而同罗、曳落河人占其中的五分之一。郭子仪抵达恒阳，史思明随后就到了，

子仪深沟高垒以待之,贼来则守,去则追之,昼则耀兵,夜斫其营,贼不得休息。数日,子仪、光弼议曰:"贼倦矣,可以出战。"壬午,战于嘉山,大破之,斩首四万级,捕虏千馀人。思明坠马,露髻跣足步走,至暮,杖折枪归营,奔于博陵。光弼就围之,军声大振。于是河北十馀郡皆杀贼守将而降。

渔阳路再绝,贼往来者皆轻骑窃过,多为官军所获,将士家在渔阳者无不摇心。禄山大惧,召高尚、严庄诟之曰:"汝数年教我反,以为万全。今守潼关,数月不能进,北路已绝,诸军四合,吾所有者止汴、郑数州而已,万全何在?汝自今勿来见我!"尚、庄惧,数日不敢见。田乾真自关下来,为尚、庄说禄山曰:"自古帝王经营大业,皆有胜败,岂能一举而成?今四方军垒虽多,皆新募乌合之众,未更行陈,岂能敌我蓟北劲锐之兵,何足深忧?尚、庄皆佐命元勋,陛下一旦绝之,使诸将闻之,谁不内惧?若上下离心,臣窃为陛下危之!"禄山喜曰:"阿浩,汝能豁我心事。"即召尚、庄,置酒酣宴,自为之歌以侑酒,待之如初。阿浩,乾真小字也。禄山议弃洛阳,走归范阳,计未决。

是时,天下以杨国忠骄纵召乱,莫不切齿。又,禄山起兵以诛国忠为名,王思礼密说哥舒翰,使抗表请诛国忠,翰不应。思礼又请以三十骑劫取以来,至潼关杀之,翰

郭子仪挖深壕沟,加高城垒严阵以待,叛军前来进攻则固守,叛军后撤则追击,白天则展示军威,夜晚则偷袭敌营,使叛军不能休息。几天后,郭子仪、李光弼商议说:"叛贼已经疲惫了,可以出击。"壬午(二十九日),在嘉山会战,大破史思明的军队,斩首四万,俘获一千多人。史思明从马上掉下来,披散头发,光着脚逃走,直至傍晚,才拄着断枪回到军营,逃奔到博陵。李光弼进军包围了博陵,军威大震,于是河北的十多个郡都杀掉安禄山的守将投降唐王朝。

洛阳通往渔阳的道路再次被切断,往来的叛军都轻装暗中溜过,大多都被唐官军所擒获,那些家眷在渔阳的叛军将士,无不心神不定。安禄山十分惊恐,召集高尚、严庄,诟骂他们说:"你们多少年来,一直劝我反叛,认为万无一失。现在大军待在潼关前,几个月都不能前进,北去的道路已被切断,唐的各路大军从四面会合而来,我所占有的地方,只不过汴、郑几个州而已,万无一失在哪里?你们从今以后不要来见我!"高尚、严庄惧怕,几天都不敢求见。田乾真从潼关下的大营回到洛阳,替高尚、严庄向安禄山求情说:"自古帝王创建大业,都有胜负,岂能一举而成功?现在四方的唐军虽多,但都是新招募来的乌合之众,没有经过训练和作战,怎能抵挡我们蓟北的精锐之师,哪里值得这样担忧?高尚、严庄都是辅佐王命的开国功勋,陛下一旦同他们断绝关系,如果让各位将领知道后,谁不内心恐惧?如果上下不能一条心,我替陛下为此而感到担心。"安禄山高兴地说:"阿浩,你能解开我的心事。"当即召见高尚、严庄,设置酒席欢宴,并亲自唱歌为他们助酒兴,像从前一样对待他们。阿浩,是田乾真的乳名。安禄山考虑准备放弃洛阳,回归范阳,但还没有做决定。

当时,天下人都认为杨国忠骄横放纵招致天下大乱,对他切齿痛恨。而安禄山起兵反叛,又以诛灭杨国忠为名,王思礼暗中建议哥舒翰,要他上书请求杀掉杨国忠,哥舒翰未做反应。王思礼又请求率三十名骑兵,将杨国忠劫持到潼关来杀掉他,哥舒翰

曰："如此,乃翰反,非禄山也。"或说国忠："今朝廷重兵尽在翰手,翰若援旗西指,于公岂不危哉?"国忠大惧,乃奏:"潼关大军虽盛,而后无继,万一失利,京师可忧。请选监牧小儿三千于苑中训练。"上许之,使剑南军将李福德等领之。又募万人屯灞上,令所亲杜乾运将之,名为御贼,实备翰也。翰闻之,亦恐为国忠所图,乃表请灞上军隶潼关。六月癸未,召杜乾运诣关白事,斩之,国忠益惧。

会有告崔乾祐在陕,兵不满四千,皆羸弱无备,上遣使趣哥舒翰进兵复陕、洛。翰奏曰:"禄山久习用兵,今始为逆,岂肯无备?是必羸师以诱我,若往,正堕其计中。且贼远来,利在速战;官军据险以扼之,利在坚守。况贼残虐失众,兵势日蹙,将有内变;因而乘之,可不战擒也。要在成功,何必务速?今诸道征兵尚多未集,请且待之。"郭子仪、李光弼亦上言:"请引兵北取范阳,覆其巢穴,质贼党妻子以招之,贼必内溃。潼关大军,惟应固守以弊之,不可轻出。"国忠疑翰谋己,言于上,以贼方无备,而翰逗留,将失机会。上以为然,续遣中使趣之,项背相望。翰不得已,抚膺恸哭。丙戌,引兵出关。

己丑,遇崔乾祐之军于灵宝西原。乾祐据险以待之,南薄山,北阻河,隘道七十里。庚寅,官军与乾祐会战,乾祐

说:"如果这样做的话,就等于是我哥舒翰反叛朝廷,而不是安禄山反叛了。"有人劝说杨国忠:"现在朝廷的重兵都掌握在哥舒翰手中,哥舒翰若是把军旗指向西面,对于你来说,岂不是很危险?"杨国忠大为恐惧,于是上奏说:"潼关的大军很强盛,但后方却没有援继的部队,万一失利,京师长安的安全就值得担忧。请挑选一些宫中的年轻宦官在御苑中加以训练。"唐玄宗批准,派剑南军将领李德福等人统御他们。杨国忠又招募一万人屯驻在灞上,命他的亲信杜乾运统领,名义上是防御叛贼,实际上是防备哥舒翰。哥舒翰得知消息后,也担心被杨国忠所陷害,于是上书要求把灞上的军队划归潼关统一管属。六月癸未(初一),哥舒翰征召杜乾运至潼关汇报事务,然后杀死了他,杨国忠愈加恐惧。

　　正好这时有人密告叛将崔乾祐驻守在陕郡,兵士不满四千,都是一些老弱之人,且无戒备,唐玄宗命哥舒翰进军收复陕郡、洛阳。哥舒翰上奏说:"安禄山一直熟悉用兵,现在才刚刚反叛,岂能没有防备?这一定是用老弱军队来诱惑我们,我们若真的出击,就正中他的圈套。而且贼敌千里远来,利于速战,官军据险阻止他们,利在固守。何况贼兵残酷暴虐,丧失民心,军事形势日益困迫,将会发生内乱,到时再乘此机会,便可不经过战斗就将他们擒获。关键在于能够成功,何必求快?现在各道征调的军队尚未集结,请暂且等待一些时候。"郭子仪、李光弼也上书说:"请求率军北上夺取范阳,颠覆叛贼的巢穴,俘虏他们的妻子儿女作为人质,招降他们,叛贼内部定会崩溃。潼关的大军,只宜于固守阵地以等待叛贼疲惫,不可轻率出击。"杨国忠疑心哥舒翰是想陷害自己,于是对唐玄宗进言,说叛贼正无戒备,而哥舒翰逗留拖延,将失去机会。唐玄宗同意杨国忠的看法,继续派宦官前去催促出击,派出的宦官接连不断。哥舒翰无可奈何,抚胸痛哭。丙戌(初四),率军东出潼关。

　　己丑(初七),哥舒翰的军队在灵宝西郊同崔乾祐的军队相遭遇。崔乾祐占据险要地势,严阵以待,南靠崤山,北依黄河,当中狭道长达七十里。庚寅(初八),官军同崔乾祐会战,崔乾祐

伏兵于险，翰与田良丘浮舟中流以观军势，见乾祐兵少，趣诸军使进。王思礼等将精兵五万居前，庞忠等将馀兵十万继之，翰以兵三万登河北阜望之，鸣鼓以助其势。乾祐所出兵不过万人，什什伍伍，散如列星，或疏或密，或前或却，官军望而笑之。乾祐严精兵，陈于其后。兵既交，贼偃旗如欲遁者，官军懈，不为备。须臾，伏兵发，贼乘高下木石，击杀士卒甚众。道隘，士卒如束，枪槊不得用。翰以毡车驾马为前驱，欲以冲贼。

日过中，东风暴急，乾祐以草车数十乘塞毡车之前，纵火焚之，烟焰所被，官军不能开目，妄自相杀，谓贼在烟中，聚弓弩而射之，日暮矢尽，乃知无贼。乾祐遣同罗精骑自南山过，出官军之后击之，官军首尾骇乱，不知所备，于是大败。或弃甲窜匿山谷，或相挤排入河溺死，嚣声振天地，贼乘胜蹑之。后军见前军败，皆自溃，河北军望之亦溃，瞬息间两岸皆空。翰独与麾下百馀骑走，自首阳山西渡河入关。关外先为三堑，皆广二丈，深丈，人马坠其中，须臾而满，馀众践之以度，士卒得入关者才八千馀人。辛卯，乾祐进攻潼关，克之。

翰至关西驿，揭榜收散卒，欲复守潼关。蕃将火拔归仁等以百馀骑围驿，入谓翰曰："贼至矣，请公上马。"翰上马出驿，归仁帅众叩头曰："公以二十万众一战弃之，何面目复见天子？且公不见高仙芝、封常清乎？请公东行。"

在险要的地方埋下伏兵，哥舒翰同田良丘乘舟在黄河中游观察战况，见崔乾祐兵力很少，指挥各军向前推进。王思礼等率五万精兵走在前面，庞忠等率其馀十多万士兵紧随其后，哥舒翰率三万人的军队登上黄河北岸观战，擂击战鼓以助军威。崔乾祐出动的军队才不过一万，三三两两，像天上的残星一样零散稀落，时疏时密，或前或后，唐军看到后忍不住大笑。崔乾祐严整精兵，隐蔽在散兵的后面。两军交战后，崔乾祐的军队倒下军旗像要撤退，唐军松懈，不加戒备。突然之间，崔乾祐的伏兵猛然出动，站在高处投掷滚木石块，击杀唐军很多。道路狭窄，唐军就像被绳索捆住手足一样，刀枪无法施展。哥舒翰在毡篷车上驾上战马，放在队伍的前面，打算冲击叛军。

正午过后，刮起了猛烈的东风，崔乾祐将数十辆装满枯草的车子堵塞在毡篷车的前面，放火焚烧，浓烟火焰覆盖了整个战场，唐军双目难睁，互相残杀，以为叛军就在烟雾中，集中弓弩向里面发射，天黑后箭已射尽，这才发现根本没有敌军。崔乾祐派同罗部落精锐骑兵从崤山南侧绕道到唐军背后袭击，唐军首尾惊骇慌乱，不知道如何防备，于是大败。有的丢掉盔甲逃窜到山谷中躲起来，有的相互推挤落入黄河淹死，叫喊之声震天动地，叛军乘胜攻击。唐军后面主力见到前面的军队失败，全都不战自溃，黄河北岸的唐军看到这种情况也溃散逃走，瞬息之间，黄河两岸的唐军全都逃空。哥舒翰仅同帐下一百多名骑兵逃走，自首阳山西渡黄河进入潼关。在潼关外围原先挖有三道深沟，都是宽二丈，深一丈，人马都坠入其中，一下子将其填满，其馀的兵士踏着尸体走过，最后活着逃到潼关的士卒才八千多人。辛卯（初九），崔乾祐进兵攻击潼关，攻克了潼关。

哥舒翰逃到潼关西驿，张贴告示收集散卒，准备再守潼关。蛮将火拔归仁等率一百多名骑兵包围驿站，进入到里面对哥舒翰说："贼兵已到达，请你上马。"哥舒翰骑马走出驿站，火拔归仁率部叩头说："你率二十万部众，一次战斗全部丧失，还有何脸面再见天子？而且你难道没见高仙芝、封常清的下场吗？请向东进军。"

翰不可,欲下马,归仁以毛縻其足于马腹,及诸将不从者,皆执之以东。会贼将田乾真已至,遂降之,俱送洛阳。安禄山问翰曰:"汝常轻我,今定何如?"翰伏地对曰:"臣肉眼不识圣人。今天下未平,李光弼在常山,李祗在东平,鲁炅在南阳,陛下留臣,使以尺书招之,不日皆下矣。"禄山大喜,以翰为司空、同平章事。谓火拔归仁曰:"汝叛主,不忠不义。"执而斩之。翰以书招诸将,皆复书责之。禄山知无效,乃囚诸苑中。潼关既败,于是河东、华阴、冯翊、上洛防御使皆弃郡走,所在守兵皆散。

是日,翰麾下来告急,上不时召见,但遣李福德等将监牧兵赴潼关。及暮,平安火不至,上始惧。壬辰,召宰相谋之。杨国忠自以身领剑南,闻安禄山反,即令副使崔圆阴具储偫,以备有急投之。至是首唱幸蜀之策,上然之。癸巳,国忠集百官于朝堂,惶懅流涕,问以策略,皆唯唯不对。国忠曰:"人告禄山反状已十年,上不之信。今日之事,非宰相之过。"仗下,士民惊扰奔走,不知所之,市里萧条。国忠使韩、虢入宫,劝上入蜀。

甲午,百官朝者什无一二。上御勤政楼,下制,云欲亲征,闻者皆莫之信。以京兆尹魏方进为御史大夫兼置顿使;京兆少尹灵昌崔光远为京兆尹,充西京留守,将军边令诚掌宫闱管钥。托以剑南节度大使颍王璬将赴镇,令

哥舒翰不答应，准备下马，火拔归仁用毛绳将他的脚绑在马肚子上，并将那些不愿服从的将领，全部逮住向东进发。正好叛贼将领田乾真已经赶到，于是全都归降了他，田乾真将他们全都送到洛阳。安禄山问哥舒翰说："你从前一向轻视我，现在究竟怎么样？"哥舒翰趴在地上回答说："我肉眼无珠，不能识别圣人。现在天下尚未平定，李光弼在常山，李祗在东平，鲁炅在南阳，陛下留下我的性命，让我用书信招降他们，用不了几天，便可全部平定。"安禄山大喜，任命哥舒翰为司空、同平章事。安禄山对火拔归仁说："你背叛主人，不忠不义。"将他绑住斩首。哥舒翰写信招降各位将领，各将领都回信斥责他。安禄山知道他没有什么作用，于是将他囚禁在御苑中。潼关已经失守，河东、华阴、冯翊、上洛等地的防御使全都放弃郡城逃走，所有守城兵士也都溃散。

　　哥舒翰战败的当天，哥舒翰的部属奔回长安，紧急奏报军情，唐玄宗没有立即召见，只是派李福德等人率领宫内兵赴援潼关。到傍晚时，平安烽火没有传递过来，唐玄宗才开始害怕。壬辰(初十)，唐玄宗召集宰相商议。杨国忠身兼剑南节度使，得知安禄山反叛后，急忙命令剑南副节度使崔圆在暗中储蓄物资，准备危急时就投往剑南。到此时，杨国忠首先提出御驾临幸蜀郡的主张，唐玄宗同意。癸巳那一天，杨国忠召集百官到南宫府，百官惊恐流涕，杨国忠向他们询问对策，他们都唯唯诺诺，不作回答。杨国忠说："有人控告安禄山反叛的迹象已有十年，皇上都不相信。现在的这种局面，并不是宰相的过失。"朝议结束后，官吏百姓慌乱奔走，不知投往何处，长安市内，一片萧条。杨国忠让韩国夫人、虢国夫人进宫劝说唐玄宗前往蜀郡。

　　甲午(十二日)，上早朝的文武百官不到十分之一二。唐玄宗登上勤政楼，下诏宣布打算御驾亲征，听到的人没有一个相信的。唐玄宗任命京兆尹魏方进为御史大夫兼置顿使，京兆少尹灵昌人崔光远为京兆尹，兼任西京留守，将军边令诚掌管皇宫钥匙。借口剑南节度大使颖王李璬即将前往剑南就职，命令

本道设储偫。是日,上移仗北内。既夕,命龙武大将军陈玄礼整比六军,厚赐钱帛,选闲厩马九百馀匹,外人皆莫之知。乙未,黎明,上独与贵妃姊妹、皇子、妃、主、皇孙、杨国忠、韦见素、魏方进、陈玄礼及亲近宦官、宫人出延秋门,妃、主、皇孙之在外者,皆委之而去。上过左藏,杨国忠请焚之,曰:"无为贼守。"上愀然曰:"贼来不得,必更敛于百姓,不如与之,无重困吾赤子。"是日,百官犹有入朝者,至宫门,犹闻漏声,三卫立仗俨然。门既启,则宫人乱出,中外扰攘,不知上所之。于是王公、士民四出逃窜,山谷细民争入宫禁及王公第舍,盗取金宝,或乘驴上殿。又焚左藏大盈库。崔光远、边令诚帅人救火,又募人摄府、县官分守之,杀十馀人,乃稍定。光远遣其子东见禄山,令诚亦以管钥献之。

上过便桥,杨国忠使人焚桥。上曰:"士庶各避贼求生,奈何绝其路?"留内侍监高力士,使扑灭乃来。上遣宦者王洛卿前行,告谕郡县置顿。食时,至咸阳望贤宫,洛卿与县令俱逃,中使征召,吏民莫有应者。日向中,上犹未食,杨国忠自市胡饼以献。于是民争献粝饭,杂以麦豆,皇孙辈争以手掬食之,须臾而尽,犹未能饱。上皆酬其直,慰劳之。众皆哭,上亦掩泣。

有老父郭从谨进言曰:"禄山包藏祸心,固非一日,亦有诣阙告其谋者,陛下往往诛之,使得逞其奸逆,致陛下

剑南道总部准备好必备物品。当天,唐玄宗移住北内玄武门里。黄昏时,命令龙武大将陈玄礼整顿集结禁卫各军,赏赐大量的钱财绢帛,从闲厩中挑选御马九百多匹,外人全不知道。乙未(十三日)黎明,唐玄宗只是与杨贵妃姐妹、皇子、王妃、公主、皇孙、杨国忠、韦见素、魏方进、陈玄礼以及亲近宦官、宫女从延秋门走出皇宫,住在宫外的所有王妃、公主、皇孙全都抛开离去。唐玄宗经过朝廷仓库时,杨国忠请求放火烧毁,说:"不要给叛贼留住。"唐玄宗悲哀地说:"叛贼来后,如果得不到金银财宝,一定会再向百姓搜刮,不如留给他们,以免使我的百姓受苦。"当天,仍有文武大臣上朝,到了宫门,仍然听到宫中传出报时的滴漏声音,禁卫仪仗队谨严地排列在两旁。宫门打开后,宫中的人争先恐后地冲出来,宫内宫外混乱喧嚷不已,不知道皇上到哪里去了。于是亲王、公爵、官吏、百姓四处逃窜,而山野小民则纷纷涌入皇宫及王公家中,盗取金银财宝,有的骑着驴上殿,又焚烧了朝廷仓库中的大盈库。崔光远、边令诚率人扑救大火,又募集人代理府、县官员分别守卫,杀掉了十多人,这才稍稍平静下来。崔光远派他的儿子向东去晋见安禄山,边令诚也将皇宫的钥匙献给安禄山。

唐玄宗经过便桥,杨国忠派人烧掉桥梁。唐玄宗说:"官吏百姓各自躲避叛贼以求生路,为什么要断绝他们的生路?"留下内侍监高力士,让他扑灭大火再赶回来。唐玄宗派宦官王洛卿在前开路,通知沿途郡县安排接待。吃饭的时候,唐玄宗抵达咸阳望贤宫,王洛卿同咸阳县令一同逃走,中使征召当地官吏百姓,没有一个人出面。到了正午,唐玄宗还没有进餐,杨国忠从街市上弄来烧饼献给唐玄宗。这时,百姓争着进献糙米饭,其中夹杂有一些小麦大豆,皇孙们争着用手捧着吃,一下子就吃得一干二净,仍未能吃饱。唐玄宗命拿钱送给那些送饭的人,并对他们加以慰劳。众人都啼哭,唐玄宗也掩面悲泣。

有位年老乡绅郭从谨走上前对唐玄宗说:"安禄山包藏祸心,本来就不止一天,也有人前往宫中报告他的阴谋,陛下却将他们大都诛杀掉,于是使安禄山的反叛阴谋能够得逞,致使陛下

播越。是以先王务延访忠良以广聪明,盖为此也。臣犹记宋璟为相,数进直言,天下赖以安平。自顷以来,在廷之臣以言为讳,惟阿谀取容,是以阙门之外,陛下皆不得而知。草野之臣,必知有今日久矣,但九重严邃,区区之心无路上达。事不至此,臣何由得睹陛下之面而诉之乎?"上曰:"此朕之不明,悔无所及。"慰谕而遣之。俄而尚食举御膳以至,上命先赐从官,然后食之。令军士散诣村落求食,期未时皆集而行。夜将半,乃至金城,县令亦逃,县民皆脱身走,饮食器皿具在,士卒得以自给。时从者多逃,内侍监袁思艺亦亡去。驿中无灯,人相枕藉而寝,贵贱无以复辨。王思礼自潼关至,始知哥舒翰被擒,以思礼为河西、陇右节度使,即令赴镇,收合散卒,以俟东讨。

丙申,至马嵬驿,将士饥疲,皆愤怒。陈玄礼以祸由杨国忠,欲诛之,因东宫宦者李辅国以告太子,太子未决。会吐蕃使者二十馀人遮国忠马,诉以无食,国忠未及对,军士呼曰:"国忠与胡虏谋反!"或射之,中鞍。国忠走至西门内,军士追杀之,屠割支体,以枪揭其首于驿门外,并杀其子户部侍郎暄及韩国、秦国夫人。御史大夫魏方进曰:"汝曹何敢害宰相?"众又杀之。韦见素闻乱而出,为乱兵所挝,脑血流地。众曰:"勿伤韦相公。"救之,得免。军士围驿,上闻喧哗,问外何事,左右以国忠反对。

流亡在外。所以，从前圣明的君主总是寻访忠良之士，以使自己耳聪目明，大概就是因为这个缘故。我还记得宋璟担任宰相时，多次向陛下进献直言，天下才靠此得以平安。从那以后，在朝廷的大臣，禁忌直言，只是阿谀奉承，讨取陛下的欢心，所以使陛下对于宫门以外的事情一概不知。就连我这个身居荒野的人，早就知道定会有今天的这个局面，但是皇宫森严深邃，一番心意，却无法向你表达。事情没有到这种境地，我又怎么能够看到陛下的容貌而当面向你陈述下情呢？"唐玄宗说："这是我的糊涂，我后悔已来不及了。"向他们安慰解释一番后，把众人送走。不久尚食官端着皇帝的菜饭送来，唐玄宗命首先赐食给随从官吏，然后自己才吃。又命士卒解散到各个村落去乞讨食品，约定在未时（下午二时）都集中前进。快到午夜，才抵达金城，金城县令也已逃走，县里的吏民都脱身逃走，饮食器皿用具都留下来了，士卒这才得以自己食用。这时跟随的官吏士卒大多逃亡，内侍监袁思艺也逃走了。驿站中没有灯火，人们相互枕着对方的身体睡觉，贵贱尊卑也无法分辨。王思礼从潼关赶到，唐玄宗才知道哥舒翰被俘。唐玄宗任命王思礼为河西、陇右节度使，令他立即赴任，收集散兵，以待向东反攻。

丙申（十四日），唐玄宗一行抵达马嵬驿，将士饥饿疲惫，都很愤怒。陈玄礼认为大祸是因杨国忠所致，打算杀掉他，通过东宫宦官李辅国禀呈太子，太子李亨犹豫不决。正好吐蕃使者二十多人拦住杨国忠的马，向他诉说没吃的，杨国忠还没来得及回答，士卒们大喊："杨国忠同胡虏谋反！"有人向他射箭，射中马鞍。杨国忠逃到驿站西门内，士卒追上杀死了他，并分割了他的四肢，用枪挑着他的首级竖在驿站门口，同时杀死了他的儿子户部侍郎杨暄，以及韩国夫人、秦国夫人。御史大夫魏方进说："你们怎敢杀死宰相？"士卒又杀死了他。韦见素得知混乱的消息，出来察看，也被乱兵用铁器猛击头部，脑血四溢。众人说："不要伤害韦相公。"急忙抢救，这才免于一死。兵士们包围了驿站，唐玄宗听到外面喧闹，问外面发生了什么事，左右侍从回答说是杨国忠反叛。

上杖屦出驿门，慰劳军士，令收队，军士不应。上使高力士问之，玄礼对曰："国忠谋反，贵妃不宜供奉，愿陛下割恩正法。"上曰："朕当自处之。"入门，倚杖顀首而立。

久之，京兆司录韦谔前言曰："今众怒难犯，安危在晷刻，愿陛下速决！"因叩头流血。上曰："贵妃常居深宫，安知国忠反谋？"高力士曰："贵妃诚无罪，然将士已杀国忠，而贵妃在陛下左右，岂敢自安？愿陛下审思之，将士安则陛下安矣。"上乃命力士引贵妃于佛堂，缢杀之。舆尸置驿庭，召玄礼等入视之。玄礼等乃免胄释甲，顿首谢罪，上慰劳之，令晓谕军士。玄礼等皆呼万岁，再拜而出，于是始整部伍为行计。谔，见素之子也。国忠妻裴柔与其幼子晞及虢国夫人、夫人子裴徽皆走，至陈仓，县令薛景仙帅吏士追捕，诛之。

丁酉，上将发马嵬，朝臣惟韦见素一人，乃以韦谔为御史中丞，充置顿使。将士皆曰："国忠谋反，其将吏皆在蜀，不可往。"或请之河、陇，或请之灵武，或请之太原，或言还京师。上意在入蜀，虑违众心，竟不言所向。韦谔曰："还京，当有御贼之备。今兵少，未易东向，不如且至扶风，徐图去就。"上询于众，众以为然，乃从之。及行，父老皆遮道请留，曰："宫阙，陛下家居，陵寝，陛下坟墓，今舍此，欲何之？"上为之按辔久之，乃令太子于后宣慰父老。

唐玄宗拄着杖，穿上鞋走出驿站门，慰劳兵士，命他们回营，军士们不理。唐玄宗让高力士去询问原因，陈玄礼回答说："杨国忠阴谋反叛，杨贵妃不宜留在陛下身边，希望陛下忍痛割爱，将其正法。"唐玄宗说："我自有处置。"说完回到驿站门内，扶着手杖，低头站立。

过了很久，京兆司录韦谔上前说："现在众怒难犯，是平安还是危险，就在于顷刻之间，望陛下尽快做出决定。"说完叩头流血。唐玄宗说："杨贵妃常居在深宫，怎么知道杨国忠的反叛阴谋？"高力士说："杨贵妃当然没有罪，但是将士们已杀掉了杨国忠，而杨贵妃留在陛下的身边，他们怎么能安心呢？希望陛下慎重地考虑一下，将士平静了，陛下才能安全。"唐玄宗于是命令高力士将杨贵妃带到佛堂，将她绞死。之后，将杨贵妃的尸体抬到驿站庭院，召唤陈玄礼等人进去察看。陈玄礼等人脱下铠甲头盔，叩头请罪。唐玄宗慰劳他们，命他们向士卒们讲明此事。陈玄礼等人都高呼万岁，叩拜辞出，于是开始整顿队伍，准备出发。韦谔，是韦见素的儿子。杨国忠的妻子裴柔同他的幼子杨晞，以及虢国夫人、虢国夫人的儿子裴徽都逃走了，逃到陈仓时，陈仓县令薛景仙率官吏士卒追捕，诛杀了他们。

丁酉（十五日），唐玄宗准备从马嵬出发，朝廷大臣中只有韦见素一人，于是任命韦见素为御史中丞，兼任置顿使。将士们都说："杨国忠阴谋反叛，他的部属官吏都在蜀郡，不能前往那里。"有人请求到河西、陇右去，有的请求去灵武，有的请求到太原，还有人请求返回京师长安。唐玄宗的意思是想去蜀郡，但又担心违背众人心愿，竟不说要去哪里。韦谔说："返回京师，就必须要有抵御叛贼的戒备。现在我们的兵力太少，不容易向东返回，不如暂时到扶风，再慢慢商量下一步到哪里去。"唐玄宗征询众人的意见，众人都同意，于是采纳了韦谔的建议。等到临出发时，当地父老都拦在路上请求留下，说："长安的宫殿，是陛下的家舍，附近的皇陵，是陛下祖先的坟墓，现在舍弃它们，要去到哪里？"唐玄宗按住缰绳，停留了很久，于是命太子李亨留在后面安慰父老。

父老因曰:"至尊既不肯留,某等愿帅子弟从殿下东破贼,取长安。若殿下与至尊皆入蜀,使中原百姓谁为之主?"须臾,聚至数千人。

太子不可,曰:"至尊远冒险阻,吾岂忍朝夕离左右?且吾尚未面辞,当还白至尊,更禀进止。"涕泣,跋马欲西。建宁王倓与李辅国执鞚谏曰:"逆胡犯阙,四海分崩,不因人情,何以兴复? 今殿下从至尊入蜀,若贼兵烧绝栈道,则中原之地拱手授贼矣。人情既离,不可复合,虽欲复至此,其可得乎? 不如收西北守边之兵,召郭、李于河北,与之并力东讨逆贼,克复二京,削平四海,使社稷危而复安,宗庙毁而更存,扫除宫禁以迎至尊,岂非孝之大者乎? 何必区区温清,为儿女之恋乎?"广平王俶亦劝太子留。父老共拥太子马,不得行。

太子乃使俶驰白上。上总辔待太子,久不至,使人侦之,还白状,上曰:"天也!"乃命分后军二千人及飞龙厩马从太子,且谕将士曰:"太子仁孝,可奉宗庙,汝曹善辅佐之。"又谕太子曰:"汝勉之,勿以吾为念。西北诸胡,吾抚之素厚,汝必得其用。"太子南向号泣而已。又使送东宫内人于太子,且宣旨欲传位,太子不受。俶、倓,皆太子之子也。

己亥,上至岐山。或言贼前锋且至,上遽过,宿扶风郡。士卒潜怀去就,往往流言不逊,陈玄礼不能制,上患之。会成都贡春彩十馀万匹,至扶风,上命悉陈之于庭,召将士

父老因此对太子李亨说:"皇上既然不肯留下来,我们愿率领子弟跟随殿下向东击败叛贼,夺取长安。如果殿下同皇上都去蜀郡,让中原的百姓奉谁为主?"不一会就聚集了数千人。

太子不肯同意,说:"皇上冒着险阻远行,我怎能忍心离开他的身边?而且我还没有当面向皇上辞别,应当回去禀告皇上,再决定去留。"说完流下眼泪,纵马准备西行。建宁王李倓与李辅国拉住李亨的马缰劝说道:"叛逆的胡贼侵犯宫殿,天下分崩离析,如不顺从民心,怎能复兴?现在殿下如果跟从皇上到蜀郡,若是叛贼焚烧栈道,则中原的广大地区,就拱手交给了贼兵。人心一旦离散,就不可再聚拢来,虽然想再回到此地,岂能办到?不如收集西北守卫边塞的军队,将郭子仪、李光弼召回到河北,与他们联合东征,讨伐逆贼,收复二京,平定全国,使国家转危为安,使毁掉的宗庙重新修整,然后再扫除宫中的尘土,迎接皇上,这难道不是大孝吗?为什么一定要局限于小小的温情,像儿女一样依恋不舍呢?"广平王李俶也劝太子李亨留下。当地父老都来围住太子李亨的马,李亨无法前进。

太子李亨于是命李俶快马禀告皇上。唐玄宗手拉缰绳停住等待太子,等了很久不见到来,于是派人探听消息,探听的人回来报告情况后,唐玄宗说:"这是天意!"于是命令分出殿后的军队两千人以及飞龙厩马跟随太子,并且告谕将士说:"太子仁慈孝顺,可以主持朝政,你们应当好好地辅佐他。"又传谕太子说:"你要努力行事,不必挂念我。西北各部落胡人,我平时待他们很宽厚,你一定会得到他们的帮助。"太子李亨向着南面号哭不已。唐玄宗又派人将东宫家眷送交太子,并且宣诏要传位给太子李亨,李亨拒不接受。李俶、李倓都是太子李亨的儿子。

己亥(十七日),唐玄宗抵达岐山。有人说叛军前锋即将赶到,唐玄宗下令快速通过岐山,夜晚停宿在扶风郡。跟随的士卒暗中寻思脱离,往往在言语中讲出不敬顺皇帝的话,陈玄礼无法控制,唐玄宗十分忧虑。刚好成都进贡春季彩绸十万多匹,运到扶风,唐玄宗命令将这些绸缎全部陈放在庭院里,召将士

入,临轩谕之曰:"朕比来衰耄,托任失人,致逆胡乱常,须远避其锋。知卿等皆苍猝从朕,不得别父母妻子,茇涉至此,劳苦至矣,朕甚愧之。蜀路阻长,郡县褊小,人马众多,或不能供,今听卿等各还家,朕独与子、孙、中官前行入蜀,亦足自达。今日与卿等诀别,可共分此彩以备资粮。若归,见父母及长安父老,为朕致意,各好自爱也!"因泣下沾襟。众皆哭,曰:"臣等死生从陛下,不敢有贰!"上良久曰:"去留听卿。"自是流言始息。

太子既留,未知所适。广平王俶曰:"日渐晏,此不可驻,众欲何之?"皆莫对。建宁王倓曰:"殿下昔尝为朔方节度大使,将吏岁时致启,倓略识其姓名。今河西、陇右之众皆败降贼,父兄子弟多在贼中,或生异图。朔方道近,士马全盛,裴冕衣冠名族,必无贰心。贼入长安方虏掠,未暇徇地,乘此速往就之,徐图大举,此上策也。"众皆曰:"善!"至渭滨,遇潼关败卒,误与之战,死伤甚众。已,乃收馀卒,择渭水浅处,乘马涉渡,无马者涕泣而返。太子自奉天北上,比至新平,通夜驰三百馀里,士卒、器械失亡过半,所存之众不过数百。新平太守薛羽弃郡走,太子斩之。是日,至安定,太守徐毅亦走,又斩之。

辛丑,上发扶风,宿陈仓。

进来,登上楼轩告谕他们说:"我近来年迈衰老,用错了人,致使逆胡扰乱常纲,使我们不得不远远地躲开他们的兵锋。我知道你们都是仓促间跟随着我的,来不及向父母、妻子儿女告别,跋山涉水,来到此地,劳苦到了极点,我非常惭愧。去蜀郡的道路险阻遥远,途中郡县偏僻狭小,而人马又太多,他们有时候不可能完全供给充足,现在准许你们回家,我只是同子孙、宦官前去蜀郡,我们自己完全可以到达。今天同你们告别,你们可以一起分掉这些绸缎,作为路上干粮的费用。你们若是回到家,见到你们的父母以及长安的父老乡亲,请代表我向他们致意,请大家好自为之。"说着就流下眼泪,沾湿了自己的衣襟,众人都哭着说:"我们生死都跟从陛下,不敢再生他心。"唐玄宗过了很久才说:"去留随你们自己决定吧。"自此以后,流言蜚语才开始平息。

太子留下后,不知道到哪里去才好。广平王李俶说:"天色渐晚,此处不可停留,大家打算到什么地方去?"众人都不能回答。建宁王李倓说:"殿下以前曾担任过朔方节度大使,文武官员每年都要呈递名单拜年,我还稍稍记得住他们的姓名。现在河西、陇右的军队都投降了叛贼,他们的父兄子弟,很多都在叛贼军中,人心不稳,可能会发生变故。朔方道离我们最近,人马鼎盛,裴冕是世家名族之后,对唐朝廷定无二心。叛贼现在进入长安,正在忙于抢劫掳掠,无暇顾及夺取土地,乘此机会,我们应当迅速前去朔方,再慢慢商讨反攻大计,这是上等策略。"众人都说:"很对。"前进到渭水河畔,遇上潼关战败的残兵散卒,误以为是叛军而同他们交战,死伤很多。误会过后,这才收集残兵,选择渭水较浅的地方渡过,骑马的人渡过河,没有马的人哭着返回。太子李亨从奉天北上,抵达新平,一整夜急行三百多里,士卒的武器装备损失过半,剩下的人不超过几百。新平太守薛羽弃城逃跑,太子李亨杀掉了他。当天抵达安定,安定太守徐毅也逃走,李亨又杀掉了他。

辛丑(十九日),唐玄宗从扶风出发,夜晚住在陈仓。

　　太子至乌氏，彭原太守李遵出迎，献衣及糗粮。至彭原，募士，得数百人。是日至平凉，阅监牧马，得数万匹，又募士，得五百馀人，军势稍振。

　　壬寅，上至散关，分扈从将士为六军，使颍王璬先行诣剑南，寿王瑁等分将六军以次之。丙午，上至河池郡。崔圆奉表迎车驾，具陈蜀土丰稔，甲兵全盛。上大悦，即日，以圆为中书侍郎、同平章事，蜀郡长史如故。以陇西公瑀为汉中王、梁州都督、山南西道采访、防御使。瑀，琎之弟也。

　　王思礼至平凉，闻河西诸胡乱，还，诣行在。初，河西诸胡部落闻其都护皆从哥舒翰没于潼关，故争自立，相攻击，而都护实从翰在北岸，不死，又不与火拔归仁俱降贼。上乃以河西兵马使周泌为河西节度使，陇右兵马使彭元耀为陇右节度使，与都护思结进明等俱之镇，招其部落。以思礼为行在都知兵马使。

　　戊申，扶风民康景龙等自相帅击贼所署宣慰使薛总，斩首二百馀级。庚戌，陈仓令薛景仙杀贼守将，克扶风而守之。
　　安禄山不意上遽西幸，遣使止崔乾祐兵留潼关，凡十日，乃遣孙孝哲将兵入长安。以张通儒为西京留守，崔光远为京兆尹。使安忠顺将兵屯苑中，以镇关中。孝哲为禄山所宠任，尤用事，常与严庄争权。禄山使监关中诸将，通儒等皆受制于孝哲。孝哲豪侈，果于杀戮，贼党畏之。禄山命搜捕百官、宦者、宫女等，每获数百人，辄以兵卫送洛阳。王、侯、将、相扈从车驾、家留长安者，诛及婴孩。

太子到达乌氏，彭原太守李遵出城迎接，呈献上衣服和粮草。太子李亨到达彭原，招募勇士，募得几百人。当天抵达平凉，检阅马场牧马，挑选战马数万匹，又招募到勇士五百多人，军事力量稍稍增强。

壬寅（二十日），唐玄宗抵达散关，将护从兵士分成六个军。派颍王李璬先去剑南，寿王李瑁等分别率六军随后前进。丙午（二十六日），唐玄宗抵达河池郡，崔圆带上奏章迎接圣驾，详细陈述蜀郡土地肥沃、物产丰富，武器盛多。唐玄宗十分高兴，当天便任命崔圆为中书侍郎、同平章事，仍然保留蜀郡长史的职务。任命陇西公李瑀为汉中王、梁州都督、山南西道采访防御使。李瑀，是李琎的弟弟。

王思礼抵达平凉，得知河西各胡人部落纷纷内乱，退回追赶到唐玄宗所在地。当初，河西各胡人部落因他们的都护都追随哥舒翰在潼关灭亡，所以在内部争权，相互攻击，而都护实际上与哥舒翰同在黄河北岸，没有战死，又没有同火拔归仁一同投降安禄山。唐玄宗于是任命河西兵马使周泌为河西节度使，陇右兵马使彭元耀为陇右节度使，与都护思结进明等一同前往，招集他们的部落。任命王思礼为行在都知兵马使。

戊申（二十六日），扶风人康景龙等自动集结在一起进攻安禄山任命的宣慰使薛总，杀掉了两百多人。庚戌（二十八日），陈仓县令薛景仙杀掉叛军守将，攻取扶风固守。

安禄山没料到唐玄宗这么快向西出走，派人命崔乾祐停止追击，将军队留守在潼关，过了十天，才派孙孝哲率军进长安。安禄山任张通儒为西京留守，崔光远为西京兆尹。命安忠顺率兵屯住在皇苑中来镇压关中。孙孝哲深受安禄山宠信，凡事专断，常与严庄争权夺利。安禄山命孙孝哲统领关中诸将，张通儒等都受孙孝哲节制。孙孝哲豪华奢侈，随意杀戮，叛军将领都很惧怕他。安禄山下令搜捕唐王朝的文武百官、宦官、宫女，每当捕获到数百人，便立即派军押送到洛阳。王公、侯爵、将军、宰相等随从唐玄宗逃亡，家属留在长安的，全被诛杀，就连怀中婴儿也杀掉。

陈希烈以晚节失恩，怨上，与张均、张垍等皆降于贼，禄山以希烈、垍为相，自馀朝士皆授以官。于是贼势大炽，西胁汧、陇，南侵江、汉，北割河东之半。然贼将皆粗猛无远略，既克长安，自以为得志，日夜纵酒，专以声色宝贿为事，无复西出之意，故上得安行入蜀，太子北行亦无追迫之患。

李光弼围博陵未下，闻潼关不守，解围而南。史思明蹑其后，光弼击却之，与郭子仪皆引兵入井陉，留常山太守王俌将景城、河间团练兵守常山。平卢节度使刘正臣将袭范阳，未至，史思明引兵逆击之，正臣大败，弃妻子走，士卒死者七千馀人。初，真卿闻河北节度使李光弼出井陉，即敛军还平原，以待光弼之命。闻郭、李西入井陉，真卿始复区处河北军事。

太子至平凉数日，朔方留后杜鸿渐、六城水陆运使魏少游、节度判官崔漪、支度判官卢简金、盐池判官李涵相与谋曰：“平凉散地，非屯兵之所，灵武兵食完富，若迎太子至此，北收诸城兵，西发河、陇劲骑，南向以定中原，此万世一时也。”乃使涵奉笺于太子，且籍朔方士马、甲兵、谷帛、军须之数以献之。涵至平凉，太子大悦。会河西司马裴冕入为御史中丞，至平凉见太子，亦劝太子之朔方，太子从之。鸿渐，暹之族子；涵，道之曾孙也。鸿渐、漪使少游居后，葺次舍，庀资储，自迎太子于平凉北境，说太子曰：“朔方，天下劲兵处也。今吐蕃请和，回纥内附，四方郡县大抵坚守拒贼以俟兴复。殿下今理兵灵武，按辔长驱，

陈希烈因晚年丧失恩宠，怨恨唐玄宗，于是与张均、张垍等人都投降安禄山，安禄山任命陈希烈、张垍为宰相，其他投降的唐朝官吏都授给官职。于是叛贼声势大振，西面威胁汧州、陇右，南面威逼长江、汉水流域，北面控制了河东一半的地区。但是叛军将领都粗鲁勇猛，没有远见，攻克长安之后，自认为大势已定，日夜纵情饮酒，整天忙于抢劫钱财、奸淫美女，没有再向西进攻的意图，所以唐玄宗才能安全地抵达蜀郡，太子李亨向北逃亡，也没有被追击的危险。

李光弼围攻博陵不下，得知潼关失守，只好解围南下。史思明紧追其后，李光弼将他击退，与郭子仪都率兵进入井陉，留下常山太守王俌率景城、河间地方团练部队固守常山。平卢节度使刘正臣准备袭击范阳，还没赶到范阳，史思明率军迎击，刘正臣大败，丢下妻子儿女逃走，士卒死亡七千多人。当初，颜真卿得知河北节度使李光弼东出井陉，立即收集军队退回平原，以等候李光弼的命令。这时颜真卿得知郭子仪、李光弼又西入井陉，于是颜真卿又开始再度处理河北军政事务。

太子李亨到平凉几天后，朔方留后杜鸿渐、六城水陆运使魏少游、节度判官崔漪、支度判官卢简金、盐池判官李涵相互商议："平凉地势开阔，并非屯兵固守地。灵武兵力充足，粮草富裕，如果将太子迎接到这里，向北召集各城边防军，向南征调河西、陇右的精锐骑兵，南下平定中原，这是万世难逢的良机。"于是派李涵带上呈表送给太子李亨，并详注朔方的兵士、马匹、武器、粮食、布帛、军用物资的数目，献给太子。李涵到平凉后，太子李亨十分高兴。正好河西司马裴冕被调到朝廷担任御史中丞，来到平凉，晋见太子，也劝太子到朔方去，太子同意。杜鸿渐是杜暹的堂侄，李涵是李道的曾孙。杜鸿渐、崔漪命魏少游留在灵武修整房屋、储备物资，自己亲到平凉北境去迎接太子，他们向太子分析说："朔方，是全国精锐部队所在的地方。现在吐蕃向我们请求和解，回纥向我们归附，四方的郡县也大多坚守城池，抗拒叛贼，以等待国家的兴复。殿下现在亲临灵武整治军队，手按马缰，挥师南下，

移檄四方，收揽忠义，则逆贼不足屠也。"少游盛治宫室，帷帐皆仿禁中，饮膳备水陆。秋七月辛酉，太子至灵武，悉命撤之。

甲子，上至普安，宪部侍郎房琯来谒见。上之发长安也，群臣多不知，至咸阳，谓高力士曰："朝臣谁当来，谁不来？"对曰："张均、张垍父子受陛下恩最深，且连戚里，是必先来。时论皆谓房琯宜为相，而陛下不用，又禄山尝荐之，恐或不来。"上曰："事未可知。"及琯至，上问均兄弟，对曰："臣帅与偕来，逗遛不进，观其意，似有所蓄而不能言也。"上顾力士曰："朕固知之矣。"即日，以琯为文部侍郎、同平章事。

裴冕、杜鸿渐等上太子笺，请遵马嵬之命，即皇帝位，太子不许。冕等言曰："将士皆关中人，日夜思归，所以崎岖从殿下远涉沙塞者，冀尺寸之功。若一朝离散，不可复集。愿殿下勉徇众心，为社稷计！"笺五上，太子乃许之。是日，肃宗即位于灵武城南楼，群臣舞蹈，上流涕歔欷。尊玄宗曰上皇天帝，赦天下，改元。以杜鸿渐、崔漪并知中书舍人事，裴冕为中书侍郎、同平章事。改关内采访使为节度使，徙治安化，以前蒲关防御使吕崇贲为之。以陈仓令薛景仙为扶风太守，兼防御使；陇右节度使郭英乂为天水太守，兼防御使。时塞上精兵皆选入讨贼，惟馀老弱守边，文武官不满三十人，披草莱，立朝廷，制度草创，武人骄慢。大将管崇嗣在朝堂，背阙而坐，言笑自若，监察御史李勉奏弹之，系于有司。上特原之，叹曰："吾有李勉，

向四方发布文告,收揽忠义之士,则叛逆根本不够我们屠杀。"魏少游大规模地整修宫室,所有的帷帐全部仿效长安皇宫,准备的饮食,都是水陆珍品。秋季七月辛酉(初九),太子李亨抵达灵武,下令将准备的奢华物品全都撤除。

甲子(十二日),唐玄宗抵达普安,宪部侍郎房琯前来晋见。唐玄宗从长安出发时,文武百官大多都不知道,唐玄宗到了咸阳,问高力士说:"大臣中谁会来,谁会不来?"高力士回答说:"张均、张垍父子二人享受陛下的恩德最为深厚,并且还是皇家的亲戚,所以定会先来。大家都认为房琯应当担任宰相,但陛下却不用他,而且安禄山曾经荐举过他,恐怕不可能来。"唐玄宗说:"很难预料。"等到现在房琯前来拜见,唐玄宗向他询问张均的情况,房琯回答说:"我邀他们一同前来,他们拖延不肯动身,我捉摸他们的心思,好像另有打算而不肯说出来。"唐玄宗回头对高力士说:"我早就知道会这样。"当天,任命房琯为文部侍郎、同平章事。

裴冕、杜鸿渐等人上书太子李亨,请他遵从唐玄宗在马嵬时的意愿,即位称帝,太子不同意。裴冕等人进言:"将士们都是关中人,日夜盼望回到老家,之所以千辛万苦追随殿下,远涉沙漠边塞来到此地,只不过希望建立一点功劳。若是一旦离散,便不可能重新召集起来。希望殿下勉强顺从众人的心愿,替国家着想。"上书五次后,太子李亨才答应了。当天,唐肃宗李亨在灵武城南楼正式即位,文武百官踊跃欢呼,唐肃宗流泪叹息。尊称唐玄宗为上皇天帝,大赦天下,改换年号。任命杜鸿渐、崔漪一同担任中书舍人,裴冕为中书侍郎、同平章事。将关内采访使改为节度使,官署迁到安化,任命前蒲关防御使吕崇贲为关内节度使。任命陈仓县令薛景仙为扶风太守兼防御使,陇右节度使郭英乂为天水太守兼防御使。当时朔方的精兵都被挑选去讨伐安禄山,只是剩下一些老弱残兵戍守边关。文武官员也不超过三十人,开辟土地,建立宫廷和政府,初创法令制度,军人武将骄横傲慢。大将管崇嗣在朝堂上背对着宫门而坐,谈笑自如,监察御史李勉上书弹劾,将管崇嗣拘捕。李亨下令特别赦免,叹息说:"我有了李勉,

朝廷始尊。"勉，元懿之曾孙也。旬日间，归附者渐众。

丁卯，上皇制："以太子亨充天下兵马元帅，领朔方、河东、河北、平卢节度都使，南取长安、洛阳。以御史中丞裴冕兼左庶子，陇西郡司马刘秩试守右庶子。永王璘充山南东道、岭南、黔中、江南西道节度都使，以少府监窦绍为之傅，长沙太守李岘为都副大使。盛王琦充广陵大都督，领江南东路及淮南、河南等路节度都使，以前江陵都督府长史刘汇为之傅，广陵郡长史李成式为都副大使。丰王珙充武威都督，仍领河西、陇右、安西、北庭等路节度都使，以陇西太守济阴邓景山为之傅，充都副大使。应须士马、甲仗、粮赐等，并于当路自供。其诸路本节度使虢王巨等并依前充使。其署置官属及本路郡县官，并任自简择，署讫闻奏。"时琦、珙皆不出阁，惟璘赴镇。置山南东道节度，领襄阳等九郡。升五府经略使为岭南节度，领南海等二十二郡。升五溪经略使为黔中节度，领黔中等诸郡。分江南为东、西二道，东道领馀杭，西道领豫章等诸郡。先是四方闻潼关失守，莫知上所之，及是制下，始知乘舆所在。汇，秩之弟也。

安禄山使孙孝哲杀霍国长公主及王妃、驸马等于崇仁坊，刳其心，以祭安庆宗。凡杨国忠、高力士之党及禄山素所恶者皆杀之，凡八十三人，或以铁棓揭其脑盖，流血满街。己巳，又杀皇孙及郡、县主二十馀人。

庚午，上皇至巴西，太守崔涣迎谒。上皇与语，悦之，房琯复荐之，即日，拜门下侍郎、同平章事，以韦见素为左相。涣，玄暐之孙也。

朝廷才开始有了尊严。"李勉，是李元懿的曾孙。十天之间，前来归附的人逐渐增多。

丁卯（十五日），唐玄宗下诏："任命太子李亨为天下兵马大元帅，兼任朔方、河东、河北、平卢节度使，南下攻取长安、洛阳。任命御史中丞裴冕兼任左庶子，陇西郡司马刘秩临时代任右庶子。永王李璘任山南东道、岭南、黔中、江南四道节度都使，任命少府监窦绍担任他的辅佐官，长沙太守李岘为都副大使。任命盛王李琦担任广陵大都督，兼任江南东路及淮南、河南等路节度都使，任命前江陵都督府长史刘汇担任李琦的辅佐官、广陵郡长史李成式任都副大使。任命丰王李珙担任武威都督，仍旧兼任河西、陇右、安西、北庭等路节度都使，以陇西太守济阴人邓景山为李珙的辅佐官，兼任都副大使。所需士卒、马匹、武器、粮草等，都由各路自己提供。其他各路原节度使、虢王李巨等，都仍按以前继续充任。各路机构官员，以及本路所属郡县官吏，都自行挑选任命，事后再行奏报。"当时李琦、李珙只是挂职，都没有离开皇宫，只有李璘赴任就职，另外又设立山南东道节度使，管辖襄阳等九个郡。擢升五府经略使为岭南节度，管辖南海等二十二个郡。提升五溪经略使为黔中节度，管辖黔中等各郡。将江南道分为东、西二道，东道管辖馀杭，西道管辖豫章等各郡。先前，各地得知潼关失守，不知道皇上到哪里去了，等到诏书颁布后，这才知道皇上在什么地方。刘汇，是刘秩的弟弟。

安禄山派孙孝哲在崇仁坊杀死了霍国长公主，以及尚未逃走的王妃、驸马等人，挖出他们的心肝，用来祭奠儿子安庆宗。凡是杨国忠、高力士的亲朋好友，以及安禄山平常怨恨的人，全都杀死，共杀掉了八十三人，有的用铁棒敲开脑盖，血流满街。己巳（十七日），又杀死皇孙及郡守、县令二十多人。

庚午（十八日），唐玄宗抵达巴西，太守崔涣出城迎接拜见。唐玄宗同他交谈，十分喜欢他，房琯又荐举他，当天便任命他为门下侍郎、同平章事，又任命韦见素为左相。崔涣，是崔玄暐的孙子。

初,京兆李泌,幼以才敏著闻,玄宗使与忠王游。忠王为太子,泌已长,上书言事。玄宗欲官之,不可;使与太子为布衣交,太子常谓之先生。杨国忠恶之,奏徙蕲春,后得归隐,居颍阳。上自马嵬北行,遣使召之,谒见于灵武。上大喜,出则联辔,寝则对榻,如为太子时,事无大小皆咨之,言无不从,至于进退将相亦与之议。上欲以泌为右相,泌固辞,曰:"陛下待以宾友,则贵于宰相矣,何必屈其志?"乃止。

同罗、突厥从安禄山反者屯长安苑中,甲戌,其酋长阿史那从礼帅五千骑,窃厩马二千匹逃归朔方,谋邀结诸胡,盗据边地。上遣使宣慰之,降者甚众。

贼遣兵寇扶风,薛景仙击却之。

安禄山遣其将高嵩以敕书、缯彩诱河、陇将士,大震关使郭英乂擒斩之。

同罗、突厥之逃归也,长安大扰,官吏窜匿,狱囚自出。京兆尹崔光远以为贼且遁矣,遣吏卒守孙孝哲宅。孝哲以状白禄山,光远乃与长安令苏震帅府、县官十馀人来奔。己卯,至灵武,上以光远为御史大夫兼京兆尹,使之渭北招集吏民;以震为中丞。震,瓌之孙也。禄山以田乾真为京兆尹。侍御史吕諲、右拾遗杨绾、奉天令安平崔器相继诣灵武。以諲、器为御史中丞,绾为起居舍人、知制诰。

当初，京兆人李泌，幼时就以才思敏捷而闻名，唐玄宗命他与忠王李亨相交游。忠王李亨擢升为太子后，李泌已经长大了，上书讨论国事。唐玄宗打算授给他官职，他不肯接受；唐玄宗便命他以平民的身份与太子结为朋友，太子李亨常称他为先生。杨国忠厌恶他，上奏将他贬迁到蕲春，后来才得以返回，隐居在颍阳。唐肃宗李亨从马嵬北上时，派人召见他，李泌在灵武谒见李亨。李亨大喜，出外时则两人并马而行，回营时则床对床地睡觉，就像李亨仍是太子的时候那样，无论大小事情，李亨都要向他征求意见，李泌的话，李亨没有一句不听从的，以至于任免宰相将领也要同他商议。唐肃宗打算任命李泌为右相，李泌坚决推辞，说："陛下如果能把我看作是宾客、朋友，那么比当宰相还要尊贵，何必要委屈我的意愿呢？"唐肃宗这才罢休。

追随安禄山反叛的同罗、突厥军队屯驻在长安皇苑中，甲戌（二十二日），他们的酋长阿史那从礼率五千骑兵，从唐朝皇家马厩中偷出两千匹御马，逃回朔方，打算联合各胡人部落，占据边境地区。唐肃宗派使者前去安抚他们，前来归降的很多。

叛军派兵侵犯扶风，薛景仙将其击退。

安禄山派部将高嵩携带诏令和绸缎前往诱降河陇一带唐军将士，大震关使郭英乂将他擒获斩首。

在同罗、突厥军逃归朔方时，长安大乱，官吏四处奔走躲藏，狱中的囚犯也冲出囚牢。燕政权的京兆尹崔光远误认为叛军将逃离长安，派军包围了孙孝哲的住所。孙孝哲将情形报告安禄山，崔光远于是与长安县令苏震率尹府、县衙的官吏投奔唐肃宗。己卯（二十七日），崔光远等抵达灵武，唐肃宗任命崔光远为御史大夫，兼任京兆尹，让他到渭水北岸去招集逃亡的官吏百姓；任命苏震为中丞。苏震，是苏瓌的孙子。安禄山任命田乾真为京兆尹。唐朝侍御史吕諲、右拾遗杨绾、奉天县令安平人崔器陆续抵达灵武。唐肃宗任命吕諲、崔器为御史中丞，任命杨绾为起居舍人、知制诰。

上命河西节度副使李嗣业将兵五千赴行在,嗣业与节度使梁宰谋,且缓师以观变。绥德府折冲段秀实让嗣业曰:"岂有君父告急而臣子晏然不赴者乎?特进常自谓大丈夫,今日视之,乃儿女子耳!"嗣业大惭,即白宰如数发兵,以秀实自副,将之诣行在。上又征兵于安西,行军司马李栖筠发精兵七千人,励以忠义而遣之。

敕改扶风为凤翔郡。

庚辰,上皇至成都,从官及六军至者千三百人而已。

令狐潮围张巡于雍丘,相守四十馀日,朝廷声问不通。潮闻玄宗已幸蜀,复以书招巡。有大将六人,官皆开府、特进,白巡以兵势不敌,且上存亡不可知,不如降贼。巡阳许诺。明日,堂上设天子画像,帅将士朝之,人人皆泣。巡引六将于前,责以大义,斩之。士心益劝。城中矢尽,巡缚藁为人千馀,被以黑衣,夜缒城下,潮兵争射之,久乃知其藁人。得矢数十万。其后复夜缒人,贼笑不设备,乃以死士五百斫潮营;潮军大乱,焚垒而遁,追奔十馀里。潮惭,益兵围之。

巡使郎将雷万春于城上与潮相闻,语未绝,贼弩射之,面中六矢而不动。潮疑其木人,使谍问之,乃大惊,遥谓巡曰:"向见雷将军,方知足下军令矣,然其如天道何?"巡谓之曰:"君未识人伦,焉知天道?"未几,出战,擒贼

唐肃宗命河西节度副使李嗣业率军五千人赶赴皇帝所在地，李嗣业同节度使梁宰商议，考虑暂不出兵，以观察局势的变化。绥德府折冲段秀实责备李嗣业说："哪有君父请求紧急援救，而臣子却安然不肯赴援的？你平时常以大丈夫自居，就今天看来，只不过是一个小女子罢了！"李嗣业大为羞惭，当即报告梁宰，按唐肃宗所要求的数目发兵，命段秀实作为副将，率军一齐前往唐肃宗所在地。唐玄宗又向安西征调军队，行军司马李栖筠调拨精锐兵士七千人，勉励他们要尽忠行义后，命他们出发。

　　唐肃宗下诏改扶风为凤翔郡。

　　庚辰（二十八日），唐玄宗抵达成都，跟随到达的官员及护驾六军仅有一千三百人。

　　令狐潮在雍丘围攻张巡，相持了四十多天，城内完全听不到朝廷的任何消息。令狐潮得知唐玄宗已经逃到蜀郡，再次写信招降张巡。守军有六位高级将领，官职都是开府、特进这一级别，他们告诉张巡说："守军的力量无法抵挡敌人，而且皇上的存亡都不知道，不如投降叛贼。"张巡当即假装答应。第二天，在大厅上供上唐玄宗的画像，率将士朝见画像，众人都感动得流下了眼泪。张巡将六位将领叫到跟前，用大义来责备他们，然后将他们处斩。军心更加振奋。城中的箭已用完，张巡命用稻草扎成一千多个草人，给他们披上黑衣服，在黑夜里缒到城下，令狐潮的军队争着向草人射箭，很久才发现是草人。张巡得到了数十万支箭。以后，张巡再次在夜里向城外缒下草人，叛军大笑，不加戒备，张巡于是派五百名敢死队员砍袭令狐潮的军营；令狐潮的军队大乱，焚毁营垒逃走，张巡猛追十多里。令狐潮十分羞惭，增兵再度围攻。

　　张巡派郎将雷万春在城上同令狐潮对话，话没说完，叛军向他射箭，雷万春脸上中了六箭也丝毫不动。令狐潮怀疑是个木头人，派间谍探明后，大吃一惊，遥遥对张巡说："刚才见到雷将军的情形，这才知道阁下军令严明，但你能改变天道吗？"张巡对他说："你连人伦都不知，怎么了解天道？"不久张巡出城进攻，擒获叛军

将十四人,斩首百馀级。贼乃夜遁,收兵入陈留,不敢复出。顷之,贼步骑七千馀众屯白沙涡,巡夜袭击,大破之。还,至桃陵,遇贼救兵四百馀人,悉擒之。分别其众,妫、檀及胡兵,悉斩之;荥阳、陈留胁从兵,皆散令归业。旬日间,民去贼来归者万馀户。

河北诸郡犹为唐守,常山太守王俌欲降贼,诸将怒,因击毬,纵马践杀之。时信都太守乌承恩麾下有朔方兵三千人,诸将遣使者宗仙运帅父老诣信都,迎承恩镇常山。承恩辞以无诏命,仙运说承恩曰:"常山地控燕、蓟,路通河、洛,有井陉之险,足以扼其咽喉。顷属车驾南迁,李大夫收军退守晋阳,王太守权统后军,欲举城降贼,众心不从,身首异处。大将军兵精气肃,远近莫敌,若以家国为念,移据常山,与大夫首尾相应,则洪勋盛烈,孰与为比。若疑而不行,又不设备,常山既陷,信都岂能独全?"承恩不从。仙运又曰:"将军不纳鄙夫之言,必惧兵少故也。今人不聊生,咸思报国,竞相结聚,屯据乡村,若悬赏招之,不旬日十万可致;与朔方甲士三千馀人相参用之,足成王事。若舍要害以授人,居四通而自安,譬如倒持剑戟,取败之道也。"承恩竟疑不决。承恩,承玼之族兄也。

是月,史思明、蔡希德将兵万人南攻九门。旬日,九门伪降,伏甲于城上。思明登城,伏兵攻之,思明坠城,鹿角

将领十四人，斩首一百多人。叛军于是在夜里逃走，收兵退入陈留城内，不敢再出来。过了不久，叛军七千多步兵、骑兵屯驻白沙涡，张巡在夜间发动袭击，大败贼军。撤回时，途经桃陵，遇上叛军四百多人，于是将他们全部擒获。张巡把俘虏区别对待，妫、檀两地的人，以及蛮族士卒，全部杀死；荥阳、陈留被胁迫的士卒全都释放，让他们回家从事生产。十天之间，百姓脱离叛军前来归附的有一万多户。

河北各郡，仍继续效忠唐王朝，常山太守王俌打算投降叛军，各位将领愤怒，利用打马毬的机会，纵马踏死了王俌。当时，信都太守乌承恩属下有朔方士卒三千人，常山的各位将领派使者宗仙运率父老乡绅前往信都，迎接乌承恩镇守常山。乌承恩以没有接到诏令而推辞，宗仙运劝乌承恩说："常山在地势上控制着燕、蓟，道路直通黄河、洛阳，并有井陉的险要，足以扼住叛军的咽喉。现在皇上御驾南移，李光弼大夫军队退守晋阳，常山太守王俌暂时统率后方部队，打算献城投降叛贼，众心不服，使他身首分离。你的部队精锐强大，纪律严明，远近无人能够抵挡，如果你能替国家着想，最好移驻常山，同李光弼首尾呼应，则所建立的功勋业绩，无人能比。如果迟疑不肯前往，又不加戒备，一旦常山陷落后，信都岂能单独保全？"乌承恩不予听从。宗仙运又说："将军不接纳我的建议，一定是担心军队太少的缘故。现在，人民无法生存，都想报效国家，纷纷聚结在一起，据守乡村，如果悬赏召集他们，不过十天的工夫，就可以召集十万人的军队；将他们与朔方三千多士卒混合组编，足可以完成勤王大业。若是抛弃要害之地，交给他人，而自己居在四通八达的地方，却自以为平安无事，这就像是倒握着剑戟，将柄交给别人，这是自取灭亡的办法。"乌承恩最后还是犹豫不决。乌承恩，是乌承玼的堂兄。

当月，史思明、蔡希德率领兵士一万人向南进攻九门。攻到第十天，九门守军假装投降，在城上埋伏下士卒。史思明登城时，伏兵发动进攻，史思明从城上掉下来，城下布置的尖木桩

伤其左胁,夜,奔博陵。

颜真卿以蜡丸达表于灵武。以真卿为工部尚书兼御史大夫,依前河北招讨、采访、处置使,并致敕书,亦以蜡丸达之。真卿颁下河北诸郡,又遣人颁于河南、江、淮。由是诸道始知上即位于灵武,徇国之心益坚矣。

郭子仪等将兵五万自河北至灵武,灵武军威始盛,人有兴复之望矣。八月壬午朔,以子仪为武部尚书、灵武长史,以李光弼为户部尚书、北都留守,并同平章事,馀如故。光弼以景城、河间兵五千赴太原。

先是,河东节度使王承业军政不修,朝廷遣侍御史崔众交其兵,寻遣中使诛之。众侮易承业,光弼素不平。至是,敕交兵于光弼,众见光弼,不为礼,又不时交兵,光弼怒,收斩之,军中股栗。

史思明再攻九门,辛卯,克之,所杀数千人,引兵东围藁城。

李庭望将蕃、汉二万馀人东袭宁陵、襄邑,夜,去雍丘城三十里置营,张巡帅短兵三千掩击,大破之,杀获太半。庭望收军夜遁。

癸巳,灵武使者至蜀,上皇喜曰:“吾儿应天顺人,吾复何忧?”丁酉,制:“自今改制敕为诰,表疏称太上皇。四海军国事,皆先取皇帝进止,仍奏朕知,俟克复上京,朕不复预事。”己亥,上皇临轩,命韦见素、房琯、崔涣奉传国宝玉册诣灵武传位。

辛丑,史思明陷藁城。

刺伤了他的左胁,于是连夜逃奔到博陵。

颜真卿将用蜡丸封好的奏章送到灵武。唐肃宗任命颜真卿为工部尚书,兼任御史大夫,仍继续兼任原先的河北招讨、采访、处置使职位,并给他下达诏书,也用蜡丸封好送给他。颜真卿将诏书转发给河北各郡,又派人转发给河南、江淮等地。从此,各道才知道唐肃宗在灵武即位,为国效忠之心更加坚定。

郭子仪等率兵五万从河北抵达灵武,灵武的军事威力更加强盛,人人都满怀复兴的希望。八月壬午这一天是初一,唐肃宗任命郭子仪为武部尚书、灵武长史,任命李光弼为户部尚书、北都留守,两人都兼任同平章事,而原有官职依然保持。李光弼率景城、河间两郡兵士五千人,前往太原。

先前,河东节度使王承业军纪败坏,朝廷派侍御史崔众接收他的军队,不久又派中使杀掉王承业。崔众任意侮辱王承业,李光弼一直愤愤不平。至此时,朝廷命崔众把军队交给李光弼,崔众见到李光弼时,傲慢无礼,而且不按时移交军队,李光弼大怒,逮捕并斩杀了崔众,军中大为恐惧。

史思明再度进攻九门,辛卯(初十),攻克九门,诛杀数千人,之后率军东进,包围藁城。

李庭望率蕃、汉士卒两万多人,向东袭击宁陵、襄邑,夜晚,在距雍丘城三十里的地方安扎营寨,张巡率手持短兵器的士卒三千人偷袭,大败叛军,杀死和俘获的超过半数。李庭望收集残兵,连夜逃走。

癸巳(十二日),灵武派出的使节抵达蜀郡,唐玄宗高兴地说:“我儿应顺天意,顺从人心,我还有什么忧虑的?”丁酉(十六日),唐玄宗下诏:“从今以后,将我的制改为诰,上给我的表疏,改称我为太上皇。全国的军政大事,都先奏报给皇帝裁决,再奏报给我知道,等到收复长安后,我就不再干预政事。”己亥(十八日),唐玄宗登上楼台,命令韦见素、房琯、崔涣携带传国玉玺、玉册到灵武传位太子李亨。

辛丑(二十日),史思明攻陷藁城。

初,上皇每酺宴,先设太常雅乐坐部、立部,继以鼓吹、胡乐、教坊、府县散乐、杂戏,又以山车、陆船载乐往来,又出宫人舞《霓裳羽衣》;又教舞马百匹,衔杯上寿;又引犀象入场,或拜,或舞。安禄山见而悦之,既克长安,命搜捕乐工,运载乐器、舞衣,驱舞马、犀、象,皆诣洛阳。

臣光曰:圣人以道德为丽,仁义为乐;故虽茅茨土阶,恶衣菲食,不耻其陋,惟恐奉养之过以劳民费财。明皇恃其承平,不思后患,殚耳目之玩,穷声技之巧,自谓帝王富贵皆不我如,欲使前莫能及,后无以逾,非徒娱己,亦以夸人。岂知大盗在旁,已有窥窬之心,卒致銮舆播越,生民涂炭。乃知人君崇华靡以示人,适足为大盗之招也。

禄山宴其群臣于凝碧池,盛奏众乐。梨园弟子往往歔欷泣下,贼皆露刃睨之。乐工雷海清不胜悲愤,掷乐器于地,西向恸哭。禄山怒,缚于试马殿前,支解之。

禄山闻向日百姓乘乱多盗库物,既得长安,命大索三日,并其私财尽掠之。又令府县推按,铢两之物无不穷治,连引搜捕,支蔓无穷,民间骚然,益思唐室。

自上离马嵬北行,民间相传太子北收兵来取长安,长安民日夜望之,或时相惊曰:“太子大军至矣!”则皆走,市里

当初,唐玄宗每次宴会时,先演奏太常雅乐坐部、立部,接着演奏鼓吹、胡乐、教坊、府县散乐、杂耍,又用山车、旱船载着乐人来回演奏,又由宫女歌舞《霓裳羽衣曲》;又让一百匹会跳舞的马口衔酒杯向皇上祝福;又把训练过的犀牛、大象带入现场,或是跪拜,或是舞蹈。安禄山看见后十分高兴,等到安禄山攻克长安后,下令搜捕乐工,连同乐器、舞衣、会跳舞的马、犀牛、象,全都运送到洛阳。

北宋史臣司马光评论说:圣人将道德作为华丽,以仁义作为享乐;所以虽然是草房、土阶,劣质衣服、粗糙食物,也不会因为简陋而感到羞耻,只是担心自己挥霍过度而劳民伤财。唐明皇仗恃天下太平,不考虑后来所要出现的祸患,竭尽耳朵和眼睛的玩乐享受,极力追求音乐技艺的巧妙,自认为所有其他帝王的富贵都不如我,千方百计地想使前代帝王不能达到,后面的帝王不能超过自己,不仅是为了自己娱乐,也是想借此向他人夸耀。却不知大盗就在身边,早有窥视之心,最后终于导致自己被迫流离奔波,百姓生灵涂炭。从这里使我们知道,君王向人们展示他的豪华奢侈,实际上是招来大盗抢掠。

安禄山在洛阳凝碧池设宴款待他的臣属,大规模演奏各种舞乐。梨园弟子往往忍不住流泪叹息,安禄山的卫士都持刀侧目注视。乐工雷海清无限悲愤,将乐器摔到地上,面向西方恸哭。安禄山大怒,将他绑在试马殿前的柱子上,肢解而死。

安禄山听说唐玄宗逃离长安时,很多百姓趁乱盗取仓库里的财物,他攻克长安后,命令大肆搜索三天,连同百姓的私有财产,也一同全部劫取。又下令府县追踪,价值一文钱或一两钱的东西也要彻底查清,互相牵连搜捕,像藤蔓一样攀延,没有止境,社会骚乱不安,人们更加思念唐王朝。

自从唐肃宗离开马嵬北上以后,民间相互传说太子到北方去召集军队,将要前来攻克长安,长安的百姓日夜盼望,有时突然惊叫起来:"太子的大军到了!"大家全都一齐奔走,街市上

为空。贼望见北方尘起,辄惊欲走。京畿豪杰往往杀贼官吏,遥应官军,诛而复起,相继不绝,贼不能制。其始自京畿、鄜、坊至于岐、陇皆附之,至是西门之外率为敌垒,贼兵力所及者,南不出武关,北不过云阳,西不过武功。江、淮奏请贡献之蜀、之灵武者,皆自襄阳取上津路抵扶风,道路无壅,皆薛景仙之功也。

九月壬子,史思明围赵郡,丙辰,拔之;又围常山,旬日,城陷,杀数千人。

建宁王倓,性英果,有才略,从上自马嵬北行,兵众寡弱,屡逢寇盗,倓自选骁勇,居上前后,血战以卫上。上或过时未食,倓悲泣不自胜,军中皆属目向之。上欲以倓为天下兵马元帅,使统诸将东征,李泌曰:"建宁诚元帅才;然广平,兄也。若建宁功成,岂可使广平为吴太伯乎?"上曰:"广平,冢嗣也,何必以元帅为重?"泌曰:"广平未正位东宫。今天下艰难,众心所属,在于元帅。若建宁大功既成,陛下虽欲不以为储副,同立功者其肯已乎?太宗、上皇,即其事也。"上乃以广平王俶为天下兵马元帅,诸将皆以属焉。倓闻之,谢泌曰:"此固倓之心也!"

上与泌出行军,军士指之,窃言曰:"衣黄者,圣人也。衣白者,山人也。"上闻之,以告泌,曰:"艰难之际,不敢相屈以官,且衣紫袍以绝群疑。"泌不得已,受之;服之,入谢,上笑曰:"既服此,岂可无名称?"出怀中敕,以泌为侍谋军国、元帅

空无一人。叛军望见北方尘土飞起，立即惊恐万分，准备逃走。长安市郊的英雄豪杰杀掉叛军官吏，遥遥响应唐政府军，叛军屠杀镇压后，不久又重新崛起，连续不断，叛军无法制止。刚开始时，从京畿、鄜、坊直到岐山、陇东的地方都降附叛军，到此时连长安西门以外都是反抗叛军的营垒，叛军的力量所能控制的范围，南面没有超出武关，北面不超出云阳，西面不超过武功。长江、淮河一带上疏或上贡到蜀郡和灵武的，都从襄阳绕道上津，抵达扶风，道路畅通无阻，这都是薛景仙的功劳。

九月壬子这天是初一，史思明围攻赵郡，丙辰（初五），攻克了赵郡；之后又围攻常山，十天后常山陷落，诛杀数千人。

建宁王李倓，性情英武刚果，有才干谋略，他跟随唐肃宗从马嵬北上，士卒既少又弱，途中多次遇上盗匪，李倓亲自挑选骁悍勇猛的士卒走在唐肃宗前后，浴血奋战，以保卫唐肃宗。唐肃宗有时超过了时间还没有吃饭，李倓就悲恸哭泣，不能自制，军中将士都用尊敬的目光看待他。唐肃宗打算任命李倓为天下兵马大元帅，让他统率各将领东征，李泌说："建宁王确实是元帅的材料，但广平王是他的哥哥。若是建宁王大功告成，岂不是让广平王成了吴太伯吗？"唐肃宗说："广平王是嫡长子，何必要以担任元帅来抬高自己？"李泌说："广平王还未正式封为太子。现在天下大乱，众人的寄托都在元帅身上。如果建宁王建立功勋后，陛下虽然不打算封他为太子，那些同他一道立功的人甘愿罢休吗？太宗、太上皇，就是这样的情况。"唐肃宗于是任命广平王李俶为天下兵马元帅，各位将领都接受他的统属。李倓得知后，致谢李泌说："这本来就是我的心愿。"

唐肃宗同李泌一道前去视察军营，军士指着他们私下里说："穿着黄衣服的是圣人，穿着白衣服的是山人。"唐肃宗得知后，告诉李泌说："时局艰难之时，不敢让你委屈当官，但希望你穿上紫袍，以杜绝大家的困惑。"李泌没有办法，只好接受了；穿好紫袍后，李泌进去致谢，唐肃宗笑着说："穿上了紫袍，岂能没有一个官衔？"说完掏出怀中的诏令，任命李泌为侍谋军国、元帅

府行军长史。泌固辞,上曰:"朕非敢相臣,以济艰难耳。俟贼平,任行高志。"泌乃受之。置元帅府于禁中,俶入则泌在府,泌入俶亦如之。泌又言于上曰:"诸将畏惮天威,在陛下前敷陈军事,或不能尽所怀,万一小差,为害甚大。乞先令与臣及广平熟议,臣与广平从容奏闻,可者行之,不可者已之。"上许之。时军旅务繁,四方奏报,自昏至晓无虚刻,上悉使送府,泌先开视,有急切者及烽火,重封,隔门通进,馀则待明。禁门钥契,悉委俶与泌掌之。

上欲借兵于外夷以张军势,以邠王守礼之子承寀为敦煌王,与仆固怀恩使于回纥以请兵。又发拔汗那兵,且使转谕城郭诸国,许以厚赏,使从安西兵入援。李泌劝上:"且幸彭原,俟西北兵将至,进幸扶风以应之,于时庸调亦集,可以赡军。"上从之。戊辰,发灵武。

内侍边令诚复自贼中逃归,上斩之。

丙子,上至顺化。韦见素等至自成都,奉上宝册,上不肯受,曰:"比以中原未靖,权总百官,岂敢乘危,遽为传袭?"群臣固请,上不许,置宝册于别殿,朝夕事之,如定省之礼。上以韦见素本附杨国忠,意薄之;素闻房琯名,虚心待之。琯见上言时事,辞情慷慨,上为之改容,由是军国事多

府行军长史。李泌坚决推辞，唐肃宗说："我并不敢逼你做我的臣属，只不过是让你帮我度过艰难而已。等到叛贼平定后，就听任你实现自己的志向。"李泌这才接受。唐肃宗将元帅府设置在行宫，李俶入宫晋见皇帝，李泌就留在府中，李泌入宫晋见时，李俶也同样留在府中。李泌又对唐肃宗说："各位将领畏惧你的威严，在陛下面前陈述军情，有时不能完全讲明心里的想法，万一发生一件小小的差错，就会造成极大的祸害。请先命各位将领同我和广平王深入地讨论，我同广平王再慢慢地向你奏报，可以时就批准实行，不可以时就停止实行。"唐肃宗同意。当时军务繁重，各地的奏章，从傍晚直至天亮都不停地送来，唐肃宗命令将这些奏章全部送到元帅府，由李泌先打开披阅，遇上十万火急的文书或紧急军事情报，便重新封好，隔着宫门投递进来，其余的则等到第二天才处理。宫中所有的钥匙和符信，都由李俶与李泌掌管。

唐肃宗打算向外国借兵以扩张军队声势，任命豳王李守礼的儿子李承宷为敦煌王，同仆固怀恩一道去向回纥请求援兵。又征调拔汗那的军队，并且让他转告其他西方城邦各国，许诺以丰厚的赏赐作为回报，让他们派兵同安西都护府的军队一起东入助援。李泌建议唐肃宗说："不如先到彭原，等到西北的军队聚集后，再进到扶风去同他们呼应，到那时各地的田赋捐税也运到了，就可以解决军队的供需。"戊辰（十七日），唐肃宗从灵武出发。

内侍边令诚从叛军那里再度逃回来，唐肃宗将他斩首。

丙子（二十五日），唐肃宗抵达顺化。韦见素等人从成都抵达，呈上玉玺及唐玄宗的传位诏书，唐肃宗不肯接受，说："只是因为中原尚未平静，我才暂时总管文武百官，岂敢趁着危急，要求继位？"文武百官极力请求，唐肃宗还是不答应，将玉玺和诏书放到便殿，早晚都去致敬，就像给唐玄宗当面行礼一样。唐肃宗因为韦见素原本依附杨国忠，很看不起他；素闻房琯的大名，所以诚心诚意地对待他。房琯晋见唐肃宗谈论国事时，言辞和表情慷慨激昂，唐肃宗也为之动容，从此，军国大事大多

谋于琯。琯亦以天下为己任，知无不为，专决于胸臆，诸相拱手避之。

上尝从容与泌语及李林甫，欲敕诸将克长安，发其冢，焚骨扬灰，泌曰："陛下方定天下，奈何仇死者？彼枯骨何知，徒示圣德之不弘耳。且方今从贼者皆陛下之仇也，若闻此举，恐阻其自新之心。"上不悦，曰："此贼昔日百方危朕，当是时，朕不保朝夕。朕之全，特天幸耳！林甫亦恶卿，但未及害卿而死耳，奈何矜之？"对曰："臣岂不知？所以言者，上皇有天下向五十年，太平娱乐，一朝失意，远处巴蜀。南方地恶，上皇春秋高，闻陛下此敕，意必以为用韦妃之故，内惭不怿。万一感愤成疾，是陛下以天下之大不能安君亲。"言未毕，上流涕被面，降阶，仰天拜曰："朕不及此，是天使先生言之也！"遂抱泌颈泣不已。

冬十月，上发顺化，癸未，至彭原。第五琦见上于彭原，请以江、淮租庸市轻货，溯江、汉而上至洋川，令汉中王瑀陆运至扶风以助军，上从之。寻加琦山南等五道度支使。琦作榷盐法，用以饶。

房琯上疏，请自将兵复两京，上许之，加持节、招讨西京兼防御蒲潼两关兵马节度等使。琯请自选参佐，以御史中丞邓景山为副，户部侍郎李揖为行军司马，给事中刘秩为参谋。既行，又令兵部尚书王思礼副之。琯悉以戎务委李揖、刘秩，二人皆书生，不闲军旅。琯谓人曰："贼曳落河

同房琯商议。房琯也将国家的兴亡看作自己的责任，知道的事全都去做，专断独行，其他宰相都拱手相让，不与他竞争。

唐肃宗曾同李泌谈到李林甫，准备传令各位将领在攻克长安时，挖开他的坟墓，将他的尸骨烧成灰，李泌说："陛下正在平定天下，为什么要去仇视一个死去了的人？他的枯骨知道什么，这样做只会显示你的心胸不够宽广而已。而且现在凡是追随叛贼的人都是陛下的仇敌，如果他们得知你将这么做，恐怕会阻止他们悔过自新的决心。"唐肃宗不高兴，说："这个贼子从前千方百计地害我，我当时从早到晚都很危险。我能够活到今天，只不过是上天的保佑！李林甫也厌恶你，只不过是来不及害死你而已，为什么你还替他讲话？"李泌回答说："我怎么不知道？我之所以要这样讲，是因为太上皇统治天下将近五十年，天下太平，享尽荣华富贵，但一朝不慎，使他逃到偏远的巴蜀。南方山水险恶，而且太上皇年事已高，如果听到陛下的这个训令，定会认为是陛下因为韦妃被黜的缘故，他心中一定会感到羞惭。万一因感慨悲愤而生出疾病，那就是陛下虽拥有如此广大的天下，却不能容忍君亲了。"他的话还没有说完，唐肃宗早已泪流满面，走下台阶，仰天而拜，说："我没有想到这点，这是上天让先生对我说这番话。"于是抱着李泌的脖子哭泣不止。

冬季十月，唐肃宗从顺化出发，癸未（初三），抵达彭原。第五琦在彭原晋见唐肃宗，请求用江淮的赋税购买绸缎，沿着长江、汉水运送到洋川，再命汉中王李瑀由陆路运送到扶风，以此援助军队，唐肃宗批准。不久，唐肃宗加授第五琦为山南等五道度支使。第五琦制定食盐专卖法，唐政府的财政得以富足。

房琯上书，请求率兵收复两京。唐肃宗批准，加授房琯持节、诏讨西京兼防御蒲关、潼关两关兵马节度等使。房琯请求让他自己挑选官员，命御史中丞邓景山为副官，户部侍郎李揖为行军司马，给事中刘秩为参谋。出发后，又命兵部尚书王思礼为副官。房琯将所有的军事事务都委交给李揖、刘秩，而他们两人都是书生，不懂军务。房琯对人说："叛贼军中曳落河

虽多,安能敌我刘秩?"琯分为三军:使裨将杨希文将南军,自宜寿入;刘贵哲将中军,自武功入;李光进将北军,自奉天入。光进,光弼之弟也。

甲申,令狐潮、王福德复将步骑万馀攻雍丘。张巡出击,大破之,斩首数千级,贼遁去。

房琯以中军、北军为前锋,庚子,至便桥。辛丑,二军遇贼将安守忠于咸阳之陈涛斜。琯效古法,用车战,以牛车二千乘,马步夹之;贼顺风鼓噪,牛皆震骇。贼纵火焚之,人畜大乱,官军死伤者四万馀人,存者数千而已。癸卯,琯自以南军战,又败,杨希文、刘贵哲皆降于贼。上闻琯败,大怒。李泌为之营救,上乃宥之,待琯如初。

敦煌王承寀至回纥牙帐,回纥可汗以女妻之,遣其贵臣与承寀及仆固怀恩偕来,见上于彭原。上厚礼其使者而归之。

尹子奇围河间,四十馀日不下,史思明引兵会之。颜真卿遣其将和琳将万二千人救河间,思明逆击,擒之,遂陷河间;执李奂送洛阳,杀之。又陷景城,太守李暐赴湛水死。思明使两骑赍尺书以招乐安,即时举郡降。又使其将康没野波将先锋攻平原,兵未至,颜真卿知力不敌,壬寅,弃郡渡河南走。思明即以平原兵攻清河、博平,皆陷之。思明引兵围乌承恩于信都,承恩以城降,亲导思明入城,交兵马、仓库,马三千匹、兵五万人。思明送承恩诣洛阳,禄山复其官爵。

饶阳裨将束鹿张兴,力举千钧,性复明辩,贼攻饶阳,弥年不能下。及诸郡皆陷,思明并力围之,外救俱绝,太守

虽然很多,但又怎么能挡得住我的刘秩?"房琯将部队分为三个军,命裨将杨希文率南军,从宜寿东进;命刘贵哲率中军,从武功东进;命李光进率北军,从奉天南下。李光进,是李光弼的弟弟。

甲申(初四),令狐潮、王福德再度率步兵、骑兵一万多人进攻雍丘。张巡出城迎击,大败叛军,斩首数千人,叛军逃走。

房琯以中军、北军作为前锋,庚子(二十日),抵达便桥。辛丑(二十一日),中军、北军在咸阳东面的陈涛斜与叛军将领安守忠相遇。房琯效仿古代作战方法,采用车战,用牛车几千辆,在步兵、骑兵的左右掩护下出击;叛军顺风敲动战鼓,呐喊嘶叫,驾车的牛全都震动惊骇。叛军纵火烧车,人牛大乱,唐军死伤四万多人,生存的仅数千人而已。癸卯(二十三日),房琯亲自指挥南军作战,又大败,杨希文、刘贵哲都投降叛军。唐肃宗得知房琯战败,大怒。李泌极力营救,唐肃宗才原谅了房琯,待他同从前一样。

敦煌王李承寀到达回纥可汗的营帐,回纥可汗将女儿嫁给他,派他的重要大臣与李承寀和仆固怀恩一道前来,在彭原晋见唐肃宗。唐肃宗用厚重的礼节招待回纥使者,送他回国。

尹子奇围攻河间,四十多天都没攻克,史思明率军同他会合。颜真卿派部将和琳率一万二千人援救河间,史思明迎击,擒获和琳,于是叛军攻陷了河间;抓住李奂,将他押送到洛阳杀掉。叛军又攻陷景城,景城太守李暐自投湛水而死。史思明派出两名骑兵,携带信件前去乐安招降,乐安全郡当即投降。史思明又派部将康没野波率先锋部队进攻平原,叛军还没有到达平原,颜真卿自知无力抵抗,壬寅(二十二日),放弃郡城,渡过黄河,向南逃走。史思明以平原兵进攻清河、博平,全都攻陷。史思明率军将乌承恩包围在信都,乌承恩献城投降,并亲自迎接史思明进城,交出军队、仓库,共计三千匹马、五万兵士。史思明将乌承恩押送到洛阳,安禄山恢复他的官爵。

饶阳裨将束鹿人张兴,力量可以举起千钧的重量,而且头脑又很清晰,叛军攻击饶阳,一年多都不能攻下。等到其他各郡都陷落后,史思明集中力量围攻,城外的救援全部断绝,太守

李係窘迫，赴火死，城遂陷。思明擒兴，立于马前，谓曰：
"将军真壮士，能与我共富贵乎？"兴曰："兴，唐之忠臣，固
无降理。今数刻之人耳，愿一言而死。"思明曰："试言之。"
兴曰："主上待禄山，恩如父子，群臣莫及，不知报德，乃兴
兵指阙，涂炭生人。大丈夫不能翦除凶逆，乃北面为之臣
乎？仆有短策，足下能听之乎？足下所以从贼，求富贵耳，
譬如燕巢于幕，岂能久安？何如乘间取贼，转祸为福，长享
富贵，不亦美乎？"思明怒，命张于木上，锯杀之，詈不绝口，
以至于死。

　　贼每破一城，城中人衣服、财贿、妇人皆为所掠。男
子，壮者使之负担，羸、病、老、幼皆以刀槊戏杀之。禄山初
以卒三千人授思明，使定河北，至是，河北皆下之，郡置防
兵三千，杂以胡兵镇之。思明还博陵。尹子奇将五千骑渡
河，略北海，欲南取江、淮。会回纥可汗遣其臣葛逻支将兵
入援，先以二千骑奄至范阳城下，子奇闻之，遽引兵归。

　　十一月，令狐潮帅众万馀营雍丘城北，张巡邀击，大破
之，贼遂走。
　　十二月，安禄山遣兵攻颍川。城中兵少，无蓄积，太守
薛愿、长史庞坚悉力拒守，绕城百里庐舍、林木皆尽。期
年，救兵不至，禄山使阿史那承庆益兵攻之，昼夜死斗十五
日，城陷，执愿、坚送洛阳，禄山缚于洛滨冰上，冻杀之。

　　上问李泌："今敌强如此，何时可定？"对曰："臣观贼所
获子女金帛，皆输之范阳，此岂有雄据四海之志邪？今独虏

李係束手无策,纵火自焚,饶阳城于是陷落。史思明擒住张兴,命他站在马前,对他说:"将军真是个壮士,能不能和我同享富贵?"张兴说:"我张兴是唐朝的忠臣,绝无投降的道理。现在我已是要死的人,希望能让我说几句话。"史思明说:"不妨说出来。"张兴说:"皇上待安禄山恩同父子,所有其他的臣子都赶不上,他不知回报恩德,反而兴兵进犯京师,残害百姓。大丈夫不能铲除叛逆,难道就要向他俯首称臣吗?我有个小小的计策,阁下能不能听从?阁下之所以追随叛贼,只不过是为了追求富贵,这就好像是燕子在帐篷上筑巢,岂能久安?为什么不利用机会,杀掉安禄山,转祸为福,长久地享受富贵,岂不是件美好的事情?"史思明大怒,下令将张兴捆在木头上,将他锯死,张兴骂不绝口,直到死去。

叛军每攻破一座城池,城中居民的衣服、钱财,以及妇女都被抢劫和俘虏。健壮的男子,都让他们给叛军挑运东西,病弱老幼的人全都用刀枪戏弄杀死。安禄山最初交给史思明三千士卒,命他平定河北,到这时,河北全都攻下,每郡派三千士卒驻防,其中混杂胡人兵士以镇守。史思明返回博陵。尹子奇率五千骑兵渡过黄河,侵占北海,打算南下攻取江淮地区。正好回纥可汗派将领葛逻支率军支援唐朝廷,先出动两千骑兵突然出现在范阳城下,尹子奇得知后,立即率军返回。

十一月,令狐潮率一万多兵士驻扎在雍丘城北面,张巡发动突然袭击,大败叛军,叛军于是退走。

十二月,安禄山派兵进攻颍川。颍川城中守军很少,没有存粮,太守薛愿、长史庞坚全力拒守,城周围百里以内的房屋、林木全都毁尽。整整过了一年的时间,救援的军队都没有到来,安禄山派阿史那承庆增加部队进攻,昼夜苦战十五天,颍川城陷落,叛军擒获薛愿、庞坚,押送到洛阳,安禄山将他们绑住放在洛水岸边冰上,活活冻死。

唐肃宗问李泌道:"现在敌人是如此强大,什么时候才能平定呢?"李泌回答说道:"我观察叛贼将掳掠的妇女和钱财绢帛,全部都运送到范阳,这哪有称霸天下的大志?现在只有蛮族

将或为之用,中国之人惟高尚等数人,自馀皆胁从耳。以臣料之,不过二年,天下无寇矣。"上曰:"何故?"对曰:"贼之骁将,不过史思明、安守忠、田乾真、张忠志、阿史那承庆等数人而已。今若令李光弼自太原出井陉,郭子仪自冯翊入河东,则思明、忠志不敢离范阳、常山,守忠、乾真不敢离长安,是以两军縶其四将也,从禄山者,独承庆耳。愿敕子仪勿取华阴,使两京之道常通,陛下以所征之兵军于扶风,与子仪、光弼互出击之,彼救首则击其尾,救尾则击其首,使贼往来数千里,疲于奔命,我常以逸待劳,贼至则避其锋,去则乘其弊,不攻城,不遏路。来春复命建宁为范阳节度大使,并塞北出,与光弼南北犄角以取范阳,覆其巢穴。贼退则无所归,留则不获安,然后大军四合而攻之,必成擒矣。"上悦。

令狐潮、李庭望攻雍丘,数月不下,乃置杞州,筑城于雍丘之北,以绝其粮援。贼常数万人,而张巡众才千馀,每战辄克。河南节度使虢王巨屯彭城,假巡先锋使。是月,鲁、东平、济阴陷于贼。贼将杨朝宗帅马步二万,将袭宁陵,断巡后。巡遂拔雍丘,东守宁陵以待之,始与睢阳太守许远相见。是日,杨朝宗至宁陵城西北,巡、远与战,昼夜数十合,大破之,斩首万馀级,流尸塞汴而下,贼收兵夜遁。敕以巡为河南节度副使。巡以将士有功,遣使诣虢王巨请空名告身及赐物,巨唯与折冲、果毅告身三十通,

将领或许仍效忠于安禄山,汉人仅有高尚等几个人而已,其馀都不过是受叛军裹胁罢了。依我判断,用不了两年的时间,全国就会没有盗寇了。"唐肃宗说:"为什么?"李泌回答说:"叛军中的勇悍将领,只不过史思明、安守忠、田乾真、张忠志、阿史那承庆等几个人而已。现在如果命李光弼从太原东出井陉、郭子仪从冯翊进入河东,那么史思明、张忠志就不敢离开范阳、常山,安守忠、田乾真也不敢离开长安,这样就是我们用两支军队牵制住了他们的四个将领,跟随在安禄山身边的,就只有阿史那承庆一人而已。请你下令给郭子仪,让他不要攻取华阴,使两京之间的道路经常畅通,陛下将征召的军队驻扎在扶风,与郭子仪、李光弼相互出去进攻,叛军救首,我们就攻击他的尾,叛军救尾,我们就攻击他的首,迫使叛贼在数千里的道路上往来奔走,疲于奔命,我们则经常以逸待劳,叛贼前来,我们就躲避他们的锋芒,他们撤走,我们就乘机追击,不去攻击他们城池,也不切断他们的交通。明年春天,再命建宁王担任范阳节度大使,沿着边塞出击,同李光弼南北形成掎角之势,夹击攻取范阳,摧毁叛军的巢穴。叛贼后退则没有处所,留在原地又不能获得安全,然后大军从四面围攻,叛军就定会成为我们的俘虏。"唐肃宗十分高兴。

令狐潮、李庭望进攻雍丘,几个月都不能攻下,叛军于是另设一个杞州,在雍丘北面兴筑新城,以断绝雍丘守军的粮草援助。叛军经常保持几万人,而张巡部众才一千多人,但每次战斗,都能取胜。河南节度使虢王李巨屯驻在彭城,加封张巡为先锋使。当月,鲁郡、东平郡、济阴郡被叛军攻陷。叛军将领杨朝宗率步兵、骑兵两万人,打算袭击宁陵,切断张巡的后路,张巡于是放弃雍丘,将军队据守在东面的宁陵,严阵以待,这才与睢阳太守许远见面。当天,杨朝宗抵达宁陵城西北,张巡、许远同他交战,一天一夜交战数十回合,杀死叛军一万多人,尸体塞满汴水,向下流去,叛军收集残兵连夜逃走。唐肃宗下令任命张巡为河南节度副使。张巡因将士们有功劳,派使者到虢王李巨那儿去,请求发给空白委任书及赏赐物品,李巨只发给折冲、果毅委任书三十张,

不与赐物。巡移书责巨,巨竟不应。

二载春正月,安禄山自起兵以来,目渐昏,至是不复睹物,又病疽,性益躁暴,左右使令,小不如意,动加棰挞,或时杀之。既称帝,深居禁中,大将希得见其面,皆因严庄白事。庄虽贵用事,亦不免棰挞。阉竖李猪兒被挞尤多,左右人不自保。禄山嬖妾段氏,生子庆恩,欲以代庆绪为后。庆绪常惧死,不知所出。庄谓庆绪曰:"事有不得已者,时不可失。"庆绪曰:"兄有所为,敢不敬从。"又谓猪兒曰:"汝前后受挞,宁有数乎?不行大事,死无日矣!"猪兒亦许诺。庄与庆绪夜持兵立帐外,猪兒执刀直入帐中,斫禄山腹。左右惧,不敢动。禄山扪枕旁刀,不获,撼帐竿,曰:"必家贼也。"肠已流出数斗,遂死。掘床下深数尺,以毡裹其尸埋之,诫宫中不得泄。乙卯旦,庄宣言于外,云禄山疾亟。立晋王庆绪为太子,寻即帝位,尊禄山为太上皇,然后发丧。庆绪性昏懦,言辞无序,庄恐众不服,不令见人。庆绪日纵酒为乐,兄事庄,以为御史大夫、冯翊王,事无大小,皆取决焉;厚加诸将官爵以悦其心。

史思明自博陵、蔡希德自太行、高秀岩自大同、牛廷玠自范阳,引兵共十万,寇太原。李光弼麾下精兵皆赴朔方,馀团练乌合之众不满万人。思明以为太原指掌可取,既得之,当遂长驱取朔方、河、陇。太原诸将皆惧,议修城以待之,光弼曰:"太原城周四十里,贼垂至而兴役,

不给任何赏赐物品。张巡写信责问李巨,李巨仍然不予理睬。

二载(757)春季正月,安禄山自起兵反叛以来,视力逐渐昏暗,到这时再也看不到任何东西,而且身上又生了疮病,性情更加暴躁,左右侍从,稍不如意,便用鞭抽棍打,有时甚至杀死。他称帝后,住在深宫里,大将很少能见到他的面,都通过严庄向他报告事务。严庄地位虽高,又握有大权,但也免不了遭受安禄山的抽打。宦官李猪儿挨打尤其多,左右侍从都不能自保。安禄山的小妾段氏生有一个儿子名叫安庆思,安禄山打算让他取代安庆绪为继承人。安庆绪时刻都害怕被安禄山处死,不知如何是好。严庄对安庆绪说:"有件万不得已要做的事情,千万不要错过时机。"安庆绪说:"你有事情要办,岂敢不从?"严庄又对李猪儿说:"你前后被鞭笞的次数,难道数得清?如果不干大事,随时都会死去。"李猪儿也应承。严庄同安庆绪夜里手持兵器,站在安禄山寝门外,李猪儿持刀进入寝殿,猛砍安禄山的腹部。左右侍从惊恐,一动也不敢动。安禄山摸索枕旁的刀,没有拿到,便摇动帐竿,大喊说:"这一定是家贼。"肠子已流出了几斗,于是死去。安庆绪等在床下挖出几尺深的一个坑,用毡子裹住安禄山的尸体埋在里面,告诫宫中的人不得泄漏。乙卯(初六)早晨,严庄对外宣布,说安禄山病重。立晋王安庆绪为太子,不久就即位,尊奉安禄山为太上皇,然后再发丧。安庆绪昏庸怯懦,说话没有条理,严庄恐怕众人不服,不让他同外人见面。安庆绪日夜纵情饮酒作乐,将严庄当做哥哥看待,任命他为御史大夫、冯翊王,事无大小,都由严庄决定;对各位将领也重重加官晋爵,以讨取他们的欢心。

史思明从博陵、蔡希德从太行、高秀岩从大同、牛廷玠从范阳分别出发,共率十万人的军队进攻太原。李光弼属下的精兵都调往朔方,剩下地方团练的乌合之众不足一万人。史思明认为太原挥下手就可攻取,准备夺取太原后,就长驱直入攻取朔方、河、陇。太原的各守将都十分恐惧,建议修整城墙,严阵以待,李光弼说:"太原城全长四十里,叛贼马上就到了,而我们现在才动工,

是未见敌先自困也。"乃帅士卒及民于城外凿壕以自固。作礮数十万,众莫知所用;及贼攻城于外,光弼用之增垒于内,坏辄补之。思明使人取攻具于山东,以胡兵三千卫送之,至广阳,别将慕容溢、张奉璋邀击,尽杀之。

思明围太原,月馀不下,乃选骁锐为游兵,戒之曰:"我攻其北则汝潜趣其南,攻东则趣西,有隙则乘之。"而光弼军令严整,虽寇所不至,警逻未尝少懈,贼不得入。光弼购募军中,苟有小技,皆取之,随能使之,人尽其用。得安边军钱工三,善穿地道。贼于城下仰而侮嫚,光弼遣人从地道中曳其足而入,临城斩之。自是贼行皆视地。贼为梯冲、土山以攻城,光弼为地道以迎之,近城辄陷。贼初逼城急,光弼作大炮,飞巨石,一发辄毙二十馀人。贼死者什二三,乃退营于数十步外,围守益固。光弼遣人诈与贼约,刻日出降,贼喜,不为备。光弼使穿地道周贼营中,揣之以木。至期,光弼勒兵在城上,遣裨将将数千人出,如降状,贼皆属目。俄而营中地陷,死者千馀人,贼众惊乱,官军鼓噪乘之,俘斩万计。会安禄山死,庆绪使思明归守范阳,留蔡希德等围太原。

安庆绪以尹子奇为汴州刺史、河南节度使。甲戌,子奇以归、檀及同罗、奚兵十三万趣睢阳。许远告急于张巡,巡自宁陵引兵入睢阳。巡有兵三千人,与远兵合六千八百人。

还没有见到敌人，自己就已累得精疲力尽。"于是率领士卒和居民，在城外挖掘壕沟，巩固防守。李光弼下令制作数十万土砖，众人都不知道有什么用处；等到叛军在城外进攻，李光弼在城内用土砖加厚城墙，城墙一经毁坏，便立刻修补。史思明派人到山东运取攻城器具，用胡兵三千人护送，到达广阳时，唐军别将慕容溢、张奉璋拦击，将他们全部杀死。

史思明围攻太原，一个多月都没攻下，于是挑选精锐士卒组成游击兵，告诫他们说："我进攻北面时，你们就暗中潜入南面，我们攻东面，你们就去西面，一有机会，就立即出击。"但李光弼军令严整，虽叛军没有来攻，警戒、巡逻一点也不松懈，叛军无法入城。李光弼又在军中悬赏招募有一技之长的士卒，只要有一项小本领，都加以录用，按他们的才能分别加以使用，尽量发挥每个人的作用。募到安边军中的三个铸钱工人，擅长挖掘地道。叛军在城下仰面诟骂城上守军，李光弼派人从地道中抓住他们的脚，拖入地道，在城墙上斩首。从此叛军行走时都低头看着地面。叛军制造云梯、土山攻城，李光弼挖地道对付，叛军只要接近城墙，便立即陷入地下。叛军最初攻城很急，李光弼制作大石炮，发射巨石，发射一炮就能击毙二十多人。叛军死亡十分之二三，于是将营阵后撤到几十步外，但将城包围得更加严密。李光弼派人假装与叛军相约投降，约定日期出城，叛军十分高兴，不作戒备。李光弼命人在叛军军营下挖满地道，用木头顶住。到了预定日期，李光弼指挥部队埋伏在城墙上，派裨将率数千人出城，好像投降的样子，叛军都注目观看。突然营中地面塌陷，压死一千多人，叛军惊恐慌乱，唐军呐喊着乘势出击，俘虏及斩杀的叛军数以万计。正好这时安禄山死去，安庆绪命史思明返回范阳镇守，留下蔡希德等人围攻太原。

安庆绪任命尹子奇为汴州刺史、河南节度使。甲戌（二十五日），尹子奇率归州、檀州以及同罗、奚族士卒十三万人进逼睢阳。许远向张巡告急求救，张巡从宁陵率军进入睢阳。张巡有兵士三千人，同许远的军队合在一起共六千八百人。

贼悉众逼城,巡督励将士,昼夜苦战,或一日至二十合;凡十六日,擒贼将六十馀人,杀士卒二万馀,众气自倍。远谓巡曰:"远懦,不习兵,公智勇兼济,远请为公守,公请为远战。"自是之后,远但调军粮,修战具,居中应接而已,战斗筹划一出于巡。贼遂夜遁。

郭子仪以河东居两京之间,扼贼要冲,得河东则两京可图。时贼将崔乾祐守河东,丁丑,子仪潜遣人入河东,与唐官陷贼者谋,俟官军至,为内应。

二月戊子,上至凤翔。

郭子仪自洛交引兵趣河东,分兵取冯翊。己丑夜,河东司户韩旻等翻河东城迎官军,杀贼近千人。崔乾祐逾城得免,发城北兵攻城,且拒官军,子仪击破之。乾祐走,子仪追击之,斩首四千级,捕虏五千人。乾祐至安邑,安邑人开门纳之,半入,闭门击之,尽殪。乾祐未入,自白迳岭亡去。遂平河东。

上至凤翔旬日,陇右、河西、安西、西域之兵皆会,江、淮庸调亦至洋川、汉中。上自散关通表成都,信使骆驿。长安人闻车驾至,从贼中自拔而来者日夜不绝。

西师憩息既定,李泌请遣安西及西域之众,如前策并塞东北,自归、檀南取范阳。上曰:"今大众已集,庸调亦至,当乘兵锋捣其腹心,而更引兵东北数千里,先取范阳,不亦迂乎?"对曰:"今以此众直取两京,必得之。然贼必再强,

叛军全部进逼到城下,张巡督促鼓励将士,日夜苦战,有时一天就要交战二十个回合;共过了十六天,擒获叛军将领六十多人,杀掉士卒两万多,守军士气倍增。许远对张巡说:"我懦弱不懂军事,你智勇双全,我替你守卫,你替我作战。"从此之后,许远只是负责调集军粮,修理武器,在城中接应,军事计划和行动,全由张巡负责。叛军于是趁夜撤走。

郭子仪认为河东居于两京之间,是扼住叛军的要害,夺取了河东就可图取两京。当时叛军将领崔乾祐据守河东,丁丑(二十八日),郭子仪秘密派人潜入河东,与在叛军中任职的唐朝官员密谋,等到唐官军抵达后,作为内应。

二月戊子(初十),唐肃宗抵达凤翔。

郭子仪从洛交率军奔赴河东,分兵进攻冯翊。己丑(十一日)夜晚,河东司户韩旻等翻出城墙,迎接唐官军,杀死叛军近千人。崔乾祐跳城而逃,免于一死。崔乾祐调动驻守在城北的军队攻城,并且抗拒唐官军,郭子仪将他们击败。崔乾祐逃走,郭子仪追击,杀死叛军四千人,俘获五千人。崔乾祐逃到安邑,安邑城内的人打开城门接纳,等叛军进去一半时,关闭城门,发动进攻,将入城叛军全部屠杀干净。崔乾祐没有入城,从白迳岭逃走,于是平定了河东。

唐肃宗抵达凤翔十天后,陇右、河西、安西、西域的军队全部汇聚,长江、淮河一带的捐税物资也运到了洋川、汉中。唐肃宗从散关上奏成都,两地信差来往不断。长安居民得知皇帝驾到,纷纷从叛军中脱离出来投奔唐军,日夜不绝。

唐朝的西部军队稍做休整后,李泌请求派安西、西域的军队,按照以前在彭原制定的策略,沿着边塞进发,从归州、檀州向南夺取范阳。唐肃宗说:"现在大军已经集结完毕,通过征税征来的物资也已经运到,应当趁锐利的士气直捣贼兵的心脏,你反而建议率军向东北进军数千里,先夺取范阳,这样岂不是太迂腐了吗?"李泌回答说:"现在用现有的兵力直接夺取两京,当然一定会攻克的。但是叛贼必定会再度强大起来,

我必又困,非久安之策。"上曰:"何也?"对曰:"今所恃者,皆西北守塞及诸胡之兵,性耐寒而畏暑,若乘其新至之锐,攻禄山已老之师,其势必克。两京春气已深,贼收其馀众,遁归巢穴,关东地热,官军必困而思归,不可留也。贼休兵秣马,伺官军之去,必复南来,然则征战之势未有涯也。不若先用之于寒乡,除其巢穴,则贼无所归,根本永绝矣。"上曰:"朕切于晨昏之恋,不能待此决矣。"

关内节度使王思礼军武功,兵马使郭英乂军东原,王难得军西原。丁酉,安守忠等寇武功,郭英乂战不利,矢贯其颐而走;王难得望之不救,亦走。思礼退军扶风。贼游兵至大和关,去凤翔五十里,凤翔大骇,戒严。

李光弼将敢死士出击蔡希德,大破之,斩首七万馀级,希德遁去。

安庆绪以史思明为范阳节度使,兼领恒阳军事,封妫川王;以牛廷玠领安阳军事;张忠志为常山太守兼团练使,镇井陉口;馀各令归旧任,募兵以御官军。先是,安禄山得两京,珍货悉输范阳。思明拥强兵,据富资,益骄横,浸不用庆绪之命;庆绪不能制。

庚子,郭子仪遣其子旰及兵马使李韶光、大将军王祚济河击潼关,破之,斩首五百级。安庆绪遣兵救潼关,郭旰等大败,死者万馀人,李韶光、王祚战死,仆固怀恩抱马首浮渡渭水,退保河东。

上皇思张九龄之先见,为之流涕,遣中使至曲江祭之,厚恤其家。

我们也定会再度陷入困境,这不是长久安宁的策略。"唐肃宗说:
"为什么?"李泌回答说:"我们现在所凭恃的兵力,都是西北戍守
边塞以及各蛮族的兵士,他们能忍耐寒冷,却畏惧酷暑,如果能
乘借他们刚到的锐气,进攻安禄山已经疲惫了的军队,势必能攻
克。两京的气候已逐渐转暖,贼军收集残兵,逃回北方老巢,关
东地带气候炎热,官军必定困乏,人心思归,就无法挽留住。贼
军休养士卒,喂饱战马,等到官军撤退后,定会再度南下,这样,
征战的局面就没有限期地延续下去。我们不如先将军队派到
寒冷地带,铲除叛军的巢穴,叛军就无处可归,祸根就会完全清
除。"唐肃宗说:"我急切地渴望迎回太上皇,不可能实行你的计
划。"

关内节度使王思礼驻军武功,兵马使郭英义驻军东原,王难
得驻军西原。丁酉(十九日),安守忠等侵犯武功,郭英义迎战,
失利,被箭射穿双颊后逃走;王难得视而不救,也逃走。王思礼
退到扶风。叛军游击兵抵至大和关,离凤翔仅五十里,凤翔守军
大为震惊,加强戒严。

李光弼率敢死队出城攻击蔡希德,大败蔡希德的军队,斩杀
七万多人,蔡希德逃走。

安庆绪任命史思明为范阳节度使,兼管恒阳军事务,封他为
妫川王;任命牛廷玠管理安阳军事务;张忠志为常山太守,兼任
团练使,镇守井陉口;其他将领各回原任,招募兵士抵御唐官军。
先前,安禄山夺取两京,金银财宝都运往范阳。史思明拥有强大
的兵力,又占据丰富的财物,更加骄横,逐渐不接受安庆绪的命
令;安庆绪也无法控制。

庚子(二十二日),郭子仪派他的儿子郭旰以及兵马使李韶
光、大将军王祚渡过黄河进攻潼关,攻克了潼关,斩杀叛军五百
人。安庆绪派兵援救潼关,郭旰等人大败,阵亡一万多人,李韶
光、王祚战死,仆固怀恩抱着马头,游过渭水,退守河东。

太上皇李隆基想到张九龄的先见之明,忍不住流泪哭泣,派
中使到曲江前去祭奠他,重重地抚恤他的家人。

尹子奇复引大兵攻睢阳。张巡谓将士曰："吾受国恩，所守，正死耳。但念诸君捐躯命，膏草野，而赏不酬勋，以此痛心耳。"将士皆激励请奋。巡遂椎牛，大飨士卒，尽军出战。贼望见兵少，笑之。巡执旗，帅诸将直冲贼陈，贼乃大溃。斩将三十馀人，杀士卒三千馀人，逐之数十里。明日，贼又合军至城下，巡出战，昼夜数十合，屡摧其锋，而贼攻围不辍。

辛未，安守忠将骑二万寇河东，郭子仪击走之，斩首八千级，捕虏五千人。

夏四月，上以郭子仪为司空、天下兵马副元帅，使将兵赴凤翔。庚寅，李归仁以铁骑五千邀之于三原北，子仪使其将仆固怀恩、王仲昇、浑释之、李若幽等伏兵击之于白渠留运桥，杀伤略尽，归仁游水而逸。若幽，神通之玄孙也。

子仪与王思礼军合于西渭桥，进屯潏西。安守忠、李归仁军于京城西清渠。相守七日，官军不进。五月癸丑，守忠伪遁，子仪悉师逐之。贼以骁骑九千为长蛇陈，官军击之，首尾为两翼，夹击官军，官军大溃。判官韩液、监军孙知古皆为贼所擒，军资器械尽弃之。子仪退保武功，中外戒严。是时府库无蓄积，朝廷专以官爵赏功，诸将出征，皆给空名告身，自开府、特进、列卿、大将军，下至中郎、郎将，听临事注名。其后又听以信牒授人官爵，有至异姓王者。诸军但以职任相统摄，不复计官爵高下。及清渠之败，复以官爵收散卒。由是官爵轻而货重，大将军告身一通，才易一醉。凡应募入军者，一切衣金紫，

尹子奇再度率大军进攻睢阳。张巡对将士们说:"我身受国家的厚恩,唯一的回报,就是一死。只是想到各位捐献身躯,横尸荒野,而得到的赏赐无法同你们的功劳相比,因此我十分痛心。"将士们都情绪激动,发誓奋勇杀敌。张巡于是下令宰杀牛羊,大宴士卒,率全部守军出城作战。叛军见守军太少,不禁大笑。张巡手持军旗,率领各位将领直冲敌阵,叛军大败,斩杀叛军将领三十多人,杀死士卒三千多人,追击数十里。第二天,叛军又集结部队回到城下,张巡出城迎战,昼夜不停地交战数十回合,屡次挫败敌军,但叛军仍不停地围攻。

辛未(二十三日),安守忠率两万骑兵侵犯河东,郭子仪将他击退,杀死八千人,捕获五千人。

夏季四月,唐肃宗任命郭子仪为司空、天下兵马副元帅,命他率军奔赴凤翔。庚寅(十三日),李归仁率骑兵五千人,在三原北面截击郭子仪,郭子仪派部将仆固怀恩、王仲昇、浑释之、李若幽等在白渠留运桥埋下伏兵反击,将叛军几乎全部杀伤殆尽,李归仁游水逃走。李若幽是李神通的玄孙。

郭子仪与王思礼在西渭桥会师,进驻滻水西岸。安守忠、李归仁驻军在长安西郊的清渠。两军对峙七天,唐军无法前进。五月癸丑(初六),安守忠假装逃走,郭子仪全军追击。叛军用骁悍的九千骑兵结成长蛇阵,唐军攻击,长蛇阵首尾变成左右两翼,夹击唐军,唐军大败。判官韩液、监军孙知古被叛军擒获,军用物资、武器装备全抛弃。郭子仪退守武功,凤翔城内外戒严。这时,唐官府仓库中已无积蓄,朝廷只能以官职爵位来奖赏战功,各将领出征,都赐给空白委任书,上自开府、特进、列卿、大将军,下至中郎、郎将,全由带兵将领临时填写姓名。后来,又让改用信牒任命官爵,有的甚至不是李姓皇族也封亲王。各军只是以实际主管军务的情况来确定统属关系,不再看各人官爵的高低。等到清渠之役战败后,又重新用官爵收集散卒。从此,大家不看重官爵而重视实物赏赐,一个大将军的空白任命书只能取来一次醉酒。所有应召入伍的人,一律穿佩有金鱼袋的紫色官服,

至有朝士僮仆衣金紫，称大官，而执贱役者。名器之滥，至是而极焉。

　　山南东道节度使鲁炅守南阳，贼将武令珣、田承嗣相继攻之。城中食尽，一鼠直钱数百，饿死者相枕藉。上遣宦官将军曹日昇往宣慰，围急，不得入。日昇请单骑入致命，襄阳太守魏仲犀不许。会颜真卿自河北至，曰："曹将军不顾万死以致帝命，何为沮之？借使不达，不过亡一使者；达，则一城之心固矣。"日昇与十骑偕往，贼畏其锐，不敢逼。城中自谓望绝，及见日昇，大喜。日昇复为之至襄阳取粮，以千人运粮而入，贼不能遏。炅在围中凡周岁，昼夜苦战，力竭不能支，壬戌夜，开城帅馀兵数千突围而出，奔襄阳。承嗣追之，转战二日，不能克而还。时贼欲南侵江、汉，赖炅扼其冲要，南夏得全。

　　司空郭子仪诣阙请自贬。甲子，以子仪为左仆射。

　　尹子奇益兵围睢阳益急，张巡于城中夜鸣鼓严队，若将出击者；贼闻之，达旦儆备。既明，巡乃寝兵绝鼓。贼以飞楼瞰城中，无所见，遂解甲休息。巡与将军南霁云、郎将雷万春等十馀将各将五十骑开门突出，直冲贼营，至子奇麾下，营中大乱，斩贼将五十馀人，杀士卒五千馀人。巡欲射子奇而不识，乃剡蒿为矢，中者喜，谓巡矢尽，走白子奇，乃得其状。使霁云射之，丧其左目，几获之。子奇乃收军退还。

甚至有些朝廷官员的僮仆,也穿佩有金鱼袋的紫袍,而具有高官资格的,却从事低贱的杂役。官位名号的泛滥,到此时已达到了极点。

山南东道节度使鲁炅固守南阳,叛军将领武令珣、田承嗣相继进攻。城中粮食用尽,一只老鼠就值几百钱,饿死的人重重堆积。唐肃宗派宦官将军曹日昇前往慰劳,因叛军围攻太急,无法进城。曹日昇请求单人匹马入城传达皇帝命令,襄阳太守魏仲犀不同意。刚好颜真卿从河北到达这里,说:"曹将军不顾性命去传达皇上旨意,为什么要阻拦他?即使他不能进入城中,也只不过是损失一个使者;如果他能进入城中,那么全城的人心都可以坚固。"曹日昇与十名骑兵一同前往,叛军畏惧他的锐气,不敢逼近。城中的人自以为断绝了希望,等到见到曹日昇后,大为振奋。曹日昇再为他们到襄阳去运输粮食,派千人运粮进城,叛军无法阻止。鲁炅在围城中整整一年,日夜苦战,精疲力尽,不能支持,壬戌(十五日)夜晚,打开城门,率一千多残余守军突围出来,投奔襄阳。田承嗣在后面追击,转战两天,无法取胜,只得退回。当时,叛军打算向南进犯汉水、长江一带,全靠鲁炅阻住要道,南夏才得以保全。

司空郭子仪亲赴行宫请求贬职。甲子(十七日),唐肃宗任命郭子仪为左仆射。

尹子奇增军加紧围攻睢阳,张巡在城中夜里鸣击战鼓,集合队伍,好像要出城攻击;城外叛军得知后,彻夜戒备。天亮后,张巡解散军队,停止击鼓。叛军在飞楼上向城内察看,什么也没看到,于是脱掉铠甲休息。张巡与将军南霁云、郎将雷万春等十多位将领各自率五十多名骑兵,打开城门,突然出击,直冲叛军营阵,冲到尹子奇军旗下面,叛军营中大乱,斩杀了叛军将领五十多人,杀死士卒五千多人。张巡准备射击尹子奇,但不认识,于是用削尖的蒿草作箭矢,被射中的叛军大喜,认为张巡的箭已用尽,跑去报告尹子奇,于是张巡就认清了尹子奇的面貌。张巡命南霁云向他射箭,射伤了尹子奇的左眼,几乎擒获住他。尹子奇于是退走。

六月癸未,田乾真围安邑。会陕郡贼将杨务钦密谋归国,河东太守马承光以兵应之,务钦杀城中诸将不同己者,翻城来降。乾真解安邑,遁去。

秋七月,河南节度使贺兰进明克高密、琅邪,杀贼二万馀人。

壬子,尹子奇复征兵数万,攻睢阳。先是,许远于城中积粮至六万石,虢王巨以其半给濮阳、济阴二郡,远固争之,不能得。既而济阴得粮,遂以城叛,而睢阳城至是食尽。将士人廪米日一合,杂以茶纸、树皮为食,而贼粮运通,兵败复征。睢阳将士死不加益,诸军馈救不至,士卒消耗至一千六百人,皆饥病不堪斗,遂为贼所围,张巡乃修守具以拒之。贼为云梯,势如半虹,置精卒二百于其上,推之临城,欲令腾入。巡预于城潜凿三穴,候梯将至,于一穴中出大木,末置铁钩,钩之使不得退;一穴中出一木,挂之使不得进;一穴中出一木,木末置铁笼,盛火焚之,其梯中折,梯上卒尽烧死。贼又以钩车钩城上栅阁,钩之所及,莫不崩陷。巡以大木,末置连锁,锁末置大镮,拓其钩头,以革车拔之入城,截其钩头而纵车令去。贼又造木驴攻城,巡镕金汁灌之,应投销铄。贼又于城西北隅以土囊积柴为磴道,欲登城。巡不与争利,每夜,潜以松明、干蒿投之于中,积十馀日,贼不之觉,因出军大战,使人顺风持火焚之,

六月癸未(初七),田乾真围攻安邑。正好陕郡的叛军将领杨务钦暗中密谋归降朝廷,河东太守马承光派兵接应,杨务钦杀掉城中不肯追随他的各位将领,翻出城墙投降。田乾真解除对安邑的包围,退走。

秋季七月,河南节度使贺兰进明攻克高密、琅邪,杀死叛军两万多人。

壬子(初六),尹子奇再次调集数万兵士,进攻睢阳。先前,许远在城中积蓄粮食达六万石,虢王李巨将其中的一半分给濮阳、济阴二郡,许远极力反对,没有结果。不久济阴郡得到粮食后,于是投降了叛军,而睢阳城中到此时粮食已经吃完。将士们每天每人只分到一盒米,在里面掺杂进茶叶、纸张、树皮吃下,而叛军的运粮道路通畅,战败后又重新征集。睢阳城内的将士,死后不能补充兵源,其他的军队又不来援救,士卒损失到只有一千六百人,而且都饥饿生病,无法作战,于是被叛军围困,张巡修理守城设备以抵抗叛军。叛军制造云梯,形状好像半道长虹,将精锐士卒两百人放在梯上,把梯子推到城下,打算让梯上的人跳进城内。张巡预先在城墙上凿出三个洞穴,等云梯快要推近时,在一个洞穴中伸出一个大木头,木头末端绑上的铁钩钩住云梯,使云梯不能后退;另一个洞穴中再伸出一个木头,顶住云梯,使云梯无法前进;第三个洞穴中又伸出一个木头,木头末端捆上一个铁笼,铁笼里装满烈火,伸到云梯中间燃烧,云梯从中间烧断,梯上的士卒全部烧死。叛军又使用钩车钩城上的楼棚阁,凡被钩到的地方,没有不倒塌的。张巡用大的木头,在木头的末端绑上铁链,铁链的末端系上大铁环,用铁环去套上钩车的铁钩,再用皮革吊车将钩车吊到城内,砍断铁钩,抛出钩车。叛军又制造木驴来攻城,张巡将铜铁镕成液汁,从城上倒注下来,木驴立即便镕成一团焦灰。叛军又在城的西北角用土沙袋压在堆积的木柴上,筑成台阶道路,打算用来攻城。张巡不做反应,每天晚上,派人暗中将含油的松木、干草放在木柴里,前后十多天,叛军都没发觉,张巡派军出城大战,并派人顺风拿着火把点燃木柴,

贼不能救,经二十馀日,火方灭。巡之所为,皆应机立办,贼服其智,不敢复攻。遂于城外穿三重壕,立木栅以守巡,巡亦于其内作壕以拒之。

丁巳,贼将安武臣攻陕郡,杨务钦战死,贼遂屠陕。

以张镐兼河南节度、采访等使,代贺兰进明。

八月,灵昌太守许叔冀为贼所围,救兵不至,拔众奔彭城。

睢阳士卒死伤之馀,才六百人,张巡、许远分城而守之,巡守东北,远守西南,与士卒同食茶纸,不复下城。贼士攻城者,巡以逆顺说之,往往弃贼来降,为巡死战,前后二百馀人。

是时,许叔冀在谯郡,尚衡在彭城,贺兰进明在临淮,皆拥兵不救。城中日蹙,巡乃令南霁云将三十骑犯围而出,告急于临淮。霁云出城,贼众数万遮之,霁云直冲其众,左右驰射,贼众披靡,止亡两骑。既至临淮,见进明,进明曰:"今日睢阳不知存亡,兵去何益?"霁云曰:"睢阳若陷,霁云请以死谢大夫。且睢阳既拔,即及临淮,譬如皮毛相依,安得不救?"进明爱霁云勇壮,不听其语,强留之,具食与乐,延霁云坐。霁云慷慨,泣且语曰:"霁云来时,睢阳之人不食月馀矣!霁云虽欲独食,且不下咽。大夫坐拥强兵,观睢阳陷没,曾无分灾救患之意,岂忠臣义士之所为乎?"因啮落一指以示进明,曰:"霁云既不能达主将之意,请留一指

叛军无法施救,历时二十多天,大火才熄灭。张巡所做的这些事,都是随机应变,叛军佩服他的智慧,不敢继续攻城。于是在城外挖掘三层壕沟,树立栅栏以困守张巡,张巡也在城内挖掘壕沟抵御。

丁巳(十一日),叛军将领安武臣进攻陕郡,杨务钦战死,叛军于是屠灭了陕郡郡城。

唐肃宗任命张镐兼任河南节度、采访等使,接替贺兰进明。

八月,灵昌太守许叔冀被叛军围困,救兵不到,于是率军民投奔彭城。

睢阳守军除死伤之外,仅剩下六百人,张巡、许远将城分成两部分防守。张巡防守东北,许远防守西南,同士卒们一道吃茶叶、纸张,再也不走下城墙。叛军士卒攻城时,张巡以叛逆和忠顺的利害关系来规劝他们,往往有人背离叛军,归降张巡,为张巡拼死作战,前后共有两百多人。

当时,许叔冀在谯郡,尚衡在彭城,贺兰进明在临淮,都按兵不救。睢阳城内日益急迫,张巡于是命南霁云率三十名骑兵骑马突围出城,向临淮告急救援。南霁云出城后,叛军几万人前来阻截,南霁云直冲叛军,向左右飞奔射去,叛军纷纷避开,出围后,南霁云只损失了两位骑兵。南霁云抵达临淮后,晋见贺兰进明,贺兰进明说:"现在睢阳城的存亡都不知道,援军前去有什么裨益?"南霁云说:"睢阳若是沦陷,我愿以死向你赎罪。况且睢阳如果被攻克,叛军的下一个目标就是临淮,两郡的关系犹如皮和毛那样相互依存,怎能不加援救?"贺兰进明喜爱南霁云的勇猛健壮,不接受他的请求,反而强行留他下来,摆下酒席和舞乐,请南霁云入座。南霁云慷慨悲愤,哭泣着说:"我从睢阳来时,睢阳城里的人已有一个多月没有吃东西!我虽然想独自进餐,也咽不下去。你手握强兵安然地坐在这里,眼看着睢阳陷落,却没有一点分担灾患、拯救苦难的意思,这难道是忠臣义士的作为吗?"于是咬下一个手指,呈献给贺兰进明说:"我既然不能完成主将交给的任务,请留下这个手指作为证明,

以示信归报。"座中往往为泣下。霁云察进明终无出师意，遂去。至宁陵，与城使廉坦同将步骑三千人，闰月戊申夜，冒围，且战且行，至城下，大战，坏贼营，死伤之外，仅得千人入城。城中将吏知无救，皆恸哭。贼知援绝，围之益急。

初，房琯为相，恶贺兰进明，以为河南节度使，以许叔冀为进明都知兵马使，俱兼御史大夫。叔冀自恃麾下精锐，且官与进明等，不受其节制。故进明不敢分兵，非惟疾巡、远功名，亦惧为叔冀所袭也。

戊辰，上劳飨诸将，遣攻长安，谓郭子仪曰："事之济否，在此行也！"对曰："此行不捷，臣必死之。"

辛未，御史大夫崔光远破贼于骆谷。光远行军司马王伯伦、判官李椿将二千人攻中渭桥，杀贼守桥者千人，乘胜至苑门。贼有先屯武功者闻之，奔归，遇于苑北，合战，杀伯伦，擒椿送洛阳。然自是贼不复屯武功矣。

贼屡攻上党，常为节度使程千里所败。蔡希德复引兵围上党。九月丁丑，希德以轻骑至城下挑战，千里帅百骑开门突出，欲擒之，会救至，千里收骑退还，桥坏，坠堑中，反为希德所擒。仰谓从骑曰："吾不幸至此，天也！归语诸将，善为守备，宁失帅，不可失城。"希德攻城，竟不克，送千里于洛阳，安庆绪以为特进，囚之客省。

好让我回去报告。"在座的人都为他流下了眼泪。南霁云观察贺兰进明最终也不会有出兵的意思,于是离去。经过宁陵时,与城中守将廉坦一起率步兵、骑兵三千人,在闰八月戊申(初三)夜间杀入重围,一边战斗,一边前进,抵至睢阳城下,与叛军大战,摧毁叛军营阵,除去死伤的,仅有一千人进入城内。城中的将士得知没有救兵,都放声恸哭。叛军得知城中外援断绝,加紧围攻。

当初,房琯担任宰相,厌恶贺兰进明,命他担任河南节度使,同时任命许叔冀担任贺兰进明的都知兵马使,两人同时兼任御史大夫。许叔冀仗恃自己的直属部队精锐,而且官位与贺兰进明相等,不肯接受贺兰进明的节制。所以贺兰进明不敢发兵援助,并不仅仅是因为嫉妒张巡、许远建立功名,同时也是因为害怕被许叔冀所袭击。

戊辰(二十三日),唐肃宗宴请各位将领,命他们进攻长安,唐肃宗对郭子仪说:"事情能否成功,就在于此次出征。"郭子仪说:"如果这次不能取得胜利,我必会以死赎罪。"

辛未(二十六日),御史大夫崔光远在骆谷被叛军击败。崔光远属下的行军司马王伯伦、判官李椿率两千人进攻中渭桥,杀死守桥的叛军一千人,并乘胜追击到皇苑大门外。先前屯驻在武功的叛军得知此讯后,奔回长安,双方在皇苑北郊遭遇,交战,叛军杀死了王伯伦,将李椿擒获送往洛阳。但是叛军再也不敢驻防在武功。

叛军多次进攻上党,都被节度使程千里击败。蔡希德再度率军围攻上党。九月丁丑(初二),蔡希德率精锐骑兵到上党城下挑战,程千里率一百名骑兵打开城门,突然出击,打算生擒蔡希德。但刚好蔡希德的救兵赶到,程千里收兵撤退,壕沟上的桥梁突然崩塌,程千里坠入沟中,反而被蔡希德擒获。程千里仰天对随从骑兵说:"我不幸落到这种地步,真是天意!你们回去告诉城中各位守将,好好地守御,宁可丧失主帅,不可失掉城池。"蔡希德攻城,最终未能攻克。叛军将程千里押送到洛阳,安庆绪任命他为特进,将他囚禁在接待使节的馆舍里。

郭子仪以回纥兵精，劝上益征其兵以击贼。怀仁可汗遣其子叶护及将军帝德等将精兵四千馀人来至凤翔。上引见叶护，宴劳赐赉，惟其所欲。丁亥，元帅广平王俶将朔方等军及回纥、西域之众十五万，号二十万，发凤翔。俶见叶护，约为兄弟，叶护大喜，谓俶为兄。回纥至扶风，郭子仪留宴三日。叶护曰："国家有急，远来相助，何以食为？"宴毕，即行。日给其军羊二百口，牛二十头，米四十斛。

庚子，诸军俱发；壬寅，至长安城西，陈于香积寺北沣水之东。李嗣业为前军，郭子仪为中军，王思礼为后军。贼众十万陈于其北，李归仁出挑战，官军逐之，逼于其陈，贼军齐进，官军却，为贼所乘，军中惊乱，贼争趣辎重。李嗣业曰："今日不以身饵贼，军无孑遗矣。"乃肉袒、执长刀，立于陈前，大呼奋击，当其刀者，人马俱碎，杀数十人，陈乃稍定。于是嗣业帅前军各执长刀，如墙而进，身先士卒，所向摧靡。都知兵马使王难得救其裨将，贼射之中眉，皮垂障目。难得自拔箭，掣去其皮，血流被面，前战不已。贼伏精骑于陈东，欲袭官军之后，侦者知之，朔方左厢兵马使仆固怀恩引回纥就击之，翦灭殆尽，贼由是气索。李嗣业又与回纥出贼陈后，与大军夹击，自午及酉，斩首六万级，填沟堑死者甚众，贼遂大溃。馀众走入城，迨夜，嚣声不止。

郭子仪认为回纥兵精锐善战，建议增加征调回纥兵，用以进攻叛军。怀仁可汗派他的儿子叶护，与将军帝德等率精兵四千多人抵达凤翔。唐肃宗召见叶护，饮酒慰劳、赏赐物资，他想要什么就给他什么。丁亥（十二日），元帅广平王李俶率朔方等各路军队，以及回纥、西域的军队十万人，号称二十万大军，从凤翔出发。李俶见到叶护，两人结为兄弟，叶护大喜，称李俶为哥哥。回纥兵抵达扶风，郭子仪将他们留下设宴三天。叶护说："国家有难，我们从远方前来援助，哪顾得吃什么东西？"设宴完毕，立即出发。朝廷每天供给回纥兵羊两百只，牛二十头，米四十斛。

　　庚子（二十五日），各路军队同时出发；壬寅（二十七日），大军抵达长安城西郊，在香积寺北面的沣水东岸安扎营寨。李嗣业率领前军，郭子仪率领中军，王思礼率领后军。叛军十万人在他们北面布阵。李归仁出营挑战，唐官军迎击，将他逼回营中，叛军一齐前进，唐官军向后撤退，被叛军乘胜出击，军中惊恐慌乱，叛军直扑辎重部队。李嗣业说："今天如果不能以自己的身躯挡住贼寇，全军就会完全覆没。"于是赤裸上身、手拿长矛，站在阵前，大声呼喊，奋力阻止后退的士卒，凡被他刀砍到的人，人马立即血肉横飞，杀掉几十个后退的士卒后，阵势才稍稍稳定。于是李嗣业率领前军，每人都手持长矛，排列成一道人墙，向前推进，将领们都走在士卒前面，所到之处，无不摧毁。都知兵马使王难得，为了救一名裨将，叛军发箭射中了他的眉心，皮肉下垂，遮住了眼睛。王难得自己拔掉箭，撕去皮肉，血流满面，仍奋战不止。叛军在阵营之东埋伏下精锐骑兵，准备从背后袭击唐官军，唐军探知到消息，朔方左厢兵马使仆固怀恩率回纥兵迎击伏兵，将他们几乎全部消灭干净，叛军因此气馁。李嗣业又与回纥兵绕到叛军阵后，同大军前后夹击，从午时（十二时）一直杀到酉时（下午六时），斩杀叛军六万人，很多人跌入壕沟中压死，叛军于是大败溃散。残兵逃入长安城中，直到夜晚，喧嚣之声仍未停止。

仆固怀恩言于广平王俶曰："贼弃城走矣,请以二百骑追之,缚取安守忠、李归仁等。"俶曰："将军战亦疲矣,且休息,俟明旦图之。"怀恩曰："归仁、守忠,贼之骁将,骤胜而败,此天赐我也,奈何纵之?使复得众,还为我患,悔之无及!战尚神速,何明旦也?"俶固止之,使还营。怀恩固请,往而复反,一夕四五起。迟明,谍至,守忠、归仁与张通儒、田乾真等皆已遁矣。癸卯,大军入西京。

初,上欲速得京师,与回纥约曰："克城之日,土地、士庶归唐,金帛、子女皆归回纥。"至是,叶护欲如约。广平王俶拜于叶护马前曰："今始得西京,若遽俘掠,则东京之人皆为贼固守,不可复取矣,愿至东京乃如约。"叶护惊跃下马答拜,跪捧王足,曰："当为殿下径往东京。"即与仆固怀恩引回纥、西域之兵自城南过,营于浐水之东。百姓、军士、胡虏见俶拜者,皆泣曰："广平王真华、夷之主!"上闻之喜曰:"朕不及也!"俶整众入城,百姓老幼夹道欢呼悲泣。俶留长安,镇抚三日,引大军东出。以太子少傅虢王巨为西京留守。

甲辰,捷书至凤翔,百寮入贺。上涕泗交颐,即日,遣中使啖庭瑶入蜀奏上皇,命左仆射裴冕入京师,告郊庙及宣慰百姓。

上以骏马召李泌于长安。既至,上曰:"朕已表请上皇东归,朕当还东宫复修人子之职。"泌曰:"表可追乎?"上曰:"已远矣。"泌曰:"上皇不来矣。"上惊,问故。泌曰:

仆固怀恩对广平王李俶说:"叛军就要放弃长安逃走了,请让我率两百骑兵追击他们,生擒安守忠、李归仁等人。"李俶说:"将军已经战斗得很疲劳了,先去休息,等到了明天再行动吧。"仆固怀恩说:"李归仁、安守忠都是叛贼中的猛将,他们在先取胜的情况下,突然又遭受失败,这是上天对我们的恩赐,为什么要放走他们,使他们重新集结部众,回来再成为我们的祸患?到时,我们后悔都来不及了!作战的关键在于神速,为什么要等到明天?"李俶坚决制止,命他返回自己的军营。仆固怀恩极力请求,回到营后又返回御帐,一夜之间来回四五次。黎明时,侦探回来报告说,安守忠、李归仁与张通儒、田乾真等人都已逃离长安。癸卯(二十八日),唐军进入长安。

当初,唐肃宗急于收复京师,与回纥汗国相约说:"攻克京城那天,土地、官民归大唐所有,金银财宝和妇女都归回纥。"到此时,叶护要求履行承诺。广平王李俶在叶护马前拱手行礼,说:"现在刚刚收复长安,若是急于抢掠,那么洛阳的人民都会为叛贼固守,这样就不可能再收复洛阳,请攻下洛阳后再履行誓约。"叶护吃惊地从马上跳下回礼,捧着李俶的脚说:"应当为殿下直取洛阳。"当即与仆固怀恩率回纥、西域士卒从长安城南绕过,在浐水东岸安扎营寨。百姓、士卒、胡人见到李俶,都叩头拜见,流着泪说:"广平王真是汉人、夷人的真正领袖!"唐肃宗听到后高兴地说:"我不如他!"李俶整顿部队,进入长安城,城中男女老幼夹道欢呼悲泣。李俶停留在长安三天,镇压安抚之后,率大军向东出发,命太子少傅虢王李巨为西京留守。

甲辰(二十九日),首都长安克复的捷报传到凤翔,文武百官上朝祝贺。唐肃宗泪流满面,当天,派中使啖庭瑶进入蜀郡奏报太上皇,又派左仆射裴冕进入长安,祭祀天地及宗庙,并安抚百姓。

唐肃宗派人骑骏马到长安召回李泌。李泌到凤翔后,唐肃宗说:"我已上疏奏请太上皇东回长安,我应回太子宫恢复臣子身份。"李泌说:"能不能追回奏章?"唐肃宗说:"已经走了很远。"李泌说:"太上皇不会回来了。"唐肃宗吃惊地询问原因。李泌说:

"理势自然。"上曰:"为之奈何?"泌曰:"今请更为群臣贺表,言自马嵬请留,灵武劝进,及今成功,圣上思恋晨昏,请速还京以就孝养之意,则可矣。"上即使泌草表。上读之,泣曰:"朕始以至诚愿归万机。今闻先生之言,乃寤其失。"立命中使奉表入蜀。

　　郭子仪引蕃、汉兵追贼至潼关,斩首五千级,克华阴、弘农二郡。关东献俘百馀人,敕皆斩之。监察御史李勉言于上曰:"今元恶未除,为贼所污者半天下,闻陛下龙兴,咸思洗心以承圣化,今悉诛之,是驱之使从贼也。"上遽使赦之。

　　冬十月丁未,啖庭瑶至蜀。
　　壬子,兴平军奏:破贼于武关,克上洛郡。
　　尹子奇久围睢阳,城中食尽,议弃城东走,张巡、许远谋,以为:"睢阳,江、淮之保障,若弃之去,贼必乘胜长驱,是无江、淮也。且我众饥羸,走必不达。古者战国诸侯,尚相救恤,况密迩群帅乎?不如坚守以待之。"茶纸既尽,遂食马;马尽,罗雀掘鼠;雀鼠又尽,巡出爱妾,杀以食士,远亦杀其奴;然后括城中妇人食之,既尽,继以男子老弱。人知必死,莫有叛者,所馀才四百人。癸丑,贼登城,将士病,不能战。巡西向再拜曰:"臣力竭矣,不能全城,生既无以报陛下,死当为厉鬼以杀贼!"城遂陷,巡、远俱被执。

"在道理上自然如此。"唐肃宗说:"怎么办呢?"李泌说:"现在重新由文武百官联名呈去一道祝贺的奏表,就说从当年马嵬请求太上皇留下,在灵武请求皇太子登基,直至今天的成功,陛下思恋太上皇,请求太上皇尽早返回京师,以成全陛下孝顺奉养的心愿,这就可以了。"唐肃宗当即命李泌起草奏章。唐肃宗读完奏章,哭泣说:"我原是真心希望将皇位归还太上皇。现在听到先生的分析,这才醒悟我的想法不周全。"立即派中使携带奏表送往蜀郡。

郭子仪率蕃、汉军队追击叛军,直至潼关,斩杀五千叛军,攻克了华阴、弘农二郡。关东献上叛军俘虏一百多人,唐肃宗下令全部处斩。监察御史李勉对唐肃宗说:"现在叛军尚未铲除,全国有一半的人口受到叛贼的裹胁,他们听说陛下即位,都想洗心革面以接受圣洁的教化,如果现在把俘敌全部杀死,就是驱使他们追随叛贼。"唐肃宗立即派人前去将他们赦免。

冬季十月丁未(初三),唉庭瑶抵达蜀郡。

壬子(初八),兴平军奏报在武关击败叛军,攻克上洛郡。

尹子奇长期围困睢阳,睢阳城中粮食用尽,守军将领们考虑放弃睢阳城向东逃走,张巡、许远商议,认为:"睢阳是江、淮一带的屏障,如果放弃它走掉,叛贼必定会乘胜长驱直入,这样也就是丧失了江、淮。而且我们的部众饥饿衰弱,退走必然走不到目的地。古时的战国时代,各国诸侯尚且相互援救,何况我们紧靠着附近的各地唐朝将领呢? 不如坚守睢阳,以待救兵。"茶叶、纸张吃完后,就吃战马;战马吃完后,就捕捉麻雀、挖掘墙下老鼠;麻雀、老鼠又吃完后,张巡献出自己的爱妾,将她杀掉,给士卒充饥,许远也献出自己的家奴;然后搜捕城中的妇女充饥,把妇女吃完后,接着杀老弱的男子。城中的每个人都知道必定会死,没有一个人背叛,所剩下的只有四百多人。癸丑(初九),叛军登上城墙,守城将士身染疾病,不能作战。张巡面向西方下跪叩拜说:"我已竭尽了全力,不能保全城池,活着的时候不能报答陛下,死后当变成厉鬼继续杀贼!"睢阳城遂告陷落,张巡、许远都被擒获。

尹子奇问巡曰："闻君每战眦裂齿碎，何也？"巡曰："吾志吞逆贼，但力不能耳。"子奇以刀抉其口视之，所馀才三四。子奇义其所为，欲活之。其徒曰："彼守节者也，终不为吾用。且得士心，存之，将为后患。"乃并南霁云、雷万春等三十六人皆斩之。巡且死，颜色不乱，扬扬如常。生致许远于洛阳。

巡初守睢阳时，卒仅万人，城中居人亦且数万，巡一见问姓名，其后无不识者。前后大小战凡四百馀，杀贼卒十二万人。巡行兵不依古法教战陈，令本将各以其意教之。人或问其故，巡曰："今与胡虏战，云合鸟散，变态不恒，数步之间，势有同异。临机应猝，在于呼吸之间，而动询大将，事不相及，非知兵之变者也。故吾使兵识将意，将识士情，投之而往，如手之使指。兵将相习，人自为战，不亦可乎？"自兴兵，器械、甲仗皆取之于敌，未尝自修。每战，将士或退散，巡立于战所，谓将士曰："我不离此，汝为我还决之。"将士莫敢不还，死战，卒破敌。又推诚待人，无所疑隐；临敌应变，出奇无穷；号令明，赏罚信，与众共甘苦寒暑，故下争致死力。

张镐闻睢阳围急，倍道亟进，檄浙东、浙西、淮南、北海诸节度及谯郡太守闾丘晓，使共救之。晓素傲很，不受镐命。比镐至，睢阳城已陷三日。镐召晓，杖杀之。

尹子奇问张巡说:"听说你每次出战时都咬碎了自己的牙齿,为什么?"张巡说:"我立志吞灭逆贼,只不过力量不足而已。"尹子奇用刀撬开他的嘴巴查看,口中的牙齿只剩下三四颗。尹子奇敬重他行事忠义,打算留下他的性命。尹子奇的部下说:"他是一个坚守节操的人,最终也不可能为我们所利用。而且他深得军心,留下他,将会成为我们的后患。"尹子奇于是将他同南霁云、雷万春等三十六人全部处死。张巡临死时,面不改色,和平常一样神采飞扬。尹子奇将许远活着押送洛阳。

张巡最初守睢阳时,士卒才一万人,城中居民也接近几万,张巡只要见过一次面,询问过姓名,以后就没有不认识的。前后大小战斗共四百多次,杀死叛军士卒共十二万人。张巡用兵不仿效古代兵法,训练士卒如何作战结阵,命他的将领各自按自己的方法训练。有人询问缘故,张巡说:"现在同胡虏作战,就像乌云和鸟儿一样时聚时散,形态变化不定,几步之间,情况有同有异。临机应变,在于刹那之间,如果动不动都要请示上级,事情就来不及了,这就是不了解军事情况的变化。所以我让士卒了解将领的意图,将领了解士卒的心理,将他们投入战场后,就像手掌运用手指那样自如。士卒和将领相互熟悉,人人各自为战,不也是可以的吗?"自从张巡领兵作战以后,武器、铠甲、物资都从敌人那里夺取,自己从来没有准备过。每次作战,将士有时后退溃散,张巡就站在阵地上,对将士们说:"我不会离开这里,你们给我回去再战。"将士们不敢不再回到战场,拼死作战,最终击败敌人。张巡以诚心对待他人,从不猜忌;面对敌人作战时,张巡能随机应变,不断地出奇制胜;张巡号令严明,赏罚必行,与将士同甘共苦、同寒共暑,所以他的部属都争着拼死效力。

张镐得知睢阳被围攻得十分紧急,率军兼程急进,并发送紧急文书给浙东、浙西、淮南、北海各节度,以及谯郡太守闾丘晓,让他们一同发兵救援。闾丘晓一向傲慢骄横,不接受张镐的命令。等到张镐赶到时,睢阳城已经沦陷了三天。张镐召见闾丘晓,将他乱棍打死。

　　张通儒等收馀众走保陕，安庆绪悉发洛阳兵，使其御史大夫严庄将之，就通儒以拒官军，并旧兵步骑犹十五万。己未，广平王俶至曲沃。回纥叶护使其将军鼻施吐拨裴罗等引军旁南山搜伏，因驻军岭北。郭子仪等与贼遇于新店，贼依山而陈，子仪等初与之战，不利，贼逐之下山。回纥自南山袭其背，于黄埃中发十馀矢。贼惊顾曰："回纥至矣！"遂溃。官军与回纥夹击之，贼大败，僵尸蔽野。严庄、张通儒等弃陕东走，广平王俶、郭子仪入陕城，仆固怀恩等分道追之。严庄先入洛阳告安庆绪。庚申夜，庆绪帅其党自苑门出，走河北，杀所获唐将哥舒翰、程千里等三十馀人而去。许远死于偃师。

　　壬戌，广平王俶入东京。回纥意犹未厌，俶患之。父老请率罗锦万匹以赂回纥，回纥乃止。

　　成都使还，上皇诰曰："当与我剑南一道自奉，不复来矣。"上忧惧，不知所为。数日后使者至，言："上皇初得上请归东宫表，彷徨不能食，欲不归。及群臣表至，乃大喜，命食作乐，下诰定行日。"上召李泌告之曰："皆卿力也！"癸亥，上发凤翔，遣太子太师韦见素入蜀，奉迎上皇。

　　乙丑，郭子仪遣左兵马使张用济、右武锋使浑释之将兵取河阳及河内；严庄来降。陈留人杀尹子奇，举郡降。田承嗣围来瑱于颍川，亦遣使来降；郭子仪应之缓，承嗣复叛，与武令珣皆走河北。制以瑱为淮南节度使。

张通儒等人收集残兵退守陕郡,安庆绪征发洛阳所有的军队,命御史大夫严庄率领,与张通儒会合抵抗唐军,连同旧有的步兵、骑兵仍有十五万人。己未(十五日),广平王李俶抵达曲沃。回纥汗国的叶护派他的将军鼻施吐拨裴罗等率军沿着南山搜索埋伏,并就势驻军在岭北。郭子仪等在新店同叛军相遇,叛军依山扎营,郭子仪等开始时同叛军交战,失利,叛军将他们驱逐下山。回纥兵从南山突袭叛军的背后,在飞扬的黄尘中射出十多支箭。叛军惊慌地相互说:"回纥军到了!"于是崩溃逃散。唐官军同回纥军夹击叛军,叛军大败,尸体布满荒野。严庄、张通儒等放弃陕郡向东逃走,广平王李俶、郭子仪进入陕郡郡城,仆固怀恩等分别从各路追击叛军。严庄先进入洛阳奏报安庆绪。庚申(十六日)夜晚,安庆绪率部属从皇苑大门出城,逃往黄河以北,安庆绪杀掉俘获的唐朝将领哥舒翰、程千里等三十多人,然后逃走。许远死在偃师。

壬戌(十八日),广平王李俶进入东京洛阳。回纥的要求仍未满足,李俶深感担忧。洛阳的父老乡绅请求将锦罗绸缎一万匹贿赂回纥,回纥这才平息下来。

唐肃宗派往成都的使者返回,太上皇下诏说:"希望把剑南道划给我自己奉养,我不再返回长安。"唐肃宗忧虑惶恐,不知道怎么办。几天后,送百官贺表的使者也返回,说:"太上皇最初接到皇上请求返回东宫的奏表,彷徨不安,吃不下饭,打算不再返回。等到百官贺表送到后,这才大喜,命送上食物,演奏舞乐,下诏确定启程日期。"唐肃宗召见李泌,告诉他说:"这都是你的功劳。"癸亥(十九日),唐肃宗从凤翔出发,派太子太师韦见素前去蜀郡,迎接太上皇。

乙丑(二十一日),郭子仪派左兵马使张用济、右武锋使浑释之率军攻取河阳和河内;严庄前来投降。陈留人杀掉尹子奇,献出郡城投降。田承嗣在颍川围攻来瑱,也派使者前来洽谈投降;郭子仪答复迟缓,田承嗣再度反叛,同武令珣一齐逃奔河北。唐肃宗下令任命来瑱为淮南节度使。

丙寅,上至望贤宫,得东京捷奏。丁卯,上入西京。百姓出国门奉迎,二十里不绝,舞跃呼万岁,有泣者。上入居大明宫。御史中丞崔器令百官受贼官爵者皆脱巾徒跣立于含元殿前,搏膺顿首请罪,环之以兵,使百官临视之。太庙为贼所焚,上素服向庙哭三日。是日,上皇发蜀郡。

安庆绪走保邺郡,改邺郡为安成府,改元天成。从骑不过三百,步卒不过千人,诸将阿史那承庆等散投常山、赵郡、范阳。旬日间,蔡希德自上党,田承嗣自颍川,武令珣自南阳,各帅所部兵归之。又召募河北诸郡人,众至六万,军声复振。

广平王俶之入东京也,百官受安禄山父子官者陈希烈等三百馀人,皆素服悲泣请罪。俶以上旨释之,寻勒赴西京。已巳,崔器令诣朝堂请罪,如西京百官之仪,然后收系大理、京兆狱。其府县所由、祇承人等受贼驱使追捕者,皆系之。

初,汲郡甄济,有操行,隐居青岩山,安禄山为采访使,奏掌书记。济察禄山有异志,诈得风疾,舁归家。禄山反,使蔡希德引行刑者二人,封刀召之,济引首待刀。希德以实病白禄山。后安庆绪亦使人强舁至东京,月馀,会广平王俶平东京,济起,诣军门上谒。俶遣诣京师,上命馆之于三司,令受贼官爵者列拜以愧其心,以济为秘书郎。国子司业苏源明称病不受禄山官,上擢为考功郎中、知制诰。

丙寅(二十二日),唐肃宗抵达望贤宫,接到收复东京洛阳的捷报。丁卯(二十三日),唐肃宗进入西京长安。城中百姓走出城门欢迎,连接二十里,百姓跳跃欢舞,高呼万岁,有的甚至流泪哭泣。唐肃宗进住大明宫。御史中丞崔器下命接受叛军官爵的官员都脱掉头巾,光着脚站在含元殿前,捶胸顿首请罪,并在他们周围排列手持武器的士卒,让文武百官前来观看。皇家祖庙被叛军焚毁,唐肃宗身穿白色的衣服,对着祖庙哭泣三天。当天,太上皇从成都出发。

安庆绪退守到邺郡,将邺郡改为安成府,改年号为天成。这时跟随他的骑兵不超过千人,阿史那承庆等各位将领逃散投奔到了常山、赵郡、范阳。十天之间,蔡希德从上党,田承嗣从颍川,武令珣从南阳各自率领所属部众回到安庆绪那里。安庆绪又招募各郡百姓,部众达到六万人,声势再度振作。

广平王李俶在进入东京时,陈希烈等三百多位接受安禄山父子官职的原唐官员,都身穿素服悲哭请罪。李俶以唐肃宗的名义下令将他们释放,不久又召集他们押送西京。己巳(二十五日),崔器命他们前往宫廷大殿请罪,用就像对西京俘获的官员一样的仪式处理他们,然后将他们囚禁在大理寺和京兆监狱。那些接受叛军驱使的各府县地方官员和敬顺叛贼的人,一律逮捕囚禁。

当初,汲郡人甄济,有节操德行,隐居在青岩山,安禄山担任采访使时,奏请任命他为掌书记。甄济觉察到安禄山有反叛意图,假装中风,抬回家中。安禄山反叛后,命蔡希德率刽子手二人,带着封刀前去征召他,甄济伸出脖子等待斩首。蔡希德告诉安禄山他确实患病。后来安庆绪也派人强行将他抬到东京洛阳,一个多月后,正好广平王李俶平定东京,甄济起床,前往军营晋见。李俶派他前往京师长安,唐肃宗命他居住在三司,令接受叛军官爵的人,列队在他面前跪拜,以此让他们羞愧,唐肃宗任命甄济为秘书郎。国子司业苏源明借口生病不接受安禄山授予的官职,唐肃宗擢升他为考功郎中、知制诰。

壬申，上御丹凤楼，下制："士庶受贼官禄，为贼用者，令三司条件闻奏。其因战被虏，或所居密近，因与贼往来者，皆听自首除罪；其子女为贼所污者，勿问。"

癸酉，回纥叶护自东京还，上命百官迎之于长乐驿，上与宴于宣政殿。叶护奏以"军中马少，请留其兵于沙苑，自归取马，还为陛下扫除范阳馀孽。"上赐而遣之。

十一月，广平王俶、郭子仪来自东京，上劳子仪曰："吾之家国，由卿再造。"

张镐帅鲁炅、来瑱、吴王祗、李嗣业、李奂五节度徇河南、河东郡县，皆下之。惟能元皓据北海，高秀岩据大同未下。

己丑，以回纥叶护为司空、忠义王；岁遗回纥绢二万匹，使就朔方军受之。

上之在彭原也，更以栗为九庙主。庚寅，朝享于长乐殿。

丙申，上皇至凤翔，从兵六百馀人，上皇命悉以甲兵输郡库。上发精骑三千奉迎。十二月丙午，上皇至咸阳，上备法驾迎于望贤宫。上皇在宫南楼，上释黄袍，著紫袍，望楼下马，趋进，拜舞于楼下。上皇降楼，抚上而泣，上捧上皇足，呜咽不自胜。上皇索黄袍，自为上著之，上伏地顿首固辞。上皇曰："天数、人心皆归于汝，使朕得保养馀齿，汝之孝也！"上不得已，受之。父老在仗外，欢呼且拜。上令开仗，纵千馀人入谒上皇，曰："臣等今日复睹二圣相见，死无恨矣！"上皇不肯居正殿，曰："此天子之位也。"上固请，

壬申(二十八日),唐肃宗前往丹凤楼,下诏说:"凡接受叛贼官职俸禄、给叛贼做事的官吏平民,命三司分别列出事实奏报。因在战斗中被俘,或住所接近叛贼,而同叛贼往来的,都让他们自首,赦免罪行;子女被叛贼污侮的,不予追究。"

癸酉(二十九日),回纥叶护从东京返回西京,唐肃宗命令百官到长乐驿迎接,唐肃宗同他在宣政殿会宴。叶护奏称:"军中战马太少,请允许将军队留在沙苑,自己回去挑选马匹,回来后再为陛下扫除范阳的残馀妖孽。"唐肃宗赏赐他后,送他启程。

十一月,广平王李俶、郭子仪从东京来到长安,唐肃宗慰劳郭子仪说:"我的国家,是由你再造的。"

张镐率鲁炅、来瑱、吴王李祗、李嗣业、李奂等五个节度分别进攻河南、河东各郡县,全都克复。只有能元皓占据北海,高秀岩据守大同,未能攻克。

己丑(十五日),唐肃宗任命回纥叶护为司空、封忠义王;每年送给回纥绸缎两万匹,让他们到朔方军那里领取。

唐肃宗在彭原的时候,在那里重新用栗木制造九位先祖的牌位。庚寅(十六日),在长乐殿向牌位献祭。

丙申(二十二日),太上皇李隆基抵达凤翔,跟随的士卒有六百多人,太上皇命他们将武器全部缴给凤翔郡军械库。唐肃宗派精锐骑兵三千人迎接。十二月丙午(初三),太上皇抵达咸阳,唐肃宗准备好车马仪仗队前往望贤宫迎接。太上皇在望贤宫南楼休息,唐肃宗脱下黄袍,穿上紫袍,当望见南楼时,立即下马,慢跑上前,在楼前跪拜。太上皇从楼上走下,抚摸着唐肃宗哭泣,唐肃宗捧着太上皇的双脚,忍不住呜咽哭泣。太上皇命人拿来黄袍,亲自给唐肃宗穿上,唐肃宗匍匐在地下,叩头坚决推辞。太上皇说:"天心、民心都归顺于你,若能让我安享馀年,就是你的孝心!"唐肃宗不得已,这才接受。在仪仗外面观看的当地父老,欢呼叩头。唐肃宗命打开仪仗,放进一千多人进来谒见太上皇,他们说:"我们今天再次看到二位圣主会面,死而无憾了!"太上皇不肯居在正殿,说:"这是天子的位置。"唐肃宗极力请求,

自扶上皇登殿。尚食进食,上品尝而荐之。丁未,将发行宫,上亲为上皇习马而进之。上皇上马,上亲执鞚。行数步,上皇止之。上乘马前引,不敢当驰道。上皇谓左右曰:"吾为天子五十年,未为贵,今为天子父,乃贵耳!"左右皆呼万岁。上皇自开远门入大明宫,御含元殿,慰抚百官,乃诣长乐殿谢九庙主,恸哭久之。即日,幸兴庆宫,遂居之。上累表请避位还东宫,上皇不许。

　　戊午,上御丹凤楼,赦天下,惟与安禄山同反及李林甫、王铢、杨国忠子孙不在免例。立广平王俶为楚王,加郭子仪司徒,李光弼司空,自馀蜀郡、灵武扈从立功之臣,皆进阶,赐爵,加食邑有差。李憕、卢奕、颜杲卿、袁履谦、许远、张巡、张介然、蒋清、庞坚等皆加追赠,官其子孙。战亡之家,给复二载。郡县来载租、庸三分蠲一。近所改郡名、官名,一依故事。以蜀郡为南京,凤翔为西京,西京为中京。以张良娣为淑妃,立皇子南阳王係为赵王,新城王仅为彭王,颍川王僴为兖王,东阳王偡为泾王,僙为襄王,偲为杞王,偲为召王,侶为兴王,侗为定王。议者或罪张巡以守睢阳不去,与其食人,曷若全人。其友人李翰为之作传,表上之,以为:"巡以寡击众,以弱制强,保江、淮以待陛下之师,师至而巡死,巡之功大矣。而议者或罪巡以食人,愚巡以守死,善遏恶扬,录瑕弃功,臣窃痛之。巡所以固守者,以待诸军之救,救不至而食尽,食既尽而及人,乖其素志。设使巡守城之初已有食人之计,损数百之众

亲自扶太上皇登上宝殿。御厨进献饮食，唐肃宗先品尝后再献给太上皇。丁未(初四)，将要从行宫出发时，唐肃宗亲自为太上皇调好马缰，扶他上马。太上皇上马后，唐肃宗亲自抓住缰绳。走了几步后，太上皇制止。唐肃宗乘着马在前引路，不敢走御用大道。太上皇对左右侍从说："我当了天子五十年，显不出什么尊贵，今天当天子的父亲，这才是真正的尊贵！"左右侍从都欢呼万岁。太上皇从长安开远门进入大明宫，登上含元殿，安抚文武百官，再去长乐殿拜谢九位先祖牌位，痛哭了很久，当天前往兴庆宫，于是就在那里住下。唐肃宗多次上表请求退位回到太子宫，太上皇不答应。

戊午(十五日)，唐肃宗登上丹凤楼，大赦天下，只有与安禄山一同反叛者，以及李林甫、王鉷、杨国忠的子孙不在赦免之列。立广平王李俶为楚王，加封郭子仪为司徒，李光弼为司空，其馀在蜀郡、灵武随从立功的官员都按等级晋级封爵、增加食邑。李憕、卢奕、颜杲卿、袁履谦、许远、张巡、张介然、蒋清、庞坚等人都追加赠官，给他们的子孙授官。阵亡将士的家人，免除租赋、劳役两年。各郡县明年的田赋、劳役减免三分之一。新近更改的郡名、官名，一律恢复旧称。将蜀郡定为南京，凤翔定为西京，西京长安改为中京。封张良娣为淑妃，立皇子南阳王李係为赵王，新城王李仅为彭王，颍川王李侗为兖王，东阳王李侹为泾王、李僙为襄王，李倕为杞王、李偲为召王、李侶为兴王，李侗为定王。有人议论时指责张巡坚守睢阳，不肯撤离，与其吞食活人，为什么不撤退保全百姓的生命。张巡的朋友李翰为他作传，奏报皇上，认为："张巡以少数抵抗多数，以弱小战胜强大，保全江淮地区等待陛下的大军，等大军抵达后而张巡已死，张巡的功劳算是够大的了。但有人却指责他吃人，认为张巡死守睢阳的举动很愚蠢，遏制善举、宣扬恶行，记住他的瑕疵，抹杀他的功劳，我深感痛心。张巡之所以坚守睢阳，是为了等待各路军的救援，救兵不到而粮食用尽，粮食吃完后就吃人，实在是违背了他平生的志愿。假使张巡在守城的初期，已经有了吃人的想法，损失几百人的性命

以全天下，臣犹曰功过相掩，况非其素志乎？今巡死大难，不睹休明，唯有令名是其荣禄。若不时纪录，恐远而不传，使巡生死不遇，诚可悲焉。臣敬撰传一卷献上，乞编列史官。"众议由是始息。是后赦令无不及李憕等，而程千里独以生执贼庭，不沾褒赠。

甲子，上皇御宣政殿，以传国宝授上，上始涕泣而受之。

安庆绪之北走也，其大将北平王李归仁及精兵曳落河、同罗、六州胡数万人皆溃归范阳，所过俘掠，人物无遗。史思明厚为之备，且遣使逆招之范阳境，曳落河、六州胡皆降。同罗不从，思明纵兵击之，同罗大败，悉夺其所掠，馀众走归其国。

庆绪忌思明之强，遣阿史那承庆、安守忠往征兵，因密图之。判官耿仁智说思明曰："大夫崇重，人莫敢言，仁智愿一言而死。"思明曰："何也？"仁智曰："大夫所以尽力于安氏者，迫于凶威耳。今唐室中兴，天子仁圣，大夫诚帅所部归之，此转祸为福之计也。"裨将乌承玼亦说思明曰："今唐室再造，庆绪叶上露耳。大夫奈何与之俱亡？若归款朝廷，以自湔洗，易于反掌耳。"思明以为然。

承庆、守忠以五千劲骑自随，至范阳，思明悉众数万迎之，相距一里所，使人谓承庆等曰："相公及王远至，将士不胜其喜，然边兵怯懦，惧相公之众，不敢进，愿弛弓

以保全天下众生，我仍认为他功过相当，何况并不是他的本意呢？现在张巡死在大难之中，无法看到国家的昌明，只是留下了名声，这就是他享受的荣耀和俸禄。如果不立即记录，恐怕时间一久，就不能流传下来，让张巡生前和死后都不逢时，实在可悲。我心怀敬意地撰写张巡的传记一卷呈上，请求交给史官编列在史馆。"众人的议论才开始平息。从此以后朝廷的赦令没有一次不提到李憕等人的，而程千里却因被俘后押送到叛军府廷，享受不到一点褒奖。

甲子(二十一日)，太上皇登上宣政殿，将传国玉玺交给唐肃宗，唐肃宗开始时流泪哭泣，最后终于接受。

在安庆绪向北逃跑的时候，他手下的大将北平王李归仁与精锐部队曳落河、同罗、六州胡兵数万人都溃逃回范阳，所经之处，掳掠烧杀，居民财产无一遗存。史思明对他们严加戒备，并派使者南下到范阳边境招纳他们，曳落河、六州胡兵都投降史思明。同罗兵不投降，史思明发兵攻击，同罗兵大败，将同罗兵掳掠的居民财物全部夺走，残馀兵众逃回本国。

安庆绪忌怕史思明的强大，派阿史那承庆、安守忠前往范阳征调军队，并趁势暗中图谋史思明。判官耿仁智建议史思明说："您位高权重，没人敢向您说什么，我愿拼死向您进一言。"史思明说："你想说什么？"耿仁智说："您之所以尽力效忠安氏，只不过是逼于他的凶暴威严而已。现在唐王室中途复兴，天子仁爱圣明，您如果能率领部众归降唐王室，那就是转祸为福的好计策。"禅将乌承玼也劝史思明说："现在唐王室重新兴起，安庆绪只不过是树叶上的露珠而已。您为什么要同他一起灭亡？如果能归顺朝廷，自动洗刷从前的污点，比翻一下手掌还要容易。"史思明认为很对。

阿史那承庆、安守忠率五千精锐骑兵，抵达范阳，史思明率所有的数万大军出城迎接，双方相距一里时，史思明派人对阿史那承庆等说："相公你同安守忠远道而来，将士们无限喜悦，但是边塞守军向来怯懦，畏惧相公的部队，不敢前进，希望你们能松弛弓弦，

以安之。"承庆等从之。思明引承庆等入内厅乐饮,别遣人收其甲兵,诸郡兵皆给粮纵遣之,愿留者厚赐,分隶诸营。明日,因承庆等,遣其将窦子昂奉表以所部十三郡及兵八万来降,并帅其河东节度使高秀岩亦以所部来降。乙丑,子昂至京师。上大喜,以思明为归义王、范阳节度使,子七人皆除显官。遣内侍李思敬与乌承恩往宣慰,使将所部兵讨庆绪。

先是,庆绪以张忠志为常山太守,思明召忠志还范阳,以其将薛萼摄恒州刺史,开井陉路,招赵郡太守陆济,降之。命其子朝义将兵五千人摄冀州刺史,以其将令狐彰为博州刺史。乌承恩所至宣布诏旨,沧、瀛、安、深、德、棣等州皆降,虽相州未下,河北率为唐有矣。

郭子仪还东都,经营河北。

崔器、吕諲上言:"诸陷贼官,背国从伪,准律皆应处死。"上欲从之。李岘以为:"贼陷两京,天子南巡,人自逃生。此属皆陛下亲戚或勋旧子孙,今一概以叛法处死,恐乖仁恕之道。且河北未平,群臣陷贼者尚多,若宽之,足开自新之路;若尽诛之,是坚其附贼之心也。《书》曰:'歼厥渠魁,胁从罔理。'諲、器守文,不达大体。惟陛下图之。"争之累日,上从岘议,以六等定罪,重者刑之于市,次赐自尽,次重杖一百,次三等流、贬。壬申,斩达奚珣等十八人于城西南独柳树下,陈希烈等七人赐自尽于大理寺,应受杖

让他们安心。"阿史那承庆等人接受。史思明将阿史那承庆等人引入内厅饮酒欢乐，另外派人收缴了阿史那承庆等随从部队的武器，各郡兵士都发给他们粮食，将他们遣送回家，愿意留下来的，厚加赏赐，分派到各个军营。第二天，将阿史那承庆等人囚禁，派部将窦子昂带上奏表献给唐朝廷，献出所属十三郡及八万士卒归降，并命河东节度使高秀岩也率他的部众投降。乙丑（二十二日），窦子昂抵达京师长安。唐肃宗大喜，封史思明为归义王、范阳节度使，他的七个儿子都授予高官。又派内侍李思敬同乌承恩前往慰问安抚，命他率部众讨伐安庆绪。

先前，安庆绪任命张忠志为常山太守，史思明征召张忠志回范阳，命自己的部将薛萼代理恒州刺史，打通井陉的道路，史思明又招纳赵郡太守陆济，陆济投降。他派儿子史朝义率五千兵士，代理冀州刺史，任命部将令狐彰为博州刺史。乌承恩每到一个地方，都宣布皇帝的诏书，沧州、瀛州、安州、深州、德州、棣州等州都归降朝廷，虽然相州尚未克复，但河北大部分都为唐朝廷所有了。

郭子仪回到东都，策划重建河北。

崔器、吕諲上奏说："所有那些归附叛贼的官员，背叛国家，顺从奸伪，按照法律都应该处死。"唐肃宗打算批准。李岘认为："叛贼攻陷两京，天子被迫到南方巡视，人们各自逃生。这些投降叛军的官员都是陛下的亲戚，或是昔日元老的子孙，现在一律按照叛国条例处死，恐怕违背了仁爱宽恕的道理。况且河北尚未平复，沦陷在叛贼手中的官员还很多，如果能宽恕他们，就可以给他们大开悔过自新之路；如果将他们全部杀死，就会更加坚定他们归附叛贼之心。《尚书》说：'诛杀元凶，赦免胁从。'吕諲、崔器墨守成法，不识大体。希望陛下裁决。"争执了好几天，唐肃宗接受了李岘的建议，将叛官分为六个等级定罪，最重的在市场斩杀，次等的命他们自尽，再次等的杖击一百棍，最后三等的分别流放、贬逐。壬申（二十九日），在长安城西南独柳树下，斩杀达奚珣等十八人，命陈希烈等七人在大理寺自尽，应接受杖刑

者于京兆府门。

上欲免张均、张垍死，上皇曰："均、垍事贼，皆任权要。均仍为贼毁吾家事，罪不可赦。"上叩头再拜曰："臣非张说父子，无有今日。臣不能活均、垍，使死者有知，何面目见说于九原？"因俯伏流涕。上皇命左右扶上起，曰："张垍为汝长流岭表，张均必不可活，汝更勿救。"上泣而从命。安禄山所署河南尹张万顷独以在贼中能保庇百姓不坐。顷之，有自贼中来降者，言"唐群臣从安庆绪在邺者，闻广平王赦陈希烈等，皆自悼，恨失身贼庭。及闻希烈等诛，乃止。"上甚悔之。

臣光曰：为人臣者，策名委质，有死无贰。希烈等或贵为卿相，或亲连肺腑，于承平之日，无一言以规人主之失，救社稷之危，迎合取容以窃富贵。及四海横溃，乘舆播越，偷生苟免，顾恋妻子，媚贼称臣，为之陈力，此乃屠酤之所羞，犬马之不如。傥更全其首领，复其官爵，是谄谀之臣无往而不得计也。彼颜杲卿、张巡之徒，世治则摈斥外方，沈抑下僚；世乱则委弃孤城，齑粉寇手。何为善者之不幸而为恶者之幸，朝廷待忠义之薄而保奸邪之厚邪？至于微贱之臣，巡徼之隶，谋议不预，号令不及，朝闻亲征之诏，夕失警跸之所，乃复责其不能扈从，不亦难哉？六等议刑，

的人，在京兆府门外受刑。

唐肃宗打算免处张均、张垍的死刑，太上皇说："张均、张垍事奉叛贼，并且担任要职。张均更替叛贼败坏我们的家事，罪大恶极，不可赦免。"唐肃宗叩头跪拜说："我如果不是张说父子的话，就不会有今天。我若不能救活张均、张垍，若是死后有知，我在九泉之下，还有什么面目去见张说？"说完匍匐在地下，流泪哭泣，太上皇命左右侍从扶起唐肃宗，说："为了你的缘故，就将张垍长期流放到岭南，张均则绝不可让他活下去，你不必再救他。"唐肃宗哭泣着接受。安禄山所任命的河南尹张万顷，只因他身在叛贼之中仍能保护百姓，不被定罪。不久，有人从叛贼那里前来投降，他们说，在邺城的追随安庆绪的唐朝旧时官员，得知广平王赦免了陈希烈等人，都怨恨自己，后悔自己陷身于叛贼，等到他们听说陈希烈等人被杀，这才停止了自怨自艾。唐肃宗十分后悔。

北宋史臣司马光评论说：作为臣子，一旦被录用就职，到死都不该有二心。陈希烈等有的尊贵到担任公卿宰相，有的和皇室连亲，深受信任，在国家太平时，没一句规劝君王过失的话来拯救国家的危亡，迎合取悦君王以谋求富贵。等到天下大乱，君主颠沛流离时，又偷生苟延，眷恋妻子儿女，谄媚叛贼，向叛贼称臣，为他们卖命尽力，他们的这种做法，就连屠夫酒保也会感到羞愧，连猪狗都不如。倘若保全他们的人头，恢复他们的官职爵位，这就使得他们无论干什么都可以称心如意。像颜杲卿、张巡这类的人，在太平盛世之时，被排斥于朝廷之外，屈居地位低卑的小官，国家危难的时候，却又将他们抛弃在孤城里，使他们丧身在贼寇手中。为什么善良的人如此不幸，而干坏事的人却如此幸运，朝廷对待忠义之人如此刻薄，而对待奸邪之人又如此优厚呢？至于地位卑微的臣属，巡逻传令的隶仆，他们不参与朝廷的决策，不知道朝廷的号令，早上还听到皇帝就要御驾亲征的消息，晚上却已发现皇帝不知逃到何方，却还要责备他们不能跟随御驾，岂不是使人为难？唐肃宗定下的六等罪，

斯亦可矣，又何悔焉？

乾元元年，官军既克京城，宗庙之器及府库资财多散在民间，遣使检括，颇有烦扰。正月乙酉，敕尽停之，乃命京兆尹李岘安抚坊市。

二月丁未，上御明凤门，赦天下，改元。尽免百姓今载租、庸。复以载为年。

安庆绪所署北海节度使能元皓举所部来降，以为鸿胪卿，充河北招讨使。

庚午，以安东副大都护王玄志为营州刺史，充平卢节度使。

安庆绪之北走也，其平原太守王暕、清河太守宇文宽皆杀其使者来降。庆绪使其将蔡希德、安太清攻拔之，生擒以归，凸于邺市。凡有谋归者，皆诛及种、族，乃至部曲、州县、官属，连坐死者甚众。又与其群臣歃血盟于邺南，而人心益离。庆绪闻李嗣业在河内，夏四月，与蔡希德、崔乾祐将步骑二万，涉沁水攻之，不胜而还。

辛卯，新主入太庙，上享太庙。

张镐性简澹，不事中要，闻史思明请降，上言：“思明凶险，因乱窃位，力强则众附，势夺则人离，彼虽人面，心如野兽，难以德怀，愿勿假以威权。”又言：“滑州防御使许叔冀，狡猾多诈，临难必变，请征入宿卫。”时上以宠纳思明，会中使自范阳及白马来，皆言思明、叔冀忠恳可信，上以镐为不切事机，五月，罢为荆州防御使，以礼部尚书崔光远为河南节度使。

应该是比较公正的了，又有什么好后悔的？

唐肃宗乾元元年（785），唐军既已攻克京师，因皇家祖庙的器具，以及政府仓库里的物资钱财大多散失在民间，于是派人搜查收取，对民间造成了相当程度的骚扰。正月乙酉（十二日），下令一律停止搜查，又派京兆尹李岘慰问安抚各街坊居民。

二月丁未（初五），唐肃宗登上明凤门，大赦天下，更改年号。全部免除百姓当年的田赋、劳役。取消"年"，仍称"载"。

安庆绪所任命的北海节度使能元皓率全体部众向唐归降，唐肃宗任命能元皓为鸿胪卿，兼任河北招讨使。

庚午（二十八日），唐肃宗任命安东副大都护王玄志为营州刺史，兼任平卢节度使。

在安庆绪向北逃走时，他的部属平原太守王暕、清河太守宇文宽都杀掉他派来的使节，投降唐。安庆绪派部将蔡希德、安太清攻陷平原、清河二郡，将王暕、宇文宽两人生擒回来，在邺郡闹市将他们刀剐而死。凡是有图谋归附唐朝廷的，都诛杀他们的整个部落和家族，以致安庆绪的部属、州县官员及其眷属很多都被牵连处死。安庆绪又同文武百官在邺城南郊歃血盟誓，但人心更加离散。安庆绪得知李嗣业驻扎在河内，夏季四月，他同蔡希德、崔乾祐率步兵、骑兵两万人，渡过沁水进攻李嗣业，不能取胜而撤回。

辛卯（十三日），唐肃宗前往太庙祭祀。

张镐性情纯朴淡泊，不巴结权贵，得知史思明请求投降，上书说："史思明凶残阴险，趁天下大乱之机窃取高位，谁力量强大他就率众归附，形势衰弱时他又叛离。他虽有人的面孔，但内心却如同野兽，难以用恩德来感化他，希望不要交给他权柄。"又说："滑州防御使许叔冀，狡猾多诈，遇到危难，定会变节，请将他征召回朝廷。"当时唐肃宗正宠爱史思明，正好中使从范阳和白马回京，都称史思明、许叔冀忠贞诚实，可以信任，唐肃宗认为张镐的言论不符合实际，五月，将张镐降职为荆州防御使，以礼部尚书崔光远担任河南节度使。

赠故常山太守颜杲卿太子太保，谥曰忠节，以其子威明为太仆丞。杲卿之死也，杨国忠用张通幽之谮，竟无褒赠。上在凤翔，颜真卿为御史大夫，泣诉于上，上乃出通幽为普安太守，具奏其状于上皇，上皇杖杀通幽。杲卿子泉明为王承业所留，因寓居寿阳，为史思明所虏，裹以牛革，送于范阳，会安庆绪初立，有赦，得免。思明降，乃得归，求其父尸于东京，得之，遂并袁履谦尸棺敛以归。杲卿姊、妹、女及泉明之子皆流落河北，真卿时为蒲州刺史，使泉明往求之。泉明号泣求访，哀感路人，久乃得之。泉明诣亲故乞索，随所得多少赎之，先姑姊妹而后其子。姑女为贼所掠，泉明有钱二百缗，欲赎己女，闵其姑愁悴，先赎姑女，比更得钱，求其女，已失所在。遇群从姊妹及父时将吏袁履谦等妻子流落者，皆与之归，凡五十馀家，三百馀口，均减资粮，一如亲戚。至蒲州，真卿悉加赡给，久之，随其所适而资送之。袁履谦妻疑履谦衣衾俭薄，发棺视之，与杲卿无异，乃始惭服。

六月戊午，敕两京陷贼官，三司推究未毕者皆释之，已贬、降者续处分。

初，史思明以列将事平卢军使乌知义，知义善待之。知义子承恩为信都太守，以郡降思明，思明思旧恩而全之。及安庆绪败，承恩劝思明降唐。李光弼以思明终当

唐肃宗追赠原常山太守颜杲卿为太子太保,谥号"忠节",任命他的儿子颜威明为太仆丞。颜杲卿死时,杨国忠听信张通幽的谗言,竟没有对他褒奖追赠。唐肃宗在凤翔时,颜真卿任御史大夫,向唐肃宗哭诉冤情,唐肃宗于是把张通幽贬为普安太守,并把详细情况奏报太上皇,太上皇命将张通幽杖击处死。颜杲卿的儿子颜泉明被王承业所软禁,因为软禁在寿阳,被史思明俘虏,史思明用牛皮将他裹住,押送到范阳,正好遇上安庆绪刚刚即位,宣布大赦,才得以释放。史思明投降后,颜泉明才得以返回,在东京寻找到他父亲的尸首,于是连同袁履谦的尸首一同用棺木收殓,运回安葬。颜杲卿的姐姐、妹妹、女儿以及颜泉明的儿女都流落河北,颜真卿当时担任蒲州刺史,命颜泉明前往寻找。颜泉明四处哭号着寻访,哀情感动行人,很久才查询到。颜泉明向亲戚旧友借钱,将所有借来的钱为他们赎身,先赎姑妈、再赎姐妹,最后才赎自己的儿女。颜泉明姑妈的女儿被盗贼掳掠,颜泉明身上有两百缗钱,打算赎自己的女儿,但怜惜姑妈忧愁伤心,就先赎回姑妈的女儿,等到重新筹到钱后,再去寻找自己的女儿时,已经找不到了。颜泉明遇到堂姐、堂妹,以及流落在外的袁履谦等父亲当年的将领官员的妻子儿女,都将他们接回来,共有五十多家,三百多人,颜泉明将自己的财产、粮食都分配给他们,就像自己的亲属一样对待他们。他们回到蒲州后,颜真卿全部收留供养,很久后,又随他们意愿,资送他们投奔他处。袁履谦的妻子怀疑袁履谦入殓时衣服太少,便打开棺木查看,发现与颜杲卿的没有区别,这才惭愧敬服。

六月戊午(十八日),唐肃宗下令,将三司仍在调查审判而没有结案的两京身陷叛贼的官员,全部释放,已经贬逐、降级的官员,继续执行处分。

当初,史思明以部将的身份事奉平卢军使乌知义,乌知义待他很好。乌知义的儿子乌承恩担任信都太守,率全郡投降史思明,史思明思念乌知义的旧恩,对乌承恩特加保护。等到安庆绪败逃洛阳后,乌承恩劝史思明投降唐朝。李光弼认为史思明终究会

叛乱,而承恩为思明所亲信,阴使图之。又劝上以承恩为范阳节度副使,赐阿史那承庆铁券,令共图思明,上从之。承恩多以私财募部曲,又数衣妇人服诣诸将营说诱之,诸将以白思明,思明疑未察。会承恩入京师,上使内侍李思敬与之俱至范阳宣慰。承恩既宣旨,思明留承恩馆于府中,帷其床,伏二人于床下。

承恩少子在范阳,思明使省其父。夜中,承恩密谓其子曰:"吾受命除此逆胡,当以吾为节度使。"二人于床下大呼而出。思明乃执承恩,索其装囊,得铁券及光弼牒,牒云:"承庆事成则付铁券;不然,不可付也。"又得簿书数百纸,皆先从思明反者将士名。思明责之曰:"我何负于汝而为此?"承恩谢曰:"死罪,此皆李光弼之谋也。"思明乃集将佐吏民,西向大哭曰:"臣以十三万众降朝廷,何负陛下,而欲杀臣?"遂榜杀承恩父子,连坐死者二百馀人。承恩弟承玼走免。思明囚思敬,表上其状。上遣中使慰谕思明曰:"此非朝廷与光弼之意,皆承恩所为,杀之甚善。"

会三司议陷贼官罪状至范阳,思明谓诸将曰:"陈希烈辈皆朝廷大臣,上皇自弃之幸蜀,今犹不免于死,况吾属本从安禄山反乎?"诸将请思明表求诛光弼,思明从之,命判官耿仁智与其僚张不矜为表云:"陛下不为臣诛光弼,臣当自引兵就太原诛之。"不矜草表以示思明,及将入函,

叛乱,而乌承恩又为史思明所亲善信任,所以在暗中叫乌承恩除掉他。李光弼又劝唐肃宗任命乌承恩为范阳节度副使,赐给阿史那承庆铁券,命他们共同谋杀史思明,唐肃宗采纳。乌承恩常用私人财产招募部众,又常穿着妇女的衣服到各将领军营中去游说,各将领将此报告给史思明。史思明怀疑,但并未追查。刚好乌承恩前去京师长安,唐肃宗派内侍李思敬同他一起去范阳慰问安抚。乌承恩读完诏书后,史思明留下乌承恩,让他在府中住下,用帐幔围住床,在床下埋伏二人。

乌承恩的幼子当时正在范阳,史思明命他去看望父亲。深夜里,乌承恩秘密地告诉儿子说:"我奉命铲除这个逆胡,朝廷将任命我为节度使。"埋伏在床下的两人大喊着从床下冲出来。史思明于是逮捕了乌承恩,搜查他的行李,查出铁券以及李光弼的公文,公文说:"阿史那承庆事情成功之后,就将铁券交给他,如果没成功,就不可给他。"又查出几百张纸的名册簿,上面都写着当初追随史思明反叛的将士姓名。史思明指斥乌承恩说:"我有什么地方对不起你的,为什么要这样做?"乌承恩谢罪说:"我罪该万死,这都是李光弼的计谋。"史思明于是召集部将、官吏和百姓,面向西方大哭,说:"我率十三万部众投降朝廷,有什么对不起陛下的,而陛下为什么要杀死我?"于是将乌承恩父子鞭打致死,受牵连处死的两百多人。乌承恩的弟弟乌承玼逃脱。史思明囚禁了李思敬,上奏报告情形。唐肃宗派中使慰问史思明说:"这并不是朝廷和李光弼的意思,都是乌承恩干的,杀掉他很对。"

刚好三司拟定的身陷叛贼官员的罪状传达到范阳,史思明对将领们说:"陈希烈之辈都是朝廷的大臣,太上皇将他们抛弃后,自己逃到蜀郡,现在他们都免不了一死,何况我们本是追随安禄山反叛的呢?"将领们请史思明上书朝廷,要求杀死李光弼,史思明同意,命判官耿仁智及他的部属张不矜起草奏章说:"陛下如果不肯替我杀死李光弼,我就会自己率兵到太原去杀死他。"张不矜写好奏章交给史思明看过后,将要装入匣子时,

仁智悉削去之。写表者以白思明，思明命执二人斩之。仁智事思明久，思明怜，欲活之，复召入，谓曰："我任使汝垂三十年，今日非我负汝。"仁智大呼曰："人生会有一死，得尽忠义，死之善者也。今从大夫反，不过延岁月，岂若速死之愈乎？"思明怒，乱捶之，脑流于地。乌承玼奔太原，李光弼表为昌化郡王，充石岭军使。

秋七月丁亥，册命回纥可汗曰英武威远毗伽阙可汗。乙未，郭子仪入朝。八月庚戌，李光弼入朝。丙辰，以郭子仪为中书令，光弼为侍中。丁巳，子仪诣行营。回纥遣其臣骨啜特勒及帝德将骁骑三千助讨安庆绪，上命朔方左武锋使仆固怀恩领之。

安庆绪之初至邺也，虽枝党离析，犹据七郡六十馀城，甲兵、资粮丰备。庆绪不亲政事，专以缮台沼楼船、酣饮为事。其大臣高尚、张通儒等争权不叶，无复纲纪。蔡希德有才略，部兵精锐，而性刚，好直言，通儒谮而杀之，麾下数千人皆逃散，诸将怨怒不为用。以崔乾祐为天下兵马使，总中外兵。乾祐愎戾好杀，士卒不附。

九月庚寅，命朔方郭子仪、淮西鲁炅、兴平李奂、滑濮许叔冀、镇西北庭李嗣业、郑蔡季广琛、河南崔光远七节度使及平卢兵马使董秦将步骑二十万讨庆绪；又命河东李光弼、关内泽潞王思礼二节度使将所部兵助之。上以子仪、光弼皆元勋，难相统属，故不置元帅，但以宦官开府仪同三司鱼朝恩为观军容、宣慰、处置使。观军容之名自此始。

耿仁智将这些话全部都删掉了。抄写奏章的人报告给史思明，史思明下命逮捕二人斩首。耿仁智事奉史思明已有很久，史思明怜惜他，打算饶他一命，于是再将耿仁智传进来对他说道："我任用你将近三十年，今天并不是我对不起你。"耿仁智大喊说道："人生终有一死，如果能尽忠而死，这就是最好的结果。今天若是追随你反叛，也不过是拖延岁月，还不如早早死去来得痛快！"史思明大为愤怒，命令乱棍将他打死，脑浆流满一地。乌承玼投奔太原，李光弼上书推荐他为昌化郡王，兼任石岭军使。

秋季七月丁亥（十七日），唐肃宗封回纥可汗为英武威远毗伽阙可汗。乙未（二十五日），郭子仪入朝晋见。八月庚戌（十一日），李光弼入朝晋见。丙辰（十七日），任命郭子仪为中书令，李光弼为侍中。丁巳（十八日），郭子仪返回行营。回纥可汗派大臣骨啜特勒和帝德率精锐骑兵三千人协助唐讨伐安庆绪，唐肃宗命朔方左武锋使仆固怀恩带领这支人马。

安庆绪刚到邺城时，虽然部众分崩离析，但仍占据有七郡六十多城，武器物资、辎重粮草储存丰富。安庆绪不过问军政大事，专门修建亭台楼阁、水榭楼船，饮酒作乐。他的大臣高尚、张通儒相互争权不和，纲纪败坏。蔡希德有才干谋略，属下部队精锐，并且性情刚直，喜欢直率言事，张通儒将他陷害致死，蔡希德的部众数千人全都逃散，各位将领都怨恨愤怒不肯尽心尽力。安庆绪任命崔乾祐为天下兵马使，统御内外军队。崔乾祐刚愎残暴，喜欢杀戮，士卒不服。

九月庚寅（二十一日），唐肃宗命朔方郭子仪、淮西鲁炅、兴平李奂、滑濮许叔冀、镇西北庭李嗣业、郑蔡季广琛、河南崔光远等七位节度使，以及平卢兵马使董秦，率步兵、骑兵二十万讨伐安庆绪；又命河东李光弼、关内泽潞王思礼二位节度使率部众协助。唐肃宗因为郭子仪、李光弼两人都是元勋，难以相互统属，所以不设元帅，只是任命宦官开府仪同三司鱼朝恩为观军容、宣慰、处置使。观军容的官名，自此出现。

　　冬十月,郭子仪引兵自杏园济河,东至获嘉,破安太清,斩首四千级,捕虏五百人。太清走保卫州,子仪进围之;丙午,遣使告捷。鲁炅自阳武济,季广琛、崔光远自酸枣济,与李嗣业兵皆会子仪于卫州。庆绪悉举邺中之众七万救卫州,分三军,以崔乾祐将上军,田承嗣将下军,庆绪自将中军。子仪使善射者三千人伏于垒垣之内,令曰:“我退,贼必逐我,汝乃登垒,鼓噪而射之。”既而与庆绪战,伪退,贼逐之,至垒下,伏兵起射之,矢如雨注,贼还走,子仪复引兵逐之,庆绪大败,获其弟庆和,杀之。遂拔卫州。庆绪走,子仪等追之至邺,许叔冀、董秦、王思礼及河东兵马使薛兼训皆引兵继至。庆绪收馀众拒战于愁思冈,又败。前后斩首三万级,捕虏千人。庆绪乃入城固守,子仪等围之。李光弼引兵继至。庆绪窘急,遣薛嵩求救于史思明,且请以位让之。思明发范阳兵十三万欲救邺,观望未敢进,先遣李归仁将步骑一万军于滏阳,遥为庆绪声势。

　　十一月,崔光远拔魏州。丙戌,以前兵部侍郎萧华为魏州防御使。会史思明分军为三,一出邢、洺,一出冀、贝,一自洹水趣魏州。郭子仪奏以崔光远代华,十二月癸卯,敕以光远领魏州刺史。史思明乘崔光远初至,引兵大下,光远使将军李处崟拒之。贼势盛,处崟连战不利,还趣城。贼追至城下,扬言曰:“处崟召我来,何为不出?”光远信之,腰斩处崟。处崟,骁将,众所恃也,既死,众无斗志,光远脱身走还汴州。丁卯,思明陷魏州,所杀三万人。

冬季十月，郭子仪率军从杏园渡过黄河，东进到获嘉，击败安太清，斩首四千，俘获五百人。安太清退守卫州，郭子仪进军包围。丙午（初七），郭子仪派人向朝廷报捷。鲁炅从阳武渡过黄河，季广琛、崔光远从酸枣渡过黄河，同李嗣业的军队在卫州与郭子仪会合。安庆绪调动邺城中所有的七万人的军队救援卫州，将部队分为三军，命崔乾祐率上军，田承嗣率下军，安庆绪自己率领中军。郭子仪派神箭手三千人埋伏在营垒墙垣里面，下令说："我如果撤退，贼兵定会追赶，你们就登上营垒，呐喊射击。"不久同安庆绪交战，郭子仪假装后退，叛军追击，追到营垒时，埋伏的神箭手站起射击，箭如雨下，叛军退走，郭子仪回军追击，安庆绪大败，唐军俘获了安庆绪的弟弟安庆和，将他斩首。唐军于是攻克了卫州。安庆绪后撤，郭子仪等率军追到邺城，许叔冀、董秦、王思礼及河东兵马使薛兼训都率军相继抵达。安庆绪收集残兵在愁思冈抗击，又战败。唐军前后斩杀三万叛军，俘获一千人。安庆绪于是进入邺城内固守，郭子仪等将邺城包围。李光弼率军随后赶到。安庆绪窘困急迫，派薛嵩向史思明求救，并愿将皇位让给他。史思明出动范阳士卒十三万人，准备援救邺城，但只是观望而不敢前进，于是先派李归仁率步兵、骑兵一万人驻扎在滏阳，遥作安庆绪的声援。

　　十一月，崔光远攻下魏州。丙戌（十七日），唐肃宗任命前兵部侍郎萧华为魏州防御使。正好史思明兵分三路，一路从邢州、洺州出发，一路从冀州、贝州出发，一路从洹水出发，直奔魏州。郭子仪上奏让崔光远接替萧华，十二月癸卯（初五），唐肃宗下令让崔光远兼魏州刺史。史思明趁崔光远刚刚到魏州，率大军南下，崔光远派将军李处鉴率军抵抗。史思明兵势强盛，李处鉴连连战败，退回魏州城内。叛军追至城下，扬言说："李处鉴约我们到这里，为什么不出来？"崔光远听信了这话，将李处鉴腰斩。李处鉴是一员猛将，众人都仗恃他，他被杀死后，众人丧失斗志，崔光远只身逃回汴州。丁卯（二十九日），史思明攻陷魏州，杀死了三万人。

　　二年春正月己巳朔，史思明筑坛于魏州城北，自称大圣燕王，以周挚为行军司马。李光弼曰："思明得魏州而按兵不进，此欲使我懈惰，而以精锐掩吾不备也。请与朔方军同逼魏城，求与之战，彼惩嘉山之败，必不敢轻出。得旷日引久，则邺城必拔矣。庆绪已死，彼则无辞以用其众也。"鱼朝恩以为不可，乃止。

　　镇西节度使李嗣业攻邺城，为流矢所中，丙申，薨，兵马使荔非元礼代将其众。初，嗣业表段秀实为怀州长史，知留后事。时诸军屯戍日久，财竭粮尽，秀实独运刍粟，募兵市马以奉镇西行营，相继于道。

　　二月，郭子仪等九节度使围邺城，筑垒再重，穿堑三重，壅漳水灌之。城中井泉皆溢，构栈而居，自冬涉春，安庆绪坚守以待史思明，食尽，一鼠直钱四千，淘墙麨及马屎以食马。人皆以为克在朝夕，而诸军既无统帅，进退无所禀。城中人欲降者，碍水深，不得出。城久不下，上下解体。思明乃自魏州引兵趣邺，使诸将去城各五十里为营，每营击鼓三百面，遥胁之。又每营选精骑五百，日于城下抄掠，官军出，即散归其营。诸军人马牛车日有所失，樵采甚艰，昼备之则夜至，夜备之则昼至。时天下饥馑，转饷者南自江、淮，西自并、汾，舟车相继。思明多遣壮士窃官军装号，督趣运者，责其稽缓，妄杀戮人，运者骇惧。舟车所聚，则密纵火焚之。往复聚散，自相辨识，而官军逻捕不能察也。

二年(759)春季正月己巳朔(初一),史思明在魏州城北,兴筑高台,自称大圣燕王,任命周挚为行军司马。李光弼说:"史思明攻取了魏州却按兵不进,这是想让我们懈怠,然后以精锐部队突然杀我们一个措手不及。请让我同朔方军一同围逼魏州城,向他们挑战,他们鉴于嘉山之败,定不敢轻易出击,时间一久,邺城就一定会攻下。等安庆绪死后,史思明就没有借口驱使部众。"鱼朝恩认为不行,只好作罢。

镇西节度使李嗣业进攻邺城,被流箭射中,丙申(二十八日),死去,兵马使荔非元礼代领部众。当初,李嗣业上表推荐段秀实为怀州长史,兼知留后事。当时各军征战时间已经很久,财物和粮食全部耗尽,只有段秀实单独运送粮草、招募士卒、购买马匹,以供应镇西行营,路上运输络绎不绝。

二月,郭子仪等九位节度使围攻邺城,修筑营垒两层,挖掘壕沟三道,堵截漳水灌水城中,城内井水、泉水都溢出地面,只能搭起木架居住。从冬季到春季,安庆绪极力防守,等待史思明救援,粮食吃尽,一只老鼠价值四千钱,用水从墙上淘取谷皮,从马粪中淘取草粮,用来喂马。唐兵都认为早晚就会攻克,而各军又没有统一的指挥,前进和后退都无人做主。城中有人打算投降,但被大水困住,无法出城。城池久久不能攻下,唐军上下离心涣散。史思明于是从魏州率军直奔邺城,命各位将领在离邺城五十里远的地方安扎营寨,每营战鼓三百个,不停地擂击,在远处威胁唐军。史思明又命每营挑选五百精锐骑兵,每天都到城下抄袭劫掠,唐军出击,他们就立即逃散回营。唐各军的人马牛车每天都有损失,连砍柴割草,都很困难,唐军白天戒备,他们便夜间出击,唐军夜间戒备,他们就在白天出击。当时全国饥馑,运送粮饷的舟船车辆,南从江淮,西自并州、汾州接连不断地运来。史思明派大批勇士穿上唐军服装,窃取唐军号令,督促运粮的人,责备他们行动迟缓,妄自杀人,运粮的人惊骇恐惧。遇到舟船车辆密集时就放火焚烧,这些叛军勇士时聚时散,自己相互辨认,而唐军巡捕的军队却无法辨察。

由是诸军乏食，人思自溃。思明乃引大军直抵城下，官军与之刻日决战。

三月壬申，官军步骑六十万陈于安阳河北，思明自将精兵五万敌之，诸军望之，以为游军，未介意。思明直前奋击，李光弼、王思礼、许叔冀、鲁炅先与之战，杀伤相半；鲁炅中流矢。郭子仪承其后，未及布陈，大风忽起，吹沙拔木，天地昼晦，咫尺不相辨，两军大惊，官军溃而南，贼溃而北，弃甲仗辎重委积于路。子仪以朔方军断河阳桥保东京。战马万匹，惟存三千；甲仗十万，遗弃殆尽。东京士民惊骇，散奔山谷；留守崔圆、河南尹苏震等官吏南奔襄、邓；诸节度各溃归本镇。士卒所过剽掠，吏不能止，旬日方定。惟李光弼、王思礼整勒部伍，全军以归。

子仪至河阳，将谋城守，师人相惊，又奔缺门。诸将继至，众及数万，议捐东京，退保蒲、陕。都虞候张用济曰："蒲、陕荐饥，不如守河阳，贼至，并力拒之。"子仪从之。使都游弈使灵武韩游瑰将五百骑前趣河阳，用济以步卒五千继之。周挚引兵争河阳，后至，不得入而去。用济役所部兵筑南、北两城而守之。段秀实帅将士妻子及公私辎重自野戍渡河，待命于河清之南岸，荔非元礼至而军焉。诸将各上表谢罪，上皆不问，惟削崔圆阶封，贬苏震为济王府长史，削银青阶。

史思明审知官军溃去，自沙河收整士众，还屯邺城南。安庆绪收子仪等营中粮，得六七万石，与孙孝哲、崔乾祐谋闭门更拒思明。诸将曰："今日岂可复背史王乎？"思明

从此唐各军缺粮,士卒都想自行逃散。史思明于是率大军直抵城下,唐军同他约定日期决战。

　　三月壬申(初六),唐军六十万步兵、骑兵在安阳河北排列阵式,史思明亲自率五万精兵应战,唐军看到后,认为只不过是游击部队,并不在意。史思明迅速向前出击,李光弼、王思礼、许叔冀、鲁炅首先同他交战,双方死伤各半,鲁炅被流箭射中。郭子仪在后面,未等他布好阵,忽然刮起了大风,沙石飞扬、树木拔起,天地昏暗,咫尺之间都看不清对方。双方大军都惊恐万分,唐军溃散南逃,叛军溃散北逃,丢弃的铠甲、武器、辎重全都堆积在路上。郭子仪率朔方军切断河阳大桥以保护东京。唐军一万匹战马,只剩下了三千,十万件铠甲武器,损失殆尽。东京吏民百姓惊骇恐慌,纷纷散逃到山谷躲避。东京留守崔圆、河南尹苏震等官吏向南逃奔到襄州、邓州,各节度使分别逃回各自州镇。士卒经过之处,抢劫掳掠,地方官吏无法制止,十几天后才平息下来。只有李光弼、王思礼控制住了部队,全军撤回。

　　郭子仪到了河阳,打算守城,可是军士自相惊扰又逃到缺门。其他各位将领相继抵达,士卒达到几万人,商议放弃洛阳,退守蒲州、陕州。都虞候张用济说:"蒲州、陕州连年灾荒,不如坚守河阳,叛军来时,合力抵抗。"郭子仪采纳,派都游弈使武灵人韩游瓖率五百骑兵先去河阳,张用济率五千步兵随后前往。叛将周挚率军争夺河阳,在唐军之后赶到,不能入城,只好退走。张用济督促所属部众,在河阳南北各筑一城据守。段秀实率领将士的妻子儿女及公私辎重从野戍渡过黄河,在河清的南岸等待命令,荔非元礼赶到,并在此扎营。各位将领都上书请罪,唐肃宗一律不予追究,只是削除崔圆的官阶爵位,将苏震贬为济王府长史,削除他银青光禄大夫的官阶。

　　史思明证实唐军溃逃后,在沙河收集整顿好士卒,从那里返回邺城城南扎营。安庆绪收集郭子仪等营中的粮食,得到六七万石,同孙孝哲、崔乾祐计划关闭城门,再抗拒史思明。安庆绪的部将们对他说:"今天怎么可以再背弃史思明?"史思明

不与庆绪相闻，又不南追官军，但日于军中飨士。张通儒、高尚等言于庆绪曰："史王远来，臣等皆应迎谢。"庆绪曰："任公暂往。"思明见之涕泣，厚礼而归之。经三日，庆绪不至。思明密召安太清令诱之，庆绪窘蹙，不知所为，乃遣太清上表称臣于思明，请待解甲入城，奉上玺绶。思明省表，曰："何至如此？"因出表遍示将士，咸称万岁。乃手疏唁庆绪而不称臣，且曰："愿为兄弟之国，更作藩篱之援。鼎足而立，犹或庶几；北面之礼，固不敢受。"并封表还之。庆绪大悦，因请歃血同盟，思明许之。

庆绪以三百骑诣思明营，思明令军士擐甲执兵以待之，引庆绪及诸弟入至庭下。庆绪再拜稽首曰："臣不克荷负，弃失两都，久陷重围，不意大王以太上皇之故，远垂救援，使臣应死复生，摩顶至踵，无以报德。"思明忽震怒曰："弃失两都，亦何足言。尔为人子，杀父夺其位，天地所不容。吾为太上皇讨贼，岂受尔佞媚乎？"即命左右牵出，并其四弟及高尚、孙孝哲、崔乾祐皆杀之；张通儒、李庭望等悉授以官。思明勒兵入邺城，收其士马，以府库赏将士。庆绪先所有州、县及兵皆归于思明。遣安太清将兵五千取怀州，因留镇之。思明欲遂西略，虑根本未固，乃留其子朝义守相州，引兵还范阳。

不与安庆绪联系，也不向南追击唐军，只是每天在营中大宴将士。张通儒、高尚等对安庆绪说："史思明从远道而来，我们都应该前往欢迎致谢。"安庆绪说："随你们的意思，不妨去吧。"史思明见到他们后，流泪哭泣，用厚重的礼节对待他们，送他们回邺城。过了三天，安庆绪仍未来到。史思明秘密召见安太清，命他去引诱安庆绪，安庆绪感到很困窘，不知如何是好，于是派安太清上书史思明，向他称臣，并请求史思明的部队解除铠甲进城，他就向史思明献上玉玺。史思明看完奏表后，说："哪至于如此呢？"于是将奏表交给将士们传看，将士们都高呼万岁。史思明于是亲手给安庆绪写了一封安慰他的疏书，但在疏书中并不称"臣"，而且还说："希望我们能结成兄弟之国，相互作为屏障、相互支援。我们同唐像鼎的三条腿那样并立于世，或许还可以；至于尊我为帝，我绝不敢接受。"并将安庆绪的奏表封好，退还给他。安庆绪十分高兴，并请求与史思明歃血结盟，史思明同意。

安庆绪率三百骑兵前往史思明大营，史思明命士卒身穿铠甲、手持兵器等待安庆绪，然后将安庆绪及他的几个弟弟引到庭院。安庆绪叩头跪拜说："我无力承担大业，丧失了两京，长期陷入重围，想不到大王看在太上皇的份上，从极远的地方前来援救，使我死而复生，即使粉身碎骨都无法报答你的恩德。"史思明突然大怒地说："丧失两京，也没有什么可说的。你作为人的儿子，竟杀死自己的父亲，篡夺他的皇位，天地都不能容忍。我替太上皇讨伐叛贼，怎么会接受你的甜言媚语？"当即命令左右武士将他拉出去，连同他的四位弟弟，以及高尚、孙孝哲、崔乾祐全都杀死，对张通儒、李庭望等都授予官职。史思明率兵进入邺城，接收了安庆绪的士卒马匹，用仓库中的财物赏赐给将士们。安庆绪先前所属州县以及士卒，都归史思明所占有。史思明派安太清率五千兵士攻克了怀州，并留下他驻守在那里。史思明准备向西扩张侵略，但担心根基还没有稳固，于是留下他的儿子史朝义驻守相州，自己率兵返回范阳。

辛卯,以荔非元礼为怀州刺史,权知镇西、北庭行营节度使。元礼复以段秀实为节度判官。

丙申,以郭子仪为东畿、山东、河东诸道元帅,权知东京留守。以河西节度使来瑱行陕州刺史,充陕、虢、华州节度使。

夏四月庚子,泽潞节度使王思礼破史思明将杨旻于潞城东。

九节度之溃于相州也,鲁炅所部兵剽掠尤甚,闻郭子仪退屯河上,李光弼还太原,炅惭惧,饮药而死。

史思明自称大燕皇帝,改元顺天,立其妻辛氏为皇后,子朝义为怀王,以周挚为相,李归仁为将,改范阳为燕京,诸州为郡。

戊申,以鸿胪卿李抱玉为郑、陈、颍、亳节度使。

观军容使鱼朝恩恶郭子仪,因其败,短之于上。秋七月,上召子仪还京师,以李光弼代为朔方节度使、兵马元帅。光弼治军严整,始至,号令一施,士卒、壁垒、旌旗、精彩皆变。八月壬戌,以李光弼为幽州长史、河北节度等使。

九月,史思明使其子朝清守范阳,命诸郡太守各将兵三千从己向河南,分为四道,使其将令狐彰将兵五千自黎阳济河取滑州,思明自濮阳,史朝义自白皋,周挚自胡良济河,会于汴州。

李光弼方巡河上诸营,闻之,还入汴州,谓汴滑节度使许叔冀曰:“大夫能守汴州十五日,我则将兵来救。”叔冀许诺。光弼还东京。思明至汴州,叔冀与战,不胜,遂与濮州刺史董秦及其将梁浦、刘从谏、田神功等降之。思明以叔冀为中书令,与其将李详守汴州;厚待董秦,

辛卯（二十五日），唐肃宗任命荔非元礼为怀州刺史，暂兼镇西、北庭行营节度使。荔非元礼再命段秀实为节度判官。

丙申（三十日），唐肃宗任命郭子仪为东畿、山东、河东各道元帅，暂兼东京留守。任命河西节度使来瑱代理陕州刺史，兼任陕、虢、华州节度使。

夏季四月庚子（初四），泽潞节度使王思礼在潞城东击败史思明的部将杨旻。

九位节度使在相州溃败时，鲁炅所率的部众抢劫掳掠尤其严重，鲁炅得知郭子仪退到黄河北岸屯驻，李光弼返回太原，心中既惭愧又恐惧，于是服毒自杀。

史思明自称大燕皇帝，改年号为顺天，立他的妻子辛氏为皇后，封儿子史朝义为怀王，任命周挚为宰相，李归仁为大将，将范阳改称为燕京，将各州改为郡。

戊申（十二日），唐肃宗任命鸿胪卿李抱玉为郑、陈、颍、亳四州节度使。

观军容使鱼朝恩忌恨郭子仪，趁郭子仪安阳河的失败，向皇帝诋毁郭子仪。秋季七月，唐肃宗征召郭子仪返回京师，命李光弼代理朔方节度使、兵马元帅。李光弼治军严明，刚到朔方就任，号令一发，士卒、营垒、旗帜，精神面貌都为之一变。八月壬戌（二十九日），唐肃宗任命李光弼为幽州长史、河北节度等使。

九月，史思明命他的儿子史朝清留守范阳，命各郡太守各自率兵三千人跟随自己南下河南，分兵四路，派大将令狐彰率兵五千从黎阳渡过黄河攻取滑州，史思明从濮阳，史朝义从白皋，周挚从胡良渡过黄河，在汴州会合。

李光弼正在沿黄河视察各军，得知史思明进兵的消息后，返回汴州城中，对汴滑节度使许叔冀说："你若能坚守汴州十五天，我就会率军前来救援。"许叔冀答应。李光弼返回东京。史思明抵达汴州，许叔冀与他交战，不能取胜，于是同濮州刺史董秦及其部将梁浦、刘从谏、田神功等人投降史思明。史思明任命许叔冀为中书令，命他率领部将李详镇守汴州；优厚地对待董秦，

收其妻子,置长芦为质。使其将南德信与梁浦、刘从谏、田神功等数十人徇江、淮。神功,南宫人也,思明以为平卢兵马使。顷之,神功袭德信,斩之。从谏脱身走。神功将其众来降。

　　思明乘胜西攻郑州,光弼整众徐行,至洛阳,谓留守韦陟曰:"贼乘胜而来,利在按兵,不利速战。洛城不可守,于公计何如?"陟请留兵于陕,退守潼关,据险以挫其锐。光弼曰:"两敌相当,贵进忌退,今无故弃五百里地,则贼势益张矣。不若移军河阳,北连泽潞,利则进取,不利则退守,表里相应,使贼不敢西侵,此猿臂之势也。夫辨朝廷之礼,光弼不如公;论军旅之事,公不如光弼。"陟无以应。判官韦损曰:"东京帝宅,侍中奈何不守?"光弼曰:"守之,则氾水、崿岭、龙门皆应置兵,子为兵马判官,能守之乎?"遂移牒留守韦陟使帅东京官属西入关,牒河南尹李若幽使帅吏民出城避贼,空其城。光弼帅军士运油、铁诸物诣河阳为守备,光弼以五百骑殿。时思明游兵已至石桥,诸将请曰:"今自洛城而北乎,当石桥而进乎?"光弼曰:"当石桥而进。"及日暮,光弼秉炬徐行,部曲坚重,贼引兵蹑之,不敢逼。光弼夜至河阳,有兵二万,粮才支十日。光弼按阅守备,部分士卒,无不严办。庚寅,思明入洛阳,城空,无所得,畏光弼掎其后,不敢入宫,退屯白马寺南,筑月城于河阳南以拒光弼。于是郑、滑等州相继陷没,韦陟、李若幽皆寓治于陕。

却将他的妻子儿子安置在长芦作为人质。派部将南德信与梁浦、刘从谏、田神功等数十人前去攻取江淮地区。田神功是南宫人，史思明任命他为平卢兵马使。不久，田神功偷袭南德信，将他杀死。刘从谏脱身逃走。田神功率部众投降唐朝。

史思明乘胜向西进攻郑州。李光弼整顿好部队，慢慢后撤，抵达洛阳后，对留守韦陟说："叛贼乘胜前来，按兵不动对我们有利，速战速决对我们不利。洛阳无法坚守，你的意见如何？"韦陟请求将军队留在陕州，主力退守潼关，据守险要以挫折叛军的锐气。李光弼说："敌我双方力量相当，适宜进攻，忌讳后退，现在无缘无故放弃五百里土地，叛军的气势就会更加嚣张。不如移师到河阳，与北方的泽潞连接，有利时就进攻，不利时就退守，内外呼应，迫使叛贼不敢继续向西进犯，这种形势，如同猿猴的手臂，可伸可缩。考订朝廷的礼仪，我不如你；谈论军事行动，你不如我。"韦陟无法回答。判官韦损说："东京是帝王的住宅，你为什么不坚守？"李光弼说："如果守卫洛阳，那么汜水、崿岭、龙门都应安置军队，你身为兵马判官，能守住吗？"于是用公文通知留守韦陟，让他率东京的官员眷属，西入潼关，通知河南尹李若幽，让他率官吏百姓出城躲避叛军，将洛阳变成一座空城。李光弼率将士将食油、铁器运送到河阳作为守城物资，李光弼率五百骑兵在后压阵。当时史思明的前卫搜索部队已到了石桥，将领们向李光弼请示说："现在是从洛阳城向北前进，还是迎着石桥向东前进？"李光弼说："迎着石桥向东前进。"等到傍晚，李光弼命举起火把，缓缓向前进，部队戒备森严，叛军在后追随，不敢逼近。李光弼于当夜抵达河阳，有兵士两万，粮食只能支持十天。李光弼检查防御工事，分配士卒战斗任务，每件事情都严格地办理妥当。庚寅（二十七日），史思明进入洛阳城，城中空空如也，什么东西也没得到，害怕李光弼从背后发起攻击，因此不敢进入皇宫，退驻在白马寺南，在河阳以南修筑月城以抵拒李光弼。于是郑州、滑州等州相继沦陷，韦陟、李若幽都寄居在陕州处理政务。

冬十月丁酉，下制亲征史思明，群臣上表谏，乃止。史思明引兵攻河阳，使骁将刘龙仙诣城下挑战。龙仙恃勇，举右足加马鬣上，慢骂光弼。光弼顾诸将曰："谁能取彼者？"仆固怀恩请行。光弼曰："此非大将所为。"左右言裨将白孝德可往。光弼召问之，孝德请行。光弼问："须几何兵？"对曰："请挺身取之。"光弼壮其志，然固问所须。对曰："愿选五十骑出垒门为后继，兼请大军助鼓噪以增气。"光弼抚其背而遣之。孝德挟二矛，策马乱流而进。半涉，怀恩贺曰："克矣。"光弼曰："锋未交，何以知之？"怀恩曰："观其揽辔安闲，知其万全。"龙仙见其独来，甚易之，稍近，将动，孝德摇手示之，若非来为敌者，龙仙不测而止。去之十步，乃与之言，龙仙慢骂如初。孝德息马良久，因瞋目谓曰："贼识我乎？"龙仙曰："谁也？"曰："我，白孝德也。"龙仙曰："是何狗彘！"孝德大呼，运矛跃马搏之。城上鼓噪，五十骑继进。龙仙矢不及发，环走堤上，孝德追及，斩首，携之以归。贼众大骇。孝德，本安西胡人也。

思明有良马千馀匹，每日出于河南渚浴之，循环不休以示多。光弼命索军中牝马，得五百匹，絷其驹于城内。俟思明马至水际，尽出之，马嘶不已，思明马悉浮渡河，一时驱之入城。思明怒，列战船数百艘，泛火船于前而随之，欲乘流烧浮桥。光弼先贮百尺长竿数百枚，以巨木承其根，

冬季十月丁酉(初四)，唐肃宗下诏御驾亲征史思明，文武大臣上书劝阻，这才停止。史思明率军进攻河阳，派勇将刘龙仙到城下挑战。刘龙仙仗恃自己勇敢，将右脚架在马脖子上，辱骂李光弼。李光弼回头看着各位将领问:"谁能去除掉他?"仆固怀恩请求出马。李光弼说:"这不是大将做的事。"左右侍从官员说裨将白孝德可以前去。李光弼将他召来询问，白孝德请求出战。李光弼问他:"需要多少军队?"白孝德回答说:"请让我一人前去。"李光弼佩服他的勇气，但坚持问他需要多少人。白孝德回答说:"希望挑选五十名骑兵，同出垒门，作为后援，同时请大军到时擂鼓呐喊，以增气势。"李光弼拍拍他的肩背，派他出发。白孝德手持两只长矛，挥鞭催马，趟着河水前进，横渡到河中心时，仆固怀恩祝贺说:"他已成功了。"李光弼说:"还没交锋，你怎么知道?"仆固怀恩说:"看他提缰绳的安闲样子，就知道万无一失。"刘龙仙发现白孝德只是一人前来，很不在意，稍稍走近后，刘龙仙准备行动，白孝德向他摇手示意，好像并不是前来为敌的，刘龙仙猜不出他的意图，只好停止。双方相距只有十步时，白孝德才同他说话，刘龙仙仍辱骂如故。白孝德将马停下了很长时间后，突然瞪眼对他说:"叛贼认识我吗?"刘龙仙说:"是谁?"白孝德说:"我是白孝德。"刘龙仙说:"是什么猪狗!"白孝德大声呼叫，挥动长矛，跃马搏击，城上唐军擂鼓呐喊，五十名骑兵随后前进。刘龙仙来不及射箭，绕着河堤逃跑，白孝德追上，砍下他的人头，带回城中。叛军大为惊骇。白孝德原是安西胡人。

　　史思明有骏马一千多匹，每天都将它们带到黄河南岸沙洲上去洗澡，循环不断，借此显示他拥有的骏马很多。李光弼下令搜集军中的母马，共搜集到五百匹，将它们的小马拴在城内。等到史思明的马群来到水边时，李光弼将母马全部放出城外，母马望着公马，不停地嘶叫，史思明的马全部游过黄河，唐军将它们全部都赶入城内。史思明大怒，排列几百艘战船，放出火船作为前导，战船跟在后面，想顺流烧毁浮桥。李光弼事先储存有几百根十丈长的竹竿，用巨木固定住竹竿根部，

毡裹铁叉置其首，以迎火船而叉之。船不得进，须臾自焚尽。又以叉拒战船，于桥上发炮石击之，中者皆沈没，贼不胜而去。

思明见兵于河清，欲绝光弼粮道，光弼军于野水渡以备之。既夕，还河阳，留兵千人，使部将雍希颢守其栅，曰："贼将高庭晖、李日越、喻文景，皆万人敌也，思明必使一人来劫我。我且去之，汝待于此。若贼至，勿与之战。降，则与之俱来。"诸将莫谕其意，皆窃笑之。既而思明果谓李日越曰："李光弼长于凭城，今出在野，此成擒矣。汝以铁骑宵济，为我取之，不得，则勿返。"日越将五百骑晨至栅下，希颢阻壕休卒，吟啸相视。日越怪之，问曰："司空在乎？"曰："夜去矣。""兵几何？"曰："千人。""将谁？"曰："雍希颢。"日越默计久之，谓其下曰："今失李光弼，得希颢而归，吾死必矣，不如降也。"遂请降。希颢与之俱见光弼，光弼厚待之，任以心腹。高庭晖闻之，亦降。或问光弼："降二将何易也？"光弼曰："此人情耳。思明常恨不得野战，闻我在外，以为必可取。日越不获我，势不敢归。庭晖才勇过于日越，闻日越被宠任，必思夺之矣。"庭晖时为五台府果毅，己亥，以庭晖为右武卫大将军。

思明复攻河阳，光弼谓郑陈节度使李抱玉曰："将军能为我守南城二日乎？"抱玉曰："过期何如？"光弼曰："过期救不至，任弃之。"抱玉许诺，勒兵拒守。城且陷，抱玉绐

用毡裹的铁叉绑在竹竿的尖端,迎着火船将它叉住。火船无法前进,一会就自己烧完了。又用叉抵拒战船,在桥上发射巨石攻击,被击中的船全都沉没,叛军无法取胜,只得退走。

史思明在河清检阅士卒,打算断绝李光弼的运粮通道,李光弼屯兵于野水渡戒备。当天晚上,李光弼返回河阳,留下一千士卒,派部将雍希颢留守栅寨,说:"叛贼将领高庭晖、李日越、喻文景,都是力敌万人的猛将,史思明定会派其中一人前来劫营。我现在就离开这里,你留在这里。如果叛贼到后,你不要同他们交战。如果他们投降,你就带他们返回河阳。"各位将领不理解他的意思,都在暗中偷笑。不久,史思明果然对李日越说:"李光弼擅长守城,现在他出城到野外,这次定会将他擒获。你率精锐骑兵今晚渡过黄河,给我将他捉住,若是捉不住他,就不要回来。"李日越率五百骑兵在凌晨抵达栅寨,雍希颢让将士隔着壕沟休息,看着叛军,只是吼叫。李日越很奇怪,问对面的唐军说:"司空在吗?"唐军回答说:"昨晚已经走了。"李日越再问:"这里有多少兵力?"对面回答说:"一千人。"李日越又问:"将领是谁?"唐军回答:"雍希颢。"李日越默默地考虑了很久,对他的部下说:"今天捉不到李光弼,仅仅抓住雍希颢回去,我们死定了,不如投降。"于是请求投降。雍希颢同他一道去晋见李光弼,李光弼优厚地对待李日越,将他看作自己的心腹。高庭晖得知后,也前来投降。有人问李光弼:"你一下子收服了两员大将,为什么这么容易?"李光弼说:"这是人之常情。史思明一直在恨无法与我野战,得知我在城外,认为一定会捉住我。李日越不能活捉我,当然不敢回去。高庭晖的才干勇气超过了李日越,听说李日越受到厚待信任,定会兴起压过他的念头。"高庭晖当时是五台府果毅,己亥(初六),朝廷任命高庭晖为右武卫大将军。

史思明再次进攻河阳,李光弼对郑陈节度使李抱玉说:"将军能不能为我坚守南城两天?"李抱玉说:"过了两天之后怎么办?"李光弼说:"如果是过了两天救兵还没有到,任你放弃南城。"李抱玉答应,率兵拒守。南城将要被攻陷时,李抱玉通知

之曰:"吾粮尽,明旦当降。"贼喜,敛军以待之。抱玉缮完城备,明日,复请战。贼怒,急攻之。抱玉出奇兵,表里夹击,杀伤甚众。

　　董秦从思明寇河阳。夜,帅其众五百,拔栅突围,降于光弼。时光弼自将屯中潬,城外置栅,栅外穿堑,深、广二丈。乙巳,贼将周挚舍南城,并力攻中潬。光弼命荔非元礼出劲卒于羊马城以拒贼。光弼自于城东北隅建小朱旗以望贼。贼恃其众,直进逼城,以车载攻具自随,督众填堑,三面各八道以过兵,又开栅为门。光弼望贼逼城,使问元礼曰:"中丞视贼填堑开栅过兵,晏然不动,何也?"元礼曰:"司空欲守乎,战乎?"光弼曰:"欲战。"元礼曰:"欲战,则贼为吾填堑,何为禁之?"光弼曰:"善,吾所不及,勉之!"元礼俟栅开,帅敢死士突出击贼,却走数百步。元礼度贼陈坚,未易摧陷,乃复引退。须其怠而击之。光弼望见元礼退,怒,遣左右召,欲斩之。元礼曰:"战正急,召何为?"乃退入栅中,贼亦不敢逼。良久,鼓噪出栅门,奋击,破之。

　　周挚复收兵趣北城。光弼遽帅众入北城,登城望贼曰:"贼兵虽多,嚣而不整,不足畏也。不过日中,保为诸君破之。"乃命诸将出战。及期,不决,召诸将问曰:"向来贼陈,何方最坚?"曰:"西北隅。"光弼命其将郝廷玉当之。廷玉请骑兵五百,与之三百。又问其次坚者。曰:"东南隅。"光弼

叛军说:"我们的粮食已用尽,明天早晨定会投降。"叛军大喜,收兵等待李抱玉投降。李抱玉连夜修补好城墙,第二天,继续请战。叛军大怒,加紧攻城,李抱玉派出奇兵,内外夹击,杀伤叛军很多。

　　董秦跟随史思明进攻河阳。夜晚,董秦率他的部众五百人,砍开营寨木栅,突出包围,投降李光弼。当时,李光弼亲自率军驻扎在中潬,寨营之外设置栅栏,栅栏之外挖一条壕沟深、宽各二丈。乙巳(十二日),叛军将领周挚放弃进攻南城,集中力量攻击中潬。李光弼命荔非元礼出动精锐士卒在羊马城抵御叛军。李光弼自己在城的东北角竖起小红旗观察叛军。叛军仗恃人多,直向城下进逼,用车辆载着攻城战具跟在后面,督促部众用土填壕沟,从三个方向,每面八路,分兵进攻,又砍倒栅栏作为进兵的大门。李光弼望见叛军逼近营寨,派人质问荔非元礼说:"你看到叛贼填沟,砍栅进兵,却安然不动,为什么?"荔非元礼说:"你是打算退守?还是应战?"李光弼说:"打算应战。"荔非元礼说:"既然打算应战,叛贼替我们填壕沟,为什么要禁止他们?"李光弼说:"对,我没有想到达一点,你多多努力吧!"荔非元礼等到叛军将栅栏砍开,率敢死队突然出击,袭击叛军,将叛军击退数百步。荔非元礼估计叛军阵势坚固,不易摧毁,于是再次收兵后退,准备等叛军懈怠后再进击。李光弼望见荔非元礼退却,大怒,派左右侍从将他召来,准备杀掉他。荔非元礼说:"战斗正紧急,召我去干什么?"于是退入营栅,叛军也不敢逼近。过了很久,荔非元礼率军擂鼓呐喊着冲出营寨栅门,奋力击败叛军。

　　周挚重新集结好部队,进攻北城。李光弼立即率众进入北城,登上城墙观察叛军说:"叛军虽然很多,可是吵吵嚷嚷而不严整,我们用不着害怕。不超过正午,我保证替各位将他们击败。"于是下令各位将领出战。到了正午,还是没有决出胜负。李光弼召集各位将领问道:"在以前的交战中,叛贼的营阵,哪里是最坚固的?"回答说:"西北角。"李光弼命部将郝廷玉抵挡西北。郝廷玉请求拨给他五百骑兵,李光弼给他三百。李光弼又问叛军的营阵哪里是其次坚强的,回答说:"东南角。"李光弼

命其将论惟贞当之。惟贞请骑三百，与之二百。光弼令诸将曰："尔辈望吾旗而战，吾飏旗缓，任尔择利而战；吾急飏旗三至地，则万众齐入，死生以之，少退者斩！"又以短刀置靴中，曰："战，危事，吾国之三公，不可死贼手，万一战不利，诸君前死于敌，我自刭于此，不令诸君独死也。"诸将出战，顷之，廷玉奔还。光弼望之，惊曰："廷玉退，吾事危矣。"命左右取廷玉首。廷玉曰："马中箭，非敢退也。"使者驰报。光弼令易马，遣之。仆固怀恩及其子开府仪同三司场战小却，光弼又命取其首。怀恩父子顾见使者提刀驰来，更前决战。光弼连飏其旗，诸将齐进致死，呼声动天地，贼众大溃，斩首千馀级，捕虏五百人，溺死者千馀人，周挚以数骑遁去，擒其大将徐璜玉、李秦授。其河南节度使安太清走保怀州。思明不知挚败，尚攻南城，光弼驱俘囚临河示之，乃遁。丁巳，以李日越为右金吾大将军。

十一月甲子，以殿中监董秦为陕西、神策两军兵马使，赐姓名李忠臣。

发安西、北庭兵屯陕，以备史思明。

十二月，史思明遣其将李归仁将铁骑五千寇陕州，神策兵马使卫伯玉以数百骑击破之于礓子坂，得马六百匹，归仁走。以伯玉为镇西、四镇行营节度使。李忠臣与归仁等战于永宁、莎栅之间，屡破之。

上元元年春正月辛巳，以李光弼为太尉兼中书令，馀如故。二月，李光弼攻怀州，史思明救之。癸卯，光弼

命部将论惟贞抵挡东南。论惟贞请求拨给三百骑兵，李光弼给他两百。李光弼下令各位将领说："你们望着我的军旗指令作战，我缓缓地摇动军旗时，任随你们挑选有利的地方出击；我急剧地挥动军旗、三次接触地面时，你们就全军同时进攻，深入敌军，不管死活，稍稍后退一步的，立即斩首！"又将匕首插到靴子里说："作战是十分危险的事情，我身为国家的三公，不可以死在叛贼手中。万一战斗失利，各位在阵前死于敌人之手，我就在这里自杀，绝不只让各位去死。"各位将领出战，不久，郝廷玉跑了回来。李光弼望见他，吃惊地说："郝廷玉一后退，我们的处境就很危急了。"命左右侍从前去砍下郝廷玉的人头。郝廷玉说："是马中了箭，并不敢后退。"派去的人飞马奔回报告。李光弼命他换好马，再派他投入战斗。仆固怀恩及他的儿子开府仪同三司仆固玚稍稍退却，李光弼又命砍下他的人头。仆固怀恩父子回头见李光弼的使者提刀奔来，又奋力上前决战。李光弼连连挥动令旗，各将领一齐拼命出击，呼喊之声震动天地，叛军大败，杀死叛军一千多人，俘获五百人，叛军落入黄河淹死的一千多人。周挚率几名骑兵逃走，唐军擒获了他的大将徐璜玉、李秦授。大燕河南节度使安太清逃到怀州据守。史思明不知道周挚战败，仍在进攻南城，李光弼将俘虏驱赶到黄河岸边以显示给他看，史思明才逃走。丁巳（二十四日），唐朝廷任命李日越为右金吾大将军。

十一月甲子（初一），唐肃宗任命殿中监董秦为陕西、神策两军兵马使，赐姓名为李忠臣。

唐朝廷征调安西、北庭兵驻防陕州，防备史思明西进。

十二月，史思明派部将李归仁率精锐骑兵五千人，进犯陕州，神策兵马使卫伯玉率几百名骑兵在礓子坂击败李归仁，缴获战马六百匹，李归仁逃走。唐朝廷任命卫伯玉为镇西四镇行营节度使。李忠臣与李归仁在永宁、莎栅之间交战，多次击败李归仁。

唐肃宗上元元年（760）春季正月辛巳（十九日），唐肃宗任命李光弼为太尉兼中书令，现有的其他官职仍然保留着。二月，李光弼进攻怀州，史思明前往援救。癸卯（十一日），李光弼

逆战于沁水之上，破之，斩首三千馀级。三月庚寅，李光弼破安太清于怀州城下。夏四月壬辰，破史思明于河阳西渚，斩首千五百馀级。闰月丁卯，加河东节度使王思礼为司空。己卯，史思明入东京。六月，平卢兵马使田神功奏破史思明之兵于郑州。冬十一月，李光弼攻怀州，百馀日乃拔之，生擒安太清。

史思明遣其将田承嗣将兵五千徇淮西，王同芝将兵三千人徇陈，许敬江将二千人徇兖郓，薛鄂将五千人徇曹州。十二月，兖郓节度使能元皓击史思明兵，破之。

二年春正月癸卯，史思明改元应天。或言："洛中将士皆燕人，久戍思归，上下离心，急击之，可破也。"陕州观军容使鱼朝恩以为信然，屡言于上，上敕李光弼等进取东京。光弼奏称："贼锋尚锐，未可轻进。"朔方节度使仆固怀恩，勇而愎，麾下皆蕃、汉劲卒，恃功，多不法，郭子仪宽厚曲容之，每用兵临敌，倚以集事。李光弼性严，一裁之以法，无所假贷。怀恩惮光弼而心恶之，乃附朝恩，言东都可取。由是中使相继，督光弼使出师，光弼不得已，使郑陈节度使李抱玉守河阳，与怀恩将兵会朝恩及神策节度使卫伯玉攻洛阳。

戊寅，陈于邙山。光弼命依险而陈，怀恩陈于平原。光弼曰："依险则可以进，可以退；若平原，战而不利则尽矣。思明不可忽也。"命移于险，怀恩复止之。史思明乘其陈未定，进兵薄之，官军大败，死者数千人，军资器械尽弃之。光弼、

在沁水岸上迎战，击败史思明，斩杀三千多人。三月庚寅（二十九日），李光弼在怀州城下击破安太清。夏季四月壬辰（初二），李光弼在河阳城西沙洲上击败史思明，杀死一千五百多人。闰四月丁卯（初七），唐政府加封河东节度使王思礼为司空。己卯（十九日），史思明进入东京洛阳城。六月，平卢兵马使田神功奏报说，在郑州击破史思明的军队。冬季十一月，李光弼进攻怀州，一百多天后才攻克怀州，生擒安太清。

史思明派部将田承嗣率兵五千夺取淮西，王同芝率兵三千人攻取陈州，许敬江率两千人攻取兖郓，薛鄂率五千人攻取曹州。十二月，兖郓节度使能元皓攻击史思明的军队，击破燕军。

二年（761）春季正月癸卯（十七日），史思明改年号为"应天"。有人说："洛阳城中的叛军将士都是燕地人，出征时间太久，渴望回家，官兵上下，人心离散，如果加紧进攻，就可以击败。"陕州观军容使鱼朝恩信以为然，多次向唐肃宗上疏，唐肃宗下令李光弼等人进军攻取东京。李光弼上奏称："叛贼的兵锋仍很锐利，我们不能轻易进攻。"朔方节度使仆固怀恩勇猛而刚愎自用，部下都是蕃汉精锐士卒，仗恃自己的功劳，经常违反法纪，郭子仪为人宽大厚道，总是曲意包涵，每次用兵作战，也都依靠他完成任务。李光弼性情严厉，任何事情都依法制裁，没有丝毫的宽容。仆固怀恩害怕李光弼，心中对他很厌恶，于是附和鱼朝恩的意见，认为东都洛阳可以攻克。因此，唐肃宗不断地派中使催促李光弼出兵，李光弼万不得已，命郑陈节度使李抱玉留守河阳，自己同仆固怀恩率兵会同鱼朝恩，以及神策节度使卫伯玉进攻洛阳。

戊寅（二十三日），大军进驻邙山。李光弼命依据险要筑阵，仆固怀恩却在平原上筑阵。李光弼说："依据险要，既可进攻，也可退守，如果驻扎在平原，万一情况不利，则全军覆没。史思明不可轻视。"下令他移师到险要的地方，仆固怀恩又不听从。史思明趁唐军还没有部署好阵势之际，发兵猛攻，唐军大败，被杀死数千人，军用物资、辎重器械全部丢弃。李光弼、

怀恩渡河走保闻喜，朝恩、伯玉奔还陕，抱玉亦弃河阳走，河阳、怀州皆没于贼。朝廷闻之，大惧，益兵屯陕。

史思明猜忌好杀，群下小不如意，动至族诛，人不自保。朝义，其长子也，常从思明将兵，颇谦谨，爱士卒，将士多附之，无宠于思明。思明爱少子朝清，使守范阳，常欲杀朝义，立朝清为太子，左右颇泄其谋。思明既破李光弼，欲乘胜西入关，使朝义将兵为前锋，自北道袭陕城，思明自南道将大军继之。三月甲午，朝义兵至礓子岭，卫伯玉逆击，破之。朝义数进兵，皆为陕兵所败。思明退屯永宁，以朝义为怯，曰："终不足成吾事！"欲按军法斩朝义及诸将。戊戌，命朝义筑三隅城，欲贮军粮，期一日毕。朝义筑毕，未泥，思明至，诟怒之，令左右立马监泥，斯须而毕。思明又曰："俟克陕州，终斩此贼。"朝义忧惧，不知所为。

思明在鹿桥驿，令腹心曹将军将兵宿卫。朝义宿于逆旅，其部将骆悦、蔡文景说朝义曰："悦等与王，死无日矣！自古有废立，请召曹将军谋之。"朝义俯首不应。悦等曰："王苟不许，悦等今归李氏，王亦不全矣。"朝义泣曰："诸君善为之，勿惊圣人！"悦等乃令许叔冀之子季常召曹将军，至，则以其谋告之。曹将军知诸将尽怨，恐祸及己，不敢违。是夕，悦等以朝义部兵三百被甲诣驿，宿卫兵怪之，畏曹将军，不敢动。悦等引兵入至思明寝所，值思明如厕，

仆固怀恩渡过黄河,退守闻喜,鱼朝恩、卫伯玉逃还陕州,李抱玉也放弃河阳逃走,河阳、怀州全部沦陷到叛军手中。朝廷得知消息,大为恐惧,增派军队进驻陕州。

史思明为人猜忌好杀,部下们使他稍不如意,动不动就诛杀全族,人人不能自保。史朝义是他的长子,经常跟随史思明率兵作战,十分谦恭谨慎,爱惜士卒,将士们很多都归附他,但他却得不到史思明的宠爱。史思明喜爱幼子史朝清,派他留守范阳,史思明一直想杀死史朝义,立史朝清为太子,这项阴谋的许多内容大多都被史思明的左右亲信给泄露出去了。史思明击败李光弼后,打算乘胜西进,进入潼关,派史朝义率军作为前锋,从北路袭击陕州城,史思明从南路率军随后西进。三月甲午(初九),史朝义的军队抵达礓子岭,卫伯玉迎面攻击,击败史朝义。史朝义多次进兵攻击,都被陕州守军击败。史思明退驻永宁,认为史朝义胆怯,说:“他终究不能完成我的大事!”打算按军法斩杀史朝义及他的各位部将。戊戌(十三日),史思明命史朝义筑三角城,准备储存军粮,限定在一天内完成。史朝义修筑完毕,来不及涂泥,史思明来到,破口怒骂,命左右侍从骑马站在那里监视涂泥,但史朝义却一会儿就涂好了。史思明又说:“等到攻克陕州,终会杀掉这个贼东西。”史朝义忧虑恐惧,不知道该怎么办才好。

史思明驻扎在鹿桥驿,命他的心腹亲信曹将军率兵守卫值夜。史朝义住在旅店,他的部将骆悦、蔡文景劝史朝义说:“我们和大王,不知道死在哪天。自古以来的帝王,有废有立,请召见曹将军,共同商议。”史朝义低头不语。骆悦等人说:“大王如果不答应,我们今天就投奔李氏唐朝,你也不能保全。”史朝义哭泣着说:“你们好好地去办,千万不要惊动圣上。”骆悦等人于是命许叔冀的儿子许季常去召请曹将军,曹将军到后,就将计划告诉了他。曹将军知道所有将领都心怀怨恨,害怕灾祸牵连到自己身上,不敢违背。当天晚上,骆悦等率史朝义直属部队三百人,身穿铠甲,前往鹿桥驿站,值夜兵感觉奇怪,但畏惧曹将军,不敢动。骆悦等带领士兵闯入史思明卧室,正好史思明去了厕所,

问左右,未及对,已杀数人,左右指示之。思明闻有变,逾垣至厩中,自备马乘之,悦傔人周子俊射之,中臂,坠马,遂擒之。思明曰:"乱者为谁?"悦曰:"奉怀王命。"思明曰:"我朝来语失,宜其及此。然杀我太早,何不待我克长安?今事不成矣。"悦等送思明于柳泉驿,囚之,还,报朝义曰:"事成矣。"朝义曰:"不惊圣人乎?"悦曰:"无。"时周挚、许叔冀将后军在福昌,悦等使许季常往告之,挚惊倒于地;朝义引军还,挚、叔冀来迎,悦等劝朝义执挚,杀之。军至柳泉,悦等恐众心未壹,遂缢杀思明,以毡裹其尸,橐驼负归洛阳。

朝义即帝位,改元显圣。密使人至范阳,敕散骑常侍张通儒等杀朝清及朝清母辛氏并不附己者数十人。其党自相攻击,战城中数月,死者数千人,范阳乃定。朝义以其将柳城李怀仙为范阳尹、燕京留守。时洛阳四面数百里,州、县皆为丘墟,而朝义所部节度使皆安禄山旧将,与思明等夷,朝义召之,多不至,略相羁縻而已,不能得其用。

李光弼上表,固求自贬,制以开府仪同三司、侍中,领河中节度使。夏四月乙亥,青密节度使尚衡破史朝义兵,斩首五千馀级。丁丑,兖郓节度使能元皓破朝义兵。五月己丑,李光弼自河中入朝。

初,史思明以其博州刺史令狐彰为滑郑汴节度使,将数千兵戍滑台。彰密因中使杨万定通表请降,徙屯杏园度。

询问左右侍从，左右侍从还没来得及回答，骆悦等已杀死了数人，左右侍从赶紧告诉史思明的去所。史思明发现情况有变，翻墙逃到马厩中，亲自装好马鞍，乘马逃跑，骆悦的随从周子俊向他射箭，射中史思明的手臂，史思明从马上摔下，于是将他擒获。史思明说："是谁领头叛乱的？"骆悦说："是奉怀王的命令。"史思明说："我早上说错了话，应该有此下场。但是杀我太早了，为什么不等到我攻克了长安之后呢？现在大事不能完成了。"骆悦等将史思明送到柳泉驿，将他囚禁，然后回来报告史朝义说："事情已经成了。"史朝义说："没有惊动圣上吧？"骆悦说："没有。"当时周挚、许叔冀率后军驻扎在福昌，骆悦等人派许季常前往告诉他们，周挚惊倒在地上。史朝义率军返回，周挚、许叔冀出营迎接，骆悦等劝史朝义逮捕了周挚，将他斩首。大军抵达柳泉，骆悦等担心人心尚未统一，于是绞死了史思明，用毛毡裹住他的尸体，放在骆驼背上，驮回洛阳。

史朝义登上帝位，改年号为显圣。暗中派人到范阳，命散骑常侍张通儒等杀死史朝清和史朝清的母亲辛氏，以及不归附自己的官员数十人。范阳守将相互攻击，在城内交战几个月，死去数千人，范阳才平定下来。史朝义任命部将柳城人李怀仙为范阳尹、燕京留守。当时，洛阳四周数百里内的州、县，都变成了一片废墟，而史朝义所属节度使，都是安禄山的旧将，同史思明地位相等，史朝义征召他们，很多都不来，只是在一定程度上受史朝义的统领，史朝义实际上并不能调遣使用他们。

李光弼上书，坚决请求贬职，唐肃宗任命他为开府仪同三司，兼任河中节度使。夏季四月乙亥（二十一日），青密节度使向衡击败史朝义的军队，斩杀五千多人。丁丑（二十三日），兖郓节度使能元皓击败史朝义的军队。五月己丑（初五），李光弼从河中入朝晋见。

当初，史思明任命博州刺史令狐彰担任滑郑汴节度使，率领几千兵士戍守滑台这个地方。令狐彰暗中通过唐朝廷中使杨万定上书唐肃宗请求投降，将军队迁移到杏园渡屯驻。

思明疑之,遣其将薛苤围之。彰与岌战,大破之,因随万定入朝。甲午,以彰为滑、卫等六州节度使。戊戌,平卢节度使侯希逸击史朝义范阳兵,破之。复以李光弼为河南副元帅、太尉兼侍中,都统河南、淮南东西、山南东、荆南、江南西、浙江东西八道行营节度,出镇临淮。六月甲寅,青密节度使能元皓败史朝义将李元遇。秋八月己巳,李光弼赴河南行营。建子月,神策节度使卫伯玉攻史朝义,拔永宁,破渑池、福昌、长水等县。建丑月,平卢节度使侯希逸与范阳相攻连年,救援既绝,又为奚所侵,乃悉举其军二万馀人袭李怀仙,破之,因引兵而南。

宝应元年建寅月,李光弼拔许州,擒史朝义所署颍川太守李春;朝义将史参救之,丙午,战于城下,又破之。戊申,平卢节度使侯希逸于青州北渡河而会田神功、能元皓于兖州。建卯月戊辰,淮西节度使王仲昇与史朝义将谢钦让战于申州城下,为贼所虏,淮西震骇。会侯希逸、田神功、能元皓攻汴州,朝义召钦让兵救之。

史朝义围李抱玉于泽州,建巳月庚戌,李抱玉破史朝义兵于城下。甲寅,上皇崩。

史朝义自围宋州数月,城中食尽,将陷,刺史李岑不知所为。遂城果毅开封刘昌曰:“仓中犹有麹数千斤,请屑食之,不过二十日,李太尉必救我。城东南隅最危,昌请守之。”夏五月,李光弼至临淮,诸将以朝义兵尚强,请南保扬州。光弼曰:“朝廷倚我以为安危,我复退缩,朝廷何望!且吾

史思明感到怀疑,派部将薛岌将他包围。令狐彰与薛岌交战,大败薛岌,于是随同杨万定入朝晋见。甲午(初十),唐肃宗任命令狐彰为滑卫等六州节度使。戊戌(十四日),平卢节度使侯希逸攻击史朝义的范阳兵,大败范阳兵。唐肃宗重新任命李光弼为河南副元帅、太尉兼侍中,都统河南、淮南东、淮南西、山南东、荆南、江南西、浙江东、浙江西八道行营节度,镇守临淮。六月甲寅(初一),青密节度使能元皓击败史朝义的部将李元遇。秋季八月己巳(十七日),李光弼前往河南行营。建子月(十一月),神策节度使卫伯玉进攻史朝义,收复永宁,攻克渑池、福昌、长水等县。建丑月(十二月),平卢节度使侯希逸,同范阳军相互攻击几年,救援断绝,又被奚族侵扰,于是率全军两万人袭击范阳守将李怀仙,击破李怀仙,趁势率军南下。

宝应元年(762)建寅月(正月),李光弼攻克许州,擒获史朝义所任命的颍川太守李春;史朝义的部将史参前往救援,丙午(二十六日),双方在许州城下交战,李光弼又击破史参的军队。戊申(二十八日),平卢节度使侯希逸在青州北渡黄河,在兖州同田神功、能元皓会合。建卯月(二月)戊辰(十八日),淮西节度使王仲昇与史朝义的部将谢钦让交战于申州城下,被叛军俘获,淮西震动惊骇。刚好侯希逸、田神功、能元皓进攻汴州,史朝义召谢钦让的部队前往救援。

史朝义在泽州包围李抱玉,建巳月(四月)庚戌(初一),李抱玉在泽州城下击破史朝义的军队。甲寅(初五),太上皇李隆基去世。

史朝义亲自围攻宋州长达几个月,宋州城内的粮食吃尽,即将陷落,宋州刺史李岑不知所措。遂城果毅开封人刘昌说:"仓库中还有酒曲数千斤,请将它们磨成粉屑以充饥,用不了二十天,李太尉必定会来救我们。城的东南角最危险,我请求守卫那里。"夏季五月,李光弼抵达临淮,各位将领认为史朝义的军队仍很强大,请求向南退守扬州。李光弼说:"朝廷的安危,全靠我们,我们如果再逃避退缩,朝廷还有什么希望?而且,我们

出其不意,贼安知吾之众寡?"遂径趣徐州,使兖郓节度使
田神功进击朝义,大破之。

秋九月,上遣中使刘清潭使于回纥,修旧好,且征兵讨
史朝义。清潭至其廷,回纥登里可汗已为朝义所诱,云:
"唐室继有大丧,今中原无主,可汗宜速来共收其府库。"可
汗信之。清潭致敕书曰:"先帝虽弃天下,今上继统,乃昔
日广平王,与叶护共收两京者也。"回纥业已起兵至三城,
见州、县皆为丘墟,有轻唐之心,乃困辱清潭。清潭遣使
言状,且曰:"回纥举国十万众至矣!"京师大骇。上遣殿
中监药子昂往劳之于忻州南。可汗请与仆固怀恩相见,怀
恩时在汾州,上令往见之。怀恩为可汗言"唐家恩信不可
负",可汗悦,遣使上表,请助国讨朝义。可汗欲自蒲关入,
由沙苑出潼关东向。药子昂说之曰:"关中数遭兵荒,州县
萧条,无以供拟,恐可汗失望。贼兵尽在洛阳,请自土门略
邢、洺、怀、卫而南,得其资财以充军装。"可汗不从。又请
"自太行南下据河阴,扼贼咽喉",亦不从。又请"自陕州大
阳津渡河,食太原仓粟,与诸道俱进",乃从之。

冬十月,以雍王适为天下兵马元帅。辛酉,辞行,以兼
御史中丞药子昂、魏琚为左右厢兵马使,以中书舍人韦少
华为判官,给事中李进为行军司马,会诸道节度使及回纥
于陕州,进讨史朝义。上欲以郭子仪为适副,程元振、鱼朝
恩等沮之而止。加朔方节度使仆固怀恩同平章事兼绛州
刺史,领诸军节度行营以副适。

出其不意地发动进攻,叛贼怎么知道我们的人数有多少?"于是直奔徐州,派兖郓节度使田神功进军攻击史朝义,大败叛军。

秋季九月,唐代宗李豫派中使刘清潭出使回纥,恢复旧日的友好关系,并且请回纥发兵协助讨伐史朝义。刘清潭抵达回纥王庭,回纥登里可汗已受到史朝义的诱惑,说:"唐王室正处于皇帝死亡的大丧之后,现在中原无主,可汗最好迅速前来,共同接收唐朝府库。"可汗信以为真。刘清潭呈递国书说:"先帝虽然抛弃天下,现在的皇帝继承大统,他就是从前与叶护共同收复两京的广平王。"这时回纥已经出动大军,到达了三城,沿途见到各州县都是一片废墟,便有了轻视唐王朝之心,于是刁难侮辱刘清潭。刘清潭派人回到朝廷报告情况,而且说:"回纥出动全国十万兵力,已经前来了。"京师大为惊骇。唐代宗派殿中监药子昂前往忻州南面迎接慰劳回纥大军。回纥可汗请求同仆固怀恩会见,仆固怀恩当时正在汾州,唐代宗命他前往拜见回纥可汗。仆固怀恩向回纥可汗说"唐朝的恩德信义不可背弃",可汗十分高兴,派使者上疏,请求协助唐王朝讨伐史朝义。回纥可汗打算从蒲关东入,经由沙苑出潼关东进。药子昂劝可汗说:"关中多次遭受战乱,州县萧条,没有能力供给大军,恐怕可汗会失望的。叛军全部集中在洛阳,请大军从土门南下,攻取邢州、洺州、怀州、卫州向南推进,从那些地方获取财物,供应军需。"可汗不接受。又请求"从太行山南下占据河阴,扼住叛贼的咽喉",可汗也不接受。又请求"从陕州大阳津渡过黄河,食用太原仓中的粮食,同各路军队一同向前推进",可汗这才答应。

冬季十月,唐代宗任命雍王李适为天下兵马大元帅。辛酉(十六日),李适辞行,任命兼御史中丞药子昂、魏琚为左、右厢兵马使,任命中书舍人韦少华为判官,给事中李进为行军司马,在陕州同各道节度使,以及回纥军会合,进军讨伐史朝义。唐代宗打算任命郭子仪为李适的副将,程元振、鱼朝恩等人竭力反对,于是中止。唐代宗加封朔方节度使仆固怀恩为同平章事,兼绛州刺史,领诸军节度行营,作为李适的副将。

戊辰，诸军发陕州，仆固怀恩与回纥左杀为前锋，陕西节度使郭英乂、神策观军容使鱼朝恩为殿，自渑池入，泽潞节度使李抱玉自河阳入，河南等道副元帅李光弼自陈留入，雍王留陕州。辛未，怀恩等军于同轨。

史朝义闻官军将至，谋于诸将。阿史那承庆曰："唐若独与汉兵来，宜悉众与战；若与回纥俱来，其锋不可当，宜退守河阳以避之。"朝义不从。壬申，官军至洛阳北郊，分兵取怀州；癸酉，拔之。乙亥，官军陈于横水。贼众数万，立栅自固，怀恩陈于西原以当之。遣骁骑及回纥并南山出栅东北，表里合击，大破之。朝义悉其精兵十万救之，陈于昭觉寺，官军骤击之，杀伤甚众，而贼陈不动。鱼朝恩遣射生五百人力战，贼虽多死者，陈亦如初。镇西节度使马璘曰："事急矣！"遂单骑奋击，夺贼两牌，突入万众中。贼左右披靡，大军乘之而入，贼众大败。转战于石榴园、老君庙，贼又败；人马相蹂践，填尚书谷。斩首六万级，捕虏二万人，朝义将轻骑数百东走。怀恩进克东京及河阳城，获其中书令许叔冀、王伷等，承制释之。怀恩留回纥可汗营于河阳，使其子右厢兵马使场及朔方兵马使高辅成帅步骑万馀乘胜逐朝义，至郑州，再战皆捷。朝义至汴州，其陈留节度使张献诚闭门拒之，朝义奔濮州，献诚开门出降。

回纥入东京，肆行杀掠，死者万计，火累旬不灭。朔方、神策军亦以东京、郑、汴、汝州皆为贼境，所过虏掠，三月

戊辰（二十三日），各路大军从陕州出发，仆固怀恩与回纥左杀为前锋，陕西节度使郭英义、神策观军容使鱼朝恩为后卫，从渑池出击，泽潞节度使李抱玉从河阳出击，河南等道副元帅李光弼从陈留出击，雍王李适留守陕州。辛未（二十六日），仆固怀恩等进驻同轨。

　　史朝义得知唐军即将到达，同将领们商议对策。阿史那承庆说："唐朝廷如果只是派汉人军队前来，我们就应出动全体军队同他们交战；如果是同回纥兵一同前来，他们的兵锋不可抵挡，应当退守河阳以躲避。"史朝义不采纳。壬申（二十七日），唐军抵达洛阳北郊，分派一部分兵力前往攻取怀州，癸酉（二十八日），唐军攻克怀州。乙亥（三十日），唐军在横水构筑阵地。叛军数万人，树立栅栏固守，仆固怀恩在西原列阵对抗。仆固怀恩派精锐骑兵及回纥兵，沿着南山，攻击叛军栅营东北面，内外夹击，大败叛军。史朝义率所有十万精兵前往救援，在昭觉寺列阵，唐军突然发动攻击，杀伤大量叛军，但叛军的阵地毫不动摇。鱼朝恩派射手五百人奋力拼战，叛军虽然很多战死，但阵地依然如故。镇西节度使马璘说："情况危急了！"于是单人匹马，奋勇出击，夺取叛军两面盾牌，冲入叛军阵中。叛军纷纷左右后退，唐朝大军趁势杀入，叛军大败。双方转移到石榴园、老君庙再度交战，叛军又大败，人马相互践踏，填满了尚书谷，斩杀六万人，俘获两万人。史朝义率轻装骑兵几百人向东逃走。仆固怀恩进兵攻克了东京和河阳城，俘获叛军中书令许叔冀、王伷等人，又以皇帝的名义，将他们释放。仆固怀恩留下回纥可汗屯驻在河阳，派儿子右厢兵马使仆固玚及朔方兵马使高辅成率步兵、骑兵数万人，乘胜追击史朝义，追到郑州，再度交战，又取得胜利。史朝义逃到汴州，陈留节度使张献诚关闭城门，将他拒之城外，史朝义逃奔濮州，张献诚打开城门，出城投降唐军。

　　回纥军进入东京，大肆杀烧抢掠，死亡的人数以万计，大火数十天都没有熄灭。朔方、神策军也认为东京、郑州、汴州、汝州都是叛贼境地，所经之处，都进行抢劫掠夺，三个月后

乃已。比屋荡尽，士民皆衣纸。回纥悉置所掠宝货于河阳，留其将安恪守之。十一月丁丑，露布至京师。

朝义自濮州北渡河，怀恩进攻滑州，拔之，追败朝义于卫州。朝义睢阳节度使田承嗣等将兵四万馀人与朝义合，复来拒战。仆固玚击破之，长驱至昌乐东。朝义帅魏州兵来战，又败走。于是邺郡节度使薛嵩以相、卫、洺、邢四州降于陈郑、泽潞节度使李抱玉，恒阳节度使张忠志以恒、赵、深、定、易五州降于河东节度使辛云京。嵩，楚玉之子也。抱玉等已进军入其营，按其部伍，嵩等皆受代。居无何，仆固怀恩皆令复位。由是抱玉、云京疑怀恩有贰心，各表言之，朝廷密为之备。怀恩亦上疏自理，上慰勉之。辛巳，制："东京及河南、北受伪官者，一切不问。"

丁酉，以张忠志为成德军节度使，统恒、赵、深、定、易五州，赐姓李，名宝臣。初，辛云京引兵将出井陉、常山，裨将王武俊说宝臣曰："今河东兵精锐，出境远斗，不可敌也。且吾以寡当众，以曲遇直，战则必离，守则必溃，公其图之。"宝臣乃撤守备，举五州来降。及复为节度使，以武俊之策为善，擢为先锋兵马使。武俊，本契丹也，初名没诺干。

郭子仪以仆固怀恩有平河朔功，请以副元帅让之。己亥，以怀恩为河北副元帅，加左仆射兼中书令、单于、镇北大都护、朔方节度使。

才停止。每家每户都被扫荡干净，官吏百姓，都以纸为衣。回纥军将他们掠夺的财货放置在河阳，留下他们的将领安恪守护。十一月丁丑（初二），唐军捷报传送到京师。

史朝义从濮州北渡黄河，仆固怀恩进军攻击滑州，攻克，又追击史朝义，在卫州将他击败。史朝义所属睢阳节度使田承嗣等人率士卒四万多人，与史朝义会合，再次阻击唐军，仆固怀恩将他们击败，长驱直入，抵达昌乐东部。史朝义率魏州兵前来迎战，又战败逃走。在此时，邺郡节度使薛嵩，献出相州、卫州、洺州、邢州四州，向陈郑泽潞节度使李抱玉投降，恒阳节度使张忠志献出恒州、赵州、深州、定州、易州五州向河东节度使辛云京投降。薛嵩，是薛楚玉的儿子。李抱玉等人已经分别进入叛军军营接收部队，薛嵩等人也分别交出军权。过了不久，仆固怀恩命令叛军降将都恢复各自职位。因此，李抱玉、辛云京怀疑仆固怀恩有反叛之意，分别上书报告朝廷，朝廷暗中戒备。仆固怀恩也上疏陈述理由，唐代宗回书安慰勉励。辛巳（初六），唐代宗下诏："东京及黄河南北接受伪政权官职的，一律不予追究。"

丁酉（二十二日），唐代宗任命张忠志为成德军节度使，统领恒州、赵州、深州、定州、易州五州，赐姓为李，名为宝臣。当初，辛云京率兵准备穿过井陉、常山，裨将王武俊劝李宝臣说："现在，河东兵十分精锐，他们离开河东，远来征战，不可以抵挡。而且，我们是以少敌多，以理曲对抗理直，如果交战，则必定逃散，如果坚守，则必定溃败，请你考虑应该怎么办。"李宝臣于是撤除戒备，献出五州，前来投降。等到李宝臣重新担任唐朝节度使后，认为王武俊的计策很好，提升他为先锋兵马使。王武俊，本是契丹人，最初名叫没诺干。

郭子仪认为仆固怀恩有平定河朔的大功劳，请求将自己的副元帅职任让给他。己亥（二十四自），唐代宗任命仆固怀恩为河北副元帅，加封左仆射兼中书令、单于、镇北大都护、朔方节度使等职。

史朝义走至贝州，与其大将薛忠义等两节度合，仆固玚追之至临清。朝义自衡水引兵三万还攻之，玚设伏击走之。回纥又至，官军益振，遂逐之，大战于下博东南，贼大败，积尸拥流而下，朝义奔莫州。怀恩都知兵马使薛兼训、兵马使郝庭玉与田神功、辛云京会于下博，进围朝义于莫州，青淄节度使侯希逸继至。

代宗广德元年，史朝义屡出战，皆败，田承嗣说朝义，令亲往幽州发兵，还救莫州，承嗣自请留守莫州。朝义从之，选精骑五千自北门犯围而出。朝义既去，承嗣即以城降，送朝义母、妻、子于官军。于是仆固玚、侯希逸、薛兼训等帅众三万追之，及于归义，与战，朝义败走。

时朝义范阳节度使李怀仙已因中使骆奉仙请降，遣兵马使李抱忠将兵三千镇范阳县。朝义至范阳，不得入。官军将至，朝义遣人谕抱忠以大军留莫州、轻骑来发兵救援之意，因责以君臣之义，抱忠对曰："天不祚燕，唐室复兴，今既归唐矣，岂可更为反覆，独不愧三军邪？大丈夫耻以诡计相图，愿早择去就以谋自全。且田承嗣必已叛矣，不然，官军何以得至此？"朝义大惧，曰："吾朝来未食，独不能以一餐相饷乎？"抱忠乃令人设食于城东。于是范阳人在朝义麾下者，并拜辞而去，朝义涕泣而已，独与胡骑数百既食而去。东奔广阳，广阳不受。欲北入奚、契丹，至温泉栅，李怀仙遣兵追及之。朝义穷蹙，缢于林中，怀仙取其首以献。

史朝义逃到贝州，同他的大将薛忠义等两位节度会合，仆固怀恩追击到临清。史朝义从衡水率兵三万回师反攻，仆固场设下埋伏，将他击退。回纥兵又赶到，唐军气势更加高涨，于是继续追击，在下博东南大战，叛军大败，堆积的尸首顺着河流漂下，史朝义逃奔莫州。仆固怀恩的部属都知兵马使薛兼训、兵马使郝庭玉与田神功、辛云京相会于下博，进兵将史朝义包围在莫州，青淄节度使侯希逸随后抵达。

代宗广德元年（763），史朝义多次出战都失败，田承嗣建议史朝义，请他亲自前往幽州征调军队，回来援救莫州，田承嗣自愿留守莫州。史朝义采纳了他的建议，挑选精锐骑兵五千人从北门突围出城。史朝义离去后，田承嗣立即献城投降，将史朝义的母亲、妻子、儿子送交给唐军。于是，仆固场、侯希逸、薛兼训等率三万士卒追击史朝义，在归义追赶上史朝义，双方交战，史朝义战败逃走。

当时，史朝义的部属、范阳节度使李怀仙已经通过唐朝中使骆奉仙请求投降，派兵马使李抱忠率三千人镇守范阳县。史朝义抵达范阳，无法入城。唐军即将赶到，史朝义派人告诉李抱忠，自己的大军留在莫州，他率轻骑前来的意图只是征调军队救援莫州，并以君臣之间的大义来责备他，李抱忠回答说："上天不保佑大燕，唐王朝复兴，我们现在既然已经归附了唐王朝，怎么可以再反复无常？难道不愧对三军？大丈夫不屑于施用诡计算计人，希望你及早选择去留，借以保全自己。并且田承嗣一定已经反叛你了，不然的话，唐军怎么能到达这里？"史朝义大为恐惧，说："我从早上到现在还没有吃饭，难道连一餐饭都不能招待吗？"李抱忠于是派人在城东准备好饭食。于是，史朝义部属中的范阳人，都向史朝义叩头告辞离开，史朝义只是流泪哭泣而已，独自与几百胡人骑兵吃过饭后离去。史朝义向东投奔广阳，广阳也不接纳。史朝义打算向北投奔奚族、契丹，逃到温泉栅时，被李怀仙派兵追赶上。史朝义走投无路，在林中吊死，李怀仙砍下他的首级献给唐军。

仆固怀恩与诸军皆还。甲辰,朝义首至京师。

秋七月壬寅,群臣上尊号曰宝应元圣文武孝皇帝。壬子,赦天下,改元。诸将讨史朝义者进官阶、加爵邑有差。册回纥可汗为颉咄登蜜施合俱录英义建功毗伽可汗,可敦为娑墨光亲丽华毗伽可敦,左、右杀以下,皆加封赏。

仆固怀恩于是同各路大军全都班师返回。甲辰（三十日），史朝义的人头传送到京师长安。

秋季七月壬寅（初一），文武百官向唐代宗呈献尊号，号称"宝应元圣文武孝皇帝"。壬子（十一日），大赦天下，更改年号。参加讨伐史朝义的各位将领，都按等级分别提升官阶、晋加爵位、采邑。封回纥可汗为颉咄登蜜施合俱录英义建功毗伽可汗，可汗皇后为娑墨光亲丽华毗伽可敦，回纥左、右杀以下都加封赏赐。